本书获民族文字出版专项资金资助

本书获贵州省孔学堂发展基金会资助

贵州少数民族
生态文化研究

A Study of the Ecological Cultures of Guizhou's Minority Ethnic Groups

索晓霞 等◎著

孔學堂書局

本书获民族文字出版专项资金资助
本书获贵州省孔学堂发展基金会资助

图书在版编目（CIP）数据

贵州少数民族生态文化研究 / 索晓霞等著 . -- 贵阳：
孔学堂书局，2024.1
ISBN 978-7-80770-415-7

Ⅰ . ①贵… Ⅱ . ①索… Ⅲ . ①少数民族—民族文化—
研究—贵州 Ⅳ . ① K280.73

中国国家版本馆 CIP 数据核字（2023）第 210575 号

贵州少数民族生态文化研究
GUIZHOU SHAOSHU MINZU SHENGTAI WENHUA YANJIU

索晓霞　等◎著

责任编辑：张基强　陈　倩
装帧设计：万　及
责任印制：张　莹

出版发行：孔学堂书局
地　　址：贵阳市乌当区大坡路 26 号
印　　制：深圳市新联美术印刷有限公司
开　　本：787mm×1092mm　1/16
字　　数：670 千字
印　　张：41.5
版　　次：2024 年 1 月第 1 版
印　　次：2024 年 1 月第 1 次
书　　号：ISBN 978-7-80770-415-7
定　　价：198.00 元

序

潘家华

　　当今世界，随着人类社会步入后工业化时期，全球生态恶化的严峻形势与经济社会高速发展态势相伴而行，世界各国都在积极探寻经济社会发展与生态平衡的可持续发展路径，人与自然和谐共生的理念正被越来越多的人所接受，人与自然和谐共生已成为不同文明所共同追求的美好愿景。

　　中华民族向来尊重自然、热爱自然，绵延5000多年的中华文明孕育着博大精深的生态文化。其中，既有对人与自然关系的理性思考，也有对人与自然的适应性实践经验的总结，更有多姿多彩的文化呈现和文化表达。优秀的生态文化是我们当下处理人与自然关系的宝贵财富，也是我们构建中国特色生态文化的丰厚资源。"赞天地之化育，则可以与天地参""天地与我并生，而万物与我为一""万物各得其和以生，各得其养以成"等著名思想观点，为推进当代中国生态文明建设、推进人与自然和谐共生的中国式现代化建设、推进中华民族现代文明建设提供了有益借鉴和启示。

在博大精深的中华生态文化中，多姿多彩的地方生态文化是其不可分割的有机组成部分。

贵州是一个多民族的省份，长期以来，各民族和谐相处，在贵州高原的多样化生境中创造出了多姿多彩的生态文化。这些生态文化中包含有人与自然和谐共生、共存共荣的生态意识、价值取向和社会适应，包含有丰富的生态智慧和大量的地方性知识。这些生态文化是数代人集体智慧的结晶，是中华生态文化中具有典型地方性特征的有机组成部分，是中华生态文化宝库中重要的活态文化遗产，更是我们今天建设生态文明不能被忽略更不能被抛弃的宝贵财富。

"山林是主人是客"。贵州世居少数民族万物同源、万物平等、万物互联的生态观，和谐共生、因地制宜、适度发展的价值认知和实践追求所主导的文化创造等，对我们深入理解中华生态文化的多样性；对我们今天发现一个地方是如何实现社会系统、生态系统和文化系统之间的平衡；对我们透过文化的表象去探寻他们对人与自然关系的认知等，都具有重要的启示意义。本书《贵州少数民族生态文化研究》的研究具有不可多得的参考价值。

2023 年 8 月 25 日

目录

绪论：贵州世居少数民族的生态观

研究贵州世居少数民族的生态智慧和生态文化，不能不研究他们的生态观。生态观是生态智慧和生态文化的核心和根本，生态智慧和生态文化是生态观的实践形态和表现形式。只有了解了他们的生态观，才能透过文化的表象发现其本质的价值指向，也只有了解了他们的生态观，才能从总体上和根本上去把握他们的生态智慧和生态文化。贵州世居少数民族的生态观是他们在长期的生存、生产、生活中处理人与自然的关系所形成的生态思想，这些生态思想或者生态观并没有以系统的理论形态得到表述和记录，但却以代代相传的不断丰富的生态智慧、生态知识的形式被记录在各少数民族的生存方式、生产方式、生活方式中，并以多姿多彩的内化于心、外化于形的生产生活实践呈现出来。贵州世居少数民族的生态观集中体现在万物同源、万物有灵、万物平等、万物互联的基本认知上，也体现在和谐共生、因地制宜、适度发展的价值认知和实践追求上。

一、万物同源、万物有灵：对自然万物的基本认知

在贵州世居少数民族的生态观中，万物有灵观念是大多少数民族对自然万物的一个基本认知。这个基本认知来源于他们对天地万物起源的神话认同，尽管不同民族对天地万物来源的神话有一定的差异性，但万物同源的基本认知却是相似的。[①]首先，在他们看来，既然人和世间万物均是由具有神性或者神力的祖先神、英雄神所创，人具有灵魂，自然万物也应该像人一样有灵魂存在，无论是风雨雷电，还是山川河流，无论是草木树石，还是虫鱼鸟兽。其次，万事万物的灵魂，虽然看不见，但它们与看得见的万物一起存在着，有形的世界和无形的世界共同构成我们生存、

---

① 索晓霞、曾顺岗：《万物有灵的历史文化原点：贵州世居少数民族的宇宙论构建》，《贵州社会科学》2021 年第 4 期。

生产、生活的环境。万物的灵以看不见的方式存在于无形的世界，与我们看得见的世界共同构成我们存在于其中的自然环境，共同构成我们的生活世界。最后，有形世界的万事万物是相互依存的，无形世界万事万物的灵魂也会有喜怒哀乐，并且会对有形的世界产生作用和影响。为了祈福避灾，人们在生产生活实践中，时刻不忘通过各种祭祀形式与相关的山神、水神、石神、稻神、土地神、祖先神等进行交流与沟通，以求与他们和平共处，并得到他们的护佑。

苗族各个支系都有自己具体的祭山、祭树等仪式活动，在他们看来，山有山神，树有树神，石头也有灵魂。因此，他们通过祭山、祭树或祭石的仪式，祈求平安顺遂、风调雨顺、物产丰收。与此同时，形成了许多与自然相处的禁忌，他们避免触犯这些禁忌，以求与自然界的神灵们和平共处，如"老树倒下不能当柴烧，怕曾有鹰窝，烧后养鸡不繁。雷打的树不能做柱子，原因是雷公都恨它，人更不能要它了。苗族人的传统观念认为，如果谁犯了这些禁忌，那么他将会受到某种特定的惩罚"[1]。

布依族相信万物皆有灵，在他们看来，几乎每种自然现象和各类事物都有相应的神灵，人只要和这些神灵和平相处，互不侵犯，就不会生病。他们对自然界天地、山川、河流、巨石、古树、岩洞、桥梁以及自己的祖先都顶礼膜拜，尊崇有加，凡遇人畜生病，或是发生灾祸，就要请巫医占卜念咒、设祭杀牲、敬神祭祖，祈求神灵赐福保佑、消灾免祸。布依族人认为，人死后灵魂依然存在，人死后会到另一个世界（阴间）跟生前（阳间）一样生活，也要结婚生育、耕田种地。阳间人与阴间人的生活没有什么不同，只是对他们的称呼不同，一为人，一为神、鬼。他们以现实自然环境为基础，通过想象构建了一个看不见的世界，这个世界与我们的现实世界相似，但是一个更为理想的生存环境。例如，在布依族摩经《登仙经》中对"旁仙"（祖先居住地）的记载，灵魂经过超度在此处继续生活，这里水会倒流到天上，而且林木四季常青，鲜花常开不败，到处莺歌燕舞，流水潺潺。[2]

---

[1] 薛新民：《从江县岜沙苗族环境保护习惯法研究》，贵州民族大学硕士学位论文 2019 年。
[2] 贵州省民族宗教事务委员会、贵州省科技教育领导小组办公室编：《贵州世居少数民族文化史》（卷二），贵州民族出版社 2017 年版。

　　侗族人认为自然界的一些山、水、石、木等均有两种属性，看得见的叫躯体，看不见的叫灵魂。他们认为阴阳两界相互依存，组成了整个世界。他们崇拜的至高无上的神是女神"萨"，这位女神也被他们认为是创立村寨的始祖母。正是这种原始信仰和自然崇拜，让侗族人对大自然多了一份敬畏之心，使其在平时的生产生活中不自觉地遵循着一种不侵犯自然、与大自然和谐相处的原则。例如：侗族民间规定不能乱砍村寨或墓地周围的古树，不能捕杀动物的幼崽，不能在动物繁殖期狩猎，要做到节制，不能杀死正在哺乳的动物，禁止猎杀在屋檐做窝的燕子，要在一个区域里均匀打猎等。①

　　水族人在进行村寨选址时非常相信"龙脉"，他们认为家族的发展、子孙的繁衍、家境的好坏都跟"龙脉"有关。很多水族村寨建在半山腰上就是因为该处地处"龙脉"。被人们认为是村寨龙脉所在的地方，绝对不允许开荒动土，也不允许砍伐树木，若有人不遵守，他就会被视为与全村为敌，遭到全村人的反对，还必须对村寨所发生的灾难负责。寨前村后的古树被人们视为"风水树"，因被认为附着有神灵而不准砍伐。

　　在很多水族地区，家中生了男孩，其父就要为初生婴儿种一棵树，并精心照料。树生长顺利，生命旺盛，就意味着孩子健康平安；树木若遭到损伤或夭折，则是不祥之兆。因此，这棵树总是受到很好的照料。如果是被巫师认为命中五行缺木的孩子，还要"拜寄"给某一棵古树，认树作"保爷"，虔诚地举行"拜寄"仪式，并将孩子命名为"木生""树生"之类，之后逢年过节家长要向"保爷"供以香火。此外，也有的群众以修桥补路之类的积善之举来祈求孩子平安。修桥补路时也必须在桥两头或路边种植景观秀美的柏枝、椿树或橡树等，并精心保护，待这些树木长大后，还要在树下安砌石凳，供人乘凉歇息，以此"积德"补偿命中缺"木"之不足。这些树林经几代人的培育管理，就成为庇佑一家人或一族人的鬼灵，世代受人

---

① 李桃：《生态文明视阈下贵州少数民族生态文化研究——以新形势下"努力建设人与自然和谐共生的现代化"理念为指引》，《贵州社会科学》2021年第9期。

们的尊崇与保护。① 每个水族家庭在栽秧节时都要举行"引谷魂下田"的祭祀仪式；在"吃（尝）新节"时则要举行仪式引谷魂回家；在每年秋收，米粮归仓之后，均要举行"祭谷魂"的仪式。大自然中几乎所有和自己生产生活联系最密切的自然物，比如树木、石头、水流、山洞、日月、星辰等都是水族先民崇拜的对象，其中最为典型的是古树崇拜、石岩崇拜、古井崇拜等。另外，水族的祭祖活动十分频繁，逢年过节要祭祖，婚嫁造房要祭祖，遇上不吉利的事情也要祭祖，其目的是通过祭拜祖先，求得祖先的保佑，愿祖先赐福消灾，确保在世的人事事顺心、子孙平安。

仡佬人在漫长的发展过程中深刻地认识到自然对于人类生存和发展的决定性作用，在他们的眼中，大自然中的万事万物也是和人一样的有机物，也都有血有肉、有五脏有四肢。他们并没有把天地万物看成不可捉摸的东西，他们以最朴实的想法和类比去认识和理解自然环境里的事物。在他们看来，人与自然是融为一体的。他们认古树或者奇石为亲，把古树和奇石都看成仡佬族人保身护体的神灵。砍伐和破坏古树自古以来都是仡佬族的传统禁忌。他们相信树木有灵，破坏古树将受到神灵惩罚，会遭到报应，坚信"树神"能够保佑他们风调雨顺、人畜兴旺、庄稼丰收、出入平安。仡佬族人将雀鸟视为"雀神"，专门设置了"敬雀节"。石阡县坪山乡包溪、尧上一带的仡佬族人，因为传说先祖（一对双胞胎兄妹）在一次特大洪水灾害中躲进一个大葫芦里随水漂流，一只神鹰将葫芦救起，后人才得以繁衍，因而视神鹰和葫芦为神物。在"敬雀节"这天，人们要穿上民族盛装，插上彩旗，在村外的晒谷场上，架起高耸的葫芦神鹰架，摆上糍粑、酒等祭品祭祀神鹰。当然在祭祀的过程中是不能放鞭炮的，以免惊了鸟类。

居住在遵义凤冈县杨家寨的杨姓仡佬族，每到除夕夜祭祀祖先之前，都要先敬"蜘蛛神"，其缘由是传说杨姓先人受官府追杀，一路追到大都坝的杨家寨，躲避在山洞里，是蜘蛛及时结网予以遮挡，帮助他们避开官兵追杀而得以生存下来。②

① 刘之侠、石国义：《水族文化研究》，贵州人民出版社 1999 年版，第 19 页。
② 全国政协文史和学习委员会暨贵州省、云南省、四川省、重庆市、广西壮族自治区政协文史委员会编：《仡佬族百年实录》，中国文史出版社 2008 年版，第 13 页。

祭祀"蜘蛛神"咏唱的祭词便讲述了这个古老的传说："蜘蛛神、蜘蛛神，牵丝撒网一定封洞门。这回蜘蛛保护我，追苗赶汉没杀成。杀猪宰羊来祭你，先会祭蜘蛛后祭祖人……"由于村寨没有山洞不方便祭祀，于是当地各家各户在建房时都会在自家房屋后的水沟壁上挖一个石洞，用以模拟山洞，方便祭祀"蜘蛛神"，祭祀的供物和程序不变。此外，在腊月二十四各家"打扬尘"（打扫卫生）时也绝对不能动到蜘蛛，让它在原处生存。

土家族祖先也把天、地、日、月、星、雷、雨、风、水、火、山、石等自然物尊奉为神，顶礼膜拜。在农业生产中，病虫害的防治是十分重要的一个环节，土家人崇信万物有灵，为防止病虫对水稻的侵害，也有不少相关的节日，例如"嫁毛虫节"和"跳虫王灯会"等。毛虫是一种危害庄稼、果树的害虫。土家族人过去认为，毛虫是"盐水女神"的化身，后世土家族人为了不受盐神所化成的毛虫所害，保证五谷丰登、六畜兴旺，在四月八时会用红纸两条，分别写着"佛生四月八，毛虫今日嫁，嫁出深山外，永世不归家"等字句，贴在堂屋左侧中柱上面，他们认为此举可以驱除虫害，以保庄稼丰收。

每当水稻秧苗插下定根后，他们会在五月端阳后某一天举办"跳虫王灯"会。这个活动一般由一个村子发起，附近聚落群中的各个村子都可参加，有时也由聚落群中的所有村子轮流举办，也可各村自行举办。牵头人定下跳虫王灯日子之前，要约上一二十位能唱会跳的成员，准备好高五六寸、长四五寸、上书"虫王到此"的小旗无数和香提篮、烛提篮等。待到定下的日子那天，牵头人便带着他约好的队伍，带上祭祀的供品，提上灯笼，拿上旗子等物，到附近的庙宇之中，先对虫王举行祭祀仪式，再在庙中唱采茶调，边歌边舞，最后行请虫王之礼。请过虫王后，牵头人便带着参加灯会的民众，提着灯笼，带着锣鼓响器，来到田地里，在出有份子钱的人家田边，边唱采茶调边插上"虫王到此"的小旗。直到所有出份子钱人家的田都插完，灯会便结束了。据土家族老人讲，凡是参与跳虫王灯的人家，当年的庄稼都不会遭病虫害。土家族人相信，所有的虫子都如人一样，也有它们的虫王，跳虫王灯后，所有的虫子都在虫王的管理之下，自然不会到田里来危害庄稼了。

二、万物平等、万物互联：对人与自然关系的根本看法

在贵州少数民族的传统观念中，万物平等，人类并不是世界的主宰，也不是万物的主人。在他们看来，万物同根同源，因此万物是平等的，不管是动物还是植物。万物不仅是平等的，还是互相作用、互相影响的。不仅如此，他们还在生产生活中通过观察思考生命的有限性和无限性来思考大自然和人类的主客关系问题。在他们看来，"山河永存留，人生是过客"[①]，山河才是客观存在的，才是世界的主人，而人不过是天地时空中的匆匆过客。

在苗族创世神话中，人并非超越万物的灵长，人与动物是平等的同胞兄弟。人因为种种问题与雷公发生了争斗，遭到了大洪水的惩罚，人与其他动物争夺老大的地位，最终的结果却是各安一隅、各司其职，共同地生活在一起。我们不仅可以在苗族创世神话的故事性讲述中发现他们万物平等的观念，还可以在苗族传统社会中发现他们因万物平等的观念而衍生出的万物互联的认知，更可以看到因万物平等观念所产生的对万物感恩的态度，进而衍生出许多文化行为。据苗族村寨里的老人们讲，过去山上猎物很多，人们只要有空闲就会去狩猎，但狩猎只限于当地林中较多的鸟雀、田猫、野猪、兔子、山羊、野鸡等。狩猎活动之后，要举行"安坛"祭祀的活动，祭祀时鬼师要为猎物念送魂词。在有的苗寨，多数村民们认为，自己驯养的蜂群不能买卖，只能送养。因为他们将自己驯养的蜜蜂视为客人，甚至视为家庭成员而加以尊重。他们认为，任何有偿的蜂群和蜂蜜的转让首先是不道德的，其次也会令蜂群不再信任自己，从而影响人与蜜蜂的和谐关系。因此，村民将蜂群送人时，主人不能在场，即使主人无意看见也要装作没看到，蜂群必须是被"偷"走的，据说这样被"偷"走的蜂群才能被养活。苗族人上山采药时，一般要举行一个仪式，要给药兜撒米，并与药兜进行交流。例如九摆支系的苗族采药人发现需要的草药后，采药之前要一边撒几把米在草药周围，一边口中念"药方是师傅开，师傅要我来找你，请你去给人治病，病人治好后，我再来感谢你，还药头，送你回来"，并且还

---

① 潘定智、杨培德、张寒梅编：《苗族古歌》，贵州人民出版社 1997 年版，第 159 页。

要祈祷草药长得更多更茂盛。等做完这一切，才能下锄挖药。①

不仅苗族有这样的认知，在布依族、侗族等少数民族的传统认知中，也普遍认为人与动物都是自然界中的生灵，都是平等的，人没有权利随意剥夺动物或植物的生命，也没有理由让动物为人的生存、生产、生活作出牺牲和付出，因此，人要懂得感恩。在侗族人民的心目中，人与万物同源，万物皆有其生命与思维，都是自然之子，都是大自然长期发展的产物，都是自然生态系统中平等的一员。自然是人类生存与发展的前提，所以人与万物要和谐相处，如果人类对万物过分地索取和破坏，会受到万物的报复和惩罚。

侗族《起源之歌》中讲到，开天辟地之后，龟婆孵生了人与动物共同的祖先诵撼（男性）和诵藏（女性），他们生下十二子女，有虎、熊、蛇、龙、雷婆、猫、狗、猪、鸭、鹅和章良、章妹，只有章良、章妹是人。②古歌《侗族祖先从哪里来》里面也说，松恩和松桑婚配，生出了蛇、虎、熊、猫、狗、鸭、猪、鹅、雷和章良、章妹（代表人类）等十二个孩子。由此可见，这是侗族先民的原始观念，认为各种动物、自然天象和人类本是同宗共祖，它们都是人类的祖先。在这种认识的启示下，侗族人民一直认为天地人兽应当和谐相处，人类要生存发展，就必须顺应自然、和谐共生。如果人与人、人与兽、人与自然之间失去和谐，就会导致人类的灭顶之灾。自然是永恒的，是主体，而人的生命只是一个过程，是客体，人不能改变、破坏自然，人只能作为自然中的一种存在，只能遵循自然的规则，和自然一起生存和发展。因而，侗族长者在教诲年轻人时，常常以"细脖子阳人来到世上"作为开场白。这句话的表面意思是，人来到世上不仅赤身裸体，而且脖子细小柔弱，因而要仰赖自然万物那股灵气来滋养自己，才能吃饭饭香。其中的深层寓意则是在阐述一个民族的处境观、生命观和自然本体观，在重申和阐明人与天地自然之间的主客关系，提醒"细脖子阳人"要摆正在自然中的"傍生"位置——人诞生于并依赖天地自然——

① 龙正荣：《黔东南苗族物质文化遗产中的生态伦理思想》，纳日碧力戈、龙宇晓主编：《中国山地民族研究集刊·2015年卷》，社会科学文献出版社2016年版。
② 杨权、郑国乔整理译注：《侗族史诗——〈起源之歌〉》（第一卷），辽宁人民出版社1988年版，第24—31页。

侗家人于是有了"山林树木是主，细脖子阳人是客"的说法。[①]

布依族人在狩猎前要祭祀山神，猎到大型动物要将头献祭给山神，表达对自然馈赠的感恩之情。在侗族、苗族、布依族和土家族居住的部分地区，人们为了感恩终身辛勤劳动的耕牛，在每年农历四月初八这一天，不让牛干活，要给牛洗澡，喂好的饲料，甚至和人们一起享用糯米饭，以表示对牛的谢意。

水族创世神话和古歌中有大量反映水族先民对世界和人类起源认知的观点。例如，古歌《造人》表达了人类由神（牙蜗）创造的思想，《人虎龙之争》《谁的气力大》《老虎为啥咬人》等神话故事表达了对人兽同源共生的认知，表达了水族万物同源的生态生成理念。水族民间故事中还蕴含着浓郁的生态平等理念，在《人龙虎之争》里人、虎和龙是关系蛮好的邻居；《老虎为啥咬人》里，人类可以把女儿嫁给老虎；《谁的气力大》里人和老虎经常结伴到山里捕猎……这些人与动物和睦相处的故事透露出一种对于物无贵贱的生态平等的美好愿望。

在水族的传统观念中，世间万事万物皆相依相持而存在。水族的书籍中论述了事物之间相互依存、相互联系的朴素哲学辩证法，认为人类的生存须臾离不开自然。民间故事《鸡和稻谷》《老虎与人》等都阐释了自然是人类生存之源，万物要相互依存、相互帮助的道理。

在贵州少数民族的传统观念中，他们不仅认为万物平等，还认为万物是相互作用、相互影响的。无论在苗族、侗族还是在布依族、水族、土家族、仡佬族的村寨附近，都会有风水林、护寨树，他们认为风水林、护寨树的枯荣与全寨村民的运势甚至生死都有关系。侗族村寨多以榕树、枫树为护寨树；苗族村寨多选枫树、楠木、樟树等为护寨树；布依族则视檬子树、榕子树、香樟树、楠木、皂角树为神树。这些树大多四季常青、枝叶繁茂。一方面，他们通过寻找生长着郁草茂林的"生气之地"来判断寨址是否适宜生存；另一方面又通过广植林木、保护山地林木、伐一栽十等手段来维护树木，并获得好的风水，以此营造理想的生存环境。

例如，有的苗族村寨在根据水源确定村寨的地址后，会先栽一株枫树，树活则

[①] 陈应发：《哲理侗文化》，中国林业出版社2012版，第93页。

居之，树死则他迁。这一习俗客观上促成了古树遮蔽下多有村寨，树与村共生的状况。大多数苗族村寨在择定寨址后，会根据地形和植物状况选定（或栽种）一片风水林（或护寨树），并通过树木—祖先的神性构建，实现风水林的养护和禁止砍伐的约束，进而发展出某种人树共生的认知观念。

在布依山寨，每个寨都有一些大树，人们认为其中有的树有神灵，这种树被称为"神树"，树能保佑村寨人畜安宁。有的地方小孩爱生病，要把小孩拜寄给树以求保佑，这被拜的树就是小孩的"干爹"，俗称"保爷"；有的地方扫寨完毕要在神树下杀狗祭树神，祈求神树挡住火星神及各种邪鬼，不让它们进寨，保佑村寨安宁幸福。

在瑶族传统村寨，万物有灵、万物平等、万物相互作用相互影响也是普遍的传统认知。例如：建房动土前要祭奠土地神，开山狩猎要敬山神，买来牲口要敬圈神，小孩体弱多病要拜古树、巨石或水井为保爷，等等。

在贵州少数民族的传统社会里，村民们对万物互联的认知不仅仅停留在人与万物相互依存的观念上，还体现在人如果不尊重自然、不尊重万物，会受到惩罚的认知上。侗族认为风雷雨虹、日月星辰等，每一种自然现象都是神灵的安排，因而对风神、雨神、雷神等都极为崇拜，并将地震、洪水、干旱等自然灾害看作是因人类的行为不当而招致的神灵的惩罚。[1] 侗族《族源歌》《九十九公合款》等古歌都讲述了人和动物的祖先"松恩十二子"之间，因为代表人类的章良不尊重生活在同一环境中的蛇、虎、熊、猫、狗、鸭、猪、鹅等兄弟，而遭到它们的一致报复，最后无家可归几近灭亡。这类神话故事反映出侗族人民对人与自然关系中人与动植物等自然万物的相互依存关系的认识。

三、和谐共生：处理人与自然关系的价值主张

贵州少数民族的生态观，不仅仅表现在万物同源、万物有灵、万物平等、万物

---

[1] 贵州省民族宗教事务委员会、贵州省科技教育领导小组办公室编：《贵州世居少数民族文化史》（卷二），第169页。

互联的基本认知上，还表现在处理人与自然关系时，倡导和谐共生的价值主张上。

贵州的少数民族村寨，尽管不同的民族有不同的分布特点，例如，苗族、瑶族、彝族多居高山，仡佬族多居于山谷，布依族、侗族、水族多傍水而居，但是不同的民族在寨址的选择和村寨的建设上都有一个共同点，那就是对水源、对林地、对风水的重视，以及取自然之利、避自然之害，借地势以安居、倚地利以延续的系统性生态智慧。

大部分的苗族村寨，都分布于山间，高处有林、山脚有河，田地多开垦在山间河谷较平的地带，形成"林—寨—田—水"的村落生态景观。山间高地型的村寨分布，则主要是由于大寨人口密集后分支迁出而形成的"新村"，这一类村寨规模较小，大多分布于山脉的更高处，故其水源多依赖山泉，而在村落景观上，以"林—寨—井—田"为主要形态。但无论哪种分型，从苗族村寨的布局和建设上来说，是对生态要素之间相互关联、互相影响的精准把握和系统控制，通过构建起"林—水—田—人"的系统循环，实现人与自然的和谐共生。

水是万物之源，布依族是稻作民族，对水的依赖和敬畏十分明显。他们认为，在井水、河水、稻田进出水口都有神。所以，每年农历六月六的"布依年"，家家户户都会到田边水口处、水井、河边设祭杀鸡祭神，并在田中插三角纸旗，以驱虫灾。"每逢大年初一，不少地区的布依族人跨年第一件事情就是每家派一个青壮年去抢'水莲花'（井水的水泡），认为这是吉祥、幸福的象征，抢到的人家新年一切都会顺利。也正是因为对水的崇拜和敬畏，布依族也产生了许多关于水的禁忌习俗，如不能在水井里洗衣服，用过的污水不允许倒入井水中，严禁在井水里洗脚、大小便等，认为这样会亵渎了水中栖息的神灵，为村寨或个人带来灾祸。"[1] 这些禁忌习俗虽然源自对水的自然崇拜，但是客观上却保护了环境和水源不受破坏。

水族在与大自然的长期相处中，在上千年的生存实践中，深刻地认识到自己身处的生态链的重要性：森林涵养水源，水源灌溉稻田，稻田维持生存。因此他们十

---

[1] 蒋萌：《贵州布依族传统生态文化中的当代价值——以镇宁高荡布依族古寨为例》，《贵阳学院学报（社会科学版）》2019 年第 6 期。

分重视森林和水源的保护和利用，努力培育和维护以水稻田为中心的生态系统，构建出"坡下种田，坡上蓄木"的农业生产格局，即"森林—公共稻田—自然村寨"三位一体的生态模式。

按照侗族自然崇拜的观念，森林被理解为生命的源泉、权力的象征，在与森林生态系统长期的互动过程中，侗族群众逐渐形成和发展出有民族特色的森林崇拜和保护森林的文化传统。他们认为山上的动植物都是被神保护的，都是"神的伴侣"，是"神的家园"里的生灵，这些"生灵"会以神的名义保护侗族人免遭灾难，所以应该受到膜拜。此外，寨子内外的风水林、护寨林等也都被作为崇拜的对象。风水林、护寨林在侗族人心目中有着较高的地位，因而被人们加以神化。除了传统的保护规约外，许多寨子还在古树上钉上钢锅片以防孩子乱砍伤到古树。同时人们还十分重视树林的更新与添植。在一些地方侗族的传统认知中，一般人还不能随意培植风水、保寨树木，而是要由上了年纪的人来栽种这类树木，尤其是像榕树这类树种更是要六十岁以上的人才能栽种。另外，侗族人还认为神灵会依附在如银杏、樟树这类植物上，这些植物能庇佑侗族村寨兴旺发达，因此不能随意砍伐和破坏，否则会触怒天神。[①]

和谐共生的价值主张不仅体现在贵州各少数民族在生产生活实践中对自然万物的敬畏与顺应，还体现在各少数民族利用祭祀与禁忌、乡规民约等文化约束与社会控制来实现对人的行为和族群发展的文化约束与社会强制。

贵州少数民族对山、水、土地、太阳、雷、树、石等自然物的崇拜，多采取祭祀和禁忌相结合的方式。祭祀通过规定的仪式向万物生灵表达敬畏之情和希望神灵赐福、护佑族人、和平共处的美好愿望；禁忌则通过对族群行为的文化约束处理人与自然的关系，如布依族正月初一、初二、初三不准动土，第一次响雷时不准耕种，神所在之处不准接近，祭神时不准外人进寨，神树不许砍伐，神山不准破坏，不准用手指太阳，井水不得污染，等等。布依族先民企盼通过这些崇拜形式，获得自然神明保佑，能够实现风调雨顺、人畜兴旺的愿望。在农业祭祀中，他们祭土地神以

---

① 何丽芳：《侗族传统文化的环境价值观》，《湖南林业科技》2004 年第 8 期。

求种子发芽，祭山神以求消除灾害，祭龙神以求雨水均匀，祭祖先以求人畜兴旺。

侗族人对自然界的一切生灵都抱有着一种友好的态度，并力争和他们和谐共处于自然之中。侗族传说中认为杉树是燕子从南海带来的树种，而杉树在侗族人民的生产生活中有着极其重要的位置，因此他们认为这是燕子对人类的恩惠。所以，人们对燕子非常尊敬，不但欢迎燕子到自己的屋檐下筑巢，认为这是吉祥的征兆，预示着自己家庭幸福和睦，更严禁孩子们捕捉、伤害燕子，或捣毁燕子窝巢。此外，侗族人还禁止小孩虐待青蛙，认为那样会遭雷劈。

水族民间故事《瓮沽下与瓮沽裸》讲述了天下120种动物不准彼此相互伤害的故事。受"万物有灵"的观念支配，水族认为图腾物是自己的祖先、亲属、神灵，因此日常严禁猎杀对人类有益的鸟兽及动物。这体现了万物不伤的朴素生态保护意识和生态伦理观。[1]另外，九阡酒的制曲过程中对植物的取用也遵循"适度"的原则，所谓"见三采一""见五采二""雌雄不同取"等，这些习俗和生活方式虽然有着迷信的背景，但不可否认其对当地生物的多样性和生态平衡做出的不可磨灭的贡献。

瑶族人上山采药有不同的季节采摘药草的不同部位的传统。采药草时一般不会取全草而注意留其部分，或留根让药草可以继续生长。瑶浴是从江翠里高华村的文化传统，村民们通过泡瑶浴以消灾，求得身体康健。但在瑶族的传统社会中，并不是谁都可以上山采药，瑶浴也不是想泡多少次就可以泡多少次。高华瑶浴是依时而动、有具体的时间规定的，草药必须由家中最年长的男性上山采集，每个月最多只能药浴6次，药浴需采摘消耗一定的中草药资源，如追风藤、半边枫、九龙盘、血藤、狗舌藤、鸭儿芹、节节草、枫树寄生、党参和何首乌等。对采药者的规定和瑶浴时间次数的限定，为山中药草的恢复和再生提供了保障。

四、因地制宜、因时而变：处理人与自然关系的适应性创造

贵州少数民族在长期的生产生活实践中，面对有限的自然生态条件和复杂多样的地理气候，摸索出了独特的生存发展的智慧，创造出了多姿多彩的民族生态文化，

---

[1] 余贵忠：《返本开新：水族传统生态法治理念的现代化》，《贵州社会科学》2018年第2期。

总结出了处理人与自然关系的适应性实践经验和地方性知识，这种因地制宜、因时而变的实践探索，充分体现了贵州各少数民族在敬畏自然、尊重自然的前提下，充分发挥各民族的主观能动性，顺应自然、与自然和谐共生的努力。

贵州高原多山地，是典型的喀斯特地貌，虽然降水丰富，但山地丘陵多、平坝地小、林地广、耕地少、耕地质量较差，"八山一水一分田"是对贵州地理环境的形象描述。各少数民族长期以来多以农耕为主要的生存方式，但由于相对有限的生态资源和相对滞后的生产力限制，使得各少数民族必须在生态脆弱的环境中寻找到一条与自然共生的发展之路。在这种探索中，我们看到，他们敬畏自然、尊重自然，但并没有完全成为自然的奴隶，在与自然的相互依存中，他们因地制宜、因时而变的适应性创造，充分体现了一种对自然规律的顺应和遵从，更体现了各民族与自然和谐相处的生态智慧和文化创造。

稻田养鱼的传统广泛存在于贵州苗族、侗族、水族农家的生计模式之中，充分体现了各少数民族对有限自然资源的综合利用和巧妙融合。

以黔东南苗家的稻田养鱼为例，这种模式可以分为季节性稻田养鱼和常年性稻田养鱼两种。季节性稻田养鱼是水稻栽插后投放鱼苗（以鲤鱼为主），收割水稻前后捕鱼。这种稻田养鱼的方法，一方面由于鱼搅动泥土，促进有机肥料分解，增加水稻养分，而且鱼能除草灭虫，并在稻田中游动吃掉部分杂草茎叶，所排粪便又转化为稻谷所需要的养料，从而促进水稻生长；另一方面，鱼类依赖稻田内的水生浮游生物和不能分解的肥料，获得更多营养来源，有利于促进鱼的生长。此外，由于鱼类在稻田中寻食翻动田中淤泥，使细泥向四周扩散，堵塞渗漏裂缝，减少水的流失，很好地起到了保水抗旱的作用。稻田养鱼实现稻鱼双丰收，实际反映了以废补缺、互利助生的道理。常年性稻田养鱼则是指收完水稻后，翻犁田土，蓄水继续养鱼。常年性稻田养鱼，可以把冬歇期的农田利用起来，同时，收割水稻后失落在田内的谷粒还能作为鱼的饲料，既让农田得到蓄水，又能获得鲜美的鱼作食物。稻田养鱼将水稻种植业与水产养殖业结合起来，互利共赢。

侗族在稻田养鱼的历史传统基础之上，通过不断地摸索，总结出在鱼儿长到一定大小（鸭子吞食不下）后，在稻田中放养鸭子的经验方法。传统稻田养鱼就此演进成了"稻鱼鸭共生系统"——鱼可以将稻苗根部的害虫吃掉，鸭子可以吃掉稻苗中部和上部的害虫；鱼和鸭子还可以吃掉稻田里的杂草，疏松稻苗根部的土壤，搅拌稻田里的水使之循环，从而达到上下水温调节的效果。稻田中的微生物将鱼粪充分分解，激活了整个稻田中的生物资源。微生物、菌类的生存与繁殖使稻田时刻处于一个充满活力的生态环境之中，能量与物质交换速度加快，土壤肥力大为提高。[1]"稻鱼鸭共生"生产范式对传统生产结构的创新使得稻田生态系统的搭配产生了最佳的效果，侗族养有鱼的稻田根本不需要村民施化肥，就可以维持土壤活力，保证稻谷稳产高产，并实现自然资源的综合利用和生态平衡的目的。侗族"稻鱼鸭共生"模式，表面上看只是在有限的自然资源上实现效益最大化的一种探索成果，但从方法论来看，体现了万物平等的观念，注重系统的整体联系、内在关联的系统思维和整体把控的大局观。

　　贵州世居少数民族因地制宜、因时而变的实践性创造还体现在通过对糯稻种子的优选和改良，实现对地理环境的主动适应。以水族为例，水族人自古喜食糯食，清中叶以前都还是以糯米为主食。在很长的历史时期内，水族的主要种植物是糯稻，少量地种植黏稻多是为了饲养家禽。经过千百年的进化与积累，水族如今保有数十个特色鲜明的传统糯稻品种。这些品种有鲜明的特点：一是耐阴、耐寒；二是秆高、芒长；三是各种品种的生长期差异明显。这些特点体现出极强的生态适应性。首先，水族主要聚居在珠江上游，地理地貌多为峰丛洼地，这决定了大多农田掩映在丛林之中，并受到山岭阻隔，因此多数农田每天受阳光直射的时间较短，加之农田的灌溉直接采用森林里的地下水，使得农田水温较低。水族经过长期驯化部分糯稻田品种，使其具有很强的耐阴、耐寒能力，特别适于低温的稻田。其次，水族传统糯稻品种都有芒长的特点，有效地起到抵御鸟类取食其稻穗的目的。秆高的特点则使其非常能适应稻田在不同生长阶段的水位高低。最后，传统糯稻品种特别耐水淹，可在一年四季不断水的稻田里正常生长。这些品种还大多具有较强的保水和蓄水能力，

---

[1] 罗康隆：《论侗族稻田养鱼传统的生态价值——以湖南通道阳烂村为例》，《怀化学院学报》2007年第4期。

因其秆高，往往稻田水浸泡部分在 55 厘米以上，截流了较多的水资源。传统糯稻品种生长期差异明显，虽然插秧时间基本集中在农历三四月，但成熟期各有不同，从农历七月到十月都有不同的品种进入成熟期。有的品种从插秧到成熟期间均不需排放稻田里的水，收割稻谷后，就往田里放养鱼苗。这样算起来有的稻田一年至少有 8 个月的时间存储着大量的田水，这些水源在枯水季节可为稻田下方的河流进行补给，起到缓解枯水季节水源短缺的作用。[①]

值得一提的是，当地村民并非每年都要种植所有的糯稻品种，而是根据当年的气候来选种种植，若当年风调雨顺，就选择种植生长期较短的品种，若遇上干旱年，则选择种植生长期较长的品种，其目的是要确保大量的稻田在不同的季节里截留大量的水。那么如何判断当年的气候呢？"听雷"是他们从老祖宗那里传下来的一项天文知识，即每年立春后，第一次打雷的雷声来自东方，那么这一年定是风调雨顺；雷声来自西方或其他方向，则预示着会是一个干旱年。水族民众在预判每年的气候情况的基础上，根据糯稻品种成熟时间的差异性，进行人为选种，交错消解不同气候条件可能带来的风险，以求最大限度地降低自然灾害的影响。

贵州世居少数民族处理人与自然关系的适应性创造，还体现在对小气候的有效调节和对生态系统的适度干预上。糯稻是一种优良的水稻类型，作为稻作民族的侗族，喜食糯米饭，长期以来以种植糯稻为主。侗族稻田通常根据蓄水情况分成"软田"和"硬田"。所谓"软田"就是一年四季都蓄水的稻田，而所谓"硬田"就是秋收后不蓄水的稻田。"软田"和"硬田"不但蓄水时间长短有差别，其对应的作物品种、耕作技术等也有较大差别。历史上侗族种植糯稻的比例非常大，"软田"通常占到所有稻田的 80% 以上，而"硬田"一般只占所有稻田的 15%~20%。

糯稻田（软田）对侗乡的小气候有着重要的调节作用。因为传统糯稻植株较高，一般在 1 米以上，所以不怕水淹且便于积蓄深水进行稻田养鱼。糯稻的生长期也较长，一般都在 160~180 天。传统糯稻不用晒田，一年四季可以蓄水，这些糯稻田实

---

① 蒙祥忠：《饮食里的象征、社会与生态——对贵州水族九阡酒的人类学考察》，《西南民族大学学报（人文社会科学版）》2018 年第 3 期。

际就是一些大大小小的水库。糯稻田依山而建，山有多高，田就有多高；田有多高，水就有多高。下雨时糯稻田把雨水积蓄起来，气候干旱了，糯稻田里的水自然蒸发，变成云雨，调节气候。这种独具特色的"天然水循环系统"既避免了温室效应，也有利于水土保持，侗族地区的青山绿水很大程度上就是因此形成和保持下来的。侗族地区至今生态环境良好，水旱灾害相对较少，也与这种耕作制度有很大的关系。

有学者经多年实地调研得出结论，侗族的高山梯田，由于选育的糯稻品种具有秆高、抗水淹的特性，因而贮水深度可以高达0.5米，每一块稻田、每一口鱼塘对液态水的储存能力都要比同等面积的天然森林大三倍到四倍。通过进一步计算能够得出：在雨季，每亩稻田可贮备333吨水。若以人均一亩地计算，整个侗族地区（2000000人）将可以贮备666000000吨水，这几乎是一个大型水库的有效储洪总量[1]。到了枯水季节，这些贮备起来的淡水资源又将极大地缓解江河下游水资源补给短缺问题。侗族的稻田构建能够增强大气降水的截留、储养能力。[2] 侗族群众根据山多坡陡、水流冲刷力大，以及气候、植被垂直或立体分布的特点，环山绕溪，选择上方有茂密的森林涵养水分之处，砌坎垒坡，开辟出层层梯田，并在层层梯田间修筑道道水沟，将森林涵养的水分引入梯田。水流自上而下，上一块梯田溢满才流入下一块梯田，既保证了农作物所需用水，又减轻了水流对坡地沙土的冲刷力。梯田的施肥也是根据山势，利用开挖的水渠进行的。一方面，山顶森林、杂草等植被的大量腐殖质和动物的粪便顺着沟渠冲刷，流入梯田；另一方面，家畜家禽粪便、垃圾等农家肥也利用水沟，顺山势疏浚，导入梯田。梯田具有保水、保土、施肥的功能，的确是山地民族利用自然生态系统，开拓人工生态系统的创举。[3]

仡佬族在生产中有"大地生万物，护持为我用"的管护理念——希望自己的农田像大自然一样，各种作物均衡生长，然后予以均衡利用。所谓"护持"，其含义

---

① 罗康智：《侗族传统珍稀糯稻丢失的文化思考》，《鄱阳湖学刊》2012年第2期。
② 罗康智：《侗族传统文化蕴含的生态智慧》，《西南民族大学学报（人文社会科学版）》2012年第1期。
③ 柏贵喜：《南方山地民族传统文化与生态环境保护》，《中南民族学院学报（哲学社会科学版）》1997年第2期。

十分复杂，简单来说，就是对天然长出的、不是人为种植的物质不加清除，而是"护"住，再让它生长一段时间，达到可利用的程度再加以收获。"护"的办法也有多种，可以是就地护持，也可以是从荒野中将天然长出的苗木移植到合适地点再加以维护。其"护持"的范围还兼及森林、牧场和其他民族观念中的荒野、日常生活的方方面面。

仡佬族村寨的每一片耕地都实施高密度、多种品种的混合种植，在一片耕地上种植或管护数十种农作物和野生植物，耕地的边角地块也长着大茴香、小茴香、薄荷、花椒等食用香料，还有用于析取纤维的各种麻类、作染料用的蓝靛草等。总之，几乎每一个地块都是一个小型的植物园。仡佬先民认为大地生万物，每一样植物都有自己的应用价值，可以予以均衡取用。哪怕是对农作物的缝隙中长出的各种杂草，他们甚至也没有视其为"杂草"，在中耕作业时也不会对田中的杂草加以铲除，而是将其割来用作牲畜饲料。在他们的田地中，几乎每一块地都零星长有高大的漆树，这样的情况在其他地方是很少见的。仡佬族人同样认为它既然生长在这里，总会有它的用途，因而不会将其砍掉而是任其生长。

五、适度发展：处理人与自然关系的生存智慧

在贵州世居少数民族的文化传统中，许多村落通过全体村民共同议定并要求所有人共同遵守的，具有习惯法性质的村规民约来规范村民的行为，处理人与自然的关系。在这些村规民约里，我们可以看到对人的欲望的节制和生产生活适度发展的价值主张和实践追求。

台江九摆村苗族议榔的榔词规定："乘凉的风景树，山上的朗科（草木）不能乱砍乱割；河中田中的鱼虾可以捞，但不要将鱼虾捞尽，野猪和山鸟可以打，但不要将他们打尽；山上的草药可以采来治病，但不要将他们拔尽。"[1]黔东南的苗族在采集活动中，普遍遵循着"采大留小，采枝留根"的原则，以保证后续的生长和二次采摘。尤其在采摘果实时，无论是果树还是藤类，都不会采用将树枝或藤茎砍断的方式，而是背着竹篮或竹篓上树去摘，有时候一颗一颗地摘，实在摘不到的才

① 杨从明：《苗族生态文化》，贵州人民出版社2009年版，第189页。

会用竹竿将果子打下来。[①]

在封山育林方面苗族也形成了具体的规制，针对新造幼林，会采取全封的方式，不准进山烧灰积肥，不允许进山放羊，甚至砍柴草等也不允许进入。十年以上的成林区主要采用半封，允许进山割草、剃枝和放牧，大部分允许砍树，但不许在其中烧灰积肥。轮封主要是针对较大面积的林区进行分片管理，轮流封禁。定期封，则主要针对柴薪和获取比较困难的村民，一般会在规定的时间内，开山10天或半个月，有组织地割草、砍除杂灌、剔除干枝做燃料。这一系列的规定和技能有效地保证了林业生计的可持续发展。针对不同种类的林木有不同的砍伐规范。乔木需"砍小留大"，因为乔木分枝较少且再生能力较差，伐小留大易于成林；灌木需"砍大留小"，因为灌木的再生能力较强，发枝多，越砍越密。剔除薪柴时，要做到"密多疏少"，密的地方多砍，稀疏的地方则少砍，一般只砍大树上的枝丫。如果是珍贵树种，尤其被视为村寨保护神的树无论如何也不能砍。有的支系在采集果实时，甚至会等其成熟后自然脱落，不用攀折或砍断枝丫的办法来采摘。

苗族村寨往往用乡规民约来对村民的行为进行管理。违反乡规民约，除了要补种树苗外，还要进行处罚。有的处罚3个120[②]，有的处罚毁一棵苗要补种5棵苗，还必须保证成活。总之，既要补种，又要罚款。

在森林利用上，侗族讲究节制，每年仅仅砍伐那些按"款约"规定可以作为燃料的木材。侗族传统就有轮歇制度，将自己的薪炭林地划分为若干片分片轮歇，方法有两种：一是根据各自用材目的以及每年各自需要多少烧材确定砍伐面积，将薪炭林砍伐后，种植1~2年的旱粮作物，两年以后再进行人工造林；[③]二是薪炭林被砍伐后，让其自然恢复，恢复的林地内允许牛群进入，牛在林地内啃食植物枝叶和

---

① 龙正荣：《黔东南苗族物质文化中的生态伦理思想》，纳日碧力戈、龙宇晓主编《中国山地民族研究集刊·2015年卷》2015年第2期。

② "3个120"在多个苗族村规中存在，主要用于对违反村规民约行为的处罚。如岜沙村规民约中规定，对于毁坏林木者，"应双倍补种树木，处罚120斤酒、120斤米、120斤肉。"具体参见薛新民：《从江县岜沙苗族环境保护习惯法研究》，贵州民族大学硕士学位论文2019年，第33页。

③ 贵州省民族宗教事务委员会、贵州省科技教育领导小组办公室编：《贵州世居少数民族文化史》（卷二），第85页。

排泄粪便等活动，有利于植被的更新，增加土壤有机质，吸引一些生物，尤其是昆虫和土壤微生物的进入，并且起到传播种子的作用。侗族居民拒绝对林地采用"剃光头"的做法。他们认为，过度砍伐会导致山体滑坡，山体垮了，花再多钱也不能恢复，森林资源的利用必须保持节制。

　　水族先民对土地秉承着适度开发的理念，在典型的"八山一水一分田"的山地环境之下，水族群众对土地的开发非常谨慎。比如在开垦梯田时是否对某些地块进行"烧畲"，"烧畲"之后是否进一步开发为梯田，开发梯田之后如何进行植被的涵养等都会认真考虑，实际操作中他们通常只在山坡最高出水位置的海拔线下开发梯田，而梯田之上的天然植被则被有意识地严加保护。事实上根据开发山区梯田的经验总结，水族只开发土地总面积的10%或者5%作为农业生产用地，其余土地则作为生态水源的涵养地或者林业生产用地，以确保梯田稻作农业生产对水资源的需求。曾有国际人类学家感叹，月亮山及都柳江流域地区的侗、水等民族的梯田开垦行为是"一种具有典范性的尊重自然并修理地球的农业，其土地适度开发的生态文化智慧，令许多荒漠沙地的人们汗颜"[1]。这种山区梯田稻作农业的开发经营是以水源丰沛作为先决条件的，因此从一开始，就为水族的梯田稻作文化注入了保护水源的理念。

　　水族采集植物须遵循适度原则。酒曲植物既神圣又稀少，因此自古传下来的规矩就是不允许进行大面积采摘，必须按照"适度"原则进行采集。一是单株生长的草本植物，每片小山坡只采集3至5株；二是丛生的藤蔓植物和木本植物，只采集其中的几株，若3至5株生长在一起的，只采集其中的1到2株；三是生长在一起的一对雌、雄植物，则只采集其中的1株，不能全部采取以免导致灭绝。谁若违反这些规则，那么其家庭将断子绝孙。[2]

　　布依族人认为有些山住着山神，故很多村寨都有山神庙和山王庙，在每年固定

① 贵州省民族宗教事务委员会、贵州省科技教育领导小组办公室编：《贵州世居少数民族文化史》（卷二），第94页。
② 蒙祥忠：《论水族对生命现象的理解与表达——以水族从酒曲植物的认知到酿酒工艺为例》，贵州大学硕士学位论文2009年。

的日子全村要集体祭祀。布依族人认为住着山神的山常常有奇峰怪石，或有天然溶洞、林木茂密的大小山坡，这些"有异"的事物往往与山神相关，布依族人不能破坏。如果到山上打猎，须先在山下燃香烧纸，才能入山打猎，因为猎物是被山神养着的，打猎时不能贪心，要讲究季节，不能向山神索取过多的猎物。

适度发展的生存智慧，不仅体现在各民族对自然资源的利用上，还体现在对人口的管理上。

处在山多地少的自然环境之中，族群的生存和发展受到环境和资源条件的制约，如何解决人口不断增长和自然资源有限之间的矛盾？侗族的先民们根据资源的多少调整村寨的规模：为村寨人口设定一个限度，在人口数量达到限度的时候，分出一部分人到村外去发展，依照祖先"依山傍水"的传统理念寻找一个新的自然环境，重新建一个寨子，开辟出新的生存空间。《祖先落寨歌》中描述："人多地少后来住不下，祖公商议分到别处去安家。"于是就有了如今许多村寨内部类别的划分："大寨、小寨；新寨、旧寨；上寨、下寨……"侗族祖先的分寨行为看似是为了生存而不得已的选择，实际上是本着最古老的生态意识，选择的一种控制人口密度的有效方法，其间也蕴含了侗族群众仁爱万物，强调生态平衡的维持，在生存与发展中寻求资源与人口平衡的传统生态理念。

侗族人在与自然不断接触过程中，逐步认识到一定区域内的自然资源是有限的，只有合理利用资源、控制人类自身的生产规模才能达到持续利用的目的。如何控制人类的生产规模呢？一个最朴素、最基本的方法就是控制人口数量。从江县占里侗寨就是这一理念的典型代表。据有关部门统计，该村1951年总人口为762人，2006年人口总数为791人，2009年人口总数为803人。也就是说，在半个多世纪里，占里全村的总人口只增加了40人。占里自古就流传着"种好田地多植树，少生儿女多快活；一棵树上窝雀多，有的就要挨饿""崽多无田种，娶不了媳妇；女多无银两，嫁不出姑娘""人会生崽女，地不会生崽"等民谚，古歌里也唱道："祖公的地盘好比一张桌子，人多了就会垮掉；山林树木是主，人是客；占里是一条船，多添人丁必打翻……"古歌用生动的比喻、拟人的手法说明了自然环境与人口的关系，如果处理得不好就会出现很多社会问题，对族群的生存和发展不利。这些思想朴实无华而又深刻，有极强的说服力，形成了占里人朴素的人口观念和节育理念。

据《从江县志》记载，占里人的祖先原本在广西的苍梧郡，后辗转来到占里。多次迁徙的根本原因是"生计困难"，其中包括"人多地少"，人口控制做得不足，粮食不够吃导致争端等因素。占里建寨后发展迅速，大约到了清朝中期，随着人口的增多，粮食不够吃的问题开始出现，进而引发了偷盗、老人无人供养等问题。大约在140多年前，有位叫吴公里的寨老对占里田土面积、森林的承载力以及人口的增长速度等问题进行思考，拿出了改革方案。经寨中人仔细研究和商量，为全寨定下寨规：占里的人口不能超过160户，人口总数亦不能超过700人，一对夫妇最多只能生育两个孩子。甚至具体到有50担宿谷的夫妇可生育两个孩子，只有30担宿谷的夫妇只能生育一个孩子。如有违规者，轻者将其饲养的牲畜强行杀掉煮给全寨人吃，以示谢罪，重者则将其逐出寨门或由其亲属处以重罚。从此，占里人形成了朴素的人口观念和节育思想，严格执行着精准控制人口总量的"村寨法则"和"一对夫妇只生两个孩子"的"生育政策"。[①]

这种强行规定当然起到了一定的作用，但更重要的还是占里人的某些生活习俗和内在的生育意识促进了这种强行规定的有效实施。据说在清朝时，占里人就学会通过神秘的"换花草"来平衡性别，控制生育，稳定人口数量，以减少对自然的过度索取。据当地民众介绍，占里侗寨的民间"药师"掌握一种名为"换花草"，能调整孕妇腹中胎儿性别的藤状草药，孕妇想生男孩就取其根部竖长的部分用水煎服，想生女孩就取其根部横长的部分用水煎服。已经生了两个孩子的妇女，还可以吃另外一种草药避孕，其由棕树、茜草（小血藤）、月季花等植物配制而成。据说，当女人生完第1个小孩之后，倘若第1个生的是男孩，那么"换花草"就会让她的第2胎怀上一个女孩；倘若第1胎是个女孩，那么"换花草"就让她的第2胎怀上个男孩。这种"祖传秘方"只能由当地妇女单传，不得向外泄露。[②]

综上所述，贵州世居少数民族的生态观是建立在他们对万物同源、万物有灵、

---

① 徐晓光：《清水江流域传统林业规则的生态人类学解读》，知识产权出版社2014年版，第116页。
② 陈幸良、邓敏文：《中国侗族生态文化研究》，中国林业出版社2014年版，第153页。

万物平等、万物互联、万物共生的基本认知上，也建立在因地制宜、因时而变的适应性创造上，更建立在适度发展、人与万物和谐共生的价值追求和实践探索上。这些生态观，是贵州各少数民族在长期的生产生活实践中不断摸索、不断总结出来的，虽然没有哲学家用哲学的语言进行系统性的阐述，但我们在他们的生产生活实践中，在他们处理人与自然关系的文化事象中，可以感受到生态观作为文化内核的观念引领，也能感受到生态观念的深入人心，及其与实践和经验的强关联。在强调生态文明建设的今天，许多经过长期实践检验的，与生态环境和谐相处的生态观念和生态价值主张，成为丰厚的文化遗产和重要的生态智慧，应该得到系统、深入的研究，在当代发挥其应有的价值。

苗族篇

导言

　　苗族散布于世界各地，在我国则主要聚居于湘、黔、鄂、川、滇、琼等省。据 2020 年全国第七次人口统计数据显示，全国约有 1106.7 万苗人，其中约有 41%（约 450.69 万人）[①]生长于黔山秀水之中。若按行政规划划分，他们主要居住在黔东南苗族侗族自治州、黔南布依族苗族自治州、黔西南布依族苗族自治州、铜仁市松桃苗族自治县、安顺市紫云苗族布依族自治县、遵义市务川县、六盘水市水城县等州县。

　　苗族迁徙进入黔境后，各种历史、社会原因的叠加，他们大多居于山间，故格迪斯在《山地移民》一书中视苗族为典型的"山地民族"。苗家的生存有着典型的以山为靠、以水为依的特点。以山为靠，指横亘于贵州中南部的苗岭成为苗族各支系的主要聚集地，其主峰雷公山更是被视为苗族最主要的聚居地，这里聚居有苗族的多个主要支系[②]，其语言属中部方言（或称黔东方言）。黔境北部自西向东北斜贯的大娄山脉之中，包括遵义泗渡、布政、板桥及桐梓县相邻之乡镇部分村寨，聚居着有自称为"蒙娄"的遵义支系，该支系的语言属川滇黔方言区。东北部由湘蜿蜒入黔的武陵山脉之中，则散落分布着自称为"果熊"的苗族湘西黔东支系，其语言为湘西方言。西部高耸的乌蒙山脉中，生活着威宁支系（自称"阿卯"）、阿弓支系（自称"蒙"）、蒙洒支系（自称"蒙洒"）。以水为依，指沿赤水河、金沙江流域的金沙县、赤水市零星分布有自称"蒙娄"的寨和支系。乌江最大的支流——六冲河两岸，散居着自称"蒙"的六冲河支系。沿清水江流经的都匀市、麻江县、凯里市、台江县、剑河县、锦屏县、天柱县，分布有施洞支系、革一支系、台拱支系、巴拉河支系、黄平支系、舟溪支系、太拥支系等。发源于独山县的都柳江流域

[①]据第七次全国人口普查数据，《贵州统计年鉴 2021》。
[②]黔东南支系、黔中黔南支系、黔西滇东南支系、湘西支系、滇东北支系五大支系说。具体参见，吴一文、覃东平：《苗族古歌与苗族历史文化研究》，贵州民族出版社 2000 年版，第 116 页。

中，河流流经的三都县、榕江县、从江县则散居着丹寨支系、平永支系、八开支系、加鸠支系、榕江支系、岜沙支系、打渔支系等。

从苗家的主要迁徙路径来看，苗家沿水路进入贵州境内后，逐渐形成了以雷公山脉、月亮山（也属于雷公山脉）、腊尔山、乌蒙山、麻山地区[①]等山脉和以清水江、都柳江、重安江、巴拉河、六冲河、格凸河等大小支系河流两岸为主要聚居地的分布形态。山的自然阻隔和水流的纵横交错，高山与低地、深谷与高低落差的水流湖泊形成地理上的错落，苗族各支系进入黔地的时间不一、路线不一，择定的定居点不同，使得苗族各支系之间形成了文化地理上的错落分布，有研究者将之总结为"整体认同前提下的若干群落式断裂"[②]。苗家的传统生态文化知识贯穿于日常的生计生活以及精神世界，其中既有苗族先民在适应本民族独特自然生存环境的历史过程中，所总结、提炼出的以人与自然和谐共存、人与人和谐相处为基本原则的物质文化和精神文化的总和，也有当代苗家生活的参与和传承。这类传统生态文化知识具体体现为苗族生活生计中对居住地周边生物特性的把握和善用，并能够利用相互影响的特性形成新的制衡；精神世界中对生物生命本真的描摹、认识和尊重，以及由此形成对生存地域周边生物资源的有节制的获取与回馈。

总体而言，苗族的传统生态文化知识呈现出如下几个特征。

第一，突出的地域性和支系性。包括生计生活在内的相关知识，在某一个具体的空间范围或者有着相似生态环境的地域内才有效，且这些知识仅在一定的支系族群范围内传递，在过去相对封闭的环境中只是随着通婚关系流动。对于苗族传统生态知识的"空间局限性"[③]，已有研究者关注，但是大多忽略了相关传统知识随着通婚及迁徙所发生的对当地的适应性调节，而这些变化，我们几乎可以在苗家各个支系的传说、古歌中找到例证。这恰恰说明苗家传统生态知识并非只是万物有灵的原始信仰驱使下的产物。

---

① 麻山不是山脉，也不是一个固定的行政区划，而是指贵州省惠水、长顺、罗甸、紫云、望谟 5 县交界接壤的一片区域，暂放于此。
② 罗义群：《苗族本土生态知识与森林生态的恢复与更新》，《铜仁学院学报》2008 年第 6 期。
③ 杨庭硕、王婧：《苗族传统生态知识的演变——杨庭硕教授访谈录》，《鄱阳湖学刊》2016 年第 1 期。

第二，利用与维护的有效兼容。无论是苗家村落建设还是日常生活所需，每有向自然索取之处，苗家必然有相应的回馈与维护行为和机制保障。比如护寨林的择定与栽种、采摘中的"见三采一"、林业经营中的"伐一补一"……这种取与补、利用与维护，随时随地都在进行，对于苗家而言，获取与回馈本就是天地自然的一种"道"，是人不应违背的"理"。

第三，共生逻辑下的拟人化人文情怀。苗家对自己生存空间的生物总有一种共生逻辑下的拟人化人文情怀，长期秉持一颗感恩的心，如盖赖苗家每到"关秧门"时，就会煮糯米饭，并且会让牛先吃，因为在他们看来农忙时节人和牛都很辛苦，甚至牛更累，因此需要让牛也好好休息一下。深知人类在自然面前的渺小和脆弱，使得苗家能够在面对与自己共生的动植物时，产生颇为浪漫的拟人化的人文情怀（共情），由此产生带有同理心的移情，使得人为了自身生存而产生的获取和扩张成为需要约束和控制的对象，并由此进入一种"万物互联"[①]的生态系统之中。

概言之，苗族传统生态知识作为传统知识的一部分，是世代苗族对所处自然环境与生态系统做出的文化适应的知识积累，蕴含着苗族与自然和谐相处的生态理念，是经过长期的观察与实践凝聚而来的知识体系。这套知识体系与当地生态环境息息相关，为该区域民族所固有，总是直接或间接地对当地民族成员的生态行为产生影响，不仅有利于引导民族区域的生态文明建设，还促使他们在正确利用自然与生物资源的同时，又能实现维护生物多样性的效应，并对我们今天面对所处生态系统的安全危机的处理和应对有重要的借鉴意义。

---

① 贝特森认为：统辖我们思维和学习的心智体系，也统辖世间生物的进化和生存生态，有一个元模式（meta—pattern）统辖着世界。纳日碧力戈在贝特森的基础上提出了万物关联，即人类和其他生物，乃至和非生物，都生活在同一个超级生态系中。（纳日碧力戈：《边疆无界：万象共生的人类观》，《中南民族大学学报（人文社会科学版）》2011年第1期）

第一章 传统生态文化智慧的物质表现
——人在自然之中

据相关史料和学者研究，苗族进入黔地境内初期，除分布在雷公山周围的支系外，其他支系一开始生活在河谷地带，他们在黔地少有的坝子、丘陵、河谷地带重新开始农业耕作，逐渐形成了今天贵州苗族村寨大多位于海拔较高处的现状。有研究者通过统计黔东南苗族侗族自治州民族的村寨位置，在 Google Earth 上提取筛选目标对象村寨，利用 Arc GIS 软件进行相关高程、坡度和坡向分析发现："苗族村寨分布于稍高海拔区，主要分布区间为 300~1200 米，且在 600~900 米范围内分布最多，坡度主要分布于 0~2.5 度，坡度稍高一点的村寨相对较少；坡向主要分布在西北方向，且在其他方向上也有一些村寨分布。村寨地形湿度指数大多分布在4.88~6.45 范围内，主要为稍干旱区域。"[1] 其中各个支系又存在一定的差异，如六枝梭戛地区的箐苗的主要聚居地是高原山地，而铜仁地区的苗族支系也有居于水边平地的。但总体而言，地理学的调查数据印证了贵州民谚中的"高山苗、水仲家"的说法。

尽管有分布上的共性，但不同的苗族支系因居住地周边生态环境的不同，有着不同的社区地理景观。如安顺地区的苗族聚居或杂居的生活环境就可分为"城郊、坝区、山间平旷、山区或半山区四类"[2]；六枝梭戛地区的苗族（箐苗）则因避乱而迁徙至海拔在 1400~2200 米的高原山地，其社区地处喀斯特地层与煤层的交错地带，故村寨与村寨之间呈现较单一的农业景观。但村寨附近及村寨内部植被良好，寨中房屋布局随地形起伏变化，分散布局；雷公山地区聚居的苗族支系，由于周边

---

① 王新：《城镇化进程中黔东南州苗族侗族村寨的保护与设计》，中央民族大学硕士学位论文 2015 年。
② 安顺地区民族事务委员会编：《安顺地区民族志》，贵州民族出版社 1996 年版，第 127 页。

森林覆盖率较高，物产丰富，故村落或沿河谷或坐落于山间，绿树掩映之中，形成高低错落的聚落景观。

这种差异被研究者概括为"一山一岭一村落"[①]，苗家的村寨有的坐落于山间呈团状分布，有的沿河谷呈带状分布，更多的是位于半山呈团簇状。由于贵州特有的自然生态和苗族迁徙进入黔地的历史，人的力量在具体的生态环境下变得更为渺小，想要以一村一寨之力改变所处地域的自然形貌可谓难上加难。故大多数苗族同胞在建村立寨之时，都是依山势地形而动，形成山、林、寨、田、水融为一体的村落景观，村民对周边森林的养护，人工湿地（梯田）的开垦，水源的保护和合理利用等形成了苗族村落独特的生态景观。因此苗族传统生态文化智慧可以总结为：人既不在自然之上，也不在自然之下，而在自然之中。

第一节　村落选址中的生态因素

一、居于山水之中

苗族千百年来处于不断的迁徙之中，不断从熟悉的生态环境中离开，不断去适应新的环境。究其原因，贵州境内的苗族古歌中关于迁徙的说法大致有两类：其一是《跋山涉水》（主要流传于黔东南地区）中所描述的"六个婆婆共一架纺车""五个公公共一把柴刀"，因人多地少、环境资源匮乏而导致的主动迁徙；其二是如《杨鲁话》（《亚鲁王》）（主要流传于紫云、望谟等麻山地区）、《格罗格桑》（主要流传于贵州西北部及贵阳附近地区）一类古歌所吟唱的，因战败而不得不进行的被动迁徙。然而，无论是怎样的原因，在开始迁徙后都面临一个全新的问题：择定新的宜居之地。各个村寨流传的择居于此而非彼的传说各不相同，但其中有一些要素却是共通的，以具体苗寨的择居故事为例：

> 先祖原住在江西，迁徙至贵州境内后，原先住在紧邻盖赖的送陇坡

① 杨东升：《论黔东南苗族古村落结构特征及其形成的文化地理背景》，《西南民族大学学报（人文社科版）》2011 年第 4 期。

上，但奇怪的是养的鹅经常丢失，人们在寻找鹅的过程中，发现这些鹅经常飞到地翁的一个水塘里洗澡（这个水塘现在依然存在），就不回村了。那些老人们找到鹅的时候，发现这个水塘里有很多浮萍，就觉得是这块地方是个宝地，于是就迁到这里居住。

——盖赖苗寨^①

这个地方从前没得人居住，我们家就是从凯里那边（舟溪）走过来的。老一辈的人们追山、追到这里，就有两条狗跑到寨子下边有个水池那里，现在也能看到街边有个小井，我们苗话喊"往峨"（水井），白狗发现有水就去洗澡，洗澡的时候、浮萍挂到了身上，狗回来后，人们看到就晓得这附近有水，就问"你在哪点找到这个嘞？"两条狗狗就带着人们去，找到了水井，人们发现这个水井的水很好，是可以居住的地方，于是就到这个地方来居住。

——朗德上寨^②

空申人从东方迁来，一开始住在朗洞的崩坡溪，后来汉人搬来，看到那里的田地肥美，就硬说那个坝子是汉人的，争来争去相持不下。汉人想出一条计策，说坝子是汉人的，不信就去问瀑布，汉人事先安排了人躲在瀑布里边，向问话的苗人回答土地的归属。憨直的苗人输掉了家园，只得再次西迁……失去家园的空申人，开始往西走，一边打猎一边寻找新的栖居地。直到有一天一只猎狗从山上背得一身的白浮萍回来，老人知道已经遇到适合居住的地方了，于是随狗上山找寻生长白浮萍的地方。果然，在半山腰的宽阔处有几口水塘，水塘里长满了白浮萍。于是人们

---

① 盖赖苗寨，位于贵州省黔南布依族苗族自治州三都水族自治县都江镇盖赖村，东与羊福乡接壤，南抵打鱼乡打鱼村，西抵打鱼乡来木，北接黔东南州丹寨县雅灰乡。地处东经107°58′至108°3′，北纬26°2′至26°5′。该支系自称"木"，被称为"高坡苗""白领苗"，为苗语中部方言南部土语。服饰为月亮山型雅灰式。

② 朗德上寨，位于黔东南苗族侗族自治州雷山县丹江镇北，距州府凯里27公里、雷山县城17公里，东临丹江镇、西江镇，南接望丰乡，北接三棵树镇，位于巴拉河畔，于元末明初之时建寨。该支系自称"嘎闹"，语言属黔东方言（中部方言）的北部土语区。服饰为清水江型西江式。

在这里安顿下来，繁衍子孙，逐渐成为远近闻名的大寨子……

——空申苗寨[①]

此外，黔东南从江县丙妹镇的岜沙[②]也有类似的传说，说岜沙人的先祖自江西迁徙至黔境后，本居住在"永克"（苗语）这个地方，但因与当地居民发生矛盾，被迫继续迁徙。经过长年的跋涉和长时间的流浪，在一次打猎时，偶然遇到一只全身湿透、身上带血的野狗，岜沙先祖跟着它找到了一汪山泉，于是决定定居于此。[③]

除了水源，决定某一支系是否择居某一地方，还有一个重要的指标——族群的安全。在紫云地区苗族史诗《亚鲁王》中就吟唱："亚鲁王带族人日夜迁徙来到新疆域。/这是一片宽广的地域，一片辽阔平坦的疆土。/水源充足，粮草丰盛。/可这里躲避不了追杀，没法摆脱硝烟战火。/……亚鲁王继续迁徙，绝不回头。"其后又来到一片新的疆域，"这是一片狭窄的地域，这是贫瘠陡峭的山地。这里能躲避追杀，见不到战地烽火。这里水源稀缺，不产丰盛粮草。……亚鲁王艰难迁徙，日夜奔走。/亚鲁王继续迁徙，绝不后退。"那么什么样的土地才是亚鲁王眼中的好疆域呢，"这是一片开阔的盆地，这是一处险要的山区。/一条大河穿过盆地中央，大片田坝散在河的两岸。这里可以逃避追杀，这儿能躲避战争。/水源多多，粮草丰盛。亚鲁王说这里能抚养我儿女，亚鲁王讲这儿能养活我族人。"[④]显然，在麻山支系的择地标准中，险要的山势和开阔的盆地是躲避战争的凭依，而水源和粮草则是族人赖以生存的物资保障。

正如有研究者总结的："亚鲁王在迁徙过程非常重视自然生态和人文生态的选

---

① 空申苗寨，在苗岭主峰雷公山麓下，位于贵州省黔东南州榕江县两汪乡，距榕江县城63公里。该支系被称为"短裙苗"，空申妇女的头饰类似于"青苗"，而裙子则属于"黑苗"与雷山县桥港的"超短裙"相类似（这两支服饰不同，故应非同一支系）。其语言推测为苗语中部方言南部土语区。
② 岜沙为侗语地名，意为草木繁多的地方，岜沙人自称是蚩尤第三子的后裔。苗语称为"分送"即"黎平过来的寨子"之意。岜沙属于中部方言南部方言区。
③ 皮庆：《岜沙苗族舞蹈的文化属性及生态构建研究》，贵州大学硕士学位论文2019年。
④ 杨正江搜集整理翻译：《苗族英雄史诗：亚鲁王》，贵州省文化厅、贵州省非物质文化遗产保护中心（内部资料）。

择，他把族人的生存延续和生命安全放置于首位。每迁徙一个新的疆域，亚鲁王通过三方面来定夺是否适宜定都，分别为水源、土地、安全。"① 应当承认，这基本上是各个苗族支系择地建寨的根本要素。在具体的择定方法上，大多是首先借助动物之力（大多数传说中倚靠的都是猎狗，这在某种程度上也可看出苗家狩猎的生计方式）、水中植物的生长状况（浮萍）来判定某地是否适宜生存，再杀鸡或请鬼师进行占卜。这种看似随意的选择方式，却包含着深层的人类智慧，毕竟在高山深林中，人的目力有限，而倚靠动植物的生存本能，不但能快捷有效地找到适宜饮用的水源，还能够通过此处生长的植物的繁茂程度判断土地是否肥沃，是否适宜耕种。由此可见，在苗家选定寨址的过程中，具体的生境是决定定居的根本原因。

综上，苗族对寨址的选择有三个最主要的要素：其一，有饮用水，即清洁健康的水源；其二，有生气之地，草木繁茂、土地肥沃；其三，安全，地势有险可据。

二、立寨："林—水—田—寨"的村落景观

如果说在寨址的选择上充分体现了取自然之利、避自然之害、借地势以安居、倚地利以延续的智慧。那么在村寨的建设上，则充分体现了苗家将自然作为一个完整系统来把控。不同于侗族村寨多以榕树、枫树为护寨树，苗族村寨多选枫树、楠木、樟树等为护寨树。一方面，苗族先民们通过寻找生长着郁草茂林的"生气之地"来判断寨址是否适宜生存；另一方面又通过广植林木或保护山地林木、"伐一栽十"等手段来维护获得好的风水，以此营造理想的生存环境。

有的苗族村寨在根据水源确定村寨的地址后，会先栽一株枫树，树活则居之，树死则他迁。这一习俗有着深层次的文化动因，但在客观上却促成了古树遮蔽下多有村寨、树与村共生的状况。大多数苗族村寨在择定寨址后，会根据地形和植物状况选定（或栽种）一片风水林（或护寨树），并通过"树木—祖先"的神性构建，进行风水林的养护和禁止砍伐的约束，进而发展出某种人树共生的认知。如朗德上

---

① 马静、纳日碧力戈：《创世史诗中苗族社会秩序构建与地域生态文化——以〈亚鲁王〉文本分析为例》，《中南民族大学学报（人文社会科学版）》2016 年第 2 期。

寨的村民就认为，村子里的风水林要是出现树木枯黄或死亡的情况，那么寨中的村民"不死个把也会大病一场"。

这种看似神秘的做法，其实包含着丰富的生存智慧和生态系统知识。首先，树木可以固土缚石，降水经由树冠截留、地面渗透和根系吸附，便降低了降水对地表土的冲刷，使得山上的水土不易流失。同时由于大多数苗寨的护寨林都位于村寨周边较高处，通过禁止砍伐及人为的养护，可以有效地防止水土流失，并且降低诸如滑坡、泥石流一类的次生灾害。其次，树木吸收二氧化碳，释放氧气，能在净化村寨周边空气的同时减少蒸发，降低昼夜、季节温差，从而实现对村寨周边局部小气候的调节。最后，树木可以涵养水源，不管是择居过程中对水源要素的重视，还是稻作耕种对水源的实际要求，都透露了苗族人民很早就认识到"林—水—稻"三者的关系。因此，护寨树（风水林）的选择就关涉到一个村寨在具体的小环境中的存在与否，正如有研究者指出："森林是该苗族村寨（屯上苗寨）布局的一个重要考虑因素。"[①] 应该说，黔东南大部分苗族村寨，无论哪一支系，都具有以森林为中心的基本布局模式。

在部分联系较为密切的苗族村落之间，如黔东南的一些苗寨还会栽种一种具有指路功能的示道树。具体来说，即在联系两个村寨的道路沿线、泉水旁、岔路口处栽种树木，而人们根据这些树木的提示，便可以顺利地到达目的地。"示道树"一般是一道一树种，岔路口多为几种树的交汇处。示道树多选常绿树种，避免其枯荣失去示道的功效，其栽种的间距多按示道和休憩两种需求来安排。在道路平直的地方，树的间距一般较远，在弯度较大、视野有限的地方，树的间距便会密集一些。在坡度较陡的地方，示道树的间距也较近。位于泉水、山坳或岔路口处的示道树还

[①] 该项研究是针对屯上苗寨的具体分析，但我们认为该项结论适宜于大部分苗寨。屯上苗寨的具体布局：离寨子中心最近的是风景林，整个寨子被榉木、樟木等树木环绕，其中有许多是百年以上的古树，与坡上旱地相间的是松树、柏树；离寨子最远的、地势较高的山坡上是以青枫树为主的薪炭林。较好的森林植被保护了水源，从寨子最高处的山洞中流出的泉水常年不断。该苗寨位于贵州省黔东南州施秉县杨柳塘镇，屯上村的村民从榕江迁入台江革一，后又从革一迁至杨柳塘，服装与黄平支系接近，语言为苗语中部方言北部土语。（具体参见赖力：《民族村寨森林文化与社区机制——基于黔东南苗族、侗族的调查研究》，《原生态民族文化学刊》2014 年第 4 期）

有供路人歇息纳凉的功能。

除了村寨周边的绿化外，苗族村寨还十分重视水源的保护。不但在田水的使用上形成一系列明确的规定，根据田的大小和顺序来分水，而且对一般村寨之中的水井水源也十分珍惜，大多会修筑为上中下（有的地方甚至分四层排列）依次排列且功能各异的三口井——上井是饮水井、中井是洗菜井、下井是洗衣井，所有人必须按规定使用水井，不得乱用。在水源缺乏的箐苗聚居地——六枝梭戞苗寨，由于冬季枯水期背水需要时间等待，水井还发展为当地社区居民交往的公共空间之一。若择定的寨址周边有河流或者溪流山谷，苗寨往往会在溪流上架桥，桥上建亭，名为风雨桥。风雨桥除了提供村民过河的便利外，更是村寨社区居民交往的重要空间，也是苗家风水观的重要体现——"桥如长龙，屹立水上，水至回环，护卫村寨"。故风雨桥往往跨河入寨，但一般建在河流的下游，意味着金银财宝均入苗寨而不得外流。

此外，苗族村寨周边泥土肥厚的地方，村民们往往会将其开垦为耕地，尤其会在山间谷底开垦出一块一块的梯田，沿山势而蜿蜒、宽窄不一。加榜苗寨中流传着一个笑话，说那里的人一泡尿可以跨十几块田，话虽有些粗俗，但从中足见梯田的狭窄。然而从生态的角度来看，梯田作为人工湿地之一，有了森林蓄水调节的助力，形成"山有多高，水就有多高"的自然生态体系。有研究者将苗族村寨的聚居形态具体分型为：山麓河谷型、平坝河谷型和滨水场景聚落，以及山间高地型[①]。其中山麓河谷型分布，是主要的分布类型，大部分的苗族村寨，都分布于山间，高处有林、山脚有河，田地多开垦在山间河谷较平的地带，即形成较多研究者所归纳的"林—寨—田—水"的村落生态景观。山间高地型的分布，则主要指的是由于大寨人口密集后分支迁出而形成的"新村"。这一类村寨规模较小，大多分布于山脉的更高处，故其水源多依赖山泉，而在村落景观上，以"林—寨—井—田"为主要形态，从而呈现出一种"辐散型聚落"所特有的文化环境上的自由随性、任其自然。

但无论哪种分型，从苗族村寨的布局和建设上来说，呈现出明显的具有系统性

---

① 孙伟：《生态视野——黔东南州山区聚落与城镇发展研究》，四川大学硕士学位论文 2015 年。

的控制，即对生态要素之间相互关联、互相影响的精准把握，通过构建起"林—水—田—人"的系统循环，实现人与自然的和谐共生。

三、建居：就地取材、适以地宜

苗族各支系因其所居生境不同而在民居的建筑上也各有特色。一般而言，由于村落位置多取离田土近、取水方便之地，故各村寨在建设上多是依山形地势，充分利用当地的地理状况，有着良好的适应性。在具体的建筑样式上，大致有广为人知的吊脚楼样式、落地的平房样式，以及为外界所猎奇的穴居样式。在建筑材料上，无论是用木料、树皮、茅草，还是泥土、石板，甚至以洞为居，都体现了就地取材的特点，不但适应当地气候，更与当地的环境相协调。其中黔东南地区的吊脚楼（或称半边楼）因研究者众多，此处不再赘述，故侧重分析麻山地区的洞穴居和安顺镇宁等地的石质平房建筑中的苗家智慧及其对当地生态环境的适应性。

在麻山地区的紫云县苗民由于当地岩石崩落频发，在建屋时便会将宅基地设在坡度较缓的地方，用当地人的话来说："山脊上的宅基地风水好，家里人容易当官。"但即便择定了宅基地，在修筑房屋之前，还是会用一年的时间来检验周边的山石大树，将有移动痕迹，或是位于大树前面容易滚动的石块敲下来，或是用炸药小心炸掉，以保证新修房屋的安全。若是在原宅基地上重建，则必须是没有被落石击中过，若是曾被落石击中，就必须向旁边挪动一段距离，以避免不吉利的事情再次发生。用一年的时间来考察建居的安全性，显然就不仅仅是禁忌和风水之说能够加以解释的，这样的行为和耐心本身即是出于对当地生存环境及地质情况的了解。

在当地，早年间该支系苗族村民主要就是居住在天然的溶洞之中。即便在今天，如果预见有发生岩石崩落等次生灾害的可能，村民们依然会及时躲避到当地的溶洞岩穴之中。在今天的麻山地区，以山洞为家的苗民依然有大约两三百人，分散在紫云、罗甸、长顺、望谟四县境内，其中以紫云县中洞村的穴居点规模最大，岩穴中不但有20余户人家居住，还办有一所小学。这不仅是因为岩洞冬暖夏凉，还因为在当地遭遇山石滚落和猛兽袭击的风险都相对较低，是适应当地生态地质环境的安全的"居住之地"。用村民的话来说，住在山洞中有七大好处：一是冬暖夏凉；二是不缺水、空气好；三是安全；四是节约耕地；五是山洞中的粮食食物不易腐坏；六是节约建材；七是建筑成本低、维护费用少，安全。① 综合来看麻山苗族同胞居住地周边的地质状况和当地的气候条件，属于典型的喀斯特脆弱生态区，岩溶地貌发育处于中期，故呈现出典型的峰丛洼地，崩石、冰雹等次生灾害频发。当地山间的岩洞是溶岩发育过程中天然形成的，洞中不但有水源（溶岩浸滴），可以有效地躲避坍塌垮岩等灾害，而且空气清新、冬暖夏凉，人居于其中还可以有效地节约有限的土地资源。当地地表密布环形峰丛环绕的洼地，地下伏流溶洞众多，本就是被地理学家称为"生态脆弱区"的典型地质，加上清代以来推广苎麻种植，当地苗民人为排干峰丛洼地底部的积水，导致当地的石漠化更加严重，水土流失严重，土壤愈加珍贵。岩洞中通风良好，湿度稳定，微生物群落单一，因而储藏在岩洞中的食物粮食不易腐坏。可见，"洞穴居"并非如外界猎奇眼光中潜藏的"落后""愚昧"乃至不发达，反而充分体现了当地居民珍惜土地、不过度掠夺有限资源、顺应自然的生存智慧。

不只是麻山地区的苗族，应该说无论哪个支系的苗族在建寨立房的时候都遵循着"占山不占地"的基本原则。"山"即不宜开垦的山地和坡地，而"地"则是可用于垦种的山地和平地。这一原则有效地保护了喀斯特山区珍贵的耕地，使其不被浪费。

除了相对独特的洞穴居和较为普遍的吊脚楼外，还有一种建筑样式，即落地平房。该建筑有木制和石板两种材质。木制平房一般分布在地势较为平坦的坝子上，在建造的过程中由木匠将木料刨光制成屋架，屋顶上盖瓦，房间用木板（或竹篾编制的挡板）镶合而成。平房上设矮楼，主要用于储藏粮食。石制平房主要分布在贵州中西部和西北部的安顺、平坝、镇宁等市县的苗族聚居地。

但无论是哪种建筑结构，抑或哪种建筑材料，建筑大多都与地面有一定的距离，或是石头垒成地台，或是用木柱支撑，形成一定高度的架空，建筑都不直接与实地

---

① 杜薇：《民族文化偏见在生态建设中的隐患探究——以麻山苗族的穴居和崖葬为例》，《原生态民族文化学刊》2010 年第 1 期。

相接，以此隔绝地面的湿气。其中尤其是吊脚楼的半实半虚结构，既节省了平地的劳力消耗，又增加了房屋的通风透气性，更显现出对黔地山川坡度和湿度的适应的生态智慧。

显然，由于地理环境的不同，苗族各支系间的传统民居建筑样式也有较大的差别。在森林覆盖率较高的黔东南地区，多以杉木材搭建房屋结构，再以木板或竹编篱笆。由于贵州的安顺平坝、镇宁等地是世界上典型的喀斯特地貌集中地区，遍布大量的片麻岩和其他石材，故当地的居民多用石头搭建房屋，且这种石质房屋与当地布依族的建筑接近。在黔西北，由于海拔较高，土层厚，人们便更多地以土、木、茅草为原材料搭建房屋。这充分体现出就地取材，适以地宜的生存智慧。

除了主要建筑外，苗族各支系的民居往往还有一些生活必备的"附件"建筑，如粮仓、牲畜圈、厕所一类。苗族的粮仓在外观形制上多为圆形屯仓，也有方形（如雷山县新桥村的水上粮仓），但在基本结构上大致相似。在架空的井字架上用4根3~4米长的木柱为支撑，其上建仓体，顶部覆盖茅草或青瓦，上下装粮取粮用独木削砍的木梯。在井字架与二层交接处的木柱上往往嵌有石板，避免被老鼠啃吃。还有的地方将粮仓建在田边，与住房隔开，不但存取粮食方便，也避免居室防火不慎使得全家口粮被毁。

值得注意的是，随着国家扶贫攻坚项目的推进，以及苗族地区村民外出务工的趋势等，传统的苗族民居无论在样式上，还是建筑材料的使用上，也开始紧跟时代，钢筋水泥等建筑材料开始进入普通民居的建设之中。

第二节　食、饮、药：取用与回馈

一、食物中的山地生态特性

在清代，黔东南地区大量种植糯稻，爱必达的《黔南识略》有载："镇远府，黑苗，族大寨广，勤耕作，种糯谷。"直至清末，种植糯谷的比重仍然很大，据载当时台江县的糯谷种植几乎占到百分之七十。苗人大多也以糯米为日常饮食，《黔南识略》卷十三载："台拱厅，苗人惟食糯米。"《镇远府志》卷九亦载，黑苗"食惟糯稻……

佐食惟野蔬"[1]。近代以后，由于糯米产量低、收成少，村民难有积蓄备荒年，加上政府对黏谷的推广，使得黔东南地区"种黏谷者，逐渐增多"[2]。今天黔东南地区大多数种植的都是黏米，糯米只有极少的人家播种，更多时候也用于一些仪式性的重要场合。苗谚也有云："无糯不过节、无糯不成立"。糯米制成的食物种类繁多、样式丰富，有糍粑、饵块粑、糕粑、清明粑、粽子等，无论红白喜事、祭祀、探亲访友都需煮糯米饭或糯米制品，特殊的节日还会采来各种天然材料，染制花米饭。苗族饮食中"糯食文化"所表现出的对糯食的偏爱，有糯食本身可冷食、食后耐饿等原因，但更为根本的却是由黔地的地理环境和气候条件所决定的。贵州境内高低起伏的山脉和水流将境内分割为大小不一的各种地块，可用于耕作的土地相对较少。苗族由于历史和社会的多种因素叠加，又大多定居于山间或半山腰，使得日照时间和温度成为栽种的农作物能否成活的关键。因此，黔地的糯稻[3]品种相较于北方稻区的粳型糯稻而言，不但种类繁多，而且品种更为多样，表现出更为突出的性状特点——耐阴耐冷，且枝干较长。在麻山地区，由于石漠化灾变严重，尽管当地百姓也有种植水稻的，但多是复合种养模式的环节之一，更多的则会栽种半驯化的天星米、小米等种子较小、不用翻动表层土壤，且易撒播的耐旱植物。

简言之，地域性的小生态环境对当地的物产有着决定性的影响，由此在饮食上便天然地存在着具体的差异，这在过去交通运输不便的情况下更为显著。如台江革夷、孝第、覃膏等的高坡地带，因气候关系不产黏稻，仅出糯谷，故当地人至今依旧全年以吃糯米饭为主。在麻江、八寨、丹江、炉山交界地区聚居的"短裙苗"支系，

---

① 贵州省地方志编纂委员会办公室：《贵州历代方志集成》（第五十二册），中国文史出版社 2016 年版，第 89 页。
② 贵州少数民族社会历史调查组：《台江县巫脚交经济展状况》，1956 年铅印本。
③ 糯稻，禾本科（Gramineae）一年生草本植物，是稻的黏性变种，与其他稻米最主要的区别是它所含的淀粉以支链淀粉为主，达 95% ～ 100%，富含蛋白质和脂肪，营养价值较高。如贵州省鉴定了 953 份糯稻遗传资源，其中，粳糯 541 份、籼糯 412 份。2001 年农业部稻米及制品质量监督检验测试中心征集全国除新疆、西藏、青海、山西、台湾外的 26 个省（市、区）的水稻品种 919 个。《本草纲目》中指出，糯米本身作为一味中药，具有暖脾胃、止虚寒泻痢、缩小便、收自汗、止痘疮的作用。糯米作为中药炮制的辅料，相对其他米应用是最广的，同时以糯米为原料酿造的黄酒至今仍是炮制中药的液体辅料。中医认为，糯米性温、味甘，入肺、脾经，是一种温和的滋补品。

由于当地的土地肥沃，适宜种植稻谷，则黏米、糯米皆为主食，但在待客和结婚送礼等重大场合则必须以糯稻为用。贵州黄平、锦屏、天柱一带苗族，因大都种植水稻，所以平常都吃粳米饭，很少吃杂粮。梭戛地区的箐苗则因世代居住在高山，灌溉水源缺乏，土地均为旱地，生产的粮食主要是玉米和土豆，故主食为玉米和土豆饭。玉米用石磨磨成细末状，用甑蒸熟后作为主食，配以简单的酸汤煮豆，或辣椒食用；土豆或煮或烤，佐以辣椒。此外当地也生产有少量的麦子和荞麦，人们吃的多是杂粮，包括玉米、麦子、红苕等。肉类有猪肉、牛肉。近些年，大豆玉米套种以及地膜覆盖等技术的引进，使各种作物的产量有了明显的提高，因而食物的品种也日渐丰盛。

副食方面一般来说有豆类、肉类、蔬菜类。豆类有黄豆、饭豆、四季豆、豌豆、豇豆等十余种，用黄豆制成的豆腐，更是人人爱吃。肉类主要是猪、鸡、鸭、鱼等，牛羊其次，过去重安江地区的牛肉卖得比猪肉便宜，因为在当地人看来猪肉有油，而牛肉偏“柴”，加工还需要再耗费油。蔬菜类主要有白菜、青菜、萝卜、南瓜、冬瓜、胡瓜、茄子等，常辅以蕨菜、糯米菜、野芹菜、野葱、折耳根、野香芹、水芹菜、冬蕨菜、蒿菜、椿芽、竹笋等季节性野菜。野外捕捉的动物种类很多，主要有鲤鱼、黄鳝、泥鳅、田螺、螃蟹、蚂蚱等。总体而言，副食大多数还依赖于当地的产出。

同样，由于贵州的气候潮湿、食物不易保存，故而催生出各种食物的加工工艺，包括腌制、制酸等。一方面，是因为气候炎热，食物在微生物的参与下极易发酵变质，从而产生出可以替代盐的酸味；另一方面，则是由于早年间贵州所处的地理位置和自然条件限制，没有盐田，也没有盐矿，盐须由马帮或船只从外省运输入黔，故食盐的价格也偏高，苗家人不得不寻求盐的替代品。多重因素的推动、促进，使得苗家的制酸技艺十分纯熟。贵州苗族有句俗语“三天不吃酸，走路打蹿蹿”酸，是天地自然与人的智慧结合创造出的味道。贵州的酸因发酵原料和制作工艺的不同分为红酸、白酸。红酸有毛辣角酸、虾酸、臭酸等分类；白酸分米制和面制。此外，湿热的气候也造就了黔地之人的口味偏好，嗜辣喜酸，酸汤鱼、酸辣椒、酸蒜苗、酸萝卜、酸青菜等加上辣椒等刺激性极强的调味品，不但能够有效地改善食物的口感，还能较好地祛除山地湿气。

　　除了日常的这些食物外，苗族还有一些特色性的，在特定节日、仪式上食用的食物。比较典型的有台江姊妹节的"花米饭"。采妹颠、南烛木叶、密蒙（苗语音）等花草，用冷水浸渍或水煮将花草制作为五色的染料，浸泡糯米，待汁液渗入糯米后，淘洗干净进行蒸煮。花米饭一般由绿、红、黄、紫（黑）、白五色构成。此外还有社节的社饭，用山野田间采摘的青蒿菜洗净，在石板上反复搓揉，挤出苦汁后，放入锅中焙干，再与腊肉、野葱、大蒜、生姜等进行炒制，炒好后，放入事先准备好的熟饭（黏米与糯米 1 ∶ 2 比例混合煮制），"菜"与饭混合后再闷制半小时以上，即可食用。村寨邻里之间还会相互转赠品尝。其他还有如鸡稀饭①、杀猪饭②等都是为重要节日或仪式而制作的专门性食物。

　　除了仪式性的特色食物外，还有一些季节性的食物，苗家通过在具体时节食用某类食物，以此达到"药食同补"的目的。例如，清明节前后采摘清明菜，将之洗净加入糯米饭制成"清明粑"蒸熟食用，可以清热解毒或治劳伤筋骨疼痛；夏日则常以酸菜、酸汤为菜肴或饮料，可生津解暑、开胃止泻；冬腊月则酿制糯米甜酒食用，活血行血、补体御寒。此外还有如牛瘪、羊瘪一类更为标准的药膳。以羊瘪汤为例，杀掉野外放养的吃饱后的羊，将羊肠中那一段绿色的部分（俗称"羊瘪"，即羊食经胃酸灭菌发酵后，肠内发酵后的产物）取出，爆炒后加入清水熬制成汤，食用前加入调料和配菜。因其颜色不大好看，且原料为动物的胃酸汁液和未完全消化的植物，所以外人常常不能接受、不敢食用，但这却是一道地地道道的"药膳"，因羊食百草，其中不少是草药，故"羊瘪汤"对肠胃功能不好有着非常好的疗效。

---

① 苗家鸡稀饭，制作方法是：用 1 斤半到 2 斤的本地鸡 1 只（用饲料养的鸡煮起来有腥味），杀死去毛抠除肠杂洗净后，砍成小块放入锅中，用 5—7 两白米倒入锅中用清水煮，待煮熟后加入，也可加入适量盐巴、花椒等佐料。这种稀饭营养丰富，味道鲜美纯正。通常在苗家过年过节、妇女生孩子、待客迎朋友的时候，才会制作、食用。现在随着旅游业的发展，逐渐日常化。
② 传统的杀猪饭极为讲究，一般要用六种特色菜，并且猪身上的每个部位都要用到一点：一是头刀菜，用猪血旺和新鲜的豆腐加上香菜制成；二是杀猪菜，将猪肝、里脊肉、猪腰子加调料爆炒而成；三是炒三百，将五花肉、肥肠、猪肚混合炒制而成；四是爆肉筋，取猪脊内里的两条肉筋油炸；五是"老腊肉"，头年熏制的腊肉切片蒸熟；六是猪脚煮青菜，选用自家菜地里的嫩青菜，猪脚剔除瘦肉部分一起炖煮。

此外，还有一些地方流传"苗家的狗、彝族的酒"①，有的支系也有"热羊冷狗"之说，他们认为羊肉，尤其是羊肝具有清热泻火之功，夏天适当食用可清热解暑，冬季食狗肉能补虚御寒、强筋健骨。但这并不等同于所有的苗家都吃狗肉，如榕江县计划乡计怀寨与乌略寨的姚氏家族世代流传不得吃狗肉的禁忌，而台江巫脚交的苗族逢年过节亦不杀狗，有着狗肉不能祭祖宗的家族禁制。在一些支系的传说中人会变狗、狗也会变人，狗肉就是人肉，所以在节日不吃狗肉。这就说明即使是同一个族群，基于山地地形的阻隔和历史际遇，其支系在饮食的习俗上也会产生各自不同的禁忌。

显然，无论是生境影响了物产，还是气候原因、地理位置偏远导致运输不便促成了以酸代盐、重酸嗜辣的口味，甚至是仪式性的特色食物中也包含着通过季节性饮食，调和人体与气候之间的相互影响的道理。

二、源于黔地气候的医理、药理

苗医苗药的起源很早，民间有"千年苗医，万年苗药"的说法。西汉刘向在《说苑·辨物》载："吾闻古之为医者曰苗父。苗父之为医也，以菅为席，以刍为狗，北面而祝，发十言耳。诸扶之而来者，举而来者，皆平复如故。"这个记载中的为医者显然还有不少巫医的影子，而且这个"苗父"的苗与今天苗家的苗是否一致还需要文献的佐证和考辨，但是由于苗族没有文字，故关于医药的起源难以考证。然而，苗药源于苗族人民的生产生活实践却是不容置疑的。

黔东南地区流传着一首叫作《垫哈》的古歌，讲述苗族小孩哈哥被虎抢去，十年后被父母找回，不但声音嘶哑不能言语，而且野性不改。有一次他跑到河边吃了很多浮萍，不但能说话了，而且连野性也去掉了。古歌有一定的传奇性改编，但浮萍能够治疗声音嘶哑的药理也被苗家所了解并传播。显然，这个故事充分说明了苗

---

① 这话应该是极言其珍贵之意，旧时苗家多是耕种和狩猎相结合，所以狗是苗家狩猎的好帮手，有的地方甚至像家人一样对待，而对于彝族来说，由于处于高寒地带粮食作物产量较少，食用都不够，故粮食酿造的酒也是极其珍贵的食物。这两样捧出来待客，极言对客人的重视和珍重。

家的医药向自然万物，尤其是生物的"虚心求教"。这种仿生性还体现在一些具体的疗法上，如糖药针疗法，便是用特制的排针或三棱针，蘸上加入了蜂蜜的药汁刺于患处，操作简便，疗效迅速，副作用小。

苗家将一年分为两季：冷季与热季，因此在治疗上强调冷病热治和热病冷治。"苗医认为人体患病跟不良的自然环境、气候有很密切的关系。他们认为日、月、寒、暑、风、霜、雨、露、雾都可产生风毒、气毒、水毒、寒毒、火毒等毒气侵犯人体而致病。另外饮食不调、意外伤害、劳累过度、房事不节、情志所伤、先天禀赋异常等也是导致各种疾病发生的重要原因。"[①] 显然，苗医已经完成了从巫术中脱离的过程，形成了自己的医理体系。苗医将疾病归结为：两纲（冷病、热病）、五经（冷经、热经、半边经、快经、哑经）、三十六症（主要为内科疾病）、七十二疾（主要指外科疾病）。在辨病立症上，苗医一般会根据疾病的共同属性将疾病进行归类，分为经、症、翻、龟、小儿胎病、丹毒、疔、癫、花、疮等。在命名上，则十分形象生动，大多仿生拟物，以动植物形象、声音、色泽等命名。如"鱼鳅症"，指的便是中暑这一时令病；"南蛇缠腰症"便是带状疱疹类皮肤疾病；"乌鸦症"指的是患者昏厥虚脱休克；"蚂蚁症"则是指的神经麻木一类症状的疾病；"鹞子经"指的就是双臂抽搐像鹞鹰一般扇翅膀的病症；"高粱痘症"则指起了像高粱一样的疹子。此外还有以主症、病因、病变等命名的，如"米黄症""雪皮风症""白口菌"。

在问诊方法上，苗医诊断主要有望、号、问、触四法。望诊，即观察患者的外表形态，除面色、形态外，还要观察患者的指甲、耳壳、眼球、四毛（头发、眉毛、睫毛、毫毛）、鬓角、掌面或其他特定部位。问诊，便是询问病情和病史。号，指的是号脉，切足脉或手脉，具体的手法和部位也与中医不同，有三关脉、肘脉、昆仑脉、上马脉、下马脉、指间脉、五指脉等，且各地苗医的切脉也不大一样，以医

[①] 在贵州松桃发现了一本1934年的手抄本苗族医书，其中对病症以"翻"命名。有四十九翻、四十九症、十丹毒之分类，以"翻"命名为世所罕见，如乌鸦翻、象翻、狗翻、蛇翻等，并附有治疗方法，此书流传于贵州松桃、黄平、剑河一带苗族地区。

者的个人经验为主。触，就是触碰病人的相关部位，针对胸腹部的疾病，触诊使用得较多。此外还有辅助手段如听诊，通过听病人说话、咳嗽、呻吟、呼吸甚至打嗝、排气等情况来判断；嗅诊，通过闻病人的体味、口气以及排泄物、分泌物的气味以诊断疾病；弹诊，即医者用五指提弹患者的脊背、肘窝等大筋，观察其反应，能确诊是否为翻病。

如前所述，在治疗方法上，苗医讲究"冷病热治，热病冷治"的调和法则。如同为滚蛋疗法，治热病，需用生鸡蛋一只，洗净晾干，然后用该蛋在患者的前额、胸部、背部、腹部、足心等部位来回顺时针滚动，直至鸡蛋发热为止；治冷病，则需用金银或药材与鸡蛋同煮，蛋熟后剥壳去皮，用热蛋在患者前额、背部、腹部不断地滚动，使热力和药力透过皮肤进入人体。其他还分内治和外治，以及一系列起名简单直接的具体疗法，如熏蒸疗法、滚蛋疗法、糖药针疗法、化水疗法、挑筋疗法、发泡疗法、佩戴疗法、火针疗法、酒火灸疗法、烧药火疗法、放血疗法、药热敷疗法等；如治疗骨折的背椅法、悬梯移凳法、双胳膊悬吊法；治劳损风湿的踩铧口疗法；妇产科方面的坐产分娩法；治小伤小病的桐油点烧法，以及体育疗法等。再加上各地苗医各有所长，除用草药之外，还有耳针、硫黄针、糖药针、背药外敷、放血、推擦、刮痧等外治法。

苗家医药的这一套医理逻辑，还延伸到药理之中，在采药和制药过程体现尤为明显。苗医主张采用生药、鲜药，现采现用，这和中医有很大的不同。采摘原则是按照季节、按物种摘取生药中药性最高的部分："春用尖芽夏花枝，秋采根茎冬挖篼。乔木多取茎皮果，灌木当可用全株。鲜花植物取花苞，块根植物取根头。须根植物地上采，草本藤本全株收。"[1] 在采药时，采药人一般要给药苑撒米。如九摆支系的采药人在采药时，随身携带稻米，遇到所需草药后，一边口中念"药方是师傅开，师傅要我来找你，请你去给人治病，病人治好后，我再来感谢你，还药头，送你回来"[2]，一边撒几把米在草药周围，祈祷草药长得更多更繁茂，然后才下锄开挖草

---

① 杨从明：《苗族生态文化》，第 83 页。
② 龙正荣：《黔东南苗族物质文化中的生态伦理思想》，《中国山地民族研究集刊》2015 年第 2 期。

药。① 这一行为主要有两层意思：一是给药蔸撒米，让它继续"滋养"药材，不让药材断根；二是表示采药人已为自己的索取付出了代价，只有这样采来的药物才能灵验，发挥药效。病人治好病后，还要带上药头、一只红公鸡、一斤米酒去谢医，医者砍药头时，还需念咒语送药魂回山。

采药人必须是草药医师，一般人不能随意采药，若确需采药，就必须在草医的指导下按照规矩进行采摘，人们甚至认为如果不这样做的话，会遭到很直接的报应——"采蛇药被蛇咬，采骨折药易摔伤骨折"等。采药时只能采单数，不能采双数，单数药材才能起到好的疗效。若遇到某处的药材较多时，也不能采挖太多，应采大留小，否则药材疗效不好。② 这其实是通过一系列的禁忌，来实现对药草资源的有效保护，采大留小、采枝留根，甚至必须在草药师的指导下采摘，都是为了保护药材，使其能够持续地生发。

苗族医药在治跌打损伤的骨科、治刀伤枪伤等伤科的疗效最好。松桃的苗医对枪伤者可以做到不开刀，只在伤处敷药半月以上，就可使人体内的弹丸退出、获得肌肉再生的神奇疗效。在不少地方苗族医药与武术的结合更加紧密，形成了武、医一家的独特形式，苗家武术的高手往往也擅长治疗跌打损伤。在正骨上，苗医也有自己的原则，即"抢救生命第一，恢复功能第二，保持肢形第三。一般性骨折，一月左右即可痊愈；粉碎性骨折，二三月即可愈合。疗程短，疗效高。此外，妇科、儿科、蛇伤科等亦颇有名"③。

---

① 格头苗家的做法亦是如此，故大致可以推断苗医的医药体系为此，是多个支系通用的做法，也可以从侧面证明苗族医理药理的体系性、学科性和学理性。

② 唐秀俊、顾先锋、潘秀芬：《雷公山地区苗族传统文化与森林经营管理相互关系的研究》，《宁夏农林科技》2011 年第 3 期。

③ 杨从明：《苗族生态文化》，第 83 页。

第三节　服饰与生境

苗族服饰的基本特征大致可总结为"男简女盛"。女装以百褶裙为基本服饰特征，除三穗寨头支系苗族为大统裤外（与湘西支系接近的一些支系也开始裙改裤），各支系配以不同的饰品、上裳、配件，以示区别。不仅因年龄（已婚/未婚），盛装、便装而有所不同，各支系、地区也有较大的差别。

为何会如此呢？据说原先苗人只有一种服饰、一式花样、一般打扮，但迁徙到"武陵""五溪"时，由于人多地少，发生了饥荒，只得各带一支儿女去寻找好地方谋生，十三年后各路支系回到五溪之中的"桃溪"来追宗认祖，两位祖奶奶为争抢一位女孩儿发生了争吵，最后打起架来，其中一位祖奶奶被打死。各氏族头领栽树议榔，规定每个氏族一种服饰，一种花色，一种打扮，以免以后聚会认错孩童，发生矛盾。"议定后，住在高坡的那支祖奶奶，为便于爬坡上坎，就做起超短裙来穿；生活在半山腰那支祖奶奶，就把裙子做得遮住膝盖，长短适中；居住在平坝河边的那支祖奶奶，就把裙子制得长及脚背，被称为长裙苗。至于去大森林里寻生活的那支祖奶奶，为不被野刺或野草攀挂，就只拴两块厚实的前后片裙……"[①]结合苗族支系分布服饰的形制，这一传说有一定的可信度，有研究者指出，"如果说社会控制的需要是苗族服饰多彩多姿的温床，那么'山地文化'就是丰富繁杂的催化剂"[②]。故此，苗族服饰形制[③]丰富，色彩斑斓，制作工艺各有特色，图案、形制颜色因支系的不同而不同，同一支系的服饰未婚和已婚也有差异，甚至有的支系已婚生育和已婚未育在服饰上也有差别，还有常服和盛装的区别。衣裙的服色主要有红、蓝、黄、白、黑五色。在工艺上，不但有基本的蓝靛染、茄叽布制作[④]，还多刺绣、织锦、蜡染等装饰。在用料上，也因居住环境的不同而采用棉、麻、毛料等多种不同材料。

---

① 杨鹍国：《苗族服饰》，贵州人民出版社 1997 年版，第 83 页。
② 杨鹍国：《苗族服饰》，第 84 页。
③ 按 1984 年北京"中国苗族服饰展览"苗族服饰被分为黔东南型、黔中南型、川黔滇型、湘西型、海南特区型。杨鹍国按此分型，分别进行了总结。
④ 传统的苗族服饰的面料会略略呈现出紫红色的反光，俗称"茄叽布"。"茄叽"是苗语，指的是植物中的化香树。

在服装的形制上，开襟方式左衽、右衽、对襟、贯首都有。在发型上，各支系也各有特色，但总的来说保留了"椎发髻首"、麻发合髻的远古遗风。在麻江凯里地区流传的关于椎髻产生的故事里，也是通过议榔来明确苗族必须椎髻髻首，但各个支系的发髻如何打由支系决定，为了相互区分，就打起了各式各样的发髻。虽然苗族服饰各支系服饰形制材质皆有不同，但依然具有一些通用的一般性特征：典型的仿生性，适以地宜的全气候特征。

一、服饰形制对生境的适应

有研究者提出，"苗族服饰缘起于遮风避雨，防御严寒，以及大自然的启示；得促于男性求偶生活的推动"[1]。这是典型的需求决定论，考证苗家自己关于服饰起源的说法，则可以发现其服饰形式创制中明显的仿生性。

在丹寨支系[2]流传着这样一首古歌："以前不聪明，后来才聪明，哪个最聪明？有个后生最聪明。他上坡去打猎，得到一只锦鸡，送给心爱的姑娘。姑娘仿照锦鸡的模样，打扮自己的英姿：高耸的发髻，好像锦鸡的羽冠；宽宽的花袖子，好像锦鸡的翅膀；密密打褶的裙子，好像锦鸡的羽毛。苗家的姑娘哟，就像美丽的锦鸡。"[3]历史久远，加上苗族无文字，无可资参考的信史，因此今天我们已经无法考证到底是服饰形制在先，古歌在后（人为解释）；还是古歌在先，形制在后（事实流传）。毕竟即便是对于相对封闭的少数民族群体而言，服饰也并非一成不变，从古至今，它在满足了遮羞御寒的现实功用基础之上，一直都有着审美诉求的重要价值。以丹寨支系的服饰形制为例，在其支系独有的服饰造型中，裙摆前短后长，且用锦带制作成数根飘带，这与山中漫步的锦鸡十分相似，甚至在头饰上，也颇有模仿之意。

此外，还有一个《百褶裙的来历》的故事，说古时候苗家的裙子和汉族的差不

---

① 杨鹃国：《苗族服饰》，第 75 页。
② 旧称八寨苗，语言上属于中部方言北部土语区。丹寨支系主要分布于丹寨县龙泉、金中、杨武、长青、兴仁、岩英、新华、龙塘、合心，三都县高硐、阳基、普安、交黎、苗龙，都匀市基场、桃花、羊列、坝固等乡镇的部分村寨。
③ 杨鹃国：《苗族服饰》，第 75 页。

多，不易区分，一对母女立志要制作一种裙子，让人一看就知道这是苗家的。有一天她们外出采摘时，受到五颜六色的青杠菌的启发，仿造菌子的褶皱做成了一条百褶裙。她们穿着百褶裙到花场踩花时，其他姐妹看到后纷纷效仿，百褶裙迅速传播开来，各支系都穿起了长短不一的百褶裙。

这个传说十分有趣，参看现实生活中各苗族支系的服饰，女性服饰的裙子，或长及脚踝，或短至 15 厘米，的确皆以百褶裙为基本形制。不仅是百褶裙，还有腰带、头饰等，苗族在解释关于自家服装形制的相关问题时，都有一个大致的模式——比如姑娘看见花蛇纹路美丽，于是模仿花蛇的花纹给情郎制作花腰带；聪慧的女子看到大自然中的鲜花，就将其绣到服装之上用作装饰，因为绣得太逼真，引来蝴蝶停在衣裙之上，周边姐妹纷纷效法，最后流传至今；等等。换言之，苗家的服饰总是模仿着周边各种生物的形态，如关于祭服制作的古歌就吟唱道："祭服样子像什么？以那马腿作榜样，照此织成了礼服。来看祭帽的形状，什么东西作模样？麻栎菌子作模样，照此制成了祭帽。"[1]

除了前述为了区分支系而服饰各有不同的传说外，在岜沙关于岜沙人为何要区别于其他族群的故事则更为有趣，说一位岜沙老人曾救了一只小老虎，老虎为了报恩，托梦给老人说："岜沙的人好，老虎不吃你们，请岜沙的男人们都留着发髻，女子们都穿上花裙，与其他地方的人区别开来，以免老虎误吃岜沙好人。"老人醒来后，把这际遇告诉寨老。从此以后，岜沙人中男人将"户棍"、女子将白边裙作为自我保护的标志。在岜沙甚至还有一种说法："岜沙男人不留'户棍'（松须），女人出嫁不穿白边裙，会被老虎吃掉。"[2] "户棍"和白边裙也就成了岜沙人受到动物保护的象征。

在头饰上，关于戴牛角这一特征，不同的支系有不同的说法。有的支系说，因为古时候是把男子嫁到女家，所以要把男子打扮得漂亮威武，男子也要穿花衣[3]，

① 吴一文、今旦：《苗族史诗通解·寻找祭服》，贵州人民出版社 2014 年版，第 424 页。
② 宋谋君：《贵州岜沙苗族文化研究》，华中师范大学硕士学位论文 2015 年。
③ 男子穿的花衣苗语称之为无北，即雄衣。

而牛牯雄壮魁梧、十分勇武，所以将牛角绑到男子的发髻之上。改为嫁女后，这服饰便在女性的身上延续下来了，只是将笨重的天然牛角改为用枫木制作，后来冶炼技术发展起来以后，又改用铜或银铸造牛角。在以牛角发饰为显著支系特征的梭戛箐苗，则解释说牛是他们最重要的生产工具。牛可以给他们犁地、干活，这样他们才能种好庄稼，才能有饭吃。因此，箐苗自古就有一种崇拜牛的习俗，所以就模仿牛角做成头饰戴在头上，表达对牛的崇拜。另外，因为箐苗所处的丛林中野兽比较多，出去干活的时候很容易会受到攻击，因此，为了迷惑野兽，保护自己，发明了长角头饰。①

显然，无论是考察古歌的吟唱解释，还是参考当下传统服装的形制，都可以看到在苗族服饰形制的形成过程中，有一种十分典型的"仿生行为"。他们或是为了获得美，或是为了借此也享有所仿生物的力量，或是为了实现与别族（以及族中各支系）的区分，抑或出于实际的生存需要，最终形成了自己的服饰形制。其行为本质都是人向天地万物学习，模仿它们的外形，以此获得某种类似的力量，或者是获得某种庇佑、保护，甚至有时候仅仅只是为了追求美。这正是苗族存于自然之中的最好证据，不是用人的存在来证明人与万物的不同，反而是一种相互的模仿，相互的取其精华。

此外，苗族传统服饰还有一个较为典型的特征，即"全气候特征"②，与其他民族服饰具有较为明显的季节性不同，苗族传统服饰大多是视气候的冷暖在套数上进行增减。甚至性别差异也只是清代"改土归流"后才发生的改变，尤其在盛装花衣上性别差别并不大，如丹寨雅灰支系苗族的百鸟衣，男装亦会绣上各种花纹。由此服装的形制，大致可以佐证明清文献中关于苗民服饰的叙述，同时也可以确认当

---

① 箐苗对头上牛角来源的解释还有"鹿角说""鸡冠说""吴三桂说"。"鹿角说"，据说苗族的祖先刚迁徙到此地时，看到山上有许多鹿，他们觉得鹿角非常好看，后来便开始模仿鹿角的样子用藤条和真的头发缠发，如此时间长久之后，便发展成了现在的长角头饰。"鸡冠说"，这种说法和鹿角说法有些类似，祖先刚迁到此地时，看到一只非常漂亮的锦鸡，鸡冠很大很好看，箐苗人便模仿鸡冠的样子形成了长角头饰。"吴三桂说"，相传在吴三桂平定大西南时，因为连年的战争，所属吴三桂的士兵数量锐减，为了充足兵源，吴三桂便下令到处抓男丁充当士兵。为了不让抓壮丁的士兵认出男女，箐苗所有的男人女人都开始盘发，后来这个习俗就一代接一代地流传下来了。
② 杨鹍国：《苗族服饰》，第43页。

下的苗族男子较为通行的传统服饰形制大多形成于清末民初时期，多以长衫和青布包头为宜。

苗族服饰的地域差异十分明显，即便同宗同源也因时空阻隔而呈现出不同，有的时候甚至出现大相径庭的情况。如松桃的"红苗"与望谟县的"红苗"，前者的衣服形制为满襟长裤；后者为交叉领衣服花裙。

究其原因，一方面，是人在制作服饰时对居住地周边气候和地理的调适。苗族迁徙至黔地后，由于山间荆棘丛生，多有蛇虫蚂蟥，居住于山上的苗族同胞便使用绑腿，以便在山间行走，防止被荆棘草丛划伤和毒虫侵害。生活在大方黔西、梭戛等地的苗族由于地处高寒山区，又养殖山羊，故绑腿多用羊毛毡制成。生活在榕江县两汪乡的两汪、加颠、空申、空烈、柳吉、加卑、乌洒等七个自然寨的"超短裙苗"，据传是原先穿长裙，但长裙下地不便，跋山涉水不便，一位祖先干脆将长裙剪短、下缚绑腿，周围的女子看见觉得好看，竞相模仿。从而出现了两汪苗家的头饰与新华乡高排村、安顺西秀区、紫云松山镇、平坝羊昌等地苗族支系的头帕相似，而裙长却独此一支的状况。

另一方面，则是由于所处地理位置受到其他民族的影响。如从江地区的苗族制衣的布料外观上多与当地侗族所用的亮布类似，制作工艺上也接近，但侗家称为亮布，苗家称为茄叽布。居住在毕节大方等地的苗族同胞在服饰形制上不但用羊毛球点缀，在包头等配件上也能看出某些彝族服饰的要素。与汉族相近地区的苗族支系，在服装上也吸收了汉族服饰的一些形制特点和装饰。这类现象显示出服饰对一定空间地域内的气候的适应性和不同民族相互之间的审美影响。

此外在便装和盛装的区别上，便装为日常穿着，材质一般（甚至粗糙），制作相对简单，饰物和配件较少；盛装则是苗族女性的礼服，在部分地区还有头等盛装和次等盛装的区别。一般来说盛装的材质精细、制作精致。因服饰制作工艺还处于初级的缝合阶段，故而几无独立单衣，多由如背牌、披肩、围腰、护腕一类的附件组合而成，这些便是承载苗族服饰文化千年传承的形制，内容在此不一一展开。

二、历史记忆与当下的叠加

苗族服饰上的图案，在绣者心中，全凭一双巧手，无论是刺绣还是蜡染，图案大多都是对自己生活的周边环境、生物的描摹和抽象模仿，也有一些承载着对苗家历史、祖先以及过往生活的记忆。如部分居住在黔西北一带的苗族同胞，他们当下的生存环境中几乎没有稻田，但在蜡染制品上却多有阡陌相连的田地图案；贵州与海并不相连，却有以海贝为饰的服饰配件；紫云支系的苗家妇女指着衣服上的正方形，将其解释为曾经的亚鲁王的城池；台江施洞地区的苗族服饰上特有"务冒席"的图案，务冒席是咸同起义中一位骁勇善战的女将领，被当地苗人奉为战无不胜的英雄，所以她的形象被绣到服饰之上，成为某一具体社区内部的公共知识，由此进行历史的传递。

苗族各支系服饰在图案上各有偏好，如安顺地区的苗族（川黔滇方言）服装中的纹样类型，大致有几何纹、动物纹、植物纹三类：（一）几何纹主要有十字纹、锯齿纹、水波纹、云雷纹、回纹、井字纹，以及几何化的自然物象太阳纹、铜鼓纹、星纹、卷草纹、八角纹；（二）动物纹样在安顺地区苗族的服饰中使用较多，主要有龙、鱼、蝴蝶等动物及无名走兽纹饰，还有动物与植物合体的纹饰，如似蝴蝶似花、似鱼似花、变体动物纹、似青铜纹饰兽面纹；（三）植物纹饰则主要有菊、石榴、葫芦、鸡冠花、蕨菜、折枝等。植物类纹饰主要用于服饰的领沿、袖口等边沿。丹寨地区的蜡染图案则可以分为三个型八个大类：动物纹样有蝴蝶纹、鱼鸟纹、蜈蚣纹、龙纹、马蹄纹；几何纹有漩涡纹、铜鼓纹[①]；植物纹有梨花纹等。各支系各有侧重，还会因为技法、方式（刺绣或蜡染）不同在图案纹样的采用上有所偏重。

但总体而言，苗族服饰图案的动植物选择都有准确的标准——祈福纳吉。如龙纹，可以保寨赐福，庇佑风调雨顺；鱼虾图案则表示食物丰足；牛代表吃苦耐劳；石榴表示多子；枫叶寓意长寿；花卉象征少女……简言之，借由动植物形象组合后

---

① 铜鼓纹蜡染仅用于老人过世时的盖被。显然纹饰有其独特的意义。此外还有丹寨排莫一带的涡妥纹的祭祖衣，台江九摆、羊排等支系有专门的"接龙衣"。

形成的图案，表达对"人"获得相应的生物优势的祈愿。在这种看似随心的图案中，有一种图案尤其值得重视，即前文所述似蝴蝶似花、似鱼似花、变体动物纹、似青铜纹饰兽面纹一类，这一类图案体现了苗族生物"互渗变化"的意识，即动物之间、动物与人之间、动物与植物之间的互变，包括蝴蝶变人、虎变人、人变龙、人变鱼、树变燕子、花变龙。

这种互渗互变的情况在苗族的民间故事中也较为普遍，常常有人变虎、虎变人；人变狗、狗变人的故事。由此可见，在苗家的思维意识之中，并未将人与万物剥离、对立起来，万物是可以相互转化的，而且这种认知深藏于意识之中，诉诸服饰图案的创作。

其他饰品无论从形制还是图案上，都处处体现着苗族农耕稻作文化的重要特征。如舟溪式服装头饰中，小银角便是水牛角形状的化用，而小银角中间的几条呈射线状的银片则是水稻叶的形状。箐苗裹缠在牛角之上的假发，则是家族母系长辈长发的积攒和结合。头饰最多有五代人的头发，但第五代过世后，所有的头发就要作陪葬品与逝者一同埋葬，后人又重新开始攒头发，一代接一代地继续往下传，等到五代之后，头发再埋葬，然后又重新开始，如此反复。

正如有研究者总结的，"在人与自然的关系上，不把人和自然对立起来，而是使二者融为一体，并努力追求自然的知识体系，利用自然为人类造福……这就构成了苗族服饰刺绣蜡染图案中神性化了的自然与人之基本内容和基本格调，具有鲜明的人文主义色彩"[1]。

三、工艺中的物性把控

苗族具体的制作工艺中，对动植物属性的把握和相互结合体现出极高的"生物学""化学"智慧。苗家织布多取材当地，如梭戛、空申、紫云等地的苗族，是用当地出产的火麻，人们用火麻剥出麻丝，织成布匹。雷山等地的苗族则用自己栽种的棉花纺织成棉布。在制布时，苗族各支系村寨的加工工艺和时间上有较大的

---

[1] 杨鹍国：《苗族服饰》，第43页。

差距，这主要是由于各地的农时有差异，农忙和农闲以及栽种棉麻的时间也存在一定的差异。

布匹织成后，除在毕节、大方等地的西部支系苗族衣是其本色外，大部分支系的苗家会加以蓝染，具体来说，是用当地种植的蓝靛（俗称板蓝根）制作成染料。不同的支系种植收割蓝靛的时间有差异，因而整个染制的时间和具体的工艺流程上有一定的区别。有的村寨有共用的染料池，有的却是用各家自制染缸。制成染料后，染布会采用捶打、漂洗等通用的工艺。其中差别较大的，如岜沙支系的苗族，他们衣服的布料与当地侗族的亮布相类，而制布的工艺就较其他支系更为复杂。因其面料略呈现紫红色的反光，俗称"茄叽布"，"茄叽"是苗语，指化香树。在制作染料时，用板蓝根的茎和叶，化香树皮、叶，黑树莓的根、皮作为原料。在具体制作上，先将板蓝根茎叶采割放入水中，加生石灰浸泡过滤，沉淀后制作成深蓝色浆料。高温蒸布后，用草木灰调板蓝根浆料，加白酒放入浸染，反复染色、洗涤、晾干三次。其后，用化香树皮叶浸泡出的黑色染料加入草木灰浸染两次。晾干以后用豆浆浸泡、晾干，用水牛泡皮熬制的胶水打胶、晾干，重复上胶两次。最后，将布浸入黑树莓根皮捣碎浸出的紫红色染料中染色、晾干后，再折叠置于石板上用木槌反复捶打，使布料软化，形成一种表面呈紫色亮光的布。

显然，无论是染制蓝布，还是制作茄叽布，在布匹的染织过程中，植物性染料与矿物质（石灰）、白酒等相互发生作用，最终制作成苗族服饰的基本材料。各种天然的材料，通过人的加工和相互间的作用，发生一系列的化学反应形成深蓝的颜色。

刺绣，是苗家服饰的重要装饰手段，也给予苗家女子肆意发挥创造力和想象力的空间。如前所述，刺绣的图案有着传承历史和反映当下的重要作用，从工艺上来说则有着区分支系的作用。如台江革一地区与凯里凯棠地区同为一支，他们的绣衣以苗族叠绣和打籽绣为主要技艺，极其独特。显然刺绣这种技艺在这一区域内属于公共的知识，由上辈传给下辈，社区内成员互相学习。剑河地区的观玄、敏洞、南寨、南加4个乡镇的部分高山苗族村寨，还有一种独一无二的刺绣方式——锡绣。锡绣是用锡制成锡丝编织到黑色（深蓝色）的棉布之上，用几何纹样编织成各种图案。

堆花绣则主要产生并流行于清水江沿岸的翁项、地午、凯棠、九寨、板溪等 30 多个村寨。

由于过去刺绣技艺是女子展示自己能力的手段以及婚姻恋爱的重要条件，与蜡染一样，都是苗族服饰文化中重要的技艺和美化方式。如果说刺绣是以丝线为笔描绘生存的过往与当下，蜡染就是以蜡刀为笔、以蜡为墨绘制各种图样。蜡染是苗家服饰制作中的重要技艺之一，相应地也产生了很多成熟的技艺。如从工艺上来说分手绘蜡染和花模蜡染①；从染制的颜色上区分有重彩蜡染②（仅存于平坝区）和单色蜡染。其中较有特色的是流行于麻江县及黔南州的惠水县、长顺县、平塘县、贵定县和龙里县等地的苗族群众③，利用当地盛产的枫香树发展出的"升级版"蜡染工艺——枫香染。蜡染的工艺大同小异，区别在于蜡的使用和所染颜色的差异。但其中却充分体现了人们对当地物产特性的把握。

以枫香染为例进行分析。枫香染与普通蜡染在制作流程上大同小异，最大的特色在于其所采用的蜡油原料是枫香油（提取自枫树）与牛油的混合。普通的蜡染蜡油一般用黄蜡和白蜡混合制作而成，其中黄蜡即蜂蜡，而白蜡为石蜡④，动物性蜡的较强韧性与矿物性蜡的脆性极易龟裂变形、相互结合，使得蜡染成品容易脱蜡又能形成独特的冰裂纹样。枫香染采用的是枫香树油和牛油按一定比例配制的油料，渗透力强，且风干后质地柔软，故印制完成后不会产生冰裂，蜡染而成的图案十分清晰，因此被广泛运用于日常床单、背面、帐檐、枕巾、挎包、头帕、背扇等家居

---

① 手绘蜡染，顾名思义即以融化的蜡为颜料、以蜡刀为笔徒手绘制，图案随心而成，具有极高的自由度；花模蜡染则是将图案贴在木板上，刻成空心花纹，作为"花模"长期使用，染制时，将白布夹于两块木板之间，将加热的蜡汁灌入花模空心处，冷却后打开花模，取蜡布染色，用清水煮沸脱蜡即成。

② 不同于一般的蓝白二色蜡染，是多色的苗族重彩蜡染工艺。主要流传于平坝区安平街道高铺子苗寨，该寨居住有操苗语西部方言、普定土语和中部黔东方言的两个苗族支系。据说该支系来源于战国楚怀王时期，是从黄河迁徙至长江流域的蚩尤后裔的一支苗民，因参加了"庄蹻暴楚"的农民起义受到迫害。这支苗族先民的一部分于公元 279 年左右，随楚将庄豪经夜郎攻滇，其中又有一部分苗族先民在进军途中定居夜郎腹地的平坝。为不挤占早先已定居在此的另一支苗族先民的居住地，选择在平坝北部的斯拉河沿岸定居，而正是这一支系带来了重彩蜡染技术。除了一般的印染工具外，原料涉及杨梅汁、黄栀子、板蓝根等数十种天然植物和重彩复合染料，一般用真丝绸、绢等来制作。

③ 准确地说居住于这些地区的苗族、布依族以及瑶族村寨都有人掌握枫香染的制作工艺。

④ 此处存疑。白蜡在我国古代为白蚁分泌的蜡，主要还是动物蜡。在《贵州世居少数民族文化史》（卷一）第 67 页说白蜡为矿蜡。

用品。

　　然而细细分析枫香染的工艺技巧，可以发现整个工艺技能中植物特性与动物特性的结合十分巧妙。能够分泌出枫香油的枫树木质为红色，取油的方式与割橡胶类似，用容器收集起来以后加水上火熬制，棕皮过滤后，滤掉渣滓，静置待枫香油漂在水面后，再取出冷却固化。将牛油和枫香油按 1∶1 的比例调和均匀作为蜡油。在绘制时，蜡油保持在 50℃～60℃，温度过高则布面易黄，温度过低则不易绘制。绘制好图案后，放入已加好蓝靛的染缸染制，每浸一次，颜色就会相应加深，直至达到所需的深度。通常分两次封染，可以得出一个浅蓝色。枫香染色调以青、蓝、白为主，没有其他色彩变化。染色完毕用沸水脱去油脂，传统的方法是将青杠木烧成灰加入沸水中，即可脱掉附在布上的油脂，显出青底蓝、白花的图案。现在也有用洗衣粉脱脂的，据说也可以达到同样的效果。脱脂后用清水漂洗、晾干、碾平，整个制作过程就宣告完成。

　　蜡染的图案与刺绣一样极为丰富，如安顺地区的蜡染在纹路上就有铜鼓纹、蝴蝶纹、鸟纹、花草纹、螺旋纹、星辰山川纹、龙纹等。有的图案是苗族曾经聚居过的长江、黄河、山川、城池等，有的取材于自然界，讲究对称、灵动。不同的支系有不同的风格，有研究者曾对比榕江县聚居的三个苗族支系在蜡染风格上的异同，指出在摆贝支系（兴华、平永、塔石、计划乡一带）中，蜡染主要用于祭祀和重大节日中的男女盛装，以祭鼓幡和牛披风为代表，风格粗犷，是苗族蜡染粗线条的代表；在滚仲支系中，蜡染主要用于妇女的百褶裙、围腰、男女绑腿和男子头帕，为中线条蜡染。百褶裙的图案有自古流传的云雷纹、十字纹、"卍"字纹等；在加勉支系中，蜡染主要用于妇女的百褶裙上，纹样为自古流传的叶脉纹。[①] 在部分地区，例如梭戛箐苗，常服便是用蜡染布制作，而盛装则是在蜡染服图案的基础上进行刺绣。所以在某种程度上，无论刺绣还是蜡染（蓝染）都是一种装饰和美化服装的手段。但在这种染制的过程中，却包含着苗族先民对自然之物的物性的精准把握，如蜡油的制作过程，其实是充分地利用了动物性油脂和矿物性油脂的特性之间的结合，

---

① 吴平、杨秋萍：《藏在深山中的蜡花——榕江苗族蜡染》，《原生态民族文化学刊》2017 年第 12 期。

通过绘制在织物的表层形成一层蜡膜，阻隔染料的浸染，以形成花纹。再用含碱性的草木灰水，使油脂的水解程度加剧，生成易溶于水的高级脂肪酸盐和甘油。于是在这一系列自然之物的精准的相互作用之中，完成了对服饰的美化，这是人利用万物本心本性所实现的美丽生存样态。

概言之，苗族的服饰充分体现了苗族对贵州生境的适应和反馈。贵州大地的物质产出决定了他们服饰的材质，但苗族妇女却用自己的智慧，利用已掌握的物质加工改造，不但使之更适于穿着，而且适宜于贵州的气候；不但取材于天地，而且借形于生境之中的生物，仿其形制，以融于天地自然，并由此创造出属于本民族、本支系独有的美。图案、装饰等承载着历史际遇与当下境况的描绘，是由追求美而发展出的相关工艺，彰显着苗家对周边生物物性的掌握和对生物之间相互生克的精准把控。

第二章　生态行为
——山河永存留，人生是过客

　　基于对黔地生态环境的了解和把握，各支系苗民也依据自己所处的生境，寻找到适应当地生态的生计劳作方式。人与自然通过不断的调适，以充满生态智慧的行为获得可持续的发展。若用人的行为诠释苗家对天地自然的认知，山河才是客观存在的、才是世界的主人，而人不过是天地时空中的匆匆过客。"山河永存留，人生是过客。"①

第一节　农耕生活中的生态智慧

　　苗族从平原地带迁徙至丘陵地带，又逐步迁徙进入云贵高原，在对环境的适应过程中，逐渐发展出山地梯田稻作系统的农耕生计模式。但由于贵州的喀斯特地貌有几十种类型，因此即便是同样的农耕生计，也因居住地周边生态环境的差别而呈现出各自的特点。如地处黔东南东部的天柱县，有较好的水热条件和坝区，这里的苗家便因地制宜地栽种稻谷；锦屏县林木葱茏，土地肥沃，故锦屏境内的苗家开展了林粮、林果、林茶等间种经营，发展立体的农林生计模式；"黎从榕"一带因属河谷地带，地势低、温度相对较高，故当地苗家以蔬菜种植和亚热带水果种植等经济作物的生产为主要生计模式；在石漠化较为严重的麻山地区，居民依据当地水土的现实境况，发展出一整套的复合种养生计模式，将麻山地区小生态中所有生物的物性都囊括进生计模式的运行，遵循规律、依照规律，实现人与灾变自然的共存。为便于阐述其耕作模式，我们大致按照相对宜居的地区和不太宜居的地区这两种类

---

① 潘定智等：《苗族古歌》，贵州人民出版社1997年版，第159页。

别加以阐释。

一、耕作中的传统生态智慧："适以地宜"和"拟态化"

（一）生态基础较好的地区：树—水—稻的农耕模式

居住在土壤条件较好地区的苗族群众，较早地发现了植被与水源以及稻作的密切关系，有的地方甚至会说"保树就是保水"，如盖赖苗寨的村民们就认为，山地的水源来自森林的涵养，故在开掘水稻田之前，首先要做的事便是植树。在苗岭山区，几乎每一条山冲或者溪沟的尽头，都有种树。梯田沿山冲或溪流顺势而下，分布在山冲的一侧或溪沟的两边，这些农田灌溉用水由周边树林构成水源林，梯田与林木相间，形成林中有田、田中有林的梯田格局。在台江九摆村，人们甚至认为："无林则无水，无水则无粮，无粮则无人。"台江地区的苗家每到一处居住都会广种树木，甚至田边、地角都广种松、杉，以固土保水、涵养水源。因而树、水、稻三者在苗族人的认识中，几乎是占同等的重要位置，他们认为没有树就没有水，没有水就没有稻，没有稻、人就没有赖以生存的粮食。基于以上的认识，交下社区的苗族群众有爱树如父母、敬水如神灵的习俗。[1] 岜沙苗人则认为太阳是父亲，枫树是母亲，稻谷则代表着生命。[2]

贵州山地水源极为稀缺，故围绕农耕的一切首先都是保水，栽树是为了保水，在没有天然溪流的地方，需要架枧开渠引水。苗家为了灌溉梯田，会从井边开凿水渠引水来灌田，水渠的修筑便是最为独特的小型水利工程。人们用一根木头挖空做"桥"在山崖间引水，如距离较长时，则需要在两山之间建枧加以支撑。分水时，为保证田水的公平，还会用木头制作犹如钉耙一般，按田的大小比例进行分水的工具。除此之外，还会在村寨中形成各家用水的制度，即水牌制度。

在黔山之中，于水泽平原地方开垦出稻作生长的梯田，本身已成为黔地苗侗人家独有的风景。对于梯田的保护措施，包括田坎、冬季保田蓄水和施农家肥。以往

---

① 杨从明：《苗族生态文化》，第 105 页。
② 薛新民：《从江岜沙苗族环境保护习惯法研究》，贵州民族大学硕士学位论文 2019 年。

黔东南苗家的农肥主要来源于草木灰即牲畜粪肥。具体而言，主要有采伐细枝嫩叶积肥①、牲畜粪肥、草木灰积肥②、种植绿肥③等。这些农田积肥方式可以避免使用化学肥料产生的副作用，既合理运用了生活生产中的垃圾，又增加了土壤肥力。但是近几年来，由于农村劳动力不足，加之农村经济条件改善，很多当地的苗族已使用化肥，采伐细枝嫩叶积肥的方式已不多见。

（二）生态基础较薄弱的地区：拟态化的耕作方法

在生态基础较为薄弱的地区，如麻山地区，地质上属于喀斯特地貌发育区，地表破碎、土石混杂，极易引发水土流失。虽每年的降雨量并不少，大致可达到1300毫米，但由于地形为地漏结构，地表与地下溶洞相通，土壤蓄水能力有限，极薄的表土不仅不能有效地储存水分，反而会被降雨冲入地下。雨水落在光秃秃的岩石面上也极易挥发，难以长时间留存于地面。由于南海和孟加拉湾吹来的暖湿气流沿望谟境内的斜坡爬升而形成浓雾，时常连续四五日不散，秋冬季节更为明显。基于这样少土、地表水有限、湿气重的现实，麻山的苗民发展出一种拟态化的复合种养方式，即模拟原生态系统的耕作方法。④

麻山地区的原生生态系统主要由亚热带藤蔓丛林构成，攀缘类和匍匐类植物密集生长，其中匍匐类植物占相当大的比例，因而在农田种植系统中，丛生状的豆科植物也占较大比例。这种对当地原有生态系统的模仿，更多地体现在对当地动植物

---

① 即每年开春后，上山采摘嫩草枝叶，先成捆堆放在水田内，用田泥覆盖在上面。待嫩草枝叶被田水浸烂后，打开均匀撒在田内。然后通过牛耕把草叶树枝埋在泥下发酵。
② 秋收后，把稻草集中焚烧，然后蓄水，使稻草灰溶入田中。有的人会砍伐田坎边的枯枝枯草，堆积焚烧积肥。
③ 绿肥是一种养分完全的生物肥源。种绿肥不仅是增加肥源的有效方法，对改良土壤也有很大作用。黔东南苗族在秋收之后，往往在田内撒上绿肥种子，等绿肥长到三四十厘米，通过犁耕把绿肥埋入泥下发酵。绿肥有适应性强，易栽培，能有效改善土壤结构，提高土壤肥力，种植成本低，以及可综合利用成为养殖业原材料等优势，在农村中被广泛使用。
④ 平塘支系和遵义支系的苗民，在喀斯特山区使用的农耕方式则更接近汉族、古百越族，甚至彝缅语族的生计行为。在耕地上栽种的可食用植物则相对单一，即3～5种可食用的植物。在轮歇休耕的时候，麻山地区三个支系采取的策略也有差异，麻山支系的苗族会在休耕的土地里种上构皮树，或播撒一些根系较密的种子和花粉类植物，以增加土壤的肥力；平塘支系则会开辟为玉米或旱稻耕种；遵义支系的苗族则会在休耕的土地上放养牲畜。但总体而言，小异之外的大同中，这种对当地生态系统的小心翼翼的尊重，显示出了极大的人与自然之间谋求和解的希冀。

天然物性的精准把握和充分利用之上。

在苗木的早期培育中，苗民充分利用当地动植物的物性，如利用当地啮齿类动物喜欢藏植物果实作为食物的天性，进行天然播种。再如，通过收集动物的粪便，塞到选定的石缝中，等待其顺利长出树苗，经由动物体内消化液的参与，可以破坏掉部分不易发芽的种子（如漆树、红豆、杉树、酸枣等）表层的蜡膜，提高出芽率，而动物粪便也可以为树苗的生长提供早期的肥力。在苗木的移栽过程中，会根据原有地表植物的长势和生物属性去寻找适宜移栽的位置，如生长着茅草且旱季不枯的石缝（芭茅草的草丛长成半球形，在连续天旱中茅草叶也不会内卷，则该岩缝下方一定有宽大的溶蚀坑）；或长有带块根的藤本植物（如何首乌）或蕨类植物的石缝（岩缝石壁的苔藓植物如果不会内卷，且不论晴、雨都呈碧绿色，那么这样的岩缝下也有深厚的土层），就可以移栽高大乔木。此外石缝的走向、裂纹，砾石的形状等也是进行判断的参考要素，如沿着山坡的纵向裂纹中的土层不厚，而横向裂纹中截留的表土较多，即便裂纹不深，也能栽种灌木和杂草，只是不能支持高大乔木的生长。纵横岩缝的交错点下方往往有较大的溶蚀坑，储有深厚的土层。用当地人的话来说，植物也要交朋友，何首乌、藤蔓棕榈、岩豆、金银花、藤竹是和红豆、杉树一类做朋友的，所以长有这些植物的岩缝就可以栽种红豆、杉树。

独特的地质环境使得雾气和露水成为当地耕作的主要水源，所以在栽种时，当地苗家还会故意保留一些原生的植物，使之为农作物遮阴保水。就麻山地区的作物来说，本身都具有耐旱、耐寒的特性，短时间的干旱只会导致卷叶，不会明显减产，如天星米、芝麻、引子等，即使它们的叶片被晒枯，主干和分枝也可以重新萌发新叶。

当地苗族村民定植乔木也有一套奇特的技术。他们一般不是先建苗圃育苗，然后移苗种植，而是一步到位，用种籽或正在发芽的种籽直接种植，不是人工选种，而是依靠鸟兽为自己选种。鸟兽越冬总会将各种可食的草木种籽储存在岩缝或荒草丛中，来年春天，鸟兽吃剩的种籽会自然萌芽，收集这样的种籽种植即可。另外一种办法则适用于浆果或肉果类植物。这些果实被鸟兽吞食后，种籽在鸟兽体内不会被消化，而是随粪便排出。当地苗族村民收集这些粪便直接塞入选定的岩缝之中，同样可以种活树木。当地苗族村民对上述的做法的解释是：鸟兽是通神的，鸟兽搬弄过的种子有神性、有灵性，既容易成活，又容易长大。

概言之，麻山地区土地石漠化后，树木只能种植在石头缝里，但种树种草却不能有石缝就种，需要根据石缝中已生长出的植物进行搭配和选择。当地的苗族村民观察并模拟着麻山地区的天然生态系统，在狭窄的石缝中，将人类的农耕作业转变为生态系统中的一个环节，借以实现人的可持续的生存。

二、复合型种养模式

除了基本的农耕生计模式外，基于黔地相对有限的资源和生产力的限制，人的主观能动性在苗家对黔地的生态适应中体现得十分明显，但人的主观能动性之中又充满着对当地自然生态规律和体系的尊重。具体来说，主要有稻田养鱼、林粮间种、复合生计等模式。

（一）稻田养鱼

稻田养鱼或者说"稻—鱼—鸭"的复合种养系统广泛存在于贵州多个民族农家的生计模式之中。苗族古歌中也有"开荒要留沟，留沟让水流，把水引到田里，好在田里养鱼"[①] 这样类似的吟唱，可见稻田养鱼在苗家是一种由来已久的复合种养方式。

以黔东南苗家的稻田养鱼为例，大致可以分为季节性稻田养鱼和常年性稻田养鱼两种。季节性稻田养鱼是在水稻栽插后投放鱼苗（以鲤鱼为主），收割水稻前后捕鱼。这种稻田养鱼的方法，一方面由于鱼搅动泥土，促进有机肥料分解，能够增加水稻养分，同时鱼能除草灭虫，并在稻田中游动，吃掉部分杂草茎叶，所排粪便又转化为稻谷所需要的养料，从而促进水稻生长；另一方面，鱼类依赖稻田内的水生浮游生物和不能分解的肥料，获得更多营养来源，有利于促进鱼的生长。此外，由于鱼类在稻田中寻食，翻动田中淤泥，使细泥向四周扩散，堵塞渗漏裂缝，能够减少水的流失，很好地起到了保水抗旱的作用。稻田养鱼实现稻鱼双丰收，实际反映了以废补缺、互利助生的道理，也即废物利用。常年性稻田养鱼则是指收完水稻后，

---

① 马学良、今旦译注：《苗族史诗》，中国民间文艺出版社 1983 年版，第 195 页。

翻犁田土，蓄水继续养鱼。常年性稻田养鱼可以把冬歇期的农田利用起来，同时收割水稻时失落在田内的谷粒还能作为养鱼的饲料，这样既使农田得到蓄水，又能获得鲜美的鱼作为食物。苗民通常具备大量稻田养鱼的技术和经验，如盖赖苗寨的苗家在稻田养鱼中就喜欢选择鱼鳍或鱼尾是黄色或红色的鱼，在他们看来，这样的鱼才是健康的。同时他们也利用鱼的生长情况来判断田的肥瘦，鱼越肥说明田越肥。

鱼在稻田中长大，吃杂草和虫，鱼粪又成为稻田的肥料，鱼的游动和觅食还可以起到松动田土的作用，减轻了稻农的劳动负担，促进稻禾的有效分蘖和谷粒生长饱满。稻田养鱼将水稻种植业与水产养殖业结合起来，互相利用。岜沙苗族将鱼苗投放之初的水稻生长期间定为禁渔期，使得水稻在生长期内不受人类破坏，避免人为损害水稻，同时也确保鱼类及其生活环境，还有整个生物链系统稳定。

当然，随着稻作种类的糯改黏以及栽种中化肥的使用，不少村寨的村民已经不再在稻田中养鱼，这不得不说是一个巨大的遗憾。稻田养鱼的农渔复合种养方式已经在不少地方推广，如东北的稻蟹、宁夏的"稻—螺—鱼—蟹"种养模式等。这些生产经验都是人们与自然调适过程中不断总结出来的，不仅高效地利用了土地资源和水资源，同时维持了人和生态环境的平衡发展。

（二）间种轮耕

为了地尽其利，苗家往往在田间套种麻、豆、竹等经济作物，苗族古歌中也有类似的记载："姜央开的田，田里边插秧，田坎上栽麻，麻长三庹高。姜央开的田，田里边插秧；田坎脚种竹，竹笋就有三庹长。"在锦屏地区的林业生计中，当地的苗民也充分地采用了地尽其力的做法，进行林粮间种、林药间种、林间套种等具体的资源整合利用手段，其中林粮间种被视为"生态补偿"[1]的手段之一。

间种的目的在于地尽其利，但同时苗家也重视土地的轮耕休息，如黔南州三都县都江镇盖赖村，由于当地耕地较少，当地的村民便根据作物的时令性，种植不同的庄稼。台江县南宫乡交下村的水田以 3 年—4 年为一个周期放干一次田水，使

---

① 徐晓光：《清水江流域传统林业"生态补偿"的实践与经验》，《贵州大学学报（社会科学版）》2015 年第 1 期。

水田彻底干透，这样做一是促使田土疏松便于耕作；二是能够有效地防旱，并使田中杂草种子彻底死亡烂掉，从而减少犁田。配合间种和田土的轮歇耕作①，一般是针对山高坡陡、土壤肥力不够的情况。适当的休耕，能够使土地得到休息，如岜沙支系的苗家就是这样做的。在清水江流域的苗家，如锦屏、天柱等县，每年春夏两季人们便会主动上山，对林木实施除草、培土、剪枝等作业。并在林业培育的间歇期，进行林粮间作、以耕代抚。这一农业技术历史悠久，早在清道光《黎平府志》卷十二就有记载："栽杉之山，初年俱种苞谷，俟树盖地方止。"即植杉是和种植玉米等作物一同开展的，到杉树成林、枝叶茂盛后才停止粮食作物种植。在杉树的成长过程中，还要不时去检查幼苗，如果发现有不壮且又弯曲的树苗，就必须适时将其拔掉，并补栽新壮苗。② 这样既科学育林，又能够收获粮食作物，是典型的复合型的种养模式之一。

三、其他农耕技能

（一）除害：生物间生克关系的利用

农林业生产中遭遇病虫害的状况较为明显，贵州苗族群众凭借对物性的把握，创造性地利用生物之间的生克原理，实现病虫害的去除。例如前文所述的稻田养鱼，也是其中一种除虫方式。其他如台江县南宫乡交下村的苗家就采用土烟杆煮水喷虫，或者是将土烟杆剪成小段插入秧蔸中，还有用辣子草煮水喷洒、化香树叶（毒鱼树叶）捣烂放在田水上游浸泡，令药水扩散至整块田中，以此防治稻飞虱、钻心虫等病虫害。在盖赖，村民针对不同的虫害采取不同的做法，一般采用人工捕捉的方法，但是针对一种被当地人称为"莽子"的虫，则必须用木姜叶剁碎泡水来去除。"莽子"这种虫十分神奇，据说看不见但确实存在，一旦育秧时不小心附着在秧苗上了，

---

① 《湘西苗族实地调查报告》中写道："苗疆地域，因山高坡陡，能牛耕之平地极少，且地力不厚，故轮歇地多。一般轮作2—3年即停，休歇数年后，又复种之以此循环。"定居下来后，才逐步在一些山间小盆地及溪河沿岸开发水田，把一些山坡改造成梯田，其农业生产环境之恶劣由此可见一斑。这一方法在贵州各支系苗家也普遍存在。
② 许桂香：《黔东南苗族传统文化对森林生态的维护作用》，《黔南民族师范学院学报》2010年第2期。

就会导致秧苗变黄腐烂并死掉。

麻山地区的苗民，则利用山羊吃树叶不吃草的生物特性，以树养羊、以羊护树，甚至会利用山羊喜盐的特点，将盐水洒到树上，引导山羊吃某一部分的树叶。羊和林形成一个小型的生态循环：山羊吃树叶和树枝，吃饱后排便，树叶和树枝中掺杂着植物的种子，被吃的种子经过羊肠道的消化，随着粪便排出体外，这样的种子可以在粪便中很好地发芽生长。为了防止山羊偷吃自家的蔬菜庄稼，又将羊尿收集起来，喷洒到菜叶上。在紫云地区养蜂的苗民，为防止狐狸一类的动物偷吃蜂蜜，会将狗尿喷洒在蜂箱周边的地上，因为狐狸害怕狗，闻到狗尿的味道，就会远离蜂箱 3 米之外。其他还有如从事狩猎的苗家会训练猫头鹰抓老鼠、训练水獭捕鱼等。

（二）烧畲

烧畲，被当地苗家称为"烧畲""烧小米"或者"烧红稗"，即所谓的"刀耕火种"。针对麻山支系苗族对烧畲的具体操作来说，用落后来形容麻山支系的烧畲其实是对其中的原理和智慧未加详考的误读。由于学界的关注，麻山苗家的烧畲活动的研究成果也颇为丰硕。[1]

烧畲并非随时随地都可以烧，一般当地苗民会在麻山地区峰丛洼地的环形石山山脊上进行，时间会选在农历二月间，先砍倒杂草、灌木等，将它们架空，有规律地摆放在岩缝上，形成一条过火通道。经过几天的暴晒，让柴草等干透后，会在清明节前后即将下大雨的前一天下午点火，火会沿着预先摆好的过火通道燃烧，架空的柴草自然燃烧的同时，也会将地面的土石烧透。待大火熄灭，岩石、灰烬自然全部转凉，就将准备好的作物种子撒播[2]进过火的山脊坡面。之后待大雨落下，播撒的作物就会发芽。

仔细分析这一播种方式，就可以发现烧畲对于当地的自然生态有着十分明晰的

---

[1] 麻山地区苗族的刀耕火种被命名为"干湿季节分明的喀斯特山区疏林草地流动砍焚样式"。

[2] 麻山地区常见的农作物主要是各种杂粮和豆类，比如，小米、红稗、玉米、燕麦、天星米、薏仁米、南瓜、芝麻、苏麻、饭豆、绿豆、扁豆、马料豆、红薯、菜豆、豇豆、豌豆、荞菜、高粱、苎麻，等等。这些作物的颗粒直径较小，且大多呈圆形，便于撒播；而半驯化的天星米，甚至不用播种，收割中零星散落的种子便已经足以满足来年出苗的需要；薏仁米的根系再生能力极强，收割后第二年仍然可自然成苗。对于种子并非圆形且颗粒较大的作物，则是采取戳洞点播，或人工播种的方式。

把握，人的行为参与只是其中的一环。首先，烧畲地段大都位于石灰岩地区的溶石盆地，土壤有限且多呈酸性。烧畲后草木灰堆积，表层的石灰岩烧化成为石灰，带有碱性，因此可以播种适宜碱性土壤生长的小米。但第二年土壤会变回酸性，故有的地方会第二年歇种，将空闲的烧畲地兼作牧场，通过动物粪便的回补提升土地的肥力；其次，烧畲可以将泥土中的害虫和杂草种子烧死，避免后期除草除虫等活动对土地的翻动。烧畲作物的种子多而且十分小，不需要翻动土壤就可以完成播种，最大限度地减少水土流失；再次就是水源的问题。如前文所述，麻山地区作物的水源主要来源于当地的雾气和露水。因此，当地栽种的作物大多耐寒、耐旱；最后是混合种养休养并举。在种植时，当地苗家往往有意保留一些野生作物，形成主要作物和野生或半野生植物的混种，对可用的野生作物进行有计划的培植。如针对半野生的天星米，人们在砍伐时会有意留种培植，在烧畲时，对蔗菜不加以尽铲而有意留根等。甚至农牧兼营也可以与烧畲地联系起来，农作物生长期内，将鸡散养，让它们可以自由进入农田，为农作物消灭害虫。在这一时期，食草类大型牲畜则禁止进入农田。待作物收割完成后，农地转作牧场，如前所述，休耕时农地也可改为牧场，野生植物可以作为牲畜的食物，而牲畜排放的粪便又会增加土壤中的有机质，促进野生植物的生长，进而实现保水固土。在采用混种混养以及适时休耕的基础上，当地的苗家能够根据耕作地段的土坡特征和地形地貌进行相应作物的种植，这对当地的生态环境具有良好的维护作用。

第二节　林业：靠山吃山，吃山养山

明清时期，长江中下游的木材商便沿江逆行，至清水江流域大量采购木材，自此林业经济开始进入苗族社会。明代黔东南苗民的造林规模和技术就已经臻于完善，也正因如此，到新中国成立之时，黔东南州的森林覆盖率达到56%。但随着社会发展以及经济大潮的涌入，黔南州的森林覆盖率一度降至1985年的26.7%。其后几年，随着人们环保意识的增强，封山育林、植树造林等举措的实施，到2010年，黔东南州的森林覆盖率已恢复至62.78%。清水江流域的苗家与森林的密切关系，也使得他们在数百年的"靠山吃山，吃山养山"中积累了丰富、有效的林业种植经验。

无论是采种还是育种，均历史悠久且积累了大量丰富的经验，如剑河、锦屏一带流传着这样的民谣："早采种子一包浆、晚了去采已飞扬，过了寒露霜降节，挑起箩筐上山冈""林中走，好种不到手，林边转，好种处处有"。在育种方面，乾隆年间的文献中便有关于专门培育杉树苗的苗农的记载。

在植树造林方面，人们也借鉴了烧畲的做法，将山上的杂草、灌木砍倒晒干，但是在具体焚烧的时候十分注意过火的面积。烧山后，以草木灰为肥料，可以增强土壤的肥力，利于树苗快速生长，民间也有"火不烧山地不肥"的说法。此外，烧山还有两个作用：一是清除地面较厚的落叶层，使树种能够落到地面；二是烧山后可以直接将土壤中的害虫烧死，保证树苗健康生长。但与麻山地区的烧畲不同，清水江流域的苗家，强调"熟土种植"，烧山后还要进行土壤的培育和整合，一般会先种1—2年的庄稼，通过对农作物的精耕细作使山地成为熟土，待土壤有一定的肥力基础之后再种树，这样树苗可以生长得更快。对于幼林的抚育，也在长期的育苗中形成了一系列诸如刀抚、锄抚、林粮间作、以耕代抚、间伐代抚等具体的种植技术。

在封山育林方面，苗民也形成了具体的规制，封山育林也有全封、半封、轮封以及定期封等多种方式方法。针对新造幼林，会采取全封的方式，乡规民约约定不准进山烧灰积肥，甚至砍柴草等活动也不允许进行，同时也不允许进山放羊；十年以上的成林区主要采用半封的方式，允许进山割草剃枝和放牧，但不允许砍树，更不许在其中烧灰积肥；轮封主要是针对较大面积的林区进行分片管理，轮流封禁；定期封，则主要针对柴薪获取比较困难的村民，一般会在规定的时间内，开山10天或半个月，有组织地割草、砍除杂灌、剔除干枝作燃料。显然，这一系列的规定和技能有效地保证了林业生计的可持续发展。

除了经济林，苗家在栽种其他树种如枫树时，还强调作物的混种，如古歌就唱道："栽枫要栽竹子陪。竹子伴着枫树长，枫树脚下绿茵茵。"[1] 因为枫树和竹子

---

① 马学良、今旦译注：《苗族史诗》，第157页。

都喜欢生长在潮湿的地方，生活习性相近。枫树高，竹子则相对较矮，枫树的根系较为深入地底，而竹根大多只是横窜在土壤表层，混栽有利于两种植物对阳光、空气、水分和肥力的充分吸收和利用。

一般意义上苗家的护寨树、风水林是不允许砍伐的。即便是经济林，在砍伐时也有诸多讲究。首先，一般在秋末冬初采伐，此时树木收浆，树汁液流动较少，木质坚硬，且砍伐后老树桩还能发出新芽，第二年就有可能长出新的树苗。其他时间砍伐，不但木材材质松软易裂，而且老树桩也容易连根部一起干枯腐烂。其次，在具体的砍伐方式上，分皆伐和择伐。皆伐是在一定面积范围内将林木一次性砍倒；择伐则是有选择性地按照一定大小或具体树种进行的砍伐。最后，针对不同种类的林木有不同的砍伐规范。乔木需"砍小留大"，因为乔木分支较少且再生能力较差，伐小留大易于成林；灌木需"砍大留小"，因为灌木的再生能力较强，发枝多、越砍越密。剔除薪柴时，要"密多疏少"，密的地方多砍，稀疏的地方则少砍，一般只砍大树上的枝丫。其中珍贵树种，尤其被视为村寨保护神的树，无论如何也不能砍。有的支系在采集果实时，甚至会等其成熟后自然脱落，就不需采用攀折或砍断枝丫的办法来采摘。

除了基于经济原因的林业种植外，还有基于信仰的林业保护。如国家一类保护植物，有林中"活化石"之称的秃杉，是第三纪热带植物区孑遗植物，目前处于濒危状态。但在雷公山自然保护区中，却存活着大量天然秃杉。格头村是雷公山自然保护区内将秃杉保护得最好的村寨，这主要源于当地人的信仰。据说当地人为了使秃杉得到真正的保护，还会有老人进行封咒："谁破坏秃杉，谁砍伐秃杉，谁家断子绝孙、倾家荡产。"[①]因此格头人从内心尊重秃杉、崇拜秃杉，从而形成了一整

---

① 据杨从明《苗族生态文化》一书收集，格头人的祖先罗公迁徙到格头，一时没有房住，恰好看到一棵九抱粗的秃杉，其中有一根枝丫朝下呈弧形，就以它为房檩，在其下搭房子居住。有一次罗公到都匀做生意，和一个年轻人同住，晚上年轻人托梦对罗公说，他是秃杉所化来保护他的，以后要罗公教他的子孙也要保护秃杉。罗公醒来后，发现年轻人不见了，于是相信正是秃杉变化来保佑他的，回到格头后要求子孙把秃杉当兄弟看待，否则必遭到报应。一代传一代，即使秃杉自然老死，格头人也不会加以利用，反而会杀猪祭祀它，之后再推入水中，使它变成龙来保护格头人。（具体参见该书第185—186页）。

套关于秃杉种植的"传统知识"。

雷公山脉中的格头村村民移栽秃杉的时间必须安排在春节前后十天，提前或延后都很难成活。为什么必须在春节前后？当地人说因为秃杉是神，通人性，过年的时候又有好吃的又有好穿的，所以想与村民一起过年，因此春节前后十天栽种秃杉会比较容易成活。为什么要用刀耕火种的方式呢？村民们的说法是，火也是有灵性的东西，在古代曾帮过苗族的大忙。苗族古歌说：洪水滔天之后，只剩下姜央和妹妹成为洪水遗民，兄妹被迫结婚繁衍人类，生下一个肉团，姜央将其砍碎撒在山坡上，变成了许多孩子。但这些孩子不会讲话，姜央上天请天神想办法，天神说你去砍一堆竹子来烧，竹子被火烧会爆，竹子爆了孩子便会说话了。姜央回到地上按照天神的话做，用火烧竹子，竹子爆了，孩子们笑了，人类繁盛起来了。换言之，火曾经使人类得到繁盛，也一定能使秃杉飞籽成林、长得茂密。

从现代生物学的基本原理来分析，其实是格头当地在春节前后的气候开始变得湿润温暖，此时移栽秃杉幼苗可以得到适当的水分补充。为何火烧之后秃杉方能"飞子成林"？则主要是因为秃杉的种子太小，不易着地，风吹后或是落到了枯枝残叶之上，或是掉到泥土里，或是落到地上被松鼠吃掉。烧山后，由于草木灰较细，秃杉籽飘落到灰地中，松鼠一类的小动物就看不到，也吃不到。种籽落地出苗以后，草木灰又成为其生长的肥料，于是便有了"飞子成林"的状况。[①]

与前述锦屏地区的林业经济和格头寨基于信仰的林业养护不同，麻山地区的植被恢复主要目的在于应对当下石漠化灾变的危机。石漠化土地上不易找到植株立地存活的位置，而当地苗家房前屋后的果树等却长得极好，这便是地方性知识的作用。当地的苗家认为草木和人一样，也必须有朋友，要和亲人、朋友和睦相处，一起结成家族才能顺利成长。因此，他们会根据石缝已有的植物栽种它们的朋友，以此求得自己所栽种植物的顺利生长。如前所述，构树和槐树是何首乌、葛藤的好朋友，所以只有长着何首乌或葛藤的石缝才适合栽种构树和槐树；茅草和毛栗、核桃树是好朋友，所以长着旺盛茅草的石缝，才能栽种毛栗或核桃。这种看似没有科学道理

---

① 罗义群：《关于苗族本土生态知识的文化阐释》，《六盘水师范高等专科学校学报》2009 年第 1 期。

的解释，其实蕴含着丰富的物性认知。因为麻山地区特殊的地质状况，岩缝下隐藏着大小不一的溶蚀坑，其中泥土的多寡仅凭肉眼无法判断，而根据缝隙中生长的植物的差异，基本可以判断该处岩缝中土质的肥瘦、酸碱，还有适合栽种什么样的植物。

大自然中物种的生克原理被苗民通俗地解释为朋友和家族的关系，实际上是麻山地区的苗家利用这种植物间的天然的"伴生"关系判断石缝下的土层厚度。在伐木的时候，麻山苗民也注意留根留桩，一般情况下不会将根系也毁掉，通常会留出离地面五六寸的距离，再行砍伐。同时还会用火燎树桩，或者石灰水涂抹树桩，由此在树桩受伤部位形成一层保护膜，这样来年树桩还能再次萌发新枝，两年后就能愈合伤口，使得树木再生，这一技术主要适用于构树、栗树和槐树的再生。这些做法不但能保证林木的用材需求，而且还不伤害树桩的生命力，使树桩的根系仍发挥着保水固土的作用，可以有效地减少水土的流失。[①]

第三节　副业中的生态知识

一、狩猎和采摘

狩猎是苗家传统的生计活动之一，在过去物质匮乏的时期，狩猎是唯一能够获取肉类的方式。盖赖苗族在长期的狩猎活动中，亦形成了独有的狩猎文化。[②]据盖赖苗寨的老人们讲，过去（约 20 世纪 50 年代）山上猎物很多，只要有空闲他们就会去狩猎。狩猎对象主要以当地林中较多的鸟雀、田猫、野猪、兔子、山羊、野鸡等为主。盖赖的狩猎活动之后，大多需要举行"安坛"祭祀的活动，祭祀时鬼师要为猎物念送魂词，所念的内容大致意思是："野兽、野兽，你是什么时候成了猪（或其他），以前神仙娘娘封你去山上，你遇到人家的苞谷就吃，遇到人家的稻米你也吃，遇到菜就吃菜，人都养牲，家猪在楼角喂，咋个你们没听话，你们去拱我们的田地，刨我们的东西，吃我们的苞谷，你们犯错了，我们才打死你的，因你们乱吃

---

① 杨庭硕：《生态人类学导论》，民族出版社 2007 年版，第 48 页。
② 杨夏玲：《盖赖苗族传统生态知识传承与保护研究》，贵州民族大学硕士学位论文 2018 年。

人家的东西，破坏了庄稼，所以我们才拿你来吃。现在送你回你家，你从哪里来回哪里去……"显然，送魂词的内容是在证明狩猎中的杀戮并非毫无道理。尽管看上去多少有些像是借口，但若回归到盖赖人的精神信仰之中，这样的送魂词却是十分真挚而虔诚的。在格头苗寨也有类似的情况，格头人外出遇到野生动物时，是不敢用石头、木棍等伤害野生动物的，因为他们认为伤害野生动物会遭到报复，除非是狗将这些野生动物撵走或咬死。因为在格头有一个传说，说狗和野兽是好朋友，有一天野兽偷吃了狗种的韭菜，狗非常生气去找野兽理论，野兽没有办法赔偿狗的损失，所以狗就说只要闻到野兽身上的味道，它就会追它、咬死它来偿债。所以在格头人看来，人当着狗的面将野兽打死，这是替狗讨还债务，是正义的。[①]

苗家的采集是直接利用当地生物物种的最直接有效的手段，狩猎和采集在某种程度上也成为苗家生活中重要的男女分工任务。黔东南苗家的采集活动遵循着一定的原则——"采大留小、采枝留根"，以此保证后续的生长和二次采摘。尤其在采摘果实时，无论是果树还是藤类，都不会采用将树枝或藤茎砍断的方式，而是背着竹篮或竹篓上树去摘，有时候一颗一颗地摘，实在摘不到的才会用竹竿将果子扭摘下来。[②] 在麻山地区的苗家，早年生活中的蔬菜来源主要仰仗着对竹笋、蕨菜和菌类的采集。除了对当地数十种野生植物的采集，还包括对数十种昆虫的采食和对野生动物的驯化。尽管当地的野生植物群落和动物种群规模不大，但好在种类丰富。由于他们实施的是均衡取用狩猎采集的结果，因而生物的多样性照样可以得到稳定的延续。这样一来，不仅人工密集使用区段的水土流失能得到有效控制，人类没有利用的原生植物群落也能保持长期高密度稳定状态。

二、养殖

对于黔地而言，平坝丘陵以及少量的高山平地构成了发展畜牧业的地质草场基础。但基于黔地草场的具体样貌条件，也决定了传统的饲养业只维持在较小的一个

---

① 杨从明：《苗族生态文化》，第 183 页。
② 龙正荣：《黔东南苗族物质文化中的生态伦理思想》，《中国山地民族研究集刊》2015 年第 2 期。

规模范围内。

以养牛为例，牛是苗家农业生产中最重要的好帮手，但居住在山区和坝区的苗家所饲养的牛的品种却有着典型的生态适应性。山区的苗家多饲养黄牛，因为黄牛耐热，体型轻健，用于耕犁水田和坡地都很适宜，并且也便于放牧；坝区的苗家则更多饲养水牛，因为水牛不但食量大，而且力气足，耕田犁地的效率也极高。耕牛是农家的宝贝，一般会有专人（老人或儿童）照顾，春耕时还会特意割来太阳升起前的青草用于喂养，冬季休耕时也要用稻草梗作为草料，并不时上山割来芭茅草等新鲜青草来补充喂食。

苗家对牛非常喜爱，有的地方甚至将牛当家人一般看待，即便是在牯脏节这样重要的仪式上需要杀牛，也会请鬼师专门为其诵念经文。岜沙芦笙节前要杀牛时，还会请巫师调制一种名叫"百味草"的灵药，以牛平时吃的草料为主要原料，加入特制的药物，使牛安心且没有受到伤害地死去。

除了牛以外，生猪的饲养也较为普遍，马、羊等也多有饲养。苗家养狗多是为了看家护院、狩猎以及祭祀。由于狗有灵性，有的地方甚至将狗当作家人一般对待。家禽则主要有鸡、鸭、鹅等几种。

除了上述一般性的饲养外，也有较为专业的饲养，如紫云麻山地区苗民对当地大量野生中华蜜蜂（简称中蜂）的饲养。宗地乡苗家一般会以当地的泡桐木（又称凤凰木）制作蜂桶，泡桐木的木质疏松、保暖性强，野外放置也不易开裂腐烂，且不带有任何味道。具体制作方法是将整段泡桐木挖空，两端用竹席遮挡，并预留1—2个刚好能供蜜蜂进出的小洞。两端用竹席遮挡，竹席和蜂桶之间要用草木灰混合黏土、牛粪加以密封。蜂桶的外观十分粗陋，内部结构却十分精妙，竹席上供蜜蜂进出的小孔开洞位置必须十分精准，位置过高，蜂巢内的空气就会流动过快；位置过低，有害的昆虫容易混入蜂巢；开口过大，容易招来其他野蜂的攻击；开口过小，蜜蜂进出时携带的花粉容易掉落，引来棉虫。在饲养过程中，麻山苗民也摸索出一整套的具有仿生性的知识和技术。通过观察野生中蜂的生活习性，逐步累积经验和技术，依照其生物禀性去饲养半驯化的蜜蜂，让驯养的中蜂在最接近自然生存的状态下提供蜂蜡、蜂蜜一类的蜂产品。

如在寻找野生中蜂的过程中，就充分利用了中蜂爱清洁的生物禀性。因其在归巢前都要排空大便，所以在野生蜂巢周围的常绿树叶上会留下淡黄色的粪迹，在绿叶上十分容易辨认。雄蜂的粪便一般较为孤立且稍大；工蜂的粪便则大多呈等边三角形，三点一组，每一滴粪迹都呈"茨菇状"，尖端会指向蜂巢所在。所以只要顺着这一指向，数十步内就可以发现野生中蜂蜂巢，找准蜂巢后，一旦有需要便加以驯养，使之成为家蜂。

养蜂在宗地乡还有更深的文化意味，18—25岁的宗地乡苗民才可以开始独立养蜂，因此，养蜂也成为苗民生活独立和成年的标志。[①] 在宗地乡，村民们在某种程度上将蜜蜂看作自己的家人，所以不会以出售的方式转让自己饲养的蜂群，而是采用无偿的转养，甚至转养时还有一系列的避忌。因为宗地乡的苗民将自己驯养的蜜蜂视为客人，甚至当作自己的家庭成员去加以尊重。所以任何有偿的蜂群和蜂蜜的转让首先是不道德的，其次也会令蜂群不再信任自己，影响到人与蜜蜂的和谐关系。蜂群在送人时，必须被"偷"走，即主人不能在场，即使无意看见，也需装作没看到的样子，据说这样被"偷"走的蜂群才能养活。显然，这样的禁忌与一些支系的苗家砍柴不允许用车拉，只能用肩扛一样，在本质上控制了人向自然索取资源的总量。在宗地乡饲养蜜蜂主要服务于自家生活需要，并不用于盈利（且在当地养蜂盈利被视为不道德的行为），这样的禁忌抑制了个人的贪欲，避免过度采蜜而导致家养蜂群受损，而这也是当地人们对自己欲望的控制手段之一。

显然，苗家的饲养大多只是满足家庭和生计所需。在长期的共同生活中，还通过所掌握的动物之间的相互对抗关系来实现对人的保护。如小丹江地区的苗家为了防止蛇的入侵，往往喂养蛇害怕的旱鸭。这一做法有效地避免了人与蛇之间的对抗。这种利用动物禀性来实施的防范措施，也普遍见于贵州其他生活在喀斯特地貌森林里的其他少数民族。

概言之，贵州山地的多样性，使得村寨聚落的小地形及伴生气候、主导风向、

---

① 杨成、孙秋：《苗族传统生态知识保护与产业扶贫：以宗地乡中蜂传统饲养的田野调查为依据》，《广西民族研究》2014年第3期。

温度湿度等因素对村寨的格局及形态特征产生了极大的影响,而在生计生活方式上也呈现出巨大的差异。如黔东南州的排莫村和临近河流转弯地带的石桥村,尽管相邻,但由于排莫村以山地为主,故形成了山地梯田种养为主的农业经济;而石桥村由于地势平坦、交通方便、水源充足,故发展出土法造纸的经济业态。[①] 清水江沿岸由于森林茂密,木材沿江而下、运输方便,故当地的苗家更多形成了以林业生计为主、农林兼营的生计模式。因此,黔地苗族各支系的生计模式,其实是基于地域和小聚落周边的生境而形成的具体的、多样化的生计模式。

---

① 余压芳:《保持原生态聚居方式的活力——黔东南石桥造纸村景观的田野考察记》,《新建筑》2006 年第 4 期。

第三章　苗族传统生态文化的生态制度

　　清乾隆年间，乾隆对总理事务的大臣下了关于苗疆事宜的批文："苗民风俗与内地百姓迥别，嗣后苗众一切自相争讼之事，俱照苗例，不必绳以官法。"这一批示也为苗族习惯法的众多研究者所引用，是苗族习惯法的最佳例证。"苗例"与苗家无讼之说，说明在苗家有一套自己处理纠纷及各种矛盾的准则和方法。这一套准则（习惯法）主要以"贾理"（jax lil）的形式呈现。如果说苗族是以"议榔"立法，"理老"司法，"鼓社"执法的话，那么"苗例"便是维系整个苗族社会稳定的重要制度保障。

第一节　理辞、榔规：天道自然

　　贾理涉及的范围较广，从吴德坤、吴德杰两位研究者收集的《苗族理辞》来看，其中都是理老运用理辞解决纠纷的案例。苗家民间说"贾就是理"，绝不说"理就是贾"，说明贾的内涵比理大，理是贾派生出来的。"贾好比一座谷仓，理就像个茅棚；千种贾好比梳齿，百种理就像头发；千种贾如是头发，百种理就是胡须；枋头穿入柱榫，柱榫套住枋头。"[①]贾理通过一个个故事、事件，寓褒贬于其中，令听者自行领悟其中的人生观、价值观和文化观，形成一套独立的评判是非功过和美丑善恶的依据和准则，是苗族民众在处理一切纠纷时的重要"法"典。"理辞"，苗语称"jax"（贾），也有学者译为"贾理"。就形式而言，"理辞"是类似诗歌、说理与叙事相结合的长篇"吟咏体"。有研究者认为理辞包括"开天辟地、铸造日月、万物生长、洪水灾难、人类再生、祖先迁徙、族际关系、神际关系、人际关系、

---

① 杨军昌、徐静主编：《贵州省非物质文化遗产田野调查丛书·黔东南苗族侗族自治州卷》，知识产权出版社 2018 年版，第 14 页。

物际关系，以及苗族古代社会的刑事案例、民事案例、神判案例等。"按胡晓东等人的考证，苗族理辞主要流传于贵州省台江、剑河、黄平、施秉、镇远、福泉、凯里、丹寨、麻江、榕江、从江、黎平、三都、都匀等苗语中部方言区，是"议榔"中所立之"法"，在历代的完善和固化后被"诗化"而成的"理辞"，以便于人们记忆和遵守。①

苗族传统"理辞"的主体部分，共有14个案例②，它是利用自然界的一些现象引申成法的道理，可作为"贾老"的断案根据，同时也可以此说服苗民守法。③如离婚案中，男方请理老退婚，女方则要求男方将女儿接回去，其吟唱便是："像山民伐倒了树木啊，我要重新把柳枝，插在原先那根树蔸的地方；请四位理老记住，像竹农伐倒了竹子，我要重新把竹苗啊，栽回原来老竹蔸的地方。"④以自然规律为喻说理是理辞最突出的特色，从中也可以挖掘出不少关于苗家传统的自然和生态保护的传统知识。此外更值得注意的是，理辞中充满大量拟人化手法讲述的案例，如《鸡与野猫》⑤《蛇与蛙》⑥《水獭和鱼》《虎和猪》，涉及纠纷的双方主角都是动物，而理老也是动物或植物，如《鸡与野猫》中的理老就是蒿菜和蕨菜，而《蚱蜢与毛虫》⑦中蚱蜢不愿意嫁给毛虫，找来画眉鸟当理老，毛虫请来百灵鸟做理老……显然，在理辞中，重点在于讲述某种规则和原理，即便有一些冤屈似乎也并不是理辞关注的重点。如鸡被野猫诬陷，遭野猫追杀；老虎想吃猪，赖它拱到了自家的坟

---

① 胡晓东、胡廷夺：《"理辞"与"苗例"》，《贵州社会科学》2011年第10期。
② 1. 给将公驱"贾鬼"案；2. 夏修公与夏亮太案（开天立地）；3. 太阳与月亮案；4. 闹仰乜逃婚案；5. 河水与河石案；6. 水与火案；7. 野猫与鸡案；8. 狗与强盗案；9. 水獭与鱼案；10. 虎与猪案11. 南瓜案；12. 盘乜叨案；13. 香哆公案；14. 吾够鬼案。其中，1—13案属于收"贾鬼"案，即判理断决案；第14案属于放贾鬼案，即属放鬼惩处冤家案。
③ 吴德坤、吴德杰：《苗族理辞》，贵州人民出版社2002年版。值得注意的是，在二吴版的理辞中，从第12—37篇都涉及案例，且有的理辞中涉及的还不只是一个案子，其中往往有案中案。
④ 石宗仁翻译整理：《纠纷》，《中国苗族古歌》，天津古籍出版社1991年版，第136页。
⑤ 野猫说鸡刨食侵害了自己的祖坟，找来蒿菜当头人、蕨菜当理老。蒿菜和蕨菜去找鸡协调，鸡不愿意承担罪名，两位理老无法调解，自行离开，野猫发誓要吃掉鸡："要咬到九届鼓社，要咬倒七辈人。"这个案子没有结案，也没有头人评判。
⑥ 蛇与蛙的理辞，讲的是蛙借了蛇的筒（鼓）不还，蛙骗蛇说筒（鼓）破了坏了，蛇发现上当后找蛙的麻烦，蛙自知理亏，躲进了石缝中。今天的蛇看见蛙就要吃，主要就是因为偷鼓的案子。
⑦ 百灵没有画眉会说理，气急败坏就咬画眉鸟，毛虫自己躲进树干里，变成了蝴蝶，但蚱蜢又配不上蝴蝶。

茔，理老调解不了，故野猫发誓要吃掉鸡，老虎理直气壮地吃猪。好几个故事讲述的都是同一个内容，即"兽味不散狗才吠，兔味遗留狗才叫"。换言之，天道之间的轮回、动物之间的食物链构成，尽管没有公平性可言，却在苗家人的浪漫想象中找到了某种解释。

更值得注意的是，如上述与动物相关的这一系列理辞，包括《鸡与野猫》《蛇和蛙》《水獭和鱼》《虎和猪》《柿树与桐树》《马蜂与梨树》《蚱蜢和毛虫》《黄鼠狼和山鼠》等，都是属于理老判不了，神鬼也无可奈何的案件。鸡、蛙、鱼、猪的天敌分别是野猫、蛇、水獭、虎，是自然界生态平衡的食物链上的一环，人的力量是改变不了的，因此他们的矛盾超出了人世间的道德准则和是非判断的范围，再厉害的理老也无可奈何。因此，理老在审理案件的时候也必须遵从自然规律，这是一系列基于不可抗力的自然规律"案件"。

榔规是苗例的重要来源，其中，"榔"是指"岩石"，榔规即立岩石定下规矩。不同地区对议榔会议的称谓不同，如湘西地区多称"合款"；黔东南地区则称"构榔""勾夯"；岜沙则称之为"埋岩"或"栽岩"，有大、小之分。以岜沙的埋岩为例，参加大"埋岩"的村寨有岜沙苗寨、大洞村、宰戈村、滚玉村、长滩村、龙江村、大塘村、雍里乡、加榜乡、东朗乡、下江镇等一共二十七个村寨，有九千二百八十人参加（其中侗、壮、汉等共有一千九百人，其余全是苗族，占总人数的80%以上）。小"埋岩"会议，则除了雍里乡、加榜乡、东朗乡、下江镇等距离较远的乡镇，只有附近的几个村寨参加。[1]埋岩会议以后，会向全体寨民宣布条款，村民共喝鸡血酒，发誓遵守榔规条款。

在苗家看来人人都处在榔规之中，"来议天上的榔规，来议地上的榔规，人人都进榔规里，个个都在榔规中"（《日王和月郎》）。议榔的内容涉及社会生活的各个方面，这些约规一经议定，当即产生法律作用。寨老、头人等自然领袖人物，一样受到约束，真正做到在规约面前人人平等。榔规中有很多关于村寨环境保护的榔词、约定。如台江九摆村苗族"议榔"的榔词："我们的地方大得很，乘凉的风

---

① 熊克信主编：《中国·从江岜沙》，贵州人民出版社2016年版，第195—198页。

景树，山上的朗科（草木）不能乱砍乱割；河中田中的鱼虾可以捞，但不要将鱼虾捞尽，野猪和山猪可以打，但不要将它们打尽；山上的草药可以采来治病，但不要将它们拔尽。茅草长在山上，茅草是用来喂牛的，喂牛做什么，犁田和打架。青菜除了人吃就是喂猪，到年我们才得杀，喊亲戚们来抬。哪个有违反，像雷公果树吃苦头，人矮得像马桑树，爬岭也爬不过去；哪个有违反，谷也不发，种秧也不长，放鱼不繁衍，有米无人吃，有衣无人穿。"① 此外如贵阳周边高坡苗家，在1936年制定的榔规中就明确规定："在古巴山（当地山名）只许可拾干柴以及有节制的砍伐马桑树、小米树，严禁砍伐其他树木，否则按5块大洋/捆的标准进行惩处。尤其风水林，即便树木断、烂在地上也无人敢拾（传闻风水林有忌讳、宗教的色彩）。"② 民间文学资料中也提到："烧山遇到风，玩狗雷声响。烧完山岭上的树干，死完谷里的树根，地方不依，寨子不满；金你郎来议榔，罗栋寨来议榔……议榔育林，议榔不烧山。大家不要伐树，人人不要烧山。哪个起歪心，存坏意。放火烧山岭，乱砍伐山林，地方不能造屋，寨子没有木料，我们就罚他十二银子。"③

显然，理辞比榔词更加"书面化"，仅从文字来说，如果说榔词是口头约定的誓言，理辞则可以视为经过加工整理的作品。贾理中人与自然万物都必须遵循一些规律，甚至是毫无公道可言的自然规律，但其作为生存链的一环，理老和神鬼都无可奈何。换言之，人也只是天地自然之道中的一环，人与人的矛盾和问题理老可以调解，人与万物却是各安天命，这是自然的不可抗力。榔词则是简单直接地约束人的"不可为"，寓意取物勿尽，起坏心恶意者死。

第二节　乡规民约中对生态环境保护的约定

在某种程度上，我们可以把榔规和栽石视为乡规民约的无文字版口头约定，尽

---

① 杨从明：《苗族生态文化》，第189页。
② 余贵忠：《少数民族习惯法在森林环境保护中的作用——以贵州苗族侗族风俗习惯为例》，《贵州大学学报（社会科学版）》2006第5期。
③ 中国作家协会贵阳分会筹委会苗族文学史编写组等编：《民间文学资料》第十四集，中国作家协会贵阳分会筹委会1959年版，第147页。

管没有文字，却深入民心。因此，乡规民约其实是中国民间管控乡间事务的最直接有效的基层性法规，今天有文字可依的乡规民约，大多为村委会在传统"榔规"的基础上进行完善和修订的。

如岜沙人有两部村规民约，一部制定于 2002 年，一部制定于 2015 年。其中一部于 2002 年 6 月生效，该部村规民约在解决乡邻纠纷、维护干净整洁的村容寨貌、传承传统文化、保持良好的生态环境等方面做出了巨大贡献。2015 年 8 月生效的岜沙村现行的《村规民约》，则是根据当地原有的风俗习惯、国家法律法规和政策等相结合而成，并经全体村民大会同意，上报丙妹镇政府备案的书面条文。岜沙村《村规民约》共分为七部分，前四部分为违约条款，依据性质、危害结果等划分四个处罚等级，共 48 条。例如寨民砍树只能在薪柴林区砍伐，且不管何人，只能用肩挑，不能用车辆运输，否则寨老将会以环境保护习惯法处以"3 个 120"、补种树苗等处罚。对比其原有的习惯法，据《从江县志》所载，民国时期，玉堂乡岜沙苗族的寨老召集全体寨民，拟定封山条款：谁进入封山区砍伐树木，就杀谁家的牛（猪），罚两百斤酒、一百斤鱼供全寨人吃一餐。[1]在 20 世纪较早的时期，岜沙人生活较为困难，需砍柴卖钱、贴补家用，也明确规定每家只允许砍自己的"用材林"，砍柴的数量够满足自己生活必需物品的钱数即可，不允许滋生贪得无厌的心念。如果家中有特殊情况，要用大笔钱财，需要砍树来换取时，要经过寨老的同意。砍来的柴也只能用肩挑至县城出卖，不能用车拉。这种做法目的有二：其一，要让卖柴人懂得钱来之不易，是树木养育了自己，要懂得感恩；其二，如果用车拉柴卖，人们将会产生安逸的想法，也将会砍伐大量的树木出卖，长此以往，将会无树可卖，坐吃山空。[2]此外还有诸如不准在泉水附近乱扔杂物，违者处罚"3 个 66"，不准在水田上游截留，不准偷开他人的田水，不能私自捉他人田里的鱼，不得砍护寨树、风景树，不得破坏古老森林，违者活埋等条例。封山才有树，封河才有鱼，封山育林，不准烧山，若放火烧山，滥伐山林，处罚"3 个 120"并补种树苗，如若不服，加

---

① 邵泽春：《贵州少数民族习惯法研究》，知识产权出版社 2007 年版，第 393—395 页。
② 薛新民：《从江岜沙苗族环境保护习惯法研究》，贵州民族大学硕士学位论文 2019 年。

倍处罚。偷伐杉树者，处罚"3个66"；偷伐松树者，处罚"3个33"；偷别人干柴者，处罚"3个12"，重者处罚"3个33"。大山、河流、道路、老林等属于公共财产，任何村寨、私人不能占为己有……

由此可以发现，苗族村寨中的村（乡）规民约，其实是其习惯法的一种现代延续，约定的都是基于村域生活中最重要的原则和规范。总体而言，主要包括以下几个方面。

一、林木保护

不仅岜沙，可以说几乎所有的苗族村寨的村规民约中都有关于森林资源保护、禁止乱砍滥伐的规约。如《平鳌村村民自治合约》明确说明："林木、林地是我村有史以来，村民生活等各个方面赖以生存的重要经济来源，家家户户都有植树、爱林、护林的义务，广大村民要继承和发扬祖先的优秀传统。"① 雷山县丹江镇猫猫河村的《猫猫河村村规民约》就规定："管理山和自留山，不准毁林开荒、烧山或开小米土，若发现毁林开荒、烧山和开小米土者，除补足造林外，每亩罚款30元……"其中第38条还规定："若有用火不慎引发山火者，先罚30元，然后按每亩60元处理，若是有意放火烧山的，每亩罚款300元，并负责补种树苗。"2010年3月26日，从江、榕江88村寨表决通过"椰党爽、格能秋苗族习俗改革椰（椰）规"，规定要切实保护村寨优美环境，禁止破坏四周风景古树，违者按椰规处罚120斤肉，并责令毁1栽5（保证存活）。这些条例中区别只在于具体惩罚措施的不同，但大多都是需要赔钱并补种。

---

① 具体规定：凡属于公路两旁人工栽培或野生的树木，一律不允许采伐，发现采伐一棵交违约金100—200元，举报违约者获得罚金的50%作为奖励。杨梅树种是我村原生态的物种资源，集体栽培或者野生的杨梅树一律不允许采伐，否则采伐一棵交违约金50—200元，举报违约者获得罚金的50%作为奖励；红豆杉属国家级一级保护树种，是我村唯一的特产，不允许外村人采集，也不允许本村人采集送给外村人或出售，发现一例，每棵交违约金100—300元，举报违约者获得罚金的50%作为奖励；为使我村天蓝、水净、山更绿，在村寨可视范围内的杉山、竹林不允许一次性全部砍伐，只能间伐；属村集体规定的风景林木区（楠竹等），不允许任何人砍伐，否则按林地的大小，每棵分别交50—300元的违约金，并责令在5年之内培育风景林10棵，举报违约者获得罚金的50%作为奖励。（耿中耀：《贵州锦屏平鳌苗族杉木传统知识研究》，贵州民族大学硕士学位论文2016年）

二、防火安全

苗家村落建筑大多为木制，因此，防火是大多数村寨非常重视的问题。除了要举行扫寨的仪式外，还有专门的关于防火救火的约定。如岜沙苗寨在新中国成立前关于防火救火的规定为：一旦寨内发生重大火灾，每位村民都有灭火义务，必须全力以赴将损失降到最低，不准擅自先抢救自家财产；等火灾全部扑灭后，不论灾情大小，由火灾发生户承担责任，缴纳大米 120 斤、酒 120 斤、肉 120 斤；同时处罚力度视火灾损失程度以及纵火者的目的而定，火灾损失小或者并非故意所为，将处以缴纳大米 120 斤、酒 120 斤、肉 120 斤的惩罚，全部物品供全寨人食用；如果损失严重或者系故意纵火，对纵火者甚至处以活埋的惩罚。

在朗德上寨，有"一碗米一元钱"的规定，即每个月消防检查时，会逐家逐户收取一碗米和一元钱。实际上，作为消防安全基金的"一碗米一元钱"制度，不过是对家户消防安全意识的提醒。再如，朗德下寨在村规民约上明确规定人人要搞好防火安全，若不小心引发火灾：（1）尚未造成损失的，罚款 100 元；（2）造成重大损失的罚款 1000—2000 元，负法律责任；（3）若发生森林火灾，尚未造成损失的，罚款 60 元；（4）造成超过一亩损失的按一亩 50 元计罚，由肇事者负责一切责任。固鲁苗寨村规民约也规定：谁家发生火灾，无论损失轻重，必受到"4 个 120"的处罚，出酒、肉、菜、米各 120 斤宴请全村人，承认自己的过失，当面提醒全体村民增强防火意识。

火灾发生后，应对和救助是首要的处理方式。乌流村苗族人认为，发生寨火时，全寨人不论男女老少，必须全部投入扑救工作，不能因为平时恩怨而袖手旁观，否则会被全寨人孤立和隔离。在火情扑救中，禁止肇事者在村寨内乱跑，必须往村寨下方走或浸泡在下方有水处，以免火势顺着肇事者移动而烧及全村。为救人灭火、及时转移物资，灾情现场可以拆房毁物，可以清除或拆迁道路两旁的杂物或房屋，防止火势蔓延。火灾消除后，寨老和村主任立即召集全体村民，一方面号召村民及时清理受灾场地，轮流向受灾者提供寄宿，并根据自身经济情况，向受灾者无偿捐赠粮食、木材等物资；另一方面，帮助受灾村民向当地政府申请必要物资救助。这样的救助会持续很久，直至村民将房屋建设起来。① 火灾扑灭后，受灾者须出 "4 个 120"（120 斤米、120 斤菜、120 斤肉和 120 斤酒）宴请前来帮忙的邻里。这样一种惩罚性的约定，增强了人们日常的消防意识。为祈求神灵原谅，除 "4 个 120" 外，还需举行一次 "扫寨" 仪式②。

三、其他规约

如《从江县志》中记载，《玉堂乡岜沙村村规民约》规定：严禁寨民偷放他人稻田水，违者将赔偿他人一切损失，另处罚 "3 个 120"；严禁家禽或者牲畜进入他人稻田毁坏水稻，经劝告不听者，赔偿他人一切损失，处罚 "3 个 100"；无论是谁，均不得破坏稻田的田埂和排水沟的设施，否则将处罚 "3 个 120" 并勒令此人使其恢复原状。在最新的《村规民约》中不但对毁坏稻田设施的行为进行处罚，例如第 31 条中霸占他人水田或者偷放他人田水，第 40 条中乱放禽畜损坏他人庄稼、果木等相关条例都有涉及，而且还对寨民所做出的危害农田的行为也将进行处罚，例如第 33 条中未经允许在他人田边 3 丈范围内种植高秆作物，违者将处罚 "3 个 120" 等。再如《报德大寨民约公告》中关于水源的保护和控制条例，就明确规定："水井内的水在枯水季节不准私人用抽水机抽水，违者罚款 150—200 元。"

显然，基于生存的不易，苗家人对自己在生产生活的诸多方面的行为进行着严格的约束。通过约束人的欲望，不过分向大自然、森林索取，让有限的水资源实现合理公平的共享。

---

① 王金元、罗芳艳：《巴拉河流域苗族消防知识的文化逻辑与实践效用》，《怀化学院学报》2017 年第 12 期。
② 扫寨仪式分为两种：一种是每年 11 月份定期举行的仪式，主要是为驱逐放火烧寨的火星鬼；一种是意外发生火灾事故后，为规诫和警示人们而进行的祈求仪式。"扫寨" 程序大致简述如下。第一步：筹资。灾后，寨老逐户收取一定资金，购买黄牛或肥猪一头，雄鸭、雄鸡各一只，以及米酒、大米、香纸、活鱼若干。第二步：择日。多选用 "辰日"，人们认为属 "龙" 的日子，方能压火。第三步：选点。"扫寨" 活动通常在河沙坝或远离寨子的平坝进行，巫师在祭祀场上摆好从各家各户拿来的用稻草捆好的 "旧火把"，并摆 17 个酒碗、一只粽叶草编成的 "火星鬼"、一碗米和阴阳竹卦。第四步：仪式。由巫师来主持，仪式流程如下：（1）请 "火星鬼" 入场；（2）巫师带领两名人员，携带从山上取来的水和浮萍，到各家各户打扫房屋，清洗、熄灭 "旧火"；（3）把牲畜杀好煮熟，祭 "火星鬼" 并送之 "回家"；（4）宣讲消防知识；（5）分 "扫寨肉"，吃 "扫寨饭"。

第三节　禁忌与节日

在某种程度上，节日和禁忌从精神层面保障了"约束"的有效执行，因此也有研究者将禁忌视为少数民族的习惯法内容。"少数民族习惯法在漫长的发展历程中，该地区禁忌对其影响非常大，禁忌对人们的生产、生活产生抑制的影响，对生活有特殊的作用，最终成为一种对人们的行为有约束的规范，最后产生习惯法。"[1] 因为禁忌有着最直接的出发点：逢凶化吉、趋利避害。这是在用主观上的畏惧实现客观上行为的禁止。

在黔地生活中，苗族各支系基于各自的生存环境形成了不同的禁忌。如巴拉河流域的固鲁苗家，有着不能玩火的禁忌；朗德苗家在逢年过节时要禁说"干燥"等相关词汇；朗利的苗人甚至禁止火灾肇事者游移于村寨内外。对于岜沙人来说，牛或鸡在不该叫的时候叫了，就会被视为发生火灾的前兆，要邀请鬼师来举行洗寨的活动。[2] 在六枝梭戛地区的箐苗对生活中的反常现象也十分警惕，不小心打破碗、行路遇见蛇、乌鸦忽然叫等，发生这些现象后，都要想法避开灾祸或者请鬼师前来"解除"。同样地，岜沙人对诸如碗或缸不碰自破，狗、猪、牛等家畜用前脚蹬墙等现象，也认作灾难的预兆，认为这些是不吉利的现象，必须请鬼师到家里看卦、念咒，驱逐鬼妖，以免灾难降临。

在生计方面的禁忌就更多，如采用稻鱼混合耕作的苗家人，会在每年的四五月份，将鱼苗放入稻田至水稻成熟这段时间设为当地人的禁渔期，在岜沙人看来，如有违背就会受到鱼神和水神的惩罚。甚至对于在野外饮水，各支系也形成了各种各样的禁忌和讲究，如岜沙人在野外喝水，必须用手捧起来再喝，同时也禁止在泉水中洗脚、在泉水旁大小便等，如做出这些行为，都会受到树神等自然鬼神的惩戒。苗族各支系中还有许多与森林维护有关的禁忌，如做重要用途（如大梁、寿木和架桥）的树木，不许随意动斧；老树倒下不能当柴烧，怕曾有鹰窝，烧后导致鸡不繁

---

① 高其才：《中国少数民族习惯法研究》，清华大学出版社 2003 年版，第 36—38 页。
② 薛新民：《从江岜沙苗族环境保护习惯法研究》，贵州民族大学硕士学位论文 2019 年。

衍；雷打的树不能做柱子，原因是雷公都恨它，人更不能要它了。苗族人的传统观念认为，如果谁犯了这些禁忌，那么他将会受到某种特定的惩罚。苗族早有多种果树嫁接技术，但这项工作只能由已无生殖能力的老人去干，年轻人即育龄期人切不可为，以免把自己的生育能力转给树木，导致自己生育不繁或丧失生育能力。年轻人不能栽棕树，以免生下的孩子头发黄如棕丝。事实上，这些年轻人不能栽树的禁忌习俗的产生，主要是由于年轻人做事比较鲁莽，或因经验不多，栽树成活率低。[①] 此外，还有一些与生活相关的禁忌，如箐苗人会在有病人的家庭门口放置一只撮箕，插上一根绑有芭茅草棍棒，以示家中有病人，外人勿入。再比如，朗德上寨合婚中的鸡卦不合不开亲等。有的禁忌即便以今天所谓的科学标准来看，也有一定的科学道理，如箐苗人认为打雷下雨时不能在大树底下躲避等。

在紫云地区，由于当地的岩石崩落现象十分频繁，在他们的生产生活中也形成了一系列独有的关于岩石的禁忌和神奇故事。[②] 在当地人的心目中，岩石滚落是因为有鬼在推石头，所以出门遇到石头滚落在路人的身后的现象，便可以继续出行；而若是石块掉落在路人的前方，则为不祥之兆，预示家中亲友可能会死亡，遇上诸如此类的不祥之兆，必须立时掉头回家，否则就会被人骗或者被抢甚至挨打。[③]

显然，苗家的禁忌在文化的共性选择中也颇有地域性特色。尽管有一些解释或者说对可能出现的危险的预判显得并不那么合理，但却在客观上起到了约束人的行动的作用。

如果说，禁忌的目的在于人因害怕不好的结局而对人之行为的约束，那么节日及其仪式则通过敬畏和供奉以及时间上的规约，从而实现人与自然的对话。对于苗

[①] 沈文嘉、董源、印嘉祐：《清代清水江流域侗、苗族杉木造林方法初探》，《北京林业大学学报（社会科学版）》2004年第4期。

[②] 牛角村牛角组村民杨再华讲述：2003年的一天，我去小湾打猪草，从一块山上滚落的岩石旁经过时，突然就走不动路了，整个脚杆发软，想挣扎着站起来都很难，当时就觉得是被那块石头啃了脚杆和腰杆，所以走不动了。后来，我就在石头旁边休息了一会，才勉强站起来，一步步挪回家去。因此，回到家后，我就请了当地的老魔公，带着一只鸡和一壶酒去了那块石头旁做法事，用草将落下来的那块石头缠住，然后就在那里和老魔公一起将鸡和酒吃了。自那以后，走路才像以往那样方便了很多。

[③] 贺天博、农仁富、凌龙：《麻山苗族防范频繁发生性地质灾害对策研究》，《原生态民族文化学刊》2012年第4期。

家而言，其时间上的空间性使得节日成为一种社会秩序，把控着通婚圈内社交活动的举行，因而节日对于苗家而言，有着更为重要的制度意义。节日按性质来划分可以具体分为：祭祀性节日、纪念性节日、农业生产相关的节日、社交娱乐性节日、宗教性节日。各支系之间的节日大同之中亦有差异，大多数苗寨都要过鼓藏节、苗年节、吃新节，以及举行针对居住地周边神灵，如祭山、祭水、祭树一类的活动，也有一些节日是部分支系独有的。这些独有的节日大都与该支系定居其地以后，在村域范围内发生的事件有关。

如季刀苗寨的村民过苗年就不敲铜鼓。据说季刀苗寨的祖先喜爱铜鼓和芦笙，逢年过节一定要吹芦笙、跳铜鼓，热闹非凡。有一年铜鼓场架鼓的木柱朽了需要更换，寨老们上山反复挑选，最后选中了一根笔直的好树。但在择好的吉日上山去砍树时，却发现有一人被老虎咬死在树脚下，长老们觉得不吉利，认为若要这棵树来架鼓，等于"引狼入室"，于是树也不砍了，回来后便把铜鼓埋了，并立下遗嘱：后代不得再搞铜鼓，从此，寨子的铜鼓便销声匿迹了。此外，还有朗德人不过的爬坡节。经由季刀苗寨的例子很容易发现，在某种程度上，节日与禁忌似乎总是相伴而行，毕竟两者存在的前提只是一个"信"字。

在安顺地区的苗家要过跳花节①，甚至有"苗族不跳花，谷子不扬花"之说。节日本身就包含了两层意义，一方面是为青年男女创造认识的机会，另一方面则是为村寨祈求丰收。大致说来，苗家的节日，或者是与祖先（过去）有关，或者是与族群的繁衍有关。关于过去和未来，在一年又一年节日仪式的举行中，传递着关于生于斯、养于斯的各种知识。如前文已述的确定时间周期的年节，以及稻田中期检查的"吃新节"都是如此。

锦屏的瑶光苗寨，还有一个独一无二的枫树粑节。据说在600多年前瑶光先祖入境时，为检测此地是否适宜居住，有一姜姓人士在地名为"后百景"的筑龙脉处

① 箐苗的跳花节在每年的正月初四至十四举行，正月初一开始，12个寨子的青年男女开始进行寨与寨之间的串门活动。通常情况下，年轻女孩在自己家中等待。小伙子们则结伴而行，从本寨开始挨个拜访其他村寨，寻求意中人。正月初十"跳花坡"，是整个"跳花节"的高潮，12个寨子的男女老少都赶到中心寨——陇戛寨参加一年一度的歌舞盛会，同时也是青年男女寻找自己意中人的交往场所。

倒插一棵枫树，并祈祷"倒插的无根枫树能成活便定居下来，不再迁徙"。果然，神奇的枫树不仅成活，而且根深叶茂，于是迁入的苗人越来越多。由此这棵倒栽的枫树也被当地人视为"神树"，正是由于这种信仰的存在，瑶光苗寨大力倡导寨内外栽植枫树，并形成一种不成文的规定：凡是进入瑶光居住的人家必须先栽种一株枫树。至民国时期瑶光寨已是古枫参天。瑶光寨现尚存七株大枫树，人称"七公树"，传说是最先入住瑶光的七位祖先所栽。[1]近代以来，瑶光苗族公议改革，把每年交"大雪"后的第一个"辰"日，定为瑶光苗寨一年一度祭祀枫树的"枫树粑节"。节日里，瑶光寨家家户户要打制糯米粑，用枫树枝串起糯米粑做成"枫树粑"，献三牲，烧香纸，祭祀"神树"，表达对枫树的崇拜之情，以示纪念先祖及祈求"神树"护佑村寨。通过娱神、娱人的祭树仪式，保佑全寨人逢凶化吉，无灾无难，拉近了人与人、人与自然之间的距离，传承了崇尚自然、敬畏生命的理念，形成了朴素的植树、爱树、护树的传统，展现了人与自然和谐相处之道。此外，苗族各个支系都有自己具体的祭山、祭树等仪式活动，这些活动基于信仰，或与节日有关，或与禁忌有关。祭山或祭树的仪式活动，以祭祀、敬告树神或山神的名义，祈求平安顺遂。苗族崇拜的树，除枫树外，还有杉树、五倍子、栎树、竹子等。这是因为枫树是祖宗树；杉树再生能力强，又是建筑的重要材料；五倍子、栎树可避邪、驱鬼。部分操苗语西部方言的苗族支系崇拜竹子，他们认为竹子繁殖能力强，长势茂盛，象征人口的兴旺发达。

概言之，如果说禁忌和信仰从精神上规约了苗家在处理人与自然之间的关系时的处理方式，那么节日和仪式则从时间上界定了苗家的作息、行为，尤其在相关仪式上对古歌的吟唱以及村规民约的一再宣读，进而在客观上保证了人们对当地自然保护的参与以及可持续发展的实现。

---

[1] 锦屏县河口乡人民政府编：《锦屏县河口乡志》，2010年内部印刷，第85—86、415页。

第四章　传统生态精神
——人与物同

苗族的传统生态智慧是否超越了原始思维而上升为生态文化，其精神体现是界定的重要标志。由于苗家没有文字，故此要探究其生态智慧的精神体现，主要将苗家口口流传的古歌、民谚（农谚）以及苗人精神世界中最重要仪式和信仰作为切入点，探析其中所包蕴的苗家人关于天地自然万物的态度和看法。正如有的研究者所言："苗族古歌并非苗族关于原初历史的真实记载，但其中关于人与自然关系、人与动物关系以及人口与生态平衡关系的朴素认识，却蕴含着丰富的生态伦理思想，并且这些生态伦理思想为当地苗族生态伦理意识的形成以及生态环境的保护都起到了积极的作用。"[①]若按保罗·泰勒的"生态伦理"三个要素——"一个信仰体系""一种尊重自然的态度""一套具有普遍约束力的规范和准则"[②]考之，要谈及其生态伦理，则需要古歌、行为和制度三个方面的考量。这显然超越了本章节的初衷——苗族传统生态智慧的精神内容。因此，我们主要通过苗族古歌叙事等来探讨苗家对于天地万物有着怎样的看法，即苗族传统生态文化的观念来源。

第一节　天地—万物—人

应该承认，苗族三大方言区流传的古歌各有特色和侧重，其中既有口传出现遗

[①] 龙正荣：《贵州黔东南苗族古歌生态伦理思想论析》，《贵州师范大学学报（社会科学版）》2010年第 1 期。

[②] Paul W. Taylor, "The Ethics of Respect for Nature," *Environment Ethics*, no. 3（1981）: 197-218.

漏、变异的现象，也有因支系际遇不同，而呈现出的叙事内容上的差别。① 不但在古歌内容结构上有差异，加上译者各有侧重，且还有基于编选者观点的一些删改，② 这些因素都造成了不同区域古歌的差别。对苗族古歌中吟唱的内容所呈现的世界观问题还不能概而论之。以流传较广的黔东南地区台江县及雷山县等地的创世古歌为例，有研究者对比了多达17个版本的创建天地的古歌发现，这些古歌无不以"哪个生最早"为题叙述天地的由来。这种关于天地万物从何来的疑惑，也使得古歌运用了大量的篇章来描述天地、日月、动植物乃至人类的产生和出现。其他中部方言区流传的如《开天辟地》《运金银》《铸造日月》《洪水滔天》等古歌，由于收集时间较早，各种版本较多，不少故事都为外界所熟知。③ 石宗仁基于东部方言区（湘西方言区）的苗族支系村寨所流传的古歌，收集、翻译、整理出《苗族古歌》。但西部方言区（川黔滇方言区）流传的《亚鲁王》由于发现收集时间较晚，其中涉及的创世部分便不大为常人所了解。总体而言，三大方言区关于创世纪的古歌有一定的重合，但差异也不容忽略。④ 对各支系创世古歌有深入研究的学者，认为"东部和中部苗族的创世古歌不同之处在于两者的社会结构不同，受汉文化的影响不同，因而出现对创世的不同解释"⑤。

① 石宗仁（《苗族史诗》）收集整理了主要流传于黔东地区的苗族古歌；田兵（《苗族古歌》，贵州人民出版社1979年版），吴一文、今旦（《苗族史诗》，贵州民族出版社2012年版），燕宝（《苗族古歌》贵州人民出版社1993年版），王安江（《王安江版苗族古歌》，贵州大学出版社2008年版）等人各自搜集整理了流传于黔东南地区的韵文体古歌；流传于黔西北地区的西部苗族古歌主要有杨照飞的《西部苗族古歌》、毕节地区民宗局编写的《西部苗族古歌》；潘定智、杨培德、张寒梅等编写的《苗族古歌》（贵州人民出版社1997年版）则包含了三大方言区的古歌。
② 如田兵编选版的《苗族古歌》中，田兵就认为苗族古歌中有很多"迷信"或"不合理"的东西，因此在编选时进行了删改。如《十二个蛋》中，姜央是第一个生出的人，那么就没有妹妹，故在整理兄妹开亲时，就更改为姜央上了天，而让他的子女兄妹开婚等。
③ 对于古歌的名称，不同的支系也有不同的叫法，如施秉县境内流传的苗族古歌就被称为"霞确"，"霞"即歌，"确"即大。
④ 已有不少研究者注意并深入地阐释了这一方面的问题，如张勤在《"苗族古歌"口传文本的多样性书写》一文中，就从语言的角度区分了三大方言区苗族"古歌"内涵上的差异，如，中部方言区的"古歌"苗语为hxal lul或hxak lul hxak ghot，即理辞之歌，强调古歌的权威和神圣性；贵州松桃、湖南湘西一带东部方言区的苗族则称古歌为sead ghot，即强调古老的歌，但并不含有中部方言的权威之意；西部方言区的苗家将古歌称为ngoux loul，即老，原本的歌，故包含尊崇、敬重之意。对古歌的叙事细节进行比较的成果，较为成熟的为曹端波、曾雪飞的《苗族古歌演唱传统与地域性社会研究》。
⑤ 曹端波、曾雪飞：《苗族古歌演唱传统与地域性社会研究》，贵州大学出版社2017年版，第84页。

如中部支系流传的《苗族古歌·开天辟地歌》①中吟唱的是："万物始于气，即云雾，先有云雾，才有天地，而后才有人类万物，如我们看古时，哪个生最早？哪个算最老？姜央生最早，姜央算追来，他来把天开，他来把地造……姜央生得晚，姜央不算老。府方生最早？府方算最老？府方生得晚，府方不算老……"从姜央往前追溯，府方、养优、火耐、剖帕、修狃、黄虎……一直追溯到云雾，"云雾生最早，云雾算最老"。因此也有研究者认为对云雾的追溯"折射出一种朴素的唯物主义观"，并认为"'云雾'（自然）在苗族的观念中逐渐形成，他们把自然视为万物之始，并把谁生最早、谁算最老作为生命秩序。'生最早'和'生最老'成了苗族人们普遍尊重的'老者'（自然），所以苗族先民都比较遵从'老者'（自然）的意愿"②。这个观点其实涉及苗族先民世界观里的一个重要替换概念，即针对自然与祖先这两个对象，如果祖先与自然是一体的，那么尊重自然就是尊重祖先。

此外，在东部支系③和西部支系中，流传的古歌则将创世追索到神，东部支系的部分苗族村落甚至明确创世神为盘古④，西部苗族支系也将创世者追索至神："天地最初时，是个大圆盘"，耶璋笃"立地又顶天"（《西部苗族古歌》）。中部支系的古歌则追索得更远一些——云雾。云雾之后才来了神鬼，如黔东南地区流传的古歌中就吟唱，神鬼架了石板桥，生下撑地的婆婆，婆婆生了蛋，孵不出用斧头劈开，第一块变成了支撑天地的福方，第二块变成了劈山河的布巴，第三块变成了调解纠纷的友星，第四块变成了丈量大地的妞香，第五块变成了取火种的伙里。神鬼创造了天地、空间，然后才是鱼塘边，但香两家的鱼被盗，理老裁定枫树是窝家，判他

---

① 摘录于贵州省民间文学组整理，田兵编选的《苗族古歌·开天辟地歌》版本。
② 梅军、包龙源：《共生理论视角下苗族传统生态消费文化研究》，社会科学文献出版社 2019 年版，第 98 页。
③ 在湘西花垣县，民间老苗医龙玉六口述，龙炳文、田兴秀整理翻译的《古老话·食物生成同一根》中吟唱道："千万事物同一理，事物生成共根源。头等重要搜媚若（能量），第二是各薄港搜（物质），第三是玛汝务翠（结构），三样缺一不得生。生成相资双有利，生成难全古到今。增多变好无穷尽，人类前途最光明。"（湖南少数民族古籍办公室主编：《苗族古老话》，岳麓书社 1990 年版）因其不属于贵州境内苗族故未纳入正文分析。
④ 湘西一带的苗族古歌认为，盘古打死了野兽"崩笱达王"，而它身体的各个部分变成了宇宙万物，皮变成了天地，眼睛做星辰，毛发做竹木、生灵，肉汁做盐井、油泉，脊骨做天梁，腿骨撑天。

被砍倒。枫树变成千万物，其中有一段孕育出了蝴蝶，树疙瘩变成了猫头鹰，树叶变成了燕子，还有一双长树梢变成了继尾鸟。蝴蝶妈妈长大后和泡沫恋爱，婚配生下了十二个蛋[①]，继尾鸟来孵化：绿的变成雷，亮的变成龙，长的变成蛇，短的变成蜈蚣，花点的变成野猫，花条纹的变成虎，圆的成为太阳，扁的成为月亮，褐黄色的变成黄鼠狼，灰色的变成小兽，浅灰色的变成"养以"，黑色的变成"白散"。尽管各版本古歌中讲述的蝴蝶妈妈生下的 12 个蛋有细节上的差异，但大致可分为好的蛋和不好的蛋。好的蛋里孵出了人类的始祖姜央，与他同时孵出来的还有雷公、蜈蚣、牛、龙、老虎等兄弟。少部分支系传说里甚至太阳、月亮等都是从 12 个蛋中孵化出来。可以想见这种人与万物同生、有着血缘关系的思维意识随着古歌的传唱而万代流传。"这些看似不起眼的思维，却与生物进化论有着某些共同的特征，在生命起源上形成一些意想不到的'共识'。"[②]

　　苗家这种人与万物平等的观念，与《圣经》中上帝造人的故事是完全两样的面貌。《圣经》中，上帝前五天创造了天地万物，包括季节、时间、鸟兽动物，第六天创造了人。上帝告诉亚当园里的果实都可以吃，只要不吃善恶树上的果实，并要鸟兽虫鱼都到亚当前面听令："亚当开口叫它什么，以后它就叫什么名字！"显然，在西方上帝造人的故事里，人是万物之灵长，是上帝的影子（上帝按照自己的形象创造的人），是万物的主人，他们可以随意采摘果实，动物必须听从人的安排。在苗家创世神话中，"人并非超越万物的灵长，而是平等的同胞兄弟。人因为种种因素与雷公发生了争斗，但也遭到了大洪水的惩罚。人与其他动物争当老大的地位，最终的结果却是各安一隅、各司其职，共同地生活在一起。"[③]

　　此外，古歌中还描述了人与生物的相互模仿。服饰乐器制作上的"仿生性"在

----

①12 个蛋的具体内容各个支系流传的不尽相同。在吴德坤和吴德杰整理的《苗族理辞》中《蝴蝶产卵》篇中生的也是 12 个蛋，但具体罗列出来只有：央、雷、龙、虎、黄鼠狼、野猫、青蛙、寡蛋（变成希养神）、昏蛋（变成希毕神）、坏蛋（变成麻风鬼、疯癫鬼）、醒蛋（疯癫姑娘）11 个；在吴一文的《苗族古歌叙事传统研究》一书中，收录的 12 个蛋为：白的尕哈，黑的姜央，亮的雷公，黄的水龙，花的老虎，长的是长虫，酿鬼、顾鬼、老妖魔、飞天酿鬼等。蝶妈妈生了十二个神蛋变成雷、龙、蛇、蜈蚣、野猫、虎、太阳、月亮、黄鼠狼、小兽、"养以""白散"（"养以""白散"是苗族对其他人类的泛称）。
② 梅军、包龙源：《共生理论视角下苗族传统生态消费文化研究》，第 99 页。
③ 索晓霞、蒋萌、黄勇：《贵州世居少数民族的生态观》，《贵州民族研究》2023 年第 4 期。

古歌的吟唱中，充满了仿生与逆向仿生的各种叙事。有的研究者提出了"苗族民间存在艺术起源于仿生的观念，也就是说他们认为艺术的来源是模仿自然"[1]。姜央"会跳不会转腰身，会扭又不会换步。水中瓢虫在跳舞，瓢虫教姜央转身，蜜蜂来教跳舞，央学踩鼓像蜜蜂，才像祖先吃鼓藏，像南良祭祖一样"[2]。除了仿生，苗族古歌中还有一种逆向的仿生，吴一文教授称之为"反仿生"现象，即动物从人类那里学得技能。如《苗族史诗·溯河西迁》中吟唱：祖先们丢下了纺针、芦笙等物，"纺曲送给了谁人？放在干燥的沙坪上，纺曲送给纺织娘，五月运转来到了，纺织娘才拿来纺，纺得呜咿呜咿响。""笙曲送给了谁人？笙曲送给蛉蛉螂，五月转运来到了，蛉蛉螂才拿来吹，吹得呀咿呀咿叫。"吴一文教授解释道："实际上反证了人类模仿蛉蛉螂的叫声而演奏出芦笙的曲调。"[3] 再结合苗家木鼓的制作和声音来看，不少古歌中说芦笙是苗族后生仿照小鸟的叫声做出的，舞蹈则是模仿猴子、锦鸡的动作而形成的，再加上前文所述的苗族服饰中的仿生行为等都可以看出，其中仿佛包蕴着一种十分简单直接的思维：你好的，我学就是了；我好的，你学就是了。简言之，万物之间没有高下，人并非万物的主人，故而可以相互学习借鉴。

在关于人的起源神话中，苗族三大方言之间依然有较大的区别，"如中部方言区黔东南清水江流域苗族的人类起源为蝴蝶妈妈卵生；东部方言区苗族古歌'龙人歌'认为人由'龙'所演化而来；西部方言区的人类起源古歌不明显，其内容主要关注'族源'的缘起"[4]。其中东部方言区苗族受到汉文化影响较大，故其传说在很多地方与汉民族相接近；西部方言区的苗家中，与彝族有交往的支系中，其古歌中受到彝族文化的影响也相对明显。显然，苗族各支系的古歌在进入黔地后，在与周边的居民之间的交往中，也相互吸收了一些具体的情节要素。但仅就苗家对天地万物及自己的吟唱而言，可以简单地概括为互仿——相互模仿，人没有把自己当作万物的中心，而是存在于万物之中。人与动物之间还可以相互转化，甚至人还可以

---

[1] 吴一文：《苗族古歌叙事传统研究》，贵州人民出版社2016年版，第39页。
[2] 燕宝：《苗族古歌·打杀蜈蚣》，贵州民族出版社2014年版，第645—646页。
[3] 吴一文：《苗族古歌叙事传统研究》，第41页。
[4] 曹端波、曾雪飞：《苗族古歌演唱传统与地域性社会研究》，第93页。

把自己的特长转给动物，而人同时也向动物学习它们的各种生存技能。

第二节　空间—时间—秩序

关于苗家如何看待自己存在的空间这个问题，大部分研究者通过流传于黔东南地区的《运金运银》以及立柱撑天等古歌来研究分析苗家的空间观，但若细究各个支系族群就可以发现，撑天的柱子数量不一，材质有石头有金银，还有的经历了从竹子到树木，再到石头等一系列失败尝试的过程。尤其其中关于立柱位置的吟唱，体现出明显的空间认知上的地域性。例如，在黔东方言区，居住于清水江流域的苗家创世古歌反映的只是清水江流域的空间观："黄平凝成一块，余庆凝成一坨。"混沌天地则是倚靠神人盘古手撑脚踩而形成。其后所立的十二根撑天柱，一根安在雷公山、一根安在京城、一根安在镇远、一根安在别娥（剑河）、一根安在革东、一根安在清水江、一根安在香炉山、一根安在鸡讲（西江），另外四根用来架桥。[①]其他如燕宝版的《苗族古歌》中，虽立的也是十二根柱子，具体位置则分立于台拱、方西、翁仰、都匀、幸宁、排纠、排勒、大海，另外四根则东西各一根，左边一根，还有一只角一根。王安江版的《王安江版苗族古歌》中只有四根柱子，一根撑在天上，另外三根分别撑在榕江、香炉山、巴拉河施洞等地方。显然，中部支系对世界的"大空间"的认知并不像我们想象的那么大，而是紧紧建基于居住地周边的一些重要地点和想象中的重要远方，如清水江流域流传古歌中的"京城"。显然，在苗族古歌中关于空间的想象大多局限于一定的认知范围之内。

当然也有例外，如流传于紫云麻山地区的《亚鲁王》，在创世记部分，便描绘了一个全新的宇宙时空——"人"生活在宇宙空间的另一个平面之上，宇宙由若干平面组成，祖奶奶生活在最高的平面，先祖们耗费若干代的努力，创造了十二生肖、十二个太阳、十二个月亮，环绕在祖奶奶生活的平面，进而缔造出万物。但那个平面在其后发生了变化，耕田的产出不够，水资源匮乏。祖奶奶派出后人到生存平面

---

① 马学良、今旦译注：《苗族史诗》，第 79 页。

下方的宇宙空间去寻找新的生存发展之地，经历了几代人的探索和努力，终于在下方发现了一处空间宽阔的好地，于是决定在这里重新造一方地和一片天。经过几代人的失败和实践，终于造出了如今的天和地。后来又模仿祖奶奶所居住地方的天地，在下方的天地中造了十二个月亮和十二个太阳，但因为这一方天地很矮，十二个太阳和月亮的光热太强，只得又射掉了十一个太阳和十一个月亮。祖奶奶规定，生存在这个新的空间里的人不能再像上一层空间中的人那样永恒。这个空间中的人必须有生有死、有生长有结束，这样饭才够吃、水才够喝。显然这样的世界观的设定，体现出基于自然的有限性而对人的生长和欲望的限定。

还有研究者从词源角度出发，分析了黔东方言中的空间词 nangl（下游）、jes（上游），他们发现在古歌翻译中，nangl、jes 一般被翻译为东方和西方，尤其在涉及祖居地和迁徙地相关内容的时候，只在极少数语境中被翻译为上边和下边。但黔东方言中的 nangl、jes 所包含的地理特征与"河"的地势有关，而与太阳升起和落下是没有关联的。nangl 和 jes 的词义延伸都围绕着迁徙和"eb"发生，结合古歌中其他语句，万物的起源处都来自"nang1"，即体现了以 nangl 为尊的空间意识，而作为迁徙的目的地，"jes 语义上的空间域投射到时间域或抽象距离用来表达未知的'长远'义"[①]。由此他们提出苗族的空间观念不同于东南西北这样"带有垂直维度特征的空间界域"。这是一种回到语言意义本身去寻找分析空间观的研究方法，其结论还有待更进一步的推进和论证，但颇有启发意义。结合曹端波等人主张的基于居住地周边而形成的具体的"苗化"空间[②]，还有《亚鲁王》中表述的 12 层立体空间

---

① 唐巧娟、王金元：《从黔东苗语 nangl、jes 看苗族的空间哲学》，《原生态民族文化学刊》2017年第9期。

② 作者还例举了黔东南苗族进入贵阳市城区居住，举行搬迁仪式时也要在特定的场所演唱创世古歌及迁徙古歌，即对当下空间（居住地空间）需要有一个仪式实现空间的"苗化"。"苗人对于'我们的世界'根本不同于现代人的世界观，苗人对每一个不同区域的开垦或者在另一个空间建房立寨，都要演唱神圣的创世古歌，重复苗人不断演示过的创世过程。如黔东南的苗族进入贵阳市城区居住，当举行搬迁仪式时，也要在特定的场所演唱苗人的创世古歌和迁徙古歌，其迁徙的内容从远古的水乡平原到清水江苗族村寨，最后直至贵阳的城市居住区。苗人认为：未知的，或者没有经过苗人创造的土地和世界是混沌的、无秩序的，只有对其进行苗人的再创造，即通过'苗化'，才能成为其心理认同的空间和秩序。"（曹端波、曾雪飞：《苗族古歌演唱传统与地域社会研究》，第3页）

等具体细节，可以发现苗家在对自己生存地周边的空间界定中是明确、具体且立体的。由此形成了一种独特的不具有往返循环性的生命体验①，即生者与亡者分居于两个世界，没有转世投胎，只有故去的老人——祖先。

简言之，无论是哪个支系的苗家，他们在空间的认知上都有较为明显的地域性（创世歌中所吟唱的撑天柱所立地点）特征，他们所认知的空间是垂直立体的，而且基于空间的有限性，需要限制人的欲求。

此外，苗族的古歌还具有一定的族群古史性，如湘西方言区苗族和黔东方言区苗族中，都有关于来自水乡平原边的祖先和故土的记忆，而川黔滇方言区苗族还有水边平坝和盐井的祖居地记忆。因此，苗族古歌中还承载了重要的时间记忆和观念。正如有研究者分析的："稻作文化是一个文化体系，作为山地稻作的苗族形成了在年历、节日等时间安排和姻亲网络等聚集模式的社会，构成一整套文化系统……山地民族因地形、气候原因，天文知识相对落后，因此其历法多是以物候为特征的物候历。苗人对时间的安排是以稻作的一年生长周期为标准进行的，如稻谷成熟、收割之后，就进入'苗年'，即通过'吃年'的节日，欢庆一年的收获；又因山地气候的立体性，稻谷成熟有早晚，故过年也有早晚，按批次过年……"② 这一判断提示我们得出这样一个结论：黔地苗族同胞在时间历法上采用物候历，而基于山地立体气候形成的植物成熟时间的差异，使得黔地苗族同胞在过去（即现代计时设备进入之前）形成了各自的地域性（基于居住地周边的）时间，聚居空间的错落进一步促成了贵州苗族时间上的空间性。

在外来的计时方式进入苗族的生存环境以前，苗家一般以种植水稻的准备工作开始到收割完水稻这一过程来纪年，一般是在农历的十个月间，因此就在收割稻谷完的这个月过年，过年后十多天又起活路，算是新年。这种以水稻种植的周期来计

---

① 作者甚至上升到苗族社会中不同地方的人选择不同的日期来过同一个节日，这一点值得商榷。结合苗族的通婚圈设定和物候历的使用，如果依照稻谷的生长为周期计时，那么由于贵州的山地环境和气候特征必然出现作物在有的地方熟得早，有的地方熟得晚的状况，那就必然出现不同的时间过同一个节日的状况。

② 曹端波、曾雪飞：《苗族古歌演唱传统与地域社会研究》，第 7 页。

算年月的方法是一种古代的历法——物候历，即根据寒暑交替等气候现象确定播种和收获季节。[①]这种物候历显示出明显的地域生态决定性，无怪乎有研究者甚至提出"苗族如何计算时间是参照生态来的"这一观点[②]。如吃新节，就是根据水稻的生长状况来定，水稻120天成熟期中，吃10次"新"，等过了10次吃新节，就到了吃鼓藏的节日。故清人的文献中也有苗年"各尚其一"的描述，大部分苗年在冬季里的三个月即十月、十一月、十二月。剑河、凯里一些地方以十月为岁首，松桃、罗甸在十一月过年，丹寨、紫云宗地等地在腊月过年。极少部分的苗家，如必阳、大定（大方）、遵义三个地方的部分苗族是"以六月为岁首"（此为历史上的情况，今天大多民俗习惯与汉族无异），都匀一带过去也曾在四月过年。

物候历的有效性必须限定于特定的地域范围内，即当地的时间和当地的空间必须保持严格的对应，特定的物候必须与特定的生态空间相匹配，物候才能准确反映季节的变化。显然，苗家人也早已意识到了物候历所存在的问题，在苗族古歌《多往申》中就讲述了一个苗家青年编写苗历的故事，苗族的历法源于一个名叫香秀的青年，香秀将历书从天上带到了人间，却不小心烧毁了。人们不知道日子和季节，见到木姜树和枇杷树开花（一般为十月—十二月初开花），以为春天到了，于是纷纷播种，结果因时节不对，播撒的粮种全都烂掉了。香秀只得用自己掌握的历法知识，重新编写历书。

据有的研究者考证发现苗家也有自己的历法，它以口传形式流传于丹寨县全境，凯里市、麻江县、雷山县、都匀市、三都县的部分地区。曾有研究者尝试复原"苗甲子"，但对于这一研究目前学界尚无定论。

一般的资料说苗族在纪年、月、日、时上都是采用了十二辰。在纪年上，苗族采用的是十二辰纪年法，即太岁纪年法。古人把黄道附近的区域划分为十二等份，

[①] 苗族很早就根据寒暑交替等气候现象确定播种和收获季节，并知道"冬至日短，夏至日长"的规律。如台江等地的苗族一年不分四季，而只有冷热两季之别。冷季是从苗历的鼠月到蛇月，是以狩猎、采集为主的生产性节日和跨家族恋爱性质的恋爱性节日。热季是从苗历的马月到猪月，即开秧门以后到鼓藏节所过的节日。这一季节会专门从事家族内部的事情。
[②] 杨庭硕、王婧：《苗族传统生态知识的演变》，《鄱阳湖学刊》2016 年第 1 期。

并以十二地支的名称来依顺序命名，每十二年为一个周期，如此周而复始。如王凤刚整理的苗族理词《贾·混沌天地》中，记载"订好了月名，又来订年名，鼠年到牛年，牛年到虎年，虎年到兔年，兔年到龙年，龙年到蛇年，蛇年到马年，马年到羊年，羊年到猴年，猴年到鸡年，鸡年到狗年，狗年到猪年"[①]。月，苗族称为"hlat"，也是一样地被称为十二辰纪月法。日，苗语称为"hnaib"，也是依照十二辰排序。如流传于黔东南地区的苗族古歌《铸日造月》中就吟唱先人们铸造好了十二个太阳和十二个月亮，关于如何命名的问题，"一日就叫鼠，二日就叫牛，三日就叫虎，四日就叫兔，五日就叫龙，六日就叫蛇，七日就叫马，八日就叫羊，九日就叫猴，十日就叫鸡，十一日叫狗，十二日叫猪"。比日更小的计时单位为时辰，苗语称为"hxib"，苗族认为一日由十二个时组成，每个时辰仍以十二地支来命名。应该说，苗历一直在苗族生产、生活中广泛应用，流行范围之广、作用之大远远超过了现行阳历。由于苗家只分两季，因此在古歌中，只用"khad jud gib hvak out"，即"包粽粑隔季"和"lioul jud bab hvak nriut"，即"打糍粑隔年"。

显然，苗族古歌的吟唱中反映出苗家人对时空的认知有着明显的地域性和物候特色，故而可以说是基于黔地山水之间，形成了各支系苗家自己的具体生境时间和空间。也正是因此，苗家对自己生存环境周边的事物、生物显现出更为具体的关切和关心。当然更值得注意的是，在苗家的时间和空间认知中，同时还涉及了通婚圈的设定。时空不是单纯的时空，而是婚姻关系中的时空，即时空问题涉及苗族社会秩序的构建。如有研究者就研究过紫云麻山次方言区的十二个家族的通婚圈，发现"位于贵州省紫云苗族布依族自治县、罗甸县、望谟县、长顺县、平塘县交界一带的麻山次方言区，这里的苗族由十二个家族结成的婚姻圈所组成。他们长期以来的生计方式通常是以轮歇式的刀耕火种为主，按照各个家族对应的时间关系在不同的地域内进行有计划的刀耕火种轮歇生产，过去每个不同的家族不仅有自己的分布地域，并且还在计时制度上有自己的家族群体定位，即各家族都有与之对应的月份和日子，这样的情况必然又导致了'苗年'这种传统节日的时间在不同区域上的不一

---

① 转引自吴一文、覃东平：《苗族古歌与苗族历史文化研究》，贵州民族出版社 2000 年版，第 297 页。

致"①。

因此，当时间和空间都成为苗家社会秩序构建的一个重要因素时，所谓的天人合一才真正地发生了。人不再是独立于物外制定社会秩序的主体，而是居于具体的时空之中，参照共同生存于其间的植物的破土、发芽、开花、落叶、成熟，动物的迁徙、鸣叫、毛发的长短，天象的风、霜、雨、雪等来安排自己的生产生活，乃至婚姻及社会交往。

第三节　灾难—信仰—共生

苗族各支系的传说中，还有一类较为普遍的叙事——灾难叙事。其中既有几乎世界上各个民族都有的关于"大洪水"的灾难记忆，也有诸如射日一类苗族汉族共有的灾难讲述。为何会产生这样的民间叙事？有研究者认为：民族地区流传的铸造日月和射杀日月，其实都寓意着创世过程中从混沌走向有序体系的过程。苗人之所以要将多余的十一个日月射杀，就出于日月运行的混乱。②这个观点给我们以极大的启发，但其意义并不仅仅在于从"混乱"走向"有序"，而是通过一代又一代的口口相传，形成某种关于人与自然之间缔结的契约关系。甚至可以说，故事形成了某种意义上的阐释——但阐释的并不是人如何战胜自然，而是人与自然的相互妥协。

在黔东南支系流传的古歌中，人类的始祖姜央与兄弟雷公斗智，骗来雷公的耕牛杀死吃掉以后，将半截牛尾插在地上，又骗雷公说是耕牛自己钻进地里的，惹怒雷公前来劈他，但雷公反被姜央所捉，最后雷公设计哄骗姜央的孩子才得以脱身，故降下大洪水来淹没人间。③这个故事版本中加入了"聪明人"故事类型中的叙事要素，但又不同于聪明人故事的一般叙述范式，即纯粹地凸显人的智慧。聪明人故事与大洪水叙事的结合，反而讲述了一个人与天斗必有灾殃的故事。当然，在较为

---

① 吴正彪：《试谈"苗年"与苗族传统历法的关系》，《怀化学院学报》2011 年第 7 期。
② 曹端波：《苗族古歌中的时间、历法与社会网络》，《毕节学院学报》2014 年第 9 期。
③ 田兵版《苗族古歌》、燕宝版的《苗族古歌》也有类似的情节。准确地说大洪水记忆是全球各民族普遍拥有的故事原型之一。

独特的麻山紫云苗家的《亚鲁王》中，大洪水灾难的引发则是因为血亲之仇，即咤牧制鼓，鼓却敲不响，处于生理期的雷公之女波妮冈嬢（咤牧之媳）在其中一个鼓上坐了一下，这个鼓便能够敲响，咤牧便杀了波妮冈嬢，用她的鲜血祭奠乐器。这一行为违背了基本的伦理道德，惹怒雷公，雷公作为波妮冈嬢的父亲为女儿报仇，发动洪水淹没万物，其后还有天人帮助排出大洪水的相关故事情节。[①]

无论诵唱的细节是什么，苗家各个支系都在自己的古歌中反复诵唱大洪水的灾难记忆，这一现象本身便是值得思考的，但能否界定为苗家社会秩序的重建，可能还应结合苗族古歌中其他的灾难叙事来理解。除大洪水外，在苗族各个支系普遍存在的灾难叙事还有十二个日月同照天地（射日神话）的吟唱[②]。射日神话几乎可以在亚洲大部分民族的神话中找到类似的故事[③]，当然在苗族各支系流传的古歌中也有不少的异文版本，总体而言，中部和东部苗族射日的吟唱中较少涉及对射日者（英雄）的描述，大多附加了一个关于马桑树为什么这么矮的解释[④]。西部支系版本如麻山支系的《亚鲁王》中则反复吟唱，亚鲁王每到一处便派人铸造日月，再派人射杀多余的日月。其后还紧跟着人性的反思——射日成功的英雄赛扬下树（马桑树）后遇上了出来寻找自己的儿子，担心他来抢走自己的功劳反而将自己的儿子射杀。赛扬得知儿子的身份后后悔莫及、肝肠寸断，也拔剑自刎，变成十二簇惑和眉（虫名）。换言之，天灾之后歌颂的并非英雄的英勇，反而细致地描绘了人性中的猜忌与恶、罪与罚，这或许与《亚鲁王》整个述唱中反复强调的血亲背叛主题有关。

但几乎所有关于十二日月齐出的灾难叙事都竭力地渲染了人在灾难面前的无能为力和弱小。如东部方言区的苗族古歌，十二个日月同照大地，"晒得岩崖熔得像浓痰，晒得石壁软得像鼻涕，岩石晒熔了啊，地上的石头晒成了碎粉。"[⑤]"十二个太阳出

---

① 杨正江搜集整理翻译：《苗族英雄史诗：亚鲁王》（内部资料），第26—33页。
② 还有关于迁徙和战争、孤儿怨一类的苦难叙事，因主要述唱的是人祸，故不在此处探讨。
③ 当然据李福清考证，在黑龙江以北、西伯利亚以西、中亚细亚突厥及西藏等地都没有射日神话，故认为其"一定有限于较大且有边界的地区"。（李福清：《神话与鬼话：台湾原住民神话故事比较研究》，社会科学文献出版社2001年版）
④ 黔东南支系的古歌中，多有射日者借高大的马桑树完成射日的内容，大多数故事的结尾都是神人说："马桑树不用长这么高，长到齐腰就弯腰。"
⑤ 石宗仁收集翻译整理：《中国苗族古歌》，第2页。

来凶神恶煞，烧竹烧木。柴见起火，炭见化灰，千丈高山烧空溶成洞……地上人坐不得，天下人活不了。"[①]西部支系的《亚鲁王》也这样吟唱："火辣的太阳让岩石消融，火热的阳光让山崖融化。旷野里人人撑开钢伞，大地上人人都举上铁伞。地上不长草，天空不下雨，糯谷不成熟，棉花不打苞。"[②]如何解决？东部方言区是仡箭射日月，湘西地区的苗家流传的是由神人南火协调十二个日月出来的顺序，西部支系的《亚鲁王》则是亚鲁王派赛扬去射日。但与一般神话传说中射日的后羿所拥有的英雄地位不同，苗族古歌中的射日英雄要么就这样退出了古歌的叙唱，要么便是遭遇了赛扬一般因人性中的猜忌和嫉妒而发生的父子相残的人伦惨剧。

显然，古歌叙事中关于灾难之后人类面临的道德伦理上的破禁更为关注，如大洪水之后的兄妹开婚；英雄射日之后的功劳和人的嫉贤妒能本性的交杂。换言之，当人与神（自然）之间发生种种矛盾引发巨大的灾难，人总是需要付出极大的代价才能实现秩序的重建。苗族没有文字，那么传统的知识体系便主要依靠古歌的口口相传来加以传递和延续。这种族群的传统知识的传递通过在社交场合和神圣场合（祭祀、丧葬）反复吟唱来实现，那么其本身就具有了教育后代以及禀告先祖的意味，即训诫后人和自我反思。因此，苗家的灾难叙事并不以对人的智慧和英勇的诵唱为主，反倒存有一层训诫之意，重申人在巨大灾难面前的渺小和与自然作对的代价。

灾难之后的叙事都指向了某种阐释，关于节日的、信仰的、物种各行其是的。如黔东南地区的西江苗族，在其巫辞中就讲述了祭卯节[③]的由来，其他还有如"椎牛根古"等都在解释人为何要这样做，抑或为何要那样做。也正是这种阐释的尝试，

---

① 贵州省民族事务委员会、中国民间文艺研究会贵州分会编印：《民间文学资料·第六十集：（苗族古老话）》1983年版，第1页。
② 杨正江搜集整理翻译：《苗族英雄史诗：亚鲁王》（内部资料），第21页。
③ 洪水滔天时，泛滥的洪水把人们种植的水稻和收获的稻谷全部淹没。洪水退去后，人们已经无法生活下去，大家不知所措，于是有人咨询卯公，卯公说我有办法，就把自己驯养的猫请出来带路，猫带大家走到鼠洞门口，指着鼠洞说谷子就在里面，于是大家七手八脚把鼠洞挖开，找到了谷种，水稻种植从此得以传承下来。正因为如此，在十二生肖里人们把对人类贡献最大的老鼠排到第一位，西江苗族在稻谷开始收割时就会打糯米粑用来祭祀老鼠（即过初年，苗语叫"Lul jed lil ghangl nangl"）。对于功劳较大的卯公，西江苗族在稻谷孕穗以后，首先取出穗包祭祀卯公，到了稻谷抽穗时，他们又取出穗谷来祭祀卯公，这就是"祭卯节"（也叫"吃新节"）的来历，苗语叫"Nangx mol"。

使得信仰诞生。或许也正因如此，有研究者就指出"古歌保存着完整的苗族活态文化系统，表现了万物有灵、生命神圣，众生平等及人与自然共存共荣、和谐发展的哲学思想，它集中体现了苗族的世界观、价值观、社会观、宗教观、法治观和审美观，对苗族社会的方方面面具有导向和整合作用。"[1] 与天地万物和人的关系相关，与自己生存的周边生境有关，垂直化的时空体验使得苗家更珍惜当下，更关心周遭的生态环境。山地民族因对山、森林、水等事物的敬畏而形成了自己的信仰文化，这种信仰文化经世代流传，已形成了一种有效保护生态环境的生态制度文化。

以树崇拜为例进行分析，"苗族三大方言区都将枫树称为妈妈树，枫树是苗族的图腾"[2]。也正因如此，树在苗家生活的方方面面发挥着不可替代的作用。他们认为"树大有神，石大有鬼"，树也像人一样有灵魂、有情感。村寨周围的大树、树林往往被作为神树。寨中神树不能砍伐，在固定的时间里，全寨人都要去祭拜，以表示敬畏。

第一，各支系都有自己的祭树节日和仪式，其中定期集体祭树的村寨，在清水江流域有：台江台拱镇小寨村，每年农历二月二日祭树；雷山县丹江镇猫猫河村，每年春节大年初一祭树；雷山县方祥乡格头村每年农历二月，会祭拜秃杉；锦屏县钟灵乡高寨村，每年春节时祭树，将秃杉视为自己的保护神，即便树老自然死亡也不会加以利用，还会为之送葬。清水江流域的锦屏平鳌村人甚至因为一株古树被盗伐而与另一个村寨断绝婚姻关系。据说四百年前，平鳌村的杉木坳中生长着一株笔直通天、茂盛成林的杉树，树干要五六个人才能围抱住，为其主要结亲的姻亲村寨偶里人所羡慕。由于当时盗伐猖獗，平鳌人日常也非常严格地盘查，不敢有丝毫放松，直到有一年芦笙节时，平鳌寨的人跑到芦笙坪跳芦笙，寨门仅有守寨人看守，偶里派出一人去请守寨人吃酒，其他人乘机砍走了杉树王。待平鳌人发现后，发誓与之断绝一切来往，数百年都不再与之通婚。[3]

① 杨军昌、徐静主编：《贵州省非物质文化遗产田野调查丛书·黔东南苗族侗族自治州卷》，第5页。
② 吴晓东：《苗族图腾与神话》，社会科学文献出版社2002年版，第53页。
③ 陶金华：《林木作为嫁妆：清水江下游苗族社会的生态资源与婚姻》，《云南师范大学学报（哲学社会科学版）》2017年第5期。

　　第二，树卜。因为树有这样那样的神性，因此也往往成为苗家占卜的重要对象，在苗家几次重大起义的民间传说中，都有民间英雄倒插树，若树活则必胜的故事。在锦屏县瑶光寨①至今生长着一株"倒插"的枫树，这株位于"后百景"龙脉的倒插生长的古枫树，在当地被视为神树而受人祭拜和供奉。枫树下有祭祀的青石牌位以及祭拜神树的石碑，一为立于清光绪五年（1879）的《合村保障碑》；一为立于民国三十年（1941）的《地灵人杰碑》。②树卜的习俗在苗家尤其是清水江流域的支系中广泛存在，甚至可以说人树共生其实也是树卜的一种日常形态。

　　第三，"人树共生"的认识思维。在朗德，人们就认为风水林中树木的枯荣与村民的运势甚至生死都有关系。在岜沙，这种人树共生的意识就更加突出地体现为人与树的一一对应关系，如有研究者在田野调查中采集到这样一个故事：

　　　　岜沙人每个人有三棵树，第一棵树是人生下来时种的，叫"生命树"，等人死的时候就用这棵树的树皮把人包裹住，用树干抬到各自家族的坟山上埋了。第二棵树是在人生病有灾的时候指定的，寨老会指一棵树给那个人，拜拜消灾树，人的病就会好了，不顺利的事也会过去了，这棵树叫"消灾树"。第三棵树是人死后，他的家人会在埋葬他的地方，种上一棵树，以此代表他没有死，这棵树是"常青树"。③

　　因此岜沙人的一生都与树相伴，出生时，父母会为他种上"生命树"。女孩儿种一株，可以作为将来的嫁妆；男孩儿种两株，最终这两棵树会作为男孩及其未来妻子的棺材。如果生命树发生意外或出现什么情况，则预示着那个人将要发生不幸，需要寻求寨老或鬼师的帮助，并及时补栽生命树。人的一切忧伤或喜悦都与自己的生命树相连，会第一时间告知生命树并祈求它的庇佑。当生命树的主人过世后，则将生命树砍伐下来，做成纵向的四块板，将逝者置于其中，然后葬入家族的坟山，

---

①瑶光寨，地处清水江与乌下江的交汇处，是典型的苗族村寨。全村由中寨、里寨、上寨、白泥坳、党艾、九项等6个自然寨组成，有姜、范、张、李、龙、潘、饶、谢、周、杨、常等11姓，总户数422户，共1856人，其中姜姓占总人口的80%。
②严奇岩：《碑刻所见瑶光苗族神树崇拜的文化内涵及其社会功能》，《宗教学研究》2019年第2期。
③受访人为滚老水，因其不懂汉语，故由其弟弟滚老忘翻译。（薛新民：《从江岜沙苗族环境保护习惯法研究》，贵州民族大学硕士学位论文2019年）

无碑无坟，在埋葬处再种上同样的一株树，令逝者可以跟随着树木找到自己的祖先。

在苗家的生产生活中，不只是对树，对石头、山等也有类似的祭祀仪式，也正因如此，苗家的信仰常常被概括为万物有灵。也正是基于这样一种信仰，苗家生产生计中的农事祭祀也十分频繁，诸如开垦祭、播种祭、插秧祭、尝新祭等。如黔东南苗家普遍保留的农事生产中的"动土"（开秧门）和"封土"仪式（关秧门）就属此类。雷公山中的毛坪苗人认为山神多住在森林茂密的地方，因此，越是林木葱郁的地方越不敢去破坏；越是茂密的原始森林涵养水源的功能越强，流出的溪流越大，越有利于梯田的灌溉。此外，主要流传于镇宁布依族苗族自治县、紫云苗族布依族自治县、西秀区三县（区）交界处革利人家（自称为蒙正）的竹王崇拜，在某种程度上也可以视为树崇拜或者祖先崇拜的一个类型。在这里，竹也贯穿了革利人的一生。男性成人要举行仪式供竹王，在其死时，还要用供奉竹王的竹片陪葬，人们认为有竹片为证，到阴间祖宗才会承认。蒙正男性成年后，人生中的大事是"安竹王位"，在成家以后，首先要杀只母猪来祭竹王，然后才能举行供竹王的仪式。老年人寿终正寝后，竹也贯穿整个葬礼过程之中。① 另外，在成年人举行供竹王仪

---

① （1）破竹卦胆。亡者不论男女，停尸毕，都要用事先准备好的刺竹来做竹卦。竹卦做好后，用刀向竹卦中间的"竹胆"剖去，一划两破，破竹胆即代表亡者已离开人世，而这对竹卦则代表逝者。整个丧葬仪式都将依照竹卦来举行。（2）用竹筛把供的竹祖偶像取下，摆在棺木中间下面，供客人祭奠。（3）做竹王宫。出丧的头一天，其家人需要寻找一块平整的场地做"竹王宫"。具体做法是采用一棵杉树，框架用竹做，外面覆草，外形像一把大伞一般，共有三层，每层为四方形。其前方用一根竹子弯成弓形，意为大门，另外四根竹子插在"竹王宫"外东、西、南、北四个方向，表示竹王城。（4）从竹王偶像里取出两块竹片，由家族中的老人提着竹片对死者说："亡人，要把你胸间的竹片揣好，到祖宗那里去报到，祖宗问你，你要把竹片拿出来给祖宗看，有了竹片作证据，祖宗才承认你。"念完将竹片放在亡者胸间，然后盖棺。（5）坐竹马。盖棺后，由祭祀师来为亡者开路，指引死者回归故土，砍四棵小竹与棺木同长，驾斜捆起叫作"竹马"。众人把棺抬起来，把竹马放在棺木底下，意味着给亡者骑上竹马，这样在回归路上走得快，同时祖先也便于识别。（6）用猪祭竹王偶像，最后一同烧掉。（7）抬棺绕竹王宫3圈，放入竹王宫门前面，以示死者已回归宗庙。（8）倒竹王宫。祭祀完毕后，抬灵柩出竹王宫。（9）接竹王。晚上由家族中安排两位胆大的成员，悄悄到死者的坟边将"竹卦"拿回家，放在堂屋内，接死者的"魂魄"与家人再坐一夜。（10）做灵魂。安葬亡者的第二天清晨，其家人用竹条做成一个人的框架（竹人），意为死者（死者男的穿男装，女则穿女装），将由坟上接回的"竹卦""竹人"放在竹簸箕中抬到寨边的三岔路"做灵魂"。做灵魂仪式完成后用一只小鸡在"竹人"头上绕3圈，把鸡丢到山上放生，意为人鬼分开。（11）送灵魂。放生完后，一人负责抬竹人回家。该人要佯装死者予以叫门，要回答回家的目的（给家人送金银、儿女、牲畜等），对完话后，方才放其进门。将亡者影身"竹人"放到堂屋中间，再用一只小猪祭祀亡者，祭祀完后，一人抬着"竹人"走出大门，哭丧的在后，送亡者的灵魂（竹卦、竹人）到三岔路烧掉，亡者的丧葬仪式宣告结束。

式后，若有搬家的情况，需要祭祀竹王并说清楚缘由，将竹王取下后方能搬动东西，迁新居第一件事，便是请竹王复位。在迎送新娘时，新娘也要由姐妹们陪伴"打竹伞"，据说打竹伞能够驱凶辟邪。若婚姻维系不下去，要离婚，到割断关系的这一天，双方的老人要到指定的岔路口，用一节竹子划为两块，男女双方各持有一块，并当众发誓："从今以后断绝关系，互不干涉，如有哪方反悔，有此竹块为证。"此外还有竹卜①。遇到小孩儿多病的情况，也要请巫师或鬼师用鸡鸭献祭后，在房前屋后栽两棵小竹，名为"栽根"，以此保佑小孩健康成长。还有另一种做法是搭竹桥。这要由巫师作法。竹桥有两种，一种是用两棵小竹在大门口的石桥旁边弯为弓形，叫花竹桥；还有一种是用一棵一丈五尺长的竹子弯为弓形，安放在小孩睡的房间门上。

由此可见，无论是岜沙人的树崇拜还是革利人的竹崇拜，其本质都在于苗家精神信仰世界中的人与自然万物的共生逻辑。作为一个生物学术语，共生早已被广泛地引入其他的学科和研究领域。德国著名真菌学奠基人德贝里（Anton de Bary）曾说："共生是不同生物密切地生活在一起。"②当生物学家们研究发现和谐共生是大自然中动物与植物之间的普遍现象，人们就开始反思达尔文的自然进化论，美国生物学家琳恩·玛格利丝（Lynn Margulis，1938—2011）就否定"物竞天择，优胜劣汰"，而认为"生命并不是通过战斗，而是通过协作才占据全球的"③。换言之，生物是通过协同共生，而非你死我活的竞争才得以进化。生物共生的进化观并不否认竞争，而是主张竞争和淘汰，但这只是作为生物多元共生与平衡的自我调节与手段，万物没有永远的对立，只有循环的平衡。④共生的逻辑巧妙而潜在地嵌入在苗家日常生活的方方面面，他们在黔地山水间遵循着共生的逻辑，互相成为对方生存的条件或

① 对于第二年的雨水的好坏也要通过竹筒来预测。具体做法如下：大年三十吃过晚饭后，用一节小竹按顺序装上 12 粒黄豆，一粒代表一个月。然后灌满水，用布封好，到正月初三将竹筒划开，按顺序观看 12 粒黄豆就可以预测当年雨水的好坏。
② 洪黎民：《共生概念发展的历史、现状和展望》，《中国微生态学杂志》1996 年第 8 期。
③ 林恩·马古利斯著：《生物共生的行星——进化的新景观》，易凡译，上海科学技术出版社 1999 年版，第 11 页。
④ 刘满芸：《共生理念下的翻译学维度考察》，《南京理工大学学报（社会科学版）》2014 年第 3 期。

者资源。苗家将自己融入山水之间，成为天地自然的一分子，通过数百年的辛勤劳作，在陡峭的山峰中依山势开掘出如衣带般缠绕山间的梯田；通过"林—水—稻"的系统性构建，获得可持续的作物产出；通过对自然生物的物性把握，因地制宜，不同的土地栽种不同的作物,精准地构建一个又一个或大或小的人与自然共存的"生态系统"。但在介入自然的过程中，又适当地保持着敬畏和尊重，严格地约束着人的欲望，不断地总结和承继着这种取舍有度的生存智慧。

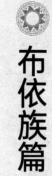

布依族篇

导言

　　布依族在中国西南地区的少数民族人口中占据相对较大的比例。根据 2020 年第七次全国人口普查，布依族人口数量为 3576752 人，在全国各民族人口数量中排名第 9 位。作为贵州省的世居民族之一，布依族的先民活跃在南北盘江、红水河及其以北等地区。在漫长的历史中，布依族人创造了丰富多彩的民族文化。贵州省是布依族最主要的聚居地，在贵州定居的布依族人占全国布依族人口总数的 75% 以上。目前，贵州省的布依族主要分布在南部地区，特别是黔南布依族苗族自治州和黔西南布依族苗族自治州。此外，在黔东南苗族侗族自治州、安顺、六盘水、毕节、遵义、贵阳等地也有布依族人分布。布依族人以散居和小聚居的方式与其他民族共同居住。相对于南部地区，贵州省北部的布依族人口较少。

　　布依族的族源，最早可以追溯到远古时期的越人。古代越人分布地域支系庞杂，故称"百越"。据史料记载，在广西北部和贵州南部的称为"骆越"，这是因为时人将山间所形成的谷地称为"骆"，"骆田"即山谷里的田。古代人们把布依族先民在内的这片骆田里的越人统称"骆越"，以区别于其他地区的"闽越""于越""滇越"等等。《贵州省志·民族志》载："布依族自称'濮越'或'濮夷'。汉字记音写作'布夷''布依''布越依'等等。'濮'在布依语中是'族'或'人'的意思。故旧方志中，有将布依族记为'夷族''夷家''夷人'者。"[1]"夷族"是在"布依族"这一族名尚未确认以前，外界及族人对该民族的普遍称谓。直至 1953 年，贵州省各地布依族代表经过协商，在充分尊重本民族人民意愿的前提下，正式统一使用本民族共同自称的"Buxqyaix"（汉语音译"布依"）作为族名。

　　现今，布依族主要居住在云贵高原向东南丘陵过渡的地理区域内，该地区的自

---

[1] 贵州省地方志编纂委员会：《贵州省志·民族志》，贵州民族出版社 2001 年版，第 151 页。

然环境非常复杂，属于亚热带岩溶化高原。从地形来看，布依族聚居地的地势起伏差异很大，总体上呈现出从西北到东南逐渐下降的趋势，中间穿插着苗岭和乌蒙山山脉。其中水资源较为丰富，有着包括南盘江、北盘江、红水河、三岔河、六冲河、曹渡河、都柳江等在内的主要河流。据统计，这一地区岩溶地貌的分布面积达到80%，地貌十分复杂，地上有众多石林、石丛、峰林、溶丘，地下则存在着大量洼地、漏斗、竖井、落水洞、盲谷、溶盆、糟谷和溶洞。此外，这一地区丰富的水系与地势的高低落差形成了许多瀑布，同时地下的伏流水和暗河也相当普遍。在这些山脉和丘陵之间，有很多河流和坝子①，这些坝子地势相对平坦，气候温和，水源充足，便于灌溉。这些地区通常是人口密集、农业兴旺的经济中心，物产丰富，尤其是水稻等各种粮食作物产量较大，涟江田坝、兴义坝子、安顺坝子、平坝坝子等都是十分出名的例子。

布依族的先民结合当地的气候条件和地理环境，通过长期的生产生活实践，凭借自己的勤劳和智慧总结出了一套独特的生态文化经验，实现了与山水自然的和谐共生。布依族先民秉持着万物有灵、和谐共生的思想观念，创造了一套与布依族传统物质、精神和行为相结合的生态理念。无论是村寨地理的选择、民居建筑的材料和设计、作物种植和牲畜养殖的方法，抑或病虫害防治、宗教仪式和节日习俗，都能看到布依族先民试图与自然共生共存的基本理念。在布依族的思想观念中，人并非独立于自然界万物的特殊存在，而只是万物中的一份子，具有相应的功能和作用。因此，布依族人认为保持与其他动植物的平衡，在不破坏自然形成的生态系统的前提下进行生产生活是理所当然的。布依族人尊重自然、顺应自然、以自然为友的生态理念渗透于他们的生产生活之中，形成了独特的布依族与山水同在、与自然同行的生态文化体系。这些生态文化的重要价值以传说故事和古歌史诗的形式流传至今，通过口耳相传的方式教化着一代代布依族人，从而传承至今。不论是布依族的生态理念，还是以生态理念为指导的技术经验，都具有绿色、环保、无污染、无公害的特征和可操作性，至今仍有很重要的参考价值。

---

① 坝子：指山地或丘陵地带局部平原的地方。

第一章　布依族传统生态文化中的物质呈现
——人于万物中

生态文化是一个族群在一定的地理环境中，根据一定的自然条件创造出来的，是在漫长的历史长河中通过与自然互动总结、沉淀而来，一定程度上反映了该主体的物质环境与社会环境。它既受自然地理的制约，是族群自然环境的反映，也受该群体文化初始创造的制约和影响，是自然选择和文化选择的双重结果。布依族的生态文化与其所处地域的山水生态有着密切的关系，并在其物质文化中得以体现。

第一节　村寨聚居中的生态选择：逐水而居、因地制宜

一、村落选址与村寨布局

"人之居处，宜以大地山河为主。"[①]中国传统村落的选址对地理空间十分重视，蕴含着人们多年积淀的生活经验以及普遍的地理风水观念。在贵州，少数民族村寨的选址往往与自然环境相协调、相适应，体现了贵州少数民族质朴的生态环境理念。

（一）逐水而居

布依族的主要聚居地自然环境复杂，不仅有苗岭和乌蒙山脉贯穿，还有南北盘江、红河水、都柳江等河流。正如贵州流传的谚语所言，"高山苗，水仲家[②]，仡佬住在岩旮旯"，布依族人总是逐水而居，其村寨选址往往与水相邻，依山傍水。从远古时期开始，布依族人就已有"逐水而居"的生态经验，"水"成为布依族村寨环境构成的典型特征与不可或缺的要素，不仅有"一条河水共来源，一寨人家共

---

① 刘沛林：《风水——中国人的环境景观》，上海三联书店 1995 年版，第 172 页。
② 仲家：为布依族旧称。

祖宗"的说法，在布依族宗教摩教经典《摩经》中，也记载着先民们在建寨定居中对"水"元素的重视。《请龙歌》中记载："前世水牛多，水牛九世多。踏森林成块，踩田野成片。这里好建寨，这里好造房，王就来造房。"①水作为重要的生产生活资源，其重要性本就不言而喻，再加上布依族人历来以种植水稻作为主要的生计手段，对水的需求就更加强烈了，可以说布依族人在建寨选址时对于水的追逐与重视几乎是一种必然。例如在黔中的扁担山地区被称为"四十八大寨"的布依族村寨，就是沿着白水河的流域密集分布的。

除开对水源的追逐，在定寨选址时山也是一个重要的参考指标。山峰、洼地、坝子、溶洞等组成了布依族聚居地丰富的地形地貌，河流坝子这样的环境是最为理想的村寨选址地。布依族人往往会将村寨建在山脚处，面朝河流水体，同时与河流本身保持一定的距离，这样既能够尽可能地充分利用宝贵的土地进行耕作，同时与河流的相对距离又能减轻洪涝灾害发生时对寨子的影响。例如兴义万峰林的布依族村寨就属于这一类。但受到贵州地理环境影响，河流坝子这样理想的环境十分稀有，为了尽可能地获得可利用的耕地，布依族先民们会选择定居在附近有河流且坡度较为平缓的山坡上，这样一定程度上能够获得更多的耕地，保障生产生活的进行。镇宁高荡作为典型的布依族村寨，其选址和布局十分具有本民族特色。村寨整体坐落在紧紧相连的东、西、北三座大山之间的缓坡地带上，村寨四周山势雄伟陡峭。整座寨子以北山为靠背缓缓蜿蜒而上，东西两座山为寨子的两翼，而南面的大山则隔着被开垦为田地的盆地护卫于寨前。按照当地人的说法，四面的大山代表"青龙、白虎、玄武、朱雀"四神，能够守护当地的布依族人。寨子外围有当年建寨时由摩公和寨老一起根据风水指定的风水林（又称护寨林），当地人认为护寨林的存在可以保佑高荡风调雨顺、人畜兴旺。山后有桫椤河从西北向东南护拥着寨子缓缓流淌，是高荡人心中具有"神力"的母亲河。不论是在枯水期或是丰水期，桫椤河的水位都不会发生明显改变，为高荡及周边村寨的农田灌溉提供了稳定的水源。由于水源稳定，两岸的植被和岸边的田地作物都长势较好。整座寨子与四周的山水浑然一体，

---

① 周国茂：《摩教与摩文化》，贵州人民出版社 1995 年版，第 159 页。

成为独立的封闭空间。

布依族村寨的选址以"水"为核心，依山而延，建构了一个充满生机与活力的地理空间。这一空间环境与周边的自然环境并非独立割裂的，人、村寨、自然在相互依赖与相互制约的互动中，逐渐形成一个和谐的整体，长久以来一直保持着良好的生态关系。山林、田地、河流、道路、动植物、寨子组成一个和谐的生态共同体，孕育出布依族人共生共荣、和谐共处的生态理念。

（二）与自然融为一体的村寨布局

在布依族人的观念中，人死后灵魂便会回到祖先的居住地"旁仙"继续生活。"旁仙"作为布依族人梦想中灵魂的最终归处，蕴含着布依族人对理想生活环境的美好想象：美轮美奂，林木长青，鲜花不败，河流绵延不断，水源清澈，莺歌燕舞，和谐富足[1]。在布摩[2]引领亡灵前往"旁仙"所诵的摩经《登仙经》中，有一段对现实村寨环境的生动描写："天麻亮了，甲虫呼唤了，野鸡喧闹了，家鸡啼叫了，天边露朝曦，天色渐在亮，鸺鹠鸟歌唱，原野披霞光，鹅鸭已满溪，黄牛水牛满坝游，猪羊满坝闯。"[3]在布依族先民们的认知中，不论是理想中的灵魂归处还是现实的居住环境，植物与动物都是其中不可或缺的组成要素，他们向往着能够构建天人合一、万物兴盛的和谐景象。在这样的观念的指引下，布依族人十分重视保护自己村寨的自然环境，其中最为典型的就是对村寨附近的水木山林的保护。

在布依族村寨的村规民约中，常常会包含严禁砍伐或破坏风景树、风水树、风水山和严禁污染或浪费水源的相关规定。通常河边和路边的大树被称为风景树，严禁砍伐，每个村民都被要求自觉保护这些树木。根据阴阳理论，寨子神庙旁边、寨门、山垭口以及寨头的许多树会被认定为具有神性的风水树。布依族人认为它们或是村寨兴旺的象征，或者是神明附身的载体，因此对它们的保护就是对村寨延续的

---

① 贵州省民族宗教事务委员会、贵州省科技教育领导小组办公室编：《贵州世居少数民族文化史》卷一，贵州民族出版社2017年版，第276页。
② 布依族摩教职业者和传承者，布依语译音，亦称"报摩"，汉语称"老摩""老魔""摩公"等，主要为村寨主持丧葬仪式和祈福禳灾等仪式。
③ 黄椿：《布依族信仰民俗中的环保理念》，《民俗研究》2001年第3期。

保护，严禁砍伐、破坏和攀爬。风水山，也称为龙脉、龙宝或龙势，是寨子或坟地附近的山坡，需要经过寨中布摩的认定。一旦被认定为寨子的风水山，它就与村寨的命运相关联，因此在风水山上开荒种地、挖采石材或乱挖破坏都是严厉禁止的。寨子周围的河流和水井是布依族人生产生活所必需的资源，因此对于水源的污染和浪费有着严格的禁止规定。

　　这些风俗习惯在保护布依族聚居地的自然生态方面起着重要作用。布依族的先民们在历史进程中，意识到乱砍滥伐、对自然肆意破坏和过度索取会带来严重的后果。根据他们对自然和宇宙的理解，他们将这种现象与村寨的命运以及万物有灵相联系，形成了对周围自然环境的保护风俗，并代代相传。从现代科学的角度来看，山水林木的保护和禁止乱砍滥伐，不但实现了对水土的涵养和对自然资源的保护，同时也最大限度地降低了水土流失后发生山体滑坡的可能性，实现了村寨在当地的可持续发展。布依族的先民们根据自身生存经验，在村寨的选址和布局中形成了特色鲜明的生态文化。

二、因地制宜的布依族"干栏"式建筑

　　布依族主要生活在珠江水系的南北盘江、红水河、都柳江以及鸭池河流域的河谷低洼处或自然形成的坝子周边的缓坡地带。地理环境条件的限制和布依族主要以农耕为生的生活方式决定了布依族村寨多依山傍水而建，充分利用地形，发挥竖向组合的特点。村寨的群体建筑沿着地形等高线布置，民居从山脚稻田旁开始，错落有致地建造着一幢幢"干栏"式楼房或落地式平房，鳞次栉比，与自然环境完美融合，展现了山地建筑的环境特色。

（一）传承先祖智慧的建筑制式——"干栏"

　　"干栏"式建筑是布依族民居的主要形式，但并非布依族独有，而是我国南部百越民族的传统建筑形式，多有历史典籍记录。最早在《魏书》卷一百〇一中对干栏式建筑就有记载："僚者，盖南蛮之别种，自汉中达于邛、筰、川洞之间，所在皆有。种类甚多，散居山谷，略无氏族之别……依树积木，以居其上，名曰干栏，干栏大小随其家口之数。"《旧唐书·西南蛮》载："南平蛮者，东与智州，南与

渝州，西南与涪州接，部落四千余户，山有毒草沙虱蝮蛇，人并楼居，登梯而上，号为干栏。"宋乐史《太平寰宇记》载："大凡蜀人同一，然边蛮界乡村有僚户即异也，今渝之山谷中有狼猱，乡俗构屋高树，谓之阁栏。"宋朝周去非在《岭外代答》中对干栏建筑的形制和特点进行了更加详细的描述："深广之民，结茅以居，上设茅屋，下豢牛豕，棚上编竹为栈……考其所以然，盖地虎狼，不如是、则人畜皆不得安。无上古巢居之意欤！"明代曹学在《蜀中广记·上川南道》记载："泸州卫乌蒙军民府……其人有罗罗、夷人、土僚三种，错杂而居……架木为棚以居。"从历史典籍的记载可以看出，"干栏"建筑具有人畜分离、上层居住、下层饲养牲畜的特点和建筑形式，并且也表明了这种建筑能够有效地保护人类和牲畜免受虎、狼等凶猛野生动物侵害的建筑效果。[①]

"干栏"这种建筑形式的起源可以追溯到布依族先民因地制宜的生态适应。在中国西南地区，古时候多为原始森林，气候炎热潮湿，还存在许多有害动植物，如瘴气、毒草、沙虱和蝮蛇等。为了防止潮湿和野兽的侵袭，布依族先民们利用树木建造起了干栏居所，最初形式是在枝干上搭建成棚、用木材构筑巢穴。晋代张华在《博物志》所总结的："南越巢居，北朔穴居，避寒暑也"[②]就是南方古越人以巢居形式居住的佐证。贞丰布依族的《殡亡经》曾描述古时布依族的居住方式是在树梢过夜，栖息于树丛中。[③]在扁担山布依族地区的《古谢经》中，也记载了居民过去在高岩险峰居住的情形，"拿树枝夹墙，削树枝树杈，顺高梯坎爬"[④]。这些记载生动地揭示了布依族先民原始时期在树上建立"巢居"的历史。随着时间的推移，人类与自然不断互动，积累了更多经验。这导致生产方式和生产力发生了变化，工具的开发与使用，以及对种植和畜牧知识的掌握使人类从狩猎采集的生活方式中发生转变，逐渐向农耕社会过渡。人类学会了种植粮食、饲养牲畜，并不断提升生产力，积累生活经验，为人类在地面上的生存提供了必要条件，使人类摆脱在树上的

---

① 马启忠：《布依族石头建筑与民俗》，《布依学研究》1998 年辑。
② 张华：《中华国学经典精粹经博物志》，北京联合出版公司 2017 年版，第 17 页。
③ 周国茂：《摩教与摩文化》，第 199 页。
④ 杜佳：《贵州喀斯特山区民族传统乡村聚落形态研究》，浙江大学博士论文 2017 年。

居住方式，回归到地面。

为了避免潮湿和虫害，人们在选择居住地时，首先选择地势较高的坡地，并采用先打木桩，再以木桩作为新的地基，在此基础上搭建房屋的方式。房屋的基本架构由木条支撑，再用竹片填补空隙，并以茅草等植物覆盖屋顶。另外，人们使用木头和藤条制作排梯，安置于木桩地基一侧，便于出入。楼下由木条制成栏杆，形成了蓄养牲畜的圈栏。这种将人居于上部、畜牧于下部的建筑形式被统称为"干栏"式建筑。① 正如布依族《古谢经》所记载："前世未造房，拿芦苇做柱，拿苦竹来做篾夹，拿葛藤当篾条，拿楸叶来遮，拿芭蕉叶盖"。②

这种独特的建筑设计让布依族人能够将房屋架空，从而避免潮湿和霉菌的问题，有助于保持房屋内部的干燥和通风，适应布依族聚居区域多雨的气候特点。此外，使用木桩作为地基再搭建房屋的思路，显著提高了干栏式建筑对西南山地地理环境的适应性，不但减少了房屋选址时地形环境的限制，同时保留了人类居高避潮、避虫与野兽的优势，体现了布依族先民们因地制宜的生态智慧。

古往今来，布依族一直秉承着按照祖传的样式建房的信念。他们认为只有这样，才能够获得先祖智慧的庇佑，使家庭兴旺发达。在布依族村寨中，比如镇宁、关岭等地流传的传说，生动地展现了遵照祖宗样式建房的重要性。相传，过去有一支布依族居住在临水之地，因此他们的建筑几乎都是"干栏"式的，搭建在河岸上，楼上住人，楼下过水。然而，某年暴雨不断，山洪暴发，河水暴涨，冲垮了寨中的建筑。为了重新建寨，这支布依族人不得不搬迁到新的地方。在重新建房时，有两兄弟采取了不同的做法。哥哥选择特立独行，没有按照传统的方式修建新房。结果，他在牲畜养殖的防护上遇到了问题——牲畜要么被人偷走，要么被野兽叼走，日子越过越差。弟弟则遵照祖训建房，但根据环境做了一些设计调整。因为新的寨址仍位于河岸边，所以弟弟用石头加固了原本过水的地方，从而增强了房屋抵抗水流的能力。原本用来吊空的木桩部分仍被用来饲养牲畜，保留了传统干栏式建筑上人下畜的特

---

① 朱俊明主编：《中国百越民族史研究会编百越史研究》，贵州人民出版社 1987 年版，第 329 页。
② 周国炎主编：《布依族古籍文献研究文集》，贵州大学出版社 2018 年版，第 226 页。

点，结果，六畜兴旺，日子越过越好。这个传说既反应了布依族人对传统建筑样式的民族认同，又反应了他们对传统建筑因地制宜的适当调整，展现了布依族生态智慧和经验的传承与发展。在布依族的古摩经中也有按照祖宗样式建房的描述，比如在《殡亡经·下场》中就有这样的句子："我们头朝着你，窝巢。我要说到你，窝巢。别的地方怎样构木巢，你的儿也怎样构木巢。别的地方怎样用香樟搭窝，你的儿也怎样用香樟搭窝。"[1]可见，布依族干栏式的建筑形式，是祖祖辈辈传承下来的，是先人因地制宜、适应自然生态的智慧结晶。

（二）围绕稻作生产的建筑布局与功能划分

布依族"干栏"式的建筑形式是稻耕文化的产物，又反作用于稻耕文化。通过对布依族"干栏"民居建筑设置和功能划分的观察，我们可以看出它许多区域的功能设计都是围绕着水稻种植而展开的。这种建筑形式不仅满足了人们的居住需求，还能适应布依族作为稻作民族的特定生产模式。

一般情况下，"干栏"式的布依族建筑往往采用柱架结构，榫卯连接，是一个由三到五间楼房组成的建筑。外部四壁通常用木板或编织成篱笆的竹篾围起来。此外，还常常有走廊、晒台等设施。布依族的"干栏"住宅通常分为三层。第一层通常被简单地分为两个部分，其中一部分用作牛圈，有时也饲养一些家禽，另一部分用于安放石碓、石磨，以及存放工具、柴草和杂物等。干栏式建筑中关于牛的功能设计体现了布依族作为稻作民族对牛的重视。在农耕社会中，牛开始被用于耕作时，取代了部分人力，大大提高了农业生产力。因此，牛作为耕作中提供力量的工具，对农业从业者来说是不可或缺的。布依族有围绕着牛而展开的古歌《赎牛经》，也有"庄稼无牛空起早，生意无本空望空"[2]的谚语，甚至布依族人在选墓地时，不仅要"留一处栽菜，留一块栽麻，留一处种苡仁米，留一片做园子"，甚至会专门"留一坝给牛转"。[3]不难看出牛在布依族这个稻作民族中的重要性。因此，在布

---

① 周国茂：《一种特殊的文化典籍：布依族摩经研究》，贵州人民出版社 2006 年版，第 119 页。
② 贵州省普定县地方志编纂委员会编：《普定县志》，贵州人民出版社 1999 年版，第 794 页。
③ 周国炎编：《布依族古籍文献研究文集》，第 228 页。

依族民居的建筑设计中，设置"下畜牛家"这样专门针对牛的空间并不奇怪。这样的设计还有一个好处，大大增强了养殖的安全性，避免了牲畜被偷盗的可能性，保证了耕牛这一重要生产工具的安全。

第二层是居住区，用木料分隔为多个房间，包括客厅、卧室、客房、织布房、火塘、厨房等，房间数量多为奇数，通常为三间，也偶尔会有五间或七间。无论是几间，正中的一间被用作堂屋，设有神龛，神龛前摆放着八仙桌、凳子和椅子，是家庭成员共同活动和招待客人的场所。神龛通常位于后壁，后面的房间一般是老人的卧室。其余的大房间根据需要进行分隔，用作卧室、客房、厨房和灶间。一般布依族人家中都设有火塘，火塘的位置不一定固定在厨房，这是因为火塘除了为做饭提供火源的功能之外，更重要的功能是在冬天能供暖。布依族人一般都会在火塘上挂一个竹篮，将需要干燥环境保存的实物如辣椒、腊肉等放于其中，避免食物因贵州潮湿的气候环境而过早的腐坏。部分家庭还会在房屋的两侧建造小房间或偏厦，以满足额外的需求。对于布依族的"干栏"房屋来说，大多家庭都会修建晒台作为附属设施。由于人们居住在"干栏"房屋的第二层，需要使用室外空间时并不方便，因此在房屋前部会用木板或竹子铺设出一个与二楼相连的平台。拓展出来的二层空间不仅可以供给布依族人休闲聊天、纺纱绣花，更重要的功能是对收获的粮食进行晾晒和加工。

第三层一般被用作储藏室，除了存放一些不常用的工具以外，最主要的功能就是存放布依族人晾晒加工好的粮食以及粮种。在整个建筑的布局与功能划分上，每一层都有与种植水稻相关联的空间，布依族人的"干栏"式建筑将居住空间和农业生产需求有机地结合在一起，为稻作的顺利进行提供了有利条件。

此外，"干栏"式建筑亦反映出了布依族人对土地的热爱与重视。作为稻作民族，布依族与土地有着紧密的联系，他们依赖土地提供食物和生计。但由于地处西南山区，平原耕地稀少，对于布依族人来说任何可以用来耕作的田地都是十分宝贵的，寸土寸金的地理现实让布依族人培育出了惜土如金的思想观念，这在他们的建筑形式中也得到了体现。布依族的干栏式建筑均为多层建筑，三层到四层的建筑制式中将人们起居、生产生活所需要的正堂、卧室、厨房、储藏室、晾晒处等一一囊括。

如果地理条件允许，有些布依族人家还会再向地下挖一层，扩大畜圈的面积。立体多层的建筑设计最大限度地利用了空间，减少了房屋的占地面积，如果采取平原地区民族的平房设计，那布依族的房屋建筑面积将大大增加。布依族起房的俗语"多占天少占地，多留土地种谷米"[①]，生动地说明了布依族"干栏"式建筑形式节约土地、扩大耕地的目的与作用。"干栏"式建筑形式的存在和使用，不仅促进了布依族稻耕文化的传承，还为他们在恶劣环境中的生活提供了保障，反映了布依族先民们对环境的认知和生存智慧。

（三）就地取材的建筑之变：石制的"干栏"式建筑

"干栏"建筑发展到今天，已经有了若干变化，它们都是适应环境的产物，同时也体现了布依族人民的聪明才智和与自然和谐共生的思想理念。例如分布在贵阳市的小碧、花溪、龙洞堡、湖潮至安顺、镇宁、普定、六枝、关岭等地的布依族地区的以石板为主要建筑材料的"干栏"民居便是布依族"干栏"建筑的一种典型的变化形式。有些地方甚至有着"无石不成寨，没水不落家"的说法，可见在这些地区石质干栏式建筑对布依族人的重要性。

这种石板房，不仅采用传统的"干栏"木料架构体系，还利用当地的岩石作为木构架的外部围护结构。这一带地处华南喀斯特区的中心部位，石灰石资源丰富且质量上乘，开采方便，因此在整个建筑中石材的使用比重很大。人们用石头垒砌房屋的地基和山墙，镶嵌内外墙体，铺设地面和楼板，甚至用石板加以覆盖作为房屋的屋顶。此外，家庭的日常用品也常以石料制成，例如石碓、石磨、石碾、石灶、石凳和石桌等。石板房的门分为大门、小门、朝门、后门和耳门。除了大小门使用木材构架、木框和木芯外，其他门通常以石头做框架。窗户的框架多采用石构架，窗棂则使用石条铺设。[②]

这些布依族聚居地的干栏式建筑会发展出石质的样式变体，其实也是当地布依族先民们因地制宜的体现，这些区域往往都有山石丰富、石料易于获取的特点。与

---

① 马启忠：《黔中布依族文化大观》，贵州民族出版社 2013 年版，第 191 页。
② 王正贤：《奇异的石头世界 贵州岩石载体文化》，贵州教育出版社 2000 年版，第 26 页。

其他地区使用木材建房相比，这种石质的干栏式建筑更加坚固持久，房屋冬暖夏凉，有更强的隔音效果。当地布依族男子普遍从家族传承中掌握了石匠工艺，从选材到采石，从设计到建造，都得心应手。同时由于就地取材，布依族石质干栏建筑往往造价低廉。因此，这种当地非常具有区位优势的建筑很早就受到官府和城镇居民赏识，在官方的大力推广下，石质民居建筑从布依族民族村寨中逐渐向附近的城镇发展。镇宁县城在明洪武十四年（1381年），就开始模仿布依族石制建筑建房，故有"银色镇宁"之称。据《镇宁县志》载："城中及附近房屋，十九为石房石墙，因城郊产石丰富，厚薄俱全。薄者代瓦厚者代砖，且价廉耐久也……城皆瓷以白石，晶洁如银。"①

除了就地取材与物美价廉的因素，布依族先民选择以石板作为主要的民居建筑材料，也反映了他们对当地自然环境的适应。布依族居住地的气候特点是高温多雨、湿热，这种气候条件下，木质材料容易受潮霉烂，支撑房屋的木杆易腐朽，导致房屋在恶劣自然气候中或遭野兽攻击时容易倒塌，牲畜的安全性也较低，这种情况无疑对布依族先民的生产生活造成了不良的影响。布依族古籍《古谢经》中有这样的描述："世人用香樟来做门杠，房中会生菌子哩，房角会生米菌，老虎在房内吼，乌梢蛇挂在缸口上，虎进圈抓猪抓羊，虎进圈抓牛。"②石材坚硬扎实、不易朽坏，所搭建的民居拥有更长的使用寿命，再结合了具有布依族特色的"上人下畜"的"干栏"式建筑的优点后，既可以更好地抵御外来威胁的侵害，保证牲畜的安全，又可利用石头建筑"冬暖夏凉"的特性，使布依族人更好地适应恶劣的气候与自然环境。

从布依族"干栏"式建筑文化的发展与演变中不难看出，布依族先民们在建筑设计和选择材料方面的因地制宜，展现了他们适应环境的生存智慧，将自然环境、文化传承和可持续生活方式有机地融合在一起。同时，布依族"干栏"式建筑与其稻作文化的相互呼应，展现了文化与物质之间辩证统一的关系。这种辩证统一的关系反映了布依族人对自然环境的尊重和保护，以及对自身文化传统的珍视和传承。

---

① 马启忠：《布依族石头建筑与民俗》，《布依学研究》1998 年辑。
② 杜佳：《贵州喀斯特山区民族传统乡村聚落形态研究》，浙江大学博士论文 2017 年。

第二节　服饰制式与纹饰中的艺术创作：模拟生态

不同民族由于自然环境、生产方式、生活习俗、崇拜信仰的不同，服饰以及纹饰的制式和形式也有明显的区别。民族服饰与纹饰作为民族文化的重要组成部分，是区别不同民族的重要标志之一，体现了该民族的环境气候、经济特点、地域特色、生活风貌、审美观念、传统信仰等，具有鲜明的民族特色，贵州布依族也不例外。

一、与地理气候相适应的服饰制式

（一）贵州布依族服饰特点

布依族从古越人发展而来，其服饰也保留着古老的特点。《旧唐书·西南蛮》载："男子左衽、露发、徒跣，妇人横布两幅，穿中而贯其首，名为通裙。"[①] 在头饰上，布依族是包头帕，挽椎髻，《汉书·西南夷传》谓："西南夷君长以十数，夜郎最大……此皆椎结，耕田，有邑聚。"[②] 布依族头饰也沿袭古夷人的特点。明清时期，制衣相关工艺和布依族先民们的审美意识得到发展。布依族妇女的服饰由无褶裙发展为百褶长裙，服饰的图案亦更加丰富，男子的服饰则趋向简单明快。《贵州图经新志》卷一载："仲家……妇女，以青布一方裹头，着细折青裙，多至二十余幅。腹下系五彩挑绣方幅，如绶，仍以青衣袭之。"[③]《南笼府志》记载今黔西南一带的布依族妇女服饰为"椎髻长簪，银环贯耳。项挂银圈，以多为荣，衣短裙长，色惟青蓝，红绿花饰为缘饰。裙以青布十余幅为细褶，镶边，委地数寸腰以宽长带数围结于后，带垂若翅"[④]。

现代布依族男子的服饰在不同地区间差异不大。大多数青壮年男子穿着对襟式短衣，通常是内穿白色，外穿青色或蓝色的服装，并配以长裤。他们喜欢戴包头帕，有条纹和纯青色两种款式可选。老年男性则更多地穿着大仙短衣或蓝色长衫，并搭

---

① 清镇市民族宗教事务局编：《清镇少数民族百科》，贵州民族出版社 2016 年版，第 44 页。
② 班固著，颜师古注：《汉书》，中华书局 1962 年版，第 3837 页。
③ 黄义仁、韦廉舟编：《布依族民俗志》，贵州人民出版社 1985 年版，第 26 页。
④ 伍文义：《中国民族文化大观——布依族篇》，暨南大学出版社 2018 年版，第 99 页。

配布筒袜。①

布依族妇女的服饰在镇宁、黔西南和黔南三个地域内则有较大区别。在镇宁的扁担山一带,布依族少女喜欢着绲边短衣,以丝绸缎作腰带。她们头上戴着织锦头帕,将粗发辫盘扎成头巾,额头上缠绕着织锦图案和发辫。下身着裤子,并配以绣花鞋,整体显得轻盈而活泼。年轻女性则穿着蜡染百褶裙,斜襟式短衣。短衣肩部用各种花线绣成两排小方形组成的半圆形图案,并在领圈两边挑花织锦,使其色彩鲜艳。衣袖中间为织锦,上下两段则是蜡染。衣服下摆镶嵌着约1寸宽的织锦边缘。胸前佩戴绣花或织锦长围腰,并系上浅色绸缎腰带。头上戴着织锦头巾,耳边挂着一束以各色丝线制成的耍须。已婚妇女在头上戴着"更考",它由竹笋壳和布料制成,形状像撮箕,前半圆形,后方形,先用青布缠裹,然后系上织锦刺绣的头帕。②还有一种被称为"红裙"的百褶裙,上部花纹与蜡染百褶裙相同,但是裙子采用绛红色的自染布料制作,显得优雅而庄重,通常是老年妇女在重大场合穿着的服饰。

在镇宁的募役和江龙一带,大多数布依族妇女穿着青色紧身斜襟短衫。这种短衫的特点是腰部较窄,摆部较宽,前襟从中间缝合处向右腋斜切,形成斜领。领子上绣有八角花、刺梨花和几何图案,袖口和下摆采用约两指宽的花布条装饰,下身则穿着百褶花裙。年轻姑娘还会戴一种类似于拱桥形状的头饰。这种头饰是用长约5尺、宽约5寸的青布折叠成大约4厘米宽的发带绕在头上,顶部有一个弓形小布筒搭在额头上,然后在头部两侧的发带上各镶嵌一块长3寸、宽2寸的精致花片。从前额到脑后还插有一根约1尺长的银签,因此当地人称之为"高射炮"头饰。结婚后,这根银签会被取下,或是改为戴银碗等头饰。

在黔西南的贞丰、望谟、册亨等北盘江沿岸地区,布依族妇女在婚前会将头发编成辫子并绕在头上,而婚后则将头发扎成发髻,然后使用马尾编制的网套套住发髻并插上银簪,同时会绑上花格头帕或青帕。她们上身穿着盘肩、右倾开扣、窄领、镶有素色花边的短衣,腰间系着绣花围腰,下身穿着青色的宽松裤子,脚上穿着绣

---

① 贵州省地方志编撰委员会:《贵州省志·民族志》,第209页。
② 吴晓梅、吴秋林、张合胤:《册亨布依戏人类学研究》,中央民族大学出版社2017年版,第59页。

花船形鞋或布鞋等。平时她们还喜欢戴手镯、银扣等饰品。

在黔南一带，布依族妇女喜欢穿短衣，有斜领和窄袖，袖口还会镶上花边，胸前佩戴银链，头部会用花毛巾或蜡染花帕包起来，下身穿宽大的裤子，裤脚也会镶上花边，并且脚上穿绣花鞋。有些妇女会穿斜襟小袖衣，并系上绣花的围腰。年轻的姑娘会将头发编成辫子并扎上彩带。成年妇女则会用青帕制成帽形或筒形戴在头上，并穿着无领的大襟衣。①

布依族男女民族服饰的差异显现了布依族男女在生产生活中的不同角色和职责。一般来说，由于男女体质上的差异，农耕社会中男女分工以男耕女织为主要形式。由于男性在生理上体力较强，他们承担了田地中的种植和劳动工作，因此男性的服饰往往更加简单实用，便于从事体力劳动。女性的主要活动领域则是家庭，主要从事家务和手工艺技术，如纺织、刺绣、蜡染等。这些布依族传统工艺在一代代布依族女性中传承下来，也承载着她们最真实和生动的情感与表达。在服饰方面，较少从事田间劳动的女性所穿的服饰对于重体力劳动的适应性较弱，因此女性的服饰往往设计更加复杂，工艺更加精细。总体而言，布依族女性的服饰无论在数量、复杂程度还是工艺价值上都远远超过男性的服饰。这正反映了布依族男女在分工后从事不同工种的差异，展示了布依族人在生产生活中真实的面貌，同时也从侧面展示了布依族男女不同的生产生活方式。

（二）适应环境与生活的布依族服饰

布依族服饰的多样性和精美程度体现了布依族人对美的追求和对传统文化的珍视，同时也反映了布依族服饰对年龄、婚姻状态和场合的区分。这些服饰的独特特点和细节，在呈现布依族丰富多彩的传统文化的同时，也展现了布依族人对其生活的自然地理环境与生产生活的适应。

布依族服饰的主要特征是穿着宽松的裙子，椎髻、袖子和裤腿。这种特征与布依族地区的地理生态环境密切相关。通过观察各个少数民族的服饰，我们可以看出，居住在气候炎热地区的民族更倾向于穿着宽松的衣物，喜欢盘发，这有助于散热；

---

① 贵州省地方志编撰委员会：《贵州省志·民族志》，第209—210页。

居住在严寒地区的少数民族则更倾向于收紧袖口和裤腿的服饰，喜欢留长发，这有助于保暖。贵州布依族主要聚居在南北盘江、红水河流域及其支流上，属于中北亚热带湿润气候区，气候大多炎热温暖。因此，布依族的服饰通常是宽松的，并且男女发型多为盘发或编发，有助于散热，使人感到凉爽舒适。

然而，中北亚热带湿润气候并不意味着一年四季都炎热。为了应对气候的变化，布依族的服饰和发型也会相应地有所改变。以布依族妇女为例，在紫云、关岭等地区，妇女会把头发盘成大花格帕，夏季盘成"锅圈形"，冬季盘成"三角帽形"；在册亨、贞丰等地，布依族妇女通常根据气候选择不同的土布帕来包头，天气炎热时，中青年妇女喜欢将头发盘起来，而天气寒冷时，则喜欢把头发绑成较尖的形状。这些服饰和发型的变化，既与布依族的气候环境有关，又符合他们应对不同季节气候变化的需要。布依族人通过服饰和发型的调整，既满足了保持舒适的基本需求，同时也展示了他们的文化传统和区域特色。

在布依族聚居地，河流纵横交错，布依族人通常选择在山脚河边建造村寨，以便依山而居、依水而生。这片中北亚热带湿润气候和多山多水的地理环境为布依族聚居地带来了充沛的降水。宽松的袖口和裤腿构造，使布依族人跨越水域时能轻松将其挽起，有效应对突如其来的雨季。在民国时期，布依族与汉族之间的交流与融合进一步发展。一些地方的布依族受到汉文化的深刻影响，这也在他们的服饰上有所体现。例如，一些布依族妇女为了更好地从事生产劳动，将原本的裙装改为宽松的长裤。这一方面继承了对地理气候环境和生产劳作的适应，另一方面也体现了布依族受到汉文化影响。然而，传统的布依族短衣长裙并未完全消失，而是被保留下来作为礼服和寿衣。在特殊场合和仪式中，布依族人仍然穿着传统的短衣长裙，展示其传统的民族特色和文化。这样的变化和保留，既展示了布依族人对地理环境的适应，又反映了他们在历史发展中与汉文化的交流和融合。布依族独特的服饰文化在适应现代生活的同时，也承载着他们的民族历史。

二、对自然崇拜物的模拟——纹饰

布依族的传统服饰和工艺品，如蜡染和织锦，都拥有多样的纹饰图案。这些纹样图案构图巧妙，变化多样，具有强烈的装饰性。布依族的纹饰图案包括写实形态的动植物纹饰，如蕨菜花、茨藜花、花瓣、飞凤、鸳鸯、鱼鳞、龙纹、谷粒纹、桂花纹等；还包括抽象形态的几何图案，如曲线、螺旋、齿形、水波、角、方格、圆圈、菱形、散点、云雷等。[①]这些纹饰不论是代表动植物的写实图案，还是抽象的几何图案，在今天都被视为布依族传统文化的艺术表现形式，而其纹饰的起源与布依族的自然环境、生产生活以及宗教信仰有着密切的联系。

　　自古以来，布依族就居住在南、北盘江和红水河流域。这里气候温和，雨量充沛，土地肥沃，水源条件优越，适宜种植水稻。布依族是我国最早耕种水稻的民族之一。大约在新石器时代，布依族先民就开始在这样的地理环境下进入了农耕社会，并开始种植稻谷。作为以农耕为主要生计方式的布依族人，不仅需要掌握农耕种植技术，还需要了解自然界的变化规律及其对农耕的影响。水稻的种植不仅技术复杂，季节性强，而且受自然影响较大。在科学技术条件落后的情况下，水稻的种植和收割往往是受自然界支配的，而不是由人的意志所决定的。布依族先民们由于对自然条件的强烈依赖，非常重视对自然界的气候环境变化、季节特征以及水稻生长规律的观察和认识。

　　然而，在生产力水平较低的时代，布依族先民对自然环境、气候变化与稻耕生产之间联系的认识受到科学技术水平的限制。由于对自然界所赋予的生命力的崇拜，布依族先民产生了对原始自然物的崇拜，试图通过无人感应来实现与自然和谐共处、顺利丰收的目的。这种崇拜观念既适应了人们的生产劳动需要，又满足了社会稳定的要求。布依族的服饰和印染工艺拥有种类繁多的纹饰，这些纹饰的起源与布依族人的生产生活以及对被崇拜的自然物的模拟有关。作为农耕民族，布依族的纹饰源自对与农业生产相关的山、水、地、太阳、天、雷、谷种、树等自然物的崇拜，进而演变成各种动植物与几何图案的纹饰。例如，水波纹和漩涡纹与对水的崇拜有关；螺旋纹则源自对蛇的崇拜；龙纹与对龙的崇拜有关；圆圈纹源自对太阳的崇拜；云雷纹则源自对天和雷的崇拜；齿形纹源自对山的崇拜；三角纹、菱形纹和鱼鳞纹简

[①] 周国炎编著：《中国布依族》，杨宏峰主编：《中华民族全书》，宁夏人民出版社 2012 年版，第 198 页。

化自鱼的形状，与鱼的图腾相关。①

正如列维·布留尔所说："这意味着，通过影响肖像，可以影响原型，就像从原型那里获得东西一样。"②布依族的先民相信，将这些崇拜的自然事物刻画在服饰和蜡染等日常用品上，能够更好地获得自然的庇佑和影响自然的力量，实现与自然的和谐共处，风调雨顺，收获丰富。在某种程度上，布依族的先民将自然崇拜与纹饰图案结合在一起，一方面，加深了人们自然崇拜的意识，协调了他们的思想、观念和行为，巩固了布依族群和村寨社会的稳定，使整个布依族群保持在和谐的统一中；另一方面，通过对自然事物的模拟、抽象和描绘，无形中培养了人们的思维抽象能力和手眼协调性，促进了感官的发展，提高了生产技能，协调了人与自然的关系。

总的来说，贵州布依族的服饰与纹饰样式多变，民族、地域特色鲜明，是极其宝贵的物质文化财富。布依族服饰的特点与变化是布依族人对当地气候、地理环境以及生产生活方式的适应与应对的反映，同时纹饰实现对自然崇拜物的模拟，体现了布依族人对自然的珍视和对文化的传承，是布依族与自然长期互动后积淀形成的生态智慧在服饰与纹饰这类人造之物上的体现。布依族的服饰与纹饰不仅仅是一种装饰，更是其文化、历史和传统的象征。它们传承了布依族人对自然和环境的尊重，展现了他们与自然和谐共存的智慧和生态观念。

第三节　传统工艺中的生态智慧：就地取材

布依族传统工艺是布依族人民世代相传的宝贵财富，通过手工制作各种生活用品和装饰品，展现了布依族人民的智慧和艺术才能。布依族的传统工艺以就地取材为基本原则，充分利用当地的自然资源，将其转化为精美而实用的手工制品，这不仅体现了布依族人民的生态智慧和文化传统，也为我们提供了一个重要的参考，以

---

① 张荣：《历史载体　情感表象——布依族的服饰审美》，《衡阳师范学院学报》2014年第1期。
② 列维·布留尔：《原始思维》，丁由译，商务印书馆1985年版，第72—73页。

促进可持续发展和环境保护的实践。

一、纺织与编织

布依族是一个以勤劳耕织为主要生产方式的民族，纺织文化在布依族的社会生活中占有重要地位。勤于耕织是布依族人民的传统美德，代代相传。布依族的纺织技术在早期就得到了发展和应用，成为其生活的重要组成部分。布依族纺织文化起源很早，根据相关考古挖掘成果显示，远古时期的布依族先民早已掌握了原始的手工纺织技术。《安顺府志》记载："仲家……善织布用以为衣。"[①] 宋、元时期，布依族纺织的棉布还被作为贡品向朝廷上供过。因其土布质地优良，素来有"布依土布盛水不漏"的美誉。

布依族的纺织技艺源远流长，经过了漫长的发展和积累，形成了独特的特点和风格。他们广泛使用本地的棉花、麻类、藤蔓和草药等植物纤维，将其纺成纱线或织成织物。布依族的纺织技艺注重手工制作，重视细节和精湛的技巧。布依族人使用传统的纺车和纺纱工具，通过手工操作纺纱、织布，将棉纱或丝线编织成各种纺织品。这种手工制作使得布依族的纺织品质地精良、耐用，并赋予其特殊的质感。同时，他们还运用不同的纺织技巧，如平纹、斜纹、提花等，使得纺织品充满了独特的纹样，具有独特的艺术价值。

此外，在布依族传统工艺中竹子占据着重要地位，竹艺是布依族人民世代相传的宝贵技艺。布依族人民生活在山区和丘陵地带，竹林较为常见，因此，竹编成为他们日常生活中的一部分。布依族竹编工艺以细腻、精湛和独特的设计而著称，被视为布依族文化的重要组成部分。布依族的竹编工艺凭借手工编织技艺将竹子转化为各种实用的家居用品、装饰品和工具。布依族人利用当地的竹材，如毛竹、水竹和酒竹等，将竹子切割、清洁、烟熏和晒干，使其变得坚韧耐用。然后，通过不同的编织方法和构造技巧，他们编织出各种纹样独特的篮子、箱子、筐、帽子、椅子和地垫等。布依族的竹编作品通常具有优美的线条和精致的细节，展现了布依族人

---

① 马启忠：《黔中布依族文化大观》，第 96 页。

民的艺术才华和审美意识。竹编工艺在布依族文化中有着悠久的历史，竹子的天然环保特性使得竹制品成为布依族人喜爱的日常用品。

二、丰富多样的印染工艺

（一）布依族常见印染工艺

与纺织工艺密切相关的靛染、蜡染、扎染和枫香染等印染方式在布依族传统工艺中亦享有盛名，发展至今已成为布依族具有代表性的民族传统工艺。

靛染是布依族主要的印染工艺，直到 20 世纪 50—60 年代，布依族人的日常服装都会经过靛染。靛由一种叫作蓝靛草（即板蓝根）的草本植物制成。通过技术处理，可以将布料染成蓝色、中蓝、浅蓝、灰色、深灰、青色和月白色等多种颜色。村寨中 90% 的布依族农户拥有土靛染缸。

靛染的第一道工序是漂白，通常在阳光充足的天气下进行。清晨时，将白布晒在草坪上，连续几天晒至布面洁白为止。这样漂白的白布更容易上色，而且色牢度更高。另一种漂白方法是使用鲜牛屎作为漂白剂。在漂白时，先将适量的新鲜牛粪放入木桶中搅匀，然后将白布放入其中翻搅，时间不宜过长，取出后立即在阳光下晒至半干，然后到河边冲洗。在微生物作用下土布就会变白，并且鲜牛屎还能去除布料上的黑点。在民间，较少使用漂白粉进行漂白，因为漂白粉会使靛染的颜色不易上色而且易褪色。[①]

漂白完成后，才能进行靛染。将蓝靛草的叶子在染缸中浸泡 7 天并过滤掉茎叶残渣后，加入适量的河水、石灰、土碱和白酒等材料，让它们充分发生化学反应，再将煮过的白布放入染缸中。经过 7 至 10 天的时间，每天取放 3 次，每 3 天冲洗一次，布料就能够染成需要的颜色，进行上药的步骤了。"药"就是取糖梨树皮和红子刺皮加清水熬制成的紫红色水汁，上药就是将已上色的布轻轻放入紫水中浸泡，取出晾干，后须再重复一次整个染制过程，才能最终制成理想的青布。

---

① 王兴赋、王荣胜、韦国英：《北盘江畔布依人》，贵州省贞丰县民族事务委员会（内部资料）1991 年版，第 71—72 页。

蜡染古时称蜡缬，与绞缬、夹缬同为我国历史上著名的三大印染工艺之一。布依族蜡染作为源远流长、久负盛名的传统工艺。自宋代就有文献记载"蜡染布"为南宁州[1]特产。《贵州通志》记述了蜡染的制作方法："用蜡绘花于布而染之，即去蜡，则花纹如绘。"[2] 蜡染同时涵盖了织、画、染这三个方面，其中，织布是先决条件，绘花是核心技法，染色则是为了衬托花纹。

蜡染的制作完全依靠手工操作，制作过程如下：将谷糠熏燃，使加热杯中的蜂蜡熔化，然后用铜片制成的蜡刀蘸取蜡汁，在白布上绘出各种图案，让蜡汁凝固在布上。完成绘画后，将布放入自制的染缸中（染缸中含有染色素靛蓝），经过多次漂染使染料均匀分布。在此过程中，蜡未涂覆的部分会变为蓝色或青色，而有蜡覆盖的部分由于蜡汁的保护而不改变颜色。最后，将染好的布加热去除蜡，用水冲洗，于是绘制的各种图案就呈现出来，这便是蜡染。

由于蜂蜡具有较强的附着力和易凝固性，易于形成清晰的轮廓和稳定的纹样。同时，在染色过程中，蜡汁会产生细微的裂痕，使染料顺着裂痕渗入，因此在原有的绘画图案上又会出现由染料浸润形成的自然纹样。这使得蜡染作品呈现出清新素雅、质朴自然，虚实交融、层次丰富，充满变化和趣味的特点。如果说蜡画的图案是主要的主题，那么这些龟裂的纹样则成为次要的主题，两者相互交融、对比，每个图案都有独特的变幻，给人留下深刻的印象。

扎染，又称折染，是一种类似蜡染的工艺，一般在惠水、长顺、贵定、平坝、织金等县区的布依族村寨广泛流行。与蜡染不同的是，扎染不需要使用蜡绘制花纹，而是通过将白布按照所需花纹进行折叠或使用粗线铺成花纹，然后将布包起来缝好，放入靛缸进行染色。当把线拆开后，花纹便会呈现出来，同样美观大方。常见的花纹有蝴蝶、花枝等，通常用于制作床单。

点染则主要盛行于贵定、平塘、龙里、都匀、独山等县市。当地的布依族使用

---

[1] 古代的南宁州，即今天的贵州惠水县一带。
[2] 中国特产大典编审委员会贵州卷编委会编：《中国特产大典贵州卷》，贵州人民出版社2011年版，第307页。

蓝靛、黄豆浆、石灰、冬青叶、枫香叶等原料来制作点染。制作点染的过程是先将黄豆浆和石灰浆搅匀，点在放有花板的白布上。花板上刻有虫鱼花鸟、云雷纹和几何纹等图案。然后取掉花板，将布放入靛缸浸泡染色，染成所需颜色后取出，叠放在大石碾下，用双脚来回碾动。晾干后，用竹片刮去布上的豆浆，这样就呈现出各种蓝白相间的花纹图案。

枫香染据说自明代起就在今惠水、平塘、长顺等地的布依族群众中盛行。枫香染与蜡染有所不同，主要是因为使用的原料不是蜡，而是枫香油。在制作枫香染的过程中，首先取来自百年古枫香树的油脂，与牛油混合后在文火上熬煮，然后通过棕叶过滤去除杂质，方能获得枫香油。在枫香染的制作过程中，使用毛笔蘸取枫香油，在白布上绘制几何图形、花鸟鱼虫等图案。将这些布料浸泡在靛染缸中一整天，然后取出后再次绘制植物的叶子，并重新浸泡在染缸中，持续染色 7—10 天。最后，取出布料后进行水煮脱油处理，便形成了枫香染制品。枫香染的图案多样，主要包括牵藤花、大瓶花、大钵花、大盘花、双凤朝阳、月亮花、鲤鱼串珠、石榴花等。这些图案具有鲜明的民族风格，其艺术价值不亚于蜡染制品。枫香染以其独特的制作工艺和精细的图案，展示了布依族群众的文化独特性，并在艺术领域中获得了广泛的认可。

（二）就地取材的生态智慧

在布依族丰富的印染工艺中，无疑蕴含着布依族人代代相传的生态智慧，体现了对周围自然资源的认识与利用。靛染作为其他印染工艺的基础，在布依族传统工艺中具有重要的地位，其制作过程的核心就是对蓝靛草的认识与利用。在布依族的口传典籍《造万物》中有这样的歌诀："山上有种草，名字叫蓝靛，草放水凼里，水变蓝茵茵。采来蓝靛草，泡在水缸里，等水变蓝色，拿来染布匹。"[1] 布依族先民们并不一定了解靛蓝染料的还原染色机理，只是在蓝靛草收获的季节，将其割下、切碎并浸泡出色液，迅速用于布料染色，以使色素分子在布面上生成不溶于水的靛蓝染料，从而形成蓝色。除了染色外，布依族的先民们还发现了蓝靛草的其他用途：

---

① 韦启光：《布依族文化研究》，贵州人民出版社 1999 年版，第 68 页。

蓝靛草的根部是著名的中药板蓝根，其果实则可用于制作中药蓝实。这些部份均具有抗菌、消炎、清热、解毒和驱虫的药效，是布依族常用的草药之一。这也是为何用蓝靛草染出的布匹不仅比普通白布更美观耐用，还具有防虫和防蛀的效果的原因。

此外，布依族的印染工艺也蕴含着他们对自然的观察与总结，布依族的蜡染和枫香染的起源传说正是这一过程的生动例证。这两种工艺的起源传说十分相似：某天一位勤劳善良的布依族姑娘在靛染布匹时，有蜜蜂飞来，不小心将蜂蜡或枫香树油沾在了白布上，意外地创造了蓝底白花的"花布"，聪明的姑娘受到启发，开始利用蜂蜡或枫香树油按照自己的意愿在白布上绘制花纹，从而制作出美丽的"青花布"。这种蜡染/枫香染的技艺随着时间流转传承下来，最终成为布依族独特的传统印染工艺。这个传说反映了艺术起源于人类对自然的模仿，以及"劳动先于艺术"的规律。[1] 或许这只是对一次意外的总结，但也可能源自布依族先人们对日常生活的细致观察。他们开始使用蜂蜡、枫香树油、豆浆等物质在靛染过程中绘制图案，最终形成了布依族独具民族特色的蜡染和枫香染传统印染工艺。

总的来说，布依族人民深知自然环境是他们生存和发展的基础，他们注重与自然界的和谐相处，并通过就地取材的方式将自然资源有效地转化为实用的手工制品。布依族传统工艺中展现了布依族人的生态智慧与创造力。

一方面，居住在山区和丘陵地带的布依族人，充分认识到其周围茂密的森林和丰富的植物资源的重要性，就地取材地利用当地植物纤维、动物皮革、矿石和竹材等资源进行传统工艺制作。同时，布依族人民遵循可持续的利用原则，对森林植被的保护十分重视，他们只采伐需要的植物，不浪费、不过度开采，最大限度地减少了对环境的影响，不仅保护了自然环境的可持续性，也是对大自然恩赐的回报，实现了与自然界的和谐相处。

另一方面，布依族传统工艺展现了布依族人的创造力。虽然他们生活在相对贫穷的环境中，但布依族人民善于利用有限的资源创造出丰富多样的手工制品。他们

---

[1] 惠水县文体广电旅游局编：《惠水布依族枫香染 国家级非物质文化遗产名录》，三峡电子音像出版社 2013 年版，第 9—10 页。

深入了解当地的各类自然资源，通过不同工艺和技术的运用，将这些原材料转化为各种实用的纺织品、竹制品，进而创造了丰富多彩的印染工艺，不仅推动了布依族传统工艺的发展和创新，也传承了布依族人民的智慧和文化。

第四节　饮食中的自然选择：适应环境

从古至今，人的饮食习惯往往受到其所生活的环境中的动植物种类和生长周期的影响，不同地域的人群往往拥有着不同的饮食习惯，这种因地域而形成的饮食习惯往往都承载着不同民族和地域人群的饮食记忆，成为具有民族认同的特色民族饮食文化。在漫长的历史时光中，布依族人通过合理利用周围的自然资源，开发和创造出了丰富多样的饮食文化。布依族人健康且多样的饮食，既是对其生活环境中自然馈赠的选择，亦是对其居住环境与气候的适应。

一、布依族丰富多样的饮食种类

自古以来，布依族饮食文化就十分丰富，在不少古籍中都记录有布依族所生产的特色饮食，包括农作物种植、特产、发酵食品制作、节庆饮食习俗等方面。《宋史》中记载布依族地区自唐代初年以来就以种植水稻为生，特产包括名马、朱砂、蒟酱、草豆蔻、蜜蜡等。明代时期，独山地区的布依族已经开始生产盐酸菜。布依族喜酸，故其制醋工艺十分出名，清康熙《贵州通志·蛮僚》记载："以牛马牲骨，用米掺和之……至酸为佳，以多为富"，甚至"称富积者蓄醋几世矣"。[1]到清朝时期，布依族人节庆、祭祀、婚礼和丧葬宴会都已经形成一定规模。清中叶《南笼府志》卷一记载："每岁三月初三宰猪、牛祭山，各寨分肉男妇饮酒，食黄糯米饭。"[2]在丧宴中，布依族习惯要以牛肉待客。据《贵州通志·蛮僚》载："贵阳、都匀、镇宁、普安……丧，则屠牛招亲友，以大瓮贮酒，执牛角遍饮。主人不食肉，只食

---

① 汛河编著：《布依族民俗志》，中央民族学院出版社1987年版，第47页。
② 李德洙、梁庭望主编：《中国民族百科全书11：布依族、侗族、民族、仡佬族》，世界图书出版西安有限公司2015年版，第170页。

鱼虾。"①

发展到现在，贵州大多数布依族聚居地的主食是稻米和玉米。稻米从栽种到饮食都是布依族的一大特色，形成了历史悠久的布依族稻作文化。其他还栽种有如高粱、小麦、荞麦、小米、甘薯等粮食作物。布依族农闲时每日三餐，农忙时只能每日两餐。以大米、玉米为主食，以小麦、高粱、薯芋和豆类为辅食。有木罐、鼎罐炊饭、焖饭、二合饭（大米掺玉米）、苞谷粑、米线、饵块粑、豌豆粉、米凉糕等不同品种。其中，糯米制的汤圆、花饭和芝麻油团粑最为知名，多用于祭祖或宴客。他们的肉食主要来自家畜和家禽，还爱捕食松鼠、竹鼠和竹虫，特色食物主要有腊肉、香肠、鸡八块、火燎狗肉、血灌肠、牛肉与马肉、蜂蛹、虾巴虫、活血、田螺等。烹调方法多为烧、煮、爆、炸、腌、冻，一般不吃生食。

贵州的布依族若遇婚丧嫁娶，喜用黄牛做冷菜，再配上青苔冻肉、拌豌豆凉粉等菜肴。布依族几乎每餐必备酸菜和酸汤，尤其妇女最喜欢食用。大部分布依族都善于制作咸菜、腌肉和豆豉，乡间特有的腌菜"盐酸"驰名中外。还有血豆腐、香肠以及用干、鲜笋和各种昆虫加工制作的风味菜肴。人们还善于调制糟辣、面辣和泡菜，以香鲜酸辣为美。风味菜也特别多，比如：活血、血豆腐、盐酸菜、面辣、霉豆腐、豆豉、豆腐、三角豆腐、酸竹笋、酸菜、酸汤鱼、干板菜、玉兰片泡菜等。布依族酿制的酒类也特别多，如糯米酒、苞谷酒、甘蔗酒、拐枣酒、芭蕉芋酒、香蕉酒等。饮酒也有很多酒规和礼数，例如插管坛中饮酒是布依族喜庆日唱歌饮宴的传统仪式，时至今日仍然如此。布依族的各种节日饮食也颇具特色，其中，正月初九"煮生食"、正月三十吃"芝麻油团粑"、二月二吃"香藤粑"、三月三吃"苞谷花"、四月八吃"花色糯米饭"、六月六吃"煮鸡"等，这些年节食俗大都与民族传说和乡风教育有关。

布依族每一种食品做法有专门的讲究，一年中不同季节有不同的饮食，形成了独特的餐饮文化。比如：以糯米为主食做成的饮食有粽粑、糍粑、泡果、糕粑、三角粽、褡裢粑、花米饭、豪母豪仲、米仙、米月、米花等。这些种类丰富的主食在

① 黄义仁：《布依族宗教信仰与文化》，中央民族大学出版社 2002 年版，第135页。

不同的时节又有不同的吃法，例如：粽粑是春节的主要食品和祭奠祖先的供祭品；糍粑是中秋和春节的主要供品；泡果是下酒和春节祭祖的供品；糕粑和三角粽是过端午节时必须做的食品；褡裢粑是农历七月半做的食品；花米饭是农历三月三、端午节、七月半做的食品；豪母豪仲是秋收前做的一种糯米食品，主要是为检验各地的稻谷是否成熟，豪母豪仲是"尝新"，吃了豪母豪仲之后不久就可以开镰收割稻谷；米仙是婚娶庆寿作贺礼的喜品；米月是作迎亲、祝寿或祭祀祖宗时用的食品；米花是在春节、供祭祖先及婚嫁、寿庆、贺新居等活动的待客小吃。

二、布依族饮食特色中的自然选择与环境适应

布依族的饮食文化展现出了喜酸、喜凉、喜好糯食等独特特点，这些特点与布依族人的社会生活和生产劳动密不可分，并在一定程度上是布依族人适应生产生活和自然生态环境的产物。

布依族人对糯食的偏爱与其生产生活息息相关。在农忙季节，繁重的农活使得时间变得宝贵，如何快速方便地获取营养丰富的食物成为布依族人需要思考的问题。糯米因其黏性，易于加工成便携的食物，尤其可以凉食更是省去了在劳作时加热的麻烦。因此，糯米成为农忙时节最受欢迎的食物。在现代社会，生产力高度发达，糯食的独特优势已经不再明显。然而，在古代社会的生产力和物质条件十分贫乏的情况下，糯食的重要性不言而喻。为了更方便且多样化地食用糯米，布依族的先民开发出了多种制作和食用糯食的方法。以最常见的糯米糍粑为例，它不仅是亲朋好友互相拜访时的食物，也是上山劳作时的口粮。通过特殊方法制作的糍粑可以保存三个月而不会变质。在这段时间里，无论是上山劳作还是下地春耕，糍粑都是快速填饱肚子的最佳选择，只需事先切片带上，通过简单的加热即可食用，既节约时间又方便。

布依族人喜欢凉性和酸味的饮食偏好与其地理气候环境密切相关。贵州布依族聚居地大多属于亚热带湿润气候区，村寨往往坐落在河谷间的坝子上，气候炎热潮湿。在这样的气候条件下，凉性菜品和酸味的食物清爽可口，能够很好地促进当地人的食欲。同时，酸性食物有助于促进消化，对于喜食糯食的布依族人来说，更是

锦上添花。因此，它们成为布依族人日常饮食中不可或缺的特色美食。此外，布依族人在制作食物时常常也根据时节添加辅料，例如能够祛风湿的香藤、清肝明目的黄饭花、止血的枫树叶、碱性的糯草灰等等。这些植物的选择都是与当地的自然环境紧密相关的，其使用的时节往往也都是应季的，是这些植物药效最好的季节，充分反应了布依族人顺应时节和生产的生态饮食文化。[①] 这些辅料的添加不仅增加了食物的风味，同时也成为布依族具有辨识度的地方性食材，丰富了其民族饮食文化。

---

① 韦玮、陈志明：《食物的节律与认同：基于贵州荔波布依族的饮食人类学考察》，《西南民族大学学报（人文社科版）》2018 年第 3 期。

第二章　布依族传统生态文化精神与制度
——人与山水同

从精神层面来看，布依族的传统生态文化体现在布依族传统的传说、民歌以及布依族人精神世界中最为重要的信仰与崇拜中。布依族人从未对其生态文化进行总结，但其对自然及其规律的朴素认知，对自然万物的态度，对人与自然关系的看法都包含在其传承下来的宗教信仰、神话传说以及古歌民谚当中。从制度层面上看，布依族建立起了保障和管控生态的有效制度体系，结合传统文化故事与谚语中的教化功能，实现了对布依族顺应自然、万物平等的朴素的生态伦理观念的保障与传承。

第一节　基于"万物有灵"的自然崇拜与宗教信仰

费尔巴哈曾指出："自然是宗教最初的、原始的对象，这一点是一切宗教、一切民族的历史充分证明了的。"[1] 布依族的原始宗教也是从自然世界中发展而来的。然而，尽管原始宗教都起源于自然，但事实证明，不同民族产生的宗教却截然不同，有时甚至互相对立，这是由原始宗教产生的物质基础所决定的。作为上层建筑的宗教文化，受到生发地理环境和生产生活方式的影响，各民族发展出了不同的原始宗教文化和仪式。原始宗教的产生包含了古代人们对自然、世界和宇宙的朴素认知和理解，其形成受到相应的物质条件的影响，同时也具有特定地区、特定环境和特定文化的独特特征。

---

① 费尔巴哈：《宗教的本质》，商务印书馆 2017 年版，第 2 页。

一、基于"万物有灵"的原始崇拜

布依族是一个信奉多神信仰的民族，他们相信万物皆有灵，信仰的内容包括自然崇拜、图腾崇拜和祖先崇拜等。布依族还有一套完整的巫术仪式与其信仰相配套。在布依族的宇宙观和世界观中，人类和世间万物共同生活在这个世界上。布依族人相信人类拥有灵魂，即使一个人死去了，他们的灵魂仍会继续存在。因此，布依族认为与人类共生的世间万物，如日月星辰、山川河流、动物植物、祖先，甚至一个洞穴或一块石头，都有自己的"灵"。布依族的信仰文化认为世间万物都有灵，世界上的万物以各自的方式与自然和其他事物互动，并对人类的生产和生活产生影响。在这一思想影响下，布依族人对世界万物充满敬畏之情，通过一整套逐渐完善的巫术和仪式来与万物沟通，祈求神灵或祖先的庇佑，希望得到平安和幸福。这些具有独特特色的宗教信仰结合了相应的仪式，形成了自然崇拜、祖先崇拜和鬼魂崇拜等。其中敬畏天地、尊重自然、尊重生灵的观念，反映了布依族以稻作文化为特征的社会意识，也成为保护自然环境的重要力量，是其传统生态文化的重要组成部分。

布依族崇拜的自然神灵类别相似，包含着布依族先民们对宇宙世界的理解以及生产生活中积累的经验，从下文中几个布依族所崇拜的自然神灵和相关禁忌中，能够看出布依族所认同的生态智慧——人与世间万物共生共存，平等互利。

山神：根据布依族的信仰，山被视为有灵性的存在，其中一些山被认为是山神的居所，影响着寨子和附近布依族人的兴衰状况。因此，许多村寨都建有山神庙或山王庙，并定期举行集体祭祀来感谢山神的庇佑和恩赐。布依族人认为被山神寄居的山会出现一些特殊的事物，例如奇特的山峰和怪石、深邃的天然溶洞、茂密的山林等等。这些"有异"的事物往往伴随着与山神相关联的特殊传说，并被赋予了神圣性，成为布依族人不可破坏或轻易涉足的圣物。布依族人相信山神拥有神山的所有权，人类在山中获得的动植物皆是山神赐予的。因此，人们对山神充满敬畏和感激之情。在过去的岁月中，如果有人打算上山打猎，必须先在山下燃香烧纸祭奠山神，才能进入山区。这是因为布依族人相信猎物是山神的所有物。同时，他们也遵守着山神的禁忌，例如在打猎时不能贪心，禁止猎杀动物的幼崽，不得过分索取山神的赐予，以及在动物繁殖季节禁止进山打猎等。对山神的崇敬约束了人们对自然的过度索取，无形之间保护了当地的生态环境，实现了人与自然的和谐共生和可持续发展。这种信仰和遵守山神的教导帮助布依族人保护了他们身处的环境，并为现代社会提供了一种对待自然的思考方式。

水神：水是万物之源，对人类的生产和生活至关重要。在生产力较低的时代，水的多寡几乎决定了人们的生死，因此，布依族人对水的依赖和敬畏十分明显。无论是井水、河水还是稻田的灌溉水口，布依族人都相信其中寄居着神灵，他们会对相应的水域进行管理。在布依族的重要节日"六月六"中，祭拜水神是一个重要的环节，人们会前往水井边、河边或田边的水口处，通过献祭牲畜的方式来完成祭拜仪式。每逢大年初一，不少地区的布依族人将参与抢夺"水莲花"的活动作为过年的第一件事。这里的"水莲花"指的是井水冒出的水泡，因其破开时状似开花，人们视其为吉祥、幸福的象征。据说，抢到"水莲花"的家庭来年将一切顺利。由于对水神的崇拜和敬畏，布依族形成了许多涉及水的禁忌和习俗，有时甚至将它们直接写在水源处，以警示那些来取水的人。例如，不能在水井中洗衣服；用过的污水不得倒入井水中；严禁在井水中洗脚、大小便等。人们认为这样做会亵渎了水域中栖息的神灵，给村寨或个人带来灾难。这些禁忌和习俗虽然源自对水的自然崇拜，但客观上也保护了环境和水源免受污染。

树神：布依族的村寨中，每个寨子都有一些大树，被人们认为是有神灵栖息的"神树"，布依族人认为这些树可以保佑村寨的人畜平安。神树的种类主要包括檬子树、榕子树、香樟树、楠木和皂角树等，这些树大多四季常青、枝叶繁茂，不仅为村寨增添美丽的景色，还能释放更多的氧气，滋养当地居民。[①] 在某些布依族地区，通过让孩子认神树为"干爹"或"保爷"，可以保佑体弱的孩子身体健康、长寿。此外，在某些地区，寨子的清扫结束后，布依族人会在神树下杀狗祭奠树神，祈求神树保佑村寨远离火灾和邪鬼，以保证村寨的安宁和幸福。除了被认为有"灵"的神树外，布依族的村寨通常还有自己的护寨林，也被称为风水林。护寨林往往是在

---

① 黄椿：《布依族信仰民俗中的环保理念》，《民俗研究》2001 年第 3 期。

建寨初期由摩公指定，布依族人相信护寨林的存在可以保佑村寨的风调雨顺、人畜兴旺。因此，村民们严禁砍伐护寨林。尽管布依族的先人可能并不明白其中的科学道理，但他们对护寨林的敬畏与保护，无形中对村寨水源和周边生态环境，以及物种多样性的保护起到了积极的作用。

在布依族对自然物的崇拜和原始宗教中，神灵的祭祀仪式和行为禁忌的要求是相辅相成的。首先，布依族认为自然物中的神灵与他们的生产生活息息相关。通过参与祭祀仪式，他们相信可以对生产生活产生积极的影响。当灾祸降临时，人们可以用神灵的愤怒来解释，并寄希望于通过仪式重新恢复正常。祭祀仪式的实施使得人们更加崇拜神灵，这一信念深刻地影响布依族人的生产生活。其次，布依族通过规定和执行禁忌行为的规则来强化对自然崇拜的观念和意识。禁忌行为的规定表达了对自然物或神灵的崇敬之情，人们相信违反这些禁忌行为会触怒神灵。布依族的先民试图通过具体的行为规定，例如不可破坏神山、神树、神石等神圣之物，不可污染神灵栖息之所，不可用手指指向太阳等，以获得与自然物共生共存的资格，获得神灵的庇佑，最终实现风调雨顺、增产增收的愿景。

二、与稻作紧密关联的布依族信仰体系

布依族作为一个典型的稻作民族，早期就进入了农耕社会，可以说，水稻种植对于布依族人的生产生活来说是至关重要的核心。因此，不论是在其建筑、饮食、服饰等物质文化中，还是在其原始崇拜、宗教信仰等精神文化中，与水稻种植相关的现象或事物都十分常见。

水稻的产出不仅与气候、土地、水源等自然因素密切相关，还与农业生产工具和种植方法等密切相关。正因如此，在布依族的原始崇拜和宗教信仰中，许多崇拜的对象都与布依族人的生产生活紧密联系在一起。例如，与水稻种植相关的土壤、太阳、雨水、牛等都受到崇拜。布依族人从事农业生产，对自然条件的依赖非常强烈。通过代代相传的经验，布依族先民逐渐意识到水稻种植与气候地理条件的关系。他们越是意识到这种关系，就越崇拜与之相关的自然物，如山、水、太阳、土地、雷等，这也是农耕社会的主要特点之一。在贵州的布依族地区，几乎每个村寨都保留着自

己的土地庙，用以供奉土地神，甚至有的地方也会将土地公放在家里的神龛上供奉。一般供奉土地公时都会挂上土地牌，各地土地牌的对联往往大同小异，都是在表达土地的价值与对丰收的期待，例如"土中生白玉，地内出黄金；土能生万物，地可发千祥"；"人安物阜千秋送，招财进宝万年兴"。[①]一些地方将当地信仰的土地神、山神和树神共同祭祀，而其他地方则有特殊的传说与神山神树相关，可能会针对山神或树神设立专门的地点或仪式。布依族人普遍认为水神和河神居住在村寨附近的某个出水口或河流的特定位置，会在特定的节日或遇到旱灾洪水等情况时进行祭祀。正如弗洛伊德所强调的，宗教是"一些人类最古老、最强烈、最迫切愿望的满足"。[②]通过崇拜，人们希望得到神灵的保护，获得丰收。这种宗教观念对农业生产产生了重大影响。这种意识和文化在与现实的物质基础不断互动中得到强化和发展，并一直传承至今。

三、布依族本土宗教——摩教

除了信仰原始宗教外，布依族还有一种本民族的准人为宗教——摩教。摩教是在布依族的自然崇拜和原始信仰基础上发展而来的，因此，摩教中融入了许多原始宗教的观念。根据摩教的观念，"报陆陀"被认为创造了布依族的许多文化现象，因此被视为摩教的开山祖师，并由此形成了一种专门的宗教从业者——布摩，以及相应的宗教规范和仪式。摩教拥有名为《摩经》的宗教经典，与其他原始宗教经典散乱不成系统不同，《摩经》不仅数量庞大，还形成了以《殡亡经》和一般杂经为代表的两个主要方向，这在少数民族宗教中独树一帜。

（一）摩教中的鬼神观念

摩教的教义认为，个人的健康与寿命、庄稼的丰收、养殖业的繁荣和家庭境况的好坏，都是由神或命运所决定的。然而，通过向神灵进行祭祀和供奉牺牲，个人与神灵双向互动或可在一定程度上逆转不利的命运。人类和牲畜之所以生病，是因

---

① 蔡萍：《黔东南传统村落文化保护与教育传承》，知识产权出版社 2022 年版，第 64 页。
② 弗洛伊德著，杨韶刚译：《一个幻觉的未来》，华夏出版社 1999 年版，第 102 页。

为受到某些鬼魅的干扰，不同的疾病由不同的鬼魅引起，因此需要进行相应的仪式以驱除这些鬼魅，才能达到痊愈的效果。即使在使用药物进行治疗时，也需要进行这些宗教仪式，才能使药物发挥作用。在人死后，通过"殡亡"仪式，亡灵能够进入"拜"和"仙"两个界，与祖先神灵共同生活。在那里尽管仍需要耕田种地，但可以长生不老，免于遭受疾病和灾难的困扰。[①]

布依族摩教所认定的神鬼大多为自然鬼神，几乎每种自然现象和各种事物都有相应的神灵，人只要和这些神灵和平相处、互不侵犯，就不会生病。摩教中主要的自然神灵有：天露朝神、雷神、山神、水口神、树神、石神、谷魂、龙王、灶神、土地神、染曦天神、门神、梯坎神、牛王……[②]摩教将人们对自然物和鬼神的崇敬和畏惧，通过专门的宗教祭祀仪式和宗教经典传播不断强化，最终形成对自然物和鬼神的宗教崇拜，通过禁忌行为的设定和惩罚行为的执行，深化摩教的宗教意识和与自然和谐共生的生态意识。

（二）摩教中的变形观念

与鬼神观念一样，变形观念也是布依族摩教的主要观念之一。变形观念，指的是不同事物之间可能存在的相互转化。一方面，这个转化在人与动植物之间发生，在布依族的传说故事中，都有着人转变为动植物，或者动植物化作人形与人类共同生活的内容。例如布依族"七妹与蛇郎"的传说就属于此例——

传说有一户布依族的穷苦人家，家中有老父亲和七个姐妹，老父亲被地主刁难险些活不下去，还好有一条大蛇帮助了老人，老人就允诺将家里的一个女儿嫁给它为妻。老人回家后说明了此事，但家里的姐妹们都不愿意，只有勤劳善良的七妹站了出来，离开家中去寻找大蛇履行父亲的承诺。成婚后这条蛇跟着七妹回到了七妹的家中，却变成了一个年轻英俊的后生，与七妹一起通过两人的共同努力过上了幸福快乐的生活。[③]

---

① 周国茂：《摩与傩》，《贵州民族学院学报（哲学社会科学版）》2010年第2期。
② 黄椿：《布依族信仰民俗中的环保理念》，《民俗研究》2001年第3期。
③ 贵州省民间文学集成办公室主编，韦兴儒编：《贵州布依族民间故事选》，中国民间文艺出版社1989年版，第359—363页。

此外，布依族传说中还有竹子、老虎等其他动植物变成人的传说故事。人与动植物可以相互转化的观念，反映了布依族思想观念中人与动植物地位平等的认识，动植物可以转化为人类，人类也可能会转变为动植物，这就为人与自然之间和谐相处打下了良好的基础。

另一方面，这种转化也发生在人的存在形式上，布依族摩教认为人死后可能会变成神，也可能会变成鬼，其存在形态发生变化，但本质并不会发生变化。例如人死后如果来到极乐世界，一样要过凡世中的生活，一样有娱乐社交，但同时也一样要生产种地。形态转化后人所拥有的生产生活的相关资源都与形态转换前所使用的资源相关，如果转化前对资源的过度使用或浪费，则会在转化后带来不良的后果。在此观念的影响下，为了让自己在死后转变为鬼神的日常生活更加顺利，就不能在活着的时候对资源进行浪费和过度的索取，信仰摩教的布依族人自然而然开始注意对资源的可持续利用和保护，促成了生态和谐的结果。

综合来看，布依族基于"万物有灵"的自然崇拜与宗教信仰都是一种社会意识形态，是该民族意识和认知的集中体现，是现实物质基础的反映，具有其独特的现实功能和作用。布依族对山、树、水、土地的崇拜，以及对其他自然物的尊重，都在实际上起到了保护环境和推动可持续发展的作用。例如：对山的崇拜减少了水土流失，避免田地被冲毁；对树的崇拜保护了山林树木，维持了生态平衡，避免滥伐；对水的崇拜使水源保持洁净，不受污染和干涸的困扰，保障了稻作生产与日常生活的用水；对土地的崇拜让人们更加珍惜土地，最大化地利用每一寸土地来实现自己的生产生活需求。布依族对自然物的崇敬源自先民们对生产生活的认识和获得的经验。这种崇敬精神使布依族在文化观念上始终秉持与自然和谐共生的思想和目标，并防止过度索取而导致的灾难，实现了布依族与自然共生共存和可持续发展这千百年来的目标。

第二节　传说故事与谚语中生态总结：寓教于乐

布依族民间文学与艺术创作了大量的神话古歌、传说故事、歌谣谚语，展现了布依族民族文化的繁荣。由于没有文字，布依族的民间文学与艺术作品一直停留在口头创作的阶段，通过摩师、寨老、家庭等口耳相传的方式代代相传。在布依族人的观念当中，人从自然中诞生，与万物同根同源。一方面，自然作为人们生存和发展的基础，人们在生产生活当中需要认识和顺应自然规律，才能实现自己风调雨顺、富足美满的愿望。另一方面，人们也发挥自己的聪明才智与主观能动性，发展出了一套应对自然现象所带来的消极影响的办法，实现人与自然的和谐共生。在布依族的民间文学与艺术作品中，顺应、敬畏、爱护自然的行为往往能够获得好的结局，而对自然与规则进行破坏的人最终往往会遭到神灵的惩罚。布依族的民间文学与艺术中蕴含着他们丰富的思想内容和精神特质，展现了布依族人的意识形态与价值理念，通过口耳相传的代际传承，影响着一代又一代的布依族人。

一、与宇宙、自然相关的神话传说与民间故事

神话传说以及古歌与原始宗教之间的关系原本就难以分割，从历史的角度观察，年代越是靠前，神话传说和原始宗教的黏合度及统一性就越强。神话从一开始就可以说是人们对自然的神化的认知和记录，既是自然崇拜诞生的原因之一，也具有深化加强自然崇拜的功能。在传统社会中，由于生产力水平的限制，没有现代科学知识体系，人们对于自然现象的理解与当代大相径庭。人们能够观察到自然现象的变化，也逐渐积累了自然物与人类生产生活之间的关联性的经验，渴望获得对观测到的自然现象和变化的合理解释，渴望能够逃离只能被动接受自然变化的现状。因此，人们通过自己的想象与认知，对自然现象做出了理解与诠释，从人类自身推演，创造了最早的神话传说，这也是最早的民间文学。正如马克思所说，"任何神话都是用想象和借助想象以征服自然力，支配自然力，把自然力加以形象化"，神话是"经过人民的幻想用一种不自觉的艺术方式加工过的自然和社会形式本身"。[①] 神话传说的产生与当时社会环境中人们所拥有的生产力和思维方式是分不开的，在现在看

----

① 中共中央马克思恩格斯列宁斯大林著作编译局编译：《马克思恩格斯选集》（第二卷），人民出版社 1995 年版，第 113 页。

来或许是当时的人类对自然认识和理解存在偏差，但是在当时的社会环境中，神话展示的是古人通过神秘化和想象，对宇宙中万物的互动的理解和认知，反映了当时人们的意识观念和物质基础，具有其独特的价值和意义。

在布依族先民的认知中，神话传说是根据他们对宇宙世界的理解而创造的，具有其合理性，人类通过想象实现对自然力量的认知，使其具象化，从某种程度上实现人们支配自然力的需求和愿望。因此，自然崇拜和神话传说成为人们的精神文化，成为那个时代民族的集体意识，影响着当时的人们采用何种态度与方法去面对自然，与其他事物进行互动。可以说，布依族的神话传说和原始宗教中包含了非常丰富的内容，既有对原始社会制度与物质环境的演变与发展的展现，也有其先民对宇宙规律的判断和理解，例如开天辟地类、人类起源类神话展现的是对宇宙和人类等物种的诞生与演变的想象。

（一）创世神话

在布依族传统神话的世界观中，《混沌王与盘果王》被视作创世神话，揭示了布依族人对世界起源的认知。根据布依族先民朴素的唯物观，宇宙的原初形态是混沌，只有混沌王呼出的雾气和扇散的风存在。这一观念的形成与云贵高原常见的多云雾气候特征及盘古神话的影响密切相关。直到盘果王出现，天地日月才得以创造。[1]在《力戛撑天》中，盘果王用双手一撑，将天撑高到九万九千九百九十九丈；双脚一蹬，地下沉九万九千九百九十九丈深，盘果王最后还化身为日月。[2]在《辟地撑天》中创世祖先则通过聪明智慧来开创天地，同时制造了日月，楠竹撑起天空，靠蓝靛染色，用火烧成赤红的太阳，用水洗净形成冰冷的月亮。[3]较后期的神话《阿祖犁土》则将洪水神话与开天辟地神话相结合，将洪水暴发设置在开天辟地的历史背景下，通过阿祖和水牛的努力，布依族地区的山川河流最终形成了现今的模样。[4]

---

[1] 袁珂编著：《中国故事：华夏民族的传说与神话上》，四川人民出版社 2019 年版，第 329 页。
[2] 汛河搜集整理：《布依族民间故事集》，中国民间文艺出版社 1982 年版，第 1—3 页。
[3] 李德洙、梁庭望主编：《中国民族百科全书 11 布依族、侗族、水族、仡佬族》，第 1 页。
[4] 贵州省民间文学集成办公室主编、韦兴儒编：《贵州布依族民间故事选》，中国民间文艺出版社 1989 年版，第 72—73 页。

在布依族的创世神话中，我们可以发现类似于汉族的开天辟地神话的元素。这些神话解释了世界是如何从混沌中发展为人类所见的模样，以及天地是如何分开的，日月、天地、山林和河流如何形成等问题，这些都是开天辟地类神话最核心的内容。然而，在布依族的创世神话中，我们也能看到独特的民族特色元素。例如，撑开天地的是楠竹，给天空染色的是蓝靛，无论是楠竹还是蓝靛，都是布依族人在日常生产生活中经常接触到的事物。这展示了布依族神话创造时从本民族的生存环境中汲取元素的独特性，表现了民族的特色之处。

（二）人类的起源与物种繁衍

在探究宇宙起源的同时，布依族人也开始思考人类和其他物种的诞生和繁衍，并进行探究和想象。几千年以来，基督教的上帝造人神话统治了欧洲，但在远古时期布依族先民的思维中，人与动植物有着密切的亲缘关系，他们认为宇宙万物都是通过不断的进化而来的。布依族的古歌《造万物》记载了他们对人类起源的朴素猜想。根据古歌所述，清浊二气生成了天地、日月星辰等自然物之后，紧接着就出现了生物，其中最早的生物是猴子。猴子在宇宙中生活了很长一段时间，然后太阳和月亮，希望天下可以充满人烟，更加繁荣和热闹。有一天，猴子在睡觉时觉得全身发痒，身上莫名其妙地长出了许多汗毛。在梦中，有人告诉它，这些汗毛可以变成人。猴子醒来后，抖落了身上的汗毛，就像梦中所说的那样，汗毛变成了人类。于是猴子拔下了身上剩下的汗毛，并呼出一口气，所有的汗毛都变成了男女老少，这就是人类的起源。[①] 这个古老的传说展示了布依族先民对于人类起源的朴素想象，并表达了他们笃信自然进化的观念。它与基督教的上帝造人神话有着明显的不同，反映了不同文化背景下对人类起源的理解和解释的差异。

显而易见，古歌《造万物》关于人类起源的观点，展示了布依族先民对于人类起源的朴素想象，这虽然只是一种直观的猜测，但其可贵之处在于，它并非认为万物和人类从来就有，而是认为宇宙万物都由进化而来。布依族先民基于猴子与人类

[①] 贵州省社会科学院文学研究所、黔南布依族苗族自治州文艺研究室编：《布依族古歌叙事歌选》，贵州人民出版社1982年版，第45—51页。

相似的外貌特征，推测人类是从猴子进化而来的，将猴子作为人类的"祖先"，这是一种朴素的唯物主义进化思想的初步体现。令人惊奇的是，在19世纪，西方生物学理论科学地证明了人猿的"共同祖先说"。1859年，达尔文在他的著作《物种起源》中提出了生物进化论。经过许多生物学家和人类学家的探索和研究，人猿同宗的理论得到了广泛认可。因此，可以看出布依族古歌中关于人类起源的描述和认为万物都经历了进化演变的理论，在一定程度上是具有前瞻性的。

（三）宇宙与世界的构成

《十二层天，十二层海》是布依族一首古老的歌曲，它独特地展示了布依族人对自然世界构成的探索。这首歌以细致的方式展示了布依族先民想象中的人类力量和智慧无法触及的领域，包含了他们对自然界和宇宙构成的猜测和构想。根据布依族的神话记载，天地从一团混沌到被撑开、分割开来。那个时候，人类的技术条件限制了他们涉足九天之上和土地之下，因此布依族先民通过猜测构想出了十二层天和十二层海。

十二层天可以分为三个部分。第一层天到第四层天将人间与天庭分隔开来，只需穿越云雾和飞鸟，便能到达天庭。第五层天到第七层天是天帝居住的地方，天兵天将在此驻守大门，仙女们则忙于卖粮和纺织。第八层天到第十二层天可以说是天外的天，但却是人间所需的雨水和日月，以及那些灾难的告示神鸟的栖息地。十二层海也可以分为三个部分。第一层海到第四层海是虾、蚌、鱼和螺的生活之地，它们有的自由自在，有的却生活在恐惧之中。第五层海到第十层海则是龙宫所在地，龙王和龙女以及他们的臣子们在此居住。第十二层海则延伸至海底，有千万根石柱支撑着大地，千万根岩柱支撑着大海。①

这类民间文学与艺术作品展现了布依族先民对宇宙起源的思考和朴素认知，是对自然的分布和构成进行想象和探索的表现。其中既反映了布依族先民对物质世界的感知，也展现了他们对"天上生活"的朴素想象。通过古歌中仙女们在卖粮和纺

---

① 贵州省社会科学院文学研究所、黔南布依族苗族自治州文艺研究室编：《布依族古歌叙事歌选》，贵州人民出版社1982版，第1—16页。

织的描写，可以看出这种想象往往基于布依族人自己的生产生活。古歌再现了当时布依族人的社会制度和生产生活的场景，同时寄托了他们对美好生活的向往。而他们对美好生活的描述中却不单单只有人或者类人，除天上仙人之外，由日月星辰、山川湖海构成的自然环境，以及生活在其中的花鸟虫鱼、飞禽走兽都是在其中重要的存在，构筑了一幅万物和谐共生的图景。这类神话反映了布依族先民们在生存环境中的万物之间所建立起的联系，人作为万物之一自然也不会是孤立的，展现了他们思想中的共生秩序。

（四）人对自然的顺应与改造

布依族先民们通过神话、古歌和史诗等民间文学艺术形式，不仅记录了美好生活，还描绘了在恶劣自然环境下人类的坚强与抗争。这些作品包括射日古歌《二个太阳》和《卜丁射日》，以及史诗《洪水滔天》等，它们反映了在生产力匮乏的年代，为了生存而面临恶劣自然环境挑战的英勇之举。在这些作品中，人们英勇地应对大自然的挑战。例如：作品《二个太阳》描述了太阳炙烤导致岩块崩裂、植被凋零、庄稼无法收获的情景；作品《洪水滔天》描绘了洪水泛滥、淹没一切的景象。在无情的自然面前，人类的生命岌岌可危，然而他们展现出不屈和顽强的意志，最终战胜了各种困难。他们或者射下了作乱的多个太阳，消除了世界大旱的威胁；或者在洪水中幸存下来，继续繁衍后代。这类作品既反映了人类的主观能动性，突出了人们对自然顺应甚至改造的能力，同时，它们又从另一个角度提醒后世的人们，自然是无情且可怕的，需要时刻对自然怀有敬畏之心。

具备更强现实意义的早期传说则是有关翁嘎的三部曲作品《捉旱精》《锁孽龙》和《治风沙》。聪明的翁嘎代表了在恶劣的自然环境中，仍然能够不断总结经验教训，提高人类在自然中生存几率的智者与勇者。传说将布依族先民面临的旱灾、水患、风沙等危害，通过想象神秘化具象为旱精、黄龙、风魔作祟，使得自然灾害成为可以被消除的妖魔鬼怪，使人类获得支配自然的力量。于是翁嘎便能带领众人挖坑造井蓄水、修坝开渠防洪、砌房植树防风，将这些以人力抗灾的生产实践经验和生态智慧用神话传说的方式传承至今。

《捉旱精》这个故事展现了人们与干旱的抗争史。相传很久以前，有一座火焰山，山上有一个旱精作恶，将河水吸枯、井水喝干，导致庄稼没有收成，日子苦不堪言。翁嘎一开始带领大家用葛藤制作圈套，想抓住旱精，却不想旱精力大牙尖，套在他脚上的圈套总是被他挣脱。翁嘎思索良久想出来一个办法，那就是在田边地角到处挖些小的水井和水坑，再把藤套安在井口和坑口，这样旱精喝水的时候一定会把头低下去，这样圈套就能够套住他的脖颈。大家依计行事，任凭旱精如何挣扎都没能摆脱套在自己脖颈处的圈套，最终被翁嘎消灭了。[1] 先人将蓄水的重要性融入故事中，这成为打败"旱精"的重要手段。至今在布依族的聚居地，仍然能在村寨各处尤其田地边找到专门的蓄水池，这就是布依族人为了应对干旱而想出的办法，后来的人们在此经验的基础上，还总结出了不少更易传播的谚语，如"娃崽不离娘，种田不离塘；多蓄一方水，多收一石粮""水满塘，谷满仓，修路就是建粮仓""修塘筑坝，旱涝不怕"[2] 等等，至今仍然一定程度上指导着布依族人如何更好地应对干旱。

《锁孽龙》反映的是布依族先民治服山洪的故事。相传旱精被打死以后，它的老友黄龙发誓要为其报仇。每年冬天，黄龙悄悄离开东海，在西北高原上生下许多小白龙。到了春三月，条条小白龙在黄龙的带领下，化成汹涌的洪水，奔腾而下，冲洗田地，淹没庄稼，给人们造成巨大灾难。翁嘎决心制服黄龙。他不畏艰苦，爬到高高的木棉山上，经过仔细观察，发现四处的水凼[3] 里锁住了不少小白龙。他心里豁然开朗，想出了用石块把山口和山槽砌成坝坎，堵住一个个水凼的办法，以此妙计来锁住孽龙。他和众人经由一些生产活动反复实践，失败了再干，经过几个回合的激战，终于在各处垒起了厚实的大石坝坎，砌成坚固的水凼，并在所有洼地上挖水沟。这样每年大雨时节孽龙作恶时，这些小白龙就被锁住了。黄龙身单势孤，不能再逞凶，只好乖乖顺着洼地沟渠逃回东海。[4] 在这个传说中，无情的洪水被具象化为白龙，而"锁孽龙"这一举动则反映了修筑河坝来拦截洪水的水利手段，布

---

① 汛河搜集整理，《布依族民间故事集》，第 27—29 页。
② 田兵等主编：《布依族文学史》，广西民族出版社 1983 年版，第 58 页。
③ 水凼：指一种有水的小坑或者比较小的坑。
④ 汛河搜集整理，《布依族民间故事集》，第 30—32 页。

依族先民们通过这一神话传递了治理洪水涝害的经验，通过兴修水利、筑水库，挖灌渠等有效方法提高了抵抗洪水灾害的能力。

干旱水涝治住了，还有风沙作害，于是有了《治风魔》的传说。原本世上有个风魔，有一把大力无比的芭蕉扇，只要扇动这把扇子就会刮起大风，风魔借着这把扇子十分猖狂。人们搭好的房屋频频被它扇飞，没办法只好住进潮湿的山洞。翁嘎经过多次仔细观察，终于发现风魔怕山挡。他和众人在山湾湾的平地上搭房子，再用石头把房屋四周砌好。风魔面对人们的住房逞不了狂，又去危害田地里的庄稼。翁嘎又和众人在房屋和园子周围以及高山上种树，风魔逞凶时，大树们伸出手臂，撕烂了它的芭蕉扇，从此，它就扇不倒房屋，吹不坏庄稼。[①]这个传说故事中，包含了布依族先民们的切身经验，在与大自然的交互中，他们发现了山林树木对于水土保持以及防风上的重要性，认识到只有保持好生态平衡，才能在该区域内获得更加适宜的气候，开始有意识种树护树，避免风沙的侵害。

这三个生动的神话故事展现了布依族先民们所处的自然环境的恶劣程度，干旱、洪水与风沙，对人们的生产生活带来了消极的影响。但是布依族人并未放弃，而是在长期的生产实践中，摸索总结出挖井掘坑、蓄水抗旱、垒坝囤水、挖沟排洪、依山建屋、种树防风等经验。这些经验以神话传说或谚语、故事作为载体，承载了先人在生产生活中积累的宝贵经验，以口耳相传又寓教于乐的方式，在布依族中代代相传。

（五）龙传说

在布依族的先民精神文化中，"龙"是一个非常独特的元素。无论是作为被崇拜的神灵还是作为图腾，抑或在神话和古歌的创作中，"龙"都扮演着重要角色。布依族一直延续着祭龙的风俗，农历正月被称为"龙出月"，而布依语则称之为"卧龙"。布依族相信，每年春天，龙神开始活动，因此正是祈求保佑农业丰收和人畜平安的好时候。在布依族的传统观念中，有许多不同种类的龙神，比如"出龙""家龙""朝门龙""圈龙""寨龙""粮母龙""银公龙""造园龙""造寨龙"等等，

---

① 汛河搜集整理，《布依族民间故事集》，第33—34页。

这些龙神彼此没有统属关系，各自担负着不同的职责。因此，祭祀不同的龙神会有不同的目的，相应的仪式和祭辞也各不相同。

在布依族的原始神话中，"龙造说"是其中一个重要的部分，这一说法认为龙神是造天、造地、造江河和造田地的善神。《祭寨龙歌》中写道："先辈龙王来造天，先辈龙王造辰星。天才如是明，星辰这般亮。男神造地方，团聚七百处，七处有女神。龙神造田园，龙神造村寨，种粮得好粮。龙神升上天，与雷神交友，水淹森林成河道，下地建村寨，塘边造寨子，水边建州城。问到'报陆陀'，'报陆陀'来讲。问到'莫洛更'，'莫洛更'来说。早先未唤龙神归，祭师我来唤龙归。龙神抬脚掉转身，龙神掉转头，龙神响声似岩吼，龙神带弓箭，射逃病恶鬼。早未抬长龙，祭师我来抬长龙。龙神响声张大嘴，祭了鸡鸭不让病，黄牛水牛不让病，祭了龙神让顺心。"[1]从这段记载中可以看出，在布依族文化中，龙与人的关系或神与人的关系被描述为创造与被创造、保护与被保护、依赖与被依赖的关系。

在中国传统中，龙是多种动物特征的综合，是复合型的动物标志。复合型的动物崇拜是部落和氏族融合后，图腾观念互相合并与吸收的结果。在布依语中，"鳄"或"龙"被用来表示龙的含义，它包含三个方面的意思：一是"彩虹"，二是"大蛇"，三是"龙"。从布依族将龙视为"大蛇"的含义来看，我们可以推测，龙的原型可能是蛇。古代人由于生产力和科技水平的低下，常常遭到自然界的威胁，其中就包括蛇的侵害，生存环境十分艰难。蛇的生活习性与水密切相关，而西南地区又常见蛇类。当雨水过量时，蛇洞常被淹没，为了生存，蛇会游出洞穴，在雨水稀少时，这种现象就比较罕见。通过观察和总结这些现象，古人很容易将蛇与水建立联系。随着社会分工和生产技术的发展，农业对水的需求增加，水资源成为古人生活的基础。基于蛇与水之间的联系，古人认为蛇的出现可以带来雨水。根据感官经验，他们发现雨水是从天上来的，于是就想象蛇能腾云驾雾，能够兴云致雨，由此产生了龙的神话和崇拜。现实中的蛇被人们幻想成了神圣的龙，龙就是被神化了的蛇。而"彩虹"的含义则进

---

[1] 贵州省民族研究所、贵州省民族研究学会编：《贵州民族调查（之六）》，贵州省民族研究所1989年版，第279页。

一步拉近了龙、蛇、水之间的关联性。彩虹的形成建立在水对于太阳光线的折射和散射上，这也是彩虹往往出现在有水的地方或是雨后天空中的原因。对于尚未理解彩虹形成原理的布依族先民来说，将彩虹的出现与龙进行关联，甚至将其视为一种"神迹"也在情理之中。这也许就是为何在布依语中"龙"这个词还可以表示"大蛇"和"彩虹"的原因。总之，布依族的"龙造说"突出反映了龙与农业生产及人类生活的密切关系，也反映了布依族先民对万物起源的直观猜测。

二、与农业生产相关的传说与古歌

艺术源于生活，而布依族的传说故事也不例外。作为一个以农业生产为主要生计手段的民族，布依族的文学和艺术作品中自然而然地融入了与农业生产相关的内容。以充满想象力的方式展现了布依族人农业生产的过程，通过艺术手法的运用，以形象生动的方式来寓教于乐，一方面丰富了布依族文化的内涵，另一方面传承了先民们总结的农事经验。

（一）谷种培育的相关传说故事

谷种作为水稻种植的基础，其重要性不言而喻，它与太阳、土地等其他自然物一样，成为布依族人崇拜的对象。他们将种子视为一种神圣的存在，有时甚至用"种子"一词来代指"灵魂"。例如，在布依语中，词汇"弯"（种子）中蕴含着"灵魂"的意义。布依族人认为，像种子一样，"灵魂"同样能够再生，具有不朽不灭的特性。在布依族源远流长的稻作文化中，如何选择和培育更好的谷种，也经历了漫长的探索与发展，成为水稻种植中十分重要的一环。关于最早的谷种获取方式，在不同的神话传说中有着不同的记载。传说《茫耶寻谷种》中，人们得知谷种被洞神保管，而洞神的居住地距离布依族的聚集地十分遥远。一位名叫茫耶的布依族勇士决定为了族人日后的美满生活而行动。他历经艰难险阻，在旅途中克服了各种困难，最终找到了洞神的居住地，并成功取得了谷种。然而，茫耶在返回部落的旅途中已经筋疲力尽，最终将谷种交给一只狗，让它带回部落。茫耶为布依族人的未来幸福生活献出了自己的生命,开辟了布依族水稻种植的道路。①

随着生产技术的不断提高,布依族先民们在水稻种植中不断积累经验,发现了比常见的水稻更好吃、更高级的稻谷,即糯米。布依族人认为糯米味道鲜美,比大米更香,更具营养价值。因此,他们大量种植糯米,糯米也成了布依族重要的饮食组成部分。《皓玉的由来》讲述了布依族先民们获得糯米种子的故事。据传,糯谷种子生长在遥远的高山龙头山上,能治愈各种疾病。布依族英雄皓玉战胜虎狼、妖精和蛇,找到野生的糯米种子,并进行了培养和栽种。最后,他将这些种子分发给部落的族人,开启了糯米的种植历程。这一举措推动了布依族水稻种植和生产进一步向前发展。为了纪念皓玉,人们将这种糯米命名为皓玉②。从神话中不难看出,在布依族人的认知中谷种的获得与培育都是十分困难的,不论是稻种还是糯米种的培育都是克服重重阻碍后的人定胜天。通过谷种相关的神话传说,布依族人强调和内化了谷种的重要性,让后人通过神话认识到要重视对谷种的培育和保留。

(二)耕种与种植技巧相关的传说与古歌

为了摸索水稻种植技术,布依族先民们做出了许多努力。经过漫长而曲折的过程,他们从不会种植到逐渐学会了水稻耕作方法。布依族先民们总结了改进水稻耕作方法和提高水稻种植技术的经验与技巧,并将这些知识融入古歌和传说故事中,继承和传扬他们的农业知识和价值观念。

从《造万物歌》中能够看到水稻种植技术不断改进的过程。布依族人原始的水稻种植技术十分粗糙,"那时没有犁,那时没有耙。放猪去拱泥,放猪去翻泥。拱泥来造田,翻泥来造地。猪拱泥不匀,猪翻泥不平。人去折树丫,人去做木棒。用树枝去抠,用木棒去撬"③。在还没有发明犁、耙等生产工具时,布依族先民们一方面利用畜力来进行辅助,另一方面也充分发挥了自己的主观能动性,用树枝和木棒充当了最原始的生产工具。这是有这些经验作为基础,布依族后人们才能在先人

---

① 汛河搜集整理,《布依族民间故事集》,第55—60页。
② 皓玉是布依语"银糯饭"的发音。
③ 贵州省社会科学院文学研究所、黔南布依族苗族自治州文艺研究室编:《布依族古歌叙事歌选》,第51页。

智慧的肩膀上发展出更为成熟的种植技术和生产工具。随着布依族人逐渐认识到泥土与水稻生长的关系，开始学会造田造地之后，布依族人的水稻种植技术有了很大的提升，"翁杰造成天，翁杰造成地，地下只有一种泥，地下泥巴只有一种色，翁杰才来造泥巴，造成五色泥……造成黑泥好造田"，"翁杰造有田模样，造有地模样。后人学造田，后人学造地"①。故事《阿三挖井种庄稼》则强调了人们在种植水稻过程中水的重要性。在田地种植水稻时，需要做好防范干旱的准备，因此要将地下的水引出来灌溉稻田，才能有好的收成。②

一般来说，节日的传说故事是流传度较广的一类传说。在布依族的很多节日传说故事中，或多或少地包含了水稻种植的相关内容。这些故事的传播无形间也实现了对水稻种植相关技术与经验的传承与传播。例如，在民间故事《牛王节》中展现了人们从粗放到精细的水稻种植发展历程。早年间，人们种植水稻的过程非常简单，只是在山坡上放火烧过草后，用木棒挖个洞，把种子丢进去就不再管了。然而，随着时间的推移，人们学会使用牛耕田、犁地，并掌握相应的技术来照料水稻，这才使水稻的种植越来越好。叙事诗《六月六》中记载了布依族先民们在生产中与虫害，尤其是蝗虫的斗争，其中"为什么——燕子飞来把虫捉？蜘蛛牵网捕飞蛾？蛤蟆守护秧根脚？水田边边插上龙猫竹，一坝秧苗才会绿？"③的段落传承了水稻种植过程中布依族先民们用以防治虫害的方法和经验。

有意思的是，在布摩引导亡魂时所念的经文中也包含种植水稻的技术和要求。布依族经文和传说故事在传播稻耕技术上起了积极的作用。例如在经文《死别依依寄箴言》中就全面涵盖了水稻种植时需注意的细节和各个时间要点："三月是挖地的时候，四月是种田的时候，枫香蚕叫的时候要种地，金贵鸟啼的时候要种田，种田要下功夫，边边角角都要下细，谷子才会一路黄熟，种地要下功夫，边边角角都

---

① 贵州省社会科学院文学研究所、黔南布依族苗族自治州文艺研究室编：《布依族古歌叙事歌选》，第45—51页。
② 汛河搜集整理，《布依族民间故事集》，第175—178页。
③ 贵州省社会科学院文学研究所编著：《布依族文学史》，贵州人民出版社1983年版，第253页。

要种好，棉花才会长得好，开得白。"① 在为死者开路的过程中，人们借机使用经文来宣传耕种技术，使众多的人都能听到。葬礼是一种庄严的场合，宗教的氛围更能够启发和教育人们，有效地深化对种植水稻技术的记忆和掌握。通过这种方式，经文不仅仅是一种送渡亡魂的工具，同时也成了促进技术传播和教育的媒介。它在庄重的葬礼场合中起到了更加显著的作用，加强了人们对耕种技术的理解和实践。

通过这些传说故事，一方面，我们可以窥见布依族人对水稻的重视和崇拜，也能了解到他们在水稻种植过程中所付出的努力和智慧，正是在一代代布依族人的努力下，逐渐总结发展出了一套成熟的水稻种植技术。另一方面，这些神话传说故事在稻作技术和文化的传承中也起着重要的作用，通过与神话、节日传说、宗教仪式的结合，水稻种植相关的经验和技术以一种潜移默化的方式影响着一代又一代的布依族人，实现了对本民族稻作技术与文化的传承与传播。

（三）农事节律相关的民歌

在布依族的民歌中，有不少内容和传统农事节律有关。布依族古歌《十二月农事歌》唱道："正月好挖地，二月种小米，三月时撒秧，四五月插秧，六月去薅秧，七八月打谷，九月播麦种，十月种豌豆，冬月犁板田，腊月好积肥，一年十二月，月月有活干。"②

布依族劳动歌《二十四节气歌》则是布依族和汉族文化交融的产物，是布依族先民根据汉族的二十四节气科学理论，结合布依族地区的自然环境特点而创制的农业生产劳动歌谣，歌谣中唱道："正月立春又雨水，煨杯净茶接新雷。二月惊蛰到春分，万物发芽要出生。三月清明至谷雨，平田播种宜早起。四月立夏又小满，苗在田中要管理。五月芒种逢夏至，追肥除草正合时。六月小暑至大暑，天气炎热正三伏。七月立秋又处暑，秋耕肥料早备足。八月白露至春分，农民收谷如黄金。九月寒露和霜降，桂花酿酒正合时。十月立冬又小雪，油菜种了又种麦。冬月大雪到冬至，寒冷烤火正是时。腊月小寒又大寒，准备糯米打粑粑。一年四季都讲了，群

① 贵州省民族研究所编：《民族研究参考资料》（第19集），贵州省民族研究所1983年版，第2—3页。
② 王伟：《布依族文化研究文集》，贵州省布依学会北京学会组2003年版，第110页。

众欢心吃年酒。"①

这些农事节律歌反映了布依族人在传统农业中所总结的生态智慧，从布依族地区的天时、地利等条件出发，运用长期实践形成的农业耕作技术，合理安排了农事时间结构、作物品种结构及种植方式，使得布依族地区的农业在时间和空间上的布局趋于总体合理化，进而农业生态系统的总体功能得到了最大限度发挥。

（四）劳动歌

劳动歌是一种由体力劳动直接激发出现的民间歌谣，可分为农业劳动歌和手工业劳动歌。在劳动节奏中唱歌，劳动者通过歌唱来协调动作、指挥劳动和鼓舞情绪。劳动歌的发展历史可追溯到民歌的起源，它始于较早时期。随着生产力的进步、社会生活的变化以及歌谣本身的发展，劳动歌不再只是简单地呼喊号令，而是进一步描绘劳动的过程，展现劳动者在生产生活中与自然相互作用的情景。布依族的劳动歌通过叙述劳动生产过程，反映布依族人民的劳动情趣，并用以总结劳动经验，传播先人的生产和生态知识。早期的布依族劳动歌常运用比喻手法，真实地再现布依族人民的生产劳动场景和过程。同时，对生产工具的选择和使用等相关经验记录也相对完整，具有指导性。这些劳动歌表现了布依族在生产生活中如何认识自然、顺应自然并利用自然的情况。

在《种稻歌》中，有"谨防倒春寒，冻死嫩秧秧。耙得平，底肥多，秧苗长得壮。犁耙不细底肥少，秧苗蔫又黄"②的内容，强调了在水稻种植的过程中要注意的诸多关键点，强调了防寒、追肥、犁地的重要性。《种棉歌》中"黑油油的土最好，黑油油的地最肥，选好黑油油的荒土开来做棉花地。先用弯弯的钩镰去砍，砍掉刺蓬烧成灰，又用亮亮的条锄去挖，把泥块耙得又碎又细"③的内容，则说明布依族先民已经认识到了黑土地所具有的肥力，知道如何去判断土地的好坏。"砍掉刺蓬

---

① 中国民间文学集成全国编辑委员会、中国歌谣集成贵州卷编辑委员会编：《中国歌谣集成·贵州卷》，中国 ISBN 中心 2009 年版，第 326 页。
② 贵州省社会科学院文学研究所、黔南布依族苗族自治州文艺研究室编：《布依族民歌选》，贵州人民出版社 1982 年版，第 258 页。
③ 贵州省社会科学院文学研究所、黔南布依族苗族自治州文艺研究室编：《布依族民歌选》，第 263 页。

烧成灰"等歌词则反映了布依族先民已经开始懂得利用草木灰进行追肥，砍、烧、挖等几个劳动动作，则说明布依族已经形成一套相对完善的土地开荒的模式与流程。

《栽靛歌》中以简单但清晰的内容叙述了蓝靛收割后的加工、浸染、起缸过程。"到了八月间，挑着竹篮收蓝靛，收来沤在木桶中，沤烂了再泡在石缸里。蓝靛泡了三天三夜，满缸蓝靛绿茵茵，绿得像龙潭里的水，走到缸边照见人影。赶集天去买石灰，石灰块块堆成堆，成块的石灰烧不透，最好的还是石灰粉。买来石灰粉，放在靛缸里，蓝靛更绿了，开缸染新衣。"[1] 在《栽靛歌》中，不仅仅对蓝靛收割后的工艺有所叙述，同时对蓝靛的栽种经验也有描述，"靛苗栽下了，砍刺来围好，围了三层，拦了三道，野猪就拱坏不了地，野鸡就糟蹋不了靛苗"。[2] 短短几句歌词展现了布依族先民的生活智慧，反映了布依族人在农业生产中如何与自然界的动植物互动。他们认识到，要成功种植出美丽的"靛苗"，仅仅依靠自然环境是不够的，他们必须找到方法来避免自然界中其他以此为食的动物对"靛苗"的破坏。与此同时，这也展现了布依族人在与自然界互动中所积累的智慧。他们善于观察，发现了一些动物（如野猪和野鸡）会避开带刺的植物。因此，他们利用有刺的荆条来保护"靛苗"，展示了他们运用智慧有效利用自然资源的能力。不论是节律歌还是劳动歌，这些民歌中都包含着布依族先民们累积多年的生产生活经验和智慧，而以民歌的为载体的形式无疑为这些生态智慧和文化的传播与传承起到了极大的促进作用。这些歌曲大多清晰明朗、朗朗上口，易学易唱，不仅传播门槛低，人人都能学，而且传播场景丰富，劳作或节庆时都可以传唱，生动有趣的形式增强了这些歌曲以及内在的经验智慧在传播过程中的趣味性与有效性。

三、对自然气候的探索与总结——谚语

布依族人在与自然的互动当中，通过对自然界的天象、物象、声象长时间的细

---

[1] 贵州省社会科学院文学研究所、黔南布依族苗族自治州文艺研究室编：《布依族民歌选》，第268—269页。
[2] 贵州省社会科学院文学研究所、黔南布依族苗族自治州文艺研究室编：《布依族民歌选》，第267页。

致观测，从而掌握其变化规律与季节的因果关系，并以谚语形式进行了高度的概括，以此为农业生产和社会生活服务。这些谚语是布依族先民们智慧与经验的精华，往往短小精干、朗朗上口，不管是传播还是记忆都具有别的形式所不具备的优势。身为稻作民族的布依族在生产力不发达的时期对天气的依赖程度很大，而这些谚语则能够有效地帮助他们对天气的变化进行一定的判断和预测。通过口口相传，历代的布依族人大多都掌握了这些能够判断天气的谚语，通过前人所积攒的经验与智慧，把握好时机进行农业劳作，在生产生活中掌握主动。此外，他们还在观测自然气候的过程中学会了许多实践技术，如"盖锅"以知雨晴，"晒布"以观风向等技术，为布依族人掌握天气变化增加了更多的技术保障。

（一）关于天象的谚语

云象："朝有絮云，下午雷雨淋。""天上吊吊云，地上水淋淋。""乌云接落日，雨不落今日落明日。""天上黑云翻，地上水泛滥。""天黄必雨，云红转晴"。"天上白云鲤鱼斑，明日晒谷不用翻（出烈日）。""有雨天边亮，雨顶上光。""晴天天色红，雨天天色黑。""天晴带雨色，晴来了不得。"

雾象："十天雾罩九天晴。""久晴大雾雨，久雨大雾晴。""雾下山雨，雾上山晴。雾满山天必干，雾满冲雨必攻。""一日雾罩三日干，三日雾罩九日晴。"

日象："太阳打伞坡顶垮，月亮打伞晒秧根。""太阳打伞兆雨，月亮打伞要晴。""阳光来得早，午后保不了。""日落日出胭脂红，不雨就生风。""夕日返照，晒得鬼叫。""早霞有雨，晚霞要晴。""太阳伸腰要下雨。""日落乌云，半夜有雨。"

月象："月亮明明天无雨，月亮朦朦天不晴。""太阳打伞天要雨，月亮打伞草木枯。""夜看西天明，预告明天晴。"

风象："早晚起凉风，望雨是落空。""风吹木叶翻，天要继续干。""离了南风不晴，离了北风不冷。"

雨象："中午雨，下到黑。""午饭时逢雨，整天雨蒙蒙。""天晴带雨，干得了不得。""先毛雨不落，后毛雨不晴。""有雨山戴帽，无雨山穿衣。""早雨不过午，午雨鸡归笼。""久晴必有雨。""雨洒二十五，下月无干土。"

虹象："东虹红日西虹雨，下雨有虹天要晴。""彩虹喝水天要干。"

电象："直电小雨，横闪大雨。"

雪象："雪三天，凌一尺。""下雪不冷化雪冷。""冬月腊月无雨雪，正月二月难耕种。""春节下雪粮食丰收，春节暖和棉花丰收。"

（二）关于物象的谚语

蚁象："蚂蚁搬家要下雨，蚯蚓出洞天要晴。""蚁赶场，大雨降。""蚂蚁搬家蛇过道，大雨不久要来到。""羽蚁飞满天，大雨下连绵。"

鸟象："燕子低飞，天要下雨。""燕子高飞，天气晴朗。""乌鸦飞得低，快到雨凄凄。""乌鸦飞转，天气将冷。"

蛙象："青蛙集中，云雨当空。""青蛙结群叫，大雨即将到。"

牲禽象："十月初一牛滚泥，天干要到阳雀啼。""狗吐舌鸭嘴张，乌云遮天要下雨。""鸭晒翅膀，三天雷不响。""狗狂要雨，猪狂要晴。""蜜蜂盘旋，清亮的天。"

（三）关于声象的谚语

雷声："雷公先唱歌，有雨也不多。""雷响天边，大雨连天。""雷吼太阳，天气反常。""九月响雷米价增。"

其他声象："蛤蟆遍地叫，大雨将来到。""雨中闻鸟叫，预报天晴到。""阳雀叫，雨快到。"[①]

综合来看，在尚不存在文字的远古时代，神话承载着先民们理性思维的荣光，是对宇宙世界构成的思考，是对民族社会生活的记录，是对价值伦理的反应。尽管布依族历史上没有文字来详细记录他们的宇宙观和世界观，但通过神话传说、民间故事、谚语等形式，布依族人民成功地传递和传承了他们的生态智慧和文化。首先，布依族通过神话传说和民间故事来表达对自然的敬畏和对生态平衡的追求。这些故事通常涉及与自然相关的人物和动物，以及他们与自然环境的关系。通过这些故事，布依族人展现了他们与自然界互动的过程，也展现了他们对生态环境的关注和对自

---

① 黎汝标：《布依族天文历法探究》，《贵州民族研究》1993 年第 3 期。

然资源的合理利用。其次，布依族以传说、谚语和古歌为载体，传承了丰富的经验技术和生态文化智慧。这些故事、谚语和古歌包含了关于谷种培育、水稻种植、农作规律等方面的实用知识和经验，帮助布依族人民在劳动创造和改造自然中积累和总结技术经验，实现对环境的可持续利用。最后，这些故事和艺术形式得以广泛传播不仅仅是因为其情节起伏精彩、生动感人，更重要的是它们是布依族人民的史书，记录了他们的生产劳动和生活的方方面面，展现了布依族人民勤劳勇敢、顽强不屈的精神面貌。通过口耳相传的传播方式，布依族成功地将他们的经验技术和文化智慧代代相传，实现了布依族精神文明的发展。这种口头传统的传承方式在布依族社会中起到了重要的作用，将宝贵的文化遗产和生态智慧代代相传，并保持了布依族独特的生态文化特色。

第三节　作为生态管控保障的生态制度体系

在布依族社会中，布依族人逐渐在与自然和谐共存的大生态观念基础上，通过一系列的村寨自治制度、习惯法和禁忌规范，逐渐建立起了一套认可度较高、执行力较强的生态保障制度体系。通过这一生态制度体系，布依族人实现了对其生态环境的保护和管理，创造了布依族人与万物共生共存，平等互惠现实生活。

一、布依族村寨自治制度

在以村寨治理为主的传统社会中，布依族通过"宗族制""寨老制""议榔制"等社会组织形式来进行村寨治理。这些制度都源于古代氏族管理制度，是对古代民主制继承和发展的产物。[1] 布依族依照各自的自治制度和社会组织形式，商定和制定各种习惯法和乡规民约，有效管理村寨内部事务。遇事民主协商，决议后由族长或者寨老负责实施，以此维护着布依族社会的稳定与秩序。

---

[1] 周国炎编著：《中国布依族》，杨宏峰主编：《中华民族全书》，第116页。

（一）宗族制

宗族在布依族语中称为"抱傲"，它由多个具有共同祖先的家庭组成，是以血缘关系为基础形成的社会组织。宗族的家户通常居住在一个或多个村寨中。作为布依族社会进入个体家庭后的社会组织体制，宗族被视为近代布依族社会的基层单位。宗族通常采取外婚制度，内部禁止近亲通婚。

每个宗族都有一个族长，族长是享有高度威望的人，在宗族中地位崇高，这是一种自然形成的地位，并无报酬。族长在内部职责上负责维护宗族规矩，弘扬优良传统和品格，对于违反宗族规矩的人，族长会进行批评教育或实施处罚。族长在外部承担的职能包括代表本宗族与其他宗族开展交流、解决与其他宗族之间的纠纷、处理与外界相关的各种事务。然而，族长也受到全体家族成员的约束，在遇到重要事情时需要进行协商，并在形成决议后负责组织实施。现如今，随着国家行政力量在基层的持续加强，社会组织形式发生转变，原本广泛存在的宗族组织逐渐被消解。然而，在布依族聚居地，宗族仍然作为重要的社会基层组织发挥着影响力。

（二）寨老制

"寨老"在布依族语中被称为"劳"，在一些地方也被称为"博板"或"布光"。布依族的俗语说"寨有寨老、家有家长"。每个寨子通常有两到三位"寨老"，这取决于村寨的规模和人口数量。"寨老"不是通过选举产生的，而是由于他们在村民中拥有崇高的社会威望而自然担任。他们处理事务公正，深谙道义，作风正派，"寨老"的工作既无法谋取报酬，也不具备世袭性质。"寨老"有两个主要责任：在内部，他们主持和处理本寨的日常事务，例如安排节日活动、进行公益活动、组织寨神祭祀活动，以及解决寨内的纠纷等，他们不仅需要负责制定和监督执行寨规民约，一些重要的寨内仪式也需要由"寨老"主持；在外部，他们代表本寨的利益，作为本村的全权代表参与解决涉及寨与寨之间的问题。

位于黔西南布依族苗族自治州、毕节市等地的布依族村寨，寨老每年要主持2—3次祭寨神庙会，各地区在具体的次数上存在差异，但时间一般都在正月初三、三月三和七月半这三个节点上。虽然各地的祭寨神庙会的具体内容各不相同，但形式十分相似。一般来说，正月初三的祭寨神庙会通常包括以下内容：讲述本寨过去一年的各项事务；查看祭神鸡卜，预测来年的吉凶事态；宣告政府的最新政令，讨论制定寨子新一年的计划；制定村规民约或修改寨规，批评惩罚违反寨规及不道德者；商讨兴修水利和春耕生产事宜；落实官府摊派的各项粮款；等等。三月三"祭寨神"是寨人商讨兴修水利和春耕生产的一次集会。若有其他事需要解决，也由"寨老"组织大家协商解决。七月半的祭寨神庙会则是寨人共同商议秋收和秋种，以及解决本寨其他事务的聚会。[1] 综合来看，布依族中由寨老组织的祭寨神庙会具有处理事务、调解纠纷、宣传时政、强化寨规、规范行为以及凝聚寨人等作用。尽管这种庙会在中华人民共和国成立后逐渐减少，但寨老制度在一些布依族村寨中仍然存在，并仍然在布依族乡村社会管理中发挥一定的作用。

（三）议榔制

议榔制是布依族的一种群众性社会组织，平塘等县称"议榔"，望谟、册亨一带称为"议各习"。"议"意为集中、聚会，"榔"是本氏族对部落酋长的称谓。议榔最初源于布依族早期的亲缘组织，但随着社会的发展，逐渐演变为以地缘关系为主的农村公社组织。这种社会组织保留了一定的原始社会特征，例如人们直接选举他们的领导者，领导者没有特权，可以随时被群众罢免或撤换，他们的地位与普通群众一样。在议榔中，所有成员共同商议解决问题，并制定公约。成员们共同劳动的收入会进行平均分配。议榔内部有着特定的规章制度和领导人，如榔规和榔头。

在望谟、册亨一带的"议各习"，一般会选择在每年举行祭社神活动的"二月二"或"六月六"这样的日期来选举领导人。在这一天，村里的每个家庭都要参加聚餐和活动。通过这个机会，人们会共同推选出村寨的首领。该首领负责解决村里发生的争端，组织和领导全村人对抗外村的欺压，以及审理和惩罚捕获的盗贼。他还负责庄稼的保护和管理，并制定乡规民约等法规。一般来说，其制定的乡规民约范围涵盖了全寨的安全以及个人生产和生活资料的保护等方面。议榔制在布依族社会中扮演着重要角色，并通过民主决策和公共事务管理，维护和促进着布依族社区的稳定和发展。

---

[1] 王华镇主编、贞丰县史志征集编纂委员会编：《贞丰县志》贵州人民出版社 1994 年版，第 152 页。

二、习惯法

不论布依族村寨采用的是哪一种社会组织形式，其中对于规则的制定、解读与执行都是该社会组织形式十分重要的任务，这些规则的称呼不一，但不论是"族规""榔规"还是"乡规民约"都是布依族所共同制定与遵守的习惯法。在各地区布依族的习惯法中，能够发现大量与生态、自然和生产生活相关的条约，这些条约宣扬了布依族人崇拜自然、敬畏自然的理念，约束了族人在与自然互动时的行为，制定了利用自然与保护自然并重的行为逻辑，成为布依族传统生态文化当中重要的制度保障。

例如，在镇宁高荡的乡规民约中就有明确规定：严禁砍伐护寨林中的树木，严禁砍伐小树。对于违反相关条约的人，除了需要用砍伐树木所赚取的钱款请全村人吃饭喝酒外，还需要在砍伐地点重新栽种 10 倍的砍伐数量的树木。这种由全村共同商议形成的乡规民约具有极强的约束力。在这种约束下，高荡村寨周围的树木得到了较好的保护。这种保护措施在高荡水源的涵养以及生态环境的保护方面发挥着积极的作用。

在贵州省平塘县上莫乡，猎人们遵循着一项约定俗成的习惯法。根据狩猎方式和捕猎对象的不同，他们将猎人分为三类："上硐煤山"猎人、"中硐煤山"猎人和"下硐煤山"猎人。上硐煤山猎人专门猎杀凶猛的野兽，比如虎和豹；中硐煤山猎人专攻诸如野猪和野羊等中等动物；下硐煤山猎人则专门猎取山羊、野兔和野鸡等较小的动物。[1] 各"硐"之间都必须自觉遵守这种划分方式。通过控制各硐猎人的数量，可以有效地控制人们对自然界的索取程度，避免对某一种动物过度捕猎而导致其灭绝。这一习惯法表明了布依族人在与自然互动、从自然界获取资源的过程中已经实现了可持续发展。他们不将自然视为自己的私有财产，而是坚持与自然界中众多生物的共生和谐的生态理念。

布依族历史上相当长一段历史时期没有自己的通用文字，因此他们的习惯法只

---

① 伍文义等：《中国民族文化大观·布依族篇》，暨南大学出版社 2018 年版，第 230 页。

能通过口耳相传的方式传承下来，通过习俗的方式进行传统的继承。然而，从唐宋时期开始，随着汉文化的逐渐传入，布依族中开始出现懂汉语和识汉字的文化人。随着能够识读汉字的人数的增加，汉字逐渐被应用到其他方面和领域，例如用来记录民歌和民间故事，以及用于订立契约等事务。清代以后，随着布依族地区汉文教育的发展和识汉文者大量增加，在布依族社区中，使用汉字来制定乡规民约已经成为一种普遍现象，乡规民约碑几乎遍布于广大布依族的村寨。

例如在兴义顶效一带的布依族地区，就存在着一块特殊的"护林碑"，它将保护山林和环境视为一种社会规范，促进了人与自然之间的和谐发展。这块"护林碑"传述的内容如下："窃思天地之钟灵，诞生贤哲；山川之毓秀，代产英豪。是以惟岳降神，赖此朴械之气所郁结而成也，然山深，必因乎水茂；而人杰，必赖乎地灵。以此之故，众寨公议，近来因屋后两山牧放牲畜，草木因之濯濯，掀开石厂，巍石遂成嶙峋，举目四顾，不甚叹惜。于是齐集与岑姓面议，办钱十千，木品与众永人为后代，于后代培植树木，禁止开挖，庶几龙脉丰满，人物咸兴。"[1]这段碑文展示了布依族对中国传统"天人合一"思想的继承和发展。然而，布依族人并不仅仅局限于对"天人合一"概念的玄思妙想，而是将这种思想落实到实际的生活和生产实践中，将人类的成长和发展与大自然的和谐统一相关联。

布依族社会的习惯法的突出特点在于它的法律单元不是个人，而是将以家族血缘或地缘关系作为基础的宗族、村社等社会组织作为其法律单位。以家族血缘或地缘关系为基础的社会组织，能够在固定的社会地理空间中结成相对稳定的社群结构，有利于其习惯法的制定和实施。在布依族社会中，实行社会治理的社会组织和具体治理形式可能各不相同，但不论是"议榔制""寨老制"还是"宗族制"都有其相似之处。在这些社会组织与治理形式中，其领袖往往通过相应的选拔形式形成，总体均负责宗族或村寨中的各项事务，一般根据具体情况的要求和现实状况，在尽量不破坏传统习俗的前提下，制定各种规则与习惯法。这些规则与习惯法不论是最初的制定与发布，还是后续执行与审理，都是由相应的社会治理组织进行管理，其规

---

[1] 吴晓梅、吴秋林、张合胤：《册亨布依戏人类学研究》，中央民族大学出版社2017年版，第35页。

则有效性的覆盖面积由社会治理组织的大小及辐射覆盖的地域大小决定，对非该社会治理组织管辖内的人员无效。在实际的社会生活中，规则和习惯法不仅要对人与人之间的互动行为进行规范，保持布依族社区中人际关系的良好，同时还需要囊括对人与自然之间的互动行为的关注与管理，使之建立起稳定和谐的关系。

值得注意的是，在很多布依族的村寨中，其社会治理组织的领域与宗教领导的领域是一体的。村寨的寨老或族长往往同时担任宗教职业者，这赋予了习惯法的制定与执行以一层神圣的意义。习惯法中的规则与法条是经由神灵或先祖的名义制定的，在布依族社会中，受到万物有灵思想或宗教信仰的影响，这些规则更容易被社会成员所接受，并且执行效果更好。布依族社会组织中的自然领袖作为神灵或先祖代言人的身份，他们赋予习惯法一种神圣性，将习惯法中的规则与法条视为与神灵或先祖之间的契约，进一步强化了法规的意义和监管。在布依族的原始宗教信仰和对自然的崇拜影响下，个人对于自然神灵的崇拜和敬畏使得他们更加严格地遵守相关的规则和法规。对于个体来说，神灵是无处不在、无法逃避的监管者，一旦违规，就可能遭受来自神灵怒火的惩罚，这让个体感到恐惧。这种敬畏和恐惧的情绪对于社会成员的教化起到了有效作用，使他们真正认同相关的规则和条款，并严格执行。这样的情绪也有助于构建制定者理想中的集体意识，从而实现布依族社会中人与人、人与自然的和谐发展的最终目标。正是在这样的制度规范下，布依族人将尊崇自然、与自然和谐共存等生态伦理观念内化于心，并通过制度保障实现了对传统生态文化的保护。

三、禁忌与规范

布依族习惯法往往以宗教作为辅助手段。因为缺乏强大的执法机构，执法不力就成为一种可能，于是，宗教禁忌便成了布依族传统社会控制中的一种补救机制。正如恩斯特·卡西尔在他的《人论》一书中所强调的："禁忌体系尽管有其一些明显的缺点，但却是迄今所发现的唯一的社会约束和义务的体系。它是整个社会秩序的基石。社会体系中没有哪个方面不是靠特殊的禁忌来调节和管理的。"[1] 禁忌利

---

[1] 恩斯特·卡西尔著，甘阳译：《人论》，上海译文出版社 1985 年版，第 138 页。

用人们对鬼神世界的恐惧来发挥作用，以具体而实效的方式约束人们的思想和行为，让人们不敢轻易冒犯鬼神，并且远离可能存在鬼神的地方和事物。一旦违反禁忌，人们将在精神上遭受痛苦折磨，时间一久身体也可能会遭受疾病的困扰。为了避开违反禁忌后可能会遭受的不好后果，需要付出巨大的经济代价，尤其是在应对一些重要仪式时，可能会让一个普通家庭几乎倾家荡产。对于一个以小农经济为主的布依族家庭来说，这种损失确实是无法忽视的，让人们确实不敢轻易尝试违背禁忌。通过宗教的禁忌与规范，社会将行为准则从精神和文化层面内化，以实现对人们行为的约束。这些禁忌借助神灵的力量，更好地实现了社会的控制。

布依族禁忌繁多，几乎在生产和生活中的方方面面均有忌讳。例如在山高坡陡处和家里不能吹口哨，据说吹口哨会唤来大风，引发危险和灾害；出行或赶场前禁坐门槛，据说坐了门槛，门神会咒骂，导致出行办事不顺或生意不好；大年初一禁扫地，据说扫地会使来年跳蚤增多；在外死者遗体不能抬进寨，更不能抬进家，否则认为"冷尸进房，家败人亡"；等等。除了这些日常生产生活中的禁忌，布依族亦有不少禁忌体现了其传统生态文化。例如，布依族人一般认为山水等自然物中都有灵，因此不可以去破坏山林、污染水源，否则神灵会离开，山水等自然物就不复存在了。表面上看这是布依族人对神灵的敬畏，但实际上则包含了布依族先民对保护山水生态重要性的认知，更好地保护了居住地的山水不因过度使用或污染而遭到破坏，他们只是将其寄托在了神灵的身上。

比如在贞丰县县长贡有一块护林碑："尝闻古之所云：'三不让者，祖茔为首。'盖龙之砂木，原赖子孙蓬（逢）节洒扫，载（栽）蓄树木，以培风水，光前代，兴裕后人。自清朝以来，罗氏一门将祖茔安厝于弄房之易（阳），茂荫儿孙，一脉相传今为数枝之广所，蓄大树数树，原赖后龙家之麟毛而已。竟有不识之子孙，几毁伤龙脉，砍伐古树，惊动龙神，祖茔不安。是以合族老幼子孙，合同公议，立碑以示后世子孙。如有妄砍树木，挖伤坟墓者，严拿赴公治罪，莫怪言之不先。自禁之后，各宜禀遵，毋得行毁伤龙神。以后罗氏一门后代，受情莫测，特此故立碑禁止，告白：如有遵碑，毋得擅砍坟山，子孙发达，常产麒麟之子，定生凤凰之儿。此吾等罗氏一门之光,荣宗耀祖也。"[1]正是因为有人破坏了原本的禁忌,砍伐了村寨认定的古树,惊动了龙身,伤了村里的"龙脉",因此要立碑警醒后世子孙不得再犯,并以此为由,要求后世"栽蓄树木",禁止砍伐坟山林木,这展现了对自然生态所具有的积极意义。

综合来看,布依族的习惯法与禁忌的发展经历了从神罚到人罚、从不成文到成文的演变过程。禁忌可以说是布依族习惯法的最早源头,它通过神的意志对人的行为进行强制性规范。在科学文化相对落后的社会历史条件下,禁忌具有很强的防范性。违反禁忌的个体将承受恐怖的精神折磨,有的甚至可能因此而郁郁而终。然而,禁忌毕竟是一种观念的产物。长期的生产实践和社会生活实践中,偶尔违禁或无意识犯禁的人并未受到所谓的"神"的惩罚。随着社会生产力的发展和人们认识能力的提高,禁忌逐渐失去了权威和效力。在这种情况下,人们通过村寨自治制度和相应的社会组织形式,逐渐发展起通过人实施惩罚的习惯法,并代替禁忌成为约束行为的方式。这使得禁忌与习惯法并存,但习惯法逐渐占据了主导地位,而禁忌则退居到较小的领域,成为一种相对较弱的防范性措施。布依族的村寨自治制度、习惯法与禁忌在社会发展的推动下,从一个依赖神罚的规范体系演变为一个更加强化人为管理和操作的法律习惯体系,形成了行之有效的生态保障制度体系。

---

[1] 贵州省地方志编纂委员会编:《贵州省志·文物志》,贵州人民出版社 2003 年版,第 350 页。

第三章 布依族传统生态行为与实践
——人与自然行

基于所处的自然环境条件，布依族形成了以水稻种植为主体，以家庭为生产单位的农耕生计方式。不论是在农业生产还是其他的生计方式中，他们都遵循天时地利人和的原则，根据季节和气候的变化来选择种植、耕作和收获的时机。同时，他们积极利用自然界的资源，在坚持取之有度和可持续发展的原则上，充分利用自然环境中的丰富生态资源。通过在生产生活中与自然之间的不断互动和调适，布依族人在不断寻找对自然利用与保护之间的平衡点，以充满生态智慧的行为实现可持续发展，实现人与自然的和谐共生，用行为实践了布依族尊重自然、万物平等的生态理念。

第一节 农业生产中的生态智慧：把握规律、顺势而为

布依族作为一个以水稻种植为主的稻作民族，在农业生产中表现出了卓越的生态智慧。千百年来，不论是在水稻种植、土地保护、水资源利用还是病虫害防治上，布依族人都总结出了一套行之有效的方法与经验代代相传。他们在坚持敬畏自然的基础上，利用自己的智慧与创造力，不仅实现了可持续农业发展，还实现了与自然的和谐共生。

一、水稻种植中的生态技术实践

在中国的南方，稻作生产历史悠久。据悉，夏商周以来，稻作农业一直是百越地区突出的经济生产特征。在贵州各府、州、县志中，多有布依族先民"勤耕织、善治田"的记载。"纳"在布依语中意为"水田"，故今天布依族地区以"纳"（含"那、麻、

拉、喇”）为地名冠首者很多，故布依族亦有"稻作民族"之称。布依族一般会傍水而居，稻田占的比例较大。在部分村寨中，稻田甚至占90%以上。在布依族的农耕种植中，稻田是主要的土地资源，稻谷是主要的种植品种，存有30余个品种，其中主要有黏米、糯米两大类。从先民到今人，布依族人民在水稻栽培方面积累了丰富的生产技术经验。布依族对水稻的耕作比较精细，在实践中总结出了秧地整理、泡种、撒种、扯秧与插秧、薅秧、追肥和收割等种植流程，每一道流程中都蕴含着布依族先民的经验与智慧。

（一）秧地整理

布依族农事活动一般从整理秧地开始。整理秧地是育秧的关键，亦是种植水稻中必须重视的环节。进入农历二月，布依族会举行翻整秧田的仪式，俗称"开犁"。开犁有两层意思：第一是指为冬田和板田施犁，在春天播种或栽插前再次翻犁；第二是指播种或栽插前的犁地，一般进行三次。通过仔细翻犁，将土壤打碎，同时将田埂用泥敷好后，放水浸泡，施足底肥，才能够进行下一步的流程。

底肥一般由牛粪、猪粪等圈肥与秧青混合使用，用量对半开。圈肥施用前需进行半个月的充分发酵。这样做的好处是既避免施用生粪时烧伤植物根部，同时又能使水分挥发，降低粪肥重量，方便运输。在秧青的选择上，布依族人注重选择阔叶且容易泡烂的植物，并尽量避免采集不容易泡烂的植物。他们首选槁枝中的苦槁和化香叶等，这些植物具有一定的药性，能够杀死田里的害虫，起到驱虫的作用。另外，他们采集秧青时不砍伐树木，也不摘取树木顶部最新鲜的枝叶，这体现了布依族人对林木的保护意识。秧田底肥施放时应均匀分布，一般每隔一米放置一小抱秧青和一小堆粪肥，适度踩压，用稀泥覆盖，这样有利于迅速发酵腐烂。半个月后需用平耙将田泥刮平，并在秧田中央插上一把茅秆作为标志。插秧标具有两个作用：一是标志秧田已整理完毕，不能再放牲畜进田；二是据说巴茅草有驱邪作用，能保护秧田和种子不受破坏。约两天后，田泥下沉，田水变清后即可撒种。

（二）泡种与撒种

在神话传说故事中，谷种的重要性被反复强调，而在水稻种植中，有优质的谷种只是第一步，对谷种的处理方式也十分重要，这一过程通常称为泡种，需要注意时间的掌握，确保在种子泡好之前准备好待用的秧田。泡种的开始时间以喜鹊新年开叫、化香树和白杨树发芽为参考。一般在农历二月下旬开始泡第一批谷种，农历"三月三"前后泡第二批，三月中旬泡尾秧。分阶段进行种植主要是为了合理利用农时，避免工作过于集中而导致无法应付。泡种的数量需要事先计算好，一般每亩（1 亩 ≈ 666.67 平方米）稻田需要 10 至 12.5 公斤种子。

从传统来说，布依族泡种需要选定吉日。在布依族的语言中，种子和灵魂是同一个词，都读作"弯"。在其经文《请谷魂》中认为稻谷有灵魂，稻子生长不好，是因为谷魂走丢了，走丢的原因可能是多种多样的，可能是被动物如鸟雀、蚂蚁或水牛带走，可能是被去世的老人带回了祖先故地。吟诵《请谷魂》，就是请管人间的老祖母"印孔婆"和创稻作的老祖母"浪阿婆"将送谷魂回来，这样就能够保证来年有个好收成。[1]

泡种是在水稻种植前对种子进行处理的重要步骤。布依族人对泡种的方法和要求非常讲究。首先，要选择水质清洁的"活水"来淘洗种子。需淘洗的种子量较大，通常在村寨附近的河水处进行。用箩筐装种子，不要装满箩筐，保留空间与杂物分离。慢慢将箩筐放入河水中，轻轻搅拌，杂物和不饱满的种子会浮出，再慢慢下沉箩筐，让杂物顺水流走。重复操作几次后，剩下的就是较饱满的谷种。若无河水可用，或水质不佳，则在家中进行，这就需使用较大的容器。工具要清洗干净，尤其不能沾上油盐，以免种子发霉。布依族人对泡种的方法和水质要求非常严格，以天然井水或泉水为优，这种传统方法能够保证种子的质量，使农作物能够更好地发芽和生长。淘洗后，种子需在家中的容器中用清水浸泡。布依族民间流行着这样一句俗语，"三天泡种，两天催芽"，指的是种子需要在清水里浸泡三天，三天后用一天的时间将种子滤出堆起。一般用箩筐将种子装起来，覆盖棉布或麻袋，每天浇透三至四次清水以催芽。浇水次数过少，水分不足，温度过高可能导致种子烧坏。次数过多则会影响温度，催芽效果不佳。通常两三天后种子冒芽，必须及时撒入秧田。若芽过长，容易在抛撒时受损。

---

[1] 谷因：《布依族稻作文化及其起源》，《贵州民族学院学报（哲学社会科学版）》2004 年第 1 期。

第一次撒种时，要先举行祭秧田的仪式。祭田的仪式由主人家自己主持，选择一块要撒种的秧田，在田埂较宽处设立简单的祭台，上面摆放糯米饭、刀头肉或鸡蛋、香烛和纸钱等祭品，口中默念祈求神灵保佑的话语，然后向五方作揖祭拜，这代表将种子或种子之魂藏起来，鸟儿、老鼠之类的动物就会看不见，也就不会来偷吃种子。仪式结束后，即可将谷种撒入秧田中。撒谷种时，要等秧田里的浮泥全部下沉，水变清后再撒种，这样有利于种子密度的控制，让种子在泥土上可以吸收充足的阳光，根系生长适中，便于移栽。撒种的密度约为相隔 1.5 至 2 厘米左右 1 粒，不能太密也不能太稀。太密会导致秧苗不健壮，移栽时不易分发，影响收成；太稀则浪费秧田资源，容易滋生毛稗杂草。谷种撒下后，前两天田水宜浅，刚好能淹过种子，这样有利于种子发芽。水太深不利于阳光照射，会降低温度，不利于种子发芽。2—3天后，放水晒秧，增加温度，促进秧苗根系扎入泥土生长。随着秧苗的高度调整田水的蓄水量，保持秧苗冒出水面 2 厘米左右，这样最有利于生长。掌握好移栽时间对收成至关重要。一般来说，30 天左右是最适宜的移栽时间，这时秧苗不易受病虫害侵扰，易分蘖[1]。移栽时间过早，会导致秧苗分蘖不充分、易遭受病虫害；如果秧苗太老，移栽后便不会分蘖或很少分蘖，且谷穗短。

（三）扯秧与插秧

扯秧时，要将田水注满，好清洗秧苗根部的泥土。秧苗的根部如果带有泥土，会增加重量，不利于向远处挑抬秧苗，所以要洗去。扯秧时，左手握秧右手分秧，每次三至四根向左手靠拢握紧，向上拉扯，边扯边甩掉泥土。握满一把后先放在一边，一般三把秧苗可用稻草捆成一个。

插秧前需要先整理好白田，一般进行二犁二耙，做得较精细的会采用三犁三耙。犁耙工作一般由人和牛协作完成，每天可以犁耙大约三亩或二亩的面积。在犁田时，犁的深度大约为六寸，过深或过浅都不利于秧苗的生长。插秧与泡种一样，需要选择适宜的日子，避开祖辈的忌日和特定日子。插秧之前要先插清水秧，也就是将耙完的田放置一天以上，让泥土沉淀后再插，这样可以促进秧苗的生长。在大坝阳光

---

① 指水稻等作物在地下或近地面的茎基部发生分枝的现象。

充足的地方，秧行为东西向，有利于阳光的照射；在山坡上的稻田，秧行则朝向当阳的方向。

　　布依族对插秧时的深度和时节都十分讲究。一般来说，田水不宜太深，秧苗的根部也不能插得太深，一般插入泥土中一寸左右，刚好插稳即可，这样最利于秧苗转青和发蔸。秧苗插得太深容易坐蔸，难以返青。但如果插得太浅，秧苗又容易因为水的浮力而漂浮起来。从时节上看，农历五月初五端午节是插秧最后的截止时间，一旦超过这个时间点插秧，水稻容易惹上钻心虫，产出的谷粒不饱满，甚至可能成为空壳稻穗。一般来说，如果进入农历五月，即使有的稻田之前因一时无水而未插秧，此时也无法再进行这一步骤了。

（四）薅秧、追肥和收割

　　秧苗插下二十天左右，人们就要开始薅秧。一般来说要薅三道，每道的时间间隔大约在十至十五天之间。薅秧主要有两个目的：第一，清除毛稗和杂草，它们会抢吸养分，致使水稻减产；第二，给水稻松土，使水稻根系更容易向四周伸展，促使水稻更好地生长。要薅好秧子，其中有一定的技巧，最讲究的是分别从秧蔸的四面下脚，脚板呈四度角向下向外将泥土连带杂草一同翻起，再踩入泥中，用脚刮平。只有这样，才能达到既将秧脚四周的杂草除掉，又给秧苗松土的效果。因此，薅秧这个活路做起来速度相对较慢，一人一天只能薅五分[①]田左右。

　　面对毛稗和杂草的不同处理方式，展现了布依族先民们十分质朴却实用的生态智慧。针对毛稗这种生命力极强的杂草，布依族选择在它结种前将其连根拔起，这样既清除了与水稻争抢养分的风险，又能将毛稗作为牛的饲料进行消耗，使其成为生物链中的一环。这种处理方式在实现了清除杂草的同时充分发挥了资源的价值，既环保又不浪费。对于其他可以踩死的杂草，布依族人选择将其连根撬起并翻转踩入泥中。这样做的目的是让杂草成为稻田中新的肥料，增强土壤的肥力，实现了绿色循环。这种处理方式不仅能够有效去除杂草，还能为土地提供养分，减少化肥的使用，这也符合布依族人与自然和谐共生的理念。

---

①1 分大约等于 66.67 平方米，1 亩等于 10 分。

追肥是薅秧过程中必不可少的一步。布依族民间谚语"肥少谷瘪壳，肥足谷满箩"，就强调了施放肥料在水稻种植中的重要性。经过长期观察，布依族先民意识到施放畜圈肥是一种行之有效的方法，能够提高水稻的产量。虽然布依族先民们并不一定能够说出其中的道理，但却以口耳相传的方式将这一经验传承至今。按现代科学的原理解释，布依族所施放的畜圈肥属于有机肥——含有机物质的肥料。正如上海农业科学研究所《水稻生产间答》一书指出："有机肥能改良土壤结构，肥效稳而长，能源源不断地满足水稻生长发育对肥料的要求，并能提高土壤的保肥和供肥能力，利于持续增产。"[1]

进入农历六月，秧苗开始打苞。布依族有一句农谚："十天含苞十天出，十天扬花十天谷。"就是说含苞、出穗、扬花到成熟各需要十天的时间。谷子开始转黄后，需要放水灌溉田地。这样做有两个目的：一是增加田间的热量，促进稻谷的成熟；二是为今后的收割工作提供便利。农历七月开始进行稻谷的收割工作。在20世纪70年代之前，种植传统水稻的时候，在稻谷完全成熟但未开割之前，需要进行种子的选择。一般来说，人们会选择长势较好的稻田，在晴天的傍晚时分使用摘刀采摘优良的谷穗，将谷穗和茎一起捆扎成捆，然后在干燥通风的地方单独存放。到了下一年需要播种时再将谷穗摘下来进行脱粒和培育苗种的工序。在稻谷收割后，需要犁田。根据老年人的经验，犁田有两个好处：一是使土壤变得松软；二是让阳光充分照射田地。这样来年的庄稼就会长得更好一些，而且病虫害也会减少一些。

布依族形成了成熟而系统的水稻耕作技术，包含在这丰富的稻耕经验和成熟的耕作程序中的，不仅有布依族先民的勤劳与汗水，还有他们与自然共生共存的生态智慧。在水稻种植耕作的各个环节与程序中，不难发现布依族先民们是将水稻种植看作是自然界生态循环的一个部分，虽然为了获得更高的产量人为进行了大量干预，但是仍然秉持共生循环的理念。例如采集秧青避免过度索取导致水土流失；养殖的耕牛在提供劳力的同时，其粪便也成为有机肥料的重要组成部分；等等。在尽可能地维持与自然界其他动植物和谐共存的前提下，提高水稻产量，实现村寨和民族的

---

[1] 马启忠：《黔中布依族文化大观》，第189页。

可持续发展，这让人不得不感叹于布依族先民们的生态智慧。

二、水稻种植中的病虫害防治

在水稻种植中，影响其产量的除了气候条件以外，最为重要的就是虫害问题了。在尚未出现现代打虫药的年代，布依族的先民们在长期的稻作农业实践中，结合该地区的自然地理环境条件，利用动植物习性等诸多方法，形成了具有本民族特色的生态农业害虫防治方法，这成为了布依族生态文化中浓墨重彩的一笔。按刘涛等学者的总结，布依族传统农业害虫的防治主要分为生物防治、物理防治和耕作防治三种。[①]

（一）生物防治

防治病虫害的生物方法主要就是以自然界中生物的食物链为基础，通过观察总结经验，引入虫害的天敌生物，利用食物链上下两端不同物种之间互相依赖又互相制约的特点，实现水稻种植过程中生态系统的平衡，实现对水稻种植的病虫害的预防与治理。这类方法一般来说又分为动物和植物两种类型。

布依族人通过长期在生活中的观察，注意到燕子、蛤蟆、鸟雀、蜘蛛、鸡、鸭等动物都将水稻种植中常见的害虫视作食物，例如蝗虫、稻螟虫、稻黑蟥、稻叶蝉等等，便有意利用这些动物实现虫害的防治工作。这些有益的动物也成为布依族人的好伙伴，出现在传说、古歌和装饰纹饰中。

一方面，布依族人十分注重对这些生物的爱护和保护，绝不主动去伤害燕子、蛤蟆、蜘蛛等动物，将其视作是人类的好伙伴，通过自然食物链来实现对虫害的防治。在布依族的叙事诗《驱虫记》就生动描述了这一情景，"燕子在屋檐做窝了，蜘蛛在四面八方张起网。蛤蟆在田土头等着了，只等得颈的通知了。……虫虫处处吃庄稼，遍地吃得矮蹋蹋……大家下田灭蝗虫，燕子穿梭捉虫忙，蜘蛛四面早张网，蛤蟆秧脚等得慌。从前蚂蚱会咬人，如今见人不敢近，坝坝山山都在打，害虫蚂蚱被打尽。蝗虫高飞燕子吃，低飞竹棒就刷死，四处乱窜钻蛛网，躲进秧林蛤蟆吃。……燕子

---

① 刘涛、惠富平：《布依族传统农业害虫防治方法及其生态智慧》，《贵州社会科学》2019 年第 5 期。

蜘蛛和蛤蟆，你们永远陪人守庄稼，保护人们的庄稼好啊，你们的功劳大又大。"①

另一方面，为了能够掌握主动性，布依族人根据田地的实际情况和食物链的情况，有意地在田里饲养鸡、鸭、鱼、鸟等动物。这些动物的食谱中都有虫类，将它们饲养在田间，作物、鸟、鸡、鸭、鱼、虫形成了较为完整和平衡的生态系统。根据田地的不同条件，布依族人往往会选择饲养不同的动物。在相对平整且日照时间较长的大田大坝中，田水的温度较高，适合具有喜水喜温特性的鸡、鸭生存，它们与稻田中的其他生物保持相对平衡的状态，不仅能够防治虫害，还能收获品质上乘的鸡、鸭、鱼等家畜。这一习俗在布依族人的诸多古歌、县志中都有所展现。例如，《苦情歌（一）》中唱："上坝栽秧下坝宽，秧鸡下蛋田中钻，一个点头一个叫，叫得巴心又巴肝"②；《劳动山歌》中唱："大田秧鸡排队排，上坝薅秧下坝青，一对秧鸡跑出来，秧叶滴水润秧根，秧鸡跟着秧鸡走"③；《种稻歌》中唱："秧鸡叫唤咯咯打，满田秧苗齐刷刷"④；《敬酒歌》中唱："忙去园中挖姜蒜，又去田中把鱼捉"⑤；民国《瓮安县志稿》中记载："二年三月二十三日午刻，怪风自猴场牛王阁起……将田中鸭子冲高数仞，旋转空际，至鸡公石始散"⑥。但在日照时间较短导致水温偏低的一些田地中，鸡鸭的养殖容易出现问题，布依族人就引入杜鹃和画眉等其他野生鸟类进行虫害的防治。正如布依族《恋歌》所唱："大田大坝安秧鸡，冷冲冷洼安阳雀，一对画眉叫得好。"⑦这反映出布依族先民们不仅精准地总结了不同动物的习性喜好，还能因地制宜地对这些习性进行利用，针对不同

---

① 韦兴儒、周国茂、伍文义编：《布依族摩经文学》，贵州人民出版社 1997 年版，第 72 页。

② 贵州省民族事务委员会、黔南布依族苗族自治州文艺研究室、中国民间文艺研究会贵州分会编印：《民间文学资料·第四十五集（布依族古歌叙事诗情歌）》，1980 年版，第 290 页。

③ 惠水县布依学会编：《惠水布依族》，贵州民族出版社 2001 年版，第 250 页。

④ 贵州省社会科学院文学研究所编，何积全整理：《布依族民歌选》，贵州人民出版社 1982 年版，第259—260 页。

⑤ 中国民间文艺研究会贵州分会编印：《民间文学资料·第六十三集（布依族酒歌、叙事歌）》，1985 年版，第 15 页。

⑥ 巴蜀书社编：《民国瓮安县志稿》，《中国地方志集成·贵州府县志辑（第 25 册）》，巴蜀书社 2006 版，第 148 页。

⑦ 中国民间文学集成全国编辑委员会、中国歌谣集成贵州卷编辑委员会编：《中国歌谣集成贵州卷》，第 311 页。

的环境选择不同的动物进行病虫害的防治,这充分展现了布依族先民们的生态智慧。

除了利用动物以外,布依族的先民们还开发了一些利用植物来防治病虫害的方法。其中比较典型的有在稻田边种植竹子和大蒜,以及在秧苗期选择具有药性的枝叶,比如苦槁和化香叶,这些方法在病虫害防治方面也起到了一定的积极作用。在布依族叙事长诗中有描述通过栽种竹子抑制杂草生长和虫害的例子:"此竹原是万年生,栽下一夜发千根,拿去插在田地边,枯黄的庄稼会转青";"块块插上龙莽竹,枯黄的秧苗绿洋洋。"[①] 在民国《独山县志稿》中则记载了布依族通过种植大蒜防治病虫害的故事:"元旦将火遍照树上,或种时以大蒜、甘草各一寸置根下,则永无诸虫之患。"[②]

这些经验也许是源于布依族先民们在农业生产的实践中的观察,如种植竹子和大蒜的地方杂草较少、虫害减少等。虽然他们可能未能理解其中的原理,但他们敏锐地注意到了自然现象之间的联系。现代科学分析认为,种植竹子和大蒜能够抑制杂草生长、减少虫害是因为存在着"化感作用"。化感作用是指一种植物或微生物通过产生的化学物质对其他植物或微生物产生排斥或促进的效应。研究发现,某些植物的分泌物具有驱赶昆虫的效果,某些植物的分泌物则具有毒性,可以对线虫和昆虫起到杀灭的作用,一些植物还可以抑制真菌和表现出抗病性。因此,化感作用是一种具有潜力的绿色、低碳的控制病虫害和杂草的生态农业措施。布依族先民所利用的竹子和大蒜中就含有丰富的化感物质,它们释放到周围环境中的枝叶上,可以有效抑制杂草生长和驱虫防病。布依族在稻田中插龙莽竹以防治杂草,这体现了龙莽竹对杂草的相克作用,但其内在原因是龙莽竹叶产生的化感物质抑制了杂草生长。利用大蒜防虫也是一种应用化感作用的方式,大蒜散发出的挥发性含硫化合物气味会刺激害虫,使其难以忍受而逃离,从而起到控制虫害的作用。此外,大蒜通过释放蒜氨酸可转化为大蒜素,大蒜素具有强大的杀菌能力,能够抵抗和消灭细菌

① 韦兴儒、周国茂、伍文义编:《布依族摩经文学》,第 137 页。
② 巴蜀书社编:《民国独山县志稿》,《中国地方志集成·贵州府县志辑(第 23 册)》,巴蜀书社 2006 年版,第 330 页。

和病毒，从而起到防治病害的作用。[1]

布依族人通过利用天敌的生物防治方法，在农业生产中体现了其独具优势的生态文化和可持续发展的生态智慧。他们根据生态农业的原理，认识到各种生物在生态系统中相互依赖、相互制约、协同进化的关系。在布依族的农田生态系统中，水稻、害虫和鸡鸭鸟雀等天敌形成了动态平衡。害虫被天敌食用，而鸡鸭鸟雀的粪便又促进了水稻的生长，形成了互惠共生的关系。同时，布依族人还利用植物的化感作用，利用生物种群相生相克的原理进行生物防治。相比于化学防治，布依族的生物防治方法无污染、无公害、可循环利用，具有极强的潜力与优势。

（二）物理防治

布依族民众在长期的农业实践中，有时也会使用物理方法来防治虫害。在布依族叙事诗《六月六》中就有生动描述人们消灭飞蛾的段落，"狂风吹得树叶落，不是树叶是飞蛾……拿竹叉，扛扫把，砍树丫，摘棕刷，男女老少齐动手，吓得飞蛾趴地下"[2]，虽然打跑了飞蛾来了蝗虫，在蛤蟆、燕子和蜘蛛的帮助下才去除了虫害，但是从诗中也不难看出，简单直接的物理驱逐的方式也是布依族人在防治虫害中的重要方法。布依族在物理防治上的另一个典型就是捕捉并食用虾巴虫[3]。布依族历来有食用虾巴虫的习惯，他们通常在农历二三月稻田栽秧前，会制作竹网用于捕捞鱼虾和虾巴虫，将可食部分用作食物，而剩余部分则作为家畜的饲料。这一行为旨在清除稻田中的虫害，有利于水稻的生长。通过食用虾巴虫，布依族人成为稻田生态系统中的一部分，增加了生态系统的层次，实现了多层次利用，控制了虫类数量，保护了水稻。[4] 这种物理防治虫害的做法符合生态食物链的基本原理，促进了可持续农业发展。通过捕捉和食用虾巴虫，布依族人不仅能够解决虫害问题，还能从中获取食物和饲料资源，实现了水稻种植与生态系统的良性互动，是一种智慧而有效的防治虫害的手段。

---

① 刘涛、惠富平：《布依族传统农业害虫防治方法及其生态智慧》，《贵州社会科学》2019 年第 5 期。
② 贵州省社会科学院文学研究所编著：《布依族文学史》，第 253 页。
③ 又称爬沙虫、爬爬虫，生长在稻田、河流的泥沙中，具有一定的药用价值。
④ 刘涛、惠富平：《布依族传统农业害虫防治方法及其生态智慧》，《贵州社会科学》2019 年第 5 期。

（三）耕作防治

布依族作为稻作民族，在漫长的时光中，通过一代代先人们的生产实践，总结出了非常多行之有效的耕作技术与方法，其中自然不乏针对虫害防治的经验与手段，其中最为主要的有泡田以及轮、间、混、套作等方法。布依族人通过他们积累的经验，选择合适的植物混种或套种，以自然的方式来控制害虫，保护作物的生长和产量。同时，混种和套种还能够增加资源的有效利用，提高土壤的肥力和生物多样性。

冬季泡田是布依族耕作技术中一种典型的预防病虫害的手段。这种方法的具体操作程序是在冬季将稻田灌满水，淹没耕作层土壤。这一做法有多重益处：首先，冬季泡田可以通过淹没作用来清除耕作层土壤中的杂草种子，并掩埋过冬的害虫和虫卵。其次，这也使土壤中的真菌和病原体脱离土壤并漂浮到水面，方便后续的排放。通过冬季泡田能够有效减少水稻在下一年种植时患病的可能性。正如布依族古歌《造世歌》中所唱："大块田呀冬泡田，冬泡田呀任他选，冬泡田呀任他吃，冬泡田呀任他要"[1]。

在农业生产中，长时间连续种植同一种作物会导致作物减产的现象，这被现代农业科学解释为"连作障碍"。连作障碍主要表现为产量下降、品质降低、土壤营养物消耗过度或积累过度、生物繁殖加快、化感物质积累异常以及土壤微生物种群结构失衡等。在解决连作障碍的问题方面，常见的方法是土地轮休，但布依族人生活在贵州山区，耕地资源有限，无法轮换耕地来实现土地的休养。但是布依族先民们通过积累的间、混、套、轮作经验，有效缓解连作障碍，并一定程度上实现对病虫害的防治，其中典型的方式有谷烟轮作、荞谷轮作、棉芥间混套作等。[2] 轮作与混套作的核心原理仍然是化感作用，不同作物向环境中所释放的特殊化学物质，或是抑制了杂草的生长，或是隔绝害虫吸引益虫，或是丰富和恢复了土地中缺少的微量元素。

谷烟轮作是一种将烟叶和水稻轮流种植的轮作耕种方法。连续种植烟叶容易导

---

① 郭正雄编：《布依族传统礼俗歌选》，贵州人民出版社 2013 年版，第 119 页。
② 刘涛、惠富平：《布依族传统农业害虫防治方法及其生态智慧》，《贵州社会科学》2019 年第 5 期。

致土壤中的黑胫病和青枯病病菌长期存在和繁殖,这会使得烟叶在生长过程中的患病风险增大,一般烟叶染病产量便会大幅度减少甚至完全绝收。通过种植水稻,土壤会在水中长时间浸泡,这种缺乏空气的环境使得土壤中的病菌无法存活。这就相当于对土壤进行了一次有效的消杀,从而降低种植烟草时作物感染病害的概率。

荞谷轮作,即轮种荞麦和水稻。荞麦的优势在于,其花朵能够吸引很多益虫,例如捕食性黄蜂、食蚜蝇、寄生蝇、瓢虫等等,特别的是,这些益虫并不会随着荞麦的收割而离开,而是依赖附近的其他植物存活下来。这些益虫通过捕猎或寄生,能够在后续的农业种植中降低虫害风险。正如布依族叙事歌《石头寨里好后生》中所传唱的:"三四月,荞花堆白银,七八月,谷子铺金毡。"[1]

棉芥间混套作,即指布依族民众在种植棉花时会混种部分荠菜。正如布依族古歌《平介与囊荷斑》中唱的:"谁在山野采苦菜?谁在棉花地里采芥菜?"[2]之所以将棉花与芥菜混种,正是利用芥菜所具有的辛辣气味的"化感作用",棉花很容易患的一种虫害——蚜虫十分讨厌这个味道,就会对混种了芥菜的棉花地退避三舍。与棉芥间混套作原理类似,布依族人有时会在种植作物时混种或套种一些具有辛香气味的香料或植被,通过其刺激性的气味驱散害虫,保证主要作物的健康和产量。

总的来说,在长期的农业生产中,借助于敏锐的观察力与长期实践,布依族先民总结出了各种行之有效的技术与方法,这些方法可谓是布依族生态文化中的一颗颗璀璨明珠。布依族人将族人的智慧和本土生态相融合,创造出适应当地环境的农业生产模式。他们以土地保护、水资源管理和生物多样性保护为基础,通过有机肥料的使用,以及绿色环保、无污染的方式对农业虫害进行预防和治理,实现了农业生产的可持续发展。不论是水稻种植过程中对具体步骤和时间节点的把握,还是在农业生产中形成的多方位、多角度、多层级的病虫害防治系统,都凝聚着布依族人把握规律、顺势而为的生态智慧。布依族独特的农业生态智慧不仅为当地农业生产

---

① 贵州省社会科学院文学研究所、黔南布依族苗族自治州文艺研究室编:《布依族古歌叙事歌选》,贵州人民出版社 1982 年版,第 206 页。
② 郭正雄编:《布依族传统礼俗歌选》,第 89 页。

提供了可行的解决方案，还有助于推动可持续发展的农业模式的形成。这种模式鼓励人们在农业生产中注重环境保护，提高资源利用效率，保护生物多样性。它强调与自然和谐相处，通过科学技术的应用和传统智慧的结合，实现当地农业的可持续发展。

第二节 其他生计方式中的地方性知识：取之有度、过犹不及

一、狩猎与采集

采集和狩猎是人类最早的两种基本经济生产方式。然而随着农业的发展和畜牧业的出现，这两种方式逐渐变得次要，转而成为农业经济的一种有益的补充。虽然布依族很早就已经进行农耕生产，但大自然的馈赠仍然是他们重要的生计资源。这使得采集和狩猎仍然伴随着布依族农耕历史的演进发展，并且至今仍然存在着其独特的影响。

（一）采集

布依族人采集的对象主要包括野果和野菜等。在野果方面，他们可以采集到山毛桃、李子梨、樱桃、枇杷、杏、葡萄、杨梅、草莓、核桃、八月瓜、芭蕉等。野菜方面，他们可以采集到竹笋、蕨薹、椿菜、芹菜、折耳根、菌子、木耳等。这些采集到的野果和野菜不仅为布依族提供了丰富的食物资源，也反映了他们与自然的紧密联系。采集和狩猎的传统方式在现代农耕社会中可能不再是主要生产方式，但是对于布依族来说，它们仍旧是一份重要的文化遗产，延续至今。

由于采集早已不是布依族的主要生产活动，仅仅是农业生产的一种补充，因此，布依族人并不会特意进行采集活动，一般是在从事农业生产的同时，顺带进行一些采集活动。他们会在下地进行耕种和播种的时候，或者上山放牛、砍柴割草的时候，顺便背个背包或者提个篮子进行采集。这样一来，当他们结束工作，通常会有一些额外收获，有时甚至可以解决一天甚至几天的蔬菜问题。除了冬季，每个季节都有可采集的东西。过去由于采集的存在，一些地区除了在玉米地里种植一些瓜豆，很

少种植其他蔬菜。但随着森林覆盖率的大幅减少，采集的条件不再像以前那样好，再加上商品经济的发展，布依族地区已经开始广泛种植蔬菜。在亚热带气候地区，比如罗甸、望谟和关岭等地，一些早熟蔬菜基地的建立取得了良好的经济效益。

（二）狩猎

狩猎对布依族来说，除了作为食品的有益补充，还能保护农作物及家畜、家禽不被侵害。在黔西南地区，狩猎被称为"来坡"或"来凡"，意为"追坡"或"追黄麂"，在汉语中称为"撵山"。直到20世纪六七十年代，布依族地区仍然有频繁的狩猎活动。尽管一年四季都可以进行狩猎，但通常会选择在冬季、初春、晚夏和初秋进行，特别是在传统节日"三月三""四月八""六月六"和"七月半"等农事活动相对闲暇的时节。由于在湿润的土地上观察动物的脚印更容易，因此有经验的猎人会选择在雨后的日子进山狩猎。一旦有人发现野生动物的足迹或者意识到它们可能正在侵害农作物，就会联系村寨中的年轻人。狩猎过程中他们会聚集在一起，带上火药枪、弓箭、刀斧等武器，并携带猎狗。他们会按照有经验的人员的指引，顺着野生动物的足迹进行搜索。当猎狗嗅到新鲜足迹的气味时，会发出狂叫声，观察脚印的人会发现新鲜的野生动物足迹，然后吹响用小竹竿或芦苇秆做成的哨子发出信号。这时，猎人们会各自就位守卫附近的路口和关隘，并做好准备。一旦猎物出现，他们会利用武器进行围捕。猎物进入某个关隘时，负责那个关隘的猎人会首先开枪或射箭，如果不幸失手让猎物逃脱，下一个关隘的猎人将继续负责射击，直到击毙猎物或猎物完全逃离包围圈才停止。

在黔南平塘县上莫乡一带，狩猎者根据不同地域组合成实力不同的群体，各群体有特定的狩猎对象。他们分别是"上硐煤山""中硐煤山"和"下硐煤山"猎人。"上硐煤山"猎人专猎虎豹等凶猛动物；"中硐煤山"猎人专猎野猪、野牛等中等动物；"下硐煤山"则专猎捕山羊、野兔、野鸡等较小的动物。三种不同的猎人划分不仅提升了狩猎者的安全性，强调"术业有专攻"，避免狩猎可能带来的人员伤亡。同时，对不同猎人的要求也便于布依族人实现对狩猎程度的控制，布依族人很早就明白，捉大放小才是长久之计，如果放任人们没有节制地进行捕猎，最终只能落到无物可猎的境地。每种猎人群体均形成了一套特殊的民俗事象。

"上硐煤山"猎人使用毒箭和弓弩，单独行动，不带帮手。捕猎过程分为查访、架弓、念团山经等几个阶段。首先，猎人需查访野兽藏身之地，并与当地寨老交涉获得准许。接着，猎人在五里外插上木牌以提醒过路人，并在七天后进山准备捕猎。经验丰富的猎手会寻找野兽常走路径，并在路旁草丛架设弓弩等待。弩机用细麻线拴住，当野兽绊住麻绳带动弩机时，毒箭自动射出，击中野兽。随后，猎人念诵"团山经"，念后虎豹会边走边叫，停止叫声就意味着中箭。太阳落山后虎豹活动，天亮后为避免伤到路人需撤掉弓弩。猎获的老虎不能抬进家中，需在院里摆酒、米、饭等祭山神，才能剥皮。念"放山经"的意思是放掉虎豹。即便同一地方还有多只虎豹也不能再捕猎第二只，必须换到新的地方，重新念诵"团山经"，才能进行第二次捕获。"上硐煤山"猎人的狩猎过程，展示了他们对捕猎数量的控制，实施狩猎前要得到当地寨老的允许，避免因不了解情况进入了本应休养生息的区域狩猎带来的问题。同时通过对狩猎数量的控制，实现对生态平衡的维系，避免对自然的过度索取。

"中硐煤山"的猎人不用弓弩，只用火药枪和猎狗。猎人结伴行动，推选技术好者为首领负责指挥。上山打猎需选择吉日，天未亮就要起床吃饭，饭前在家中火塘边点三炷香，烧化纸钱，念诵咒语。吃完饭，趁全寨人未起床即出寨上山。上山后，往往在山上连住几天。如果被猎获的动物是野猪，只准放在院坝里，不能直接抬进家，需要烧开水脱掉猪毛后，先割下野猪头祭供山神，再将野猪肉抬进家。在"中硐煤山"猎人群体中，其首领有一系列传统规约需要遵循。每年正月初一要杀一只公鸡祭祀山神，祈求山神在新的一年保佑获更多猎物。祭祀时不拔毛，只需用火种将鸡毛烧出气味，山神即可领受。每次捕获到野猪后，首领可分到野猪头。这个野猪头不能砍碎，要放在锅中将肉全部煮烂后用手扒出来，头骨架则整个挂在首领家屋檐下，挂的数量越多，显示他本领越大。

"下硐煤山"猎人专捕野鸡、水獭、兔子、野猫和雀鸟等小动物，一般人都可以做到，所以没有专门的猎户。使用的工具为铁夹或活套。在捕获野鸡时，一般会先在山上搭一个小棚，棚口钉一小木桩，木桩上拴上用小野公鸡驯养成的诱饵，再用套杆架在距诱饵1米左右的空中。套杆另一端由趴在棚内的猎人掌握。周围的野鸡听到诱饵的叫声后会飞来与之斗架，当斗架正酣时，猎人突然放下套杆，即可将野鸡捕获。捕猎其他动物时，先在这些动物常经过的路上挖一个坑，坑口放上"踩板"，把活套挂在路旁的树上，再把树枝扯弯，让活套附在踩板上，用细麻绳把活套与踩板下的机关连接起来，盖上树叶和嫩土作掩护。当动物踏上踩板，触动机关，连接机关的细绳扯脱，树枝弹回原状，带动"冷套"将野兽套住，高高挂在树上。

布依族进行狩猎有两个目的：一是保护其村寨和田地免受野兽破坏，二是通过狩猎来获取肉食的补充。在布依族的观念中，人与动物都是自然界中的生灵，彼此平等。所以布依族将狩猎看作是自然的馈赠，在进行狩猎之前，都会举行仪式祭祀山神，当他们猎获大型动物时，也会将动物的头部献祭给山神，以表达对自然馈赠的感激之情。现代科学研究发现，作为自然界中的一部分，人类本身也是生态食物链中的一环，适度的狩猎有助于保持各种动植物族群数量的平衡。从布依族的狩猎习惯来看，可以明显看出布依族的狩猎是合理并适度的。一方面，由于生产力和科技的限制，布依族的先民在狩猎过程中面临较大的困难，狩猎数量自然受到限制。另一方面，根据布依族制定的狩猎制度，布依族人有意识地控制猎杀动物的数量。从某种程度上来说，对猎人进行分类和人数上的限制，也是为了控制狩猎的数量，以避免过度捕猎破坏当地的生态平衡。

二、渔捞和养殖

布依族有句顺口溜："养牛为耕田，捕鱼为尝鲜，养猪为过年，养鸡养鸭为换盐巴钱。"这是比较典型的自给自足的小农经济的写照。这也说明渔捞和养殖在布依族经济生活中起着重要作用。直到目前，渔捞与养殖仍然是布依族人重要的补充性生产方式。

（一）渔捞

由于布依族居住在靠近水域的地区，渔捞长期以来一直是他们经济生活中重要的组成部分。布依族的宗教经典《摩经》中的故事《安王与祖王》就与捕鱼有关。这个故事讲述了安王的母亲变成了龙女，她在形态上化身为鲤鱼。安王在河中捕捞回鲤鱼，想要食用，但他的母亲告诉他："这是你的舅父，不能食用。"然而，安王没有听从劝告，他的母亲生气地回到了龙宫。[1]在布依族的历史发展中，渔捞是与狩猎同时发展的一种经济生活方式，并且从某些迹象来看，它在布依族的生产生活中似乎拥有比狩猎更高的地位。明代郭子章《黔记·诸夷·仲家》记载布依族习俗时，说他们"丧，食尚鱼虾，而忌禽兽之肉……祭以枯鱼"[2]。"食尚鱼虾"以及用鱼虾作为祭品的习俗本身，表明渔捞在布依族曾经的重要地位。

布依族的捕鱼工具有渔网、钓鱼竿、鱼篓等，所使用的捕鱼方法与其他滨水而居的民族大体相同。然而，在山区的布依族中，存在一些特别的捕鱼习俗和方法。汉族有一个成语叫作"竭泽而渔"，意指将湖水或池水排干以捕捉鱼，比喻只关注眼前的利益而不顾长远，具有贬义。布依族有一种特殊的捕鱼习俗与此类似，但其效果却不尽相同。他们的方法是将水沟中的鱼从稍远处的上游引开，然后在下游筑起一道小堤，将剩余的水舀干，使鱼无处可躲，然后用手捕捉，捕捉完毕后再放水通过。这种方法满足了目前的需求，也照顾到了长远利益，可以说是一举两得。虽然类似于"竭泽"，但并未使水资源耗尽。此外，布依族还有一种捕鱼方法称为"逼鱼出洞法"。在布依族的山区地区，田地或低洼处常有一些从高山上滚下的大石头，鱼经常躲藏在大石底下。布依族的捕鱼人采用一种巧妙的方法：他们会在大石周围筑起一道土埂，并将土埂内的水舀干，然后，用一根细木枝捅向大石底下，受到刺激，鱼会挣扎着从洞口游出，成为人们餐桌上的佳肴。布依族地区水田多，田埂洞隙内常有鱼，在田里劳作的男人先用手摸准鱼洞的两个口子，然后，一只手张开堵在一个洞口接住，另一只手则从另一洞口往里摸，鱼自然是手到擒来。从布依族常用的几种捕鱼方法能够看出，他们并没有为了捕鱼而去破坏生态环境，而是想出了两全其美的方法实现自然鱼类资源的可持续使用。

（二）养殖

布依族的畜牧业主要涵盖狗、牛、羊、猪、马等家畜家禽。根据文化人类学的研究结果，狗被认为是人类最早驯养的动物，主要用于狩猎和加强防卫。在布依族

---

[1] 田兵等主编：《布依族文学史》，广西民族出版社1983年版，第44页。
[2] 黄义仁、韦廉舟编：《布依族民俗志》，贵州人民出版社1985年版，第68页。

的古代传说《茫耶寻谷种》中，茫耶在寻找谷物的过程中得到了狗强有力的帮助，这表明在农耕生产的早期，布依族就将狗视为助手。在布依族社区中，狗主要承担着守家的任务。狗的凶猛和对主人的忠诚使得它能够出色地履行这一职务。事实上，最初人类驯养狗的目的是抵御野兽的攻击，而守家只是这种功能的延伸。狗的凶猛、忠诚和灵敏的嗅觉使其成为人们狩猎的有力助手。

在布依族历史中牛也在早期就被驯养了。布依族有着悠久的犁耕历史，《摩经·赎谷魂》中记载了关于牛犁耕的内容。牛除了用于农耕外，也被用作食肉的资源。布依族饲养的牛主要有黄牛和水牛两种。水牛力大，通常被用于耕田，而黄牛比水牛更加灵活，适合在山地进行农耕。在食用方面，布依族更常选择黄牛，因为黄牛的肉质细腻，味道鲜美，并且具有较强的抗寒能力，容易饲养。牛一般被圈养，但在某些地区，等收完庄稼之后，人们会将牛放养在山里，一段时间后再把它们带回家。

布依族对动物的驯化和养殖反映了他们在生产生活中对自然界动物的认识和利用。他们深刻认识到狗、牛、马等动物的嗅觉灵敏、力气大和耐力强等特点，并经过驯化利用这些动物，以满足自身生产所需。与此同时，被驯养的动物也可以得到食物以维持生存，实现了互利互惠的关系。从某种程度上说，布依族驯养动物是他们认识自然并与自然和谐互动的一种方式。这种驯养动物的实践不仅提供了食物和劳动力，也显示了布依族对生态系统的理解和尊重，以及与自然环境互为补充的关系。通过驯养动物，布依族人与自然界建立起了一种和谐共生的联系。

第三节　节日与仪式中的生态实践：敬畏自然、万物平等

布依族由万物有灵观念转化而形成的原始宗教，随着人类对自然界的深入认识和社会环境的变化，逐渐演变为一种心态，并发展出各种习俗和节日祭祀。原始崇拜最初的形式已经难以考究，而现今为人所了解和熟知的宗教与仪式经历了漫长的演变过程。与原始崇拜相关的传统习俗至今仍保留在布依族的传统节日中。在原始社会中，崇拜必须经历一定的仪式，并受到严格的规定约束。参与崇拜的人员、时

间及规定都必须统一，才能达到崇拜的目的和效果，以满足维护整个氏族和部落的需求。随着时间的推移，原始宗教逐渐转化为节日习俗，于是布依族的传统节日产生了。尽管随着时间流逝，节日的数量已经从80多个简化为几个，但这些节日仍主要以崇拜祭祀为主，并包含了布依族所崇拜的对象，例如祖先、山、树、水以及其他自然神。在农业祭祀中，人们祭土地神以祈求种子发芽，祭山神以企盼消除灾害，祭龙神以期望雨水均匀，祭祖先以祈求人畜昌盛。这些祭祀活动逐渐被固定下来，并形成了布依族丰富多样的节日和仪式。这些节日和仪式中体现了布依族对自然的认知、顺应和感恩之情，同时也包含了丰富的传统生态文化。

一、农业祭祀相关的节日

作为稻作民族，布依族的传统节日大多源于水稻耕作相关的农业祭祀。在水稻种植中，存在着大量人与相关动植物的互动，为了能有较好的收成，人们需要有较好的气候条件，因此，在布依族"三月三""六月六"两个重要的节日中，都要进行祭祀土地神、山神、田神、灶神的仪式。根据《南笼府志》记载："每岁三月初三宰猪、牛祭山，各寨分肉，男妇饮酒，食黄糯米饭……三四两日，各寨不通往来，误者罚之。"[1] 社神供奉既可以由一个村庄独自进行，也可以由几个村庄共同举行。参与者会集资购买猪或牛，将其宰杀后用于祭祀灶神。在贵阳市的乌当区，有一项名为"地蚕会"的仪式。当天，各家会带上炒好的苞谷，在田边土坎边走边唱，意在祈求天神保佑，不让地蚕吃春播的种子。之后还会进行集体赛歌。[2] 六月六一般都会举行祭田神的仪式，届时布依族人会用竹片扎成大鸟，或用染上狗血的纸片剪成三角形，插于大田进水处，供奉酒肉和粽子。在福泉布依族地区，从六月初一至二十四日会举行名为"看会"的活动，其中包括表演对歌等节目。最后一天，人们会用绳索拉着一个装着轮子的木雕天狗，缓缓地在街道上行走，沿途群众会用鸡血

---

[1] 中国少数民族民俗大辞典编写组编：《中国少数民族民俗大辞典》，内蒙古人民出版社1995年版，第340页。

[2] 贵州省社会科学院历史研究所编：《贵州风物志》，贵州人民出版社1985年版，第131页。

淋它。中午时，主祭人会在二郎庙内焚香祭祀，迎接神灵并进行祈雨的仪式。在其他地方如长顺县古羊河畔、平塘县清水、镇宁和关岭等地，也会有举行祭祀天神的活动，人们在田坝、村寨等地抬着狗走道串寨，进行祭祀仪式，祈求风调雨顺。不论是在三月三还是六月六，布依族都希望通过祭祀的仪式来实现风调雨顺的愿望。这表明布依族人已经认识到了自然气候条件对于农耕生产的重要性，并试图通过祭祀仪式实现天人之间的感应，以达到风调雨顺的目的。

不同的节日和仪式既有相似之处，也有不同之处。它们反映了人们与崇拜对象以及生产劳动之间的联系。在布依族"三月三"时，人们开始从事种植业劳动。这时，祭祀山神和社神具有特殊的意义。人们祈求山神和地神赐予丰收的食物，祈求生产和生活的顺利进行。在"六月六"，生产一段时间后的庄稼已经成长起来。崇拜山神和社神是为了祈求它们保佑庄稼丰收，防止灾害的发生。布依族传统过年的时间是十月或十一月，这正是一年的生产结束时。在这个重要的节日里，布依族人需要进行大量的、庄重的崇拜和祭祀活动。只有农闲时他们才有时间准备香肠、腊肉、血豆腐、糍粑、酒等多种食品。同时，这个时候收获了粮食是自然力量的恩赐，也是各种神灵的保佑所带来的。因此，人们首先向神灵表示感谢，并祈求神灵保佑来年的生产顺利、人丁兴旺。这些节日展现了布依族对自然生态的认知和把控，既是布依族人在感恩自然界的馈赠，同时也是实践人与自然和谐共生的行为。

二、动物相关的节日

布依族水稻种植的过程是与自然界的气候和各种动植物相互作用的过程。其中，耕牛的使用和病虫害的防治都是非常重要的环节。因此，布依族产生了"雅蝈节""蚂螂节"和"牛王节"这些传统节日。

雅蝈节在黔桂边区的荔波、三都等县非常盛行。每年除夕之夜，各寨的青年们组成队伍，手持一个象征性的"雅蝈"（布依语中意为"青蛙母神"），逐家逐户拜访。在每一家，他们祝贺道："雅蝈来了，您要拿出酒肉招待。它会保佑您的家庭丰收和兴旺。"当他们完成逐户拜访后，把"雅蝈"和供品一起抬到田坝上祭祀，期望"雅蝈"能够保护庄稼，让来年丰收、人丁兴旺。

蚂蟆节则盛行于水城、威宁等地。每年正月初一至初三以及正月十五，人们相聚在威宁红岩大山，用事先彩色丝线编织而成的"蚂蟆"互相对打、追逐。相传有一年，稻谷正在抽穗时，蚂蟆虫大量出现在田地里，它们吞食着庄稼。人们试图用石头驱赶它们，非但没有成功，反而还破坏了庄稼。后来，人们用稻草编织的球互相对打，蚂蟆虫就被吓跑了。后来为了纪念这件事，防止虫灾的发生，这项活动在这几天都会举行，逐渐演变成了节日。

病虫害的防治是农业生产中非常重要的一环。雅蛔节和蚂蟆节代表着布依族先民们运用生物和物理手段进行病虫害防治的传统方法的展示，以及对这些方法的传承。青蛙作为部分食物链中的顶级捕食者，被视为一种天然而有效的生物防治手段，可以有效减轻害虫对农作物的影响。通过使用稻草球来驱赶蚂蟆虫，既有效又不会对庄稼造成伤害。虽然这两种方法不同，但都是布依族先人们在长期的生产实践中总结出来的经验和智慧。这两个节日既代表着对青蛙等生物的感恩之情，也显示了对防治病虫害手段的传承。

牛王节又被称为"四月八"或"开秧门节"。这一天，人们吃糯米饭并开始插秧。即便秧苗还很嫩，也有部分家庭会栽种一些，以表示不耽误农时。相传这一天是牛王的生日，所以要让牛休息一天，并用嫩草包裹糯米饭来喂牛，表示慰劳之意。在黔西南布依族苗族自治州的兴仁、巴铃陈家沟和屯脚马洛河一带，人们会在这天聚集在云盘山上。男女青年们会进行山上对歌的活动，有些地方还会进行集体武术表演。而在织金、黔西、纳雍、威宁等地区，农历十月初一也是牛王节，也被称为小年。布依族会在这一天制作粑粑、宰杀鸡作为祭祀祖先的供品，祭奠牛王菩萨，并祈求耕牛力气充沛，得到丰收成果。同样，人们也会用米饭喂牛，让它们休息一天。一些地方还会将粑粑绑在牛角上，然后带着牛去饮水，采摘九里光花插在粑粑上。牛作为布依族人农耕生产的重要工具，在布依族文化中拥有重要地位。布依族人并非简单地将牛视为耕作工具，而是将其视为与人同等地位的生灵。在牛王节这一天，人们不仅用食物慰问为牛王庆祝，还让牛在这一天得到休息。这展示了布依族人尊重自然、追求与自然和谐共处的生态理念。

不论是在生产活动，还是节日仪式中，都秉承着布依族人千百年来的生态智慧，实现了对自然资源的保护和对生态平衡的维持。首先，布依族注重获取的方式和时节。布依族人们经过长期观察和传承，会根据不同的季节、地区和动植物具体情况，选择适宜的时间和方法，以避免对动植物产生伤害和过度攫取自然资源。同时，他们采用非破坏性的方法，例如在采集中只选择成熟的果实和叶子，保留底部的茎，以保证植物能够继续存活和再生。

其次，布依族注重对自然资源的可持续利用。他们深知自然资源的有限性，明白取之有度、过犹不及的道理，并采取措施确保这些资源的可持续利用。例如，在采集某些野生植物时，他们只采集部分，或是在捕鱼狩猎中取大放小，以确保留下足够的植物或动物数量来保证其种群的再生。布依族人对度的把握避免了对当地其他植物、动物或微生物的生存产生过度影响，保持了当地生态系统的平衡。

此外，布依族还注重生产生计与自然信仰的结合。他们相信自然界的万物都有灵性，与人类有着紧密的联系。在各种生产活动以及节日仪式中，他们会进行一些祭祀和祷告活动，以示对大自然的敬畏和感恩之情。这种信仰与生产活动的实践相结合，为他们赋予了更深层次的环保和可持续发展的意义。

最后，布依族通过传统的经验和知识传承，将生态智慧代代相传。长辈们或是通过讲述种植相关的故事，或是传唱采集的歌曲，向年轻一代传授生产实践中的经验与方法。这种传统的知识传承不仅有助于传播布依族的生态智慧，还为后代提供了宝贵的经验和启示，以应对现代社会中自然资源逐渐减少的挑战。

总的来看，布依族在生产实践的行动中展现了丰富的生态智慧。他们以尊重自然、与自然和谐相处为原则，通过对规律的观察与总结，选择合适的时节和方法，注重资源的可持续利用，结合信仰与节日仪式，传承传统知识，为我们提供了宝贵的生态保护经验和启示。这些智慧的应用不仅丰富了布依族的文化遗产，还为我们提供了宝贵的借鉴经验，促进实现人与自然之间可持续性的和谐共生。

侗族篇

导言

我国侗族人口主要分布在黔、湘、桂、鄂四省区相邻的地区，第六次人口普查时全国侗族人口有 287 万人，其中贵州有 143.19 万人，占侗族总人口的 49.8%，占全省人口的 4.12%，占全省少数民族人口的 11.41%，在贵州省 17 个世居少数民族共计 12547983 常住人口中，人口总数居第四位，前三位分别是：苗族（397 万人）、布依族（251 万人）、土家族（144 万人）、侗族（143 万人）。贵州省的侗族群众大部分聚居在黔东南州黎平、从江、榕江、天柱、锦屏等县，铜仁市玉屏自治县、江口县、石阡县、万山区等地也有不少散居的侗族人口。

侗族是一个历史悠久、民族个性鲜明、民族文化丰富的民族，虽然关于其具体的形成年代，学界尚有不同的观点，但已有较多的学术观点认为，侗族大致在唐宋时期基本形成了一个较为稳定的民族共同体，且于唐宋时期已经比较稳定地聚居于黔、湘、桂毗边的"溪峒"地区，和现在侗族的分布大致一样。[①] 民族文化是民族的典型标志。在贵州，侗族已经存在了数百年，侗族人民在生存与发展的过程中不断适应、协调、改造自然环境、社会环境，逐渐形成了独具特色、富含生态意识的、有节制的生产生活方式。基于时间、空间和民族特点而不断演变发展和形成了独具一格的侗族特色生态文化，并在漫长的生产生活劳动实践中形成了一整套以保护为主，兼顾人类利用自然的生态制度，而且其中绝大多数得以有效地延续，至今仍然对贵州的民族文化生态和生态文化产生影响。讨论贵州少数民族生态文化，侗族特色不可或缺。

侗族的生存文化既是侗族经济社会生活条件和产业特点的反映，又是侗族传统

---

① 贵州省科技教育领导小组办公室、贵州省民族宗教事务委员会编：《贵州世居少数民族文化史》（卷二），第 44 页。

文化和民族特点的重要内容，还是侗族特定历史环境的积淀，体现了极为节制的生态行为，蕴含着强烈的生态伦理意识，并在古朴的生态制度中得以调整和发展。这种生态文化自觉或不自觉地维护着侗族地区人与自然、人与人之间的和谐，较好地促进了侗族地区生态环境的保护与发展，并且至今仍在生产生活中继续发挥着维护生态平衡的功能。

当今社会，生态文明建设的号角已经吹响。生态文明是继物质文明、精神文明和政治文明之后，正在形成的一种具有新型特征的文明，其核心内容正是要正确处理好人与自然的关系，在二者之间建构一种和谐共处的关系。侗族传统文化中的生态文化，正是一种蕴含着生态理念和环保模式，并且深入人心的精神文化。这种精神文化有其历史的必然性和合理性，其间包含的大量积极的精华，值得我们认真挖掘和总结、借鉴，引导我们从更深广的人类精神生活的层面来思考解决当代生态问题的办法，进而进行生态调适和重建。

生态保护的可持续发展之路亦是当今世界各国面临的重要问题。1992 年召开的"联合国环境与发展大会"通过的《21 世纪议程》中明确指出：今后的环境利用要走可持续发展的道路。《生物多样性公约》中也指出："……尊重、保护和维护原住民族和当地社区体现的传统生活方式与生物多样性保护和持续利用相关的知识和做法，并促进其广泛应用"，"保障及鼓励那些按照传统文化惯例而且符合保护或持久利用要求的生物资源习惯使用方式"。每一个民族都有其适应自然环境的生态文化，每一个都值得保护、挖掘与发扬，使之转化为现代文明，提升为现代的生态伦理观，为 21 世纪中国的环境和生态保护发挥新的功能。[1]

---

[1] 白兴发：《少数民族传统习惯法规范与生态保护》，《青海民族学院学报（社会科学版）》2005 年第 1 期。

第一章　侗族生存文化中的生态选择
——山水间的智慧生存

第一节　族源、迁徙与择居：顺应自然＋合理修正

　　侗族起源于古越人，古越人很早就广泛分布在我国江浙到越南北部一带，因其支系繁多，被统称为百越民族，这一点已基本为学界考察证实。考古资料显示，在秦汉以前就有部分越人居住在今黔、湘、桂地区，在之后中原地区各类战争、政治、生计、自然灾害和疾病等因素的挤压下，各地部分百越支系的族众不断向北向西迁徙，湘黔桂交界地因其山川险峻、地广人稀的地理环境成为迁徙目的地之一。在到达这里后，这些族群逐渐与当地越人融合，其后仍陆续有其他百越支系和其他民族通过迁徙不断融合于居于此地的侗族先民之中，并大致在宋初形成独立的民族族体。明初，贵州建省之后，中央政府加强管控，特别是明清时期实施"调北填南""改土归流""移民居宽乡"等政策，进入侗族地区的汉族人不断增多，部分汉族人在与侗族人的长期交往中融入侗族。中华人民共和国成立后侗族被认定为单一的民族。[1]

　　在数百上千年间经常性的甚至是大规模的迁徙过程中，每到一处落脚，选择建寨地址便是当务之急。自然村寨是侗族居住的基本单元，村落的建寨选址是一件关乎种族世代聚居、生存繁衍的大事，因为其实质上就是选择族众及子孙后代的生存环境，与族众的生存和族群的兴衰息息相关。每一次动迁，都意味着对新的生存点的选择。贵州素有"八山一水一分田"之称，山多平地少，为了方便生活和便于生

---

[1] 贵州省科技教育领导小组办公室、贵州省民族宗教事务委员会编：《贵州世居少数民族文化史》（卷二），第41页。

产，侗族村寨选址时尤其讲究山与水的和谐。侗族自古就认为"寨前平坝好栽秧，寨后青山好栽树"，背山面水的地理环境是其传统农业生产和发展的必备要件，也有利于族人的生存与延续。因而侗族群众不断适应特定地域自然地理环境，依据民族传统生产生活方式，基于对居住地的地形、水流和方位等的认知，形成了独特的聚落风水观，注重与自然和谐相处，追求着理想的生存环境。从贵州侗族如今聚居区域的地理环境可以看出，侗族继承了百越先民"山行而水处"的聚落选址传统，从择地到安居，从村寨选址到村落环境营造，从村边风水树的培育到各家各户房屋建造，全过程都非常看重"山""水"元素，有山有水的地方才是侗族人民理想中的家园。清代史籍对侗族居住的环境已多有描述，如《苗族风俗图说》中记载："洞（人）皆在下游""洞（侗）苗在天柱、锦屏二地所属，择平坦近水而居。"侗族习惯在依山傍水的河谷地带聚族而居，大多数村寨都建在江河沿岸、溪谷平坝的山脚下，或者背靠大山、面向溪河的山腰上，可见无论是大江沿岸还是小溪边的侗族村寨，山、水都是侗族群众选择居住地的必备要素，亦是侗族居住环境的显著特征。资料显示，我国侗族主要分布在贵州省的黎平、榕江、从江、锦屏、天柱、镇远、剑河等县，其次是湖南省的新晃、通道、绥宁、城步、会同、藏江等县和广西壮族自治区的三江、龙胜等县，在湘、黔、桂三省（区）毗邻的广大地带的苍翠山谷里，重峦叠嶂，杉木葱茏，桐茶遍岭。

如今走进任何一个侗族村寨，人们的第一印象都是青山环抱、绿水环绕，侗族人居住环境的这一特点与其传统的生产生活栖居观念密切相关。不少学者考察认为，侗族本身就是一个以水稻耕作和人工营林为主要生计的山地民族，侗族村寨在分布和选址的原则上都深深打上了山地民族、稻作民族的双重烙印。侗族分布的自然环境和生活、生产方式的需求，决定了侗族村寨大多坐落于河谷盆地、低山坝子、缓坡台地，或者山泉较多的隘口地带。青山环抱、碧水长流、避风向阳是其主要特点。[①]

山是侗族人物质与精神生活的坚实依托。侗族风水观认为山具有神秘的灵气和力量，这种灵气和力量通过山脉传递。因而蜿蜒起伏的山脉被视为"龙脉"，山脉

---

① 冯祖贻等：《侗族文化研究》，贵州人民出版社1999年版，第40页。

遇溪河、平坝戛然而止处便是"龙头"，人们将面向溪流和平坝，背靠"龙脉"所建的村寨称为"坐龙嘴"，认为是大福之地。于生产生活而言，依山可收林木之利，不但建房盖屋离不开山和林，日常所取薪柴也全部来自山林，山体还为发展人工营林提供了基本保障。同时，这种选择中的"山"必然有着茂密的森林，是天然的"水库"，经常的、固定的水源可以顺山形地势而下，满足稻作农业之需，哪怕没有连片的肥沃土地，一样可以开辟层层梯田。有了田地便有了粮食，侗族古歌里"村是根来寨是窝，鱼靠水养村靠坡，村离山坡要枯死，人离村寨不能活"的唱词就已说明了先民对山和林重要性的清楚认识。

水在侗族传统文化中有着重要意义。我国侗族主要聚居区内纵横交错着清水江、都柳江、潕阳河、渠江、浔江等许多江河，在侗族的观念里，水有着重要的象征意义，比如，侗语"苟能"是财富的意思，"苟"指稻米，"能"就是水，稻米和水是生存最重要的两种物资，其重要性不用多说。可见，在侗族传统文化里，水不仅是一种物质的存在，更是具有象征性和隐喻功能的文化符号。村寨选址时"傍水"，就是选择了开渠筑堰、挖池凿塘、引水灌溉的便利，不但便于日常的种田、养鱼、洗涮，而且可以通船、放排，水于生产生活方方面面都不可或缺。侗族人民对自然环境和生产生活的需求决定了村寨选址对山、水的依赖，山林、水源、田地与人的生存之间是相互依存、和谐共处的关系。

一、山水之间的聚居

侗族生息的地带素有"九山半水半分田"之说，虽然具体到每一个村寨情况会有所区别，比如，有的村寨所处地带河流湍急，平旷耕地严重不足，有的村寨河湖水域过宽，宜林山地偏少；但耕地严重不足且无法构建连片的稻田是其生存环境的共同点。依山傍水而居，是侗族历史形成的早期就获得的生态经验，在侗族的观念中，最佳的人居环境应该是山、水、田各有其份。侗族群众根据山脉走向和地形变化来营造自己的居住空间，不同的村寨基于地形地势方面的细小差别又有所区别且各具特点，大致可以分为三种类型：

地处山脚、背靠山脉、面向河流为一类，也是侗族村寨形态中最主要的山脚河岸型。这类侗寨往往沿着山脚和河岸，三里一村、五里一寨地错落分布，有的河流顺流而下"串"起数十个大大小小的村寨，贵州省从江县的小黄、高增、占里，黎平县的肇兴、牙双，榕江县的保里八吉等是这类村寨的典型代表。因为背靠山坡，向后延展的空间受限，人们也不可能占用过多的土地资源修建住宅，因而当村寨人口发展到一定程度的时候，有限的空间已经承受不住人口和房屋的增加，便会有人从老寨里分出来，按传统的选址原则另寻合适的地方建立新的村寨。

有一些村寨选择建在支流汇入主河道的交汇处，地势较为平坦开阔的盆地中，这类可称为平坝型村落。这类地方由于长期的河流冲积形成一定面积的山间小坝子。寨子一般选择建在坝子中地势较高的地方，俯视周围田园并呈辐射形态。村落宅居分布较为有序规整，视觉上与周边田园统一和谐。贵州省榕江县的车江大坝侗寨群是这类村寨形态的典型代表。在南北长约30千米，东西宽约10千米，号称"车江万亩大坝"的盆地上，寨蒿河自北向南纵贯大坝，沿河有平松、平比、罗香等十多个大小不一的侗族村寨。贵州省天柱县的五家桥寨也属于这一类型。

还有一类村寨选择建在水源地的半山腰和山坳口，根据地形环山隘或者坳口而建，这被称为半山隘口型。这一类型的村寨特点是房屋高低错落排布于山脊，村内道路呈"之"字形，梯田沿山势层叠。这一类村寨大多是上述两种村寨人口过于密集时分离出来的，通常形成时间较晚，规模也较小。贵州省从江县的归柳上寨、黎平县的岑寨等是其中较为典型的例子。

侗族依山傍水而居的村落格局，坚持了结合自然地形、不破坏自然形态的原则，体现了明显的生态节制，展现了侗族人民将田园、山水、林木、道路、村落、人家视为一个整体的人与自然和谐的理念，更在千百年的历史长河中沉淀形成了侗家人的生态观、生命观、文化观和族群认同。依山傍水而居，背靠青山，前临溪河，使生态环境具备了茂密的森林、丰富的水源、足够的可耕地和清新富氧的空气等优良要素。同时，这种居住格局使得"文化"与"生态"之间形成了良性互动：既不易遭水灾，又利于取水；既利于劳作，又减少了对可耕地的占用；既能维持基本的稻作农业，又便于在村后山林中从事采集、狩猎、放牧等辅助性生计活动。侗族村寨依山傍水的选择，不能不说是侗族人民适应环境、协调自然之结果。

二、选址建寨中的智慧

（一）"龙脉"之选：山的灵气与"龙"的庇护

在选择聚落、村寨的基址时，除了因应自然、因山就势、与自然山水相契合等朴素的自然观和生态意识外，侗族村寨对山水配置与聚落格局的追求，主要来源于其"风水观"，人们以此解释聚落选址的合理性。侗族群众对"龙脉""风水"的信仰，对村址和宅基地的选择等都有着极大的影响。人们认为"风水"和"龙脉"与族群和家族的兴衰有着直接或者间接的联系，更会影响到子孙后代的生存与发展。比如，侗族风水师认为，村寨背靠的山脉是"龙脉"，则"龙脉"顺山脊到坝区或者溪流边所止处为"龙头"，在这样的水边或者向阳处划地起屋便是"坐龙嘴"，山的灵气会沿着山脉汇集到村寨中，整个村寨都会得到灵气的滋养，必然五谷丰登、风调雨顺、人丁兴旺。又如，很多侗寨习惯将村寨所居的地形比作大船，这"船"能承载多少人或户、鼓楼能修多高多大，都是在老祖宗们为村寨选址时就看好风水、定好规约的。贵州省黎平县肇兴大寨，人们认为其坐落之地就是一条"龙船"，人们在修建住宅、鼓楼时各部分的结构样式都要极力模仿船的形态。例如，肇兴大寨由高懈、登格、殿邓、闷、拍五个小寨组成，高懈所在之地被视为"船头"，这里建的鼓楼不能超过七层；登格寨和殿邓寨是"船舱"，建的鼓楼就要高大，层数分别为 11 层和 13 层；闷寨是"船篷"，所建的鼓楼则仿照船篷的样式、保持歇山顶的建筑形式；拍寨是"船尾"，鼓楼的层数要次于船舱、高于船头和船篷。当地侗族群众认为只有如此建寨，方能使寨子船头高抬、仰首前行，并且保佑全寨人畜吉祥。再如黎平县纪堂侗寨，坐落在当地麒麟山西端的一块凹地中，人们认为"龙脉"顺山而上至此，故称之为"龙口"。纪堂由上寨、下寨和寨头三部分组成，上寨所在之地被视为龙的"舌尖"，所建鼓楼要矮；下寨所在之地为龙的"下颌"，所建鼓楼要高；寨头为龙的左额部，所建鼓楼也要矮，并且四根中柱不能落地。

侗族群众自古以来建寨都遵循风水：先找"龙脉"，根据"龙脉"来选寨址、落寨；再根据"龙脉"的走势来规划建筑物的规模、布局，如"背山面水""避开冲克""依山顺脉"等。鼓楼一般要建在村子中央位置的子午线上，并有严格的高矮限制；民宅要修在鼓楼的四周并且高度不能超过鼓楼；风雨桥要建在引来"龙脉"或者拦住水口以保财源不外流之处……人们笃信遵循了风水才能既降伏"龙脉"又不伤害"龙脉"，进而使村寨受到"龙"的庇护而神祇的护佑不断。

（二）完善风水：顺应自然 + 合理修正

大自然姿态万千，侗族村落环境不可能十全十美，总会有一些不理想的地形、自然条件，侗族的风水师们也不会轻易放弃千挑万选而来的寨址，而会在"顺应自然"、适应地形地貌的同时，进行积极的处理，使之趋于心目中的理想模式。侗族常用的完善风水的方法很多，主要的有修桥、栽树、立亭、改道、改水等。

修桥是最重要的弥补村落风水不足的方法。侗族人素有"水养寨"的观念，水是重要的生产生活资源，更象征着财源、吉利、干净。但人们认为村边、门前的溪流是流动的，会带走村中的财源，因此一定要在水口处建一座桥把财源留住，这座桥便是风雨桥。侗寨的风雨桥有多重功能。一是宗教祭祀场所。侗族信奉"万物有灵"，桥本身便是祭祀敬奉的对象。二是锁住财源，护寨镇村。修建风雨桥必须征得全寨人的同意，再请来风水师勘定，动工时要举行隆重的仪式请诸神助阵，这样的桥迂回龙脉、环抱村庄，威力无穷。三是公共交际、方便交通。风雨桥多数修建在村寨的水口上，这里也常常是出入村寨的主要通道，于是人们迎来送往多在此进行。当然，很多侗寨的风雨桥建在田边地角，根本没有通道的作用，比如黎平县堂安侗寨的风雨桥就很典型——桥的一头架在一座小山包的底部，另一头则架在一片稻田之中的田坎上，真要说过桥的话，用得上的也就是稻田附近的三两户人家，可见其用于配风水的意义远大于通道作用。此外，村民们建筑房屋时也遵照"消山纳水"的原则，避免正门正对山体，并确保水是从门前流过，认为这样才是"吉屋"。

栽树也是侗族调整风水的"必杀技"。比如，依据"龙脉"走势建寨之后，因为"龙头"背后的"龙脉"来势凶猛，所以必须在后山"龙脉"上多蓄古树、箐竹，形成"风水林"以镇凶邪保一寨平安。侗族有一句古话叫"老人管村，老树管寨"或者"老人守村，老树守寨"，意思是村中德高望重的老人可以管理村中事务，而百年的古树能成精，村有古树不但可以将一切鬼怪拒之村外，保得一方平安，更可以为村民带来财富，为"龙脉"保风水。所以侗寨周围往往有成片的茂密森林，特别是在村口通常会有几棵百年古树，侗族认为这些树是保"龙脉"的神树，能保人畜平安、五谷丰登，侗话称"美烘汗"，即"风水树"。树下常可以看到人们祭拜后留下的红布条、鸡血、鸡毛等。也有另外的说法，"风水树"是村寨守护神藏身和显灵之所，有保护侗寨宁静的功能，是绝对不能砍伐的。侗族群众将"风水树"视若神灵，如有树根外露，村民便会自觉替它培土，有的古树上还会被打上"草标"，以示受到保护，希望行人自觉爱护、勿加损伤；有的村寨还划出一两片禁山作为村寨绿化的专用山林，任何人不得乱动禁山上的一草一木；各村寨还依靠宗教和乡规民约强化保护力度。（后文详述）这从侗族古歌《祝赞歌赞风水》中可以得到印证："村脚留有三抱大的参天古树，村头蓄有三围大的盖天古木……该村山清水秀，五谷才这样丰登，六畜才这般兴旺，小孩子才如此活泼，老年人才如此健康，胜过所有村庄……"天长日久，这些高大茂密、苍枝挺拔的大树环绕村寨，成为侗寨一道亮丽的风景线。

在山坳上修建凉亭也是侗族风水观中"聚财"的一种方法。侗族认为如果村寨的风口漏风不贯气，会把村中的财富漏走，因此往往在风口处修一座凉亭，既方便人们乘凉避雨，又保住了村子的财气不外泄。

侗族对于入村的道路和村内外的水道的修建也非常讲究。他们认为太阳从东边升起，从西边落下，所以道路最好要从东面进入村寨，如果实在因为地势条件达不到东面入寨的要求，也要尽可能地考虑从南面修入，极少选择西边或者北边修路进寨。此外，村边、寨前的水道也必求弯曲迂回以"留水藏财"。

（三）聚族而居，据山扼水

人类的居住方式从最开始便与其社会组织结构和社会生活紧密相关。在民族共同体形成和演进的过程中，氏族、部族、部落联盟是几种最基本的形态。一些民族在氏族部落母体内孕育的血缘纽带关系及宗法关系总是贯穿在整个民族社会历史发展的进程中。^① 在现代社会，随着各民族之间文化交流的加强，许多民族地区的聚落虽然已经在很大程度上摆脱了单纯的血缘家庭的组织形式，但宗族群体的血缘纽带联系仍是一种以生物学事实为基础的"聚落秩序"。侗族聚落格局至今仍然充分体现着这种"聚族而居"的特征。他们大都习惯于组成大村落聚族而居，家族在其社会中处于轴心地位。通常一个家族共居一个村寨，下分几个房族，一个房族由数个家庭组成。肇兴大寨就是这种典型的聚落格局。其聚落布局以作为集体象征的鼓楼为中心，同一家族或者同一姓氏的侗族围绕鼓楼聚居在一起，鼓楼使得整个聚落有着统一整体的向心性。鼓楼往往位于寨子最中心的位置，且远远高于所有民居，不但是侗族聚众议事、集会娱乐、祭祖庆典及文化活动的场所，更是其聚落的象征，是侗族村寨不可或缺的重要标志。侗族聚落建造时，往往要在聚落周围架设栅栏、围墙等，将寨域合围起来，成为一个封闭性较强的整体，这样的聚落据山扼水，利于防御外敌入侵，或者防止家支、族际甚至寨际的争斗。

三、村寨布局：营构人居生态体系

为了补救自然环境的不足，侗族群众在进行村寨建设时，针对每个村寨的具体情况还要采取相应的修整措施。比如根据需要修建鼓楼、风雨桥和凉亭，并合理地配置林、田、房舍、水域、草地等，力求每个村寨能有一定比例的山、水、田、林、草。这些补救办法虽然是依托于所谓的风水、"龙脉"信仰，但其最终目的是追求人居环境的理想化。例如，一些位于河流湍急地区的侗寨，就采用人工分流改道的方法，依据地势构建河、塘、田、寨交错分布的格局。黎平县永从乡九龙寨在人工河流改道的情况下，挖了9口与河流相通的大塘，稻田位于塘、河下方，村寨则建在塘与河之间，寨头建有凉亭，寨尾有风雨桥，寨中有鼓楼，形成了村寨建构与周围的山、水、林木、草地融为一体的理想人居环境，不但便于人们的生产生活，而

---

① 崔明昆、赵文娟、韩汉白、杨索编著：《中国西部少数民族文化通志·生态卷》，云南人民出版社2017年版，第94页。

且不与周围的自然背景发生冲突。[①]

　　侗族群众不但注意选择人与自然和谐共存的居住环境，而且注重营构村寨的生态体系，包括村寨的森林生态体系和生活水资源生态体系，同时通过种植和管护薪炭林使人类需求和自然需求同时得到满足。

（一）村寨的森林生态体系

　　侗族崇拜自然，相信万物有灵，尤其崇拜古树。在他们看来，古树是有灵性的，其生命力、繁殖力极强。在侗乡随处都可以看到古树，古树脚下密密麻麻留有祭祀时焚化香、纸的痕迹。侗寨背靠的后龙山上的古树，千百年来自由生长，侗族群众从来不会去打扰它，更不会砍伐。因为他们坚信如果冒犯了古树是要遭到报应的。同时，传统侗族人民的生产生活与森林密不可分。侗族人民从森林中摄取生活资料，并在依赖自然、认识自然与改造自然的过程中，逐步意识到森林是人类生活的精神与物质保障，进而形成了古老的森林管护观念。在这种朴素的管护理念指引下，他们有意无意地构建着村寨及周边的森林生态体系。

1.“老树护寨”

　　在侗族人看来，老树都是有灵性的，一个村寨假如没有几株百年老树，根本算不上是村寨，没有老树，建立起来的村寨也不能长久。寨里的树木越是高大越是古老，就越能荫庇全村，越能庇佑老少安康、寨出能人、民可富庶、世代繁昌。因而，对村子里、寨子周边所有的老树，他们都倍加呵护，不允许任何人加以损害。逢年过节时，村里人还会对村寨内的古树加以祭拜，以表示敬重。

2.“儿孙林”“十八杉”

　　侗族人靠山吃山，民间素有植树造林、封山育林、爱林护生的优良传统。侗族群众习惯在村寨的凉亭、鼓楼、花桥、寺庙、祠堂周围或节日集会的地方种树，种植如杉树、枫香、银杏、杨树、柏树等，村寨中的树木既为人们避风遮阴，又有促村寨兴旺发达的含义。因此，侗族村寨周围的森林、村寨中的大小树木都受到良好

---

① 罗康隆：《侗族传统人工营林的生态智慧与技能》，《怀化学院学报》2008 年第 9 期。

保护。贵州省黔东南州天柱、锦屏等地许多侗寨还流传着营造"儿孙林"的习俗，即每当一户人家有新生儿诞生，无论男孩女孩，这家的长辈都要上山为孩子种下几十甚至上百株杉树，让孩子与树木一同健康成长。平时对树木加以细心养护管理，孩子长大成人，树也长大成材了，便可用作孩子的婚姻费用、建房用材：男孩子娶亲时，家人到自家"儿孙林"里砍来杉木，为他建造吊脚楼；姑娘该出嫁了，家人便上山砍伐些杉树，用来置办嫁妆。因为杉树要十八年才能成材，也因为过去侗族青年多在十八岁左右成亲，因而这些杉林又被称为"十八杉"或"女儿杉"，侗族民间也世代传唱"十八杉，十八杉，姑娘生下就栽它。姑娘长到十八岁，跟随姑娘到婆家"。

3. 侗族植树节

在贵州省的黔东南苗侗少数民族聚居地区，侗族群众在长期的生产生活实践中，掌握了各种树木的生长习性，形成了传统植树护林节。侗族民谚有"立春种杉，成林发家"之说，侗族群众认为在立春这天破土种杉，不但杉苗成活率高、生长快，还预示着家庭兴旺。因此这一地区侗族的植树节通常就定在立春后的第一天。这天，老人们会带着儿子上山种下十多株杉树苗，之后再选春雨停后的日子大批种杉。也有其他地区如潕阳河流域镇远县涌溪乡的侗族和苗族人民，每到初春时便相互"讨树秧"植树造林，并形成了专门的"讨树秧节"。[①]

4. 草标护苗

因为有对森林的崇拜和栽树护林的传统，侗族人对树木幼苗也有着天然的爱惜之情。一旦在寨子边、道路旁发现还没有长得比较壮实，容易被过路的人、畜伤害的树木幼苗，特别是常绿乔木的幼苗，如松柏、紫檀木、猴栗木等，侗族人不论老少都会主动保护它。最常见的方法就是"打草标"，即用茅草、芒冬草或稻草等结成一定形状的"草标"放置其上，提示人们注意不要踩踏幼苗、不要放牛去吃掉幼苗。

5. 节制利用

在森林利用观方面，侗族居民讲究节制利用，每年仅仅砍伐那些按"款约"规

---

① 徐晓光：《清水江流域传统林业规则的生态人类学考察》，第109页。

定可以作为燃料的木材。侗族传统就有轮歇制度，将自己的薪炭林地划分为若干片分片轮歇。一般方法有两种。一是根据各自用材目的，以及每年各自需要多少烧材确定砍伐面积。将薪炭林砍伐后，种植1—2年的旱粮作物，2年以后再进行人工造林。二是砍伐薪炭林后，让其自然恢复，在恢复的林地内允许牛群进入，牛在林地内啃食植物枝叶、践踏土地和排泄粪便等活动有利于植被的更新，增加土壤有机质，吸引一些生物尤其是昆虫和土壤微生物，同时起到传播种子的作用。侗族居民拒绝对林地采用"剃光头"的做法，从来都采用间伐的方式，因为他们将精心维护和不断修复自然与生态环境当作自己对生存环境必尽的义务。他们最朴素的认识是，一旦因不当砍伐导致山体滑坡，即便木材卖了再好的价钱，垮下来的山体花再多钱也不能恢复。应当说是侗族朴素的资源观指导着每个居民的资源利用行为，才使得族群对森林资源的利用永远保持着节制。

（二）生活水资源生态体系

侗族村寨聚落所处的复杂多变的地形、依山傍水的环境选择造就了侗寨与水的和谐关系，村寨的具体规划和形态布局充分体现了侗族人民对水的珍惜和崇敬之情、对水资源的有效利用和对水环境的精心营造。与侗寨相关的水环境大致可以分为三类。[1]

1. 江河与溪流：线性流动的村寨发展脉络

水是人类生命的源泉，正是意识到了水对人类生存和发展，对农业、运输等活动的重要性，从古至今，古代民族或者族群大都选择了傍水而居，在河流的冲积平原地区建立早期的农耕文明。而后，各种原因造成的民族或者族群的大规模迁徙、流动，也依然是循着山脉和河流构成的通道进行。[2]侗族亦是如此——从侗族迁徙古歌中可以看出，一部分侗族原先居住在珠江中下游的水乡泽国，之后向珠江上游迁徙，沿珠江支流红水河北侧向西，经苗岭南侧入黔南、黔西及滇东地区。[3]之后

---

[1] 崔明昆、赵文娟、韩汉白、杨索编著：《中国西部少数民族文化通志·生态卷》，第35—39页。
[2] 崔明昆、赵文娟、韩汉白、杨索编著：《中国西部少数民族文化通志·生态卷》，第30页。
[3] 崔明昆、赵文娟、韩汉白、杨索编著：《中国西部少数民族文化通志·生态卷》，第33页。

侗族先民们按照依山傍水的要素，将村寨安置在了江河沿岸、溪谷平坝……如今的侗族主要聚居区也纵横交错地分布着都柳江、清水江、潕阳河、渠江、浔江等许多江河。

在为村寨选址时，溪流小河也是侗族立寨的优选条件，侗寨的建设随着地形和水流的变化呈现不同的风貌。有的村寨三面临水，生产生活取水、排水便捷；有的村寨让溪流穿寨而过，民居沿溪岸修建，两岸由数座风雨桥、木桥连接，房屋可沿河流两岸延展，桥的连接又使得村寨布局保持一定的内聚性；有的村寨选址在河流一边的缓坡上，背山面水，梯田从山上层叠而下直到水边，同样确保村寨生产生活用水。村寨与河流在复杂多变的地形环境中呈现一派和谐气象。

2. 堰塘：方便生活又调节气候

到过侗寨的人多会惊讶于侗寨周围及寨子里随处可见常年蓄满水、养着鱼儿的池塘，稍加了解便会知道侗族是个离不开水的民族，除了村前的小河、山上的稻田四季蓄水之外，侗寨几乎必备大大小小的堰塘，这些堰塘有的是全寨人集体修建的，有的是各家各户自己修建的。堰塘既可以养鱼，又可以洗菜、洗衣、养猪饲料（如浮萍等水生植物）、供牛饮水洗澡等，还有一大作用是防火。因为侗族传统建筑是全木质结构，只要一家失火很快便殃及邻居，有时甚至会引发大火将整个寨子化为灰烬。因此侗族在建寨时便会在寨中多建堰塘，以便失火时可以及时取水扑救。这些散布在寨子里的堰塘穿插于房屋之间，也有助于民居的采光通风，池塘底部的污泥还是上好的有机肥料。这些堰塘既调节了村寨的小气候，又方便生活，成为独有的侗寨风景。

3. 水井：泉水长流滋养村寨

水井是侗寨的生命之源。这些井不仅仅是自然的造化，也是侗族生态文化的个案资料。有侗歌唱道："想生男孩要修井，想生女孩要修路。"侗族传统饮用水多取自山泉水，几乎所有的侗族村寨都有大大小小、各具形态的泉井，村边路旁随处可见，一般数量视人口多少和水源情况而定，少则数口多则十几口。因为侗族村寨附近森林茂密，山泉水资源也较为丰富。侗族自古就有保护饮用水源的传统，对水井的卫生十分讲究，通常用青石板铺建井台，井柱、井栏还要雕刻花鸟鱼虫、人物风情的图案，井边多植常青乔木，形如伞盖，遮阴蔽日。水井形态倒是不求统一，从形式上大体可分为石牛井、牛头井、桶井、石瓢井等，其中以桶井（圆井）、石瓢井、窑洞井最为普遍。比如，贵州省从江县贯洞村有一口"牛头井"已有400多年历史，泉水从石雕的牛头中喷涌而出，为全村人提供饮用水。又如，黎平堂安侗寨的"瓢井"，位于后山脚下的石阶上，以约一米高的青石作柱，上面横置青石作斗，左右两侧各挖一个槽，泉水从两边溢出，方便村民日常用桶接取。有的寨子水源小些，则用大青石板装成水柜，里面一块凿洞，让水渗进柜里，上盖外面张开，以便舀水。侗寨泉井边通常建有池塘或者沟渠，以便泉水溢排和蓄积。泉水长年不断，从井中流出后汇入石阶下的池塘，按地势分作三级：第一级用于洗菜，第二级用于洗衣，之后便流入村中大大小小的沟渠。有的寨子还专门修建了木构四柱双坡的井亭，对泉井加以保护。逢年过节人们还常带着香蜡纸烛到井边祭拜，祈求水井长流、族人平安。

在贵州省黎平县竹坪村，每个自然寨都有几口泉水井，这些泉水井不但是村民日常生活中不可缺少的基础设施，而且是全寨人新生活和新生命的源泉：按当地风俗，青年男女结婚，新娘到新郎家要做的第一件事就是到附近的泉水井挑一挑水，以祈愿夫妻和睦，白头偕老；谁家生了小孩，必须拿几粒大米撒进附近的泉水井里，以求井神保佑孩子健康成长、无灾无难；村里小孩子生病，家人要到附近的泉水井边焚香化纸，求井神消灾免难。但凡井中有了杂物、沙石，或是偶尔井壁塌陷或损坏，都会有人主动清理维修。村民从小接受的教育就是不但不能在井边随地吐痰、扔脏东西，更不能在泉水井附近随地大小便。

如前所述，侗族群众千百年来尽心尽力地构建兼具山、水、林共生，生态状况良好的居住环境，是一种"顺应自然、利用自然、装点自然"的典型模式。他们认为这样的生态环境是自然形成的，是大自然给族群的恩赐，因此对自然感恩戴德，不但心存敬畏、精心保护，而且世世代代精心营构，终于在世人面前呈现出山岭葱葱郁郁、梯田层层叠叠、鱼塘波光粼粼的有着"花园式的居住环境"美誉的侗寨风景。侗族人爱护森林、保护森林和永续利用森林的传统习俗，对改善生态环境、维持生态平衡、保护人类生存发展起到了重要的作用。目前侗族聚居区森林覆盖率达到 70% 以上，茂密的森林、依托其生存栖息的物种和生物多样性，对调节气候、涵养水源、保持水土、防风固沙、改良土壤、减少污染等发挥着重要的功能。[①]

四、分寨——人口管理的生存智慧

然而，毕竟是处在山多地少的自然条件之中，贵州的侗寨还是受到环境和资源的严重制约。随着人口的增多，不但居住环境越来越拥挤，村民们生产生活所需也在不断增加，侗族的先民们开始考虑根据资源的多少来调整村寨的规模——为村寨人口设定一个限度，在人口数量达到限度的时候，分出一部分人到村外去发展，依照祖先"依山傍水"的传统理念寻找一个新的自然环境，重新建一个寨子，开拓新的生存空间。

有学者考察了侗族迁徙史诗《祖公上河·祖公落寨》中的诗句——"单讲从前我们的祖先，不知是从哪里来啊，从那梧州边音州河那里来，那个地方啊，有水也没有高地，有人也没有田，没有土地开荒，没有田塘养命……从这个时候起，我们才逃离迁移，沿着这条河往上走……"，认为侗族祖先辗转迁徙的原因之一就是根据生产生活需要疏散人口。"这条河"就是指珠江及其支流都柳江。可见，侗族祖先在很早以前就已经具有了协调发展的意识。[②]

又如侗族款约记载："沿江寻上，来到哪里？来到下江口。十三姓祖先，相商议定，开花散叶，寻地安身……依照祖先进住的地方，父进村寨，雷进天堂，我们才安排哪个公进哪个村。杨吴十三姓祖先，住坐得地方，葬得有坟，立得有墓。村村寨寨，都是黄桑、松柏大树，叶茂枝长。"[③]《祖先落寨歌》中描述道："人多地少后来住不下，祖公商议分到别处去安家……"于是就有了如今许多村寨内部的划分：大寨、小寨；新寨、旧寨；上寨、下寨……如贵州省从江县的朝利村、黎平的黄岗村等。据《黔南识略·古州同知》记载："百余年来，滋生繁衍，户口较倍

① 陈幸良、邓敏文：《中国侗族生态文化研究》，第 20 页。
② 陈幸良、邓敏文：《中国侗族生态文化研究》，第 21 页。
③ 余达忠：《侗族的居住理念与和谐社会——构建和谐黔东南的一种启示》，《黔东南民族师范高等专科学校学报》2005 年第 5 期。

往时……旧例大寨称爷头，小寨称洞崽……"说明侗族在发展中，当人口增加到一定数量的时候，会进行必要的拆分，村寨的格局也不断得到拓展。[①]

从生态环境角度来看，人口数量对生态的影响是一个方面，人口密度对生态的影响则更大。从上述考证可以看出，侗族祖先自古以来就有以环境资源决定人口数量的意识，才保证了当地的植被繁茂、人口繁衍不息，真正做到了有多少资源就养多少人口。侗族的分寨的行为看似人们为了生存而不得已的选择，实际上是侗族祖先本着最古老的生态意识选择的一种控制人口密度的有效方法，其间也蕴含了侗族群众仁爱万物、强调生态平衡的维持，在生存与发展中寻求资源与人口平衡的传统生态理念。侗族先民一直以来遵循的人口发展与当地环境资源相协调的原则，协调节制、健康适量的生存与发展理念，在当代仍有重要的借鉴意义。

五、典型案例——以占里村为代表的人口与资源平衡

18世纪英国经济学家马尔萨斯认为，人的自然增长应该与生活资料的增长相协调。侗族人民在这方面也有着深切的体会，他们在与自然不断交往的过程中，逐步认识到一定区域内的自然资源是有限的，只有合理利用资源、控制人类自身的生产才能达到持续利用的目的。如何控制人类生产呢？一个最朴素、最基本的方法就是控制人口数量。从江县占里侗寨就是这一理念的典型代表。

号称"中国生育文化第一村"的占里，是黔东南从江县的一个侗族村寨。据有关部门统计，1951年该村总人口为762人，至2006年全村人口总数为791人。2009年全村人口总数为803人。也就是说，在半个多世纪的时间里，占里全村的总人口只增加了40人。然而这一阶段全国的背景是：1949年新中国成立初期，中国人口总数为5.4亿，至2000年第5次全国人口普查，中国大陆人口总数已达到12.9亿。在近50年的时间里人口总数翻了一番还要多。占里因此被人口专家们称为"中国生育文化第一村"，其古老而科学的协调节制的人口繁衍意识成为自然生态和人

---

① 贵州省科技教育领导小组办公室、贵州省民族宗教事务委员会编：《贵州世居少数民族文化史》（卷二），第107页。

文生态协调发展的村寨典型范例。

占里自古就流传着"种好田地多植树，少生儿女多快活；一棵树上窝雀多，有的就要挨饿""崽多无田种，娶不了媳妇；女多无银两，嫁不出姑娘""人会生崽女，地不会生崽"等古训、民谚，古歌里也唱道："祖公的地盘好比一张桌子，人多了就会垮掉；山林树木是主，人是客；占里是一条船，多添人丁必打翻……"古歌用生动的比喻、拟人的手法说明了自然环境与人口的关系，这种关系如果处理得不好就会导致很多社会问题，对族群的生存和发展不利。这些思想朴实无华、道理深刻，有极强的说服力，产生、引导了占里人朴素的人口观念和节育思想。

据《从江县志》记载，占里人的祖先原本在广西的苍梧郡，后辗转来到占里。多次迁徙的根本原因还是"生计困难"，其中包括"人多地少"，加上人口控制得不好，粮食不够吃发生争端等。占里建寨后发展迅速，大约到了清朝中期，随着人口的增多，粮食不够吃的问题开始出现，进而引发了偷盗、老人无人供养等问题。大约在140多年前，有位叫吴公里的寨老对占里田土面积、森林的承载力以及人口的增长速度等问题进行思考，拿出了改革方案。经寨中人仔细研究和商量，为全寨定下寨规：占里的人口不能超过160户，人口总数不能超过700人，一对夫妇最多只能生育两个孩子。寨规甚至具体到有50担稻谷的夫妇可生育两个孩子，只有30担稻谷的夫妇只能生育一个孩子。如有违规者，轻则强行将其饲养的牲畜杀掉煮给全寨人吃以示谢罪，重则将被逐出寨门或由其亲属处以重罚。从此，占里人产生了朴素的人口观念和节育思想，严格执行着控制人口总量的"村寨法则"和"一对夫妇只生两个孩子"的"生育政策"。[1] 这种强行规定当然起到了一定的作用，但更重要的还是生活习俗和内在的生育意识对这种强制规定的有效推动。

从村落空间的角度来看，占里的居住环境狭窄，现实的自然环境也要求必须限制人口总量和密度。占里侗族人很相信风水，他们将居住的范围限定在村寨中一定的区域内，两边扎上寨门，有限区域（沿溪河两岸）使每户人家只能盖一座吊脚楼，如果不止生一个儿子的话，就意味着要再建一座木楼，而寨子中有限的空间已经不

---

① 徐晓光：《清水江流域传统林业规则的生态人类学考察》，第113—116页。

允许再盖新房了。可见，占里人从人类特有的生存本能出发，自觉地将环境对人口制约转变为人对自然规律的尊重。

从生产资源方面考察，侗族的传统习俗是由男孩继承父亲的财产，包括宅基地、房屋、禾仓、山林、稻田、耕牛、家禽、家具、农具等，而女孩多继承母亲的财产，一般是首饰、布匹、纺织工具、棉花地等等。如果家里有多个男孩或女孩，则传统习俗要求所有继承的财产都要平均分配。这样一来，孩子生得越多则会越来越穷，这也是占里人不愿多生孩子的一个重要原因。

从节育方法来看，侗族先民能够做到人口性别平衡有一项独特的技术支撑。有相关调研显示，占里侗寨人口有一个奇特的现象：男女性别比例非常协调，98%的家庭都是一男一女两个孩子，这样既没有违反"一对夫妇只生两个孩子"的寨规，又兼顾了家庭对男孩（传统传宗接代观念和农村对男性劳动力的依赖）的需求。

据说在清朝时，侗族先民开始学会通过神秘的"换花草"来平衡性别，控制生育，稳定人口数量，以减少对自然的过度索取。据传，占里侗寨的民间"药师"掌握一种名为"换花草"的、能调整孕妇腹中胎儿性别的藤状草药，孕妇想生男孩就取其根部竖长的部分用水煎服，想生女孩就取其根部横长的部分用水煎服。已经生了两个孩子的妇女，还可以吃另外一种草药避孕，它由棕树、茜草（小血藤）、月季花等植物配制而成。据说，当女人生完第 1 个小孩之后，倘若第 1 个生的是男孩，那么"换花草"就会让她的第 2 胎怀上一个女孩；倘若第 1 胎是个女孩，那么"换花草"就让她的第 2 胎怀上一个男孩，而且这种"祖传秘方"只能由当地妇女单传，不得向外泄露。[①]

还有学者从婚姻制度角度考察认为，侗族实行的"不落夫家"及"姑舅表亲"的婚姻制度也是导致其少生孩子的原因之一。所谓"不落夫家"就是新婚夫妇不在一起居住，婚后新娘常住娘家，只有重大节日或农忙时节才到男方家住一两天。侗族男女结婚的年龄比较小，如占里村青年男女结婚的年龄一般是 19—27 岁，但女方怀孕时间往往比结婚的时间晚上三到五年，从而实现了实质上的晚婚晚育。"姑

① 陈幸良、邓敏文：《中国侗族生态文化研究》，第 153 页。

舅表亲"的实质就是姐妹的女儿必须嫁给兄弟的儿子，这是一种近亲结婚的传统习俗。这种习俗肯定会对生育产生不良影响，因而也导致了侗族家庭孩子不多。

不管是出于哪方面的原因，或者是多方因素的共同促成，事实可见，占里人自古以来就不断思考并逐渐认识到山林、树木、水和土地与人们的生存密切相关，进而形成了古老的生态意识，并采取了一系列诸如以"村寨法则"严格控制人口总量、对婚龄的限制、规定通婚群体等措施，不仅防止了人口增长过快带给环境资源太大的压力，还保障了占里村寨的丰衣足食、和谐安康，基本实现了自然增长与生活资料的增长相协调，大大减轻了土地的负荷和森林的承载负担，最终很好地维持了当地的生态平衡。

第二节　生计、生活与礼俗：林田互补的生计策略

一、农时与农事

侗族人的农业生活按时令节气安排得清清楚楚。贵州省黎平县肇兴镇堂安侗寨的侗族生态博物馆的展厅里，有一块展板清楚地标明了堂安人的一年：正月里，要挑粪下田、理水渠、植树造林、栽竹；二月要放水打秧田；三月建棚育秧、种蓝草；四月插细秧、种棉花、放鱼花；五月插秧、种红薯、栽黄豆、收油菜籽、种豆瓜；六月薅秧、抚林、收蓝打靛染布；七月放田抓鱼、收红辣椒；八月铲茶地、收棉花、挖红薯、收黄豆、打谷子、收苞谷；九月种油菜、洋芋、白菜萝卜等；十月抚林、伐木建房、榨茶油、捡油茶籽，纺织刺绣；十一月（冬月）农闲修房、竹编、纺织刺绣；十二月（腊月），修水利、炼山造林。

与上面这些农业生产相对应的，则是一年的民俗生活：正月里过新年、正月初八祭萨全寨盛装踩歌堂、正月初一到十五婚礼；二月扫墓祭祖；三月三打黄草粑、教小牛耕田、春社；四月的四月八敬牛吃乌米饭、新娘回门；五月五端午节菖蒲拦门避邪；六月过六月六；八月中秋节芦笙会庆丰收；九月九做糯米酒；十月和冬月，家家户户利用农闲时间纺织刺绣、修缮住房、编竹等；腊月要准备过年，又忙碌起来，杀年猪、做腌肉腌货、过大年……

贵州省从江县的朝利村，同样是以稻耕为主的侗族村寨，这里一年的传统农活具体安排是：一月，男人砍柴、堆柴，女人纺纱织布；二月，男、女都要挑粪、堆粪制作农家肥；三月，男人修沟、整田、耙田，女人挖地种菜、采秧青；四月，男人耙田、整水、下谷种，女人挖地种棉花；五月，男人耙地、开垦火烟地，女人栽秧；六月男人割田埂、喂牛、垫牛圈，女人薅秧；七月，男人割田埂，女人采蓝靛、制蓝靛、收辣椒、晒辣椒；八月，开始收割水稻；九月，收割水稻、摘糯禾，谷子和糯禾基本收完；十月，收黄豆、红薯、棉花；十一月，砍柴、收完坡上的作物；十二月，砍柴、挑柴、犁田（挖田）。①

对照两个侗族村寨的农事安排可以看出，各地侗族农业生活安排根据当地气候和地理条件略有早迟之别，但大体是一致的。

二、生计：稻作农耕 + 林粮间作

生计是指人类谋取衣食住行来维持生存所必需的最低方法和手段。生计方式反映的是人类群体为适应不同的生态环境所采用的整套谋生手段。美国人类学家叶赫迪·科恩使用"适应策略"来代指生计方式，认为一个民族的生计是改造和利用其所处的生态系统的产物，因而其生计方式对生态环境有极大的依赖性。生态系统对人类的经济活动的影响是全方位的——生态系统是提供民族成员生存的载体，任何一个民族都必须在此基础上构建其生计方式，再凭借构建起来的生计方式去获取该民族成员所需的生存物质。因而一个民族所处的生态系统会影响该民族生计方式的形成和发展，而呈现出自己的部分特点。②

（一）侗族特有稻作文化之生态效应

稻作农耕作为前工业社会人类社会食物生产方式的一种，是人类对特定自然环境和自然资源适应的结果，是具体由生态环境要素、社会文化要素、技术要素等构

---

① 贵州省民族事务委员会、贵州省民族研究所编：《鬼手"六山六水"：贵州民族调查资料选编·侗族卷》，贵州民族出版社 2008 年版，第 40 页。
② 罗康智、罗康隆：《传统文化中的生计策略：以侗族为例案》，民族出版社 2009 年版，第 1 页。

成的一个有机系统。① 各种史籍和考古成果早已证实，我国是世界水稻栽培起源地之一，百越民族是我国最早种植水稻的民族之一，如前所述，侗族起源于古代的百越民族，亦是典型的稻作民族，"水耕火耨""饭稻羹鱼"是百越族群最突出的生计方式。所谓"水耕火耨"，即利用河流两岸季节性的洪泛带种植水稻。洪水未发之前，先焚烧将要越冬的旱生植物，然后撒播稻种。洪水来临时，陆生杂草的种子被水淹死，而水稻不怕水淹，因而可以顺利地生长。到唐宋时期，侗族居住区域和如今已经相差无几，文化特征也已基本稳定，在农耕文化方面已摆脱迁移式农业耕作方式，转而进入固定农耕时代，在宋代时已逐渐掌握了稻耕农业技术。侗族先民在定居之后形成单一民族的过程中，除了一定程度地延续、承袭了古代百越民族传统的如采集、渔猎等游耕农业生产生活方式外，还在不断探索适应居住地环境的农业生产方式。《苍梧县志》中"习尚简朴，饮稻鱼羹，有陂坡山泽之饶""艺稻畜鱼"等记载，说明当时的侗族不仅掌握了较为复杂的水稻种植技术，还开展了稻田养鱼，这与今天的侗族农业文化非常相近——如今的侗族还依靠种植水稻为生，但当然已不实行"水耕火耨"，而是按照最佳适应性原则，进行水稻种植业的种子选优、耕作技术、田野操作等程序，不断创造出新的方式，形成了富有特色的耕作制度——他们实行互有区别的多种水稻种植，创造了稻鱼鸭兼营和林粮兼作等定居农业技术，这些技术对侗族定居区域周边民族的农业生产也产生了较大的影响，并已成为人类重要的农业文化遗产。

1. 糯稻田：有效调节侗乡小气候

糯米是一种种植历史悠久的水稻品种，据考证，侗族稻作自古以来以种植糯稻为主，在古代越人时期便以糯米为主食，喜食糯米的习惯延续至今。侗语里面将糯稻普遍称为"苟老（音）"，意即"古老的粮食或者米饭"，而将籼稻称为"苟嘎"，即将其视为"汉族的粮食或者米饭"，传统稻作中"苟嘎"只有少量种植且一般不用于食用而是仅供喂养家禽、家畜。《黔南识略》记载，镇远等地"田勤耕作，种糯禾"，乾隆《贵州通志·地理志》也称"（黑苗）食惟糯稻"。另据《黔东南苗

---

① 崔明昆、赵文娟、韩汉白、杨索编著：《中国西部少数民族文化通志·生态卷》，第47页。

族侗族自治州志·农业志》统计，当地水稻在清代时已有糯、黏之分。当时糯稻的主要种植地是黎平、从江下江等侗族分布区，可见糯稻在侗族经济生活中占有重要地位，堪称"糯稻民族"。

侗族稻田通常根据蓄水情况分成"软田"和"硬田"。所谓"软田"，就是一年四季都有蓄水的稻田，而所谓"硬田"就是秋收后不蓄水的稻田。"软田"和"硬田"不但蓄水时间长短有差别，其作物品种、耕作技术等也有较大差别。历史上侗族通常以"软田"种植糯稻，而且"软田"占农田比例非常大，通常占所有稻田的80%以上，而"硬田"一般只占所有稻田的15%—20%。

糯稻田（软田）对侗乡的小气候有着重要的调节作用。因为传统糯稻植株较高，一般在1米以上，所以不怕水淹，且便于积蓄深水进行稻田养鱼。糯稻的生长期也较长，一般在160—180天。传统糯稻不用晒田，一年四季可以蓄水，这些糯稻田实际就是许多大大小小的水库。糯稻田依山而建，山有多高，田有多高；田有多高，水有多高。下雨时糯稻田把雨水积蓄起来，天干旱了，糯稻田里的水自然蒸发，变成云雨，起调节气候的作用。这种独具特色的"天然水循环系统"既避免了温室效应，又有利于水土保持，侗族地区的青山绿水很大程度上就是这样形成和保持下来的。今天侗族地区生态环境良好，水旱灾害相对较少，与这种耕作制度有很大的关系。

遗憾的是，自20世纪50年代后期起，侗族地区各级政府开始大力推广"糯改黏"耕作制度，使许多本来种植糯稻的"软田"（水田）变成了"硬田"（旱田），导致人工稻田湿地面积及储水期迅速减少，雨水得不到有效储存，地下水得不到及时补充，河水流量逐年减少，蒸腾的水汽也逐年减少，空气湿度逐年降低，干旱逐年增多。

2. 稻田建构：对生态系统能动的适度干预

侗族是一个以种植水稻为主的农业民族。侗族人将稻田称"Daeml Yav"。"Daeml"在侗语中是"鱼塘"的意思，指那些人工建造的养鱼池，"Yav"指可以种植水稻的稻田。侗语中的"稻田"翻译过来就是既可以养鱼又可以种稻的土地。通常人们将其直接翻译成"田塘"。"田塘"也是侗族人心目中财产的标志。如某家有多少财产，常常用有多少"田塘"来表示。受地理条件限制，侗族稻田以人工开垦的梯田居多。一般是在有一定坡度的山坡上环山修建，先挖出有一定宽度的田基，再用石头砌垒田埂，最后填土压实使其底部不易漏水。旧时没有推土机或挖掘机，全靠简单的锄头、箩筐等工具，以人力肩挑、脚运来劳动，有时开一亩梯田要用几年时间，开一片梯田往往要经过几十年乃至几代人的辛勤劳动，最终才"打造"出如今侗乡成片的梯田。

这些积几代人之功建构而成的侗族稻田具有实施生态系统改型的能动禀赋。

其一，侗族地区山高坡陡，地表海拔落差极大，因而液态水的截留、储养、再生和利用都极为困难。虽然侗族地区的年均降雨量多在 1200 毫米以上，但因特定的地理条件，液态水降落到地面就会迅速汇入江河，而无法在地表长期留存下来，从客观上来看，这应该是对农业极为不利。有学者经多年实地调研认为，侗族的高山梯田中，由于选育的糯稻品种具有秆高、抗水淹的特性，因而水田的贮水深度可以高达 0.5 米，每一块稻田、每一口鱼塘对液态水的储存能力都要比同等面积的天然森林大三倍到四倍。进一步计算得出：在雨季，每亩稻田可贮备 333 吨水。若以人均一亩地计算，整个侗族地区（以 200 万人）计算，将可以贮备 6.66 亿吨水，这几乎等同于一个大型水库的有效储洪总量。到了枯水季节，这些贮备的淡水资源又将极大地缓解江河下游水资源补给短缺。学者据此认为，侗族的稻田构建能够提高大气降水的截留、储养能力。[①] 此外，侗族的农田和鱼塘实质上都是在较高的海拔区位人工建构起来的永久性"水利设施"，而且全部处在丛林环境中，再加上水生植物的覆盖，这些设施一旦蓄满水，水资源的无效蒸发能够最大限度地降低，而水资源向土壤的缓释却可以终年持续，因而这些固定水域下方的土壤的含水能力不但经常处于饱和状态，而且能通过地下渗透的方式，向江河下游持续地补给。可见，侗族高山梯田文化的适度干预对减轻江河中下游的洪涝威胁发挥了不可估量的作用。

其二，侗族特有的稻田构建，实质上等同于将平原地区特有的河网生态系统搬

---

① 罗康智：《侗族传统文化蕴含的生态智慧》，《西南民族大学学报（人文社会科学版）》2012 年第 1 期。

上了高山，并使之立体化。侗族地区山多地少，其稻田根据其所在的地理位置分梯田、坝子田等，其中以梯田为最多，主要特点是周边都有树林。侗族群众根据山多坡陡、水流冲刷力大，以及气候、植被垂直或立体分布的特点，环山绕溪，选择上方有茂密的森林涵养水分之处，砌坎垒坡，开辟出层层梯田，并在各层级梯田间修筑渠道水沟，将森林涵养的水分引入梯田。水流自上而下，上一块梯田溢满才流入下一块梯田，既保证了农作物所需用水，又减轻了水流对坡地沙土的冲刷力。梯田的施肥也是根据山势，利用开挖的水渠进行的。一方面，山顶森林、杂草等植被的大量腐殖质和动物的粪便在水流冲刷之下顺着沟渠流入梯田；另一方面，家畜家禽粪便、垃圾等农家肥也利用水沟，顺山势疏浚导入梯田。因而，具有保水、保土、施肥等多重功能的侗家梯田，可以说是山地民族利用自然生态系统，开拓人工生态系统的创举。

侗乡梯田中终年蓄水的"软田"的分布沿山坡逐级提升，层层叠叠，形成立体式的水源分布。这种分布格局配以人工的补充，如梯田的建造、水渠的修理、水枧的架设、水车的安装等，构成一个立体式的生态供水系统——森林涵养的水源从上而下流入村寨，注入梯田，再顺着梯田沿沟渠层层向下灌溉，最后汇入谷底的江河。江河之水蒸发升空后化为云雾阴雨，又贮藏在山上的森林之中，循环往复，便形成"森林—村寨—梯田—江河—森林"的独特的农业生态供水系统。这个生态供水系统不但能保证"山有多高，水有多高"的水源自然供给，而且保证了不同海拔动植物对水的需求；同时，多层坡面的农田还能够减缓水土流失的压力。

其三，有学者分析认为，侗族分布区的原生生态系统大多都属于亚热带常绿阔叶林或混交林生态系统，仅有少数地区为湿地生态系统，其生态系统的结构相对单一。处在亚热带的山区湿地生态系统，其生物物种构成必然具有耐阴冷的特质，而侗族建构了坡面梯田后，其生物物种构成反而更具多样性，既有喜阳的生物，又有耐阴的生物；既有温暖性的生物，又有耐寒的生物：使得这样的湿地生态系统更具有生物活性，年均生命物质产量更高，抗击自然风险的能力更强。一旦江河下游出现生态系统空缺时，侗族山区这些人为的生态系统就会顺河蔓延，使江河下游受损的湿地生态系统能够得到快速恢复。

3. "稻鱼鸭共生"技术：自然资源的综合利用

据《史记·货殖列传》记载，早在两汉时期或者更早以前，"水耕火耨"和"饭稻羹鱼"已是楚越之地传统农耕文化的主题。稻田养鱼亦早在《粤西丛载·岭表录异》中就有所记载："新、龙等州，山田拣荒，平处以锄锹开为町疃，伺春雨，丘中贮水，即先买鲩鱼子散于田内，一二年后，鱼儿长大，食草根并尽，既为熟田，又收渔利，及种稻且无稗草。"可见在百越族群中稻田养鱼有着悠久的历史。贵州侗族沿袭了古越人"饭稻羹鱼"的生活习俗，传承了"稻鱼共生"的技术——传统糯稻植株较高，一般都在1米以上，有的高达1.5米甚至2米，所以不怕水淹，也便于积蓄深水养鱼。糯稻的生长期也较长，一般都在160—180天左右。传统糯稻不用晒田也有利于养鱼养鸭。鱼在稻田中吃草和虫子，鱼肥且稻壮。《黎平府志·物产》记载："府内居民家家凿塘养鱼……田肥池肥者，一年内可重至四五两。"

稻田养鱼有生计功能——为侗族人民提供生活所需的鱼类产品、增加收入；有民俗功能——稻田养鱼催生了侗族鱼文化，人们逢年过节必须有鱼，村寨之间"为也"交往必须有鱼，婚丧嫁娶有鱼，祭祀祖先更是不能少了鱼……正所谓"侗不离鱼"，在很大程度上反映了侗族人民在文化习俗上对鱼的需求。稻田养鱼还有不可小视的生态功能——充分利用稻田和水资源，稻田不仅为鱼的存活提供了水生环境，田中的杂草、水稻扬花时飘落的禾花、水生微生物和动物又为鱼的生长提供了食物；鱼在水中四处觅食，扰动了土壤的胶泥层的覆盖和封固，增大了土壤孔隙度，有利于氧渗入土壤深层，起到了熟化土壤、提高肥效的作用；鱼吃掉稻田中的杂草、一些水稻的根茎、昆虫等，既为稻田除草除虫，其排泄的粪便又增加了土壤有机质的含量，同步实现松土和肥田的功效，最终实现稻鱼互利双赢。后来，在不断的发展摸索中，侗族人民又学会在鱼儿长到一定大小后（鸭子吞食不下），在稻田中放养鸭子，在只增加很少的喂养投入成本的基础上，获得更大的收益。传统稻田养鱼就此演进成了"稻鱼鸭共生系统"——鱼可以将稻苗根部的害虫吃掉，鸭子可以吃掉稻苗中部和上部的害虫；鱼和鸭子还可以吃掉稻田里的杂草，疏松稻苗根部的土壤，还可以搅拌稻田里的水，使之循环从而达到上下水温调节的效果；稻田中的微生物将鱼、鸭粪充分分解，激活了整个田地中的生物资源。微生物、菌类的生存与繁殖使稻田时刻处于一个充满活力的生态环境下，能量与物质交换速度加快，土壤肥力大为提高。

"稻鱼鸭共生"生产范式对传统生产结构的创新，使得稻田生态系统的搭配产生了最佳的效果，侗族稻田养鱼生产下的农田根本不需要村民投劳施化肥，就可以维持土壤活力，实现稻谷稳产高产，并达到了自然资源的综合利用和生态平衡的目的。

同时，"稻鱼鸭共生"的结构决定了稻田内不得施加农药（有可能适量施加有机肥料），否则鱼不能存活。不用农药既保证了稻田水的质量和生态性，又便于鸭子在其中觅食。实践证明，这种稻田共生系统产生的经济效益要大于单纯在水田里种植水稻的经济效益。稻田共生系统产出的农产品也具有可观的生态效益，侗族的生态智慧以"稻鱼鸭共生"结构为依托，实现了合目的性和合规律性的统一。

"稻鱼鸭共生"结构产生的综合效益促使我们去思考大自然生态资源循环利用的普遍性规律，提醒我们资源利用不是采取竭泽而渔的方式，而要注重系统共生，实现系统内部各个要素的有机统一和相互作用。适合于所处生态环境的"稻鱼鸭共生"农业经营范式，是侗族群众数百年来，在对生态环境的深度认识和把握的基础上积累起来的智慧与技能的整合，是一种投入少、单位面积产量高的生态农业。

侗族"稻鱼鸭共生"结构固然有满足物质生活需要的一面，而且这种农业文化遗产的形成无疑体现了侗族群众把万物当作平等的个体来看待的意识，以及注重系统的整体联系、内在联系的世界观、价值观，展现了侗族文化生态文明的特征和高度，为当代发展生态农业、建设生态文明社会提供了一个民族文化的视角和事实支撑，也有着相当的借鉴意义。

4. 侗家特色有机肥里的乡土知识

侗族是一个传统的水稻民族，非常重视田土肥力的保持，其农业的肥料基本都是有机肥——人畜粪便、禾干草、秧青、植物油枯、草木灰等。其中人畜粪便、植物油枯、草木灰等是许多民族都采用的农业肥料，而禾干草和秧青应该算比较有民族特色的。

所谓"禾干草"，其实就是糯稻的稻草。因为侗族传统利用"软田"大面积种植糯稻，而且秋收时对糯稻的收割习惯是用专门的割禾工具剪下糯稻顶部的稻穗，捆成禾把挑回家，晾晒收藏，中下部的稻秆和稻叶都继续留在稻田里。待到来年开春，天气转暖，青年男女三五成群邀约去"踩禾亮"（用脚将糯稻田里存留的稻秆和稻叶踩进泥里，让它在泥水里充分浸泡、慢慢腐烂变成肥料）。

"秧青"，在侗语里就是嫩绿的树叶或青草。每年谷雨前后，山上的树叶、青草都长起来了，侗乡的青壮年男女都要上山去采嫩树叶，侗语称"打秧青"，即将采集的树叶或青草撒进田里，踩进泥里，这些青草和树叶会在泥水里慢慢腐烂，变成非常好的底肥，等树叶或青草腐烂变成肥料，就可以插秧了。这种有机肥尤其有利于糯稻的生长。秧青所采用的主要是青枫树的树叶，因为青枫树树叶容易腐烂，农户下田时不会割脚。传统施肥计量一般是一亩田约放入一百捆左右的秧青。[①]

此外，人畜粪便是常见的农家有机肥。侗家的畜粪主要是黄牛和水牛的粪便，另有经过粪便沤烂发酵的青草。侗族的牛一般春夏秋冬都关在离自家稻田最集中的山坡上简单搭建的双层木房里，底层关牛，上层房屋可以住人。每过一两个月，牛主人都要把牛圈里垫圈的干草、牛粪和吃剩的青草都腾出来堆在牛圈旁边，使之继续泡烂发酵，待来年春天便是田里上好的底肥。

其他如草木灰、植物油枯等有机肥在侗族传统中主要用于作物生长期的追肥。因为侗族地区森林覆盖率高，群众日常烧水做饭主要是用柴火，日积月累，自然也就有许多草木灰，但数量不是很多。新中国成立之前，侗族还有在自家田土附近放火烧山，让雨水将草木灰冲入田中的习惯，实际上是利用草木灰中的磷钾等起到肥田的功效。侗族还有"火不烧山地不肥，人不出门人不贵"之说。放火烧山这一习俗一直沿袭到20世纪70年代才终止。植物油枯主要是指茶油枯、桐油枯等。侗族地区盛产茶油和桐油，油茶籽和桐油籽榨油之后，剩下的油枯也是一种很好的有机肥料。

5. 病虫害防治民间经验

传统侗族农业生产中对于病虫害的防治主要采用撒油枯、草木灰等方法，这些

---

① 贵州省民族事务委员会、贵州省民族研究所编：《贵州"六山六水"民族调查资料选编·侗族卷》，第 414 页。

原料全都来源于生产生活、自然环境之中。侗族擅长种油茶树，人们常常把油茶树种在菜园边、田埂边，油茶果用来榨油，榨油之后的油渣便可以用来给水稻杀虫。农历六月，人们先把稻田里的水放掉，把田里的鱼抓出来，再把舂成粉末的油渣撒到稻田里，待四五天后稻田里的虫子杀死后，再重新将水、鱼放进田中。草木灰与粪水搅拌后撒到稻田里，既可以提供稻谷生长所需肥料，又可以起到杀虫的作用。此外，稻田养鸭也是有效且无污染的防治虫害的办法。总之，在 20 世纪 80 年代以前，侗族农民都不用无机肥料或化学肥料，直至改革开放之后才陆续开始引进化肥。侗族传统不施无机农药的耕作制度，为生态、文化提供着珍贵的研究资料和宝贵的实践经验。[①]

6. 均衡取用：生物多样性并存

在对稻田的经营过程中，侗族群众对稻田中产出的其他动植物，也采用均衡利用的办法。稻田中自然长出的广菜、菱白、莲藕等水生植物以及若干种昆虫、软体动物和两栖动物，都是他们取食的对象。观察其传统民间控制病虫危害的方法，也能看出诸多均衡利用生物资源的生态智慧。侗族地区气候温热，二化螟、三化螟是水稻的主要虫害。但侗族居民并不采用农药加以控制，而是将螟虫的幼虫从稻轩中剥出，做成菜肴。他们认为只需将危害控制在一定范围即可，无须彻底根除，因为昆虫也是他们所理解的稻田产品之一。并且，侗族群众对生物产品的取用很有节制，他们并不依赖囤积和储藏去抵御歉收风险，而是依靠从多种生物产品中分季节均衡获取，去实现食品供求的平衡。因而在侗族社区中的各种生物资源都可以正常生长繁殖，很少出现被过分榨取而灭绝的情况，这是生物多样性并存和加以利用的活样板。可见，侗族的稻作经营范式妥善地解决了生物多样性维护的难题，是一种可以无限延伸的、持续运行的农耕范式，投工少而收益大。此外，在侗族稻鱼共生的经营范式中，由于常年蓄水，田地根本不需要深耕，有时直接插种禾苗即可，这样可以省去深耕这一环节，从而减少了劳动力的投入。侗族的稻田养鱼方式还以鱼类摄食杂草的方法代替了人工的中耕除草，不仅省去了人工艰苦的劳作，还可以避免人

---

① 陈幸良、邓敏文：《中国侗族生态文化研究》，第 105—106 页。

工劳作伤害水稻秧根，使得水稻更加健壮，同时起到松土作用，因而实际效果比人工中耕除草更具经常性和彻底性。对比之下，当代很多地方采用化学除草剂除草的方法，不但对土壤环境的污染太严重，而且只能单纯收到灭草的效果，稻田养鱼模式明显在投入最小化、效益最大化、产出有机化等方面更胜一筹。

（二）林粮兼作：侗族社会的"生计策略"

美国人类学家叶赫迪·科恩认为，人类社会存在的五种"适应策略"——觅食、园艺、农业、牧业和工业，前四种人类生计都和森林生态系统有着十分密切的联系。在侗族的生计策略里，森林也占有着极大的比重。

众所周知，侗族在植树造林方面卓有成就。侗族是一个以农业为主、林业为辅，农林兼顾的民族，人工造林已有上百年的历史。人们在长期的生产实践中，不但总结了一整套培育树林的经验和作业方法，而且积累了丰富的养护山林、林粮间作的技术经验，更有"家有千蔸杉，子孙享荣华""家有千株桐，一世不受穷"等民谚，用以教育和鼓励后代人重视造林育林。侗族聚居地区水、土、气候等自然条件适宜各种林木生长，生长在其间的侗族群众历来就懂得利用自然条件和林木生长的自身特点，如自身萌发、飞籽成林等开展封山育林，也养成了"靠山吃山，吃山养山"的传统生计方式。

侗族的生产生活诸多用品取之于森林，他们世居木楼，公共建筑鼓楼、花桥、戏台、凉亭基本上都是用木头或竹子制造，日常生产、生活用具也多取材于森林，所以对树木拥有非常特殊的感情，千百年来形成了爱林、护林、养林、育林的优良传统。人们从森林获取食物能源和衣食住行原料，通过精心种植和管护森林，使人类生产生活需求和自然需求同时得到满足。

1. 林事与农时

侗家人常说："生睡木房，死睡木棺"，可见其生死都离不开树。另外还有许多谚语提及植树栽竹的重要性："正月栽树二月栽竹，山不断绿村寨富足""山不丢荒水满田塘，见缝插绿畜旺人昌"，这些都说明了侗族人民自古以来就重视树木的栽种，认识到树木与人类的密切关系。

侗族地区有着各种各样的人工林木类型，如风景林、护寨林、桥头林、寺庙林、祭祀林、茶山林等，都是侗族地区农业生态系统的重要组成部分。不管哪一种类型的林木，都对维持侗族地区森林植被的茂密和树种的丰富，对调节当地的整个生态系统有不可小觑的作用。

为保农林双丰收，侗族在农事、林事的安排上进行了合理的分配：每年农历三至六月，八至十月主要从事农事，每年一、二、七、十一、十二月则是重点从事林事，具体安排为十一至十二月整地，一至二月栽种，七月给幼林除草、抚育。

侗族社会传统习惯法的重要规约——"侗款"中也规定："向来正月带刀斧上山砍柴，二月斗笠蓑衣，三月用钉粗……"明确规定了林业和农业的生产月令。一至三月是林业的操作期，林间的间伐和疏伐安排在一月完成，而林间的中耕则安排在二、三月完成，四月以后才开始大田农作。这样的月令安排使得除了林间必要的管理期外，一年中绝大部分时间，林区基本处于封闭状态，确保了林木的生长和林区的安全。

侗族地区还流传着不少对树木栽种时间进行精炼总结的民谚，如："一月栽竹，二月栽木""要栽杉松柏，莫让春晓得"。一些地区还有立春种杉的习俗，称为"立春种杉，成林发家"，也就是要在立春后第一天上山种杉树。

2. 林业资源

侗族聚居地自古以来就是天然林广布之地。据清乾隆十四年（1749）《黔南识略》记载："郡内自清江（今剑河县）以下至茅坪（属锦屏县）二百里，两岸翼云承日，无隙土，无漏荫，栋梁宋楠之材，靡不具备。"到民国侗族地区森林资源仍居贵州省之冠，据《贵州财经资料汇编》记载："往昔本省森林，向极盛密，此地产木材除本省自用外，大量输出于东南各地……木材可大量外销者亦仅限于清水江、榕江及赤水河流域。尤以清水江为最重要，约占十分之五……"这里所指的清水江、榕江均为侗族聚居区。到新中国成立初期，侗族聚居区境内仍然是茫茫林海，据《黔东南苗族侗族自治州志·林业志》载："1949年侗族聚居的各县，人工林覆盖均在40%左右，再加上16%的天然林，森林覆盖率高达56%。"

黔东南地区是我国侗族的主要聚居地，也是中国的八大林区之一，清水江下游的天柱、锦屏、黎平等县更被誉为"杉木之乡"。当地良好的生态环境的形成，很大程度上得益于侗族在历史上长期经营林粮兼作型农业和培育人工杉林。

从前文所述侗族祖先选址择居的要素和其村寨的森林生态体系的原始构建，加之该民族自古就有的"古树配风水"习惯养成的各村寨茂密的风水林（树），可以看出森林在侗族群众生活中所占的重要地位。侗族自古就十分注重对森林的保护与培育，有资料显示，在明代以前，侗族聚居区苗侗群众对森林资源的利用，仅限于就地采伐，用于日常生产和生活所需，森林的自然生长蓄积量一直超过采伐量，天然的杉木资源有增无减，越蓄越多。明正德年间（1506—1521），朝廷开始派官员到川黔湘等地采办"皇木"，即皇家修建祭坛、宫殿、陵寝等所用的高大的楠木、杉木等木材。至明中后期，随着清水江和都柳江下游汉族地区木材供应的短缺，黔东南侗族地区丰富且优质的森林资源愈加受到朝廷和商贾的重视，因向该地区大量采购，导致天然原木储备逐渐减少，天柱、锦屏等地的侗族开始大片种植杉树作为商品出售。

3. 林粮兼作：兼具生态与经济效益

清水江流域田少山多，历来林粮争地矛盾突出，农林并重是这一带苗族、侗族特有的经济结构。明清以来他们将山上的杉木砍伐，顺山沟放下，沿河放至清水江，扎排从清水江向东运至洞庭湖，再销往大江南北。数百年来源源不断，天然林不断耗费，人工林则不断补充。当地苗侗群众在大力发展林业的过程中，以他们传统的自然价值观和农林技术为起点，摸索出一种既能增产粮食、保持水土，又能发展林业的农业生产形态——"林粮兼作"。清代以后这一技术得到长足发展，并载入清史。乾隆初年编撰，成书于乾隆六年（1741）的《贵州通志》就有关于侗族人工培育杉苗并在幼林地上间作农作物的记载。光绪《黎平府志》也有"黎平山多载土，树宜杉，种杉之地，必预种麦及玉米一二年，以松土性欲其易植也"的相关记载。这种生产经营模式直到今天仍在林业生产的环节中全部或部分运用。

所谓"林粮兼作"主要指在林地里套种粮食作物。明清时期，贵州省锦屏、天柱、黎平等侗族聚居区已经成为全国著名的"杉乡"，其次较多的是油茶林、油桐林等。林农在长期人工营林中掌握了清水江流域生态系统的情况和杉木生长的特点，摸索出了以"杉农间作"为主的生产方式，在杉树幼林中间种农作物以暂时填补幼林株行间空隙，以耕代抚，促使幼树根系及树冠充分发展，从而取得林茂粮丰的效果。较为常见的方法是：第一年，选择土壤较为肥沃的山坡为栽杉地，用锄头开垦，种上杂粮——主要是小米、玉米、红薯、豆类等，以腐熟土性；第二年打穴种杉（苗）。种杉两三年后以柴刀修枝定型，促进林木生长，此即民谚所说的"一年锄头两年刀"，其间仍然可以在杉地里种粮食；第三年或者更长时间以后，杉树幼苗成林，旱作农业退出生产领域，林业独立发展。通常从第四年开始，幼杉才进入速生期，此时不再套种作物，转而重点养护杉林成材，之后产出的木材作为商品进入市场。

（1）掌握生态系统特性

林粮兼作里的旱地作物大多为粟，也就是小米，因为小米播种容易又耐旱，投入劳动力较少，第一年种小米的情况较为普遍。当然根据各地习惯，也有第一年种其他如棉花、红薯、大豆、花生、土烟、药材等作物的。比如锦屏文斗寨的林农按造林地的地形、土质、日照以及距村落距离的远近情况，主要在林地里套种粟（小米）、黄豆、玉米、土豆、辣椒、萝卜、西瓜、地瓜等作物。在锦屏县平略镇岑梧村，传统造林方法是第一年在林地间种烟叶，第二、第三、第四年种红薯、玉米等，锦屏农谚称"种地又种粮，一地多用有文章，当年有收益，来年树成行""栽树又种粮，山上半年粮"。事实上，实行套种，林农在管理庄稼的同时兼顾了幼林的管护，比如在给庄稼施肥、除草的过程中，也完成了给苗木的松根、追肥等，如此，"树三五年即成林，二十年便斧柯矣"。

有学者考察了杉木的生长习性，对照当地侗族"林粮兼作"的技术周期及特点，发现林粮兼作有着众多的生态功能与效益。包括林粮兼作起到了松土、深化土层的作用，提高了土壤肥力，使得幼苗生材周期大幅缩短；通过兼作旱地作物，以耕代抚，增加土壤疏松度，防止土质板结；杉树幼苗喜光但又经不起强光的照射，而庄稼长起来后，正好能为幼杉遮光，使幼杉生长既能有适度阳光照射，又能保证合适的土壤温度，大大提高了幼杉的成活率；人为增加了林地的覆盖率，雨季因对植物根系的利用而有效减少水土流失；杉树是浅根型树种，主根发育不足而侧根发育旺盛，以侧根横向伸展为主。套种的作物根系在杉林郁闭后，在地下慢慢腐烂，留下既有空气又有养分的空隙，成为杉树苗侧根向四面延伸的最佳通道；套作的粮食作物分泌出的抗生素，有益于防止对杉树生长有害的微生物的蔓延，粮食也可以引来各种鸟类觅食，保证危害杉树的害虫有足够的天敌加以抑制。可见清水江流域的苗侗人民在与当地生态系统互动的过程中，充分地了解了生态系统特性，在人工营林中建构起"林粮间作"这种地方性知识，加快了杉树的增长速度，提高了人工林的积材量。[①]

（2）修复生态脆弱环节

由于侗族地区山多田少，为解决民生问题，入清以后，政府大力鼓励植树造林，侗族的市场化人工林得到了长足发展。据《清实录》记载，张广泗开辟"苗疆六厅"时，为了筹集军饷，特许清水江沿岸的卦治等三个木材集散地轮值经管大宗木材批发贸易，以便官府可以收取相应的贸易税充作军用。张广泗开辟"苗疆六厅"前后历时20余年，军用浩繁，而中央朝廷所提供的经费极其有限。不难看出，侗族地区的原木贸易税在保证军用上也作出了重要贡献。其后，《黔记》《黔语》《百苗图》等书也都从不同角度提到，清水江一带的侗族居民由于长于经营人工林业因而十分富有。[②]

各类资料显示，侗族居民在长年的人工林经营中积累形成了丰富的智慧与技能，如《黔东南州志·林业志》记载，苗侗人民在清水江林业开发前针对所处的生态环境形成了一套特有的抚育林木技术，《黎平府志》也提到了众多侗族居民经营人工林业的技术环节，这些技术经验既能修复当地生态脆弱环节，防止灾害的发生，又能确保森林资源的有效产出与利用，其中一些传统的林业技术至今仍在林业生产中发挥作用，一些技术在林木生产周期的缩短和水土保持方面仍处于优势地位。

侗族人工育林技术可以概括为"以抚代育，以伐代护"。所谓"以抚代育"，是指人工育苗植树技术发明以后，仍对自然长出的树苗加以认真地管护，确保其长大成林。森林更新和培育往往与旱地农耕相兼容，在育林空地上，只要条件许可，都采用游耕手段混种各种旱生农作物。种植这些作物的关键是为了育林，做法是耕种前实施火焚，目的是抑制森林虫害和有害微生物的生长，还能加速腐殖质的降解。

————————

① 吴声军：《锦屏契约所体现林业综合经营实证及其文化解析》，《原生态民族文化学刊》2009年第4期。

② 罗康隆：《侗族传统人工营林的生态智慧与技能》，《怀化学院学报》2008年第9期。

种植旱地作物的做法能深翻土地，加速土地熟化，给林木种子的发芽创造条件，有利于林木日后顺利成长。所谓"以伐代护"，是指当杉木封林后停止农作物的混种，林区也就进入了养护的阶段。在这一阶段，林农根据森林的自然稀疏规律，人为地砍伐一部分达到使用规格的林木，以便腾出空间让其他树木顺利成长。当树木进入中龄期后，树木枝繁叶茂，森林个体对养分、光照、水分的竞争日趋激烈，林木出现大小不一、强弱差异明显的现象，尤其是初植密度大的林子，林木分化现象十分突出，这时就要对林木进行间伐。林农传统的间伐准则是"砍大留小，砍密留疏"。通过间伐抚育后，使林相整齐，错落有致，森林个体能够充分享受养分、光照、水分，林木得到充分生长，实现积材最大化。[①]尹绍亭教授认为，人工植树造林调适方式与轮作调适方式有异曲同工之妙，轮作是通过延长耕种年限来节约土地，而人工植树则是通过缩短休闲地年限来达到节约土地的目的。人工植树造林除了可以大大节约土地之外，还具有培肥地力，增加经济收入的显著效益，因而其调适的功能就更为突出。[②]

传统林木管护过程中，林农在种植旱地作物的同时，还会根据日后的需要对自然长出的幼树实施有针对性的管护：需要利用的就精心管护使其成材，不需要的就彻底清除掉；一旦树木长大后就立即退耕；种植杉木科、壳豆科的乔木和能够采摘果实的杨梅，但是不育苗，只是将森林和草地中自然长出的所需树苗或者旱地中自然长出的树苗移到合适的位置定植使之成长，这样抚育出来的树苗更能适应环境。更重要的还在于，人们在森林的种植结构上始终发挥着能动调控作用，能在修复脆弱环节的同时，又满足人们利用的需要，而不是单纯地为恢复森林而种树。[③]

有学者考证认为，在侗族聚居的清水江和都柳江流域，如果处在纯天然的状态下，杉树原木在单位面积的成活率不会超过15%，因为在自然竞争的状况下，比杉木生长力更强的其他乔木都会以很强的生命力，大大地抑制杉树的生长。但对人

① 罗康智、罗康隆：《传统文化中的生计策略：以侗族为例案》，第116—117页。
② 尹绍亭：《云南山地民族文化生态的变迁》，云南教育出版社2009年版，第156页。
③ 崔海洋：《试论侗族传统文化对森林生态的维护作用——以贵州黎平县黄岗村个案为例》，《西北民族大学学报（哲学社会科学版）》2009年第2期。

类社会而言，有经济价值的是杉树，而不是在自然选择中更具生命力的物种。与此同时，自然状态下生长的杉树，一般要 35—45 年才能成材，可是在苗族、侗族人工林培育技术文化的干预下，单位面积的杉树林木存活率可以接近 85%，而杉树存活林木从定植到成材，如果管理得好，只需要 15 年时间，两相比较不难看出，苗族、侗族人工林技艺可以将杉树单位面积原木产出水平提高 18 倍，这正是其传统文化和本土知识、技术技能的贡献。[①]

（3）保持林地生物群落的物种多样性

除了套种旱地作物外，侗族、苗族的人工林里也依照诸多天然林种林木相生的规律，混种着诸如油茶、杨梅、板栗、油桐、樟树等其他树种，多是针叶树与阔叶树种混种。杉树主伐后，这些杂生树种一般都不加采伐，而是任其生长。林农们在长期的实践中积累了丰富的人工营林的经验，知道这样混种不但可以增加地表的草木覆盖率，从而降低直接降水对地表的冲刷力度，同时，不同经济林木的混种可以使林地的产出、效益增加，实现以短养长。以油桐为例，油桐前三年生长迅速但不结果，林地里可以种植其他农作物，三年后林粮兼作不能实行了，则油桐开始结果，第四年后开始收获，得以补偿停止间种农作物的损失。八年后，杉树开始长大，林农砍掉油桐，重点抚育杉树。可见混种油桐能给林农带来连续不断的收入。此外，杉树是针叶树，油性大，叶子落在地上长久不会腐烂，对土壤也不好，而在针叶林中间混种 15%—20% 比例的阔叶树，则阔叶落地后能促进针叶的腐烂，增加土地的肥力。如此，杉树生长和各种乔木生长互为依托。所以当地林农会在林地更新中有意识地培育不低于一定比例的阔叶树。例如，清水江流域苗侗居民在营造、利用林木的过程中，森林面积不减少，但树种的结构却处在不断的调整过程中，什么地方长着什么树，该树何时成熟，派上什么用场，居民们都能做到心中有数。什么地方的森林需要更新，什么时候实施更新，当地人们也都很清楚，相关的技术技能也能

---

① 杨庭硕、田红：《本土生态知识引论》，民族出版社 2010 年版，第 260 页。

配合。[①]

有观点认为，人工混交林仿照自然森林系统，为多种动植物的生长和繁殖提供了条件，保持了林地生物群落的物种多样性，增加了地表草木覆盖率，降低直接降水对地表的冲刷力度，使得当地常年免于遭受人为的生态灾变，在较长时间里稳定维持了当地生态系统结构。

此外，对于丰富的森林资源，侗族人非常珍惜，从不过度取用。侗家有句俗语叫"不饱不饿三石米，不咸不淡九斤盐，用油多少没止境，柴火一丈烧一年"[②]，就是说每年都砍一定数量的柴，然后把它堆成一丈高、一丈长、一丈宽，以这样的计量够烧一年，不多砍也不少砍，每年只砍这么多。这种有节制、有分寸的开发模式，使得侗族地区能够长期保持较高的森林覆盖率，营造出环境优美的侗乡景色。

三、生活中的生态礼俗

在山地生态环境中的适应性生存过程中，产生了黔东南各民族独特的传统生态文化，日常生计与礼俗仪式的操演为传统生态文化功能的发挥提供了实践基础。黔东南地区各民族传统生态文化并不是独立于生计模式之外的，而是整体性生活实践的重要组成部分。[③]在各种日常生计和礼俗仪式的反复操演中，生态文化功能得以发挥，并实现其本身的传承创新。因此，日常生活实践成为传统生态文化功能表达的重要中介和行动基础。在长期的农业实践中，侗族也形成了一种独具特色的农耕文化，进而培育了具有民族特色的民俗文化。

（一）生孩种（拜）树：生育礼俗中的生态意识

侗族素有营造"儿孙林"的习俗，每当有新生孩子，长辈亲人都要上山为孩子种上几十甚至上百株杉树，寓意为让孩子与树一同健康成长。待孩子长大成人，树

---

① 崔海洋：《试论侗族传统文化对森林生态的维护作用——以贵州黎平县黄岗村个案为例》，《西北民族大学学报（哲学社会科学版）》2009 年第 2 期。
② 何丽芳、黎玉才：《侗族传统文化的环境价值观》，《湖南林业科技》2004 年第 4 期。
③ 杨美勤、唐鸣：《民族地区传统生态文化的现代困境与转化路径研究——基于黔东南苗族侗族自治州的调查分析》，《贵州社会科学》2019 年第 3 期。

也长大成材，当地人将这些树称为"十八杉"或"女儿杉"。

侗族生育习俗中有一种叫"打三朝"的习俗。如在锦屏等地方，新生儿"打三朝"这天，外婆家除了挑一些食物、衣服等前来祝贺外，还要亲手送来银帽、银手圈、花背带以及草药（如枫叶、四眼草、斑鸠窝等），草药用于熬水给婴儿洗澡，以防疱疮，祈求无病无灾。这种自制草药水既环保、生态又健康、安全。[①] 黄杨树在侗族人的诞生礼中也是不可缺少的神物。不管是"打三朝"用黄杨树的枝叶泡茶祭拜，还是嫁出去的女儿生头胎，小孩满月带回娘家时在背带上别上一些黄杨树叶，都是保护母子平平安安、远离灾祸的寓意。

侗族一些地区还有用树木消灾的习俗，如果孩子出生后多病多灾，便会栽种一些树木，以求消灾。这种做法，实际上就是在植树造林，对于当地整个环境的友好发展都有着积极的影响。正因如此，侗族村寨的树，一般是不能随意砍伐的。[②]

侗族的《劝世歌》中唱道："家养崽多多贫苦，树结果多树翻根，养得女多无银戴，养得崽多无田耕，女争金银田争地，兄弟姊妹闹不停，盗贼来自贫穷起，多生儿女生祸根。"[③]受这种传统的生育观念影响，再加上长期以来的生活实践中得出的经验，人们逐渐意识到人口数量必须与当地的环境资源相适应。一定的环境资源只能养活一定的人口数量，如果人口数量过大，环境资源就会遭到破坏，最后危及人类的生存发展。所以，侗族没有那种特大规模的村寨，都是按照资源的多少来构建相应规模的村寨。正是这种适量而居的理念，保障着侗族正常的生存发展。

也正因如此，侗族相当注意节制人口，占里侗寨在节制生育方面便是典型。侗族人一方面种树护林、珍爱自然，保持或扩大环境容量，另一方面在人口超过一定限度后，节制人口，减少或不增加对环境的压力，两者齐头并进，保障了侗族族群生存环境的稳定与和谐。

---

① 杨筑慧：《侗族风俗志》，中央民族大学出版社 2006 年版，第 96 页。
② 林亚萍：《侗族育儿习俗研究》，广西师范大学硕士学位论文 2010 年。
③ 王萍丽、杨盛男：《侗族的生态环境意识——与自然和谐相处》，《黑龙江民族丛刊》2001 年第 1 期。

（二）植物传情：婚恋礼俗中的生态文化事象

侗族的婚恋礼俗中也有生态文化事象。如姑娘选意中人时，青年男子中的造林能手是优选，因为拥有大片杉林便意味着拥有一笔可观的财富，同时展现了拥有者的勤奋和才智。侗族青年谈情说爱"玩山"时，姑娘常唱《栽杉歌》表达心怀："侗家代代爱种杉，阿哥种杉妹嫁他。要想成家杉林配，不种杉树莫成家。"小伙子们则信誓旦旦道："栽上杉树坐木楼，栽上桑麻穿丝绸。栽上菊芍喝美酒，栽上山茶吃茶油。"

侗族青年男女谈恋爱时，还有一种互赠茶苞、一起品尝茶苞（油茶苞、油茶菇都是油茶树因病态长出的肿瘤或者真菌）的风俗，此时茶苞成为传情达意、表明爱意的媒介。侗族群众也将这两种植物病态的生长物作为餐桌上的美味，或者作为水果食用。

侗族还擅长吹木叶，在湘、黔、桂边区流传的侗族《木叶歌》中记载了大量用木叶吹出的情歌。

聚居在湘、黔、桂交界的侗族还有用"葱篮"表达爱意的习俗。每年农历三月初三"播种节"的前一天早上，姑娘们会到菜园里采摘大半篮大葱，将其洗得干干净净，然后盛装来到泉边，等待情郎来讨"葱篮"。如果来讨"葱篮"的是自己意中人，就爽快地送"葱篮"给他；反之，就执意不给。那篮里的大葱既象征着青年人的纯真爱情，也有当年播下的谷种也像大葱那样郁郁葱葱的寓意。[①]

贵州一些地区的侗族还将茶叶作为传递退亲信息的载体。当男女双方的婚姻由父母决定后，如果姑娘坚决不同意，可以用送茶的方式来退婚。姑娘会悄悄包好一包茶叶，选择一个适当的机会亲自送到男方家，并把茶叶放在堂屋的桌子上后离开，这门亲事就算退掉了。[②]

（三）食材中的原生态元素

"稻鱼鸭共生"结构中的鱼、糯米等食物，不仅出现在人们的餐桌上，还深度

---

① 杨相环：《侗族的播种节》，《民族研究》1984 年第 4 期。
② 王春华：《少数民族的茶与婚俗》，《今日民族》2008 年第 6 期。

渗透、融入民俗活动，它们不仅是一种食物，更作为一种侗族特有的"礼"而存在，也作为一种象征符号而存在。[①]

鱼。侗家习俗中，从庆贺婴儿的呱呱坠地，到古稀老人去世的葬礼，都以鱼作为头等祭品。婴儿满六个月那天，婴儿的母亲要在炉火正旺的火塘边，摆上盛有几条活鱼仔的一盆清水、一团糯米饭，祭拜保佑幼儿的"奶奶"（侗族女神），然后要给婴儿灌一匙鱼汤来开荤，以祝愿小宝宝日后像小鱼儿那样活泼可爱。若是小孩夭折，家人也要让死者手里捏着或在口里含着一块包有酸鱼的糯米饭，以示不做饿鬼，不来捉弄家人。给老人办丧事要求更为严格，必备猪肉、糯米饭团以慰亡灵，送殡出葬时，儿子、儿孙、女婿要在棺木前摆上酸鱼、酸肉、糯米饭作为供品。各种祭祀活动如祭萨、祭神、还愿等都少不了鱼。大年初一也必吃鱼，大年初一的早餐家家户户都要吃鱼，预示新的一年里喜庆有余、五谷丰登、鱼类肥大。吃鱼时要先由家里的长辈先尝，然后依辈分、年龄大小逐一而食，年纪小的最后吃，必须人人都能吃到。倘若哪个顽皮的小孩不吃鱼，全家人都会为此感到不高兴。[②]

每逢过年过节或是操办红白喜事，侗家招待客人的第一道菜就是酸鱼或炖鱼。开席后，主人敬客人的第一轮菜也是鱼制品，表示对客人的尊敬。人情往来中鱼被视为最体面的礼品。如给小孩办满月酒，外婆家送来的诸多礼品中，鲜鱼和酸鱼是必备的；男女青年订婚，男方要托一位中年妇女，带上腌酸鱼以及鸡鸭到女方家去下聘礼；办结婚喜酒，除了宴席上要有鱼制品外，在新娘回门那天，新郎要给新娘家以及其家族各户送上大片腌酸鱼、大团糯米饭；办老人寿酒，女婿要给岳父或岳母送几条腌酸鱼和若干糯米酒；造房子、建新屋时吃酒，亲戚朋友都要带腌鱼、禾把前来祝贺；男女青年社交活动的宴席上也要有酸鱼，因为这是勤劳、富有、手巧的标志。

乌饭。每年农历四月初八是侗族的"敬牛节"，这一天家家户户都要蒸乌饭，并集结上山去"敬牛"。乌饭既有补益作用又很可口，深得侗人的喜爱，人们也常

---

① 胡牧：《从"稻鸭鱼共生"结构看侗族的生态智慧》，《农业考古》2017年第4期。
② 罗康隆、谭卫华：《侗族社会的"鱼"及其文化的田野调查》，《怀化学院学报》2008年第1期。

蒸些乌饭送给亲友。有的人还用乌饭来喂牛，认为牛食用以后会更健壮，再多的田也能耕好。

昆虫。众所周知，蝉、蝗虫、天牛都被习惯性地称为害虫。侗族乡民将这些昆虫捕捉起来当作美味佳肴。这种方式只是对害虫的数量进行了调控，并不会因此而导致这些昆虫的绝种。现代科学认为，这些昆虫的存在可以养活更多生物物种，帮助其种群繁衍和延续，从某种角度来说，整个生物物种多样性水平不会因为人类的食用而受到损害。

侗族的蔬菜类食材中，属于栽培作物者无需多言，其中的野生植物却值得专门探讨。比如洋蒿蒿、广菜、苦菊、荠菜、折耳根等都是在自然环境中长出来的野生植物，也都是侗族乡民的美味佳肴。洋蒿蒿是侗族烤鱼的最佳配食佐料；广菜的叶柄可以用来烹调鸭子；香菜则是制作生鱼片时极佳的去腥调味料；折耳根可以凉拌食用。在侗族人民的观念中，田间杂草这一概念并不明确，原因全在于族外人认定的杂草可能多是他们的家常菜肴。他们在采食这样的野生植物时并不需要连根拔起，仅是用折刀摘取可食用的部分，采食后这些植物仍可开花结实，并不影响它们的种群延续。侗族在挑选食材时注重人与自然的生态和谐，不但做到了精准地适度获取食材，而且其食材来源的多样性也在均衡消费中有了充分的保障。[①]

可见，侗族自给自足的自然经济形式决定了他们大部分的生活资源要从大自然中获取；他们在从自然界索取生活资料时，也尽量地顺应需求，而不盲目追求极大消耗。这一点，才是侗族人民饮食智慧的精髓。

（四）习俗中的生态文化

在一些地区如黎平县龙额镇，每年的"春社"节庆上，"捞社"这一民俗活动堪称当地人的"狂欢节"。所谓"捞社"，就是众多侗族男女下到比较宽大的水田里争抢捞鱼，女性穿着民族服饰下水塘，男性光着上身，人们一边用竹制器具捞鱼，一边在水田中追逐、嬉戏、打闹。谁捞到最大的一条鱼或谁捞到的鱼大，谁就是冠军，就意味着这一年里会鸿运当头、吉祥如意。类似的活动在黎平县肇兴镇厦格村、

---

① 罗康隆、戴宇：《侗族饮食习俗的生态维护功能研究》，《黔南民族师范学院学报》2017年第5期。

堂安村等地也多有举行，只是时间和称呼略有变化——在这些村寨，每年中秋举行的"泥人节"，是全村人都乐于参与的集体娱乐活动。活动中村民们（主要是青年男子）用泥或者灰把脸涂得黑黑的，有的还在头上扣上鱼篓，纷纷跳入戏台前面的水塘争抢捉鱼，最后获胜者获得奖励。"泥人节"有庆丰收之意，"抢鱼"也预示着年年有余。

每年秋收以后，侗族地区有"扫寨"的节日，也有的地区专门定一个时间，比如农历九月初九举行。由于侗族的传统建筑是全木结构的干栏式吊脚楼，防火工作至关重要，通过"扫寨"这种带有宗教色彩的节日活动，能够引导人们树立安全的用火意识，对村寨和山林防火、维护山林安全有重要的警示作用。

侗族社会中还有"无鱼不成礼""无鱼不成祭""识鱼认族"等说法，"鱼"在其中寄托了人们的美好愿望，"鱼"作为民俗文化的象征符号，有着积极美好的意义，也产生了生态益和生态宜的价值。

识鱼认族。侗族认亲或认族，先要问对方知不知"一脚踩三鱼（鲤）"，如果答得对便认你为同族亲人，如果答不出来便会认为其中有诈。"一脚踩三鱼（鲤）"源自唐末宋初侗族的祖先"飞山蛮"的"三鲤鱼共头"的图腾，表达了侗族祖先不忘鱼的养育之恩和对鱼神的尊敬。侗家村民将这个图腾画或刻在鼓楼、风雨桥、门楼、住房等建筑物上，或绣在枕头、被单或背带上，尤其还要刻在每座桥头铺路的青石板上，行人踏石过桥进村，谁不"一脚踩三鱼（鲤）"呢？若不知道其中的奥诀，就不会认你为亲人。[1] 可见"鱼"与侗族祖先有着某种深刻的内在联系，在侗家人的眼中，"鱼"不同于一般意义上的鱼，它总具有更加神秘的意义。[2]

由于没有自己的文字，侗族人民在生活中往往"刻木为信，结绳记事"，"打标"（侗语称为"多标"）就是他们常用的语言符号，即在房前屋后、村头路边、塘边田边、山上山下，只要是有他们觉得需要保护的东西，便可随便拔几棵芒冬草或其他植物打上不同形状的结，放在某物或某处，提示某种注意、保护之意。"打

---

① 肖尊田：《侗乡鱼俗趣闻》，《南风》1987 年第 1 期。
② 罗康隆、谭卫华：《侗族社会的"鱼"及其文化的田野调查》，《怀化学院学报》2008 年第 1 期。

标"是一种有约束力的习俗，有林标、水标、田标、鱼标、路标等。侗族见到杉树、松木等幼树，特别是一些难以育苗的珍贵树种，都要在幼树上打上草结，以提示族人注意保护。侗族人还爱护鸟类，见到树上有鸟窝时，也会在树木上打上草结，以提示保护鸟窝。①

第三节　衣食住药知识体系：取用衡平皆天然

据地质学和林学专家的研究，侗族聚居区位于中亚热带，贵州高原东南缘向东南丘陵和广西盆地过渡地段，这里是西北高、东南低的群山地貌，无霜期长，雨量较丰沛且较均匀，土壤土层深厚，土质疏松，持水能力强而终年保持湿润，微量元素丰富，宜林程度非常高，是我国乃至世界上最为优良的山区林业发展之地。该地区生物资源十分丰富，比如，侗乡的用材树种如楠木、红柱、枫香等，自明清以来就是供应皇家和各地的优质材料。生物能源和油料树种有油桐、乌桕、核桃等，食用经果类树种有板栗、枇杷、杨梅等，植物香精香料树种有山苍子、肉桂、乌饭树等，种类繁多，特色丰富，潜力巨大。

得益于所居的地理位置和长期的生产生活实践，侗族"靠山吃山，吃山养山"，其生产生活资源也绝大多数取自自然环境，如箩筐、簸箕、竹席、草鞋等生产、生活用具主要原料为竹、草、藤，生活中的桌子、椅子、凳子、床等生活家具也都是就地取用木材制成，可以说衣食住行几乎全是围绕着村寨的山水林田展开的。

一、住——民居、禾仓和禾晾

（一）全木结构，就地取材

侗族是一个善于育林、伐木取材、建造房屋的民族，有着使用木质材料建筑的历史传统和生活习俗。

民居是世界上最早出现的建筑类型，民居的产生与发展是自然、社会、经济和

---

① 陈应发：《哲理侗文化》，中国林业出版社 2012 年版，第 81 页。

文化的共同产物。不同地区、不同民族有着不同的地理环境、气候条件、建筑材料、构造技术、生活习惯、民族风情，因而其民居建造也各具风格。

侗族世居木楼。侗族先民为了适应所处地区湿热多雨的气候，多使用干栏式建筑。"干栏"一词是民族语言的音译，"干"的意思是"崖洞、空洞"，"栏"是"房子"，所以"干栏"意为悬空的房子。"干栏"是侗族宅居古时的称谓，"干"的原意是用树枝、木障等来障物、设围。也有侗学者认为，侗族自称"干"，"干"的侗族语义是指用树木遮盖起来，"干栏"则意为用树木遮盖起来的房子，这很形象地表达了史料记载中"依树积木，以居其上"的居住形式。干栏式建筑源自古老的百越文化，是百越人为了适应居住的自然环境创造出来的建筑形式。有关其功用，历史文献中也多有记载。如《魏书·僚传》载："僚人……依树积木，以居其上，名曰干栏，干栏大小，随其家口人数。"《旧唐书·南平獠传》称"土气多瘴疠，山有毒草及沙虱、蝮蛇，人并楼居，登梯而上，号曰干栏"。可见这种建筑样式有着防潮、防虫等功效。在经历漫长的历史发展中，逐渐形成了特有的吊脚楼式（底层全部架空）干栏民居。[①] 不管是上述哪种对"干栏"的解释，都可以看出干栏式建筑取材于树木。侗族传统建造房屋，不论民宅还是鼓楼、风雨桥，均为全木结构，用材均来自侗族地区特产的优质杉木。

民居。侗乡的杉木挺直、细密、轻韧、耐朽，且易加工，是修建房屋的上好材料。侗族所居的木楼建筑均为穿斗架构，柱、枋、梁以榫卯连接成骨架；在同一水平面的枋、梁之间铺设木板，形成楼层；各大层柱间也铺设木板，形成屋壁屋墙；在各扇之间的屋柱顶和瓜柱顶上横向架设檩子，檩上架椽条，然后盖上茅草、杉树皮或者青瓦，形成屋面。[②] 整个房屋建构全都是榫头穿接，不用一钉一铆，不但显示出精湛的建筑工艺，而且用材简单且环保，显示了侗族人的生活与自然相依相偎的亲密关系。一般民居用料全部取材于自家林地，即前文所述的"女儿杉""儿孙林"，

————————

① 崔明昆、赵文娟、韩汉白、杨索编著：《中国西部少数民族文化通志·生态卷》，第100页。
② 贵州省科技教育领导小组办公室、贵州省民族宗教事务委员会编：《贵州世居少数民族文化史》（卷二），第105页。

一般都选择多株丛生的杉木，人们认为这种树木才是最为珍贵的。偶有自家木料不足的，也由亲友暂借或者赠送。此外，砍树时为了有一个好的兆头，需要由一个家境殷实且儿女双全的老者先焚纸烧香，且要在树旁放一个红包作为代价，之后才能砍树。这种谨慎态度体现出侗族人民对大自然的敬畏之情。[①]

禾仓与禾晾。禾仓与禾晾可以算是传统侗族民居的配套设施。在侗寨，禾仓和禾晾通常分布在村寨的周边或者距离村寨较近的山沟里，始终与人们居住的房屋保持一定的距离，这种安排主要是为了防火，避免村寨发生火灾波及而导致断粮。虽然与居所不在一处，但是禾仓和禾晾是侗寨民居建筑不可分割的重要组成部分——有房就有仓，仓是房屋的重要配套设施。侗家禾仓也是木质干栏式建筑，多为一楼一底，楼上放粮，楼下留空。禾仓有的建在旱地，有的建在水上，以水上居多。水上禾仓多建在自己家或者亲戚家的鱼塘上，距水面低则1—3尺，高则2—3米，既可以防火又可以防老鼠进仓。也有的村寨的水上禾仓楼上放粮、楼下建水厕，以粪便喂养鱼塘中的鱼苗。个别地方也流行三层禾仓，二、三层放粮，或者中层放粮，上层架杆为禾晾。后面两种形制以贵州省黎平县黄岗村最为典型。禾晾是晾晒糯稻的地方，通常由两根粗大的杉木柱和两根穿枋构成，穿枋中间横穿数根可以活动的圆木条，两头大柱埋入土中配上"人"字形撑杆以保持稳定，顶部用杉木皮覆盖以防雨淋。因为侗族以种植糯稻为主，而且传统收割糯稻的方法是用特制刀具连同一定长度的稻秆一并割下，所以禾晾相当重要——将采割下的糯稻扎成小捆，每捆呈"人"字形搭在木杆上晾晒，干透后才能放入禾仓储存。虽然近年来因为糯稻的种植减少，禾晾在侗寨也越来越少见了，但它仍是传统的侗族建筑中不可不提的特色民居配套建筑。

（二）特色工艺，与木结缘

鼓楼、戏台、风雨桥等是侗族村寨最具特色的建筑物，都是纯木质材料，这些富有特色、天然有机的原料是其民族符号的象征，在人们的生产生活中不可或缺。

鼓楼是侗族村寨的标志，也是其特有的公共聚会娱乐场所。据考证，鼓楼最早

的原型便是"亘"，是简易的一或两层木质建筑，有的地方称为"堂瓦""堂卡"。后随着时代的发展，"亘"在原有木房的基础上添尖、修顶、加层，发展成如今的鼓楼形制，仍然是全木构成。鼓楼的修建是全寨或者全族的集体大事，大家有钱出钱、有料出料、有力出力。通常通过村民会议或者寨老会议选定掌墨师后，由掌墨师设计并计算出需要多少木料，通知村民备料。

鼓楼是侗族村寨团结吉祥的象征，建造用材十分讲究。鼓楼大柱通常由世居的家庭或者房族共同捐出，鼓楼大柱的砍伐必须选吉日，还要优选枝叶繁茂、长在山岭高处的大树，要选树干粗壮、又高又直的树，且不能被雷劈过，也不能有大的伤痕。用作直达楼顶的"雷公柱"的树木更是要求砍伐时要顺山而倒，并且树干不能着地，要有树枝支撑。其他加柱通常须由世居的有名望、有福气、儿孙满堂的房族捐赠。余下的用料任由村民捐出，有时甚至邻村也会捐献一些木料用作连接中柱的枋子等，以示彼此友好往来。传统侗寨鼓楼上必置一鼓用作召集村民集中议事，因而鼓楼上的鼓也须由榉木或者猴栗木制作，且有一系列的选材、伐木等工序。

戏台（戏楼），通常建在村寨中央，与鼓楼、歌坪一起构成侗寨文化娱乐、歌舞表演的中心。戏楼也是全木质结构，因而在戏楼附近往往会修建水塘，平时储水以防火灾。

风雨桥。由于居住区域山环水绕，多沟壑溪流，为了方便生产与生活，人们习惯在水上多建桥梁。侗族所建的桥多用树木架设，为防桥木腐烂，又在桥上搭建简易木架，上覆茅草、树皮。后来受到鼓楼建造的影响，人们又在木桥上建造了集廊、楼、亭一体的木楼，于是出现了侗族特有的风雨桥。

（三）生态内涵：天然可再生

从造型独特的鼓楼、风格古朴的风雨桥，再到遍布村寨的木楼、粮仓、凉亭……这些建筑都是纯木质材料，木质材料的使用可以说是侗族最具民族特质的特色，千百年来与木质材料的相伴相随已经成为侗族不可或缺的生存文化，其构成的富有特色、安全有机的人居环境，是民族的象征，亦有着厚重的文化底蕴。每个村寨的布局、每栋木楼的形态都是山水相映、人与自然和谐的体现。

木材建筑不但轻便舒适、木质纹理天然美观，而且与人亲近，利于人体健康，对人体的安全保护（抗震、抗冲击）能力明显强于现代的水泥、石头、钢材等材料，更重要的是它是来自绿色植物的天然可再生材料。在全球气候变暖问题成为焦点的现今，能源和原材料政策关系着二氧化碳排放量，侗族的全木结构建筑因其有利于环境的能源和原材料元素日益受到重视。

首先，木质材料是可再生材料，能够实现循环利用。木质材料是绿色植物利用太阳能转化为生物质能的有机材料，是一种完全可再生的自然建筑材料，100% 可生物降解。在生产和加工这种材料的过程中，不破坏资源，有利于生态环保。同时，使用木材产品能长期固化树木生长过程中吸收的一氧化碳，有助于减少二氧化碳排放，帮助降低建筑总能耗中的住宅能耗，实现建筑节能目标，满足当代循环经济可持续发展的需求。其次，木质材料是对人体最有益、最具亲和力的材料，有益于居住者的健康，这是任何一种建筑材料都无法代替的。有研究认为，木质房内的负氧离子高，木质房屋内存在的芬多精（Pythoncidere）是由植物释放的一种物质，能使呼吸顺畅、精神旺盛，且具有抗菌效果，能净化空气、降低污染。长期居住木质房屋能有效遏制人类疾病、增强免疫力。[①]

二、食——原生农耕方式、环境与食材

任何一种民族饮食文化的产生和形成都是基于特定的自然条件的。不同民族所处地域，有不同的气候、土壤、自然资源、地质地貌等自然条件，这些条件在决定其适宜生长的粮食作物的同时，也决定了民族的生活和饮食习惯。

侗族居住的地方往往生长着茂密的森林，土地肥沃，水源丰沛，大自然赋予的生态环境为侗族群众提供了丰富的原生食品——在传统农业模式下，采用传统食材，通过传统加工方法生产的具有民族特色的食品。侗族作为百越的后裔，在悠久的定居历史和稳定的稻作劳动基础上，形成了一系列以稻作为基础的饮食文化。其"林粮兼作""稻鱼鸭共生"的生态农业体系，保障了侗族群众日常生活中的原生食材。尤其是"稻鱼鸭共生"系统提供的食材，不但没有污染，而且由于食物链与传统环

---

① 陈幸良、邓敏文：《中国侗族生态文化研究》，第 126 页。

境相似，所有的食材的营养成分、口味都保留了原生的纯正。它也为侗族传统食品发展和传承提供了相当充分的基础食材。

（一）侗不离鱼

侗族是传统的稻作民族，日常饮食以大米为主食，并延续了百越民族"饭稻羹鱼"的饮食习惯。侗族民间流传着"内喃眉巴，内那眉考"的谚语，意为"水里有鱼，田里有稻"，稻田养鱼是侗族传统生产方式，"饭稻羹鱼"是其传统的生活方式。据史料记载，侗族先民在水稻种植还没有得到发展之前，是以食鱼为主的，鱼是侗族先民赖以维持生活的重要食物之一。从最早的采用原始的捕鱼方法，到稻田池塘养鱼，都说明侗族在稻作生产、养鱼食鱼的发展进程中有着悠久的历史和文化传统。

稻鱼鸭共生系统这种食物链的形成，为侗族日常生活提供了丰富且优质的食物原料，保证了侗族传统食品的特殊性及无公害性，也为侗族地区生态环境的保护起到了一定的积极作用。

传统的"稻田养鱼"催生了侗族鱼文化，而鱼文化的形成又促进了这项技术的持续利用。单从作为食物方面，鱼在侗族人民的生活中就扮演着很重要的角色。侗族日常生活中最喜欢吃鱼，接待客人往往也以鱼为高档食材。逢年过节必须有鱼，婚丧嫁娶活动中也必须有鱼，人情往来、互赠礼品时鱼是最佳的礼物，祭祀祖先时更是不能没有鱼……即所谓"侗不离鱼"。侗家人从婴儿呱呱坠地到古稀老人去世，全过程都会与鱼相伴：小孩的满月酒席，鱼是必须有的头道菜；婴儿满六个月那天，母亲要给婴儿喂鱼汤以祝愿小宝宝日后像鱼儿那样活泼可爱；在嫁娶活动中，男方迎娶新娘的礼品中必须有整条的酸鱼；在建房、修仓等活动中，鱼是开工仪式的必备之物；给老人办丧事，需用腌鱼还礼和招待客人，用腌鱼祭灵；死者亲属忌吃荤，但是可以吃鱼……

（二）侗不离酸

从侗族的传统食品来看，酸食与"稻鱼鸭共生"系统的关系最为密切，其中最为典型的是"侗家腌鱼"。侗族居住地地处高寒，湿气较重，为了驱寒祛湿，侗族群众形成了独喜酸味的饮食特点。为了应对高温潮湿气候，村民在保存食物方面，除了腌制酸鱼外，对其他食物的储存也采用了制酸的方法——不论是猪、鸭、鱼，还是白菜、萝卜、芋头、生姜、辣椒，统统都可以制成酸菜，因此也就有了"侗不离酸"的说法。

酸食在侗族饮食中占有特殊地位，有谚语称"三天不吃酸，走路打倒窜"。"倒窜"是形容走路不稳身子打晃。腌酸食品家家制作，在侗族餐桌上几乎每餐必备，从鱼、鸭到蔬菜瓜果，无论什么动植物都可以用发酵腌制的独特方法进行加工，正所谓"无菜不腌，无菜不酸"。这些酸食不但令人胃口大开，而且还利于消化胃内各种积食。侗族人家一年四季都腌酸：农历三月青菜熟，是腌青的季节；农历八月摘禾捕鱼，是腌鱼的季节；农历九月鸭肥肉美，是宰鸭腌鸭的季节；侗年杀猪，是腌肉的季节。平时采摘到蔬菜、野菜或是野味，当天吃不完也会随手将其腌制。[①]

（三）特色糯食

如前所述，糯稻在侗族日常生活中扮演着重要角色，几乎一年到头饭桌上都少不了它。糯米饭是侗族日常的主食之一：三月清明节时，用糯米制作祭祀用品——黄米饭，将溪河边生长的"美恩休"（一种植物）或者栀子果洗净，用开水烫出黄色花汁，浸泡糯米并将其蒸熟即为黄米饭；四月八敬牛节时，要用南烛树叶或者枫树叶的汁水配以糯米制作"乌米饭"；端午节要用糯米来包粽子；在侗族风味食品油茶中，糯米是主要原料之一；每家每户日常都会酿制糯米酒，自饮或用于招待客人；腊月用糯米打成糍粑，过节的时候制作各种糯食……糯米可以称为传统侗族饮食中最基础的食材之一，是侗菜之源，离开糯米，侗族整个饮食习惯都会发生根本的改变。[②]

侗族嗜糯食有两大原因：一是糯食不易消化，顶饿，便于下地干活时携带食用；二是质软且有黏性，好吃，不须做菜便可饱腹。虽然有一部分侗族是居住在水边的，但总体而言侗族聚居区属于山地，山高路陡，在这样的地方生产、生活，需要付出更多的体力，天长日久便形成了常食糯食的习惯。

糯食在侗族饮食中的地位与酸食相当。侗族饮食中只要有酸食，哪怕只有一种

---

① 石敏：《从"稻鱼鸭共生"看侗族的原生饮食——以贵州省从江县稻鱼鸭共生系统为例》，《中国农业大学学报（社会科学版）》2016 年第 3 期。
② 石敏：《从"稻鱼鸭共生"看侗族的原生饮食——以贵州省从江县稻鱼鸭共生系统为例》，《中国农业大学学报（社会科学版）》2016 年第 3 期。

也可以不计较。如果有了糯食，又有了酸食，那就称得上是美味佳肴了。此外，糯食不易消化，酸食又是帮助消化的好搭档。

糯米另一重大的用处是日常制酸，下文另述。

（四）家庭酿酒

侗族无酒不欢，历来有家庭酿酒的传统。侗族酿酒技艺高超，能用不同原料酿造出各种酒来，如糯米酒、高粱酒、稗子酒等。酿酒的原料多出自自家地田产出的糯米、麦子、苞谷等。糯米酒是细粮中最好的酒，烈中带柔，口感甚好。侗族群众普遍喜酒，许多人家日常都有烤酒自用的习惯，每天劳作之后饮用自酿的糯米酒舒筋活血、解乏养身。逢年过节或喜庆之时更是要家家户户都酿上一锅或数锅酒，当"为也"（村寨之间的民间交往活动）的客人们前来村寨做客，进寨时主客双方会唱拦路歌，一唱一和之后主人要给客人酒喝，喝过酒之后方才放客人们进寨。

（五）原生态药材及其他

侗族医药。侗族有其适合本民族生存与繁衍的古老的医药文化，这些药物的药性及疗效也被记录在文献中，如宋代《本草图经》记载"峒"药"桂……多生深山蛮峒中"；宋代《溪蛮丛笑》记载"降真本出自南海。今溪峒山僻处亦有，似是而非……名鸡骨香"。降真香自古可药用，出自"溪峒"的鸡骨香也有类似药效。明代李时珍《本草纲目》也收录了一些"峒"药，如崖香、橄榄、杉木、紫草、棕虫等，一些地方志如《黎平府志》也有关于侗族医药的记录。侗族的药物多是原生态的新鲜药材，或是山坡水沟、村后山林中自然生长，或是房前屋后群众日常储备种植，由于无农药化肥污染，大多疗效很好。林区还出产天麻、杜仲等名贵中药。

其他。侗族自古喜欢种油茶树，村寨前后漫山遍野种满了油茶，每年霜降前后采籽榨油。茶油，侗族称之为清油、素油，是群众日常偏爱的食用油，不管是炒菜，还是制作风味食品如炸阴米花、打油茶，都用茶油。《黎平府志》载："黎郡之油茶……满山际野，乡民采其果，榨取油……产于东路者，发往沅州，产于西路者，发卖于柳州，获利巨甚，乡民赖以资生。"可见当时侗族所种油茶不仅自己食用，还远销外省。

还有侗族地区多有种植的乌饭树，既是食品又可作为药物。乌饭树又名南烛，是杜鹃花科越橘属灌木树种。相关资料显示，乌饭树的枝叶含有的花青素、天然黑色素、花色苷等，在当代食品工业中都有特别重要的价值，花色苷还有重要的药用价值。乌饭树在侗族地区有着悠久的应用历史，侗族民间传统的保健食品"乌饭"，即用乌饭树叶泡水得出的汁浸泡糯米，蒸煮熟后形成油黑发亮的饭食，也称"牛饭"，据称食用之后身体能强健似牛。侗族还用乌饭树嫩芽泡茶饮用，有提神养生的功效。

各地林区还有众多林产品，如香菇、木耳等纯天然的绿色食材，亦是乡民日常食物的补充。

侗族群众还利用当地云雾多、光照柔和、昼夜温差大等气候条件广种茶树，日常饮用和制作油茶的原料茶叶也都是就地取材。

（六）对当地生物多样性的保护

有学者考证后认为，侗族食材同样具有极其鲜明的生物物种多样性保护功能。例如，水稻卷叶虫、飞虱、二化螟是水稻的主要虫害，林业中蝉、蝗虫、天牛等一旦大规模繁殖都将造成灾害，需要及时清除以确保粮食和森林的健康生长。侗族乡民采取捕食这些昆虫的方法，将其作为食材加以利用，在满足人类食品供应的同时又消除了虫灾，还能免去施用农药产生的次生环境污染。而且，侗族乡民的食用只是对害虫的数量进行了调控，并不会因此而导致这些昆虫的绝种。这些昆虫的存在除了满足人的生存需要外，还可以辅助更多生物物种的种群繁衍和延续，从而使得整个生物物种多样性水平不会因为人类的食用而受到损害。正是侗族传统的饮食习俗实现了物种多样性的保护。①

侗族传统自给自足的自然经济形式决定了他们大部分的生活物资，如茶油、竹笋、生姜、猎物的毛皮和肉等全都要从大自然中获取。②这不但是侗族人民饮食方面最朴素的生活智慧的总结，更是其传统生态智慧给现代城市人的经典启示——自然环境是我们获取生物资源的重要空间，我们在从自然界索取生活资料时，必须顺应需求而不盲目索取。

---

① 罗康隆、戴宇：《侗族饮食习俗的生态维护功能研究》，《黔南民族师范学院学报》2017年第5期。
② 杨昌岩、裴朝锡、龙春林：《侗族传统文化与生物多样性关系初识》，《生物多样性》1995年第1期。

三、衣——纯植物种织染知识体系

服饰是民族特质文化特征的重要标志之一，它与民族经济生活、地理环境、习俗都有很大关系。据文献记载，早在春秋战国时期，侗族的先民越人就发明了葛麻和苎麻，并用葛麻织成麻布、制作衣服，称"葛布"或者"洞布"。至唐宋，侗族妇女善于织布已远近闻名。李延寿编的《北史·僚传》就有"僚人……能为细布，色至鲜净"的记载。明清以后，随着棉花传入，侗族改为以棉拈线织布，但他们所用的麻布仍最为有名。清代黎（平）从（江）榕（江）交界处的六洞地区就以"花麻布、蛋"为正供。吴振棫《黔语》中也详细记载了各"洞"纳麻布的数量。

（一）棉花种植

传统侗族社会几乎每家每户都有棉花地，这是人们日常衣着的重要保证，姑娘出嫁时棉花地也是陪嫁之一。从前文农事安排中也可以看到，侗族妇女日常重要的农事安排就是整棉花地、种棉花、摘棉、纺织……每年农历三月翻整棉花地，去除地中杂草，让泥土充分晾晒之后，大约在农历四月播种棉花，有的地方如从江县朝利村还要专门把播种的时间定在农历四月初八。种棉时侗族妇女要包上糯米饭和鸭蛋到地头吃，意为棉花今后也像鸭蛋一样又大又白。播种之后挑粪铺地，并进行日常除草等管理，到农历八九月就可以收摘棉花了。采摘下来的棉花称为棉桃，棉桃去壳后即为籽棉，再进行粗加工。侗族妇女通常采用手动绞棉机去除棉籽，压得平平实实，每年十一月会有弹花匠走村串寨到家中来弹花，加工成棉片并卷成圆筒。侗族妇女自己再将其搓成条状，便可进行纺纱、织布。

（二）纺纱织染

织造布匹、靛染、刺绣是传统社会侗族妇女一生中最重要的生活技能，为了一家人的衣着，她们常年忙碌着纺织制衣，并将这一经验代代相传，算是这一颇具民族特色的纯天然植物型织染知识体系的发展、践行者。其纯棉手工纺织和植物性染料等环保工艺也为现代社会认可和推崇。

1. 植物性染料

植物性染料是人类最初认识到色彩后最容易发现和获取的染料，发展到后来，有的植物被人类长期栽培，有的仍然是自然生长。根据不同的生活环境，不同的民族有不同的原料。植物染料可利用的植物很多，如兰草、桐树皮、野板栗壳、棉花壳、朱砂根等，可利用的部分包括根、茎、叶、花、果等。侗族通常用将植物可用材料制成汁液的方法制成染料。一般根茎叶等用于染布匹，且用量较大，而花、果多用于染纱线，用量较少。

侗族所用布料染色也多采用蓝靛草为原料，即从蓼蓝中提取染料对织物进行染色，蓼蓝就是民间通称的蓝靛（草）。蓝靛是一年或多年生草本植物，含靛丰富，是应用最广泛和最重要的一种植物染料，也是我国古代人们很早就懂得使用的植物原料。我国古代所用的靛染植物，在自然界中又分很多种类，主要有蓝靛草、菘蓝（又称茶蓝）、槐蓝（木蓝）、马蓝（又称大青叶），它们都含有靛蓝素，是典型的还原染料，还原后的隐色素靛白。靛蓝染色在我国有十分悠久的历史，得到广泛的应用。[①]蓝靛草通常在每年清明以后栽种，五月整地埋墒、搭棚育秧，七至八月移栽。大多移栽在芋头地及箐沟边，以土质潮湿的地方为宜。蓝靛株高二至三尺，叶秆翠绿，其味芳香，独有特色，七至八月采割浸泡。靛染工艺中植物染料的发现和应用是黔东南苗侗民族文明发展史上一个重大的标志。

除了蓝靛草外，侗族较常用的还有一种植物染料，即侗语所称"嘎必良"，是山上野生的一种带刺的藤蔓植物，将其块茎挖出，洗净、切碎、浸泡，可得红色汁水，与蓝靛水搭配使用，可染出侗族喜爱的墨青色和绛红色织物。

2. 靛染工艺

靛染法是黔东南少数民族普遍掌握的方法，经过千百年的传承，染色技术已经非常成熟。用蓝靛染出的织物色泽以蓝色为主，经多次染色后，着色逐渐加深。这也是植物性染料的特点，其经多次浸染达到理想色度之后，织物色泽饱满、不易脱色。[②]因为蓝靛草是传统侗族染色必备的原料，因而侗寨几乎家家户户都种有蓝靛，

---

① 王斌、王君平：《蜀锦丝绸传统染色工艺——植物色素染色研究（上）》，《四川丝绸》2001年第1期。
② 贵州省民族事务委员会、贵州省民族研究所编：《贵州"六山六水"民族调查资料选编·侗族卷》，第478页。

多种在房前屋后或者田坎周围的边角地块，不占用大片的土地资源。

侗族衣料有"便布"和"亮布"之分，区别在于，便布经多次染色即用于制衣，亮布则还需多几道工序——白布经3—4次染色后，用木槌均匀用力反复捶打至发亮后，刷上鸭蛋清调制成的蛋液水，之后晾干。干后又要经过一次捶打和刷蛋液的过程，然后再加入蓝靛水浸染，晾干后用"嘎必良"染5—6次，再刷最后一次蛋液，再晾干，进一步加以蒸、晒……这样的过程重复2—3次之后，亮布制作才算完成。因为棉纱经捶打变得紧密，多重蛋液使其光亮且定型，因而亮布布面紧实不易沾灰，雨淋不透，在生产劳动中方便实用。

3. 环保功能

从原料来源的角度看，侗族靛染所用原料除了在制作蓝靛水时所需的石灰以外，大都来源于本乡本土自家院落，天然且安全——蓝靛草为自己种植，起染缸时所用的米酒是自己酿造，稻草灰来源于收割后留存的糯禾秆、水稻秸秆，鸭蛋也是自养家禽的产出，其他染料则在山坡上采摘。

从原材料成分的角度分析，蓝靛是从天然植物中提取的，与环境相容性好、可降解，环保功能是合成染料所不可比的。除染色功能外，蓝靛这种地道的植物染料还具有药物、香料等多种功能。在笔者对肇兴堂安侗寨的相关调研中，一位村民给科普了一下："我们说种的蓝靛草你们可能不知道是什么，但是告诉你们是板蓝根你们就肯定知道了。"原来染色用的蓝靛，竟然是板蓝根叶的提取物，后经查证，侗族人民作为染料的蓝靛的根确为中草药"板蓝根"的原材料，具有清热解毒、提高免疫力之功效。《本草纲目》中"浸蓝水"即为对其药用价值的解读："蓝水，染布水，皆取蓝及锻石能杀虫解毒之义"，有"除热，解毒，杀虫"之功效，能够"疗咽喉病及噎疾"。所以有研究者称"一件经过侗家主妇精心纺织、印染、缝制的靛蓝色侗服，其实就是披（套）在侗家人身上的一个'保健箱'"[1]。

从制作工艺的角度来看，侗族古朴的靛染工艺历史悠久，源远流长，根据可持续发展的观点，从环境保护、审美趣味的多样性以及文化生态学的角度来理解，靛

---

[1] 徐王娟：《侗族文献中的传统生态知识及其当代环保研究价值》，西南民族大学硕士学位论文2018年。

染可以避免使用化学染料染色的纺织品中的固色剂苯酚、甲醛等许多有害物质，并免除合成染料在生产和使用过程中都会存在一定程度的环境污染现象，有利于保护侗乡的生态。[①]

有研究者指出，"侗族地区的季风（性）湿润气候环境，很适合棉、蓝靛及其他作物的生长，为侗布制作提供了充足的物质来源"[②]，所以侗布是一种与周围环境相协调、与生产劳动相适应的生活用品。事实也确实如此，不管是人们亲自栽种的棉花，还是染色用的纯植物性染料，整个制作过程中，都最大限度地避免了化学质料等污染物的掺入，做到了纯天然生态化制作，体现了侗族最经济、最自然的生态意识。在服饰颜色的选择和印染方面，侗族人也以其特殊的生存智慧，始终追求着一种基于身体保健的理性选择。这种选择植物来染色的方式，本身就是创造与自然相和谐的表现，与自然生态融于一体的表现，也表达了侗族群众民顺应自然、与自然为友的生存态度。

---

① 冉婧、邹勇、刘辅娟：《黔东南苗族侗族靛染工艺研究》，《凯里学院学报》2009 年第 3 期。
② 罗冬梅：《透视侗族服饰的文化内涵》，《南宁职业技术学院学报》2008 年第 3 期。

第二章 以自然为本的生态思想
——自发、节制与教化

前述可见，侗族与自然的关系非常密切，他们的生活表现出"以自然为本"的特点：山林、水源、田地与侗族人民的生存之间呈现相互依存、和谐共处的场景；侗族传统的资源观指导着侗族群众对森林资源的节制利用；侗族先民一直以来遵循着控制人口、减轻土地和森林的承载负荷，在生存与发展中寻求资源与人口平衡的发展理念；传统农业生计和生活中兼具生态功能与生态效益的对自然资源的综合取用……

由于受自然环境的制约和知识水平的限制，侗族群众对自然的认知和顺应自然、利用自然等行为，多源于其"自然"之"本"：在意识上，他们崇拜自然、敬畏自然、神化自然；在行动上，他们生产生活中处处表现出模仿自然、回应自然的行为；在制度上，他们以民俗、侗款制度等最原始、最本真的形式保护森林、保护动物、保护自然。因此可以说，侗族是一个以"自然为本"的民族，换而言之，侗族文化中生态意识、生态行为、生态制度，都源于其蕴含在宗教文化、民俗文化、制度文化等之中丰富的生态文化思想。

如果说，前文所述的侗族群众在生存、择居、生计与生活等方面的种种行为是其顺应自然、与自然和谐相处的生存文化的体现，那么，侗族传统宗教文化则充分体现了这一民族崇拜自然、敬畏自然的生态意识，而下文所述的侗款和民俗则是其发自原生的本能而制定的一整套利用自然与保护自然并重的生态制度。侗族在无形中，从精神层面对山神、树神、田神的自然崇拜，到山地农耕、日常生活中对山林树木倍加重视的众多习俗，已经形成了一个完整的民族生态文化体系。这一体系中强烈的生态意识、节制的生态行为和完备的生态制度，充分体现了其以"自然为本"的生态思想。

正如有学者指出，一种文化，在还没有被人所接受和奉行，并最终成为人的自主观念和自觉行为的时候，其对人的作用表现为外在的、强制性的约束和指向；而当它成为人的自主观念和自觉行为之后，文化的作用便发生了质的变化，即成为人的内在的行为动力。这表现为在一定的社会文化范式内，人们不约而同地、自觉地、自发地在向该文化范式所规定的方向前进。从侗族群众对自然环境进行保护的自觉行动可以看出，其文化作用已经变成了一种民族的、人的内在精神力量，亦即文化的动力，也正是这种精神力量推动着民族与社会的前进和发展，规定着民族的社会和文化的特征——对一切自然资源的保护与合理利用。①

第一节　宗教文化之生态意识：万物有灵、天然敬畏

生态意识是人与自然和谐发展的一种新的价值观念。侗族的宗教文化主要包括宗教信仰、宗教崇拜、宗教禁忌等，集中地体现在人们的意识层面上。侗族崇拜自然、敬畏自然、禁止破坏自然的宗教文化，深刻地影响、左右着人们的思想意识，进而决定其行为方式。侗族人从出生、成长到去世，一生都是处在敬畏自然、"万物有灵"这种宗教文化的熏陶中。

首先是自然崇拜、尊重万物的朴素信仰。自然崇拜是指人们对自然物及自然现象的崇拜，其特点是人们把直接可以被感官察觉到的、最有影响力的自然物或者自然现象视作崇拜物。侗族先民最初的崇拜和信仰是人们赖以生存却又无力抗拒的大自然，因为对自然界的认识有限，他们认为自然界的各种现象都由神灵控制，于是以自然现象或者自然物为崇拜对象，并分化出各种类型的自然崇拜，包括自然现象（如风雨雷电）崇拜、水火崇拜、动植物崇拜等。在侗族地区普遍信仰多神，相信"万物有灵"，认为天地间的万事万物都存在神灵，神灵主宰人们的吉凶祸福，因此无论山川河流还是古树巨石，抑或桥梁水井，都是人们崇拜的对象。神树崇拜中的祭

---

① 张慧平、马超德、郑小贤：《浅谈少数民族生态文化与森林资源管理》，《北京林业大学学报（社会科学版）》2006 年第 1 期。

树、拜树（把自己的孩子过继给神树接养）、禁伐、忌用等，客观上起到了保护古树、保护森林，进而保护自然生态的作用。山神崇拜则是指侗族人认为山上的动物、植物等均有灵魂，所以人们集体上山打猎前，必须举行祭祀仪式，并由猎首背诵《打猎敬神词》。①

侗族人还认为，自然界的一些物体，如山、水、石、木等均有两种属性，看得见的叫躯体，看不见的叫灵魂。他们认为阴阳两界相互依存，组成了整个世界。他们崇拜的至高无上的神是女神"萨"，"萨"也被他们认为是创立村寨的始祖母。正是这种原始信仰和自然崇拜，让侗族人对大自然多了一份敬畏之心，使其在平时的生产生活当中，自觉地遵循着不触犯自然、不侵犯自然，与大自然和谐相处的原则。例如侗族民间规定不能乱砍村寨或墓地周围的古树，不能捕杀动物的幼崽，不能在动物繁殖期狩猎，不能杀死正在哺乳的动物，禁止猎杀在屋檐下做窝的燕子，在一个区域里要均匀打猎等。

侗族还崇拜自然现象，认为风雷雨虹、日月星辰等每一种自然现象都是神灵的安排，因而对风神、雨神、雷神等都极为崇拜，并将地震、洪水、干旱等自然灾害看作是人类的行为不当所招致的神灵的惩罚。②雨水对以水稻种植为主的农业民族至关重要。侗族人认为，雨水是由天神管理的，要让苍天下雨，必须求助于天神。"喊天节"就是这样发展而来的。虽然这是一种看似幼稚的民俗活动，但反映出了侗族人民对天的敬畏与无奈之情，也反映出侗族人民对自然力的尊重与服从。

其次是万物同源的传统观念。在侗族人民的心目中，人与万物同源，万物皆有其生命与思维，人类与世间万物都是自然之子，都是大自然长期发展的产物，都是自然生态系统中平等的一员。自然是人类生存与发展的前提，所以人与万物要和谐相处，如果人类对自然界进行过分的索取和破坏，会遭受万物的报复和惩罚。

侗族《起源之歌》中讲道："开天辟地之后，有四个龟婆来孵蛋，孵出松恩

---

① 陈幸良、邓敏文：《中国侗族生态文化研究》，第 72—78 页。
② 贵州省民族宗教事务委员会、贵州省科技教育领导小组办公室编：《贵州世居少数民族文化史》（卷二），第 169 页。

和松桑。他们不仅是人类的祖先，也是动物的祖先……"①古歌《侗族祖先从哪里来》里面也说，松恩和松桑婚配，生出了蛇、虎、熊、猫、狗、鸭、猪、鹅、雷和章良、章妹（代表人类）等十二个孩子。由此可见，在侗族先民的原始观念中，各种动物、自然天象和人类本是同宗共祖，它们都是人类的祖先。在这种认识的启示下，侗族人民一直认为天地人兽应当和谐相处，人类要生存发展，就必须顺应自然、和平共生。如果人与人、人与兽、人与自然之间失去和谐，就会导致人类遭遇灭顶之灾。他们认为人类应该遵循大自然的发展规律。自然是永恒的，是主体，而人的生命只是一个过程，是客体，人不能改变、破坏自然，人只能作为自然中的一种存在，只能遵循自然的规则，和自然一起生存和发展。因而，侗族长者在教诲年轻人时，常常以"细脖子阳人来到世上"作为开场白。这句话的表面意思是，人来到世上不仅赤身裸体，而且脖子细小柔弱，因而要依赖自然万物那口灵气来滋养自己，才能吃饭饭香。其中的深层寓意则是在阐述一个民族的处境观、生命观和自然本体观，在重申和阐明人与天地自然之间的主客关系，提醒"细脖子阳人"要摆正人在自然中的"傍生"位置——人诞生于天地自然，人依傍天地自然而生——侗家人于是有了"山林树木是主，细脖子阳人是客"的说法。②

第三是动植物崇拜。按照自然崇拜的观念，森林被理解为生命的源泉、权力的象征。在与森林生态系统长期的互动过程中，侗族群众逐渐形成和发展出有民族特色的森林崇拜和保护森林的文化传统。他们认为山上的动植物都被神保护着，都是"神的伴侣"，是"神的家园"里的生灵，这些"生灵"会以神的名义保护侗族人民免遭灾难，所以应该受到膜拜。此外，寨子内外的风水林、护寨林等也都被视为崇拜的对象。风水林、护寨林在侗族人心目中有着较高的地位，因此往往被人们加以神化。除了传统的民间规约外，许多寨子还在古树上钉上钢锅片以防孩子乱砍伤到古树。人们还十分重视树林的更新与添植。在一些地方侗族的传统中，一般人不能随意培植风水和保寨树木，而是要由上了年纪的人来栽种这类树木，尤其是像榕

---

① 陈幸良、邓敏文：《中国侗族生态文化研究》，第62页。
② 陈应发：《哲理侗文化》，第93页。

树这类树种，更是非要六十岁以上的人才能栽种。另外，侗族人民还认为神灵会依附在如银杏、樟树等植物上，这些植物能庇佑侗族村寨兴旺发达，因此不能随意砍伐和破坏，否则会触怒天神。①

侗族居住的地区过去原始森林密布，据《祖公落寨》等古歌描述，那里曾经是动物的王国、鸟类的天下。侗族人民自古以来就对动物、鸟类有着一种原始的情感，有爱护动物、敬爱鸟类的习俗，这种情感多来自人类与之自古以来结下的深厚感情。比如，侗族《族源歌》《九十九公合款》等古歌中都讲述了人和动物的祖先"松恩十二子"之间的故事，因为代表人类的章良不尊重生活在同一环境中的蛇、虎、熊、猫、狗、鸭、猪、鹅等兄弟，而遭到它们的一致报复，最后无家可归、几近灭亡。这类神话故事反映出侗民原始的生态观，即在人类生活的环境中，将生活在同一环境的动物视作同胞，大家在自然环境中相互依存，人类要善待动物、植物，否则自己也无法生存。这些观念千百年来为侗民所推崇，至今人们对蛇、虎等仍存敬畏心理，很多地方还对其加以保护。例如，为了表现人与动物之间亲切的伙伴关系，上山打猎时，祭过山神之后，要说"我们是上山来跟野兽玩的"，把打到的猎物带回村子时，要向山神交代："是用轿子抬它去我们寨子上做客。"再如，侗族是一个稻作民族，几千年的种稻历史，养育了世世代代，在侗族中流传较广的有关稻谷来源的故事之一就是《青蛙南海取稻种》和《狗渡海取谷种》。所以，对于青蛙和狗，侗族人也非常友好，禁止小孩虐待青蛙，认为那样会遭雷劈。对于狗更是亲近有加，把狗当成人类最忠实的朋友。② 牛是侗族人稻田耕作不可缺少的劳作工具，所以人们对牛也十分尊敬。可以说，侗族人对自然界的一切生灵都抱有着一种友好的态度，并力争和他们和谐共处于自然之中。侗族传说中认为杉树是燕子从南海带来的树种，而杉树在侗族人民的生产生活中有着极其重要的位置，因此他们认为这是燕子对人类的恩惠。所以，人们对燕子非常尊敬，不但欢迎燕子到自己的屋檐下筑巢，视其为吉祥的征兆，预示着自己家庭幸福和睦，更严禁孩子们捕捉、伤害燕子或捣毁燕

---

① 何丽芳：《侗族传统文化的环境价值观》，《湖南林业科技》2004 年第 8 期。
② 杨筑慧：《侗族风俗志》，第 158—176 页。

子窝巢。在侗族的一些传统建筑物如鼓楼、风雨桥中，都可以看到大量的鸟类的图腾标志，如仙鹤、凤等，由此可知，侗族地区自古就有着爱鸟护鸟的优良传统，在意识深处也认识到鸟类在维持自然生态平衡方面所具有的巨大作用。[1]

与上述生态意识相对应，侗族在千百年来与自然的相处、共存中还形成了源于宗教文化的禁忌文化——侗族先民对自然的崇拜和敬畏，也是对破坏自然环境后，所引起的作物产量下降、自然灾害频发等因果的反思结果。由于人们当时不能对这些现象作出合理的解释，因而将其归因于"神灵"对人的处罚，并希望通过一定的宗教仪式和禁忌，来强化人们保护自然的价值观。这类禁忌有许多，如禁止砍伐古树、禁止破坏风水林、禁止动用坟场的一土一木、禁止伤害鸟类和蜘蛛、禁止捕食青蛙和蛇等。千百年来在许多方面都已形成了一些比较牢固的禁忌观念，这些禁忌对生态环境保护、生物多样性保护等起到了法律规范、制度措施所不能比拟的积极的推动作用。[2]

正如李本书在《现代生存论语境下民族禁忌的生态伦理价值》一文中说的，动物禁忌和物种保护方面，由于侗族人的生活原料大多来源于动植物，对动植物有着一定的依赖性，是要取食于这些动植物的，所以他们会设立一些有关动植物的禁忌。正是这些特定的禁忌，使得许多动植物免遭人为破坏，从而有效地保护了动植物的多样性。[3] 可以看出，这些民间禁忌，在某种意义上有着一些与现代生态原理相吻合的地方，发挥着一定意义的生态保护作用。

第二节　生产生活中的生态场景：适度消耗、自我循环

侗族的生态文化在群众生产生活的方方面面均有体现。在日常生产中体现为对有限耕地的保护性适度开发和生产，生活中表现为每逢婚庆、节日、建房等大事的植树、伐树文化，以及传统的资源观指导下的资源利用行为等。

---

[1] 吴景军：《爱鸟护鸟的民族——侗族》，《民俗研究》2000 年第 3 期。
[2] 闵庆文、张丹：《侗族族禁忌文化的生态学解读》，《地理研究》2008 年第 6 期。
[3] 李本书、王海锋：《现代生存论语境下民族禁忌的生态伦理价值》，《伦理学研究》2005 年第 6 期。

侗族村落依山傍水的格局，坚持结合自然地形、不破坏自然形势的原则，体现出明显的生态节制意识，展现出侗族人民将田园、山水、林木、道路、村落、人家视为一个整体的人与自然和谐的理念。在侗家人看来，村落不是一个抽象的概念，而是由田园、山水、林木、道路、坟场、木楼、鼓楼等构成的物理空间，这其实就是一种民族文化的隐喻和表达形式，其所要表达的理念就是生态和谐。

侗家人以村寨为生活中心，在自己用心布局的生产和生活的区域，建立了相对稳定的人与自然群落之间的平衡关系。他们以"老树护寨""风水林""十八杉""母亲井"等朴素的生态理念为指引，有意或无意间构建着村寨及周边的森林生态体系和水资源生态体系。他们以传统的资源观指导着族人的资源利用行为，对森林资源的利用永远保持着节制，用轮歇制度、间伐制度精心维护和不断修复当地自然与生态环境。他们看似为了生存而不得已选择的分寨的行为，实际上是侗族祖先本着最古老的生态意识，对人口密度进行控制的有效方法。侗族没有特大规模的村寨，而是按照资源的多少来构建相应规模的村寨，其间蕴含了侗族群众对万物仁爱、强调生态平衡的维持，在生存与发展中寻求资源与人口平衡的传统生态理念。侗族千百年来在自身生态智慧基础上构建起来的稻作农耕生产模式，不但维护了侗族地区青山绿水的良好生态，更具有实施生态系统改良的能动禀赋，能够减缓水土流失的压力，减轻江河中下游的洪涝威胁，并帮助快速恢复江河下游受损的湿地生态系统。清水江流域特有的农林并重、林粮间作的生产模式更是兼具生态功能与生态效益。侗族人民在与当地生态系统互动的过程中，以其传统文化和生态智慧，使得当地在较长时间里保证了森林系统生物群落的物种多样性，并且稳定维持当地生态系统结构。

侗族群众取材自山水林田的衣食住行本身就是与自然生态融为一体的表现，也表达了侗族民众顺应自然、与自然为友的生存态度。"稻鱼鸭共生"系统在保证传统食品的特殊性及无公害的同时，也对侗族地区生态环境的保护起到了一定的积极作用。甚至侗家主妇精心纺织、印染、缝制的靛蓝色侗服都暗藏着侗族人民"服饰与自然环境统一、和谐共生共存"的生命意识，因为"这种选择自然植物来染色的方式，本身就是创造与自然和谐的表现、与自然生态融于一体的表现。这些无不证明侗族人民顺应自然、与自然为友的生存态度"。[①]生活点滴间蕴含了朴素的"顺应需求不过度消耗"的生存智慧。

侗族有着传统的节制取用以保平衡的生态认识。他们适量消耗动植物、适时采用自然资源，认识到要根据自然资源的数量与不同季节合理发展生产，以达到保持生态自我循环的基本要求。在渔猎中长期奉行"择而捕之，适可而止"和"抓大放小"的传统观念，在捕鱼、鸟的过程中，若毫不费劲地捕到鱼、鸟，或捕到太多鱼和鸟，都会认为是不祥征兆，轻则容易生病，重则导致死亡。所以族民都会尽量避免这种情况，在上山打鸟、下河捕鱼时，遇到受伤的鱼和鸟都忌捕捉。过去都柳江流域的人们所用的渔网，网眼都有一定的大小规定，最小不能小于二指，实际上就是给小鱼留一条生存之路。在九洞地区，人们上山捕鸟时，如果飞来的鸟儿太多，人们反而会收网回家，据说是因为如果无度捕捉，会引来老虎的偷袭。侗族传统习惯中对动物的猎杀和植物的采摘都持非常谨慎的态度。如民间禁止捕杀动物幼仔，也禁止在动物繁殖期狩猎。一定要猎杀时，也要选择一定年龄和性别的动物。人们采摘野生植物的对象主要是野菜、木耳、折耳根等不影响生物链的低等植物，并且在采摘时一般不会连根拔起，而是会有意留下根或者易于生发的藤蔓部分，以使其能够再生。这些民间说法也好，民间风俗也罢，其目的都是限制人们的行为，教导人们"择而捕之，适可而止"，引导人们有选择地进行渔猎，"取之有度，用之以时"，对自然资源的取用不要太贪心，要留下余种……凡此种种，无不体现着侗族先民的生态认知——只有人类和动植物保持平衡，两者才能并存。

一些传统的民族文化活动也留下了侗族先民富于生态意识、敬畏自然、力求和谐的印记。比如侗族有句谚语"山林为主人为客"就深刻地揭示了这个道理。他们称首次剥棕片为"开棕门"，"开棕门"的时候不能站着开，而要双膝跪地，口中念念有词："我开棕门，得罪树神，不敢贪心，只取三层。"剥棕片一般要由有经验的人来做，以免割深了或割多了而伤害棕树。这样的宗教仪式，或祭祀或敬神，就是要表达自己对自然的敬畏和自责的情绪。

---

① 何歆：《黎平侗族服饰研究》，东华大学硕士学位论文 2010 年。

又如，聚居在湘、桂、黔交界边境的侗族人民，每年农历三月初三这一天都要举行传统的"播种节"。"播种节"的来历也和一株古树有关——很久以前，为了不误农时，侗族祖先把寨子中央的一棵千年古油桐树视为"节气树"。每年当那棵油桐树开花的时候，就开始撒谷育秧，收成非常好。后来寨里一些游手好闲的青年为了能整天同姑娘们一起踩芦笙、坐歌堂，就偷偷地把油桐树剥了皮，古桐树慢慢枯死了，再也不能开花报春。结果全寨人错过了农时，农业歉收，吃够了苦头。全寨人共同商议，把每年农历三月初三油桐树开花的日子定为"播种节"，以提示人们莫误农时。

再如黎平、锦屏等侗乡很看重的传统节日"敬牛节"，人们为了纪念终身为人们辛勤劳动的耕牛，在每年农历四月初八这一天，不让牛下地干活，还要给牛清洁干净，喂好的饲料，甚至让它和人们一起享用乌米饭，以表示对牛的谢意。有的地方在这一天还要观测天气、预测收成，如果当天是晴天出太阳，则认为是牛王爷要给人间降吉祥。

侗族先民在黔东南山地生态中谋生存，除了发展出一套与之相适应的生计模式，也在山地自然环境基础上建立了一套独特的民间信仰解释体系。这一体系对各种自然现象和人在自然环境中的遭遇进行解释，与当地生态环境具有很强的内在耦合性，对于侗族人认识当地自然环境和在其中谋生极具指导意义。可以说，侗族传统的生态保护意识，从方方面面渗透于侗族地区人与环境的关系之中，潜移默化地不断调适和整合，在约束人们的掠夺性行为、保护环境和维护生态平衡方面起了积极作用。侗族人世世代代以其传统环保习俗和生态智慧，较为成功地维系着他们与自然环境的和谐共生关系，奠定了侗族传统文化环保特征的基础。这些环保习俗、生态意识至今仍在侗族群众的生活中发挥着平衡生态的功能。

第三节　民间文艺中的生态教化：人与自然同根共源

如前所述，在侗族人的观念中，人与自然不仅是资源关系，更是根源关系。自然孕育人类、养育人类，大自然是人类的亲人和伙伴，二者是不可分割的整体，自然和人一样，具有持续生存和健康发展的神圣权利。人有享用自然资源的权利，同时也有维护自然持续生存和健康发展的义务。人类需求的满足不应以损害自然为代价，如果人类只顾自身的权利，忽视自然的权利，不愿承担对自然的保护义务，必然导致自然的无情报复，最终结果只能是人类与自然"两败俱伤"。因而人类与自然只能和解，不能对抗。这种人与自然间的是非和善恶观也较多地体现在侗族的民间文艺中。

因为虽然有自己的语言但是没有本民族的文字，侗族的精神文化产品尤其是文学艺术作品，一直停留在口头创作的阶段，借助歌师和民间艺人的口口相传、口耳相传，通过民间文学（包括长篇叙事诗、神话故事、传说、歌谣、民谚等形式）和歌舞、戏曲、祭祀仪式等形式代代传承。这一几近原始的传播方式虽然有导致侗族文化发展滞后的负面意义，但从另一个角度来说，又有着保持原生态文化的质朴性的正面作用——从文艺作品中的直接表达内容便可直窥侗族的文化底蕴和精神特质。其中相当一部分作品蕴含着丰富的思想内容，体现了独特的民族风格，它们对尊重、敬爱、保护自然的行为进行表扬，对藐视、憎恨、破坏自然的行为进行鞭挞。通过观察、分析侗族的民间文艺，我们可以深刻地感受到这些观念久远的存在，兹举几例：

神话故事是侗族民间文学的重要内容，由于没有文字，许多神话传说、重大历史事件都被编成叙事歌、古歌传承于后世。这些叙事歌、古歌记载了侗族先民对自然界的认知和感知，以及他们所理解的人与自然的关系。侗族叙事歌相当丰富，既有《松恩松桑》《兄妹开亲》《龟婆孵蛋》这类关于人类起源的故事，又有《燕子和杉种》《神牛下界》《狗取谷种》等关于万物起源的故事，还有关于自然界生成的《救太阳和救月亮》等故事。侗族神话并不完全是凭空想象的，而是其原始情感的符号化，也是原初经验的符号化，它反映着远古先民认识自然、解释自然的愿望，是其生活经验的总结和生存境象的反映，凝聚着民族智慧的生态意义和价值。

侗族创世古歌通常以开天辟地、自然万物与人类的形成等为主要内容，如《嘎茫莽道时嘉》（侗族远祖歌）唱述萨天巴造天地的目的是"好让万物万类啊，能在地上空中好好地生长"。历史古歌如《四十八寨祖宗来源歌》《天府侗迁徙歌》则唱述了侗族先民以自然山水，特别是水，作为选择家园的重要标准，以表达其对"家园"的眷恋。在这些古歌中，自然是世界的中心，自然孕育生成人，是人类的母体，是人类的重要物质基础与存在载体。《人类起源歌》和《龟婆孵蛋》等叙事歌中说，人类的第一个男人松恩是由节肢类动物"七节"生下的，其先祖分别是"额荣—虾子—河水—蘑菇—白茵—树死"；而人类的第一个姑娘松桑，是龟婆在溪边孵蛋，扔了三个寡蛋之后，才由一个好蛋孵出来的。可见，在侗族的生命意识中，蛋生、树生也好，植物生、动物生也罢，人的生命是诞生于大自然并与大自然息息相关的。于是，侗族认为天地（自然）是孕育万物的"母体"，河流、山川、树木、花草等是由"母体"直接生育出来的，而人、鸟、兽、虫、鱼等是由"母体"滋养再生的。由"母体"直接生育的才是天地间的"主体"，而由"母体"滋养再生的只是"主体"的"客"，因此，天地间"山林树木是主，人是客"。[①]侗族从早期的神灵崇拜开始，就认为人的生命形式是与大自然相关联的，人是由生态系统中的某一链条或某一环节生成的。基于此，"大自然也像人一样有生命意识和生命形式"的认识，在侗族社会每位成员的生命意识里深深地扎下了根。

侗族善于以生动、鲜活而且富含某种价值、意义的说法，譬如谚语等口头文学来描述、概括其在生命生成和实践认知过程中，所总结出来的经验感受和智慧结晶。在另一首古歌里，侗族是这样描述万物生灵的来源的："万年以前，天地不分。大雾笼罩，世上无人。……云开雾散，把天地分。天在高上，地在低层。天有日月星辰，地有万物生灵。……远古时代混混沌沌，直到朦胧初开，才分天地，风云雷雨归天，土石人兽归地，太阳高照是白昼，月亮辉映是夜间……"[②]即是说，最初的天地是被大雾笼罩着的、天地不分的混沌世界，然后才开天辟地，万物化生。侗族先民关于世界来源于混沌和"雾"的思想，是他们对自然现象长期观察、体验而积累的经验结果，也与他们世代生活在温暖湿润、云雾笼罩的大山之中有关。这里的"雾"成了宇宙的"始基"和"本原"，因为有了"雾"，天地间才有万物生灵。生灵来

① 石开忠：《鉴村侗族计划生育的社会机制及方法》，华夏文化艺术出版社2001年版，第48页。
② 黔东南苗族侗族自治州文学艺术研究室编：《民间文学资料集：第一集》，1981年版，第68页。

源于"雾",此说与"山林树木是主,人是客"说的思维模式是一致的,即同属于神话思维模式或"神话理性"模式,也就是"神灵"崇拜思维模式。侗族的"神灵"崇拜,其实就是一种人与自然(包括推衍意义上的人与人、人与社会)的特殊对话方式,这种带有神秘色彩的对话方式,把人和自然、人与人、人与社会看成是互相包含、渗透、交融的整体,认为人与"神灵"具有交互性的对话关联,人与"神灵"间的生命意识和生命形式是动态生成的。在侗族看来,"神话"与"诗意"般的生存境界,其实就是一种"生态境界"。由此,他们有了自己的精神理想,有了属于他们的"精神生态资源"。属于他们的这份"精神生态资源"有一个显而易见的突出特征,那就是以他们的生命情感和道德激情去回报大自然"母亲"的馈赠,于是,他们以动听的歌谣、感人的故事传说去歌颂"母亲",礼赞"大自然"。[1]

　　侗族古歌显示了在自然与人类二维关系下,人类的主体性呈现不断发展的趋势。一方面,侗族古歌表现人类不断向外探索自然,《侗族史诗·星郎为物之原》、款词《人的根源》等涉及巨人、始祖垂死化身为自然的说法,以人来反观自然界;《侗族史诗·事物来源》等则涉及人类在生产生活的需要中,不断认识与利用自然的内容,如《鲤鱼之原》唱述侗族先民擅长在稻田里养鱼,将农业与饲养业立体结合,最大限度地利用资源,以满足对食物的需求,"形成了人与自然的和谐相处,达到了源于自然回馈自然的基本目的"[2]。另一方面,侗族古歌呈现了人类在探索自然的同时,对自身的不断反思。如贵州黎平侗族古歌《我们的祖先江西来》唱述祖先迁徙到黔东南,曾放弃好居所而继续迁徙,后来却发现原来的田坝很大而感到后悔,"后悔不该选精又挑肥"。在侗族古歌中,人类在自然世界中生存,同时不断认识自然、探索自然、利用自然。自然界作为人类主体性成长的文化镜像,构成了人类生产生活世界、意识精神成长世界的基本二元结构,两者和谐相处,互为借鉴参照,共同发展成长。人类主体性的强大,以对自然界的深度认识能力级数作为基础和依据,而这又与自然在侗族社会文化中的地位、价值成正比关系。进一步说,侗族古

---

[1] 朱慧珍:《诗意的生存:侗族生态文化审美论纲》,民族出版社 2005 年版,第 72 页。
[2] 吴嵘:《贵州侗族民间信仰调查研究》,人民出版社 2014 年版,第 13 页。

歌反映了人与自然呈现交互主体性，人类在不断地思考自然、超越自然。[①]

又如，因为不能理解日月星辰的运行规律，侗族先民总是害怕失去自己赖以生存的太阳、月亮，于是有了《救太阳》的神话：恶魔商朱用棍子打落了太阳，天地顿时一片黑暗，有两兄妹，哥哥叫广，妹妹叫搁，他俩去救太阳。搁被恶魔吃掉了，广留在天上，每天拉太阳一次，从此形成了白天与黑夜的循环。《救月亮》则说的是魔王变成了月亮上的大榕树，遮住了月亮。一位名叫曼的侗胞背着箭和砍刀登上月亮，砍倒了大榕树，并从此留在月亮里保护月亮。纯朴的《救太阳》《救月亮》的故事正是侗族先民渴望自然和谐思想的反映。

再如，在湘、黔、桂交界的三省山坡南面，有一条日夜流淌的孟江河，河畔有一个叫巴团的侗寨，至今仍流传《祖母树》的传说：

从前，巴团寨对面有一棵老祖宗栽种下来的古树，人称"祖母树"。人们对这棵"祖母树"非常尊敬。有一天从远方来了一位木材商人，在"祖母树"下歇息，睡到半夜醒来，听见这棵老树在跟着她的"树儿孙"们说悄悄话。商人断定这是一棵神树，于是到了巴团寨灌醉了寨老们，花大价钱买下这棵神树。砍树的那天，天忽然下起了雨，老板雇来砍树的壮汉抡起斧子砍下去，树皮只裂开一点，斧子一抽开，树皮又合上，古树完好如初。老板只好请来巫师念咒施法，折腾了三天三夜，古树才被砍倒。神树倒下来的那一刻，雷声大作，大雨滂沱，河水猛涨。商人用绳索五花大绑拴着古树往河下游拖去，很快就在大浪中消失了踪影。"祖母树"被卖掉后的一天夜里，一场大火烧光了除了寨子中间的那栋吊脚楼外的三百多户人家。幸免于难的正是全寨人分发商人买树银时分文不要的那户人家，人们这时才想起这场灾难原来就是卖掉"祖母树"欠下的孽债。从那以后，人们定下寨规，凡是老祖母、老祖公栽下的树，人人都要倍加爱护，而且每家每户每年都要栽种新树。《祖母树》的故事告诫人们：那些否认自己的自然根基，蔑视自然生态规律，践踏自然生态之

---

① 王红：《四维的生态和合之美：侗族古歌研究》，《中央民族大学学报（哲学社会科学版）》，
2019 年第 2 期。

美的人，必然沦为被自然惩罚的罪人。[1]

又如，侗族《劝世歌》唱道："祖祖辈辈住山坡，没有坝子也没河。种好田地多植树，少生儿女多快活。一株树上一窝雀，多了一窝就挨饿。告知子孙听我说，不要违反我《款约》。家养崽多家贫困，树结果多树翻根，养得女多无银戴，养得崽多无田耕。女争金银男争地，兄弟姐妹闹不停。盗贼来自贫穷起，多生儿女穷祸根。"[2]古歌用生动的比喻、拟人的手法告诫族人要正确处理自然环境与人口的关系，如果处理得不好就会出现很多社会问题，对族群的生存和发展不利。

除了古歌、神话传说，侗族民间歌舞也富含生态哲理。侗族人民自古有"饭养身，歌养心"之说，侗乡处处遍布歌堂，许多民族文化通过侗歌得以流传。侗族艺术精华的代表之一便是侗族大歌。侗族大歌是侗族民间世世代代以心口相传的方式流传下来的、具有独特完整的多声部复调音乐体系，属于自然原生的民间合唱音乐。侗族大歌广义上说是侗族多声部民歌的总称，狭义上说是指侗族多声部合唱里最古老、最丰富的一类。侗族大歌现在主要流行于南侗地区的贵州省黎平县大部分，及从江、榕江、都柳江以北地区。我们在这里且不讨论其细分的种类、唱腔，只讨论其中蕴含的生态意象。关于侗族大歌的起源有很多传说，最广为流传的说法是，很久以前，一群后生和姑娘在山上劳作，休息时坐在树下说笑。他们的笑声逗乐了山上的百鸟百虫，顿时百鸟齐唱、百虫齐鸣，声音有先有后，声调有高有低，此起彼伏。后生和姑娘们被这些美妙声音吸引住了，他们侧耳细听，然后不自觉地开始模仿各种虫鸟的声音学唱起来，越学越起劲，越学越有味，一天复一天一年复一年，就诞生了《三月歌》《知了歌》《布谷鸟》等"嘎所"（"嘎"即指歌，"所"有声音、气息、嗓音之意，汉译即"声音大歌"）。侗族大歌之所以被称为"人与自然的和声"，正是因为其演唱起来如行云流水、百鸟争鸣，好似把人带到了一个依山傍水、鸟语花香之境，而这也正是侗家人生态环境的真实写照。

大歌中有一类标题常冠以昆虫鸟兽或季节时令，如《蝉歌》《青蛙歌》《山羊

---

[1] 朱慧珍：《诗意的生存：侗族生态文化审美论纲》，第 76 页。
[2] 石开忠：《鉴村侗族计划生育的社会机制及方法》，第 81 页。

之歌》等。这类大歌多以生产和林间鸟兽的活动为主要内容，真实再现了侗族人民热爱生活、热爱自然的思想情感。其中《蝉歌》是一首较为有名的声音大歌，它"以大森林中的蝉鸣为主，配以鸟啼、流水潺潺之声，高低音之间运用鼻音、半音、喉音等多声部互相渗透，交叉配合，使之形象生动地表现了百鸟欢鸣、溪流淙淙的大自然美好景观"①。

此外，许多大歌的歌词中也不时穿插着关于生态伦理的教育之辞。如《我唱支歌劝后生》中以"……不能放纵自己乱杀三牲。上山开垦，不只选好地，大树小枝都应理整齐……"劝诫青年人要"心善"才能"成好事"。《放天晴》中唱道："天放晴，山间蝉儿放声鸣，蝉儿妈妈它在枝头唱，细小蝉儿飞上树尖吟。蝉儿妈妈低声唤情伴，小蝉树尖高声也把伙伴寻。……二月尾，三月到来雷电大雨水淹田，母牛耕田忙碌还把幼儿叫……"展现了一派田间牛耕、林中蝉鸣的和谐景象。

侗族诗歌、民谚中也随处可见生态意蕴。《中国少数民族民谚集成》中，记录了许多的侗族"农事歌""岁时歌""农谚歌""二十四节气歌""活路歌"，如剑河侗族《岁时歌》："正月去了二月来，三月下秧四月栽。五月禾苗惹人爱，六月禾谷正怀胎。七月稻花开满田，八月白露收田来。九月美酒桌上摆，十月小春暖心怀。冬月大雪铺满地，腊月大寒迎春来。"天柱县侗族《节气谣》："正月立春雨水，二月惊蛰春分，三月清明谷雨，四月立夏小满，五月芒种夏至，六月小暑大暑。七月立秋处暑，八月白露秋分，九月寒露霜降，十月立冬小雪，冬月大雪冬至，腊月小寒大寒。一年十二个月，每月两个节气。农业莫误时节，丰收全家喜悦。"②《种田劳动歌》："正月种田立了春，锄头撮箕不离身。开荒砌坎捶田坎，田不漏水保收成；二月种田惊蛰天，找起犁耙去耕田。……三月种田是清明，……错过季节无收成；四月种田四月八，小满急忙把秧插；五月种田把秧薅……"③其中直接反映侗族人民的生产劳动的内容，也体现并传承了侗族作为农耕民族千百年来不断完善

---

① 杨筑慧：《侗族风俗志》，第176页。
② 中国民间文学集成编辑委员会、中国歌谣集成贵州卷编辑委员会编：《中国歌谣集成·贵州卷》，第515—516页。
③ 张泉等：《民歌》，贵州人民出版社2014年版，第179页。

的民族智慧。各地民谚也多有体现农林兼作的生活，如"保家靠田，发家靠山""栽树不育林，栽了也白栽，只见娘怀孕，不见崽上街""开田栽秧望打谷，高坡栽树望起楼""无灾人养树，有灾树养人"。还有体现林业技术的内容，"一分造七分管，一时造，长时管""靠山吃山要养山""有树得有苗，有苗得有种，种优则苗壮，苗茁则树壮"。更有提醒注意保护生态的内容，如"砍树注意倒，砍大莫伤小""有林田不干，天旱雨淋山""砍树挖篼，日后发愁""一年烧山十年穷"，这些诗歌、民谚在生产生活中，使侗族群众潜移默化地受到农业知识和生态伦理的教化。

第三章　侗族习惯法中的生态规制
——默契与共识

如前所述，侗族与自然的关系有着"以自然为本"的特点。在意识层面，由于受自然环境的制约和知识水平的限制，侗族人崇拜自然、敬畏自然和神化自然；在行动上，表现为利用自然、道法自然和顺从自然。不可忽视的是，侗族还有自己特有的一整套利用自然与保护自然并重的生态制度，同样延续着"自然为本""生态为本"的文化特征。强烈的生态意识、节制的生态行为和完备的生态制度，共同构成了侗族"三位一体"的生态文化思想。[①]

法国学者布律尔在其《法律社会学》说："还未产生文字的原始社会必然生活在习惯法制度下。"进入阶级社会后，习惯法仍普遍存在。侗族地区的"乡条侗理""乡有规、侗有理"，侗族人根据生产生活经验创造的民间规约，以及许多成文的或不成文的规定和风俗习惯，都是习惯法的一种存在形式。它们既是侗族群众在劳动和生活中达成的默契或共识，又是一种公认的行为规范或惯例。这些规范或惯例构成了特定共同体社区的地方性制度。在国家制度还没有完全深入或左右其经济活动的侗族地区，这种地方性制度就成为侗族内部经济活动的秩序安排，推动经济活动的有序进行。在这些古老的制度、规定和习惯中，同样包含着大量关于生态文化的内容。

第一节　款、侗款与款约：铭刻于心的族群秩序安排

当侗族发展到以生产、生活资料私有制为基础的社会时，"阶级划分尚未鲜明，贫富悬殊尚未突出，从事社会管理的专门管理机构和人员也尚未产生，国家机器尚

---

① 陈应发：《哲理侗文化》，第 77 页。

未出现，氏族长老、寨老或部落酋长等在政治、经济、文化领域中仍然起着十分重要的作用，由国家颁布的法令、法律和法规尚未产生或尚未起到实质的作用，而传统习惯及与这种习惯相联系的习惯法就是维系社会稳定和正常运转的主要规则。于是侗族的'款'组织以及相关约法款便在这种情况下应运而生了。"①

何为"款"？简单地说，"款"是位于黔、湘、桂毗邻地区的侗族村寨中具有农村公社性质的社会组织，亦是侗族人民的自治和自卫组织。"款"分"大款""小款"，"大款"由一二十个毗邻村寨组成，"小款"由三五个村寨组成。直到新中国成立以前，侗族仍过着结款自治、联款自卫的生活，是一个"有款无官"的社会，因此，侗族社会也被称为"一个没有国王的王国"。"款"是侗族社会特有的产物。凡参加款的村寨，彼此间有互相支援的义务和监督执行"款约"的权利。款有款首，称为"蒙"，下面还有"宁老""荆老"等，一般都是一家族或一村寨之长，或由有威望、办事公正、熟悉款词的老人充当，不世袭。款首的主要职责是负责"讲款""开款""聚款"和"起款"。"讲款"就是召集款民在鼓楼坪前，在庄严的仪式下，由款首讲解款规款约。款首每讲一句，款民即呼应一次，表示赞同和决心。"开款"是款民中有违犯款规款约的行为时，由款首召集全款区的款民，当众讲明当事人违反款约的行为和造成的损害，并由款众集体裁判。款首不擅作主张，款规款约面前人人平等。最后的处罚办法要款民一致同意才行。如有异议，协商不成，则采用"神明"裁判方式决定。"聚款"往往是款首带领款民聚集一堂，共议款规款约大事。"起款"则是一种实现联防自卫的军事行动。②各款之内所立款约款规较为丰富，有款词、款约、款歌、款碑等多种形式，内容涵盖侗族历史、军事、政治、自然、信仰、风俗等各个方面。因为贴近群众生产生活，所以对民众的日常行为具有重要的约束作用。如有人违反款约就要依据相应的条款进行惩罚。侗族的约法款主要体现在款约中的"六面阴""六面阳""六面威""六面厚""六面薄"等，内容包括从族规、

---

① 陈幸良、邓敏文：《中国侗族生态文化研究》，第 186 页。
② 余贵忠：《少数民族习惯法在森林环境保护中的作用——以贵州苗族侗族风俗习惯为例》，《贵州大学学报（社会科学版）》2006 年第 5 期。

族约到社会治安、民事、刑事、生产管理以及封山育林、保护庄稼等，各个方面都有具体条款，并分别规定了对违反款约行为的轻重处罚。这些款约长期作为侗族地区内部处理各项纠纷或进行裁决的法定依据之一，在侗族社会的安定治乱、惩善扬恶、保障经济等各方面起到了传统习惯法的作用。

"侗款"或"款约""款规"的形式有无字识约、口碑识约、碑刻规约、文本规约等。最早的是无字识约，也是侗族最古老的规约形式，产生于侗族尚且没有文字的历史阶段。随着汉文传入侗族地区，渐渐出现了碑刻规约、文本规约。长期以来，这些款约款规不仅在维持治安方面发挥着巨大作用，还在保护侗族地区生态环境方面有着重要功能。

侗族十分重视对年轻一代习惯法观念和意识的培养、普及和深化，在他们看来，习惯法观念是民族意识的重要部分。因此，他们将对年轻一代进行信仰习惯法、遵守习惯法、维护习惯法的教育看成是培养本族人才的重要内容。在日常生活中，他们十分注意将本民族的行为规范用口授、格言谚语、宗教知识教导等方式进行传播，并且利用对违反习惯法者进行处罚的场合讲解本民族习惯法的精神和具体内容。通过各种生动、具体的事例和形式强化本民族成员，特别是年轻一代的习惯法观念、习惯法意识，使之家喻户晓，深入人心。由于每个人从一出生起就接受这样一种教育，他们中的绝大多数人从小就明白了要遵循这些习惯法的道理，将违反这些习惯看成是一种耻辱，明白违反行为是伦理不容的，这样的思想随着年龄的增长和对习惯法的不断深入理解与执行，逐渐铭刻在心。

第二节　形式多样的民间习惯法：人与自然的约定俗成

一、"裁岩"——环保原始"石头法"

在"万物有灵"的初民社会里，侗族先民大概因岩石的坚固与永存性而对其产生了崇拜，进而把岩石视作习惯法的化身。起初，人们仅是对着天然巨石起誓，并表明永不违背誓词。及至原始社会晚期，因社会纷争日渐增多，光靠誓词来解决众多纷争已力不从心，先民们开始尝试新的方式：通过盟誓立定行为规则恐空口无凭，便用栽石头的方法来确保盟定的规则如石头一般坚固、永存和神圣不可犯，同时强化和唤起人们对共定规则的记忆。此后，凡是违反规则者，均要将其带至该石头前定罪论处。这便叫"栽岩"，侗语称"进石进岩"，其意是以石为证。"栽岩"体现出来的习惯法称为"岩规"。"栽岩"是侗族社会比较原始的行政管理制度和习惯法，由于没有文字，其所代表的内容只能由人们口耳相传。随着社会的进步、区际交流的增多，人们制定的规则或约定不断得以互相学习和完善，"栽岩"也随之增多。侗族村寨在修改过时、无用的规约，制定新规约时，由于条件的限制并不经常栽岩，而是把民众召集到祖先早已定下的地方，通过一定的仪式重申古已有之的埋岩规约，或根据现实情况的变化，补充一些新的内容。当地的寨老在讲述时，还会同时用右手握着的一根插钎向面前的那块岩石凿去，背几句，凿几下，因此许多栽岩上有深浅不一的刀斧印，都代表着不同的内容和执行的案例。古代侗族社会断案常有"依某某石"所附着或代表的规约来裁决的说法。这些"石头法"中有为数不少的规则是关于山林生态环境保护的环境生态习惯法，可称为环保"石头法"。[①]如今的一些侗族村寨仍然保存了不少无字的环保"石头法"，其中最有代表性的应当是从江庆云寨的环保"石头法"。该"石头法"内容是关于封山育林、禁止乱砍滥伐的。它虽然没有文字，但只要人们一看到该岩石就知道它们的具体所指了。而今当地山上林木葱茏，郁郁苍苍，美不胜收，栽岩所确立的环保"石头法"功劳不小。

二、"款约碑"——刻在石头上的契约

在汉文字进入侗族社会之后，侗族民众开始将各类款约用文字体现出来，为了保证世代遵守，有的侗寨还将这些通过民众协商制订的乡规民约，或者其他一些规范性条文刻在石碑、木牌上，以提示众人共同遵守。这些石碑、木牌被称为"款约碑"，亦称"款碑""岩规"，实质就是碑刻类习惯法，是侗族地区由口头法文化演变为成文法的最初形式。它不再是一块岩石记述一个或者数个内容，而是把规定罗列成条，刻在石碑上，有的石碑还记录了主管部门，初步具备法律条文的性质。

---

① 刘雁翎：《贵州侗族环境习惯法渊源研究》，《西南政法大学学报》2009 年第 5 期。

这类石碑多立在大路旁边、寨子中央或者鼓楼中心等显眼位置，以便大家随时学习。

黔东南侗族地区的款碑极多，多立在山间、路旁、寨口或庙后。款碑大多自明清尤其是清朝年间留存下来，碑刻内容大多是有关山林保护的。因为木材是经济的主要来源，侗族群众自然形成了植树造林、保护林木的优良传统。

贵州从江县增冲寨的鼓楼里有三块残缺不全的岩规，其中有一块刻于清康熙十一年（1672），是目前侗族地区所能看到的刻有文字的最早的款碑之一。这是高增地方款组织落实大款联合时所订规约的"款碑"。其中有"偷棉花、茶子罚钱六千整""伤柴、瓜、割蒿草，火烧山，罚钱一千二百文"，失火烧毁自家的房子要"用猪两头退火神"，若祸及"四五家、十余家，除猪两头，外加铜钱三百二十三千文"等惩罚偷盗、放火烧山的规定。

清朝和民国年间立于锦屏、镇远、黎平一带的不少碑文也记载着侗族保护森林的规定。清嘉庆二十五年（1820）立于锦屏县九南乡的一块碑文载："水口，放荡无阻，古木凋残，财爻有缺。于是合乎人心捐地买界，复种植树木。"碑文中记有 20 人捐买一片山地造林，并规定"一禁大木如有盗伐者，罚银三两，一禁周围水口树木一栽之后，不准砍伐枝丫。如有犯者，罚银五钱"。

黎平县南泉山大佛殿后侧墙壁镶有一块立于道光七年（1827）的"永远禁示"石碑，记载了黎平士绅乡民对林木的珍视和爱护，同时也起着警示后人的作用。碑文曰："兹有不法山僧暗约谋买之辈，私行擅伐。合郡绅士，因而禀命于予，除分别惩治外，理合出示晓谕，再行勒石，以垂久远。自后山中凡一草一木，不得妄伐。"[①]

道光十八年（1838）立在镇远县金坡村的"乡规民约碑"规定："日后不具内外亲及贫老幼人等，概不许偷盗桐茶盗砍木植，一经拿获，罚银五百文。偷窃杉料材木，加倍处罚。"[②]

同治八年（1869）贵州省黎平县潘老乡长春村立下的碑文载："吾村后有青龙，林木葱茏，四季常青，乃天工造就之福地也。为子孙福禄，六畜兴旺，五谷丰登，

① 黎平县林业局编：《黎平县林业志》，贵州人民出版社 1989 年版，第 7 页。
② 徐晓光：《款约法：黔东南侗族习惯法的历史人类学考察》，厦门大学出版社 2012 年版，第 172 页。

全村聚集于大坪饮生鸡血酒盟誓，凡我后龙山马笔架山上一草一木，不得妄砍，违者，与血同红，与酒同尽。"[①]

　　还有现存于锦屏县彦洞乡彦洞村的"流芳百世"碑，立于光绪三十年（1904）："为此示仰军民人等一体知悉：自示之后，如有该地方栽蓄杉桐油蜡等树，不得任意妄行砍伐及放火烧山，牧放牛马践踏情事，倘敢遵，仍蹈旧辙，准该乡团等指名具禀，定即提案重惩，决不姑（息）宽容，宜禀遵无违，特示。"[②]

　　民国二十八年（1939）立于黎平县水口区南江乡勒石刻碑："制定保护山中草木不容败坏之民规约，好人必赏，恶人必罚，特坏人必处，赏罚严明；徇私者必究，轻犯者，必登各家各户请罪；重犯者，由寨老没收其产业。"[③]

　　黔东南榕江县侗族地区大量的林业碑文记载了当地人们植树造林、爱树护树的良好习惯。据光绪二十年（1894）"古榕碑"记："榕之根深叶茂日甚一日，吾村之生计亦将如日之升。……此树往来君子避暑之树，不许乱伐"。用茂盛的榕树比喻村寨的生计蒸蒸日上，因而严禁任何人砍伐，以免影响到村寨福祉。[④]

　　贵州榕江高兴村的"百世流芳"碑刻有"一议：不偷砍柴山、放火烧山，如有不遵，罚款一千二百文；乱割叶子，罚钱六百文"[⑤]。

　　因为地处偏远山区，多高山坡地，耕地资源有限，所以土地资源很珍贵，侗族人民对于土地资源也十分珍惜。榕江地区一碑文中就禁止随意乱挖新土，破坏土地资源："一议：众山不许新来人乱挖新土""革昆、歇气坳二处山坡，本放牛之地，凡近田边，不许强挖寸土"。

　　还有关于防火的碑刻。从江县往洞乡"平楼议款条约碑"所列第 7 条："村民意外引发的火灾损失，2000 元以下罚款 5000 元；损失在 2000 元以上（含 2000 元），最低罚款 5000 元，上不封顶，款首、款师或寨老等确定罚额。儿童引发火灾责任

① 蒋红星：《侗族民风一瞥》，《森林与人类》1995 年第 3 期。
② 喻见：《贵州少数民族地区生态文化与生态问题论析》，《贵州社会科学》2005 年第 3 期。
③ 黔东南苗族侗族自治州地方志编纂委员会编：《黔东南苗族侗族自治州州志·林业志》中国林业出版社 1990 年版，第 161 页。
④ 张子刚：《从江石刻资料汇编》，从江县文体广播局（内部印刷）2007 年版，第 31 页。
⑤ 喻见：《贵州少数民族地区生态文化与生态问题论析》，《贵州社会科学》2005 年第 3 期。

由父母承担。"①

对于水资源，侗族群众也相当重视。过去侗族地区很多井在修建以后还立有井碑，碑文一般都是主要论述修井人的善行和功德，让人们"吃水不忘打井人"；有的是对于维修水井和一些日常禁止性规定；也有的刻有"上中下三口井，上井饮水，中井洗菜，下井洗衣，不得乱用"等保证井水卫生的行为规范。

天柱县三门塘下游五华里的大冲现存一块乾隆五十七年（1792）的碑刻，立于大冲河畔细草坪上，上面记载了官府的具体案件的判决书，虽然碑中没有写明该碑竖立者，但可以推知是官司胜诉一方为固化官府判决结果，达到永绝纠纷的目的而立的："查讯得袁克恒、秀清、德凤、光辉、士贤、生员盛欧、世经等以强砍古树等情，具控杨裕远等一案……砍倒重杨树四苑，约大四五尺不等，此树想因培植风水所蓄……其树乃先年所蓄……断今仍于原砍之处蓄栽树木，以培风水……竖立石碑，永绝讼端可也。"

侗乡各类款碑中关于生态保护的规范对处罚措施规定得细致明确，执行起来较为方便快捷，强调人人遵守垂范，严格实行对违禁者"罚银送官"的处罚，这对该民族乡村生态环境的保护和人们生态意识、环保理念的树立与增强意义重大，有力地保护了侗族地区的生态环境。而今清水江流域有上述碑刻的地方，几乎都是一方生态胜景。

三、约法款——侗族原始生态法规

清初开始有了汉字记录的"石碑法"，各类文本镌刻的内容既有乡规民约（寨法）、款约法，又有官府法令，官府法令中又有经政府批准立的告示碑，也有村民为达到自己的目的自发竖立的官府禁约碑等。侗族地区官府为了推行政令，也将"告示""禁条"等重要的地方法勒于碑石，不仅能让百姓遍晓，还能使政府法令"垂诸久远"。此外，当地群众有时还将官府的纸质布告和判决书刻在石头上，以引证国家有利于自己利益的法律来保护自己，防止地方官吏、乡绅的肆意压榨或诉讼另

---

① 张子刚：《从江石刻资料汇编》，第20页。

一方的翻案。更多的则是侗族款组织的大量的"款约",它将过去的口头传承变成汉字刻碑加以记载。[1] 此处的约法款主要是指以文字记载下来的各种相关规定,指侗族民众在长期的生产生活中,从实践经验中总结出来,用以调节人与人之间、人与自然之间的社会关系或矛盾关系的具有裁判、调整和教育功能的规范的总称,其中亦包含了相当数量的环保法、生态法内容。这些环保法、生态法对"侗族民众的生产生活中的社会关系、人与自然关系进行调整,以时间、空间、族群为基点对侗族民众的民居生存权益、山林使用权益、劳作活动等进行调整与规控,并以款组织等作为根本的权威和后盾,有效地震慑了民众的不法行为和犯罪活动,维系了侗族民众和谐的生活环境"[2]。

侗族民众非常重视对生态环境的保护,在约法款中对违反生态环保方面的惩罚有着详细规定。侗族传统社会的"款"从实质上看就是一部维持社会基本秩序的地方性制度。虽然湘、黔、桂等地流行的款约不尽相同,但基本内容都大同小异,并且因为各地侗族的一大共同点是将森林视为"衣食父母",并把森林、土地、人及万物等放在一个共生的、相互关联的生态体系中。侗族习惯法中有许多保护森林资源的规约,同时也有一些保护水源、水利设施及禁渔、禁猎等自然生态环境保护方面的内容,并都列明了相应的惩处条款。

如黔东南侗族广泛遵循的环保侗款中六面威规的"六层六部"规定:"如若哪家孩子,鼓不听捶,耳不听劝,不依古理,不怕铜锣。他毁山毁冲,毁河毁溪,毁了十个山头的桐油树,毁了十个山头的杉木林。寨脚有人责怪,寨头有人追查,寨中有人告发。我们就跟他当面说理,我们就给他当面定罪。是真就是真,是假就是假。是真就共同查办,是假则共同纠正。哪怕他告到龙王殿上,哪怕他告到州府县衙,哪怕他骨硬如钢,哪怕他筋韧如铜,我们也要把他敲碎,我们也要把他捶熔。"[3] 惩处的办法多半是由各村各寨自己制订、自己执行,如砍树要补种若干棵树,毒鱼

---

① 徐晓光:《款约法:黔东南侗族习惯法的历史人类学考察》,第 30 页。
② 吴大华、黄孝慧:《侗族地区生态文化的法人类学解释》,《广西民族大学学报(哲学社会科学版)》2016 年第 4 期。
③ 邓敏文、吴浩:《没有国王的王国——侗款研究》,中国社会科学出版社 1995 年版,第 79 页。

要向全寨公众检讨，等等。这种处罚多半是由本家或本房族的父老或兄弟监督执行，这样就既教育了本人，又教育了群众。

又如，黎平县的"十洞"十三寨的侗歌文化。早在清朝乾隆二十二年（1757），竹坪、岩洞、述洞、新洞、朋洞、铜关、寨拱、四寨、坑洞、迷洞、平吝、三龙、已炭共十三个村寨的头人议定了款规款约，并在竹平村罗汉坡脚竖立了"款禁碑"，内容包括勤耕苦读、家庭和睦、邻里团结、善待游客、公平交易、保护生态环境、传承文化等内容，刊刻款碑。①

再如，黎平县肇兴镇纪堂、登江及从江县洛香镇弄邦、朝洞4个陆姓侗寨，于光绪十八年（1892）共同订立的"永世芳规"中规定"……并杉、茶、竹、芦、古树、山林，不准斧斤妄伐而偷"。还具体规定"砍伐古树、竹、笋，罚钱三千文""偷杉、茶、木柴、棉花一切，每项罚钱八千八百文""妄开砍禁山，公罚钱八千八百文，夏谢龙在外"，最后还申明"以上等条，倘有违抗不遵者，公罚钱十二千元，各谊凛遵"。②

"侗款"中的"五层五部"也讲到了关于水资源的保护："咱们要遵照祖宗的公约办理。水共一条沟，田共一眼井。上边是上边，下边只能让上边有水下边干，不能让下边有水上边干。严禁偷水截流，破坏水利设施。"③"四层四面"也说"我们田塘共段，水源同路，自上灌下，由下旱上，不准谁人，作个浪蛇拱上面，青蛇拱下边（即指挖堰、偷水），我们就要捆人进寨，押人入村，严嘱这几句戒律，交代这几句诚语，务须谨慎，切莫乱行。"④

这些条款将侗族人民在生产和实践中形成的水资源配置和利用的经验，通过习惯法得以确认，使之成为约束人们行为的普遍规则，并引导和保障人们按照有效的方式利用水资源。

---

① 陈应发：《哲理侗文化》，第 81 页。
② 侗学研究会编：《侗学研究》，贵州民族出版社 1991 年版，第 184 页。
③ 喻见：《贵州少数民族地区生态文化与生态问题论析》，《贵州社会科学》2005 年第 3 期。
④ 湖南少数民族古籍办公室主编，杨锡光、杨锡、吴治德整理译释：《侗款》，岳麓书社 1988 年版，第 429—430 页。

清道光年间（1821—1850）侗族各地大款在黎平县地扪腊洞举行大款联合，聚集侗族地区 99 位款首联款议定"九十九老款"，其中第十一条专门提到村寨防火："11. 防火：世间唯火最无情，既是为人又害人。人人都要防火，不得掉以轻心。哪个用火不慎，烧毁杉山柴林，除了赔偿损失，还要杀猪'打平伙'（大家共同来吃），烧毁村寨房屋，驱邪费用他一人。还要赶他出寨，不许再害全村。"

《六洞公众禁约》（即六洞地区大款范围内公众议定的款约法）第七条也专门提到"天气亢阳之候，草木焦爆，不许乱放野火，务须各宜谨慎"，处理方法是"妄行纵火者，烧毁山林杉木，一经查实，除赔脏（赃）外，罚银五百毫，以充公用"。

历史上清水江下游侗族地区人工营林业的蓬勃发展更是得力于侗款这种运行机制。清水江流域侗族以林业为生计，在长期的营林过程中摸索总结出了"边砍边造""持续利用"和一定程度上的"多予少取"等方法和经验，自然而然地形成一种森林生态自然环境保护意识及相应的森林禁忌。多年来相关学者们整理的"清水江文书"[1]中，大量的纸契和少量石契（碑铭）中可以看到侗族在日常农耕生产生活中如何保护森林，如何营造生态安全的村寨、居住环境等的内容，许多竖立于村寨的禁碑，记载了寨民共同订立的禁止性的公共行为规范。

"侗款"主要从林权地界的确定、重视林权纠纷、规范生产行为、保护森林、保护鸟类等方面对林业生产关系加以调整。

在林权地界确定方面，侗款高度重视林地的疆界，不论任何人，只要破坏了原有的林地疆界，就会受到重罚。比如"侗款""第十层第十部"规定："田塘土地，有青石作界线，白岩作界桩。山间的界石，插正不许搬移；林中的界槽，挖好了不许乱刨。不许任何人推界石往东，移界线往西""山坡树林，按界管理，不许过界挖土，越界砍树……各管各业，各用各的""如果有某人砍树过界，拖木过线，丢他在村脚让千人看，拿他到寨头让万人瞧，从头到脚要罚他……"[2]

---

① 清水江文书，又称"清水江民间契约文书"或"锦屏文书"，主要是指明末以降止于 20 世纪 50 年代约 400 年间贵州清水江流域中下游锦屏、天柱、剑河、黎平、三穗一带苗侗等族人民为了经营混林农业和木材贸易而形成的民间契约和交易记录。
② 陈幸良、邓敏文：《中国侗族生态文化研究》，第 144—145 页。

除了强调林地地界不可侵犯外，有的款约还明确纠纷的处理原则，如款约第十二款说"向来山林禁山，各有各的……莫贪心不足，过界砍树，乱拿东西，谁人不听，当众捉到，铜锣传村，听众人发落"。在侗族村寨中，家族与家族间、家族内的林权纠纷都可以通过习惯法加以协调和解决。

侗族林农封山禁林的条款也制定得十分具体和严格。所定条款有：禁止放牧牛羊，禁止打柴割草，禁止砍伐林木，禁止林地烧灰、刨土取肥，禁止放火烧山。对于违反者，林农合众予以处罚，有的罚以重金，有的罚了款还要进行补栽，对于严重者则交官府究治，或按侗族习惯法进行严厉制裁。有些家族还将他们"禁山"的理由、处罚的规则刻在石碑上以告诫后人。在侗款的"四层四部"对破坏森林资源的行为作了具体的规定："讲到坡上树木，讲到山中竹子。白石为界，隔开山梁。不许越过界石，不许乱移界标。田有坎，地有边。金树顶，银树梢。你的归你管，我的归我营。如有哪家孩子，品行不正，心肠不好。他用大斧劈山，他用大刀砍树（喻毁坏山林）。他上坡偷柴，进山偷笋。偷干的，砍生的，偷直的，砍弯的。咱们抓到柴挑，捉住扁担，要他的父亲种树，要他的母亲赔罪。"[1]有的地区，严禁放火烧山、封山育林的"禁山款约"是由小款区每户派一名代表参加的款众大会议定的，对犯者的处罚是：谁人纵火烧了禁山，则由款组织令纵火者拿出一头猪来杀，然后将猪肉煮熟，称为"款肉"，分发给款众各家各户，以期起到家喻户晓，人人为诫，惩前治后的教育作用。

在侗款中有相当多的"款约"都涉及林地资源的保护问题，并规定了对破坏者的严厉制裁，其制裁的手段在侗款中列出了六种。在"侗款"的"开款立"中就针对侗族社会的犯禁行为订出"六面阴（死刑）""六面阳（活刑）""六面厚（重刑）""六面薄（轻罪）""六面上（有理）""六面下（无理）"。[2]对违反"约法款"的人，依其情节轻重、是否初犯累犯以及违反手段等情况分别处理。

正如侗族民歌所唱"山有山规，寨有寨规，不管谁人，不听规约，大户让他产

---

[1] 邓敏文、吴浩：《没有国王的王国——侗款研究》，第75页。
[2] 湖南少数民族古籍办公室编：《侗款》，岳麓书社1988年版，第4页。

光，小户让他产落"，森林保护规约借由约法款得以严格执行，且因为处罚措施较严厉，威慑性强，执行力度大，在维护侗族地区的生态平衡上功不可没。

四、民间规制——族规（训）、乡规民约

随着时代的发展，各村寨自己也订立寨规，种类很多，内容丰富，其中也有直接叫作"乡规民约"的。侗族民众非常重视对生态环境的保护，在侗族世代传承的族规中也时有体现。他们认为，人从森林中来，最终还要回到森林中去，死后埋入山林，就意味着与祖先会合了，因而对坟地、坟林的保护非常重视，并有在坟山植树的习俗。许多侗寨传统族规中很重要的一条便是不许挖、砍公共坟山的"龙脉"、风水树。新中国成立前，如谁偷砍村前寨后护寨林中的古树，有的要罚银 3 两 3 钱；有的要敲锣游寨示众认错；有的要杀猪宰羊，跪着祭"树神"，并在原地重栽一棵小树，还要"补种保活"。在黎平县黄岗侗族家系的公用墓地，坟山上的林木备受村民的保护，他们认为坟山上树木茂盛，可以庇护后人，会使风水更好。坟山坟林上的一切动植物都被认为有灵性，也会受到人们的尊重与保护，当地长期以来民间约定俗成：人们不得惊扰林木的幽静，不得砍伐树木或攀折树枝，不得猎取坟山坟木中的任何动物，否则会受到严厉惩罚。因此坟林枝繁叶茂，与村寨神林等一起形成了大片生机盎然的植物带，维系着当地优美的生态环境。

黎平县茅贡腊洞村一块"永记碑"就记载了"无树无以做栋梁，无材则无以兴家，欲求兴家，首种树也"的古训。从江县的高增乡岜扒的乡规民约是以碑刻的形式存在的，名为"万古章程碑"，其第二条为村寨防火规定："禁止放烟烧山，如有何人暗放火烧山，众等查出，罚金十二千文。"一些侗族村寨的乡规民约中提到："向来正月带刀斧上山砍柴，二月斗笠蓑衣，三月用钉耙，四月用犁耙，五月有茄豆、黄瓜，六月禾抽穗，七月莫坐仓恋爱，八月莫留伴玩耍。这些规矩，家家有男要教，养女要训。哪人不听，四村不许，六洞不容。"[1] 这种规约，看起来是对侗民一年农事劳动的安排，仔细分析就会发现，一年中的前三个月基本上都是林业的操作期，

---

[1] 王萍丽、杨盛男：《侗族的生态环境意识——与自然和谐相处》，《黑龙江民族丛刊》2001 年第 1 期。

在大致完成林间的间伐、疏伐和耕作后，后面的时间除了必要的管理外，林区基本上都是处于封闭状态，这保证了森林的自然生长。

在清水江流域侗族地区，各个家族还有专门的管山员，一般是由"活路头"充任。管山员要求忠于职守、不徇私情，在执行巡山任务时，发现有人违反封山禁林的条款，如在封山区内放牧或砍柴，或偷砍捆了草标的树枝树干，或偷砍经济林木时，不管是谁，当场抓住，或抢去他的斧头、柴刀，或扣住他的工具，然后把情况报到家族长或款首那里，由家族长或款首召集林农召开家族大会或"开款"众议，按照家族的规约或款组织的款约认真处理。对于轻犯者，要处以鸣锣认错，犯者要手拿铜锣，在村寨里或禁山周围来回三次边敲锣边高声叫喊"为人莫学我，快刀砍禁山，这就是下场"，这就算是当众认错，也是告诫林农不要破坏封山禁林的规约，借此机会教育林农。

侗族村寨的基础是家庭、房族，族规是村寨法的形式之一，许多家族都定有族规。有的侗族村寨安排有专人"喊寨"，每到晚上便敲锣打鼓、挨家挨户地"喊寨"，一是提醒族人注意安全，防火防盗；二是把家族制定的款约法"喊"上几遍，让族人时刻牢记。侗族每家都有自己的柴山（薪炭林），不得偷砍其他家的柴山，否则要受惩罚。在黎平黄岗，任何人盗伐其他房族的森林，寨老议事会按照习惯法，必然会对盗伐林木者采取严厉的制裁。措施及处罚标准是"4个120"，即处罚120斤酒、120斤米、120元钱、120斤猪肉，受罚者要将这些东西交给寨老议事会，然后再由寨老议事会邀约各房族成员集体会餐，盗伐者还须当众赔礼道歉。在榕江县侗族地区，乱砍他人柴木者，被捉住后，令其扛着柴木喊寨，自己边敲锣边高声说出自己做错的事。[①]

传统侗族乡规民约在侗族地区历史悠久，多是由一个或几个村寨民众协商，从保护本民族利益的原则出发，通过"立法"，即盟款的手段制订，用以维护本民族的社会秩序、经济秩序和人际关系，也包括对自然生态的管理和保护等。这些乡规、民约、规则，构成了整套侗族古老的法律体系，客观上对维护当地社会秩序、生产

---

① 范宏贵：《少数民族习惯法》，吉林教育出版社1990年版，第100页。

秩序以及保护当地生态环境都曾起过积极作用。[1]尤其其中的保护环境、约束侗民掠夺性行为等方面的内容，许多至今还运用在侗乡民间，继续发挥着维护生态平衡的积极作用。

新中国成立后，政府组织人民群众封山护林，订立护林公约，侗族地区普遍订立乡规民约，利用乡规民约保护森林资源。20世纪90年代后黔东南苗族、侗族村寨在保护自然资源、重视生态环境的基础上，沿用传统规则中的一些有益的内容，又加进了有利于民族生存和发展的新的条约规则，并以新型村规民约的形式体现出来。也有的村寨会专门立有"封山育林碑"和"护林碑"，在石碑上书写保护林木禁止性规范和相应的处罚措施。有的还在碑上建有草亭，以防雨水侵蚀弄坏碑文。

五、生态禁忌——与自然共生的约定俗成

禁忌是关于社会行为、信仰活动的某种限制观念和做法的总称。它作为人们的一种消极防范性的信仰行为和手段，是用来约束、规范人们的社会行为和信仰行为的一种方法。保护生态环境就是其中的一大内容。

侗族人民在同大自然共生、共存、共发展的过程中，形成了许多有益于保护野生动物的传统习俗，从"趋吉避邪"的愿望出发，自然地处理着人与动、植物的关系，一些生活禁忌有利于野生动植物的保护，体现了对动、植物的关爱。如禁止猎打"到家做窝的燕子"，就有利于对益鸟的保护。在侗寨百姓人家房子的"堂屋"中几乎都有燕子窝，有的人家甚至有几个，这些燕子窝有的是燕子自己飞进房子砌建而成，有的是房主先做好窝等待燕子来住。在世代相传的生活习俗中，孩子们从小就被父母教育不要打到家里的燕子，因为燕子到家做窝是一种吉利的象征，如果一年到头没有燕子到"堂屋"来，这家当年就会极不顺。因此燕子在侗寨农户家中自由地飞来飞去，哪怕燕子把家里弄得遍地鸟粪，家人和村里的人们也不会轰赶，猎杀燕子更是被严格禁止。

---

[1] 陈幸良、邓敏文：《中国侗族生态文化研究》，第240页。

侗族人认为黄杨树会有"萨神"神灵依附，能够保护人们免受鬼的侵害，远离灾祸，平平安安。因此，许多侗寨都会对黄杨树加以特别保护，无论出于哪种需要，都尽量不去砍伐。此外，黄杨树在侗族人的诞生礼中也是不可缺少的神物。"打三朝"时会用黄杨树的枝叶泡茶祭拜四婆，嫁出去的女儿生头胎，小孩满月回娘家要在背带上别上一些黄杨树叶，并且人们对黄杨树的取用都仅限于利用枝叶，而不会伤及树干、树根。

一些侗族地区还有用树木消灾的习俗。除了孩子出生后，家长会栽上一些杉树，希望孩子像杉树一样茁壮成长（儿孙林、十八杉）以外，如果孩子出生后多病多灾，家长也会栽种一些树木，以求消灾。这种栽树消灾、栽树求活的做法，实际上就是在植树造林，对于当地整个环境的友好发展都有着积极的影响。正因如此，侗族村寨的树一般是不能随意砍伐的。

再如侗族丧葬习俗。侗族丧葬习俗一般从简从省，寿衣布料多为自织的棉布。侗族地区产杉木，故棺材多用此做成，制作讲究。"一般用同一棵树的木料来做，底部用三块木板相拼，意为三间房子。棺木忌节疤，忌遭过雷劈。也有的地方用十节杉木镶成的'合十'棺木（材），全以渠槽扣合，忌用铁钉，外部漆黑。"[1]这种杉木制棺，渠槽扣合，不用铁钉的制作方式，和鼓楼的建造技巧异曲同工。另外，侗族墓葬都依山顺埋，靠山面向，忌讳横埋倒葬。

可见在整个丧葬过程中，不论是寿衣的制作，棺材的制作工艺，土葬的习俗，以及顺山而埋的讲究，都在一些小细节上体现出侗族人民顺应自然、顺承自然的用意。[2]

第三节　监督制度的无形延伸："三月约青""八月约黄"

侗族民众在无文字记载的时期，相关行为规范等内容采用神话故事、民间谚语、

---

① 杨筑慧：《侗族风俗志》，第 129 页。
② 徐王娟：《侗族文献中的传统生态知识及其当代环保价值研究》，第 47 页。

侗歌的形式一代代传承下来。这些话语言简意赅,朗朗上口,颇具趣味,对侗族民众具有重要的道德教化和指导意义。比如侗族史诗《起源之歌》中说道:"现在我不讲右也不说左,讲到祖先护林育树。如今咱们一条村,不许谁人冲脚砍竹,冲头挖笋;山脚砍栗树,山头毁油林;山脚砍杉树,山头伐松林;对这种人,打死五棺埋;六村不让他,六洞不要他;村里把他丢一边,寨里把他扔一方。"①

此外,侗款制度是侗族原始氏族社会遗留下来的传统文化,最具制度文化特征,是一种原始民主自治制度。侗族对于侗款的宣传也极为重视,在侗族地区,环境与资源管理一般由有威望的寨老、款首等头人出面倡议、组织和实施。每年春天和秋天,他们都要召集村民修订和宣讲村规款约,以民族习惯法为依据,对环境与资源实行全员封闭式管理。这种以民族习惯法管理环境和资源的方式,在过去侗族特定的社会历史条件下十分有效。②这一重要的宣讲活动便是"三月约青""八月约黄",即在农历三月、八月等重要农业时令开展讲款活动。在通常情况下,每个款坪分别在每年农历的三月、八月各举行一次"聚款",称为"三月约青""八月约黄"。如黎平的九龙村,1949年以前,三龙小款每年进入款坪讲款2次,第一次是每年农历的三月初二,称为"约青";第二次是每年的八月初八,称为"约黄"。这时各款坪所辖的各村寨的款众(乡民)中每户的户主都要到会。聚款所宣布的款约、号令、规条和判例每户必须遵守。所谓讲款,就是把民众聚集起来,由家族的寨老、族长把各种款约理念和惩罚措施传播给民众,提醒大家要按照"约法款"的规定,保护山林,爱护庄稼……。讲款活动不仅要求全体家族男性成员参加,而且还要邀请各位神灵出席③,利用宗教仪式强化讲款活动的庄严性。农历三月和八月这两个月份的选择也颇具生态意蕴——三月是春天来临之际,万物转青发绿之时,庄稼刚插秧,林木正生芽,一片青葱;八月则是庄稼逐渐成熟,丰收在望,选在这两个月份讲款,将生态保护的理念和规定对侗族民众进行强化教育,对这个农耕民族而言

---

① 杨权、郑国乔:《侗族史诗——起源之歌》,辽宁人民出版社1988年版,第165—167页。
② 杨顺清:《侗族传统环保习俗与生态意识浅析》,《中南民族学院学报(人文社会科学版)》2000年第1期。
③ 陈幸良、邓敏文:《中国侗族生态文化研究》,第235—236页。

极具教育价值。在内容方面，"三月约青"主要宣讲"封山育林"的有关规定，如款约规定的禁止砍伐村寨前后的风景林木、不准乱捣树上的鸟窝等。款约还明确规定："山林禁山，各有各的，山冲大梁为界。山场有界石，款区有界碑，山脚留火路，村村守寨规。山间的界石，插正不许搬移；林中的界槽，挖好不能乱刨。不许过界挖土，越界砍树；不许种上截，占下截，买坡脚土，谋山头草。"侗款对大到山地资源、小到村寨环境卫生都有明确的管理规定。尤其对失火烧山的人，除赔偿山主的损失外，还要罚其重新造林；对盗伐林木的人，也给以严惩重罚。"八月约黄"就是在收获的季节，在全村男女老少都参加的群众大会上，主要重申"防火防盗"的有关规定，如不许放火烧山，不许乱采乱摘他人劳动果实，等等。因而封山育林也是在长期的实践中形成的侗族地区比较成功的环境管理模式。

侗族历来注重环保教育，从小家长们教育儿童毁坏山林、污染水源都是"缺德"行为。如有人毁坏当地的风景林，不仅要受到公众的谴责，还要向公众赔礼道歉，改过自新。如有人在水井旁边拉屎拉尿，必须敲锣喊寨，公开向全寨人赔礼道歉，还要去井边焚香化纸，祭祀井神，并向井神求饶。这种有形或无形的监督，也是群众自己教育自己的一种行之有效的方式。

综上可见，这些自我约束、民间规章制度，代代相传，深入人心，侗族古歌等和具有严厉规诫力的"约法款"体现出的朴素而真实的生态意识，融入讲款等法治宣传活动中，经由侗族款师、款首、寨老等权威人士对侗族民众进行着生态环保知识的灌输和教育，侗族民众受到一场心灵的洗礼，增强了生态环保意识，增强了生态法的内在认可力，从而使生态法规得到切实有效的实施和执行。[①] 同时，因为讲款和古歌等形式在侗族地区既具有广泛群众基础，又带有浓厚神秘色彩，更使得其自然资源保护得到了最为广泛的社会支撑和文化认同，进一步为侗族地区的生态保护提供了基础与保障。

梁治平在《清代习惯法：社会与国家》中总结道："民间法具有极其多样的形态，它们可以是家族的，也可以是民族的，可能形诸文字，也可以口耳相传；它们或是

---

① 陈幸良、邓敏文：《中国侗族生态文化研究》，第235—236页。

人为创造，或是自然生成，相沿成习；或者有明确的规则，或更多表现为富有弹性的规范，其实施可能由特定的一些人负责，也可能依靠公众舆论和某种微妙的心理机制。"[1] 如侗族这般详细地对生态法规进行"民间立法""民间宣讲""民间执法"的，在中外历史上恐怕还真不多见。正是这些来自民族内部的动力，世代相传、长久不衰地保护着侗族聚居区的青山绿水和生态平衡。

---

[1] 梁治平：《清代习惯法：社会与国家》，中国政法大学出版社 1996 年版，第 36 页。

土家族篇

导言

　　土家族自称"毕兹卡"，意为土生土长的当地人，是一个古老而又年轻的民族。据《贵州民族通史》等有关资料记载，早在2000多年前的秦汉时期，土家族先民就聚居到贵州乌江流域一带，开启了与汉族及贵州其他世居少数民族杂居的生活，后来逐渐成为贵州世居少数民族之一。土家族是我国人口数量较多的少数民族之一。在2020年进行的第七次全国人口普查数据中，土家族人口数量位列五十五个少数民族中的第十四位，达到9587732人。其中，在贵州的土家族有169.77万余人，主要聚居在铜仁市的沿河、德江、印江、思南、江口、松桃、石阡等县、区，其余零散分布于遵义市的务川、道真、正安、凤冈、湄潭、余庆以及黔东南的镇远、岑巩、三穗等县。

　　今贵州土家族主要分布地区，古为巴之南境，其族源与古代巴人有关。"巴"的出现最早见于殷墟甲骨文。在《殷墟文字乙编》等书籍中有提到"巴方"，即巴氏族的居住地。《华阳国志》记载巴国疆域时，指出"其地东至鱼复，西至僰道，北接汉中，南极黔涪"①，其中的黔即指贵州黔东北部分地区。在历史的长河中，随着巴国的兴盛与衰败，部分巴人迁徙到了贵州境内，在德江、思南、沿河、印江、江口、松桃等地繁衍生息，成为贵州土家族的先祖，贵州铜仁、遵义等市县成为土家族与汉族、其他少数民族混居的活动区域。

　　与贵州大多数世居少数民族类似，土家族没有创造出本民族的文字，需要运用文字时直接使用汉字，但是拥有本民族的独特语言。根据现代语言学的划分，土家语属于汉藏语系藏缅语族。土家族先民被称为"蛮"或"夷"。宋代以前，居住在武陵山脉一带的土家族与其他少数民族一起，被称为"武陵蛮"或"五溪蛮"。宋

---

① 贵州省土家学研究会编：《贵州土家族百科》，贵州民族出版社2018年版，第21页。

代以后，由于土家族一脉的数量逐渐增加，民族发展到一定规模后，开始被单独称为"土丁""土人""土民"或"土蛮"等。改土归流后，随着汉族移民的不断增加，外人对居住在武陵山区的土家族、汉族、苗族三族根据其族源和民族特征进行区分。人们所熟知的"土家族"的称谓，在历史上出现得比较晚。民国时期开始将土司后的"支庶之家"称为"土家"，而将当地汉族移民称为"客家"，土家族的称谓才开始流行起来。土家族大姓主要有田、向、覃、彭、冉、李、杨、刘、王、陈、赵、黄等姓氏。

贵州土家族主体分布在贵州东北地区，处于云贵高原东部边缘斜坡向四川盆地和湘西丘陵的过渡地带，属武陵山脉西段和大娄山的东北部，整体呈现西北高、东南低的地势特征。该区域内有梵净山、凤凰山、六龙山、乌江、洪渡河和芙蓉江等山川与河流。该区域所处的经纬位置以及大山大河所构建的地理特征共同构成了当地的亚热带季风气候，主要表现为气候湿润、雨量充沛、雨热同期。由于境内山林众多，地势复杂，不仅气候垂直差异显著，小气候区域性强，还常会出现"十里不同天""山前下雨山后晴"等现象。贵州土家族聚居地自然生态良好，气候温和湿润，野生动植物种类丰富，森林覆盖率高。

土家族的先民们在长期的生产生活实践中，依靠自己的勤劳和智慧，总结创造出了一套属于本民族的生态文化体系，反映出了所居住生存环境的地理条件与气候特征，具有其独特的意义与价值。基于对宇宙、世界、人类起源的认知和理解，基于"万物有灵"的自然崇拜，土家族人将天、地、人视为相互联系的整体，形成了尊重保护自然、和谐利用自然、与自然相生相谐、互利共处等土家族生态文化观念，并具象化于土家族的传统物质、精神和行为中。不论是在定寨时面水背山的位置选择，还是吊脚楼这一传统建筑中所体现的因地制宜；不论是刀耕火种的适应，还是改坡为田的改造；不论是种类繁多的自然崇拜，还是记录经验与历史的传说歌舞，都能够看到土家族先民们天人合一、试图与自然共生共存的基本理念。在土家族独特的宇宙与人类起源观念中，人并非独立于自然界万物中的特殊存在，而是其中既存的一环，与自然万物乃至神灵都是平等的，是自然系统中的组成部分，甚至在某些情况下，还能够实现人与其他自然物的相互转化。因此，在土家族人看来，作为自然界生态系统中一个并不特殊的组成部分，人并不拥有任何的特权，肆意破坏与其他自然物之间的平衡，无节制地索取自然资源，必将为自己带来灾祸。故尊重自然、顺应自然、与自然为友的生态理念融入了土家族人衣食住行、吃喝玩乐的方方面面，共同构建了土家族生态文化体系。这些具有独特意义和价值的生态文化大多被化作传说故事、古歌史诗，通过口耳相传的方法，教化着一代代土家族人。这些文化观念贯穿于土家族人生产生活的每一个细节，并在土家族及其先民制定的乡规民约、习俗禁忌和民族习惯法等手段中得到有效保护和适当调适，至今仍然具有独特的意义和价值。它们是土家族文化遗产的一部分，也对我们理解和探索人类与自然的关系有着重要的指导意义。

第一章　寄托在物质中的土家族生态智慧
——感应自然、模仿自然

　　生态文化是一个族群在漫长的历史长河中，根据特定地理环境和自然条件，在与自然的互动、总结和沉淀中形成的生态性知识与生计技能。它同时受到物质环境和社会环境的影响，反映了族群的生存环境和社会背景。对于土家族而言，他们的生态文化与所处地域的山水生态密不可分，根植于他们所在地区的自然环境是他们对所依赖的整个生态系统的整体认识，他们通过与山水生态的互动，逐渐形成了与自然和谐共生的生产生活方式和独特文化传统，并将其感应自然、模仿自然的生态智慧展现在其物质文化中。

第一节　选址与建筑中的智慧：依山就势、面水背山

一、村寨选址：面水背山

　　选择适宜的位置定居建寨是贵州世居少数民族生存和发展的基础，村寨位置的选择包含着先人在长时间与自然的互动中所总结的经验与认识，是生活智慧和风水观念的积淀与凝结，土家族自然也不例外。

　　首先，土家族村落通常选择依山傍水的环境优美之处，四周林木茂盛，与周围的自然环境形成一个和谐的整体。古时贵州受地形和气候影响，生存环境恶劣，气候炎热潮湿，大量的原始森林中生活着数量众多、种类繁多的野兽毒虫。因此，土家族先人总结出了"散处溪谷，所居必择高峻"[①]的择址定寨原则，这样既可以有

---

① 宋仕平：《土家族传统制度与文化研究》，民族出版社 2005 年版，第 208 页。

效防止毒蛇虫蝎和猛兽的危害，又可以避免潮湿。村寨周围的空间模式可以简化为"依山就势，面水背山"，实现了村寨与自然浑然一体的理想状态。面水而居是基于土家族人多以农业生产为主要生计方式的需求，所以他们选择在离水源较近的地方定居，无论是在江河边、溪边还是泉水边，都方便了人畜饮水和用水，有利于土家族人的生产生活。从地图上观察，土家族聚居之地一般都在江河流域之处，比如在贵州，土家族人就聚居在乌江流域，因此乌江被称为贵州土家族的"母亲河"，而锦江河地区自古以来就是土家族先民巴人的活动区域。背山而居一方面可以让村寨保持较为宽阔的视野，能够随时应对恶劣条件下可能出现的意外威胁；另一方面，后方雄伟的山脉可以在冬季抵挡寒风，提高土家族先民们度过寒冬的能力。

其次，土家族村寨的选址也与其精神信仰息息相关。在一般的选址过程中，土家族人通常会请风水师来看地势，因为他们相信山水蕴含了特定的"气"，而这些地方往往被认为是最理想的居住地。如果山脉的走向能够满足藏风聚气、宜室宜家、人丁兴旺、财运亨通的要求，那么就被视为建寨安居的宝地。土家族民间流传着一句谚语："阴对尖，阳对坳"，这句话概括了土家人对于吉祥地点的要求——村寨前面要是开阔的地方，而祖先的坟地前则需要坚实稳定的地势。从现代科学的角度看，风水所的勘探对于是否含气的判断，很多时候综合考虑了地形、气候、水源等自然要素之间的相互关系，这些都与人的生活需求息息相关。一般来说，含气之地往往在这些地形要素处于和谐状态的区域，这些地方一般来说都能够为人们提供更好的居住条件和生活质量。

不论从生产生活还是精神信仰的角度来看，土家族在选址定居时确实非常重视山、水、林等自然要素的存在和位置。因此，大部分土家族村寨都具有后面有山、前面有水、被林木环绕的特征，能很好地与自然环境构成一个和谐的整体。这种注重自然要素的选址策略不仅使土家族村寨与环境相协调，形成了独特的景观，还体现了土家族人民与自然的紧密联系和对自然的敬畏。这种生态智慧的传承和利用，帮助土家族人民保护了自然资源，同时也提供了一个宜居的环境，满足了他们的生产、生活和精神需求。

二、土家族建筑中的生态适应

除了定居建寨以外，土家族的民居建筑设计和功能也反映了他们对自然环境的适应意识。土家族主要居住在贵州的山区，这个地区气候多变，降水充沛，环境湿润，加上山区地形复杂，存在许多陡坡和高坎。根据《旧唐书·南平獠传》的记载，当时西南地区的少数民族为了应对这些问题，普遍采用干栏式建筑作为民居，"土气多瘴疠，山有毒草及沙虱、蝮蛇，人并楼居，登梯而上，号曰干栏"①。生活在贵州的土家族自然也不会特立独行，与其他西南少数民族一样，他们也将干栏式建筑作为其普遍使用的民居建筑形式。土家族的建筑形式演变与其他西南地区的少数民族有很多共同之处，都经历了从穴居、巢居到各类干栏式建筑的过程，这种相似的建筑演变历史恰好反映了建筑与自然环境的紧密联系。生活在西南地区的少数民族先民们基于对当地地理环境和气候条件的认识，扬长避短，形成了各自特色的建筑样式。

（一）土家族建筑变迁历史

穴居是土家族先民最原始的居住形式。根据《后汉书·南蛮西南夷列传》记载，"巴郡、南郡蛮本有五姓：巴氏、樊氏、曈氏、相氏、郑氏，皆出于武落钟离山。其山有赤黑二穴，巴氏之子生于赤穴，四姓之子皆生黑穴。"②贵州省特有的自然环境为土家族先民提供了得天独厚的洞穴居住条件。贵州地区沉积岩和石灰岩的发育造就了各种奇异而美丽的地貌景观，尤其是那些天然形成的溶洞非常独特。这些溶洞整年都能在冬季提供温暖，在夏季提供凉爽，四季水流潺潺，是适合居住的理想场所。在旧石器时代和新石器时代，生产力尚未高度发达的时期，土家族先民便选择在洞穴中居住。这些洞穴为他们提供了安全的住所，并且适应当时环境的要求。

巢居是土家族先民们根据自身生存环境而发展出来的居住形式。在远古时期，由于恶劣的生存环境，采取穴居这种居住形式容易遭受猛兽和毒虫的侵扰。因此，

---

① 王晖：《民居在野——西南少数民族民居堂室格局研究》，同济大学出版社 2016 年版，第 124 页。
② 贵州省土家学研究会编：《贵州土家族百科》，第 16 页。

土家族的先民们从地下迁移到地上，逐渐发展成为巢居。最早的巢居也被称为"树上居"，字面意思就是房屋建在树上。随着时间的推移，树上的房屋在建造技术方面也有所发展。首先是单木檑巢，这是人类模仿鸟类筑巢的方式，在一棵树上建巢。《庄子·盗跖篇》中有类似记载，"古者禽兽多而人民少，于是民皆巢居以避之。昼拾橡栗，暮栖木上。"[①]这种巢居方式省时、省力，并且易于复制，但由于单木支撑，空间非常有限，所能容纳的人口数量也有限。土家族是一个群居民族，人口较多，因此巢居形式从单木檑巢逐渐过渡到多木檑巢，即利用多棵树之间的枝丫搭建巢居，这样的空间更大，能够容纳更多的人口，并且中间是中空地带，便于通风，视野开阔。《北史》卷九五《獠传》中有这样的描述："依树积木，以居其上，名曰干阑，干阑大小，随其家口之数。"[②]多木檑巢的出现代表着土家族先民们在巢居技术上的进一步提升。

随着人类活动范围的扩大，单木或多木檑巢依赖树木生长的限制越来越明显。树木的固定性不利于先民活动范围的进一步扩展。于是，伐木为桩成为巢居建筑的重要突破，出现了"栽桩檑巢"。栽桩檑巢是指砍倒树木，修整成支撑房屋的桩子。这样的桩子具有可移动性和方便性，更适合在更大的空间中建造房屋。桩子的形状和所占面积可以有大有小。《旧唐书》卷一九七《南蛮传》中《东谢蛮》记载："散在山涧间，依树为层巢而居……坐皆蹲踞。"[③]在修建栽桩檑巢的过程中，先民们对木材的使用能力和房屋建造技术进一步提升，使巢居建筑的空间得到了最大可能的扩展。从原来仅局限于树林中建造房屋，扩展到在山顶、山腰、山脚、平地以及水边建房。在这一过程中，民居建筑的布局也开始具有可规划性，不再是完全依赖原本树木的生长位置。

进化到一定程度后，"栽桩檑巢"发展出了上下两层空间，为干栏式建筑的出现奠定了基础。随着生产力和生产技术的提升，土家族先民们从原始社会过渡到了农耕社会。原先的采集和狩猎方式被种植业和养殖业所取代，由此养殖动物、种植

① 王俊：《中国古代民居》，中国商业出版社 2022 年版，第 2 页。
② 唐明哲：《石门县土家族历史文化探源》，湖南大学出版社 2022 年版，第 273 页。
③ 史继忠：《贵州文化解读》，贵州人民出版社 2017 年版，第 60 页。

农作物、制作及存放农具和生活用具的需求对建筑的设计和功能提出了新的要求。土家族先民们想出了一种解决方案，他们在底层空间的边缘加以围合，形成栅居，充分利用原本空置的底层空间，并根据需要进行重新设计。上层空间则因通风和阳光充足，避开潮气和湿气，成为最适宜的居住环境。最终，这种特色的干栏式建筑成为西南地区的特色民居，即底层架空、高空发展，上层住人、下层养畜。

在土家族主要居住的地区，地势起伏、山脉密布、溪流纵横。为了与自然环境更好地融为一体，充分利用地理优势，做到面水背山，土家族先民有意识地将房屋规划在山脚、山腰以及靠近水源，便于取水和使用水力的河边。建在山腰方便获取建材，建在山脚方便田地里的劳作，建在河边方便取水和使用水碾等动力设施。然而，由于地形限制，直接建造干栏式建筑往往缺乏现成的平坦地面。因此，土家族先民通过控制挑空底层支柱的长度，创造性地人为打造平台，形成了以底层支柱一边长一边短为特色的吊脚楼。吊脚楼之特色在于依山而建、分台而住，主屋在地面上，厢房悬空。这种建筑具有"占天而不占地，天平地不平"的效果。吊脚楼的出现是土家族先民因地制宜、因时应变的结果，是他们聪明才智的结晶。

（二）独具特色的土家族吊脚楼

土家族的传统吊脚楼集实用性和美观性于一体，一般采用穿斗式木构架作为主要结构，整个构架完全依赖榫卯相衔接，不使用任何钉子或栓子。不论是梁、柱、枋、椽、檩还是榫头，均由木材加工而成。屋顶盖着小青瓦或杉皮，使其与大自然融为一体。吊脚楼具有防潮祛湿的特性，在远处看起来宛如一座亭阁，在近处看则像一座楼台。

土家族吊脚楼的厢房部分根据用途分为上中下三层。上层通风良好，通常用于粮食储存；中层高度适宜，是人们日常起居的主要场所，正屋中屋是堂屋，用于安放天地君亲师位，通常是主人用于接待宾客和祭祀祖先的场所；下层通常潮湿炎热，一般用于养殖牲畜或堆放杂物。随着时代的发展，为了处理人畜粪便和生活垃圾的排放，现在大多数土家族民居都建有沼气池。这种生态资源的利用不仅节约能源，还避免将生活污水直接排放到当地水源中，很好地改善了居住的卫生环境。沼气池的修建和使用一方面为土家族人提供了更便捷和更环保的能源，被砍伐用于燃料的树木数量减少，保护了村寨周边的生态环境。另一方面，沼气池中的有机肥料也丰富了他们在耕作种植时所使用的肥料种类，减少了化肥的使用数量，更利于农业的生产。这也是土家族民居建筑与时俱进的一个典型表现。

土家族的吊脚楼民居在选址时并非随意选择，而是经过一系列专门工序来进行选址。土家族人会邀请本地有名的"风水先生"来选择屋场，也被称为"选廊场"。通常情况下，他们会选择坐北朝南、依山傍水、地势适中的地方。从现代科学的角度来看，这种"风水"选择反映了土家族人长期积累的生态经验。坐北朝南的朝向，可以获得更多、更长时间的日光照明时间，传统的民居是屋顶盖屋，仅有窗户可以采光，故房屋的朝向需要考虑日光照射的角度，贵州属于亚热带山地气候，冬天寒冷、夏天炎热，房屋朝向南方可以获得光照和保持气流的通畅。选择依山傍水的环境，运输木料相对方便，在生活取水和利用水力等条件方面占得先机，以获得更为舒适和便捷的居住条件。另外，地势适中可以尽量避免危险的地势造成的山体滑坡、泥石流等地质灾害，以防危及出行的人身安全。所以土家族人如果发现屋场左右有沟壑，都要想办法去补救，例如采用栽种树木、建厢房或猪羊牛圈等方式。综合考虑了这些因素后，土家族人才会确定民居建筑的位置。

土家族吊脚楼和苗族的正房吊脚、侗族的正房半边吊不同，更不同于苗族或侗族的下部用木柱支撑上部的建筑，土家族的正房必须建在实地上，只有正房两侧的厢房可以向前延伸，超过正房的基础部分形成厢房吊脚。然而，吊脚部分的柱子仍然与地面接触，这不仅增加了厢房的稳定性，还具有较强的防震功能。土家族吊脚楼一般可分为以下几种类型。

单吊式：这是土家族吊脚楼中最常见的形式，也被称为"一头吊"或"钥匙头"。它的特点是将正屋一侧的厢房向前延伸一间，用三根柱子支撑其中一根悬空，与正房形成一个直角七字形的结构。悬空的一根柱子通常与正房齐平的走廊相连。落地部分的三根柱子与正房齐平，上面铺设楼板供人居住。正房下部的空间常用来储存柴草或饲养家畜。

双吊式：又称为"双头吊"或"撮箕口"。正房的两侧都有吊出的厢房，结构与单吊式相似，用途也一样。选择修建单吊式还是双吊式主要取决于经济条件和家庭需求。

四合水式：这种类型会在厢房吊脚楼的两侧部分另外建造一个与正房平行的厢房，上部与两侧厢房相连，形成一个四合院的结构。这种建筑通常出现在平坦的地面上，多是古代富裕有势力的土家地主模仿汉族建筑风格而建造的。四合水式的吊脚楼通常建在平地上，实际上并不需要吊脚结构，但会将厢房抬高，使其高于正房。厢房的地面与正房地面平齐，使其高于正房。①

贵州土家族聚居地区的吊脚楼类型与全国土家族的吊脚楼相似，但仍然保留着一些地方特色。例如，在铜仁土家族地区，修建吊脚楼必须遵守一个原则，即无论是一层吊式还是二层吊式，厢房的屋脊都不能高于正房，以此来突出正房的核心地位。

（三）土家族吊脚楼的生态智慧：顺应自然

土家族吊脚楼的设计理念极富创造性，它根据地理环境而定，顺应自然，减少了土家族在修建房屋时遇到的地理限制。这种建筑设计在充分适应自然地理环境的同时，也扩展了人类的生产和生活空间，成为土家族传统生态文化的宝贵遗产。土家族聚居的地区常常是山脉纵横、河流众多、气候湿润的地方，自然条件相对恶劣。土家族的先民为了适应这些恶劣的自然地理环境，经过长期的调适和互动，逐渐选择了将吊脚楼作为民居建筑。从选址上来看，吊脚楼建筑多依山傍水，这不但适应了陡峭不平的山地环境，而且使用木柱支撑房屋也非常安全稳固，同时也有利于保护家庭财产和防止野兽的袭击。从取材上来看，山区中土木、石料等天然材料丰富，取用便利。吊脚楼的建筑形式摆脱了二维平面发展的局限，沿着山坡依次建造，巧妙地利用了坡地和高差，扩大了建筑发展的空间。与此同时，它减少了土方的开挖量，保护了土地的生态特性，减轻了对山体的破坏，也节约了宝贵的土地资源，使人工建筑与自然环境融为一体。因此，土木架构的吊脚楼充分体现了土家人"因地制宜、就地取材、因材设计、就料施工、顺势而建"的智慧。

根据传统习俗，土家族会在吊脚楼周围种植竹子、果树、花木、芭蕉等植物，

---

① 戴伯龙编著：《民族建筑文化》，中国三峡出版社 2007 年版，第 160—161 页。

进一步降低了修建房屋对周边山水环境的破坏，加固了房屋周围的水土，最大限度地降低了因建筑工程导致水土流失，甚至山体滑坡的风险。尽管到现在，砖石结构的房屋逐渐取代了土木结构的吊脚楼，但土家族人民仍保留了种植植物来装饰庭院的习俗。这样做不仅弥补了修建过程中有所缺失的生态平衡，也营造了和谐优雅的人居环境。从某种意义上讲，土家族的吊脚楼体现了他们试图与自然更加接近和亲密的目标，实现了人、房屋和自然的和谐共生，使彼此不可分割。虽然现今土家族人民已逐渐采用砖石结构的房屋，但吊脚楼作为土家族传统文化的重要象征，仍然被视为一种珍贵的记忆与文化，代表了土家族与自然共生的理念。

第二节　兼顾气候、实用与美观的服饰

不同民族的服饰风格具有明显的差异，这是由于生存环境、生产方式、生活习俗和崇拜信仰的差异所致。作为民族文化的重要组成部分，民族服饰是区分各个民族的重要标志之一，它反映了每个民族的宗教信仰和文化历史，承载了各自独有的特征。土家族的服饰展示了其独特的民族特点，代表了土家族固有的民族观念和文化精华。同时，这些服饰也见证了土家族漫长的发展和进步过程，并在一定程度上反映了土家族居住生活的自然环境特征。

土家族服饰的结构与款式简洁明了。不论男女老少，他们穿着的服饰款式主要是无领滚边右开襟衣。《永顺府志》中载："土司地处万山之中……男女服饰皆一式，头裹刺花巾帕，衣裙尽刺花边""土民散处山谷间，男女短衣跣足、以布裹头，服斑斓之衣……喜垂耳圈，两耳累累然，又有项圈手圈。"[1]为了彰显身份或地位，衣边和衣领上常常绣有不同的花纹。考虑到土家族大多数人生活在炎热潮湿的环境中，他们夏季的服饰主要是短衣和短裤，袖口和裤管通常宽松肥大，以方便透气和散热。土家族服饰经历了几千年的演变，从最初简单的稻草衣裙到布、花布、衣、

---

① 中国人民政治协商会议沿河土家族自治县委员会文史资料研究委员会编：《沿河文史资料　第 7 辑民族史料专辑》，1996 年版，第 141 页。

裤子的发展过程中，逐步完善并保留了土家族的民族文化特征。土家族服饰以其鲜艳的颜色和精巧的绣工而闻名，展现出浓厚的土家族特色。虽然式样设计并不复杂，但在历史的发展过程中，土家人服饰的穿戴方式因身份地位以及应对不同场合显现出差异，创造出了更多细节特点，形成了独特的土家族服饰文化。

一、女子服饰

土家族妇女通常会在头上缠白色或青色的布帕，家境富裕的人家多选择缠青丝帕，帕的长度一般为 7 尺至 12.5 尺。年轻女性会在帕的尾部使用细线编织成条状的花边，然后与帕连接处结成网状，以增加美观度。同时，在帕头部分可以使用花边的装饰，使帕更加漂亮。在缠帕时，有一定的技巧，要将布叠成宽约 8 厘米的长条，整齐地包裹在头上，显得庄重大方。年轻姑娘通常喜欢用白色的帕子，梳长辫子，然后用红色的头绳盘起来。梳头时，额前通常会留下遮住眉毛的头发，当地称之为"桃花尖"或"妹妹头"。此外，右侧应该留出一缕长发，并用银别针夹住，以表示未婚身份。已婚的年轻妇女则更加注重打扮，首饰比较多，具有独特的风格。她们会将头发编成髻，并用丝线织成的网围住髻，这种样式常被称为"盘龙髻"[①]。平时她们会缠白色的帕子，而在结婚时必须用青色的帕子，过节或走亲访友时，则会在帕上佩戴一两件银饰。

土家族女性的上衣款式主要分为三种：第一种是最简单大方的款式，一般为右衽、外托肩，没有衣领，让脖子露在外面，不仅显得迷人，还有利于散热，通常在领口和袖口处装饰两道不同颜色的青边，增加层次感；第二种常见款式是短袖上衣，衣襟和袖口缀一条宽青边，青边后面会紧贴上三五朵梅花，并在胸襟处用彩线钩花，颜色更加丰富艳丽，第三种款式是青布蓝衣，其突出特色在于使用白竹布绲花边来装饰。[②]

---

① 在思南、印江土语称"纂纂"，沿河、德江土语称"巴巴髻"。
② 中国人民政治协商会议沿河土家族自治县委员会文史资料研究委员会编：《沿河文史资料　第 7 辑　民族史料专辑》，第 142 页。

　　女性前胸套围腰是土家族女子上半身服饰中最重要的装饰部分。围腰的工艺非常考究，色彩艳丽。它的形状类似一个凸字，四周都绣有花边，而腰部中间是一块大约五寸大小的方形绣片，图案通常是花草纹样。这块绣片被视为土家族女性展示自己绣艺水平的"战场"。在旧时代，土家族内部评估一个女子的能力是否出色，这块绣片是非常重要的评判标准。绣艺的高低几乎决定了外人对该女子能力的评价。因此，土家族的女性从小就认真钻研绣艺，并将技巧展示在自己围腰的绣片上。土家族女性的服饰还有许多细节和讲究。例如，在腰带的右边挂着一张手巾，俗称鼻帕。这张手巾在日常生活中只是一种装饰，不用于擦汗或擦鼻涕。只有在结婚新娘子哭嫁时，这张手巾才会真正被用来蒙脸和擦拭泪水。

　　土家族女性的下装有裤装和裙装两种。裤装一般比较简单，采用宽松的大筒裤，裤脚或腿部通常用线绣上各式各样的花纹和图案来装饰。裤脚底端镶有大约十五厘米宽的青色布边，形成三道边，上部是白布裤腰。在节日或特殊场合需要穿盛装时，土家族女性会穿上八幅罗裙，后来，八幅罗裙逐渐发展成土老司进行傩戏表演时所穿的"法裙"之一。八幅罗裙由八块长形布条制成，颜色分别为红、蓝、黄、青、绿、黑、白、紫。每块彩布的左、右、下三边都镶有不同颜色的吊边，而块面上则用彩色丝线绣上龙凤花草的装饰。八块长形布条只在腰部以白布缝围而成，上端并未连接。当土家族女性起舞或行走时，八块布条迎风飘荡，展现出绚丽多彩的色彩和精美的绣饰，形成了独特的风景线。八幅罗裙中的"八"并不是随意设定的，而是承载着土家族的民族历史和文化。它起源于纪念土家族先祖八个部落的团结奋斗历史，八种不同的颜色象征着八个部落。[①]

　　在土家族中，随着身份和年龄的变化，服饰也会有相应的改变。与年轻女子不同，土家族的老年妇女盘发时通常只使用白帕或青丝帕，不会像年轻媳妇那样做过多的装饰。上衣仍然采用右衽"厂"型，襟长一般过膝，襟沿镶有花边，整体上不会使用太多的色彩装饰，以青色为主。下装多为裤装，裤腰多为白色，裤管宽大方便行动，裤口处镶有花边，裤脚钩上有三条宽度不同的"梅花条"和"麦穗条"作

---

① 政协铜仁市委员会编：《铜仁百俗》，贵州人民出版社 2015 年版，第 45 页。

为简单的装饰。

土家族的女鞋非常讲究。鞋面多采用青蓝布或粉红绸子，鞋口一般用绲梭边挑出"狗牙齿"形状。鞋头上用彩线绣上花草、蝴蝶、蜜蜂等图案，鞋尖则细小上翘。尽管现在许多年轻女孩认为这种尖尖的鞋不太方便，所以不常穿，但是许多老年妇女仍然保留着穿这种注重细节的女鞋的传统。

土家族女性的配饰样式多样，除了耳吊和银质耳环，还有手戴的走马圈银饰和玉石手镯，以及手指上戴的金银戒指。这些配饰形式不同，样式多样。耳饰有"灯笼""瓜子""单环"等不同款式，女性戒指有"一颗印""三镶边""单股子"等不同样式。在日常生活中，土家族妇女并不会过多地佩戴饰品来装饰自己。然而，在传统节日，土家族女性会换上盛装，用各种金银配饰来装饰自己。在某种程度上，女性身上的饰物数量象征着家庭的财富状况，是向外界展示家庭状况的一种方式。

土家族的传统刺绣图案常常选择"喜鹊闹梅"或"双龙朝凤"等，这些图案反映了土家族的文化生活和审美追求。梅花是土家族服饰上最常见的钩绣图案之一，象征着快乐、幸运和长寿。喜鹊是土家族中的吉鸟，据说喜鹊能够预报天气，人们听到它的声音会感到喜悦。因此，将喜鹊绣在服饰上代表对幸福美满生活的追求和向往。在印江木黄阳坝，土家族女性会在裤装的青边上方挑出大约2.5厘米宽的花边。花边上方绣上象征宝剑形状的3条图案，每个图案长度一般在11—15厘米。宝剑图案的间隔处绣上蓝花式的图案。每只裤脚一般绣有4把剑和6朵蓝花。在土家族的文化中，宝剑有辟邪的作用。由于女性的"阳气"较少，容易受到邪恶的鬼怪侵扰。穿上绣有3把宝剑图案的裤子，在外面行走时，邪恶的鬼怪不敢靠近，这既能起到美观的效果，又能让人感到安全。

二、男子服饰

相比于土家族女性服饰所展现的柔美，土家族男子的服饰则展现了男性勇武、彪悍的气质，在款式和设计上考虑到男性作为主要生产力，需要更多进行体力劳动，因此具有宽松自如、行动方便等特点。

土家族年轻男子的上衣较为单调，经历了一定的历史演变。很早以前，他们穿有着"琵琶襟"的衣服，后来逐渐改为夏天穿对襟的短衣，冬天穿右开襟的长短衫。衣领也经历了变化，从无领到有领，从钉有 7 颗、9 颗、11 颗不等的布扣，后来逐渐形成钉 7 颗扣子的传统。最常见的上衣衣领较低，保持在 2 厘米左右，俗称为"蒜叶领"或"韭菜领"。通常，土家族男性的日常生活服饰相对朴素，不镶花边，只需用相似的布料镶边。在节庆日子里，男性会像女性一样穿着盛装，通常是穿上镶有花边的对襟衣，镶花边的方式与女性服饰相同，一般镶一窄一宽两道。除了上衣，土家族男性还会穿上背褡，春秋季节穿夹背褡，冬天穿棉背褡。背褡大多是青色，衣襟上绣有白色底和蓝色花边。受到汉文化的影响，土家族的读书人喜穿长衫，但会根据长衫的颜色加上青色或蓝色的滚边。[1] 中老年的土家族男子通常穿对襟衣，也有一些人穿开右襟的大褂，衣身要比对襟衣长，能够遮过膝盖。在富裕家庭中，中老年人主要穿着开右襟的长衫，外套大褂，矮领，有七颗纽扣。

为了方便行动和劳动，土家族男性的服饰通常较宽松，其中裤子是典型的代表。土家族男子的裤装在平面上呈现三角形，两条裤脚和腰的尺寸接近，短而宽，多以蓝布条作为裤头，裤腰由左向右折叠并用绳子系紧，因此被称为"左转弯"裤。裤脚一般比较宽大，这样走路和劳动都很方便。即使上厕所解小便，也只需将裤脚往上卷起即可。在土家族男子服饰中，最具特色的要数抹围裙，其中最典型的是三幅围裙。这种围裙由三层布料重叠而成，一般用蓝色或白色布料制成。三幅围裙既能挡风和保暖，又能保持衣服整洁。同时，它们还可作为休息时的坐垫或肩膀垫，非常灵活便捷。[2]

土家族成年男子包青、白两色头帕，一般为人字形，左边留两寸长帕头，称为王字头，崇拜白虎之意。此外，思渠、客田地区部分土家族男子喜戴青色大风帽，帽后有一尺见方的白布及肩，布上绣龙、鸟、虎等图案，布边滚栏杆花边。在上山下地劳动时，多穿水草鞋，而日常逛集市和拜访他人时，则穿多耳麻草鞋或青面布

---

① 中国人民政治协商会议沿河土家族自治县委员会文史资料研究委员会编：《沿河文史资料 第 7 辑 民族史料专辑》，第 141 页。
② 覃代伦、胡彦龙著，覃代伦总主编：《中国博物馆馆藏民族服饰文物研究 土家族卷》东华大学出版社 2021 年版，第 94 页。

底的鞋子。

三、儿童服饰

土家族在孩童的服饰上并没有过多的讲究，唯独在孩童的鞋帽上花费了很多心思。"狗头帽"和"虎头鞋"成为土家族儿童的代表性装饰。

土家族儿童的帽子种类繁多，每个季节都有不同款式可供选择。春秋季有"紫金冠"、夏季有"冬瓜圈"、冬季有"狗头帽""狮子帽""鱼尾帽""兔耳帽"等等。这些帽子一般都在传统的帽顶两旁开孔，装着两只毛皮做成的动物耳朵或其他象征物。帽子用鲜艳的绸缎和呢绒制成，镶嵌有金钏、假玉等装饰。帽筒上使用花边装饰，帽前有银饰或刺绣装饰。银饰通常铸有"福禄寿喜""长命百岁"等字样，绣片则用彩色丝线绣成"喜鹊闹梅""凤穿牡丹""龙穿牡丹""十八罗汉"或"福娃"等图案。家庭条件较好的还会在帽的左右两边点缀银铃，或在帽檐后面戴上月牙盘，配三个菱形的小响铃。土家族的孩童胸前挂着"百家锁"，手上戴着银镯子，镯子上带有空心银锤或银铃。[①]

"虎头鞋"则是土家族民间传统手工艺的代表。鞋尖上绣有一个"王"字，两侧还绣着花纹。这样的鞋既有实用价值，又具有观赏价值，同时也象征着吉祥。虎在土家族文化中被崇拜为图腾，所以孩童穿上虎头鞋、戴上虎头帽，意味着受到虎的保护，邪恶不敢侵害。这表达了土家族成年人对孩童能够茁壮成长的期望。

综合来看，土家族的各类服饰制式展现了对自然物或崇拜物的仿生性。例如，儿童穿着"虎头鞋"和"虎头帽"，女性鞋子上的"狗齿"边缘，以及服饰上刺绣的喜鹊、凤凰、蝴蝶等自然图案，都属于这一类别，这些自然界的动植物要么与他们的生活紧密相关，要么是土家族所崇拜的图腾或神灵。通过以刺绣或拟态的形式将这些自然物或崇拜物穿戴在身上，人们可以获得相应的能力，或能得到庇佑。这种仿生性服饰体现了土家族与自然平等共生、相互融合的生态思想。

---

① 中国人民政治协商会议沿河土家族自治县委员会文史资料研究委员会编：《沿河文史资料 第7辑 民族史料专辑》，第143页。

土家族的服饰具有宽松、简单的特点。衣物和裤子都较短，袖口和裤管比较宽大，这种特点与贵州的地理环境和气候条件密不可分。贵州土家族所处的地区属于亚热带季风气候，温度相对湿热，宽松简单的服饰有利于通风散热。同时，宽松简便的服饰也方便土家族人在田地劳作或在山林中活动。总的来说，贵州土家族的服饰样式多样，充满民族和地域特色。这些服饰不仅反映了土家族长期以来的历史演变，还反映了土家族先民对自然环境和气候条件的适应，它们是土家族传统生态文化的物质文化财富。

第三节　传统工艺中的生态利用：就地取材

土家族地区的传统工艺有着悠久的历史，种类丰富，融入了土家族人的衣食住行，与其生活密不可分。这些传统工艺在制作过程中或以自然界的物质为基本原材料进行再创造，或利用植物的特性对工艺品进行加工。不论是工艺制作的技术还是样式纹路的审美，都包含了土家族人对自然的认识与理解，展现了他们对自然物的合理利用。在土家族的众多传统工艺中，纺织和印染等民族工艺显得尤为有代表性。

一、织锦

土家族的织锦工艺是其重要的传统工艺之一。土家族的纺织技术精湛、历史悠久。从魏晋三国时期开始，土家族就以精工细作的织锦而闻名。"用木棉纱染成五色织之，质有文彩。俗传武侯（诸葛亮）征铜仁蛮……教织此锦。"[1] 文中所提到的铜仁蛮便居住在如今的土家族、苗族聚居地区，很大概率指的就是现在土家族的先祖们。《周书》中也有描述南北朝时期荆蛮之地广种蚕桑的情景。《北史》称："蛮人能织细布，色泽鲜净。"[2]《后汉书·南蛮西南夷列传》中亦有当时土家族的先民们将自己所制作的织锦作为贡品向中原朝廷进贡的记载。

---

[1] 贵州省土家学研究会编：《贵州土家族百科》，第 252 页。
[2] 贵州省土家学研究会编：《贵州土家族百科》，第 252 页。

在唐代，土家族的布料出现了多种类型，如粮布、溪布、峒布等。《华阳国志》将这类布料称为"阑干细布"，这是最接近土家族织锦的称谓，描述它们"织成文如绫锦"。土家族布料的原材料从麻到棉、绸都有，且采用了更多活泼的色彩和花纹，这是土家布发展的重要阶段。宋代的朱辅在《溪蛮丛笑》中记述了唐代的"溪布"，他说："绩五色线为方，文彩斑斓可观。俗用为被或衣裙，或作巾，故又称峒布。"[①] 这表明在唐宋时期，土家族的纺织技术和工艺就已经得到广泛认可，不仅色彩丰富多样，还开发出了广泛的用途。

宋代以后，土家族的织锦工艺享誉天下，其中最为绚丽的一种被称为"西兰卡普"[②]。这种织锦从宋代开始出现，并在明清时期和民国时期得到广泛应用。西兰卡普使用深色的锦线作为经线，而纬线则采用各种色彩鲜艳的粗丝、棉线和毛线，采用手工挑织的方式完成。在传统工艺中，这些绚丽多彩的丝线是土家族女性利用深山中天然植物染料进行晕染而成的，这些染料包括红花、栀子、黄姿和五倍子等。正是基于对这些天然染料的认识和掌握，土家族女性才能织出具有多层次色彩效果的西兰卡普。西兰卡普图案色彩鲜明热烈。这种色彩效果的原因，第一是喜用对比色，喜用黑白衬托钩提；第二是由于喜欢用鲜明的颜色，大桔黄之类始终是西兰卡普的主基调，被用于中心部位。在配色上流传有这样一首三字经式的歌诀："黑配白，哪里得。红配绿，选不出。蓝配黄，放光芒。"[③] 除了色彩夺目外，西兰卡普的图案也非常丰富，多达几百种。这些图案虽然复杂多样，但整体效果古朴典雅、层次分明。它们通常分为三种类型：首先是自然物图案，包括鸟兽虫鱼、鲜花和百草等，体现了人们对自然界事物的崇拜和向往；其次是几何图案，其中最常见的是"卍"形图案，还有单八勾和双八勾等；最后是文字图案，包括单字如喜、福、寿，还有福禄寿、富贤双全等祝福语。这些图案在一定程度上反映了汉族和土家族两个

① 李韬、黄佳编：《中国民俗传统》，武汉大学出版社 2021 年版，第 52 页。
② 土家语"西兰卡普"是一种土家织锦。在土家语里，"西兰"是铺盖的意思，"卡普"是花的意思，"西兰卡普"即土家族人的花铺盖。
③ 全国政协暨湖南、湖北、四川、贵州政协文史资料委员会编：《土家族百年实录》，中国文史出版社 2001 年版，第 47 页。

民族文化的交流与融合。在土家族的传统婚俗文化中，西兰卡普是女性最重要的嫁妆，客观上也是家庭经济实力和女儿有无教养的象征。因此，土家族的女孩从小就开始学习相关技艺，不断熟悉制作过程，以织出满意的西兰卡普。

二、印染

贵州土家族的印染工艺已有上千年的历史。在印江地区，传统的蓝地印花布是非常有名的工艺品，宋代称其为"药斑布"，明清时期则称其为"浇花布"。在西南地区的少数民族印染中，最常用的材料就是蓝靛。然而，在蓝靛传入之前，土家族人就已经开始使用本地材料，通过实践总结并发明了一种比较原始的土法染布技术。这些技术大都操作简单，原材料通常可以从日常生活或自然环境中获得，经过处理的布料寿命更长，充分展现土家族先民们对自然植物的合理利用。油灯布、紫花布和太阳布是土家族的传统染制布料的典型代表。

油灯布的染制过程相对简单。染色的原料是稻草灰和锅烟墨。稻草灰和锅烟墨混合后，放入锅中煮沸，然后使用筲箕滤出色水，再次加热，将布放入锅中揉匀，继续加热约半小时，然后取出晾干。通常第一次染色结果并不理想，色调可能不均匀，因此需要再次染色。经过两次染色晾干后，成为类似黑色的油灯布，在清末民初，土家族地区广泛将其应用于服饰制作。

紫花布的染制过程相对复杂一些。染制的原料是棉花根。棉花根经过处理后放入锅中煎煮，然后过滤出色汁，将色汁倒入锅中，放入布料揉匀，烧开后倒出，然后让布料连同水一起浸泡一天。之后再次放入锅中烧开，倒出后再浸泡一天，如此连续烧开和浸泡三四五次。最后将染好的布料拧干，检查染色是否均匀，如果不均匀还需要再煮泡一两次，最后晾干成为紫花布。

太阳布的染制过程需要使用太阳叶（又称栋叶）作为原料。太阳叶一般生长在高山的崖脚下，采集叶子后放入锅中煎煮，待叶子中的色汁煮出后，过滤色汁。再将过滤后的汁水倒入锅中，放入布料揉匀，烧开后大约煮半小时，确保染色透彻，然后取出布料晾干。在晾干的过程中，人们十分讲究"冻"，即在有雾气的清晨让雾气附着在布面上，以使色泽鲜艳美观。之后再煮、晾，如此反复多次，才能染出理想的太阳布。太阳布主要用于被套，特别是婚嫁时的嫁妆装饰。人们还会在被面上加上一条宽约一寸的蓝色或青色条布，两边再加上像筷子一样宽的一条蓝色或青色条布，以增添美感。[①]

以上三种染布的染汁都可以保留较长时间，可以连续使用多次。这种土法染布技术一直持续应用到清末民国初期。但随着蓝靛的传入，原始的土法染布逐渐被摒弃。蓝靛作为染料，根据程序和晕染次数的不同，可以呈现出月白、月蓝、青蓝等不同的颜色。

土家族传统的印染工艺流程主要包括花版制作、染料制作、染浆制作、灰浆制作、染色印花等重要环节，每个环节还涉及几道或十几道工序。这种工艺可制作出丰富多样的成品，常用于制作被面、垫单、桌布、窗帘等，是土家族重要的工艺品。印染图案通常源自神话传说和吉祥图案，设计好后刻于花板上，可以反复使用。常见的图案有"凤凰升子底""罐罐栽花""鹿子衔莲""喜鹊闹梅""双凤朝阳""二龙抢宝""鲤鱼戏水"等近60种，这些花草珍禽代表吉祥，是永恒的主题。印染工艺制成的产品具有自然的纹理，尽管颜色单一，却展现了古朴典雅的美感，彰显了土家族人的审美情趣。

土家族人使用这些本土植物染料，结合独特的染色技法，将不同的图案和颜色印染到布料上。通过将布料暴晒在阳光下或使用特定的染色液体，土家族人能够制作出独特而精美的印花布。这些土家族传统的印染工艺展示了土家族人民在长期实践中对自然资源的深入理解和合理利用。这些技艺的传承和发展不仅为土家族的文化遗产增添了瑰丽的篇章，还向世人展示了土家族人民的智慧和创造力。

三、挑花、刺绣与纹饰

（一）挑花与刺绣

挑花是土家族女性所掌握的一门传统技艺，这项技艺富含浓厚的民族特色。土家族的姑娘们在挑花过程中通常有固定的颜色搭配，其中最常见的是两种：一种是

---

① 彭继宽主编：《土家族传统文化小百科》，岳麓书社2007年版，第168—169页。

以青蓝色作为布料的底色，然后用红色和绿色的线来挑绣出图案和纹饰；另一种则是典型的黑白配色，使用白色作为布料底色，用黑色线进行挑花，这种搭配非常独特。

土家族刺绣具有悠久的历史。古代巴人曾将称为"嫁布"的织物作为贡品献给朝廷。在《后汉书》中，还有巴人进献嫁布向秦惠王赎罪的记载，可见当时嫁布的珍贵程度。土家族的刺绣使用彩色丝线、绒线和棉线，在绸、缎、布帛等底布上以针引线，按照设计要求绣制各种花纹、图案和文字。土家族的女孩除了学习织锦、挑花，还需要学习刺绣技术，刺绣作品会成为她们服饰的重要装饰或嫁妆，陪伴她们一生。在进行刺绣时，通常先设计好样稿，用普通纸剪出设计好的图案，将其贴在底布上。这样不仅在绣制时有参照，还更容易成功。完成刺绣后，丝线会将原本贴在底布上的剪纸完全包裹其中，使刺绣的图案更加突出，增强作品的立体感。土家族刺绣在色彩搭配上独具特色。刺绣作品的主要色调通常是红、白、蓝和黑。在选择底布和绣线的颜色时，土家族喜欢营造对比和反差。底布是深色时，绣线会选择浅色；底布是浅色时，绣线则选择深色。这种反差色的应用使土家族的刺绣看起来朴实逼真。在对比下，深色更加深邃，浅色更加鲜亮，增强了作品的生动感，给人以喜悦和吉祥的美感。

土家族的挑花和刺绣广泛应用于绣花鞋、鞋垫、服装花边、绣花帽子、头巾、手帕、荷包、围裙、褡裢、门帘、桌布、被面、床单、枕头、帐帘等物品，成为土家族具有代表性的传统工艺。

（二）图案与纹饰

不论是土家族的服饰还是挑花与刺绣，都有着具有独特设计感的图案和纹饰，这些纹饰展示了土家族丰富的民族文化内涵。土家族信奉原始宗教，对自然充满崇敬。他们认为日、月、星、辰、雷、雨等万物皆有神，所以在土家族刺绣的图案取材于自然物、神话传说或几何图案，例如花、草、虫、鱼、鸟、兽、竹、树等自然物，"喜鹊闹梅""凤穿牡丹""鸳鸯戏水""龙凤吉祥""麒麟送子""狮子滚绣球""鱼跳龙门""迎亲图"等图案都是常见的土家族纹饰。

在土家族的传统纹饰中，有一组以虎为题材的纹样十分有特色，例如"台台花""虎皮花""虎脚迹"等。这些纹饰与老虎的特征，如虎头、虎皮花纹和虎爪等相关，展现了土家族对老虎的崇拜。在生产力不发达的社会阶段，老虎是土家族人认为的最勇猛的野兽之一，具有极强的生命力和生存能力。因此，土家族人认为将具有老虎特征的纹饰印绣在相关物品上，这些物品就能够拥有老虎的部分能力，可以祛邪驱魔。在土家族中，与虎有关的纹饰经常出现在孩童的配饰上，例如虎头鞋、虎头帽等。以虎头为灵感的"台台花"纹样更适用于小孩摇篮盖裙的专用纹饰，表达了人们希望通过借用虎的力量，保佑土家族中的孩童健康成长、平安顺遂的希冀。

钩纹，是土家族最为典型和常见的纹饰之一，以几何形式出现，简单明了且更具原始抽象的符号特征。它并不是写实的，而是参考了土家族在织锦中构建出的以经纬交织为基础的直线结构。钩纹有诸多变体，如银钩、双钩、八钩、二十四钩、四十八钩等等，但不论这些钩纹如何变化，都遵循一个基本的思路，那就是以最基本的菱形作为中心逐层扩散或渐变，这种扩散对称的结构不仅能够强调主体纹样，使得整个纹面稳定统一，同时这种钩状纹饰的反复出现与扩大，让整体纹样的变化显得更具层次性。[1]对钩纹含义的解读并没有形成一个定论，有的认为钩纹是典型的火纹图案，代表着土家族人对火这一生命之源的忠实；有的认为中间的菱形代表太阳，代表了土家族人的太阳崇拜；也有说法认为四十八钩的主纹样式形似青蛙，来源于土家族"蛙人各一"图腾信仰；也有人认为双数的钩纹表达了土家族人成双成对、多子多福、家族绵延的美好期望。此外，因土家族人认为日月星辰等天象象征着生命与轮回的不灭，所以太阳花、月亮花、星星纹等以天象为主题的图案成为了土家族常见的纹饰种类，与喜鹊闹梅、蝴蝶恋花、锦鸡闹林、孔雀开屏、双凤朝阳等寓意祈福的图案一起，表达了土家族人祈求身体健康、家庭和顺、氏族兴旺、多子多福的美好愿望。

这些图案采用寓情于物的手法，展现了土家族人对吉祥美好生活的愿景。此外，它们也展示了土家族对生灵、祖先以及自然界的景仰和敬畏之情，并记录了土家族农耕生活的景象。这些图案因其重要的历史文化价值而备受重视，同时也反映了土

① 刘琼、成雪敏：《服饰民俗》，湖南大学出版社 2020 年版，第 93 页。

家人的思想理念和审美观。它们是土家人文化智慧的结晶，是土家族社会生活的历史，其中蕴藏着土家人对生命、轮回和自然的独特认识和理解。土家族人通过穿戴或使用绣（印）有神灵、自然物或寓意吉祥的图案的服饰或装饰物，试图实现自然与人之间的共鸣与感应。他们希望借此获得神灵的庇佑，实现人与自然和谐共生，并实现风调雨顺、人畜兴旺等愿望。这些图案不仅代表了土家族人的文化信仰，更寓意着他们对与自然和谐共处的追求。

第四节　饮食与医药中的生态智慧：自然循环、相生相克

一、对自然馈赠的创造：饮食

（一）土家族饮食结构特点与变迁

土家族是一个以农耕技术为主要生产方式的民族。早在春秋战国时期，对土家族的先祖巴子国就有"土植五谷，牲具六畜"的记载。尤其自唐宋以来，土家族的农耕技术逐渐成熟，他们的生存方式主要是以农耕为主，同时兼事渔猎和采集。土家族的生产方式和地理环境决定了他们获取食物的主要来源可以分为两大类：一类是通过种植或养殖获取的食物，另一类是通过渔猎和采集获得的食物。

在土司时期，土家族的食物可以分为农作物、饲养动物、采集物和捕猎物四大类，并没有明显的饭菜的区分；种植的作物种类相对较少，主要以大麦、荞麦、粟和豆类为主，同时也会种植少量的稻谷与小米；饲养的动物包括猪、牛、羊、马、狗、鸭和鹅等；采集的食物主要有蕨粉、葛粉、竹笋、天蒜和菌类等。土家族的祖先在长期与自然互动的过程中，不断加深对自然的认识，并开发出了多种植物的加工方法。例如，他们可以将植物的块茎捣碎后去除杂质，加水置于大木桶内，通过沉积汁液来制作蕨粉和葛粉，这些食物可以做成饼饵，也可以用沸水冲食；他们还掌握了天蒜的腌制方法，以及用谷粉蒸煮笋根的技巧。这些食物的发现和加工大大丰富了土家族人的食物品种。

在捕猎方面，土家族主要猎取鱼、野猪、狼、野山羊、麂、鹿、獐、獾和水獭

等。土家族的民间习惯是一日两餐，没有宴饮和吃夜宵的习俗。在这个时期，土家族人已经掌握了一些较为成熟的食物加工和储存方法。土家腊肉就是其中比较有代表性的食物之一。腊肉最初的制作目的是在没有冰箱、无法保鲜的年代更好地储藏肉类。然而，由于其独特的风味，腊肉现在已经成为土家族餐桌上不可或缺的佳肴，发展到现在，"土家腊肉"的做法更加精细：将鲜猪肉切成一二尺长、三四寸宽的块状，用食盐混合花椒面抹均匀，放在大盆子或铁锅内腌上几天，然后挂于火塘上用炊烟熏，讲究一点的还要用柏树枝叶加上柑橘壳之类燃烧的烟雾来熏烤，使其色泽、香味均达到最佳。土家人常常以"过桥"[①]腊肉作为款待客人的主菜，家中腊肉的多少一度成为衡量一个家庭富裕程度的标志。

"改土归流"后，土家族的粮食种植结构发生了变化，农作物品种增多，食物多样性得到提升。土家族地区引入了玉米、马铃薯、红薯等美洲高产农作物，以及菠菜等新蔬菜种类，这些作物是随着汉族大量迁入而引入的，并且汉族还带来了先进的种植技术。与汉族的交流和融合使土家族学会了中耕、锄草、施肥和灌溉，从而使得粮食产量迅速提高，生活质量得到了提升。

随着汉族人口的大量增加，原本无人居住的荒山荒地开始被开发，可供采集的植物和可供狩猎的猎物数量锐减。这从根本上改变了土家族的饮食结构，使采集物和猎物在他们的饮食中的比例大大降低。新引进的玉米、马铃薯、红薯等作物成为了土家族人主要的食物来源。同时，土家族逐渐转向养殖业，猪肉、鸡肉和鸭肉成为他们的主要肉类食品。在低山地区，还有一些人工养殖的鱼类，例如草鱼、鲤鱼和鲫鱼。不过对于山地的土家族人来说，蕨粉和葛粉仍然是不可或缺的食物，尤其是在荒年，它们被视作自然赐予的宝贵食物，能够帮助土家族度过缺粮的困难时期。

土家族具有民族地域风情的特色食物种类众多。由于早期受到地理条件的限制，土家族种植的稻米数量相对有限，因此他们种植多种杂粮作为补充，这在饮食上形成了独特的健康饭食。土家族人的日常主食除大米外，苞谷饭最为常见，有时也吃豆饭，粑粑和团馓是土家族的季节性主食，如果产量大的话可以一直吃到栽秧的时

---

① 指腊肉片的大小可以盖住大碗口，说明腊肉的质量好。

候。过去红薯在许多地区一直被当成主食，现仍是土家族地区入冬后的常备食品。[①]
在平坝河谷地带的土家族人，则有"两糙饭""洋芋饭"和"合渣"等特色饮食。
土家族人将玉米粉与煮得半熟的大米调匀蒸熟，或将米和苞谷掺在一起做成"两糙
饭"，将洋芋与煮得半熟的大米焖熟做成"洋芋饭"，将泡涨的黄豆磨成豆浆，再
将豆浆兑水放进锅中煮开，加入切好的菜丝再次煮开，这样做成的"合渣"不仅口
感独特，而且营养丰富，还具有食疗效果。按照现代的科学常识来看，以大米、苞
谷为主食，混以小米、麦类、豆类、红苕和洋芋等杂粮，是一种健康的饮食模式，
有利于保持身体健康。

（二）土家族酿酒技术

土家族居住在寒冷的山区，水质优良的清泉溪流使得酿酒和饮酒成为他们的风
俗。饮酒煮酒是土家人的一大爱好，这一习俗可以追溯到土家人还被称为巴人的时
候。土家族聚居地大多都在山区，一方面，山区中拥有优良水质的清泉溪流能够酿
造出更为出色的酒水，另一方面，土家族人也需要酒水来帮忙抵御冬日时山区的寒
冷。酒在土家族的生活中普遍存在，在过去和现在都占有非常重要的地位。无论是
结婚、生日庆祝、建房，还是老人过世，都必须备酒来举行宴会。祭拜祖先、驱邪、
举办傩戏活动时也必须提供酒，人们认为没有酒就无法进行宴会，没有酒是大不敬
的行为。

土家人通过长时间的积累，掌握了制作土酒的一整套技术。制作土酒的第一步
是制作曲药。土家族的同胞用野生植物来制作曲药。在农历五月十五日后，他们采
集茅草根、爬岩香、甘草、神曲、法夏、脆葛根、风柯草、笔壳草、青蛙草、车前草、
大茄花、小茄花和麦芽等十几种草药，将其洗净后放入砂砚中研磨成浆状，再浸泡
入水中。他们用研磨器将谷物（如谷子）磨成粗粉，然后将两者混合在一起。他们
在地板上铺上稻草，在稻草上将混合好的药物捏成一团，再盖上厚厚的稻草。这样，
药物就开始发酵，经过 7 至 9 天的时间，会长出霉衣，黄色的霉菌是最理想的，黑
色的则次一些。

---

① 潘雁飞、刘婧编著：《饮食民俗》，湖南大学出版社 2020 年版，第 137 页。

　　土家族酿造土酒的方法相对简单，每家每户都可以进行制作。原料可以选用高粱或苞谷。在早期，高粱是主要的原料，但在过去二三十年中逐渐以苞谷为原料来酿酒。酿制土酒时，首先需要将苞谷蒸熟取出，待其温热适于入曲药后，使用簸箕将苞谷装好，搭上帕子盖上草，将其放在灶旁的较温暖处等待发酵。发酵时间一般为一天一夜，以手插入发酵物中感到烫手时为佳。将发酵好的糟装入甑中，糟中间放一个钵，在甑口放一个铁锅，用布将边缝缠紧，确保不漏气。在铁锅中注入凉水，让甑内酒糟蒸气遇冷后从铁锅底部顺流至锅尖，然后滴入钵中。在铁锅的凉水变热后，将其取下并更换为凉水。此时，将钵中的酒倒出，并反复进行该过程，直到钵中的酒味淡了为止，一般而言，使用两斤苞谷可以烤制出一斤土酒。

（三）适应环境的饮食习惯：喜食酸辣

　　综合来看贵州土家族的饮食习俗受到多重因素的影响，包括自然环境、民族文化和邻近地区的食俗。因此，土家族形成了喜食酸辣食物的饮食习惯。这种饮食习惯的本质原因可以追溯到土家人所居住的自然环境，同时也是土家人适应生产生活和自然生态的结果。

　　土家族的聚居地多位于山区，属于亚热带季风气候，常年潮湿多雾，夏季又炎热。因此，土家人有除湿降温的需求，辛辣的食物具有除湿利汗和温胃健脾的作用，而酸性食物能调和脾胃、生津止渴，并有益于消化粗粮，能增强食欲。土家族有句谚语："三天不吃酸和辣，心里就像猫儿抓，走路脚软眼也花。"这句话揭示了酸辣食物在土家人生活中的重要性。土家人家家户户都有酸菜坛和干辣椒，每顿饭都少不了酸菜和辣椒。他们还有一句谚语："辣椒当盐，合渣过年。"形容了辣椒在土家人的日常生活中不可或缺的地位。在土家族的宴席或平时的饭桌上，几乎每道菜都会加入辣椒作为调料，可见辣椒在土家人生活中的重要性。此外，土家族将辣椒视为必备的药物。天气变冷时，吃辣椒可以活血驱寒；感冒时，可以用红辣椒熬汤发汗；生冻疮时，可以用辣椒敷治。因此，每年辣椒收获后，土家人都会将其风干挂在门口或屋檐下，方便随时取用。土家族民众在修建房屋、举办婚丧嫁娶或逢年过节时，席面上一定会有一道或数道酸菜。这些酸菜并不是调味醋制作，而是自己制作的酸菜、酸鱼和酸肉等。

在漫长的历史时光中，依托于土家族先民们生存的生态环境，他们从自然的馈赠中创造出了属于自己民族的饮食文化。可以说，不论是土家族的饮食结构，还是喜食酸辣、爱饮酒的饮食习惯，都是他们与自然互动的产物，是他们适应生活的智慧。地理环境决定了土家族饮食中的食物种类，而气候环境和饮食喜好又进一步促进酸辣口味以及喜好饮酒的饮食习惯的形成。经过时间的沉淀，这种承载着土家族人文化历史记忆的饮食习惯又反过来成为他们身份认同中的重要一环。

二、对自然的认识与利用：医药

在巴人时期，土家族先民对于植物的药用属性已经有了一定的了解，如陶弘景的《名医别录》就有"菖蒲生上络池泽及蜀郡严道……黔蜀蛮人常将随行，以治卒患心痛，其生蛮谷者尤佳，人家移种者亦堪用。但干后辛香不及蛮人持来者，此皆医方所用石菖蒲也"[①]的记载。随着封建地主经济的发展和汉医药文化的输入，贵州土家族聚居地出现了一批受过良好教育、具有一定文化水平的医药从业者，被称为"梯玛"。这些人既有一定的医药知识，又是不脱离生产的宗教职业者。他们活动于土家族聚居的山区之间，将神灵信仰与医药实践相结合，同时运用神灵崇拜和草药疗法，以达到治疗疾病的目的。在治疗病人之前，梯玛会先焚烧香纸，并以此化钱拜祭"药王菩萨"。接着，他们会将用香纸灰调配的圣水含在口中，喷洒于患者的病灶部位，然后再使用药物进行治疗。这种"神医结合""神药两解"的治疗方法，十分具有特色。

土家族先民通过不断学习以及在治病的实践过程中的探索与创新，逐渐构建了一套土家族的民间医药知识体系，不仅包括对各种草药的应用，还包括推拿按摩、拔火罐、灯火治疗、穴位按压、针刺疗法等各种民间医疗技术。在长期的生产生活实践中，土家族及其先民在与疾病做斗争的历史长河中，不断积累和丰富土家族医药的理论学说，完善并丰富了土家族的医药文化。

---

① 朱国豪、杜江、张景梅主编：《土家族医药》，中医古籍出版社 2018 年版，第 476 页。

（一）土家族生活实践中的疾病防治

土家族认为"病从口入，病从心起，病从毒生"。因此，他们自古以来就非常注重预防疾病，认为预防比治疗更为重要。土家人在实践中形成了一套防病的方法，即"净口、净身、净气"。具体而言，净口意味着注重饮食卫生。他们会选择向阳流动的泉水来饮用，而避免饮用背阴的死水或浑浊的污水。他们回家后也会多喝几杯清茶，避免饮用冰凉的水，而且不食用冷饭和冷菜。他们还会认真清洗餐饮用具并进行消毒，使用锅碗瓢盆之前除了用淘米水清洗外，还要用开水煮沸或用蒸汽蒸煮，再用清水冲洗。碗筷也要用热水冲洗干净。净身即意味着勤洗浴，保持身体的清洁。净气指的是保持环境的整洁和美化，通过美化环境来避免疫气。土家族人非常注重居住环境与自然的融合，之所以选择依山傍水的地方建房，是因为认为这些凹地可以避免风雨，也能避开邪恶和灾害；之所以通常选用吊脚楼的形式来建造房屋，也是因为可以防止潮湿和蛇虫蚂蚁的入侵，创造明亮而舒适的卫生环境。

居住在贵州梵净山山麓的土家族人，从古至今都有一种良好的卫生习惯——药浴。当地人根据不同季节和草药的不同部位对身体的功效采集草药，最大程度实现对药效的利用，一般春季采集草、夏季采集茎、秋季采集果实、冬季采集根部。他们采集了几十种珍贵的药材，包括柳树、桑枝、杜仲、稀莶草、艾叶、桃叶、老鹳草、吴茱萸、冷骨风、地瓜根、阴爪风、豆瓣草、铁帚把、三角枫、大血藤、小血藤等。在采回这些药材后将其晾干或烘干，以保证使用时的药效最大程度保留。妇女在分娩后的三天和满月时都会进行一次药浴，能有效地促进女性的产后恢复，一般婴儿也和母亲一起洗澡，有益于婴孩的健康。药浴是将草药用锅煎煮后用以洗澡，锅中不能加入油盐，先要用灶灰擦洗干净才能进行熬煎。为了避免受风寒，洗澡盆会被放在室内的中央，并用竹围围住。常常进行药浴可舒经活血、祛风去寒、解热止痛、强身健体，增强免疫力，对于生活在多雨多雾的深山沟里的土家人来说，这也成为一种重要的疾病防治手段。

土家族的很多节日和民俗习惯都展现了他们对卫生和预防疾病的关注。土家族有着良好的节前打扫居住环境卫生的习惯。例如，在农历腊月二十三这一天，土家族人会彻底清扫整个居住区，从楼上到楼下，从室内到室外，使得周围环境干净整洁。

同样，在农历二月的惊蛰节，当万物复苏，各种蚊蝇和昆虫开始繁衍生息时，土家族会清扫前后的房屋，并撒上石灰，以防止害虫滋生。在五月的端午节，土家族会在门前挂上艾蒿，因为他们发现艾叶和菖蒲对治疗多种疾病有效，所以他们会将采回的艾叶和菖蒲洗净晒干，放在家中或门上。除了用于治病外，这些植物还可以驱赶蚊虫和苍蝇。此外，土家族还会在房前屋后撒上雄黄酒。六月六日，土家族会在房前屋后晒各种五颜六色的衣物、被子、垫单和书籍。这样做的一个重要原因是，他们认为在六月六这一天阳光比较好，可以帮助衣物和物品排除潮气、防治虫蛀。在七月半这个日子，除了祭祖之外，土家族还会用松针、贯众、荆芥和薄荷等药物煮汤，然后烧香，并让周围的人们喝下药汤。土家族有句俗语："七月半，鬼乱窜。送出门，保平安。跳傩堂，阴气散。喝神汤，病不犯。"[1] 从现代科学角度来解释，土家族在实践中采取的这些防治疾病措施可以有效地防止人们接触到各种病毒和细菌，从而大大降低生病的风险。而他们对各种草药的认识和利用，则反映了土家族人对自然界的观察、理解、总结和适应。

（二）内外双体系的土家族医疗方法

除了预防疾病，土家族在长期与疾病搏斗的医疗实践中还积累了许多治疗疾病的方法。土家族的治疗方法可以归纳为内治法和外治法两大类。土家族的内治法主要包括赶清、活消、温补三种。

赶清法指的是利用内服各种赶清药物，通过体内吸收和代谢的方式，驱散五毒之邪，使其通过汗液和大小便排出体外。土家族的赶清药物包括赶风药（赶风寒、风热药）、赶气药（行气、行血药）、赶火药（清热凉血、清热解毒药）、赶食药（行气泻下药）以及赶水赶湿药（利水利湿药）和赶毒（瘟）药（清热败毒药）。赶清法被视为土家医治病的最原始且常用的方法。

活消法源于土家医的观念。"活"为和之意，"和"是活的根本，"活"代表着"和"的源头。因此活血有助于和解，也有通畅之意，即通气通血。如果气血不通则会凝滞、阻塞、滞留，导致疼痛。消散则是通畅、破解结块等意思。活血是活

---

[1] 贵州省土家学研究会编：《贵州土家族百科》，第 528 页。

动的延续和加快，因此，当病变有结块时，必须先通过活血来疏通，然后才能消散、破解和散去。土家医的"活消法"不仅具有调气活血的功能，还能破解瘀血结块，一般根据情况使用相应的活血赶气药、活血祛瘀药、活血止痛药和破解软坚药。

温补法中的"温"指的是温和的意思，即温化养护；"补"表示滋补，即补益身体。温补法是一种治病方法，根据患者是否三元阳气虚弱、三元脏器功能衰弱、三元物质亏虚来设立。当三元阳气虚弱时，身体会出现虚寒和肢体冷感，因此需要使用具有益三元阳气的药物来治疗。温法又可分为温益上元、温益中元和温益下元。土家族医学认为，虚症可以分为气虚、血虚、精虚、脏器阳虚和阴虚等类型。因此，补益方法涉及补气、补血、补精、补阳和补阴等不同的治疗方式。土家族医学将"虚者补之"视为治疗疾病的关键方法。土家医强调"体不虚，邪不入，三元足，人安福"。因此，土家医治疗强调经常调节和补充人体三元脏器的元阳、气血和精华，特别注重保持三元脏器元阳的健旺，以抵御外来毒邪的侵害。根据土家医的观点，温补方法可以通过药物补益、食物补益、急性补益、缓慢补益、平衡补益和强力补益等不同途径来实施。另外，还有春季补益、夏季补益、秋季补益和冬季补益等补益方法的区别。但是，如何进行补益，关键在于土家医要随时准确把握病人身体虚弱的部位，掌握虚寒的程度。[①]

外治法，又称药物外治法，是土家医在长期与疾病做斗争过程中创造的自然古老的传统疗法。该疗法主要通过药物与人体表面接触来发挥作用，从而达到治疗的目的。土家族通常将常用药物分为三类：冷性药（寒药）、热性药（温药）和平性药。热性药可以减轻或消除寒症，如五虎进、滚山珠、见血飞、八里麻等；寒性药可以减轻或消除热症，如地苦胆、水黄连、九牛造等；而平性药则是介于寒性和热性之间的药物，药性作用平和，被用作补养药物，例如土人参、土沙参等。[②] 此外，土家族的民谚中也有很多关于利用动植物治疗疾病的方法，比如"狗尾巴草，治面好""燕子窝熬汤，治癫好灵方""老人屎不通，蟋虾水冲""若遭蜈蚣咬，快找

① 朱国豪、杜江、张景梅主编：《土家族医药》，第65—67页。
② 朱国豪、杜江、张景梅主编：《土家族医药》，第67页。

鱼腥草""家有红辣蓼，可和毒蛇打交道"。[①]

土家族医药在治疗外伤和祛风除湿方面具有其特色。由于土家族先民在恶劣的自然环境中生活，外伤是最常见的威胁。因此，土家族医药在外伤出血、跌打损伤和毒蛇咬伤等急救治疗方面有独特的经验和方法。土家族人常使用一种名为"补此阿列"的草药，它生长在溪沟边、山谷中，其根茎被作为药材。该草药具有甜涩的味道，可以行气、破血、止痛和补骨，适用于跌打损伤、脊骨劳损等情况。土家族有"土王百棒酒，任你打出手；土王止血丹，血止痛就散；土王接骨散，断骨把原还；土王蛇药丹，肿痛立消散"[②]的说法。祛风除湿药是土家族药匠根据山区湿气重、风寒多，以及常见的风湿关节痛等病症总结出来的药物。这些药物通常具有辛香和刺激性的味道，可以祛风除湿、通经活血。例如，被土家族称为"噶色卡"的枫香树叶、树脂、果球和根茎，可以捣烂外敷患处或根据医嘱煎水内服，用于治疗风湿关节痛、牙痛等病症。

土家族的医药文化展现了他们对宇宙自然的认识，体现了他们"天人合一"的价值观。土家族认为疾病的根源在于自然界，他们把自然界的一切元素，包括人、动植物和自然物等，看作是宇宙环境中的微小元素之一，而并非特殊存在。然而，宇宙中的各个元素并不独立分离，它们相互影响。人作为宇宙大环境的一部分，在天体和自然环境的包围中成长和生活，因此不可避免地受到天体和自然变化的影响。土家族认为，气候的变化是疾病的根源，寒、风、湿、热等气象因素会影响人体的气血运转，是疾病产生的重要原因。正如土家族谚语所说："人与天地相应，病与气候物候相连""百病寒凉起""寒随风气至"[③]。

土家族通过将常用药物分为寒药、温药和平行药，并针对不同病症类型进行治疗，展现了他们对自然界中万物相生相克原理的理解和应用。尽管他们可能无法解释其中的科学原理，但土家族通过长期观察和总结动植物在生产生活中的表现，掌

① 刘黎光、张耀本编注：《中国谚语集成湖南卷 湘西土家族苗族自治州分卷》，1993 年版，第 132—133 页。
② 朱国豪、杜江、张景梅主编：《土家族医药》，第 33 页。
③ 贵州省土家学研究会编：《贵州土家族百科》，第 515 页。

握了许多动植物之间的克制关系。他们有效地利用了一些常见的动植物草药，如狗尾巴草、燕子窝、蟋蟀和鱼腥草等，治疗了各种疾病，让土家族人能够享受健康的生活。土家族人建立在对自然的基本认知和理解的基础上，经过代代的积累，形成了独特而富有特色的医药文化，是土家族人生态文化中极具价值和意义的一部分。

第二章　表现在文化与制度中的土家族生态精神
——万物有灵，天人合一

　　土家族传统生态文化是土家人基于其特定的生存空间，在长期与自然的互动中积累创造的生态智慧。这种智慧受到土家人的宇宙观和世界观的影响，并包含对自然及其规律的朴素认知、对自然万物的态度、对人与自然关系的看法，以及对自然物的认识与利用。土家族并没有将自己视为宇宙的中心，而是用独特的地方性话语体系，阐释了万物有灵，天人合一的价值观念，践行了本民族与自然和谐共生的价值诉求。从精神层面来看，土家族的生态观念在传说、民歌以及土家族人的信仰与崇拜中得到展现，并成为其精神世界中最为重要的一部分。

第一节　自然崇拜与万物有灵：非人类中心主义

　　由于地理环境和生产力条件的限制，土家族世世代代的生产生活与自然密切相关，逐渐形成了自己独特的宇宙观和世界观。土家族人相信"万物有灵"，无论是人、动物、植物还是山川河流、日月星辰，都被认为有自己的灵性。在他们看来，世间万物以各自独特的方式与自然和其他事物相互作用。不仅自然中的各种事物相互影响、相互制约，人与自然也是如此。人也受到其他自然物的影响和制约，因此土家族人崇敬自然、尊重自然。

　　通过发展完善出一整套巫术和宗教仪式，土家族形成了其独特的原始信仰和图腾崇拜。受这种精神文化的影响，土家人在与自然互动时能够有意识地约束自己，敬畏自然和生命。他们将自己与自然的命运相连，尽力减少对自然环境和法则的破坏。他们追求人与自然的和谐共生，意识到自然是他们的生存依托，因此努力与自然保持良好的互动关系。

一、自然物崇拜

从人类学的研究中可以看出，不同地区和不同民族在形成早期崇拜观念时，往往与自然崇拜相关。自然崇拜是原始社会在一定发展阶段的产物，由于当时生产力水平较低，人们的生存几乎完全依赖于自然界的物质资源，同时他们抵御自然灾害的能力也很弱。在对自然界规律进行探索和总结的过程中，面对这些现象让他们对自然感到恐惧与崇敬，因此他们建构了一套属于自己的解释体系。正如马克思曾经说过，"宗教是在原始的时代人们关于自己身体的自然和外部自然的错误的最原始的观念中产生的"，"是某种异己的、神秘的，超越一切的东西"。[①]对土家族的先民来说，随着他们所积累的生产生活经验的增加，人们逐渐开始对那些变幻莫测的自然力量和自然物体有了一定的认识。一方面，他们意识到自然与他们的生存息息相关，因此对自然力量表达出崇敬和感激之情；另一方面，面对自然带来的无情冷酷的灾难，人类的力量显得微不足道，因而也使他们产生了迷茫和恐惧。自然因其神秘和不可预测性赋予了人们对自然的敬畏感。

土家族的先民们以一种朴素的方式将这些现象解释为超自然的存在，并在此基础上构建其关于自然、世界和宇宙的认知和理解。这种认知的形成不可避免地受到相应物质条件的影响，同时也具有时代、地域和民族的特征。对于土家族的先民来说，他们将日月星辰、山川河流、风火雷电等自然物体赋予了灵魂，并将它们奉为神灵，并形成了一套完整的仪式体系，通过祈求和供奉自然物体，希望能够获得更美好、更幸福的生活，这种观念和思想构成了土家族大量的自然崇拜文化。

（一）太阳神

在土家族人的观念中，太阳被视为温暖和白昼的来源，能够驱散黑暗和邪恶。他们认为太阳是自然界万物生长的基础，也是好收成的保障。因此，太阳在土家族文化中被视为生命之神，能够给人们带来吉祥与丰收。例如，在黔东北江口县的土

[①] 中共中央马克思恩格斯列宁斯大林著作编译局编译：《马克思恩格斯全集》（第20卷），人民出版社1971年版，第672页。

家族人中，有一首经常吟唱的《太阳神歌》描述了他们对太阳神的崇拜与尊敬。具体歌词如下："太阳神啊太阳神，日日夜夜不留停。太阳神啊太阳神，它为凡人苦尽心。农夫把他太阳敬，保佑禾苗好收成。年老之人把他敬，白发转青牙生根。大娃细崽把他敬，少犯关然长成人。守牛伢儿敬太阳，牛羊不得走四邻。"[①] 从这些歌词中可以看出，土家族的先民们崇拜太阳神，认为太阳神具有无限的神力。同时，他们也意识到太阳与农作物收成之间的紧密联系。因此，他们通过歌谣的传唱来向太阳神传递老年返青、五谷丰登以及幸福美满等愿望。这既是对太阳的尊重和崇拜，又反映了土家族人对失去太阳的恐惧。

土家族人对太阳的崇拜在一定程度上反映了他们在农业生产中所积累和总结的经验，他们已经认识到太阳的存在与农作物的收成之间的关系。在以农业生产为基础的农耕社会中，农作物的产量是土家族人生存的基础。为了获得更多的食物，土家族人将太阳视为神灵并祈求他的庇佑，在土家族的服饰与绣片中，常常出现与太阳相关的纹饰与符号便是与他们的这种太阳神崇拜有关。对太阳神的祭祀在他们的农业生产中扮演着重要的角色。然而，随着生产力的不断发展和与外部文化的交流与融合，土家族人对太阳神的祭祀与崇拜已经逐渐淡化，但在他们的集体意识中，对太阳的崇敬之情依然存在。

（二）风神与雹子神

风有各种不同的名称，其中一些是根据季节而命名的，如春天称为和风，夏天称为熏风，秋天称为金风，冬天称为朔风。另外，在宗教意义上，还有一些特殊的风的称呼，如血风、腥风、雾风和洞风。在土家族的观念中，有一个风神统治着世间的所有风。不论是由时令产生的风，还是由其他神祇或妖魔创造的风，都受到风神的支配。大风可能会摧毁农作物，而伴随着冰雹的大风可能会对农作物、牲畜、建筑甚至人类造成毁灭性的打击。因此，在许多土家族居住的地区，仍然保留着祭祀风神和雹子神的传统习俗。雹子神是掌管冰雹的神，因为冰雹总是伴随着强风出

---

① 田永红：《一个民族的生存与复兴——土家族文化与乌江经济开发研究》，中国文史出版社 2002 年版，第 174 页。

现，所以土家族会将两者进行共同祭祀。例如，在黔东梵净山江口县的土家族聚居地，有一种仅由土家族妇女进行的对风神和雹子神的祭祀仪式。每年正月初一，土家族的女性会带上酒肉、香蜡和纸烛等祭品，前往深山祭祀。此外，还有一次祭祀仪式通常固定在每年夏季的望日（即每月十五）。村中会选出三至五名妇女收集村民家中上贡的钱、粮食、香烛，并在深山中集中供奉风神。在选择祭祀地点时，一般会选在没有风的地方，并默念三遍祝词："慈悲万民众生，莫刮大风，莫降冰雹，保佑地方平安，信妇某某跪拜"[1]，祈求风雹大神保佑地方平安，不带来破坏性的大风和冰雹。由女性参与组织祭祀这一事实，说明这种祭祀可能是母系社会时期最原始的宗教崇拜仪式的残存之一。祝词的内容则反映了这种信仰与祭祀背后的现实根源。

（三）雨（龙）神

对干旱的恐惧几乎刻在了每一个以农业为主要生产方式的族群的骨子里，尤其是在生产力尚不发达的时代，靠天吃饭的土家族人自然也存在着对雨神的信仰。因土家族一般认为是由龙王来行雨，所以雨神也称为龙神。土家族崇拜龙神由来已久，相关的节日和仪式众多。每年岁底就开始扎龙灯，在正月逢水的庚甲日开始耍龙敬雨神。在龙灯的牌灯两侧写有敬雨神的目的："风调雨顺、五谷丰登。"一般从正月初四玩到正月十五至二十。但也需在逢水的日子接龙和送龙，送龙时敲锣打鼓将龙神送到江边火化，以示龙归大海。每年的二月二日，俗称"龙抬头"的日子，土家族男女都起得很早，换上干净衣服，由妇女洗手烧茶敬供。不论起床看见什么东西都得说吉利话，如看到一根木棒，就要说："一条青龙归大海，风调雨顺兆丰年。"如看见一只狗，就说："犬游东海带五谷，四季平安求幸福，丰收谢神先谢犬，全靠龙神行雨薄。"[2]传说土家族耕种的稻种是狗从东海龙王那里带来的。在游过大海时，身上的谷种都被水冲掉了，只有尾巴上的谷种未被冲掉，所以现在的稻子只有稻穗上有谷粒。土家人为感谢狗给人带来的福气，每年秋收吃新米饭和过年时都

---

① 贵州土家族研究会编：《土家族研究》，四川民族出版社 1993 年版，第 193 页。
② 贵州省土家学研究会编：《贵州土家族百科》，第 476 页。

得先喂狗。四月二十日是龙神相会的时间，俗语说："四月二十龙相会，打湿龙袍四十天。"意思是这天不能下雨，下雨打湿龙袍就要晴四十天，到这天，家家晒衣、晾被，俗称"晒龙袍"。所谓"六月六日，晒龙衣、龙被"，这天土家族家家户户将新衣旧裳和书籍都拿出来晒，据说是"六月六日天赦日，万物经阳无虫蛀"①。

土家族对雨神的最大祭典是"求雨"。每逢春夏出现干旱时，土家族人会举行求雨的仪式。最初，由土家族古老的社会组织"乡约"的"客总"召集村民捐钱献米，供奉龙神与雷神。然后会请原始宗教领袖"土老师"设坛作法。仪式首先要请雷公、电母神，再请龙王行雨。请神仪式结束后，选出的族人须将预先准备好的用竹篾和草编成的黄龙抬到水势险恶的洞口，进行下一步"打洞"的求雨仪式。即使是万里晴空，全寨人都戴斗笠、披蓑衣同往，象征着即将下雨。祈雨的人们敲锣打鼓，吹奏喇叭号筒。土老师身披法衣，戴法冠，肩披五色旗，左手摇师刀，右手执马鞭，口吹牛角，发号施令，召兵督将，场面十分壮观。到达洞口后，设立求雨牌位，并请求龙神命洞神行雨。这时要将草龙摇动，口中喷烟，锣鼓敲得越响越好。土老师一边唱一边跳，脚踩"九州"②，手挽法诀，用以镇压洞神的法力。周围祈雨的人也紧随土老师的节奏附和，增强威势。如果不下雨，土老师就会使用法术将龙拘在牛角内，强迫雨水降下，直到下雨才让龙神归位。

（四）雷电神

雷电神在人们心目中是一尊高大、正直、疾恶如仇、除暴安良的善神。根据土家族的传说，雷公和电母是一对老夫妇，因此通常一起受到敬仰和供奉。每年春天惊蛰前一天，人们会在房屋周围撒上石灰，并在堂院里用石灰粉画上雷神之锤、电母之铲，以及像刀剑、枪戟之类的武器。所谓"惊蛰到、春雷动、蛇虫窜、万物生"③，人凭借雷电神的威力，使妖魔鬼怪不敢侵犯。石灰象征着土家族人洁白无瑕的心灵，也是雷电神灵的象征。

---

① 贵州省土家学研究会编：《贵州土家族百科》，第 476 页。
② 一种调兵仪式，绕一圈，即调一州兵，一般只调六七个州的兵马，必要时就会调动九州。
③ 贵州省土家学研究会编：《贵州土家族百科》，第 477 页。

在惊蛰这一天，人们也会在各自的房屋外用酒、肉和香纸祭祀雷公和电母，同时用锄头挖一个坑，表示请雷电神动土，以示从此以后无论怎样挖掘都不会挖到蛇虫蚂蚁，家里将不会受到这些害虫的侵扰。然后人们会把香纸烧在这个坑里，并用土填平。雷电神在土家族的信仰中具有重要意义，他被视为正直善良之神，对邪恶行为持厌恶态度，会惩罚不端行为和反抗道义的恶人，同时扶持善良之人。因此，雷电神一直受到土家族人民的尊重。

（五）火神

土家族祭祀火神的历史源远流长。传说在仍需钻木取火的时代，居住在梵净山下的土家族人民每家每户都设有火塘。在每天的十二个时辰中，火塘中始终燃烧着火焰，但在夜晚人们入睡后，火塘则不再添加木柴。然而，他们会在火塘中埋下一根大木柴，第二天早上只需要拨开灰，即可重新燃起前一天留下的火种。土家族先民们认为只要火燃烧着，家庭就会继续繁荣昌盛。

每年腊月三十日夜，土家族的每个家庭都会让火塘中的火焰熊熊燃烧，象征着兴旺发达。家人们坐在火塘周围守岁，熬至半夜后才会入睡。在大年初一的早晨，他们不允许吹火或使用火柴来点燃火种，以示对火神的尊重，而是要拨开火灰，放上柴木重新引燃火种。这些祭祀仪式代表着土家族对火神的敬仰和祈求，因为火被认为可以驱逐邪恶和魔鬼，给予人们勇气。所以那些常年在山上劳作的人，必须保持火昼夜不灭。但同时火焰的无情也令土家族人敬畏，每年在"火"和"金"相逢的日子里，土家族会供奉和祭祀火神。整个乡村的家庭都会捐钱献米，给土地公敬献火神。他们会使用一个大瓷罐来装法水，每家每户夹一块火红的炭丢在瓷罐里，然后由土老师密封，盖印画符将罐埋于土中，以示封灭火灾。

（六）水井神

土家族的每个自然村寨中都有许多大小不一的水井，在土家族的信仰中，每个水井都居住着神灵，为了表达敬意，人们必须进行供奉。通常，每年农历腊月三十的下午，家家户户会携带酒肉和香纸前往水井边，向神灵表达感谢。之后，他们会用这个井中的水来填满家中的水缸、坛子等容器。这种水被称为"神水"或"腊水"，用它泡糍粑、榨菜不会产生异味或污染。

在农历正月初一的凌晨三点，人们起床后就会前往水神所在的地方，以"请早安"的方式迎接神灵，这是土家族在新年迎神的第一步。在焚烧纸钱、放鞭炮等活动之后，当地人会一起进行"抢银水"的活动，这是指在祭祀后，大家都会争先恐后地取来第一桶井水，被称为"吉利水"。这桶水被带回家后，首先用于烧茶供奉祖宗，然后再敬奉土地神、财神和观音菩萨；接下来，人们会用这水洗脸，象征着洗去一切不吉利的东西；最后，剩余的"银水"会被洒在水缸、坛子以及房屋四周和祖先神龛的脚下，寓意着"银水满宅流，吉祥处处有"的美好祝愿。

土家族对水井神的崇拜源于山区水资源匮乏。水在土家族的农业生产和日常生活中都是必不可少的，因此土家族特别重视对水井和其他水资源的保护与利用。他们通常会在村前或交通便捷的地方挖掘水井，以方便寨中村民取水。为了保护井水的纯净，土家族人通常会为水井修建一个"小房子"，"小房子"一般用石头砌成。在这个"小房子"内，人们制定了一系列规定，例如禁止下井舀水，禁止将手伸入井水中洗手，禁止在井内洗菜洗衣，禁止在水井附近修建厕所、牛栏、猪圈等。同时，为了充分利用这稀缺的水资源，并保持水质的洁净，他们在水井流水处修建了洗菜池和洗衣池，以分别清洗蔬菜和衣物，且两者不可混淆使用。这一设定体现了土家族人的生态智慧，因为井口流出的水最为干净，适合饮用和烹饪，而进入第一个池子的水相对洁净，适合清洗蔬菜。经使用后，水流入第二个池子，供人们洗衣服使用。土家族人在不影响生活质量的前提下，通过洗菜池和洗衣池的设置，尽可能地循环利用稀缺的水资源，是土家族人生态智慧的典型体现。

二、动植物崇拜

在人类原始的自然崇拜中，对动植物的崇拜是重要的组成部分。在原始社会中，动植物虽然是人们维持生存所必需的食物来源，但因为潜在的危险因素如猛兽和毒虫的攻击，还威胁着人类的生存。正是因为人类与自然界中的动植物之间形成了一种互相依存、共生共存、相互制约的关系，土家族的先民们对这些动植物产生了自然的崇拜。或许正如格雷戈里·巴蒂逊所指出的那样，"把螃蟹与龙虾、把兰花与樱花以及把所有四种东西都与我联系起来的模式，是绿色思维的重要基础"①。在自然界中，我们应关注和强调人类与动植物之间的相互联系，而不是过于强调二者的主次关系。因此，在土家族的生态文化体系中，自然界的平衡与稳定并不取决于单一物种或几个物种，而是通过在万物之间建立合乎法则的食物生态链来实现的。自然生态的维系与人类的发展密切相关，因此土家族在生产生活的实践中非常重视对自然生态平衡的把握。

土家族对动物的崇拜往往体现了对某一特征的崇敬与向往，往往将动物与其他生产活动要素进行关联。因此，他们通过祭祀相关动物、佩戴与动物相关的图案和图腾来获得相应的能力或庇佑。例如：土家族崇敬老虎的勇猛和威武，认为它可以辟邪驱魔，所以与虎有关的纹饰成为土家族儿童最常见的装饰；土家族认为鱼本身多子，寄托了丰富的吉祥寓意，所以可以保佑人们风调雨顺、多子多福；土家族人观察到下雨时蛇类会出洞，因此认为蛇类也可以影响降雨。土家族人对不同动物的崇拜原因和目的各不相同，但这种崇拜客观上在一定程度上避免了对这些动物的过度捕杀，保持了自然生态的平衡与和谐。

除动物外，土家族对植物也有着悠久的原始崇拜历史。其中最典型的就是对树木的崇拜，这与土家族居住的自然环境密不可分。大部分土家族地区在地理气候条件的影响下生长着种类繁多的树木。马桑树和水杉树在土家族传说中有着特殊的地位，相传洪水灭世时，上天正是让这两种树木无限生长，使得这两种植物在成为人们逃生的通道，人们攀爬树木进入天上，逃避洪水的毁灭，保护了人类绵延的火种。这个看似玄幻的神话实际上蕴涵着先民们总结出的生存经验，当遭遇洪水等灾害时，人们可以躲在树上，或许能够在洪水中幸存下来。

一般来说，土家族认为有两类树木容易产生神灵，需要人们定期进行祭祀。第一类是果树，第二类是古树。对果树的崇拜形成于狩猎和采集的原始时期，果树结出的果子是当时人类重要的食物来源，被认为是神灵的恩赐。因此，土家族人会通

---

① 弗·卡善拉、查·斯善雷纳克：《绿色的政治：全球的希望》，石音译，东方出版社 1988 年版，第 62—65 页。

过祭祀来表达对果树的感激之情。祭祀仪式并不复杂，首先将纸钱绑在树上后，用柴刀背敲击树干，双手合十，进行一问一答的仪式，问："结不结？"答："肯结，肯结，肯结！"问："落不落？"答："不落，不落，不落！"问："甜不甜？"答："清甜的，清甜的，清甜的！"[①] 这一祭祀仪式反映了土家族人对果树等植物生命的一年一枯荣的韵律和岁时变化的认识，以及对来年丰收美好愿景的展望。这也体现了果树等植被在土家族先人社会生活中的重要性。

在大多数生物的寿命只有几十年的情况下，土家族人开始崇拜古树和老树。他们相信在存活了数百年的这些树木中，一定存在或者寄宿着神灵。例如，在梵净山下有一棵已经存活了千年的紫薇树，被当地的土家族人世世代代奉为神树，希望它能保佑土家族人村寨的兴旺和繁荣。土家族人认为，古树作为村寨的守护神，其存在本身就是其功效的体现。神灵通常寄宿或者依附于古树之中，所以古树的生长地就是神灵选择的地方，说明该地的地理环境和气候条件非常好，适宜生存，这也是神灵选择在此定居的原因。同时，因为神灵居住在这里，土地就会受到祝福。出于对古树的尊重，土家族人禁止砍伐古树，并且不允许在古树旁修建房屋，以保护古树周围的生态环境。

土家族人对动植物的崇拜是一种物我交融、契合为一的观念，认为自然与人类的交往和互动是和谐共存的结果。在土家族人看来，只有当动植物与人类达到相互依存的状态时，人与自然才能真正实现和谐共生。土家族人最初崇拜动植物是出于对某种动物或植物的畏惧或依赖，并且相信人与动植物之间存在着特殊而神秘的联系，因此认为动植物是有灵性的，不可侵犯。从现代生态学的角度来解释，只有在生态系统中各个动植物种群保持一定的比例，生态平衡才能得以维持，各种生命才能够持续生存和发展。土家族人对动植物的崇拜观念，无形中维持了人类与自然物种之间种群数量的平衡，起到保护自然生态环境的作用，从而实现人类与自然万物的和谐共融。

---

① 罗土松等主编：《土家风情集锦》，中国文史出版社 1991 年版，第 159 页。

三、图腾崇拜

图腾信仰是人类原始信仰文化之一，其主要特征是将某种动物或植物视为与本部族具有血缘关系的亲属或祖先神，将其视为本部族的保护神。图腾信仰认为图腾物具有神秘的力量，只要部族对其进行祭祀和崇拜，它就会竭尽全力维护和保护部族的生存、繁衍，并保护他们免受其他自然灾害的威胁和侵害。在土家族的历史上，发生过一次图腾物的转化。以土家族神话传说中的英雄廪君为分界线，图腾物从最初的蛇图腾转变为虎图腾。

土家族起源传说中的"巴人说"，"巴"指代的是巴蛇，因此该部落以"巴"命名，可以推测当时的图腾是蛇，或许是早期遗留下来的图腾实物，或者是因对龙（雨）神的崇拜。土家族至今仍十分重视蛇，将其视为家神，认为它可以带来福运。如果有蛇进入家中，户主不能伤害蛇，反而要在屋角焚香烧纸，对进入的蛇进行祭祀，请求其离开。蛇与雨联系在一起，被视为吉祥的象征。如果土家族人梦到了蛇，也会认为家中即将发生好事。

不论是在传说故事中，廪君死后其魂魄化为白虎，还是土家族先民们中的某一支曾经自称为"白虎蛮"，都反映了土家族先人们以虎为图腾崇拜的历史与文化。土家族的虎图腾崇拜具有一个明显的特征，那就是"人虎互化"观念。在他们的世界观和宇宙观中，不同的事物在满足一定条件后可以相互转化，并没有地位等级的高低优劣。在他们眼中，廪君作为民族英雄，死后化为白虎，就体现了这种观念。这种观念看似荒诞，实际上反映了土家族独特的世界观，是其生态文化的基础。土家族人崇拜白虎，将自己视为白虎的后代。因此，在贵州土家族聚居的地区，流传着许多与虎相关的传说故事。例如，在梵净山附近就有白虎山王的传说。相传梵净山东麓的天马司住着一对老夫妇，他们生活困苦，直到50岁才得到一个儿子，然而儿子却突然失踪。数年后，一只白虎将孩子背回给老人并离去。这个孩子只吃生肉，长得强壮，喜欢保护弱小，人们尊称他为"山王"。后来，这个地方出现了一只千年老狐精，残害人畜。山王经过长途跋涉与狐精搏斗，最终打死了狐精，但自己也累死了。[1]为了纪念他，人们修建了"白虎山王庙"，又称为"山王庙"。当地土家族人在节日里会宰猪杀羊，用酒和生肉祭拜，同时诵念："山王神、猫猫神，保佑人间众黎民，千年老狐你收去，又收蛇虫众孽神，蝗虫五瘟你要管，四季平安托虎神。"[2]这既表达对白虎山王的怀念和崇敬，又祈求白虎山王保佑村寨平安，四季无灾。

在土家族的建房习俗中，他们在新建房屋或架设木棚时，通常会在最中央的柱子贴上用红纸书写的"白虎镇乾坤"五个大字，这是为了祈求白虎保佑建房的安全，以及住进新房的人们的平安和吉利。土家族传统的建房习俗规定只能建造一栋正房，这种一正房、两厢房的形式，就像一只老虎坐在那里，人们称之为"虎坐屋"。他们不允许建造四合院，因为这可能会招来灾星。他们相信通过将房屋设计成"虎坐屋"的形状，能够起到驱鬼避邪的作用。

类似的习俗还可以在上山守庄稼、防野兽时看到。土家族人民在这种情况下会使用三根木柴搭建木棚，称为"虎坐棚"，而不是搭建四脚平顶棚。土家族人认为虎是百兽之王，有了它镇守山坡，百兽就不敢糟蹋庄稼。在江口梵净山一带的土家族村庄，几乎所有的房屋都是"虎坐屋"，山上的木棚也全部采用三根木条搭建的"虎坐棚"，这些都是对虎的崇拜的象征。[3]

土家族的自然物崇拜、动植物崇拜和图腾崇拜反映了他们的先祖对自然的认识与顺应，并体现了他们思想中万物平等与非人类中心主义的观念。通过崇拜与祭祀自然物，土家族的主观目的是取悦自然与神灵，实现种族的生存与发展，但客观上却实现了对生态的保护，展现了土家族的生态智慧。他们的原始崇拜和"天人合一"的价值观念，在心理和行动层面反映出土家族的生态伦理观念，并展现了他们在维护人与自然生态平衡关系方面的智慧。土家族人认为自己与自然有着紧密的联系，

---

[1] 贵州省科技教育领导小组办公室、贵州省民族事务委员会编：《贵州世居少数民族文化名片》，贵州民族出版社 2013 年版，第 113 页。

[2] 贵州省土家族学会编：《土家族研究》，第 191 页。

[3] 李德洙、张山主编：《中国民族百科全书 8 苗族、瑶族、土家族、畲族、高山族卷》，世界图书出版西安有限公司 2015 年版，第 452 页。

他们敬畏自然，深知顺应自然的重要性。因此，他们重视观察自然界的各种现象，包括星辰变化、植物生长和动物繁殖，并调整自己的行为以适应自然的发展。[①]在土家族的思想观念中，大自然是他们生活中不可分离的一部分。他们相信"万物有灵"，只要与大自然保持和谐的关系，就能获得自然神灵的庇佑。土家族的自然崇拜积极促进人与自然的和谐共处，也是他们敬畏自然、顺应自然的思想与行动的体现。这一观念导致土家族所居住的地方形成了良好的生态环境系统。

第二节 文学故事与谚语中的生态教化：口口相传、生动活泼

土家族是历史悠久和充满智慧的民族，文学与艺术源远流长，千百年来，土家族人民在长期的与自然互动以及生产生活实践中，创作出了绚丽多彩、种类丰富、独具特色的神话传说、谚语故事、歌谣舞蹈等民间文学与艺术作品，并口口相传。土家族民间文学与艺术作品展现了土家族丰富的生态文化内涵，将顺应自然、敬畏自然、天人合一的价值理念通过文学与谚语等作为载体进行代际传承，以一种生动活泼的形式实现对土家族后人的生态教化。

一、展现宇宙观与世界观的神话传说

正如王德保在《神话意蕴》一书中所提到过的："面对无限多样性的大地，无垠的天宇，浩瀚的海洋，广袤的土地，我们远古的祖先充满着好奇和崇敬，他们崇拜自然，幻想造物主的神奇。他们臣服神灵，往往蕴含了对自然力的崇敬。出于生存的本能，他们热爱生命、珍惜生命，对生命现象、对精神世界，不断地探求那玄奥的神秘。对现实世界的太多困惑，对自然灾害、死亡的恐惧，对造物主和祖先的崇拜等，便建构了原始崇拜信仰的心理基础。"[②]在土家族的神话传说中，他们使

---

① 刘玉鲜、唐文：《图腾崇拜对生态保护的意义》，《艺术探索》2009 年第 4 期。
② 王德保：《神话的意蕴》，中国人民大学出版社 2002 年版，第 66 页。

用神话思维来理解和表达宇宙的生成以及人类的起源。这种思维模式将自然界、社会现实、神话传说等多种感性认知融合在一起，形成了一种原始朴素的人与自然和谐共生的生态整体观，并通过对神话的传承来对后代进行教育。

就宇宙起源的认知而言，中国大部分民族都认为宇宙起源于混沌状态。一个著名的例子是《盘古开天辟地》的神话传说，盘古在这个神话里劈开了混沌，使天地分离，而他自己身体的不同部分则变成了自然界中的各种物质，从而形成了我们所熟悉的世界。在苗族和布依族的创世神话传说中，虽然细节可能有所不同，但总的来说也是从混沌到秩序的发展顺序。然而，土家族的宇宙观与大多数其他民族的观念相比存在明显的差异。按照土家族的神话传说，发展顺序是混乱—混沌—秩序。土家族古歌《制天制地》中对混乱的前宇宙有着清晰的描述：

"在那远古的洪荒时代，天和地，相挨近，地上池塘里，青蛙打鼓，日夜不停，鼓声传到天上，吵得天上人，日夜不安宁，天上人，打青蛙，青蛙从此岩板脚下藏身。这种事，信不信？在那远古的洪荒时代，天和地，相挨近，地下葛藤长上天，天上到处绊脚藤，绊得天上人跌跤，惹得天上人恼恨。他们要斫尽葛藤，从此葛藤趴着不敢伸腰起身。这种事，信不信？……东海有条大鱼，鱼翅伸进天庭，天上人，搬大斧，砍在大鱼背心。大鱼挨刀负痛，打了一个翻身。天上通了大眼，地上通了大坑。大地一片漆黑，世上混混沌沌。"[1]

从这段文字中可以看出，在土家族的文化中，存在着独特的宇宙生成观念和人类起源神话。土家族认为宇宙并非起源于混沌，而是在混沌之前就已经存在。[2] 在土家族的神话故事中，世界一度混乱吵闹，被称为"天上人"的存在决心整顿治理。其他生物主动自行调节，但东海的巨鱼却抵制反抗，导致天地通漏，宇宙混沌，失去秩序。故事中的烦嚣吵闹和高大无比的生物都代表着过度，而反抗的巨鱼则是超越界限的表现。土家族的宇宙生成观念和人类起源神话体现了他们对生存环境改善

---

① 贵州省科技教育领导小组办公室、贵州省民族事务委员会编：《贵州世居少数民族文化名片》，第 87 页。
② 胡炳章：《土家族文化精神》，民族出版社 1999 年版，第 43 页。

和人与自然之间关系的反思，既主张主动改造和利用自然，又警示过犹不及，超越界限会带来严重后果。

除了探索宇宙起源的秘密外，随着社会的发展和人类思维的进步，人们开始思考人类的起源。不同民族有不同或相似的人类起源神话，或为神造，或为自然演化。土家族却尤其特殊，按照土家族人类来源神话传说中人类起源和演进的过程，胡炳章将其分为"原初人""初劫人""二劫人"三个层次，而这三个层次又和土家族宇宙观的演变发展紧密相连。

"原初人"的阶段就是宇宙的初始阶段，在这个时期，人类、神灵和万物共同存在并共同生活在一起，人类处于最原始的状态，因此被称为"原初人"。在《摆手歌·天地人类来源歌》中有关于人类活动的记载："在那远古的洪荒时代，天和地，相挨近，地上的马桑树儿，枝丫伸到天庭，伢儿们爬上马桑的枝丫，吵吵闹闹，玩个不停。"①"原初人"的存在反映了宇宙诞生之初就有了人类，并与神灵和其他万物共同生活在最初的宇宙中。与其他民族的神话不同，人类与创造者神灵并非创造与被创造的关系，而是共同生存、共同发展的关系。

然而，当宇宙遭受毁灭并陷入混沌时，无数生灵灭绝，"原初人"也自然未能幸免。为了缓解天地的冷清状态，神灵重新开始创造物种，这时创造出来的人类被称为"初劫人"。土家族的神话传说《依罗娘娘造人》《依窝阿巴做人》描述了这个创造人类的过程。有趣的是，与汉族神话中女娲以泥土造人不同，土家族这些传说中使用了植物作为创造人类的材料。例如，依罗娘娘使用竹子作为骨架，荷叶作为肝肺，豇豆作为肠子，而用葫芦做头；依窝阿巴则用葫芦作为头，竹子作为骨架，泥土作为皮肤，树叶作为肝肺，豇豆作为肠子，茅草作为汗毛。这些神话传说不仅反映了当时土家族人对人体结构的认识，同时还反映了土家族人认为人与自然之间存在血缘关系的观念，以及人类与植物同宗共祖的人种起源观。他们相信人类是自然界的一员，并与自然密切相关。

然而，命运无常，"初劫人"也经历了一场灭顶之灾，突如其来的滔天洪水几

---

① 胡炳章：《土家族文化精神》，第 53 页。

乎摧毁了一切，只剩下一对兄妹幸存下来。面对天灾人祸，他们顺从了天意，决定结婚并繁衍后代，这便是第三阶段出现的"二劫人"。《摆手歌·天地人类来源歌》中记载："在远古时代，持续的旱季让大地变成了一片焦土，人类面临灭绝。经过漫长的岁月，人类逐渐重新恢复和发展。然而，这段安宁的时光并没有持续多久，洪水突然泛滥，淹没了整个大地，几乎将万物都摧毁殆尽。唯有兄妹二人，他们躲进了一个葫芦里，随着水漂浮。洪水退去后，只有这对兄妹幸存下来。在天神的安排下，他们结为夫妻，繁衍生育后代。"[1] 在不同地域的土家族传说中，内容在姓名、繁衍方式和产生的后果方面各不相同，其中，较为典型的版本有罗爷罗娘、补索和雍尼以及兄妹成婚的三个版本。这三个版本中，兄妹繁衍的后代不是人类，而是以葡萄、肉团和血坨的形式存在着，经过抛洒、和泥、放置等方式的自然滋养后，才转化为人类，并因所处的地点不同而形成了不同的姓氏。这个神话传说表明了"二劫人"的诞生与自然万物有着直接的联系。

除了兄妹繁衍的神话外，土家族还有一则较为典型的族源神话——《虎儿娃》。这个神话讲述了土家族以老虎与人类结合的后代为起源，并延续繁衍的故事。故事中，老虎与人类结合后生下了一个孩子，他的脸一半是虎形，一半是人形，既拥有虎一般的勇猛，又具备人类的机灵。在成长过程中，他为当地人做了许多好事，其繁衍的后代便是土家族人[2]。这一神话，一方面是土家族虎信仰的衍生，另一方面人虎的传说也折射出土家人将人与动物相融合的独特文化视角。

二、源自生产生活的歌谣与舞蹈

在千百年的历史中，土家族人民创造了多样而绚丽的土家族歌舞文化。这种文化不仅对土家人的生产生活、社会形态、审美情趣、风俗习惯和艺术特征等各个方面进行了展示，还展现了他们独特而神秘的民族特色。土家族歌舞承载着土家族社

---

① 湖南少数民族古籍办公室主编：《摆手歌》，岳麓书社 1989 年版，第 15 页。
② 冉红芳：《土家族生态文化的内涵及其当代调适》，《湖北民族学院学报（哲学社会科学版）》2007 年第 5 期。

会发展的变迁历史，是土家族人宝贵的精神财富。土家歌舞最初起源于祭祀神灵的仪式。土家族的先民们认为通过固定的仪式动作可以有效地与鬼神沟通。随着时间的推移，一部分仪式逐渐演变成普通人日常娱乐的舞蹈和歌谣。然而，对于土家人来说，唱歌跳舞绝不仅仅只是生活中的一种娱乐形式，它还是土家族人与鬼神沟通的方式，能够向神灵表达敬意和崇敬。同时，它也是土家族人独特的生态伦理和生态智慧的精神体现，承载着他们的历史记忆与情感。

（一）打闹歌

因为受到地理环境的限制，土家族村寨大多建立在半山腰。由于野兽经常出没，他们在农事活动中采取集体劳作的方式，以确保劳动者的安全。为了提高劳动效率，他们通常在劳作时会敲锣击鼓，并边敲边唱歌，成群结队地劳作。敲锣击鼓一方面是为了吓野兽，另一方面也可以减轻劳动者的疲劳，提高劳动者的兴致。这些助兴的歌曲在劳作时被传唱，并逐渐演变成了土家族独具特色的"打闹歌"，又被称为"挖土歌"或"薅草锣鼓歌"。从这些歌曲的名字就可以看出，它们在劳作时传唱，伴有锣鼓声，非常热闹生动。清代土家族诗人彭勇功的诗中也有描写到："插秧薅草鸣锣乐，男男女女满山坡。背上儿放阴凉地，男叫歌来女接歌。"[1] 居住在贵州沿河的土家族人，在演唱"薅草锣鼓歌"时有自己的讲究，一般是由选出的两人领唱，这两人一般都是擅长唱山歌的人，要在一开头唱出朝气蓬勃的感觉，这样才能激发其他人的劳动热情。在集体薅草时，歌声往往此起彼伏，一人开唱，百人应和，锣鼓伴奏，边唱边舞。

"清早起来沉沉，层层浓雾不见人。东方一朵红云起，西方一朵紫云腾。红云起，紫云腾，满天白雾变红云。……锣声惊得河水响，鼓声震得山谷鸣。百鸟惊得满天飞，野兽吓得钻山林。……魔鬼听了打颤颤，谷神听了笑盈盈。风伯雨师更欢喜，风调雨顺保丰年。"[2]"锣声歌，鼓声停，听我字字唱分明。窝窝庄稼保护好，塘塘块块苗壮全。三杯水酒敬谷神，外加猪头十二斤。谷神老爷很高兴，保你年年

① 《土家族简史》修订本编写组编：《土家族简史》，民族出版社 2009 年版，第 126 页。
② 宋玉鹏、彭林绪、肖田编：《土家族民歌》，四川民族出版社 1987 年版，第 15 页。

仓满盈。"①《薅草锣鼓歌》和《挖土歌》的唱词中描述了自然景象的变化以及土家族人劳作的过程，劳动歌一方面唱出了土家人希望通过歌声、锣鼓声吓跑"魔鬼"，远离灾祸的期望，一方面又唱出了土家人希望能够通过歌声向神灵传达自己祈求风调雨顺、五谷丰登的美好心愿。

在土家族的集体劳作中，"薅草锣鼓歌"也起到了指挥劳作的作用，伴着锣鼓与歌声劳作，声音停止则是代表休息，将劳逸有机地结合在一起，将歌唱融于薅草这项具体劳动之中。"随着社会的发展，薅草锣鼓的性质也起了变化，惊吓野兽的因素消失了，而鼓舞生产调节劳动、娱乐情绪、传授生产与生活经验的功能则不断得到强化、增大。"②"薅草锣鼓歌"既反映历史又体现生活，给人以高度的艺术享受，它既能提高劳动生产效率，传授生产生活知识，陶冶人们的道德情操，又能抒情达意，充分表达了个性之美，同时也蕴含了根深蒂固的民族生存方式内涵和执着乐观的生存态度，透露着迷人的地域文化色彩。

（二）摆手歌（舞）

如果要讨论土家族最具代表性的歌舞，那当属摆手舞与摆手歌，土家语叫"舍巴日"。摆手舞分为大摆手和小摆手两种，歌随舞而生，舞随歌而名。作为土家族独特的民俗活动，摆手舞与摆手歌承载了土家族社会、历史、民俗和生产活动的历史印记，是土家族音乐文化的重要组成部分。摆手舞每年定期在土家族的"活动中心"摆手堂进行，作为土家族重要的集体民俗活动，加强了土家族村寨成员之间的联系，深化了土家族成员的民族认同感。在清朝时期，彭施泽的竹枝词生动地描绘了摆手舞的热闹场面："福石城中锦作窝，土王宫畔水生波。红灯万盏千人选，一片缠绵摆手歌。"③《摆手歌》作为民族史诗包含四大部分，即《天地、人类来源歌》《民族迁徙歌》《农事劳动歌》和《英雄故事歌》。④其中《农事劳动歌》描述的是土家族一年四季的农事生产，土家语称"杰

---

① 宋仕平：《土家族传统制度与文化研究》，第 194 页。
② 宋仕平：《土家族传统制度与文化研究》，第 194 页。
③ 彭继宽、姚记彭：《土家族文学史》，湖南文艺出版社 1989 年版，第 211 页。
④ 杨快：《土家族主要古籍及其文化研究》，武汉大学出版社 2018 年版，第 64 页。

谢日业沙"，其中匹配的很多舞蹈动作，如甩同边手、重拍下沉、双腿屈膝、全身颤动等，都是基于现实中下种、插秧、锄草、踩田、织布等劳动生产动作演变而来，鲜活地展示了土家族人民生产生活图景，记录了农作物生长周期等自然规律，传承了先辈们总结的农业生产知识。"三月里来是清明，哥哥秧田把耙平。你把大粪多多上，我把谷种撒得均。四月里来是立夏，哥哥耕田妹来耙。哥哥耕得行行对，妹妹耙得满天花。五月里来是端阳，家家准备划龙船。土里野草要除尽，田里稗子要扯光。六月里来三伏天，做好阳春莫偷闲。苞谷要锄三道草，谷子要踩三道田。七月里来立了秋，田里谷子正在收。轻轻割来轻轻抖，一颗粮食不能丢。"①

摆手歌舞活动通常在每年农历六月上旬举行。铁铳、铜鼓和边鼓欢快地敲击着二拍子的节奏作为伴奏，土家族的姑娘和小伙子手拉着手，翩翩起舞。他们的舞姿优美，动作矫健。"华兹卡摆手祈丰收，迎来丰年好安乐。祖宗留下的话，后代不能忘。跳好摆手舞哩唱好摆手歌，神也高兴人欢畅。苞谷球球呀，像是水牛角，稻禾穗子啊，像是马尾巴，黄豆荚英喜鹊窝，芝麻英像高楼，养的肥猪像水牛，养的黄牯像老虎，儿子肥胖冬瓜样，毕兹卡年年做摆手，家发人旺喜事多。"②摆手舞的唱词中描绘了大量土家族人的生产生活情景，既包含了对先人的怀念和鬼神的敬畏，又表达了土家族人对顺利丰收和平安幸福的向往。土家族的《摆手歌》结构完整，篇幅宏大，广泛地反映了土家族先民的社会生产生活，其中蕴含着土家族敬畏自然、顺应自然规律，以及爱护自然环境的生态认知与生态智慧。通过一起唱摆手歌、跳摆手舞，人们不仅与神灵进行沟通，还通过歌曲和舞蹈将土家族先人们的经验和智慧传承给后代。

（三）农事生产歌

最早产生的土家族农事生产劳动歌，既描绘劳动场景，又展示物种自然生长状态，还传授劳动知识经验。这些歌曲是土家族先民们在长期的生产生活实践中总结的农事生产经验和智慧，通过口耳相传的传唱，实现了对其农耕文化和生产智慧的

---

① 伍莉：《土家族民歌语言特色研究》，光明日报出版社 2017 年版，第 68 页。
② 湖南少数民族古籍办公室主编：《摆手歌》，第 62 页。

传承。定期的集体歌舞活动进一步强化了对相关内容的记忆，目的是将土家族与种族生存和发展密切相关的、最为宝贵的劳动生产经验传承下去，以保证种族的延续。土家族在长期的生产生活实践中不断总结经验，逐渐形成了依赖自然、利用自然、保护自然、与自然和谐共生的生态观念。

传唱在贵州思南县、江口县、沿河县土家族中的农业生产歌《做秧田》中，就通过"三月桐树开了花，打雷闪电雨哗哗。雨落了，水涨了，丘丘田水落满了。阳雀声声催得急，做好秧田莫大意"[①]等通俗易懂的歌词告诫后辈，耕种需要顺应天时，要懂得把握恰当的耕种时机，按照自然规律合理安排生产。

在土家族《泡谷种歌》中，叙述谷种在浸泡后如何变成秧苗的整个生长周期，对其中各个阶段进行了生动形象的描述："头个早上看一看，眼屎白[②]在眼角边；二个早上看一看，张开嘴巴露笑脸[③]；三个早上看一看，头上插根针尖尖[④]；四个早上看一看，头上长出羊角崽[⑤]。头个早上看一回，尖露出水：二个早上看一回，秧苗正转青：三个早上看一回，过了十天半个月，满田都是一色青。今年秋苗长得好，今年阳春有望了。"[⑥]通过歌词，土家族先民们向后人总结了泡谷种各个阶段中谷种的发展周期与生长状态。

土家族中有《生产季节歌》："正月是新年，齐心贺新春，耍的耍狮子，跳的跳花灯，载歌又载舞，庆贺丰收年。二月是春分，开始闹春耕，扛的扛锄头，拿的拿镰刀，计划四五天，田土搞完成。三月是清明，忙把苞谷点，老年人办土，青年人挑粪，抓紧种下去，马上打秧田。四月小满天，春耕不得闲。女的去割麦，男的去犁田，保证十天内，秧苗插下田。五月是端阳，男女两头忙，土头要薅草，田头要薅秧，男女同上阵，田土齐碎光。七月秋风凉，田中早谷黄。黄了就要打，不让它抛撒，细收又细打，颗颗要归家。八月是中秋，抢种又抢收，又要种小麦，又要

---

① 湖南少数民族古籍办公室编：《摆手歌》，第214页。
② 眼屎白：指浸的谷种开始露出白的小点。
③ 露笑脸，指泡的谷种开始胀开。
④ 针尖尖：指泡的谷种开始露芽。
⑤ 羊角崽：指浸的谷种已经长出嫩芽。
⑥ 曹毅：《土家族民间文学》，中央民族学院出版社1999年版，第5—6页。

收黄豆，时间要抓紧，季节不可丢。九月是重阳，转眼是霜降，快点挖红苕，挖来洞里藏，红苕和荞子，就怕打明霜。十月大雪飞，抓紧积草肥，一天积一点，一月一大堆，肥多五谷丰，明年好收成。冬月活路闲，搞点土改田，一冬变一块，几年一大片，扩大再生产，粮食岁岁增。腊月一年尽，粮食收进门，家家舂汤把，户户推米粉，煮酒又杀猪，准备过新年。"①

在《生产季节歌》中，按照月份的顺序，通过简单易懂、通俗生动的歌词来概括每个月应进行的农事活动。这样的歌词能够让人们按照节奏去遵循自然发展的规律，同时提醒后代要对自然和生命的节奏保持敏感，并遵守各种时禁，要按照大自然的生长节奏、季节变化的周期以及万物生命的节律进行生产和生活。

（四）石阡花灯戏

贵州石阡土家族的花灯戏中描述劳动生活的歌曲数不胜数，其中包括了对自然景观中风、花、雷、月以及鱼、鸟、兽等元素的自由阐发，展示了土家农事生产活动，体现了土家族悠久的历史记载和乐观的艺术生活，呈现了人与自然和谐共融的景象。

石阡的《采花调》是这类花灯戏中具有代表性的作品之一，这首歌曲以花为主题，按照自然内在发展规律，歌颂了农事活动，展现出土家人与自然和谐共存的美好场景。"正月梨花白如银，家家户户迎新春。积肥又要把茶采，莫为采茶误春耕。二月杏花满园开，一对蜜蜂采花来。撒完谷种挑完水，犁田准备把秧插。三月到处开桃花，山中茶叶正发芽。家家户户插秧早，插完秧苗好采茶。四月到底开槐花，朵朵槐花向妹家。采完茶叶割麦子，喂饱蚕儿又点瓜。五月榴花红似火，伸手给妹摘一朵。采茶回来不得空，拔完秧草又上坡。六月荷花六月开，风吹一朵顺山来。做完活路塘边坐，顺手拾来放茶台。"②

花灯词通常按照时令、节气、数词的序列进行编排，主要描述了自然和人文景观，传达了土家先民按照自然规律、气候变化等进行生产生活的智慧。这些词语揭

① 中国民间文学集成全国编辑委员会、中国歌谣集成贵州卷编辑委员会编：《中国歌谣集成·贵州卷》，第 694—695 页。
② 徐旸、齐柏平：《中国土家族民歌调查及其研究》，民族出版社 2009 年版，第 59 页。

示了人与自然之间友好而亲密的关系。通过花灯词，我们可以感受到土家先民在农事生产活动中遵循节律的智慧。这些词语按照自然界的变化和规律进行排列，传达了土家族人民对于自然界的观察和理解。他们深知自然规律对农事活动的重要性，因此根据时令和节气的变化进行农作物的种植、收获和其他农事活动的安排。这些花灯词中蕴含着土家族人民与自然物之间友好而亲密的关系。通过对自然景观的描绘和人文景观的歌颂，表达了土家先民对自然的敬畏和感恩之情。这种友好的关系不仅体现在他们对自然的依赖和尊重上，还体现在他们对自然界中不同元素的赞美和祝福中。

歌舞作为土家族传统文化的重要组成部分，不单单是一种简单的群体行为，更是有助于塑造民族共同的心理认同的活动。通过合奏、合唱、合舞等形式，人们可以创造一种团结、和谐的氛围，加强族群间的凝聚力和认同感。同时，舞蹈和歌谣通过形式化、秩序化和规范化的表达，帮助人们更好地理解和传播土家族的价值观念。舞蹈和歌谣，消除或转移人们某些原始的自然本性，它也传承了土家族顺应自然、敬畏自然和天人合一的价值观，进而调和、缓和和构建人与自然之间的和谐关系。在歌舞的传唱和演绎中，人们传承了土家族对自然的顺应和敬畏，体现了土家族与自然和谐共存的智慧，培养了对自然的敬畏和保护意识，为文化传统的传承和社会的可持续发展作出了重要贡献。

三、谚语：简洁干练，通俗易懂

土家族及其先民在漫长的历史中，通过对自然界各个事物的形态、声音和生长周期的细致观察，总结并掌握了其变化规律和季节的因果关系。他们通过将这些观察到的规律和经验以谚语的形式进行高度概括，为农业生产和社会生活提供了指导服务。

土家族的谚语涵盖了各个方面的内容，主要分为生活、天文、物象、气象、时令和农副等六类。生活类谚语反映了人们对生活常识和价值观的总结，提供了生活的智慧和指导："鱼人观水势，猎人看山势""油去灯不亮，柴去火不燃""打虎要打头，杀鸡要杀喉""麻布宜洗不宜浆""锅盖倘若揭早了，小心吃上生米饭"。

天文类谚语描述了土家族人民对星辰、月亮等的观察和理解，反映了他们对宇宙的敬畏和对自然界规律的认识："月亮带火，无多必少有几颗""天变雨要到，地变水要闹""日落胭脂红，无雨定有风""早霞当日雨，晚霞必久晴""太阳晒屋角，今天不雨明天落""日出红云，当日雨淋""早看日头红，夜看进鸡笼""太阳打伞，晒断田坎""半夜河水叫，盼雨莫心焦""日出遇风云，无雨亦阴天""星星厚，半夜漏""日晕雨，月晕晴""一虹虹东，一天三通，一虹虹西，干断河溪""傍晚抬天虹，三五天内无雨望""白日打晕长江水，夜晚打晕草头光""星星稀，摆撮箕；星星密，踩烂泥""早起红霞，雨绵绵，晚起红霞，大晴天""今夜满天星，明天一定晴""日晕三更雨，月晕午时风""冷晴冷晴，越冷越晴""立秋三日，地凉三尺"。

物象类谚语以形象的方式描绘了自然界的事物，传达了土家族对大自然万物的观察和理解："烟熏屋，天要哭""干热晴，闷热雨""老石头回潮，大水淹过桥；老屋基回潮，洪水不得了""鸡欢晴，猪欢雨""云跑北，望雨都难得""早霞夜雨，夜霞火起""鸡扑灰，雨成堆""阳雀叫，太阳笑""鱼跳水，天倒水""斑鸠叫，雨快到""燕子高飞，霞光万里；燕子低飞，晴天降雨""蚂蚁牵线，天色要变；蚯蚓滚沙，大雨哗哗""蜻蜓飞满天，来日水满田""蜜蜂嗡嗡叫，大雨快来到""蜈蚣爬，大雨一场""水缸出汗蛤蟆叫，大雨必定到，蚂蟥浮水面，大雨立马见""乌鸦成群，大雨来临""久雨闻鸟叫，晴天快来到""蜜蜂不出房，大雨冲垮塘""晴天茶罐叫，大雨快来到""树叶反背摇，雨风夹冰雹"。

气象类谚语记录了土家族人民对天气变化的观察，为农业生产提供了参考依据："风往西吹，晒起泥灰；风往西吹，雨起堆堆""旋头风，雷公凶""凉风绕，天晴兆""早风雨，晚风晴""早雨暗头晴，月起放光明""闷雷雨大，响雷雨小""雷在东边发，有雨也不大""雷声顺河走，雨往顺河流""春雨东西起，大塘干到底""正月雷狠狠，二月雨纷纷""东方无云，日出渐明；西方起云，谨防雨淋""天上钩钩云，地下雨淋淋""天上鲤鱼斑，晒谷不用翻""久晴西风雨，久雨西风晴""乌云镶金边，半夜雨满天；乌云接日头，半夜雨不愁""吹热风，大雨冲""今日花花天，明日必天晴""天上泛红云，冰雹必来临""山雾雨，河雾晴""雾大收霜，霜大太阳""雾大兆晴天，雪大兆丰年""腊月初三雾，河里踏成路""飘飘雪片，太阳出现""冷风穿背心，大雪在明天"。

时令类谚语与节令、季节有关，规定了农事活动的时间和方法："正月初一晴，缺水打秧田""正月初一逢立春，当年五谷庆丰登""二月初一晴，树叶发二层""四月初八晴，山坡变水田""四月十八雨，风雨常常起""六月初二晴，七十二天无雨淋""六月初二雨，七十二天晴不起""七月初一看收天，八月初一看来年""初一落雨满天红，初二落雨到月时""初三初四落了雨，一月只作两天工""惊蛰闻雷米如泥，春分有雨病人稀，惊蛰有雨早撒秧，惊蛰无雨不要忙""霜降不创葱，越长越心空""清明断雪，谷雨断霜""清明不明，农夫难过年""立夏不下，犁耙高挂""立夏在四月，农夫不着急；立夏在端阳，好汉都着忙""立夏插秧日比日，小满插秧时比中""情愿种秋苕，不愿种秧荞""小满能插秧，稻谷装满仓""芒种无田水，稻谷比黄金""夏至有雨，水满河；夏至无雨，干断河""夏至难逢端午日，夏年难逢岁交春""小暑不种豆，大暑不种苕""七月秋，满丰收；六月秋，减半收""立秋天晴，秋雨绵绵""冬雪下得多，春雨满山坡"。

农副类谚语则总结了农业生产和农民生活的经验和智慧："树木成林，雨水调匀；树大林稠，延年益寿""损林开荒，子孙遭罪""养牛没有巧，水足草料饱""肥料多，秧变样""牲口多，家兴旺""稻田养鱼，互得其利""三天不撒网，鱼在滩上长""桐子打得鼓，庄稼佬儿展劲舞""土是粪里金，无土不沤粪""叫雀不怕喊，高粱不怕旱""七月草是金，八月草是根"。

这些土家族谚语和俗语是土家族人民对长期生产生活经验知识的总结，展现了他们在认识和利用自然方面的智慧，以及在长期的生产生活实践中所总结出的自然规律和经验。通过口耳相传的方式，这些简洁干练、通俗易懂的谚语得以传承下来。这些谚语的多样性表明，在土家族先民世代相传的农业生产实践中，他们准确地捕捉到了气候变化与农事之间的联系。通过这个过程，他们积累了丰富的生产知识和劳动经验，初步认识到自然现象中隐藏的生态规律。借助这些认识，他们能够根据自然规律来安排农事生产活动，指导自己的生活。尽管这种判断并不完全准确，但在长期的农事安排和合理利用自然资源方面，具有相当大的促进作用。

第三节　土家族生态制度体系：制约与保障

一、乡规民约与习惯法

土家族的习惯法与乡规民约是土家族人在长期的生产、生活等社会活动中总结和积累所形成的一套社会规范。这些规范经过世世代代的继承和发展，成为土家族内部的行为准则，其目的在于解决民族内部的纠纷，并传承一种朴实善良的自然理念，以调节民族内部的社会关系，维护族群与自然的生态平衡。这些规范是土家族人民共同遵守的行为规范，具有强制性。

土家族习惯法与乡规民约受到所在地域的地理环境、气候条件、生产技术、思想观念和生活方式的制约和影响。一旦形成，它在相当长的一段时间内具有相对独立性，是土家族传统文化的重要组成部分。从土家族的创世神话中，能够看出土家族先民们已经认识到，没有节制的行为可能会导致严重的灾难。土家族先民在长期的生产生活实践中，通过与自然的互动和观察逐渐认识到，一味索取自然资源可能会导致资源枯竭，破坏原本平衡的生态环境，最终对土家族的生存与繁衍构成威胁。基于这种生态观念，土家族制定了一系列的民族习惯法和乡规民约，旨在保护自然环境，维护生态平衡，实现天人合一，促进人与自然的和谐共存。其中对"赶仗""育林"等方面进行约束的乡规民约最为典型，充分展示了土家族强烈的环境保护和生态意识。

"赶仗"即狩猎，是土家族先民获取生活资料的一项经济活动，产生于原始时代。每年正月和六月间，土家族男性要上山围猎。土家族围猎的对象主要有野山羊和野猪，狩猎围猎的主要目的并非获得食物，而是为了保护庄稼不受到这些动物的破坏。在长期的狩猎活动实践中，土家族形成了许多习俗规制，如被视为神林的地带严禁打猎，以免惊扰神灵，给村寨带来惩罚性的灾难；禁止捕杀五爪类动物；只能围猎，禁止毒杀猎物或用炸弹杀死猎物。从土家族关于狩猎的乡规民约能够看出其对人类行为的约束和规范，以及对自然环境和动物的保护。禁止在被视作神林的地带打猎，无形中减轻了人类行为对于当地自然环境的影响，最大限度地维持了人类与当地其他动物族群生态链的完整与平衡。禁止狩猎五爪动物是因为它的类人性，五爪与人类的五指相似，土家族的观念又存在人是从动植物演化而来的认知，因此禁止狩猎五爪动物。将狩猎方式限制在围猎这种方法上，是因为毒杀或使用炸药的方式会对自然造成巨大的破坏。此外，土家族众多乡规民约都深刻体现了土家族保护自然界动植物资源的生态意识。例如：不准在公共场合和大路上乱丢死老鼠、死蛇等动物的尸体；不准在溪河里随便使用药毒鱼；不准打蛇食蛇肉；不准在村寨周围打鸟，特别不准打阳雀、布谷鸟、啄木鸟、猫头鹰等[①]。土家族认为，保护动植物也就是在保护他们自身。只有平等友好地处理人与自然、人与人的关系，才能创建和谐共处的生态环境，才能促进民族的兴盛与繁荣。

土家族地区拥有丰富的林业资源，森林茂密，生长着楠木、白楠等大量的珍贵树种。在过去，这些珍贵木材曾作为贡品向朝廷进贡。尽管在土地改革后，土家族地区发展了大规模的农业开垦，但其森林资源仍然非常丰富，这与土家人热爱林木、保护森林的传统习俗密切相关。在土家族的传统文化中，一个地方的兴衰与森林的繁茂程度息息相关。他们有一句谚语："山清水秀，地力兴旺；山穷水尽，地方衰败。"因此，土家族人非常重视对森林的保护。在村寨中，不仅风水树、神树、风水林等是被严格保护的，任何人都不能砍伐，即使是枯死的树木，也必须在规定的时间内砍伐并搬运回家。如果外村人砍伐或侵占了村寨的山林，是会遭到村民们的追究和惩罚的，这点从印江县城南汪家沟的"严禁盗砍树木碑"上的碑文可以看出——"（至）我境，土块不实，地瘠民贫。护意前遭不法之徒，阳为借口割草，实阴以窃伐柴薪。柴薪，以充册税……诸邑人等知悉，后割草者只准在外割野草得盗窃树木……尚有前项恶徒结党成群在上借割草为名暗中偷砍树木者、许各牌乡民等以凭惩究。"[②]

为了能够更好地加强对村寨附近生态环境，尤其是对林地的管理和保护，实现资源的可持续发展，不少土家族地区都会定期封山育林，为了更好执行与管理，还

---

① 田荆贵：《中国土家族习俗》，中国文史出版社 1991 年版，第 56 页。
② 章海荣：《梵净山神：黔东北民间信仰与梵净山区生态》，贵州人民出版社 1997 年版，第 227 页。

制定了《封山禁林公约》。一般会设立禁碑或用其他方式标明封山区域的界限，周围的树会绑上草标，或贴涂有血的白纸，以示此山已被封禁。封林期间"内区禁止放牧牛羊、禁止拾柴割草、禁止放火烧山、禁止铲土积肥、禁止砍伐一竹一木等等"①。封禁期限可能是永久的，也可能是以十年为单位的某个整数。在封山地段内，自宣布被封禁之日起，公约便会指派高度公正、不偏私、勤勉执法的管山员来负责相关区域的巡视和看护。同时，对违者处罚也较为严厉："管山员在执行巡山时，若发现在禁区里放牧、背柴者偷砍捆有草标的树枝树干，或偷砍经济林木时，不管是谁，当场抓住，并报告村寨主持人，按照条款进行处理。轻者鸣锣认错，重者罚款、罚粮、罚栽树、罚修路等。"②

土家族人通过制定并严格执行相关习惯法和乡规民约，为村寨周边的整体生态环境保护，以及动植物和水源等重要资源的可持续发展带来了多方面的好处。首先，保护了周边的生态系统。土家族的习惯法和乡规民约确立了一系列保护环境的准则和规定，限制了对森林、水源和土地的过度利用和破坏，保护了森林中的动植物物种及其栖息地，防止生态系统的退化和被破坏，维持了生态系统的完整性，促进了环境的可持续发展。其次，推动了相关资源的可持续利用。土家族的习惯法和乡规民约通过限制伐木、捕猎和土地开垦等活动，让资源有时间得以恢复和再生。这有助于维持森林、水源和土地的生产力，确保当地社区能够长期依赖和获益于这些资源。最后，实现了对自然灾害的预防和减轻。土家族的习惯法和乡规民约通过规范相关行为实现对水源和植被的保护，保持山地和森林的生态稳定性，有效减少山火、泥石流、土地侵蚀等自然灾害的发生。同时，树木的根系能够固定土壤，增加土壤的持水能力，防止水源的枯竭和水土流失。森林的存在能够减缓水流速度，提高土壤保水能力，降低洪水和山体滑坡的风险。总而言之，土家族通过采取规约的形式来保护森林、动物、水源和环境，体现了他们对自然的保护，以及追求和谐环境和可持续发展的生态观念。这种观念是土家人在认识和改造世界的历史过程中形成的

---

① 田荆贵：《中国土家族习俗》，第247页。
② 田荆贵：《中国土家族习俗》，第247页。

较高层次的生态观念，它在一定程度上约束和规范了土家人在利用和改造自然方面的行为，并维护了人与自然、人与人、人与社会的和谐关系，对于维护土家族地区的生态平衡起到了重要的作用。

二、禁忌与约束

禁忌"是关于社会行为、信仰活动的某种约束来限制思想和做法的总称"[①]，是人类社会最古老的一种不成文法，具有一定的法律效力，既是农业文明的伴生物，又蕴含着"敬畏自然、尊重自然"的观念。禁忌最初源于古代人们对超自然力量或迷信观念的敬畏，是他们所采取的一种消极防范措施。

对于生活在原始社会中的土家族先民来说，生产力的不发达，万物有灵的自然崇拜，宇宙与人天人合一的思想观念都是禁忌诞生的基础。例如，土家族人相信水井中都有神灵栖息，因此对水井的污染便被视为对神灵的亵渎。由此，围绕着水井也产生了一系列的禁忌：禁止在水井附近随地大小便，禁止在水井中直接洗衣服，禁止向水井中投掷杂物与垃圾，等等。当然，随着对被禁物和迷信观念中神秘性的揭示，许多禁忌都已逐渐消失，但仍有一些禁忌留存至今。从辩证的角度来看，许多禁忌中包含着一些可取之处，实际上达到了平衡自然和社会环境之间关系的效果。作为一种特殊的规范形式，土家族的禁忌和约束在千百年的历史进程中调节着人与自然的关系。

土家族禁忌和习俗除了体现出土家族人对自然的敬畏和尊重外，在生产活动中也具有一定的实践性和指导性。长期以来，土家族人总结了生产上的经验和教训，并形成了一系列世代相传的生产禁忌。这些禁忌与农业生产密切相关，旨在避免在特定时节进行某些农事活动，背后蕴含着土家族自己的价值观。例如，"土家族禁忌规定成日忌动土，只能从事非生产性的劳动，认为在这一天耕作会导致庄稼生长不好，产量减少。鼠日忌播种，认为在这一天种植的庄稼容易遭到鼠害。还有一些禁忌涉及动物的运用，如四月初八日禁用水牛犁田和立夏日禁用黄牛犁田，让这些

[①] 乌丙安：《中国民俗学》，辽宁大学出版社 1985 年版，第 20 页。

动物休息，因为这些日子分别是水牛和黄牛的生日。"[①] 或是土家族禁止在特定日子砍伐竹子，因为竹子在他们的生产生活中扮演着重要的角色，有些地方还制定了"砍一罚十"的规定，以维护生态平衡。综合来看，这些禁忌大多与农业生产相关，主要目的是避免在特定的时间或日期进行某项农事活动。这些禁忌反映了土家族人对自身生存方式与自然生态关系的认知和理解，并在实践中使其建立了神秘的联系。这些联系往往都是建立在土家族先民们长时间生产生活的经验中，时节对于农业生产活动的重要性不言而喻，这些禁忌的传播和保留可能在很长一段时间对于农业生产的实践活动来说都是具备一定的指导价值的，能够避免在不合适的时节进行农业生产，最终是为了获得更好的生活。

总而言之，土家族的禁忌不仅是传统文化的一部分，还是他们与自然和谐相处的重要体现，同时传承了一些在农业生产方面积累的经验和知识。通过遵守禁忌，土家族人民在自然资源利用和农业生产过程中保持着与自然界的良好互动，顺应着自然界的变化和规律，最大限度地保护庄稼的生长和动植物的生存环境。通过传承和实践这些禁忌与约束制度，不仅保护了土家族自身的生产生活方式，还实现了生态环境的保护和可持续发展的目标。

---

① 向零、余宏模、张济民主编：《民族志资料汇编：第 9 集·土家族》，贵州省志民族志编委会 1989 年版，第 310 页。

第三章　彰显于行为与实践中的土家族生态知识
——和谐共生、因地制宜

第一节　生产中的生态智慧：以地为本、顺应自然

土家族的农耕文化源远流长，具有自己的历史发展轨迹和地方特色。在与其他民族和文化的交流中，土家族人民吸收了先进的农耕成果，同时也保持和发展了自身独特的农耕技术和文化。

春秋战国时期，巴子国就已经开始种植五谷，饲养六畜，逐渐形成较为完整的传统农业，涉及农、林、牧、副、渔等农业经济。当时的土家族地区农业物产丰富，其产出的桑、蚕、麻、鱼、盐、茶、蜜等皆为向周天子进贡之物。从唐宋时期开始，土司制度的建立让土家族地区与中原的交流更为密切，中原人口和技术的涌入让土家族的耕作技术和文化得到了迅速的发展。土家族的农耕文化由于受地理环境的影响，长期处于封闭与半封闭的经济状态，耕作方式和技术虽然都受到汉族先进的农耕文明影响，但土家族人民在吸收先进技术的同时，也在自身的历史发展过程中形成了具有地方特色的耕作技术和文化。这种地方特色的耕作文化在土家族社会中被长期保持和传承，并且与土家族自身的生态环境和地理条件相适应。

一、以地为本物尽其用

土家族世代聚居的地方多为山区，在贵州省的地理环境中，土地资源稀有、地形崎岖使得土家族的农业生产面临严峻挑战。尽管梵净山等地区拥有丰富的水资源，但由于地表径流深度有限，利用水资源进行生产和生活相对困难。另外，土家族聚居的山区土壤层薄，土地肥力也难以保持。在原始社会，由于生产技术的限制，许多民族都采用刀耕火种的农耕方式，土家族也不例外。当土家族人刚刚定居贵州时，

这片土地还是较为荒芜的。尽管山高林多，但人口稀少，因此，土家族人可以大胆地进行刀耕火种。然而，在实施刀耕火种时，土家族人有着一定的讲究。他们会对可种植的山地进行规划，每次只选取其中的一部分。他们会砍伐土地上的灌木和杂草，晾干后进行焚烧。这样的大火可以烧死土地中的害虫，而焚烧后遗留下来的灰烬则成为最好的土地肥料。在土地的温度尚未完全消散之际，土家族人会抓紧播种。这种做法有利于种子更好、更快地发芽，同时也可以避免山雀飞到土地上啄食种子。刀耕火种的实施时间也很重要，最好选择在下雨前夕，这样后续的雨水滋润能够更好地促进作物生长。刀耕火种完成后，这块土地在短期内不会再进行二次耕种，而是转移到其他未进行刀耕火种或已休耕一段时间的土地上，以保证土地肥力的充足。这种轮作方式既给被刀耕火种后的土地恢复的时间，又通过有意识的规划，让土地使用形成良性循环。土家族的刀耕火种并非无节制、破坏性地对自然进行掠夺，在当时社会生产力发展的历史背景下，这是一种因地制宜的生产技术，代代相传，体现了人们对自然资源合理利用的智慧。

土家族生活区大多为典型的喀斯特地貌，土地以岩石为主，土壤相对较少。因此，如何充分利用每一块土地成为土家族代代的思考课题。在生产力极度不发达的原始社会中，土家族选择了刀耕火种的方式提高农作物产量。随着时间的推移，土家族先民们的生产技术水平得到了提高，为了解决土地稀缺和岩石丰富的问题，他们开始主动对自然环境进行改造，主要采取的办法有开荒挖土和修建梯田两种。

在开荒挖土中，土家族人仍然秉持着原有的生态文化，牢记不能肆意破坏和向自然索取，因此在选择开荒挖土的对象时，会尽可能地选择荒山、地边地角、土坎田坎的零星散地，避免滥垦乱挖而导致生态的破坏和水土的流失。在土家族生活地区，凡是能开成田土的山地，都会充分利用开发，所谓的"山山脊脊种地，沟沟壑壑打粮"即是如此。俗称的"巴掌田""蓑衣田""斗笠田""一斗米田""一碗水田"等，在土家族地区随处可见，有些田土小得无法使用牛耕，因牛的身体就占满了这块田土，根本不能拖牵犁耙。这类袖珍型田土是土家族合理利用自然、爱惜土地的见证。清朝乾隆时期的《龙山县志》就曾歌颂："土民善种，寒星散地、田边地角，篱边沟侧，悬崖隙土，亦必光种荞、麦、苞谷、草烟、粟、菽、蔬菜、瓜果之类，寸土不使闲，惜土如今也"。[①]

在土地的改造与利用中，梯田的修建并非易事，最基础的工作是用石头构筑坚固的堡坎。堡坎的稳固性至关重要，否则在遇到暴雨时，梯田就有可能被冲毁。因此，在修建堡坎时，土家族人非常注重选择石料，不但要确保其材质坚固，而且对于不同位置的石料形状也有要求。在修建堡坎后，接下来需要填充土壤。由于山地土壤质量通常较差，填充土壤需要依靠人力或畜力从其他地方运输，这是一项非常辛苦的工作。如果这片梯田的规划是用于种植水稻，还需要进行引水渠的挖掘或水车的修建，以确保充足的水资源供给水稻生长，这样才能保证梯田里能够顺利种植水稻。梯田是先人们因地制宜的智慧结晶，它不但扩大了种植面积，减轻了人地矛盾，充分利用了现有土地，而且相关工程的修建还能防止山地水土流失，避免发生山体滑坡等灾害。梯田改造与利用是一项艰巨的工程，但它带来了许多益处。

总的来说，土家族通过开垦荒地以及修建梯田实现了对土地的改造和最大化利用，体现了他们代代相传的生态智慧和对土地的深入认识。这种土地的改造和利用方式，在土地稀缺且岩石丰富的生态条件下尽可能地利用了每一块土地，既为他们提供了可持续的农田资源，又实现了对生态环境的保护和灾害防范。

二、水稻与旱土种植中的经验与智慧

土家族的农业生产主要以种植水稻为主，特别是在地势平坦的河坝和河谷地区，一般土地较为肥沃，水源也较为充足，种植水稻的条件更为优越。如果是居住在地理环境以山区为主的土家族，就会选择在山间有水的地方开垦梯田来种植水稻。在土家族人种植水稻过程中，薅草和施肥是十分重要的两道工序。薅草作为保证水稻顺利生长的重要步骤，不仅有薅草锣鼓这种土家族艺术形式与之相伴，还流传着许多与薅草相关的谚语，如"苗里一根草，犹如毒蛇咬""头道不要丢，二道不薅要歉收""要想虫害少，除尽田边草""田踩三道猪五糠，棉薅三道白如霜""薅秧不存水，就要撞到鬼""正月青蛙叫，秧田整二道"等等。这些通俗易懂的谚语是

---

① 向华：《土家族传统文化中的生态意识及其当代启示》，上海师范大学硕士学位论文2015年。

对土家族积累多年的农耕经验的总结，通过生动形象的方式传达了薅草时需要注意的基本事项和时节。这些谚语不仅简洁易记，还能够帮助土家族人更好地理解和遵守水稻种植的规律，保证水稻的生长和丰收。谚语以直观的方式揭示了薅草对水稻生长的重要性，警示人们积极清除田间的杂草，及时采取措施防止虫害和病害的侵袭。这些谚语在土家族民间代代相传，成为他们丰富的农耕文化的一部分，也是他们智慧和经验的结晶。

为了保证水稻的生长，历代土家族人总结出了四种堆肥方法，通过各种农家肥的施用，实现保持水田的肥力的目的。第一种方法是在关养猪牛羊的圈底上，挖一个深约两米、宽如圈底的大粪坑，以便畜粪的发酵。农家还把平常生活中所用过的污水倒进大粪坑内，形成粪水。这种措施的兴起，不仅改善了土家族社会的卫生条件，同时还保证了每一季农作物必需的农家肥的施放量。第二种方法是每家每户把每天所烧的草木灰积聚在一起，在农作物需要施肥的时候施放。每到从秧苗开始抽节到扬花前，土家人皆要挎上一大筐草木灰，到田里"撒灰"。土家人很早就认识到草木灰不仅具有肥效的功能，还具有杀虫的功效，所以，当家中农作物遭受病虫害时，土家人会利用草木灰进行防治，以保护水稻的生长和收成。土家人早已认识到，经雨水淋洒过的草木灰的肥力已失，更没有杀虫的功效，所以十分注重对积攒的草灰的防水工作。第三种方法是土家人会将家庭厨余垃圾进行分类，并进行堆肥处理。厨余垃圾中的果皮、蔬菜残渣等有机废料被放入堆肥堆，经过一定时间的分解发酵，形成有机肥料。土家族人将这种堆肥肥料用于水田的施肥，增加土壤的肥力。第四种方法是打秧青。打秧青是每年开春打好田后，每家每户都把田边地角所生长的草木类植物割下来抛在水田中，让其腐败而为肥料。有的则把它们挑回放进牛栏或粪水中待其腐烂。打秧青这种方式不仅可以增加田土的肥力，而且还让田边保持开阔而向阳，保证了农作物最大限度受到阳光的照射，同时也可以减少鸟虫的危害。不难看出，在还没有化肥的年代，土家族人所总结的四种堆肥方法虽各具特色，但都是对他们生产和生活过程中的不同产物的二次利用。通过有机肥的发酵和使用，土家族人变废为宝，不论是日常生活中产生的污水和厨余垃圾，还是农业劳作中作物的剩余物，经过适当的处理都成为了土家族人新一轮生产中的不可或缺的肥力供给，维持着作物的产量，成为生产循环中的一部分。有机肥的使用与相关堆肥的方法，都是土家族人在历史实践中的经验总结，承载着先人的创造力与智慧。

除水稻外，土家族在旱土的种植上也积累了丰富的经验与智慧。土家族人在旱土的种植上十分重视定期的翻耕工作，素有"勤耕田无多有少"的俗语，定期的犁田和松土能够带来诸多好处。首先，通过犁田和松土，可以降低土壤的坚硬程度，有助于根系更好地渗透和扎根，提供更大的生长空间。翻耕还可以促进土壤中有机质的分解，促其释放营养元素供植物吸收，进一步促进作物的生长和发育。其次，定期的犁田和松土还可以达到改善土壤保水能力的目的。通过翻动土壤，增加土壤结构的疏松程度，可以提高土壤的渗水性和保水能力。这样一来，作物根系更容易吸收水分，减少水分的流失和蒸发，有利于水分在土壤中的储存和利用。最后，犁田和松土还有助于消除田间积水和改善土壤通气性。通过翻耕，可以有效改善土壤的通气性，有利于根系吸收氧气和释放二氧化碳。同时，这也能够减少田间积水的发生，避免水分滞留而导致根系窒息。

在长期的生产劳动中，土家族人因地种植，会根据水源、坡度、土壤的不同而种植不同的作物，以此达到增产增收的目的。村寨附近海拔较低的旱土，一年多熟，耕地复种指数很高，以蔬菜、棉、麻为主，黄豆及其他经济作物交错种植，地里四季常青，季季有收入。远离村寨的旱土，多种黄豆、高粱、油菜之类，而且习惯间作。斜坡地则多种绿豆、小米、芝麻及红薯等作物，地边种葵花。沙壳土壤种花生、凉薯；良田沃土种甘蔗、甜菜、西瓜；沙质土种芝麻；等等。同时，土家族人善于对土地进行综合利用，常常在林间播种粮食，实行林粮结合。零星散地也能派上大用处，土家族人将其开垦出来后，种上麻、油菜、小米、绿豆之类，既有一定的经济效益，又可以起到向阳、通风、治虫、驱鼠和肥土落田的作用。

综合来看，土家族及其先民在利用和保护自然的过程中发现，人类不仅可以适当地利用和保护自然资源，还可以根据当地特殊的自然条件和地理特征，在尊重自然规律的前提下，发挥人的主观能动性，适度地改造自然并利用自然为人类服务。通过观察土家族的农业生产活动，可以发现他们充分利用多山的地理环境，开发梯田，解决了人多耕地少的实际问题。与此同时，土家族根据地形地貌的不同，选择不同的粮食作物，最大限度地利用宝贵的农业用地。土家族人在各自所处的特殊环境中根据实际情况，通过适度改造自然环境来实现与自然的友好和谐共处，并维护生态平衡。通过与自然的互动和对人与自然之间关系的调适，土家族人在长期的生活实践中，观察了解自然界的运行规律，运用充满生态智慧的行为实践，追求对自然利用与保护的平衡，实现了自身和自然的可持续发展，促进了人与自然的和谐共生。这一行为实践彰显了土家族人对自然的尊重与敬畏，并展示了他们众生平等、非人类中心主义的生态理念。

第二节　节日与习俗中的生态行为：敬畏天地、众生平等

节日作为民族文化的窗口，集中反映了本民族人民的生产和生活方式。它们通常源自生产实践，是集体意识逐渐演化的结果。与此相应，节日的历史可以称为本民族的历史，而节日的演化则反映了民族的发展。由于土家聚居地区的地理环境和气候条件与汉族中原地区有着明显差异，土家族的生产季节、作物生长周期以及物种品种与中原地区有着显著不同。因此，土家族形成了独特的山区耕作制度。许多土家族的节日便源自土家族的农业生产，这些节日中很多都蕴含着土家族人对生态伦理思想和生态价值观的思考。

一、牛王节

古历的四月初八（亦有地区是四月十八）是土家族的"牛王节"。"土人以四月八日为大节。作宰，掺糯米宴之。亨先祖毕，环坐映之，兼食客。"[1] 土家族之所以将这一天定为牛王节，原因在于土家族人认定四月初八是牛的生日。作为农事活动中十分重要的助力工具，牛为人类辛勤劳作，土家族人认为牛一年辛苦工作，生日当天当受特别的款待。因此，在牛王节当天，他们让牛休息，并给牛喂食糯米粑、鸡蛋、豆浆等食物，有些地区甚至给牛灌酒。同时，他们还会敬祖、招种、奉

---

[1] 田荆贵：《中国土家族习俗》，第118页。

牛王菩萨，祈求神明保佑作物免受病虫害，希望能获得丰收、富足和平安。

关于牛王节的来历，土家族的民间故事如下描述：牛王本是一位天神，一次玉皇大帝派他到土家山寨察访，结果发现人间正遭受着大旱、灾荒，颗粒无收，民众饥荒，饿殍遍野。牛王对此感到十分痛心，回到天庭后请求玉皇大帝救济人间百姓，帮助他们摆脱灾荒。玉皇大帝批准了牛王的请求，并指示牛王每三天为人间安排一顿饭。牛王来到土家山寨后，看到众多面黄肌瘦的灾民，他深感心痛，于是错误地将玉皇大帝的指示理解为"一天吃三顿饭"。由于这一误解，土家族的百姓得以在灾荒中生存下来。然而，四月初八这一天，玉皇大帝得知牛王违反了他的指示，非常生气，并下令牛王永远不能回到天庭，是终生为百姓耕田种地。土家族的人们对牛王所做的善事感激不已，同时对他的遭遇深感同情。因此，他们设立了祠堂来祭祀牛王，并将四月初八定为牛王节。[①]

不论牛是何时何因参与到人类的农事生产中来，牛作为土家族重要的生产资料，与土家族人一起勤耕细种，让土家族人过上了丰衣足食的日子。设立牛王节，让牛能够过生日并休息，体现了土家族人将牛视作与人类一样重要的存在，这展示了土家族人对牛的尊重和关怀，他们认识到牛在农事生产中的重要性。土家族人用"人是吃的牛的饭"这个俗语来形容他们与牛的关系，表达出彼此之间密不可分的联系。祭祀牛王的行为反映了土家族人对自然与万物平等和谐共处的生态意识。土家族人将牛视为与他们拥有一样地位的存在，不仅体现了对牛的尊重，还体现了万物平等，互助共生，人与自然万物和谐共处的生态意识。

二、嫁毛虫节与跳虫王灯会

在农业生产中，防治病虫害是非常重要的环节。土家人作为一个崇信万物有灵的民族，为了防止病虫害对水稻的侵害，在土家文化中存在一些相应的节日，比如"嫁毛虫节"和"跳虫皇灯会"等。"嫁毛虫节"的时间与"牛王节"相同，即每年的四月八日，也被称为"敬婆婆神节"。毛虫是一种危害庄稼和果树的害虫。土

---

① 康乃、吴云编：《民俗》，中国旅游出版社 2015 年版，第 49 页。

家人普遍认为，毛虫是"盐水女神"的化身。《世本氏姓篇》载："盐水有神女，谓廪君曰：'此地广大，鱼盐所出，愿留共居。'廪君不许。盐神暮则来取宿，旦即化为飞虫，与诸虫群飞，掩蔽日光，天地晦暝，积十余日。……廪君即立阳石上，应青缕而能之，中盐神。盐神死，天乃开明。"[①] 为了免遭盐神化成的毛虫的侵害，保证庄稼的丰收，后世的土家人在四月八日会使用两条红纸，分别写上："佛生四月八，毛虫今日嫁，嫁出深山外，永世不归家"等词句，将其贴在堂屋左侧的中柱上，期望以此可以驱除虫害，保佑庄稼丰收。

每年五月端阳后的某一天，当水稻秧苗插下定根之后，会举办"跳虫王灯"活动，又被称为"五月跳虫王灯"，通常由一个村子发起，聚落中的其他村子也可以参加。有时候，聚落中的所有村子会轮流举办，也可以由各村自行举办。在确定跳虫皇灯的日期之前，牵头人会约请一二十位擅长唱歌和跳舞的成员，准备好高五六寸、长四五寸的小旗，上面写着"虫王到此"的字样，还会准备好香提篮、烛提篮等物品。等到确定的日期，牵头人会带着约定的队伍，带上祭祀的供品，提着灯笼，拿着旗子等，前往附近的庙宇，首先进行虫王的祭祀仪式，然后在庙中唱起采茶调，边唱边跳舞，最后向虫王行请的仪式。请过虫王之后，牵头人会带领参加灯会的群众，提着灯笼，带着锣鼓和其他乐器，前往田边，在唱着采茶调的同时插上写着"虫王到此"的小旗。直到所有人家的田地都插好，灯会便结束了。土家族的老人们传说，参与跳虫王灯的人家，当年的庄稼都不会受到病虫害的侵扰。土家族人相信，虫子和人类一样，也有自己的虫王，跳虫王灯之后，所有的虫子都在虫王的管辖之下，自然不会到田地里来危害庄稼了。另外一些村落会在秧虫刚发生时到田间捉虫，土家人称之为"拉虫会"。这个仪式与"跳虫王灯"类似，不同的是所有参与的人都会事先准备一个竹筒，他们一起到田间抓住虫子放进竹筒中，然后带回村中等到晚上集体焚烧。焚烧过程中，土家族的长者会带领村民举行祭虫王的仪式。沿河县地区的土家族村寨中的"拖焰毛虫"仪式也很类似，只不过进行仪式的主体由村寨中有一定年纪的孩子来执行。这两个节日反映了土家族人对农耕生活的依赖，对自

---

① 贵州省土家学研究会编：《贵州土家族百科》，第16页。

然力量的敬畏和信仰，以及自然界虫类管理的传统观念。通过举办嫁毛虫节和跳虫王灯等活动，土家族人认为可以使得田地免受病虫害的侵扰，从而保证庄稼的健康生长。

三、偷瓜节

对于贵州沿河、江口一带的土家族，农历八月十五是一个独特的节日，被称为"偷瓜节"。每年的这个时候，土家族的孩子们会约好一起参加偷吃各种瓜果的活动。尽管土家族的人家会小心防范，但被偷的并不会生气，相反，被偷了反而会将其视为吉利的事情。这种互相偷盗的行为形成了一种默契的游戏。

在人类社会的早期，由于恶劣的自然环境和有限的生产力与技术水平，个体的生存和繁衍成为一个民族能否延续的关键因素。瓜果成熟和散落的特性，使得土家族的先祖将其与生育联系在一起。在贵州东北部的土家族地区，甚至还存在一种习俗，就是人们会送冬瓜给生育困难的妇女。这些冬瓜往往是从多子多福的人家"偷"来的。在送冬瓜的过程中，人们会念叨着诗句："哭一声喊一声，来到我家去降生。送子娘娘发慈悲，从此以后不断根。"[1]这个习俗寄托了对那些妇女多生多福的美好祝愿。

这一习俗在土家族的传说故事《八月中秋偷瓜节》中也有所体现。从前，土家族山寨有一对夫妇，憨厚勤劳，为人热情大方，爱做善事，很有人缘。但他们结婚二十年一直没有生育，周围的人都替他们着急。有一年中秋，几个好心的媳妇相邀在一家瓜园里偷了一个冬瓜，用红布将其包成婴儿的模样，抱到他们家去。推开门，只见两口子默默无语地坐在家里，女的眼角上还挂了几颗泪珠。夫妇看见几个年轻媳妇嘻嘻哈哈走进来，忙抹去泪珠，招呼凳椅、茶水。几个年轻媳妇抱着红布"婴儿"，直往房间里去，高高兴兴地把"婴儿"放在床上。随后，媳妇们就七嘴八舌地说开了："大嫂，我们给你俩送儿来了，快去看看吧。""大哥，送我们一杯喜酒喝吧。"两口子心里明白，乡亲们是怕他俩在阖家团圆的日子里孤独、寂寞，故

---

[1] 田永红编著：《走进土家山寨 贵州土家族风情录》，贵州人民出版社 2001 年版，第 153 页。

意说些好话安慰他们，就没太理睬，只是忙着端茶、倒水。媳妇们看他们无动于衷，就急了，说："你们还是去看看吧。"于是大嫂就走进屋去，打开红布，布里裹着一个肥冬瓜，灰不溜秋的，大嫂愁眉苦脸地转身要走。就在这一瞬间，大嫂的眼睛突然被床上的冬瓜发出的光亮刺了一下，她急忙返回去，恍恍惚惚地觉得冬瓜的正中腰慢慢裂开了一条缝，缝越来越大，里面有一个又白又胖的男孩在动。大嫂一把抱起男孩，惊喜地大声道："我们有儿子了！有儿子了！"男人听女人在喊，也急忙走了进去。其实，这儿子是由神仙混在几个年轻媳妇里面送来的。这件事很快在九湾十八村的土家族山寨传开了。从此，每年八月十五中秋夜，人们就去瓜地里偷瓜送给那些久婚未孕的夫妇，久而久之，形成了土家族的习俗，至今，这一习俗还在沿河土家族山寨流传。[①]

土家族的先民们从自身出发，形成了人有灵魂、万物有灵的思想观念。这一思想在他们的神话故事中得到了反映，表达了土家族人认为人类与自然万物相互依存、共生于同一宇宙的观念。在土家族人的宇宙观与世界观中，自然界的万物与人类的生存繁衍有着直接或间接的联系。无论是草木山林还是动物瓜果，只要被认为与人类的生存繁衍有某种联系，就会被土家族人所看重。沿河、江口地区的"偷瓜送子"习俗恰如其分地展现出土家先民对生命的珍视和对孕育生命的自然的尊重。这种习俗体现了土家族人与自然心灵相通，共生于同一宇宙的和谐思想。在土家族的观念中，自然界既是实体，也是源泉。因此，土家族人以自然为本源，在此基础上尊重并坚守着与自然和谐共处、相互依存的法则。

四、六月六

六月六，又被称为"晒龙袍"，是土家族的一个重要的纪念性节日。传说六月六这一天，土家族的土司王覃篨为反抗封建王朝的压迫，不幸被杀害，土家族人将覃篨血染的战袍抢回来洗净晒干，立庙祭祀，称之为"晒龙袍"。

每年六月初六，土家族的家家户户都会翻晒棉衣、棉袍以及其他物品。妇女们

---

① 田永红：《黔山巴虎》，贵州民族出版社 2014 年版，第 139 页。

会做很多准备工作，有些人要把家里的铺笼帐盖全部翻出来洗一次；有些人则要成群结队到河边去洗衣服，然后将其晾在河边的石板和沙滩上晒干，并进行妥善收拾。土家人相信，这一天晒物品可以杀死蛀虫、消除霉味，从而保证家人一年四季的平安和健康。

从现代科学的角度来看，虽然六月六本身是一个纪念性节日，但翻晒棉衣、棉袍、铺笼帐盖等物品，确实具有杀菌消毒的效果，因此有助于减少土家族人由于不洁而导致的疾病，从某种程度上能够确保家人的健康和平安。这一习俗的背后，既有着民间传说的感人故事，又与实际生活中的卫生保健息息相关。

总而言之，土家族的传统节日展现了他们对生态环境的尊重、依赖和保护。土家族的传统节日中经常举行祭祀和感恩仪式，表达对大自然的敬畏和感激之情。在这些仪式中，土家人向自然界的神灵祈福，感谢大自然的恩赐，同时也承诺保护和维护生态环境。这些节日彰显了他们顺应天地、众生平等的价值观和与自然和谐互助共生的基本原则，体现了土家族对可持续发展的追求和对生态环境的关注。土家族的节日常常与农耕和农业活动相关联，以感谢大地的赐予和季节的自然循环。这不仅展现了土家族对自然资源的依赖和尊重，同时还反映了他们对农耕生活方式经验的总结与传承。这些节日和活动不仅仅是文化传承的载体，更是土家族人民在生态实践中的环境保护意识的具体体现；不仅丰富了土家族的文化遗产，还提供了重要的启示和经验，对于促进人与自然的和谐共生具有积极的意义。

彝族篇

导言

彝族是贵州世居少数民族之一，贵州又是全国除云南、四川之外的第三大彝族聚居地。据第七次人口普查统计，全国彝族人口共计 871.44 万人，贵州彝族 83.45 万人，约占全国彝族总人口的 10%。从地域分布上看，贵州的彝族人口主要分布在西部的威宁、赫章、毕节、大方、黔西、纳雍、织金、金沙及六盘水等县市。以行政区划分，贵州境内现有 1 个彝族自治县，58 个彝族乡。以黔地山水考之，彝族则主要聚居于"六山六水"中的"一山两水"区域，其中"一山"即乌蒙山 ①，"两水"即北盘江和乌江 ②。"一山两水"的彝族聚居区是历史上川滇黔三省的交通要道和战略要地。从地质构成上看，乌蒙山以上古生代的碳酸岩和玄武岩为基础，喀斯特地貌分布较为广泛，各种锥状峰林、洼地、漏斗、喀斯特断陷盆地、梁坪地形突出。因地势的高差有别、地形多样，故各地气候不同，甚至同一地区内也有多样的气候。再加上海拔较高，乌蒙山区多属温凉的夏湿冬干气候，该气候的特点是年均气温低，在 12℃ ~14℃，无霜期短，年日照时数多，年降水量低，蒸发旺盛。

彝族是较早进入贵州的少数民族之一，其先民原居住在金沙江流域，后逐渐扩散至滇东、川南及黔西。魏晋南北朝时期甚至更早，聚居于云南东部的彝族先民的爨氏大姓统治集团势力强盛后建立起政权，统治范围包括贵州的牂牁、平蛮、夜郎及云南的朱提、建宁、晋宁、西河、东河阳、兴宁等地，其势力甚至扩展到今天的四川。爨氏大姓后分化为东、西两部分，西爨的主要居民是白蛮，东爨的主要居民

---

① 乌蒙山位于贵州高原西北部和滇东高原北部，为云贵高原的主要山脉，海拔 1800 ~ 2600 米，共有三条支系山脉：西支位于贵州威宁草海西面，以西凉山为主脉，向北一直延伸至云南的曲靖和昭通；东北支位于威宁草海的东面，经贵州威宁，过云南镇雄，到达贵州毕节市金沙县的白泥窝大山；东南支呈西北—东南走势，绵延至六盘水的水城和六枝。此即黔西北毕节市和六盘水市彝族群众的主要聚居地。

② 北盘江上游到支流源头，为六盘水市和威宁自治县彝族分布区，而乌江上游的鸭池河流域，更是毕节的彝族世居地。

是乌蛮。乌蛮第三十一代祖先笃慕俄，其统治区域包括滇东北、黔西北及川南等地。笃慕俄在彝文经典中被称为始祖，娶三妻、生六子，其六个儿子分别发展出武慕雅苦、乍慕雅且、糯慕雅热、恒慕雅卧、布慕克克、默慕齐齐六个支系。其中布系又分为四支，有两支在贵州即冷冷格（今安顺播勒家）和纪俄格（今威宁乌撒家）；默系也分为四支，其中有两支在贵州，即慕俄格（住在大方的阿者家）和嫩博纪（今聚居于普安的阿旺仁家）。历史上水西与水东以鸭池河为界，曾建立了获得中央政权承认的地方政权——罗氏鬼国（或称罗施鬼国），终灭于元。鸭池河以东一片，谓之水东，水东宋氏世居贵州（今贵阳）城侧，亲领洪边十二马头，管水东、贵竹等十长官司，其地域在今贵阳、开阳、龙里、贵定等地，有些长官司插入"水外六目之地"，与安氏属地交错。水西安氏与水东宋氏归附后，明朝廷于洪武五年（1372）将二土司合为贵州宣慰司，以安氏为宣慰使，宋氏为宣慰同知，同时，设司署于今贵阳，称宣慰司城，即彝族的土司时代；虽然清代改土归流后，土司制度被废除，但彝族土目的势力及其在地方治理中的重要作用依然存在。新中国成立后，贵州彝族群众进入全新的时代。

有研究者提出，彝族文化的研究必须与其历史结合，应以打破行政区划的视角去考察其传统文化的状况，"威宁、赫章、水城三县的彝族传统文化各类型，不以县界区分，而是交叉分布，威宁东部、水城北部、赫章中南部为'乌撒文化'；威宁西北部为'乌蒙文化'；赫章北部恒底一带为'芒部文化'；水城南部为'水西文化'，而水城西南部北盘江流域为'阿窝惹文化'。因此，一县有多类和一类跨数县的传统文化现象是普遍的。"[①]贵州彝族传统文化保留较好的村寨，多处于海拔较高、地势间隙抬升、支流切割、山高谷深、人口自然流动相对缓慢所形成的相对封闭的自然环境之中，如乌蒙山腹地的海坪村、威宁彝族回族苗族自治县板底乡裸戛村等等。而与其他少数民族混居的，如威宁彝族，主要聚居在贵州威宁彝族回族苗族自治县的龙街、大街、雪山、观风海、板底、盐仓等乡镇，则呈现出典型的大杂居、小聚居的特点。"在彝族历史上……其民族文化的一体性表现得较为充分，

---

① 李平凡：《"六山六水"民族调查与贵州彝学研究》，《贵州民族研究》2002 年第 3 期。

也就是说，彝族的文化块状结构明显，不像其他少数民族那样，一个民族，甲地文化和乙地文化差异性很大，很难有一个完全一致性的文化表现。所以，在彝族文化的研究中，各地的彝族文化表现是可以相互解说的。"① 基于此，我们的研究主要以几个彝族聚居较为集中的村寨为典型，参照其他彝族支系的传统生态文化知识内容展开分析。总体而言贵州彝族的传统生态文化有着这样几个较为突出的特点：

其一，天地人三者合一的世界观与人的有限性的有机结合。如果说苗族的传统生态知识可以概括为"人在自然之中"的话，那么彝族的传统生态知识则更多地体现了某些"人在自然之上"的特点。这并非指人高于自然，即西方世界中那种"人为万物之主"的盲目自信，而是更多地体现了某种克制。在对待自然与人的关系时，强调自己高于动植物的人类地位的同时，也主张限制人的无休止的欲望，即"与地相处留余地"。

其二，彝族对周边生境的把握既有相对客观的理论知识，也有基于实践的细微感知。从彝族文献中对于天地自然气象的认知，以及由此制定的历法，在今天看来都存在相当的客观性，从世界观的基本——清浊二气出发，解释云、雨、风、雷等自然现象，其中也有不少内容是契合于"现代科学知识"体系的。但从民间信仰的山神、祭山、祭祖以求丰收平安来看，对自然力又依然保有着一份尊重与恐惧。无论是彝族的知识阶层还是民间实践都对居住地周边的生境有着相当客观和深入的把握。

其三，自然之力与社会历史之力共同塑造了贵州彝族传统生态文化知识的样貌。包括其先民阶段从游牧文化走向与农耕文化的结合，以及在黔地从生态环境较好的坝区往生态环境较差的高山、半高山的迁徙，尽管他们较早地形成了自己的民族文化、文字、哲学、世界观等，生产生活模式却一再改变以适应聚居地周边的生态环境。如《估哲数·农事篇》中，彝族先民对于水稻的种植在较早的阶段就形成了明确的水稻培育理论，但随着迁徙至高寒山区，水稻便逐渐淡出其生计模式，足见生境改变对人的生存的影响。

---

① 吴秋林：《众神之域：贵州当代民族民间信仰文化调查与研究》，民族出版社 2007 年版，第 78—79 页。

第一章　生态文化的物质载体
——白云飘荡处是家乡

第一节　定居理想：松柏常青，繁花似锦

明末清初以前，彝族分布在今都匀、贵阳、遵义一线以西的广大地区，至清改土归流后，清王朝彻底结束了贵州彝族聚居区内的土司制度，其后贵州彝族的分布区域发生重大改变。如果说苗族的迁徙是被动迁徙和主动迁徙两相结合的话，那么贵州彝族的迁徙和择居则有着典型的贵州山地生态特色。

从已有的历史文献来看，居于云贵高原的彝族在秦汉时期过着"随畜迁徙，毋常处，毋君长，地方可数千里"（《史记·西南夷列传》）的生活，至宋代依然是"俗椎髻披毡佩刀，居必栏棚，不喜耕稼，多畜牧，其人精悍，善战斗，自马胡、南广诸族皆畏之"（《宋史·叙州三路蛮传》），尽管在明代云南的彝族依然从事畜牧为主的生活，"近郡者曰黑罗罗，白罗罗，畜牧为主"（谢肇淛《滇略》卷九）。在贵州境内的彝族，却由于明王朝在西南的一系列布局，在生产生活上发生了重大的改变。

由于明朝一系列军屯、民屯、商屯的政策推动，大量原先居住在平原坝区的彝人开始往高山荒野迁徙。客观地说，这也促进了贵州境内的彝族与汉族及周边其他民族的交往交流交融。一部分彝族逐渐融入汉族，"明初是新城千户所即今兴仁县的彝族融入汉族的最明显的开始"[①]；一部分彝族向山区迁移，逐渐在乌蒙山脉中聚族而居，"通过这次居住空间的变动，兴仁彝族大杂居小聚居同时居住在半山、

---

① 贵州省民族事务委员会、贵州省民族研究所编：《贵州"六山六水"民族调查资料选编·彝族卷》，第413页。

半高山的分布特点初具雏形"[1]。"清康熙以后，这种现象日渐加速，并在更大规模上进行。清代晚期，彝族已经完全定居于现在的居住地，如彝族民间所说的'白云飘荡的地方就是我的家乡'的分布特点已经完全形成了。"[2]

彝家人追求的理想居住地叫"福地"，什么样的地方是福地？有森林、花丛和甘泉的住地就是福地。《彝族源流》（古歌）这样吟唱："松柏常青，繁花似锦，不渴不胀，甘泉流不断，近处是花丛，其住所，是福地。"[3]因此，彝族不但在村寨选址时注重周边森林的覆盖，在定居后也会在村寨四周、房前屋后，种植各种果树、竹子，让房屋包围在绿色植物之中。甚至在彝族史诗中吟唱英雄建立的国度"（折怒王）以鲁旺的方位，依鲁补的数字，支格阿鲁定的标记，设立九大则溪。……绿竹茵茵的莫则诺那洪，设置第一则溪；稻花芳香的俄补甸吐，设置第二则溪；松涛呼吁的德珠杓嘎，设置第三则溪……五彩索玛簇拥的女武溢恒，设置第八则溪；好比斗柄绕着北极星，笃洪那娄是中央则溪"[4]。可见，"绿竹""稻花""松涛""五彩索玛"等充满生机的绿色植物的地方正是彝家人理想的家园。

考之于贵州板底村流传的彝族《撮泰吉》的部分唱词，可以发现，彝族的择居有着深刻的生存抑或生态考量。如《撮泰吉》中颂唱惹嘎摩（天神汝镊下凡的化名）受三位天神委托，到喽仆指引驯化箐人迁徙至谷仇：

> 谷仇那地方，名谷仇贝谷[5]，山高海很大。满山长谷仇，遍箐里也生，海中也很多。那地方很美，有大山小山，有大海小海，有大坝小坝。大山连小山，大小海并存，坝子紧相连。山中有虎豹，海里鱼虾多，坝里兔常跑，箐中鸟常叫。山脚可造屋，海边能搭棚，坝里好建寨，风景美如画，最适宜人居。平坦好种地，宽阔任收获，放牧不嫌窄，赛马任驰骋，

---

[1] 贵州省民族事务委员会、贵州省民族研究所编：《贵州"六山六水"民族调查资料选编·彝族卷》，第413页。

[2] 贵州省民族事务委员会、贵州省民族研究所编：《贵州"六山六水"民族调查资料选编·彝族卷》，第418页。

[3] 毕节地区民族事务委员会编：《彝族源流》（第九一十二卷），毕节地区彝文翻译组译，贵州民族出版社1992年版，第327页。

[4] 王继超：《支嘎阿鲁王》，贵州民族出版社2019年版，第205—206页。

[5] 地名，相传在云南境内，无确考，为人类的发源地之一。

坝宽好驯牛……山上好狩猎，箐中能捉鸟，钓鱼去海边，游泳去海里。①

可见，在彝族先祖的择居中选择谷仇贝谷，是因为那里"山高海很大"，有山、有水、有坝子、山林（箐）……山中生活的虎豹、水中的鱼虾、坝里的兔子，有多种多样的生物，能放牧能种地。②从吟唱中还可以看到，彝族先民对虎豹一类的猛兽似乎也并无常见的畏惧之情，反倒充满着对谷仇贝谷这一居住地的生机勃勃的赞叹。以今天的威宁彝族回族苗族自治县板底乡板底村来看，每家每户都独立成院。"每家门前的院墙、小道及村中的大道均用酸花树枝条（小杜鹃）编成树篱笆，将耕地与道路隔开，篱笆高度齐胸，各路篱笆相连，形成迂回转折互相连通的一条条篱笆巷道。"③足见对于连片聚居的村寨而言④，对周边的自然环境有着明确的自然美的追求。

彝族讲求风水，故村寨选址上有"住山不住洼"之说，尤喜如座椅一般的山势。如板底村的"板底"即彝语音"钵底"的音变，"钵"即山之意，"底"即坪之意，合起来板底即指山间的坪子（在某种程度上倒与《撮泰吉》中的"谷仇贝谷"相似）。板底村四周皆是山，南有"老图摩布"（白石山），西南有"哄不夕歹"（后笼山），西北有"撒马不"，东北有"猴努潢口"山，而板底村正坐落在群山怀抱的开阔坪子中。

但在风水之外，贵州彝族在村寨的选址上，其实有着典型的生计需求驱动和对黔地高原山地的生态适应特点。一方面，贵州彝族传统的生计模式在于牧业和农耕相结合，故此，在村落的布局上追求"上面宜牧，中间宜居，下面宜耕"⑤，呈现出村前田地村后牧场的典型格局；另一方面，贵州山高坡陡，降雨较多，住洼地极

---

① 李红友主编：《撮泰吉根源》，贵州民族出版社 2015 年版，第 189—192 页。
② "平坦好种地"这一点，尽管撮泰吉讲述的时间点是远古始祖的故事，但佐之以史料及其述唱的内容，可推测：其一，《撮泰吉》的"创作"（形成）时间应当为明代以后，板底彝族定居开始牧、耕生活；其二，也不排除史料文献中史官对彝族生存状态的了解存在盲区。此一疑，留待后续进一步发掘研究。
③ 贵州省民族研究所、贵州省民族事务委员会编：《贵州"六山六水"民族调查资料选编·彝族卷》，第 28 页。
④ 其中杂散居的彝家由于与其他民族的长期交往和共同生活，逐渐吸纳其他民族的生产生活方式，彝族传统文化特征相较于集中聚居的村寨而言不够典型。故此主要以彝族连片聚居区的村寨情况为主。
⑤ 在村寨选址上，也有"村后山林可放羊，村前坝子可种粮，坝中沼泽可放猪"的说法。

易遭遇泥石流等灾害。有森林保护的向阳坡地由于森林对水源的蓄养，有利于畜牧业活动的正常开展。在村寨的选址及村落景观的营造上追求风水福地之外，贵州彝族的民居更是体现了彝族传统文化对黔地山水气候条件的生态适应。这具体地表现为民居形制、建筑材料的选用以及对当地生境的调适和改变。

如兴仁彝族民居建筑样式的改变可以看到人对于居住环境的主动适应。文献记载，该地彝族最初的房屋是长三间的木结构，明代以后彝族迁移至山区，为适应当地气候的寒冷，开始建筑土墙房屋，其后扩大建筑空间为左右或左中右结构，成人儿女分住左右，老年人住中间"烤背火"。清末民初，又出现了木结构瓦房，类型有五柱、七柱、九柱等不同的空间格局。木结构盖瓦的结构与汉族的房屋建筑已经一致，这也是彝族老人们只能用彝语称中柱为"果则"而其余柱子皆用汉语称为二柱、三柱、小柱的原因。因为"果则"在彝族房屋的传统样式中存在，而其余的柱子是新事物，缺乏彝语的专称，便直接用汉语称呼。新中国成立后，兴仁地区的彝族普遍建造石墙瓦屋，则不排除是受到了当地汉族和布依族居住形制改变的影响。

在六盘水玉舍海坪千户彝寨中，则更多地采用了土掌房的房屋形制。传统的土掌房由两个部分组成：平顶房和楼房。平顶房的前半部分，分为一个或两个房间，用作卧室、起居室和厨房。房屋的平屋顶也用作干燥晒台，主要是晾晒玉米、谷子等粮食。它可以作为老年人休息、妇女针织和儿童游戏的场所。后半部分是一栋两层的小楼，一般面阔三间，底层分作卧室、厨房和客厅。楼上的仓库有通向平台的门，主要用于晒干谷物。当然大部分居住者都对土掌房做了一些改进，保留厢房平顶的晒台功能，在楼房部分的顶部则采用人字形坡面屋顶，其上覆盖茅草或瓦片，除了有保温隔热承重的作用外，还有防潮的作用，以此适用于贵州六盘水当地的寒冷和潮湿。[①]

显然，一般来说，民居最能代表一个民族的传统文化样式，具有天然的自然人

---

① 六盘水彝族土掌房楼房部分改为人字形坡面还与六盘水当地较早传入汉族的造瓦技术和房屋营造技术有关。传统土掌房的屋顶由木梁承重，大梁之上担小梁，梁架之上铺设树枝或柴草，再覆盖一层拍打密实的泥浆，最后夯筑一层黏土，以此增强屋顶的防水保温隔热的性能，而六盘水地区由于多民族杂居，汉族的造房技艺也未完全被彝族所采用，由于瓦的性能优越，可以直接挂在房檐之上，也不需要其他复杂构造承重，这种建造方式经济适用，因而也是六盘水地区彝族民居建筑屋顶形态变化的原因之一。

文适应性，民居的建筑一般都是采用当地出产的材料，用最经济的方法，密切结合气候和地形。由此形成一种建筑与所在地自然生态的嵌合。

第二节　医、食取用与地方物产

一、游牧遗存与定耕：饮食上的生存选择

对于贵州的彝族而言，在饮食习惯上形成了有着典型的生产生活方式遗存与居住地周边生态相互造就的特点。一方面，定耕后"新兴"作物的引入使饮食更丰富；另一方面，居住地周边的生态环境又在某种程度上限定了其饮食的形态和基本面貌——基于长期储存需要的荞麦制品、微发酵的豆制品以及腌腊制品。

新中国成立前，黔西北彝族主要以荞麦、燕麦等为食，《大定县志》卷十三《方物》载："罗氏鬼国禾米亦佳，土人以燕麦为正粮……以此炒熟为面，每人制一羊皮袋，盛数升（一升约七斤），行途辄就山涧调食，谓之香面（燕麦亦称香麦，香面即香麦炒面）。"今天黔西北彝家在祭祀祖先时，也必备荞粑、香面等。清中期以后，玉米和土豆先后传入彝区，彝语中对于稻、稗、高粱、荞、麦、豆类等农作物均有专称，唯独称苞谷为"伊米""报沽"，土豆为"牙淤"，可见二者并非彝族传统作物。这两种作物一经传入便被广泛种植，而且品种多样，仅威宁一县，洋芋品种就达 20 余种，同时，洋芋迅速成为居住在较高海拔地区的彝家的主食。据调查，在赫章县珠市乡，该地居于海拔相对较低处的彝民以玉米为主食，而居住于海拔 2200 米以上的彝族居民则以洋芋为主食。

为何土豆在威宁能取代荞麦成为当地彝民的主食？主要还是由于当地属亚热带季风性湿润气候，冬无严寒，夏无酷暑，冬干夏湿，夏秋多雨，年温差小，日温差大，无霜期短，日照时间长，年平均气温 10.2℃，气候冷凉，对于"本喜凉"的土豆而言，实在有得天独厚的自然优势。威宁全县境内绝大部分耕地分布在海拔 2000—

2400 米的位置，高海拔使得土豆退化[①]缓慢，为生产优质的土豆提供了条件，良种覆盖率达到 80%。因此威宁土豆的产量和质量至今在全国仍处于一流水平。

当然，彝族最传统的作物苦荞，制作而成的食物在贵州彝族的食谱中也依然有着重要的作用。苦荞不易被虫蛀且食用方式多样，故不仅多与其他当地出产的植物（或根茎加工物）混合搭配，如板底村的彝民多用苦荞制作荞粑、烙饼、烧馍、煎饼、荞米饭、疙瘩饭、汤丸子、糊羹、凉粉等，还常与四季豆、洋芋、小麦、大米、圆根、蕨粉、白蒿等搭配，制作成熟后也不易变质。

即便土豆已经取代荞麦成为日常生活的主食，但苦荞食品还是重要的仪式性食物之一。如婚礼中，彝族姑娘在出嫁时一般要禁食一周左右（以新郎与新娘家的路途衡量，远的禁食长一些，近的禁食时间短一些）到了新郎家，举行完梳头仪式后，新娘开戒的第一顿饭要吃苦荞面做的稀饭；在葬礼中，要用干炭火烤熟一个半大的苦荞馍馍，用一根干净的木棍穿过，抬起，在死者面前、死者火化时，由火化师食用，意为洁净、吉利、驱邪祛污。早在明代，彝族土司便常以荞酥（彝语"古那批"）[②]作为贡品。即使在今天也有"黔西、大方一枝花，威宁、毕节苦荞粑"的俗语流传。

除了清中期基于当地土壤、气候引入的玉米、土豆外，明末豆制品制作工艺的引入及规模化，则源于当地水质的优秀和优质大豆的出产。如大方彝族的豆制品制作。明末豆腐的制作工艺传入大方，据说有明末湖广人褚氏，途经大方南郊 9 公里名为沙坝之处时，饮用当地的泉水，只觉水清冽甘甜，故定居于沙坝，经营祖传的豆干生意。相应的豆类加工技术也传入彝族，如酶豆干（彝语"诺哲蛊"）[③]、豆

---

① 土豆退化，即马铃薯（Solanum tuberosum L）种薯退化现象，主要症状表现为植株矮小或生长畸形，叶面遍布病斑或皱缩，结薯数量减少，块茎变小，产量逐年下降，品质变劣，贮藏期间因腐烂等损失增多。农民常把马铃薯种薯退化植株所结块茎形象地比喻为"一年大，二年小，三年不见了"，由此可以充分反映出退化现象对马铃薯生产的威胁。因此退化缓慢对土豆品种和成长为优良品种十分重要。

② 荞酥是用苦荞面、糖、油按照一定的比例调配，经复杂工序制作而成的。

③ 将豆腐加压脱水制作成小方块的豆腐干，再以稻草相隔置于木箱之中，待自然酶变出酶衣（酵素）即成，食用时，取整块烘烤、油炸。

豉粑（彝语"诺兹"）①的制作等，这一类微发酵后形成的豆制品由于品质上佳而进一步形成了"品牌"。而这又恰恰与当地的生态气候密切相关。当地属于亚热带季风性湿润气候，大部分地区海拔在1400—1900米，地势起伏较大，沟多谷深，山脉多呈东北走向，冷空气易进难出，气候温和。大豆喜温，当地充沛的雨量以及雨热同期的自然条件，而大豆从初花期到豉粒初期长达50多天的时间内，一直对周围的水分有较高的要求，故大方地界十分适宜大豆的生长，加上当地冬无严寒、夏无酷暑、夏短冬长、春秋相近等特点，使得大方的大豆蛋白质含量居全省大豆之首。黄豆出产的地域优势，加上当地丰富的矿泉水资源，使得大方的豆制品品质优良，当地出产农作物的品质、水质以及点制豆腐中用酸、用火的成熟技法，成就了当地彝族的餐桌。

如果说，玉米、土豆、荞麦（即荞麦制品）、豆制品等食材体现了彝族在食材上的就地取材、自给自足，那么，在肉类食物的加工制作上则表现了较为典型的游牧民族饮食的遗存，如坨坨肉、墩子肉等。贵州彝族不同于农耕民族食用带皮的牛、羊肉，他们一般将牛、羊的皮剥下来制作衣帽等，而仅食用剥皮的牛、羊肉，且一般不食用狗和马。因为狗能帮助狩猎，马则为拖运征战的必要帮手，同时是牧业文化的重要体现。肉食加工，出现了久负盛名的骟鸡点豆腐、冻肉、羊肉汤锅等菜肴。同时对肉类的存储等也发展了独具特色的制作工艺，如腊肉（彝语称"瓦甫墨"）②、火腿（彝语称"瓦吐启墨"）③的制作。不论腊肉、火腿等腌制类食品，还是血豆腐、香肠等的制作，基本上都是利用盐、调料等使肉类中的水分蒸发，从而达到长期保存的目的，有着典型的游牧生计特色。

---

① 黄豆浸泡发胀后蒸透，取出摊凉，以豆豉叶为垫，装入竹篓中使其自然霉变，温度升高至豆粒相连时倒入宽敞的容器摊晒。加盐晒干，即为干豆豉颗。也可加工制作为豆豉巴（捣烂反复晒捣成泥团后制作成长方体条块保存），食用时，切片烤软、加盐、辣椒、开水，调配成豆豉辣椒水。

② 用生猪腰身部位制作，腌渍，待盐分渗透后，取出排放于架上，在架下燃烧松针、酥麻秆一类带有香味的燃料，让浓烟不断地熏烤肉块，使水分蒸发干至轻微冒油，灭火冷却后，取回悬挂于通风避光处。腊肉可备一年四季食用。

③ 火腿腌制多在冬腊月间，选肥瘦相间的新鲜猪腿，抹上盐、花椒，封装于容器中透盐、排水，然后取出悬挂于通风避光的地方风干，再用柴火烟熏数月，待水分蒸发，制成火腿。威宁火腿在明清之际就是宫廷御膳的常用之物。

从总体上来说，由于彝族聚居于较高的高山及半高山地区，货物的运输和交易不便，故其在饮食上大多依赖于当地的出产。也正是因为如此，彝族在饮品的制作上也颇有地域特色。如彝族好酒，但主要喝玉米或荞麦酿造的高度烈酒，这也是由当地主要出产玉米和荞麦决定的；再如水城海坪村彝族的耕地以旱地为主，出产也为旱地作物玉米和荞麦。此外，在彝族普遍流行的还有一种咋酒（彝语"直派"），一般用带壳的糯谷、毛稗、荞子、高粱、麦子等为原料，混合浸泡发胀后过滤水分，蒸熟，倒出降温、放凉，拌入适当药曲入瓮发酵，待糖化发酵至一定程度，再开瓮加清泉或凉开水至三分之二瓮，再密封使之醇化，数月或经年开启，饮用时插入几根哑杆（吸管）入瓮，邀请宾客围坐，边加清泉边饮用，甘醇清香，酸甜爽口。

贵州彝族各县均出好茶，如大方有海马茶和果瓦茶，金沙有大水茶，黔西有青茶，毕节有大坡茶和周驿茶，赫章有哲庄茶和苦丁茶，威宁有炉山茶，晴隆有晴隆茶，等等。好茶的出产及彝族生活地周边较为寒冷的气候，共同形成了彝家"罐罐茶"的独特饮用方式——先把陶制小茶罐置于火上烤，放入茶叶不停抖动，待茶叶烤黄散出香味时，再倒入开水，茶罐移离火源并静置片刻，最后把茶水倒入杯中即可饮用。罐罐茶的茶叶因为被烤过，故香味较浓，具有较强的提神功效。

二、医药"天人合一"哲思的践行

彝族医药理论体现了天人合一的哲思。"人体同于天地之体，同样由清、浊二气管着气、血、营、卫。"彝族医学的"五体损伤"理论与彝族"五行"的构成理论密切相连。彝族医学的基本理论建立于彝族古老的宇宙观与朴素唯物主义及辩证法的认识基础上，以清浊二气的理论为核心，对人的生命、人体器官与气血运转、人体与阴阳五行关系、疾病的成因以及各种药物的功效等进行论述。

彝族文献《宇宙人文论》中说天地产生之前，世间只有清浊二气，清气为哎、浊气为哺，"哎"和"哺"结合产生人类，"哎"为乾，为男，为父，属阳性；"哺"为坤，为女，为母，属阴性。在清浊二气产生"哎哺"之后，"哎哺"及"且舍哈朵鲁哼"又分别变化产生了金、木、水、火、土五种基本物质。"哎哺"为父母产生人的身体；且卦产生人的舌；舍卦产生人的命门；鲁卦产生人的肩；朵卦产生人的口；

哼哈二卦产生人的耳目。彝族医学的"五行"学说认为宇宙间的一切事物都是由金、木、水、火、土五种物质组成，五行所对应的五体事物的发展变化都是这五种物质不断运动和互相作用的结果。五行中的水对应于人的血，金对应于人的骨，火对应于人的心，木对应于人的筋，土对应于人的肉。五行对应于人的"五体"（筋、心、肉、骨、血）理论。彝族医学认为天、地、人都是一个整体，而人与天地是有着内在统一的整体。

彝族医学可以说是构筑于彝族世界观之上。当然由于彝族传统文化中"巫化"因素的存在，使得彝族把疾病归于神灵的不佑，故有的支系中毕摩也经常主持献药治病的仪式，也有如针刺、沸油洗身、熏疗、敷疗、喷酒等与巫术融合的医疗手段。在贵州省仁怀县发现的彝医王氏家传彝族医药文献手抄本《启谷署》[①]（tchingusu）中，将医治的方剂记载整理为5门38类263个方剂，具体而言，有内科门（传染病类、呼吸系统病、消化系统病、胶原系统病、泌尿系统病、生殖系统病、运动神经系统病），妇科门（调经类、带下类、妊娠类、产后类、乳疾杂病类），儿科门（传染病类、胃肠类、疳积类、杂症类），外科门（痈疽类、结核类、痔疮类、疔疮类、性病类、疥癣类、黄水疮、臁疮类、跌打损伤类、虫兽伤类、破伤风类、烫冻伤类、头面疮类、秀球风、疝气类、杂症类），五官科门（耳病类、眼病类、鼻病类口腔病类、咽喉病类）等。[②]

药材上的药食两用则体现了简便易得的医治主张。从《启谷署》记载的药方来看，彝族医药有几个极为典型的特点。首先是药材简单易得，如治疗气喘，用"杏仁、生姜、核桃仁、蜂蜜各100克"；治疗哮喘，则用"猪板油20克，麦芽糖120克，蜂蜜120克，熬制成糕，每日服用数次"[③]。其次，呈现了典型的药食同源的特点，

---

① 该医学文献是贵州省仁怀县祖传彝医王荣辉先生的传家之宝，该彝族医学典籍在王荣辉家已相继传了六代人。王氏祖先留有遗言"不准公开，只能代代家传"。由于该医学文献无成书和转抄日期，其断代难以考证。根据学者们推测，《启谷署》大约成书于1664—1729年，其收藏方法是用斑竹笋壳包扎好，再用甲皮纸封固，然后用鸡蛋清涂抹烤干，藏于堂屋"香火"顶上，妥善保藏传传至今。经王荣辉与关祥祖两位先生共同主编（晏和沙翻译）于1991年由中国医药科技出版社出版而流传于世，为彝文与汉文对照本。
② 朱国祥、徐俊飞：《从贵州彝族医学文献〈启谷署〉看彝族"医药"文化特色》，《四川民族学院学报》2015年第6期。
③ 崔箭、唐丽：《中国少数民族传统医学概论》，中央民族大学出版社2007年版，第303页。

如利用苦荞的理气止痛、健脾利湿，治疗小儿热病、腹泻、积食等，用苦瓜治疗蛇咬伤、肿痛、腹泻、牙痛等。再次，药材价格低廉，药食两用也进一步降低了药材取用的成本。

在重视治疗疾病的同时，更重视未病先防及"既病防变"，如《劝善经》与《献药经》记载了彝族先民防疫和保健方面的医学知识。《献药经》记载：煮食麂子肉，既可治麻风，又可预防麻风传染；煮食菁鸡肉，既可治疗麻疹，又可预防麻疹。

第三节　服饰中的生存体验与生境反映

一、服饰形制形成中的社会适应性

彝族服饰历史悠久，在彝家史籍《物始记略》《彝族源流》中就有男的绾发髻、披毡，女的辫发、穿裙的记载。还有"九百斤羊毛，做一领毡披"的记载。可见今天彝族服饰中的大部分形制——披毡、短衣、大裤脚、英雄结、长裙等由来已久。

彝族服饰与苗族服饰一样有着典型的支系性[①]，服饰与语言的关系十分密切，不仅有常服、盛装，而且不同年龄有不同的服饰。贵州彝族服饰总称为"乌蒙山型"，具体分为"威宁式"和"盘龙式"。明清以前，贵州威宁彝族的服饰与四川凉山彝族服饰大同小异，明清改土归流后，贵州彝族服饰的形制及所用材质发生变化。形制上吸收了清代服饰的要素，形成了今天的基本样式：男服以大襟右衽、长衫、长裤为基本特征；女服以盘肩，领口、襟边、裾沿等处有花饰，以毛、麻、布为衣料，尚黑，衣多青、蓝色。威宁小部分地方的服饰与凉山型类似，具有凉山南部彝族服饰喜红、黄、蓝三色的特征，威宁彝族服饰在材质上，也从以前的以皮、毛、麻、丝织等更多地改为布料。乌蒙山型威宁式服饰主要流传于贵州毕节市的八个县（市、区）和六枝、水城等地；而乌蒙山型盘龙式服饰则主要流行于贵州盘州以南至广西一带。

---

① 彝族服饰大的分类可划分为凉山、乌蒙山、红河、滇东南、滇西、楚雄等六大类型，下分若干式。

语言与服饰有对应关系。大方安龙土语、威宁板底土语，威宁灼甫土语，对应的是乌蒙山型威宁式服饰，而盘州淤泥土语对应的是乌蒙山型盘龙式服饰。总体而言，尽管各支系服饰有一定的差别，但在部件构成上却大致相同，主要有头饰、服装、披毡。

头饰。青丝头帕、帽子、罩头巾一类。

服装。无饰长衣（彝语"补"），衣服为右衽，没有任何刺绣及装饰，多为成年男女和老年人的常服，也是劳动服装。长花衣（彝语"撸堵"），形制与无饰长衣相同，但左肩过胸至腋下都有15—20厘米宽的装饰，前衣片从右腋下经底缘绕过左衽，再经后幅底边绕至右腋下。长花衣最能体现彝族女性的巧手和才智。近年来也作为常服穿着。围腰（彝语"着腰"），本是妇女生产劳动及做家务时，用于保护衣裤和擦手的具有实用功能的服饰配件，但随着包边以及绣花等装饰的增加也提升了服饰的美观性。腰带（彝语"若睬"），男女老幼皆系腰带。多为一丈或一丈五长的布带，腰系宽带有具体的实用功能，彝家负重皆用背，故腰带也有保护和支撑的作用。短褂，无领无袖，主要罩在长衣外，作为装饰，亦可御寒保暖。

披毡。披毡彝语称"许"，小披毡为"阿许"，裙毡为"许荀"。披毡在彝族群众的生活中用途很广泛，放牧时御风寒、遮雨淋、垫坐，还可以在背负东西时作为背垫，休息时做垫席。披毡的历史悠久，彝族史籍《彝族源流》《物始记略》等都有记载，如"在《西南彝志·阿阔笃仁的白锦袍》中，说白锦袍用瘦白马皮，花羔羊的皮，经能工巧匠刮削揉制，做成衣服用于护身。战事之后，这衣服被称为'盔甲'"[①]。其后，战事渐渐减少后，畜牧业和农业发展，皮革盔甲开始被羊毛或羊毛制成的"披毡"取代，既可以挡风雨寒露，又可以用作山野歇息垫盖之用。

彝族传统服饰的衣物原料是各种牲畜及野生动物的皮和毛，过去黔西北彝族妇女多穿"皮外毛内"一体的羊皮褂子（彝语：吉外古）。这体现了具体的民族特征和地域特征，是其游牧文化风貌的保留和重要生计信息。因生存环境和生产生活的需要，尤其明末以后农耕生计及汉族等多民族的迁入，彝族服饰的用料也开始逐渐

---

① 毕节地区民族事务委员会编：《西南彝志》（第九、十卷），毕节地区彝文翻译组译，第153页。

使用麻和棉。彝家服饰形制的变迁上，呈现了彝族社会的变迁，如在下装上，各聚居地彝家情况不同。如板底彝家从明代起渐改长裙为长裤，长裙在民国二三十年间逐渐绝迹。裤脚较宽大，现已与汉装长裤一致。但在威宁马街[①]，至今保持着穿蓝色百褶长裙的古老习俗。

总体而言，现流行于贵州地区的彝族男女服装款式，大都是在清代初期"改土归流"以后，吸收或借鉴了满族旗装的款式特征而逐渐形成的。换言之，彝族改裙为裤主要是与外部文化环境的改变有关。

二、服饰纹样对生境的反映

贵州彝族服饰的纹样充满了彝族人对自己居住地周边的生境的反映和描绘，体现了他们对世界的认识和对美的追求。贵州彝族的服饰纹样多取材于生活、生产、自然以及传说。这些纹样体现了贵州彝家生活中的天地万物。如贵州山区多杜鹃花（也称索玛花、马缨花、映山红等），贵州黔西市与大方县的交界处，就是被称为"地球的彩带，世界的花园"的贵州百里杜鹃花区。杜鹃花被当地彝家视为花神，杜鹃花盛开的季节，四面八方的彝家聚集拢来，请毕摩主持祭花神的仪式，求平安顺遂，因此贵州彝族妇女服饰上能够看到大量的杜鹃花的变形组合图案[②]。也正是因此，生活在高寒山区的彝族服饰纹样中没有水纹和鱼纹，而被俗称为"抠圆"的螺旋纹（也是一般研究者称为"涡纹"的图案），其实并非取材于水，而是来自月亮。据彝族老人说，这个图案描绘的是月亮，其受树藤的枝蔓或瓜蔓的启发才演变成这样一圈一圈的模样。[③]其他如辣椒、苹果、叶子、太阳花等都是典型的对自然环境的模仿，

---

① 威宁马街彝族妇女喜以青布缠头，外围红色绣花宽带，少女再外包花头巾。上衣改为大襟、右衽绣花衣，盘肩、衽边、镶嵌宽约20厘米的装饰带，上以刺绣、镶补等手法装饰多层花纹图案。衣袖装缀有缎袖，袖口皆装饰以多层花饰，不系围腰，腰缠绕数圈白布腰带。盘州彝族妇女则头缠白帕，上穿蓝色右大襟长衫，下着长裤，扎黑色围腰，两条长长的白色花飘带垂于腰前。通身花饰较少，风格素雅。

② 值得注意的是，彝族服饰上的图案往往最终的指向都是祖先崇拜，包括杜鹃花。据说，在远古彝族始祖的阿卜笃慕时代，因为洪水肆虐，他遵照天神的引导，将杜鹃花的树干制成独木船，带领民众躲过了洪水，从而使彝族人民得以繁衍生存。

③ 贵州省民族事务委员会、贵州省民族研究所编：《贵州"六山六水"民族调查资料选编·彝族卷》，第65页。

同时是彝族对周边自然生境中生物的描绘和反映。但即便是描摹自然的动植物的图案，也多包含吉祥、长寿等美好的祝愿，如杜鹃花、石榴、桃、苹果等，以动植物变形纹为主且各支系各有侧重，如威宁彝族便多用虎、蜘蛛、杜鹃、杜鹃花等变形纹。

此外，在彝族的服饰图案中还有典型的图腾崇拜意味。前文所述涡纹，常常是女装的标志性纹样，如威宁彝族的女装，在长衣与围腰的下摆处，都装饰有用白色布条或细线盘绕而成的三组涡纹组合图案，状如虎头，被称为"圆形宇宙"（彝语"毕力妥罗"）。三组涡纹在彝家女子的精心刺绣下，十分精美，往往会用红色花卉纹样作为衬饰，是贵州威宁彝族女装中装饰的重要部位。其中白色涡纹（彝语"木普木古鲁"），意为"天父"；黑色涡纹（彝语称"米莫米啊娜"），意为"地母"；三个涡纹组成的虎头形状，是虎崇拜的具体反映，尊虎为祖先，自称是黑虎的后裔。在衣服上绣上虎斑、虎纹图案或老虎形象等，一方面祈求虎祖先的庇佑，另一方面表示彝族是虎的后代，永远都不能忘祖。如彝族小孩的虎头帽、虎头鞋上皆有虎的纹样；彝族称为"吊四柱"的女式衫，下摆有三组形如虎头、虎目的涡旋纹组合图案，也是其世界观的具体体现；还有如三角状连续几何纹，在板底村彝家口中，被称为"鸡齿纹"，是关于鸡齿的神奇想象和发挥，在彝族的文化中，鸡有着特殊的作用，在婚姻仪式"鸡卜"甚至决定了一段婚姻能否顺利缔结。因此，人们想象出鸡这种自然之物的超现实的特性（鸡齿），而这种连续的三角鸡齿纹往往出现在领圈和大胸的装饰带上，以此表达祈福、驱邪的美好愿望。在威宁彝族服饰上还有一种较为典型的图案——鸟类图案[1]。鸟类在彝族居住的山区十分普遍，不但毛色靓丽，声音也婉转动听，鸟类被彝族奉为神灵，在彝族典籍《裴妥梅妮》中有这样的记载："祭祀大典时，莫忘众神鸟。"告诉人们在隆重神圣的祭祀活动中，不能忘记鸟神，鸟被彝族重视的程度可见一斑。彝族在服饰上的刺绣图案明显的功能性特征及审美追求。

最后，尽管彝族服饰不像苗族服饰那样强调图案承载着的族群记忆，但也有一定的历史记忆功能。如，彝族服饰上的蕨菜纹，即是因为相传在饥荒的年代，蕨菜帮助彝族先祖度过艰难的时光，彝族得以延续，故人们在服饰上也刺绣蕨菜纹，以

---

① 中国彝族服饰画册编写组：《中国彝族服饰》，北京工艺美术出版社1990年版，第73—74页。

示不忘自然之恩。如前文所述的彝家服装上各种各样的杜鹃花图案，记录的正是彝族始祖阿卜笃慕遵照天神的引导，在洪水泛滥的时候用杜鹃花的树干制成独木船，带领民众躲过了洪水。值得注意的是，彝族服饰图案还有一定的标示意义，如按照一般装饰原则，衣服的后摆统一放三组图案，前衣摆一般只放两组，若前衣摆放三组，则意味着自己家族的某些"不幸"，如该女子没有兄弟一类。

所以，彝族服饰纹样是对自己居住地周边生境的反映，而且已经上升到某种符号学的层面，其最终的指向是信仰和祖先。

三、服饰中的色彩与制作工艺

贵州彝族的传统文化中有属于自己的底色。具体而言为黑、白、红、黄、绿、蓝五主色。黑色象征土地；白色代表天；红色代表火；黄色代表太阳光辉；绿色代表森林；蓝色代表宇宙苍穹。不但每种颜色都有其象征意义，在不同的场合和时代，也有变化。彝族服饰颜色的染制，主要来自植物染料。一般来说，黄色多用黄浆草根、黄连树根等捣碎熬制而成；青色染料用马桑树皮、核桃果皮熬制；红色染料以乌草根熬制；蓝色与贵州其他少数民族相同，多用蓝靛染织而成。

其植物染极其强调天时，也即"采有时月"。一方面是为了依循自然物的季节特点；另一方面也是顺应自然界的衰荣，不破坏自然生产的环境以实现持续的利用。再加上不同季节植物因气候水分所含成分有所差异，在染色效果上会呈现较大的变化，故色彩也具有明确的时节性。

在服饰的装饰工艺上，贵州彝族服饰以镶补（贴花）为主，挑花、平绣次之，喜欢将各种技法综合运用。镶补主要用两种不同的布剪出纹样，组成图案，用于服装的装饰。如毕节地区彝族女装上的虎头图案，多用镶补之法；而纳雍彝族女装则在环肩、衽边、袖口等处，用镶补手法装饰花蝶变形纹，且多以蓝布为底，以白布剪成轮廓，红布点缀其中。

第四节　制器、物产、匠人

彝族在原始社会以社会分工为基础：出现了"兹""莫""毕""革""卓"等五个不同职业的阶层。[①] 其中"革"即为匠人。可见匠人在彝族社会中是一个相对独立的存在，彝族传统社会中，有木匠、篾匠、石匠、擀毡匠等，《贵州通志》记载，万历年间，水西彝族已开始开采朱砂、水银、铁、铅等矿产；彝族历史上，手工业分工较细，有专门负责编制竹器的工匠，专门擀制羊毛披毡的工匠，也有专门锻造金属用具的工匠，并且手艺世代相传。至 20 世纪 80 年代，贵州省赫章县珠市乡还有"彝族木匠 24 人、篾匠 7 人、石匠 7 人"[②]，而且当时木匠家庭较为富裕，竹木器具在彝族中具有重要的地位。

"匠"的形成取决于生产生活的需求及当地的物产支撑，物产在彝族漆器的制作工艺的形成中具有重要的作用。毕节大方彝族的漆器，主要采用牛、羊等皮革和棉、麻、绸、木等做胎，用当地的优质生漆做原料制作而成，具有轻便易携带、美观大方的特点，并且在明朝时就已经形成一整套完整的工艺。尽管漆器是匠人智慧的凝聚，但漆器的形成与贵州彝族聚居的环境密切相关：

一方面，是彝族游牧生计的形式和需求。彝人饲养牛羊，也善制革，早在宋朝时水西马鞍就已久负盛名，《岭外代答》有"蛮人马鞍……有一鞍可值数十金"的记载。而游牧生计也对生产生活用具的轻便耐用提出更高的要求。制皮鞣革的技能和工艺也得到了极大的发展和完善。也正是因为如此，大方漆器的底胎用料大都简便易得，过去多用动物的角灰、兽骨灰、蛤灰、砖灰、坯屑、瓷屑、石灰（某种石质研碎），今天的漆器底灰改用砖瓦灰、河砂、黄土灰、石膏灰等。再添加麻布、麻筋、皮纸、锯木粉、糯米粉、面粉、鱼膘胶、贝壳粉、滑石粉，稀释剂、洗涤剂、

---

① "兹"即"主"，引申为"首领、酋长"，一般译作"君"；"莫"本义为"见识"，引申为"调解纠纷"或"处理政务"，译作"臣"；"毕"本义为"念诵""朗诵"，引申为"祭祀""祝词"；"革"本义为"会"或"熟练"，引申为"工匠""技师"，译作"匠"；"卓"本义为"一般""普通"，即普通群众。

② 贵州民族事务委员会、贵州民族研究所编：《贵州"六山六水"民族调查资料选编·彝族卷》，第6页。

干燥剂、脱脂棉、肥皂、金刚砂、菜籽油、鹿角粉、谷、栗、豆类、猪血等。这些都是生活中日常可见的材料。

另一方面，得益于大方当地所产的生漆质量极佳。据科学检测，生漆酚含量达70%以上，漆酚可溶于有机溶剂和植物油中，但不溶于水，可直接涂于器物表面，鲜明光亮，具有快干、结膜坚韧耐久、燥性强、耐磨、耐温、耐腐、耐酸、耐碱、耐潮、不褪色和抗高温等特点。

漆树主要分布在我国的秦岭、大巴山、巫山、武陵山、大娄山、乌蒙山和邛崃山一带。环绕四川盆地的中低山，构成一个近环形的分布中心，呈垂直分布，一般在海拔200米~2500米，以400米~2000米分布最多。大方县地处乌江支流六冲河北岸、大娄山西端，位于低纬度高海拔地区，属于亚热带季风性湿润气候，大部分海拔在1400米~1900米，气候温和，雨量充沛，雨热同期，雨雾日多的，而漆树恰恰较为喜光，适宜生长于背风向阳又湿润的环境中。大方县年平均气温为11.8℃，年均降水量为1150.4毫米，正有着漆树生长的最适宜的气候条件。大方县境内由于维度差异较小，海拔悬殊，土壤类型尤其丰富，共有6个土类、13个亚种、45个土属，105个土种；其中黄壤为主要地带性土壤，海拔较高处多为黄棕壤。漆树适于生长在疏松、肥沃、湿润且排水性良好的酸性或中性土壤上，中性的钙质土虽然生长快、割漆早，但漆的质量远不如酸性土。而大方海拔较高处的酸性黄棕壤、相对湿润的气候，使得漆树不但生长良好，而且漆质优良。大方漆器所用的漆，多是从野生的大木漆树或者是家种的小木漆树上割下来的汁液。制漆一般用日晒（现在改用500瓦的烤灯）将生漆中的水分烤干，制作为红推光漆、黑推光漆、透明漆、半熟漆、面漆。一般来说，小木漆有清香味，大木漆则略带酸香味。

由漆器可见，彝族由于游牧生活而诞生了对实用器具轻便的需求，又由于定耕后对周边优质漆树资源的发现，在"匠"（人）的参与下，漆器的工艺化完成。足见地域物产、生产生活方式对当地制器造物的巨大影响，人依赖于生境周边的物产而生存，与其说是人制造了器，不如说是自然赋予的物产造就并塑造了人的工艺，人与自然的交互作用方能成就"器"的实用与精美。

第二章　生态行为
——高山与流水，都大有用处

　　彝族的生计模式与其他民族的有较大差别，并非单纯的游牧经济或单纯的农耕经济，而是游牧经济与农耕经济的结合，且根据各自居住地的不同，在半农半牧，农林、农牧结合等多种类型上各有侧重。《西南彝志》等彝族古文献记载，彝族布部德布氏、默部德施氏进入老祖宗发祥地的黔西北，"不先建宫室，而先修畜圈；兴修的畜圈，雁翅般排列"[①]，显然，进入黔地后，生计方式有一个从游牧经济向农耕经济或者农牧兼营经济转变的过程。

　　彝族聚居的黔西北，是贵州境内地势最高处，地理学上称之为黔西高原，地势西高东低，地形多样地貌复杂、崎岖不平，属于乌蒙山脉。虽属高寒山地，但海拔高差有别，造就了多样的地形和气候，即便同一地区内也有多样的小气候，故迁居进入黔地的彝族，在逐渐熟悉居住地生境的过程中逐步发展形成了各自的生计模式，在农业生产上，农业为主，林、牧业次之。就农业发展而言，也不同于苗、侗等农耕民族，彝家在土地上的整体利用率并不高[②]，荒山多，耕地少；旱地多，水田少；低产土地多，高产土地少；望天田多，水利灌溉少。因此在农作物的种植上，也多以玉米（苞谷）、土豆（洋芋）为主；其次是荞、红稗等杂粮；水稻、小麦有种植，但并不广泛。当然，地势由低到高，又有一定的差别。大致来说，东南部地势较低、水源相对充足，自然条件较好，是稻、麦两熟地区或苞（谷）、麦两熟地区；中部稍次，苞（谷）、麦两熟地区或苞（谷）、（洋）芋两熟地区；西北部最差，是苞

---

① 毕节地区民族事务委员会编：《西南彝志》（第三、四卷），毕节地区彝文翻译组译，第278页。
② 这一判断是仅就其今天的居住地而言，从贵州彝族文献《估哲数》记载来看，在明代以前，彝族形成了平坝种水稻、山地种荞子的立体农业。

（谷）、（洋）芋间作或套作一熟区。在经济作物上，主要有耐寒的油菜籽、大麻和烤烟。林木多松、杉、漆树；牲畜多牛、马、猪、羊。

在 20 世纪 80 年代以后，贵州彝区相继告别人民公社制度，在当地政府的大力推广下，一些先进的农耕技术，如绿肥聚垄套作、小麦与烤烟套作、油菜和水稻或小麦和水稻连作、小麦与玉米或油菜与玉米连作等，极大地提高了当地粮食作物的产量。同时，还借鉴稻田养鱼的复合种养技术，结合当地实际情况，发展出"水稻半旱栽培间垄沟养鱼"技术，实现了鱼米双丰收。但基于本研究调查的主要对象范围为民族传统文化知识中的生态行为，故对现代科学技术介入后的农耕技术的发展不作具体阐释。

第一节　定耕农业的生态决定性

彝族先民最早的农业生产，是比刀耕还要原始的烧山林撒荞子。《西南彝志》载"实索时代的实奢哲，索莫额'在树林旁边，发现八株荞麦'，从此，'世间的人们，大量地种荞''以荞为主食'"[1]，威宁县板底乡的《撮泰吉》中也这样叙述："荞子是粮食的祖先，大麦和小麦，是荞的孙子。"而"稻"在彝语中称为"吃"，属古语，并非他族语言的借音。这些都说明彝族先民对水稻并不陌生，在彝族部分聚居区还有水稻是狗带来的传说。

在《估哲数·种子的根由》中，记载了彝族先民如何发现稻谷、荞种以及培育的艰辛。在彝家看来，"高山的粮食，以荞子为首；平坝的粮食，以大米为首"[2]。大米是在布甸沟河畔被渔人发现，最后给了农家三粒种子，农家播种了三年后，"得意的农家，撒播在高山，撒播在平坝，遍地长出谷秧，以为收获大"[3]，结果却是谷秧长不高，结籽也不饱满，于是农家开始寻找原因，还走了一些弯路，将种子煮

① 毕节地区民族事务委员会编：《西南彝志》（第三、四卷），毕节地区彝文翻译组译，第 283 页。
② 贵州省民族古籍整理办公室编：《估哲数·农事篇》，王继超、普祥整理翻译，贵州民族出版社2000 年版，第 84 页。
③ 贵州省民族古籍整理办公室编：《估哲数·农事篇》，王继超、普祥整理翻译，第 89 页。

过后播种下去，结果也不发芽，有一天河边撒的谷子遇到涨水，河水淹没了河边的稻谷，谷子才在水里生长起来，农人取得了丰收，于是学会了修筑水坝，播种稻谷。可见稻谷的发现和驯化以及人类的栽种，是经历了挫折才逐渐摸索出种植的规律的。

对于荞子的培育也有类似的曲折。什奢哲和勺宏额两人，在深山采摘时发现了一种植物，摘来品尝后觉得苦中带甜，取"嚼"的谐音命名为荞。负责栽种荞子的阿娄阿德发现第一年丰收，第二年也有收获，但第三年，荞子不再长，这时候发现篝火堆便生长出一株荞，而且还生长得很好。于是，阿娄阿德砍了树，铺了一坡，撒上荞子后，放火后，却不见荞子生长出来，阿娄阿德着了急，又在烧荒的坡上再撒了一遍荞，不到半个月长出了荞子，而且获得了丰收。"从此以后，坡上砍柴禾，放火烧过后，把荞子撒播，称之为火地。"[①] 由此也可以看出，贵州彝族大多居于高山，或者说经历过从平地往高山搬迁的过程，因而形成了以荞子种植为主，水稻种植为辅（主要取决于地势，在彝族聚居区也只是较为平坦的地方才会种植水稻）。基于主要种植的农作物，彝族的农耕技能，如刀耕火种、抛荒弃耕、轮歇耕作，其实是耦合于黔西地理环境的。

但具体来看，贵州彝家的刀耕火种与苗家在石漠化较为严重的土地上的刀耕火种不大一样。彝家的刀耕火种，主要针对洋芋、荞麦及燕麦，且多与轮歇耕种相结合。一般在头年的农历八月草木茂盛时砍下草木，放置一冬后，第二年农历二月间待砍下的草木干透且易于焚烧时，再放火焚烧；烧完后在农历四月前后方才播撒荞麦，播种时只用锄头稍微翻挖土地，将种子稍加覆盖即可，待到农历七月前后即可收割。第二年则轮种洋芋，第三年轮种燕麦，轮种三年后，丢荒轮歇三年左右。待野草、灌木丛生后，再次重复如前的刀耕火种的流程。[②] 刀耕火种中配套的轮歇耕种俗称"息田法"，通常是在土地距家较远的情况下采用，具体为种植几年后又歇几年再种。一般来说，山越高、离住地越远的地轮歇的期限越长，一部分中山地

---

① 贵州省民族古籍整理办公室编：《估哲数·农事篇》，王继超、普祥整理翻译，第84—100页。
② 贵州省民族事务委员会、贵州省民族研究所编：《贵州"六山六水"民族调查资料选编·彝族卷》，第2页。值得注意的是刀耕火种后的土地轮耕歇种时间节点各个彝族村寨不太一致，上文所述轮耕歇种3年为赫章珠市乡彝家，其他彝家的轮歇时间多的甚至长达13年之久。

区其中间部分的坡地和最高部分的山地则为多年轮歇，有三年一季的、四年一季的、五年二季的等。其判断主要依据为抛荒后杂草和树丛的复生情况，换言之，借助于土地植物的生长情况，判断土壤肥力的恢复情况，而不是向大地无尽地索取。可以说弃耕、轮歇耕作弥补了刀耕火种带来的不利影响，避免了本就薄弱的土地资源的进一步恶化。

由于乌蒙山区主要分布黄壤和黄棕壤，黄壤具有质地黏重、交换量低、酸度大、盐基饱和度较小、养分含量低等特点，黄壤区气候温和湿润，适合荞麦、土豆、玉米等农作物和林木的生长；黄棕壤因母质种类和发育程度不同而不同，风化砂页岩的黄棕壤多为壤土，而风化石灰岩的黄棕壤则多为黏土。整体来说，黄棕壤盐基饱和度低，阳离子交换量高，一般呈微酸性或强酸性，烧荒的过程中，烧死土壤中病虫害的同时，碱性的草木灰积淀入泥土之中，调节了土壤中的酸碱性，使之更适宜农作物生长。同时，在千年来的刀耕火种的过程中，彝家还摸索出一整套防止山火蔓延的举措。有两条关键的防止烧火地引发森林火灾的措施：其一，烧火之前，在周围拨开 1 米多宽的草叶，形成一道阻止火势蔓延的隔离带；其二，烧火过程中有人守候，以便能及时处理火情。再辅以适时的轮歇耕作，以恢复地力。

可以说，彝家的刀耕火种包含着深刻的可持续发展思想及循环利用资源的生态智慧，是与山地环境相耦合的耕种方式。尤其是刀耕火种后弃耕，土地中的植被会在自然力的作用下自动恢复，动物相继返回，一个小型的生态系统随之重新建立起来。与之相适应，彝族农耕的肥料来源以烧灰为主，但也有饲养牛羊产生的圈肥，或直接到山林刮取植物腐殖质或砍割树叶作肥料。圈肥因涉及搬运，大多运用于离家较近、不间断耕作的田地。在施肥过程中还会根据土地的情况具体施肥：粪肥和叶肥是彝族常用的两种肥料，粪肥多用于旱地，叶肥多用于水田，叶肥一般不用于旱地，因为旱地呈斜坡状不能积水，不能将叶子泡腐烂，而水田则可泡烂叶子并使之成为有机肥料。故在肥料的选用上也有一定的考量。

彝家也善于利用植被类型来判断土质适合种植何种作物。一般来说，长茅草处可以栽稻，生桐树处可种玉米①，因为长茅草、生桐树的地方土质都很肥沃，茅草通常生长在低洼多水处，桐树则生长在向阳坡地，且怕水淹，故同样喜阳不耐涝的玉米也适合生长。讲求作物品种与地理环境的相互适应，正如《彝族打歌调》中所唱的那样："瓜种在哪里？瓜种在森林旁。竹栽在哪里？竹栽在坝区，坝区栽竹竹不旺，山头种瓜瓜不良，只好换地来栽种。哪里种了瓜？坝区种了瓜，瓜藤如缆绳，瓜叶似簸箕，瓜花似繁星，瓜果如木盆。哪里栽了竹？森林里栽竹，竹梢高触天。"②显然，根据地质和小气候种植适当的植物，便可以取得较好的收成。如何判断某一具体空间，则往往借助于其他植物。这一点与紫云地区的苗族同胞借助植物判断石洞中的土质厚度是否适宜某种植物生长有着相同的原理，并形成了如"水冬瓜树下犁荞地，砍下水冬瓜树枝烧荞地；松树底下撒甜荞，松树砍来烧荞地，荞子长得好，颗颗像葡萄"等类似的农谚。

在病虫害防治方面，彝家则多利用植物的天然属性。如以野桑和麻柳树叶放到水田中除秧苗病害，毕节地区采用的"土农药"十分广泛，其中有大量森林植物，如麻柳叶、马桑叶、白杨皮、核桃皮、苦楝子、草乌头、苦参根、羊藤万、野棉花、断肠草、独角莲、黄花、油桐等。隆林县德峨彝族播种时会拌上灶灰，对红蚂蚁、蛀心虫能起到一定的遏制作用。③用植物药防治病虫害，经现代科学研究，已证明确有效果，其中麻柳叶和马桑叶在防治水稻病虫害方面有一定效果："如能在水稻移栽前，针对上一年的虫涝田普遍用麻柳叶或马桑叶压青，杀死越冬幼虫，移栽后再及早管理，发现有虫，及时防治，定可取得满意效果。"④有研究者对比过 10 种植物提取物对稻田福寿螺的毒杀活性，发现马桑叶的毒杀活性最强。⑤麻柳叶的杀虫成分主要为柳酸，麻柳叶与小麦种分层铺放具有保护小麦种的效果。⑥还有用草

① 昭通市民族宗教事务局：《昭通少数民族志》，云南民族出版社 2006 年版，第 76 页。

② 杨茂虞、杨世昌编译：《彝族打歌调》，云南民族出版社 2003 年版，第 150 页。

③ 云南省编写组：《四川广西云南彝族社会历史调查》，云南人民出版社 1986 年版，第 252 页。

④ 周声震：《水稻食根金花虫为害情况及防治效果调查》，《贵州农业科学》1980 年 3 期。

⑤ 陈晓娟、何忠全、高平：《10 种植物提取物对稻田福寿螺的毒杀活性》，《西南农业学报》2012 年第 4 期。

⑥ 四川温江地区粮食局防治队：《麻柳叶保管小麦种》，《四川粮油科技》1975 年第 3 期。

木灰灭虫的办法，使用时将草木灰均匀地撒在被虫蛀过的农作物上，草木灰具备消毒、灭虫的功能，这种方法能有效地防止病虫害的发生。

此外，彝家在长期的农耕劳作中，还总结出诸如"冬晴不热，夏雨不冷。云是雨的源，风是雨的伴。鹰过天要晴，雁过雨渐稀。蚂蚁出洞，小雨不停；老蛇出洞，暴雨淋淋"[①]"鸡迟归，天气将转阴"等谚语。如听见布谷鸟叫，就说明该种地了，青蛙蒙格（彝语，集会之意）说明有大雨；彝族民间常依据这种经验预测天气，即依据大自然的现象和动物行为从事农耕和祭祀活动。还有诸如"鸡月正好撒燕麦，漫天毛雨洒纷纷。杜鹃一年来一次，是为了催种；大雁一年来一次，是为了过冬。根深不怕久旱，根浅害怕阳光"[②]"重阳有雨一冬晴，重阳无雨一冬淋"[③]。人们通过自然物的细微变化、细节提示来了解自然，进一步认识和掌握自然规律，这些都是他们在长期的生产生活实践中积累的智慧结晶。

在耕地的使用上，彝族较其他民族更多地采用轮歇耕种的做法。彝族聚居的地区自然条件有限，山多地少、土地贫瘠、气候寒冷、交通困难等诸多因素叠加，所以贵州彝族聚居区的土地利用率有限。小范围内多样性的地形和垂直变化的气候等因素，又成为彝家自给自足的自然经济的土壤，山重水复、箐广林深、地势险要使得彝家的农业耕作呈现出典型的自给自足的特点。

从贵州彝族现有的文献来看，彝家对农业和牧业之间的关系，有着极为深刻的了解。"为君为臣，无农而亡国；为官为宦，无粮而落荒；为黎民百姓，农耕是生命，身为农耕者，要随时探讨。畜牧是农耕的兄弟，缺少不得的。有畜牧才有肥，有肥禾苗胖，无肥禾苗瘦，种子要选择，三年不换种，施肥也白搭，土地种三年，不轮歇无油。懂农耕的人，都研究天象，判断晴和雨，察树木测年景，听鸟音下种。"[④]对地利与农耕的关系，也有极为深刻的认知。"高山与流水，都大有用处，有利于农牧，要利用高山，把朔风阻挡，要利用山谷，把山洪阻挡，用高山放牧，山腰种

---

① 杨浩青、张和平、陈光明：《彝族谚语读本》，贵州民族出版社 1992 年版，第 96 页。
② 杨浩青、张和平、陈光明：《彝族谚语读本》，第 95—97 页。
③ 毕节地区民间文学集成编委会：《故事、歌谣、谚语》，贵州民族出版社 1988 年版，第 577 页。
④ 贵州省民族古籍整理办公室编：《估哲数·农事篇》，王继超、普祥整理翻译，第 341—342 页。

荞子，要利用草木。焚烧做肥料，要利用流水，用大水行船，用小水灌溉，山脚或坝子，多修筑水田。高山的禾苗，怕冷才密植，平坝的禾苗，怕热要散热，散热靠疏散。"①

第二节　畜牧：水要理源头，马要选好亲

如果说农耕是贵州彝族生计的一个重要方面，那么畜牧业则是贵州彝家由古及今一直延续的一个重要生计内容。汉晋以来，贵州彝族地方政权中便设有"扯墨"一职，专管畜牧。唐代罗殿国、宋代自杞国的畜牧业很发达，其"马政"甚至可以直接影响到南宋王朝的军事活动。据《黔西县志》载，元代在全国设立十四个养马场，今毕节辖区的古"亦溪不薛牧场"，是元代全国牧场中"牧养国马"的重要基地之一。历史遗迹和文献记载充分说明，当时的贵州彝族社会具有浓厚的牧业特征，被史志称为"马背上的民族"。

正如有研究者指出："彝族游牧文化的产生基于所处的自然地理环境和乌蒙高原的生态系统，游牧经济形态是根据地理环境、季节变化和土地承载力等自然条件所做出的适应生态规律的合理选择。"②尽管贵州彝族经历了从"随畜迁徙"的游牧经济向农牧兼营经济的变迁，但因在畜牧业的发展上依然适应黔地的高原牧场生态而发展出独具特色的牧业形态。

彝族的山地游牧不同于北方游牧民族那种在较大的范围内作远距离的迁徙游牧生产，而是在相对固定的地区，做垂直、立体的迁徙和游牧。一般而言，居住在河谷地带的彝家，在夏季来临时，由于河谷地区气候酷热、蚊虫滋生，不利于蓄养，会将牲畜赶上高山，在气候凉爽的高山草场蓄养牲畜；到冬天则迁回温暖的河谷地带，使牲畜安全过冬。而在威宁，彝家则根据山地垂直的具体情况分为半牧半农和以牧为主两种，半牧半农区水草丰厚的春夏秋三季以野牧为主，夜间圈养，冬季除

---

① 贵州省民族古籍整理办公室编：《估哲数·农事篇》，王继超、普祥整理翻译，第343—345页。
② 卢春樱：《民族学视野下的黔西北彝族农牧文化解读》，《贵州民族研究》2018年第12期。

大雪封山时圈养外，其他时候都放养到森林中。以牧为主的地区春夏秋三季都在野外放养，冬季农闲时方才派人野牧。

在饲马方面，贵州彝家主张"水要理源头，树要寻好根，马要选好亲"，即高度重视良种的培育。黔地彝家传统的良种马，据说其源自彝族始祖笃慕从蜀地迁徙至滇东北时所骑的、由实勺氏培育的"期赤叩青"马，六祖分支后，笃慕的"期赤叩青"马生下"施独"马，由此传下了恒、布、默三部中三种最好的马种："于阿督""纳武莫"和"史堵姆"。

《西南彝志》全书26卷，有2卷专门记述马及其相关事物。如19卷《红鬃紫马》中就有几十种马名，如"濮能益""能底马""从考马和烈蒙能马""洪默马""仙马和龙马""白额黑马""于能马""花鼻青马""独眼白马""白腿黑马""旺直黑马""举遮马""绰岂战马""余红马""节目红马""益舍红马""确纳舍马""纳姆苏垮马""物尼德姆都马""洪陀肥马""迭默大青马""豹点子青马""乌头青马""洪不猛青马""洪必青马""昂额四种马""堵合莫马""格不纳额马""利乌青头马""纪诺则"马、"密泥"马、"黑脸"马、"长鬃黑马""尼布"马、"罢舍堵"宝马、"赫鸠马""尼紫马""宾再紫马""舍格黑马""尼不纳紫马""麻大马""白尾黑鬃马""妥能默利马""能利达""本罕骏马""姆能鲁苏"马、"洪恒查紫马""亨查红马""启堵史"马、"黑顶白马""于阿呢"马（妖星红马），在同一卷的《俄索的二十四匹父本马》《一群好马》等中共记载了102个关于马的名称，足见对马匹研究之深。

彝家在马匹的繁育中，不断总结提炼出一整套精细的养马方法：如需"秣之以苦荞焉，啖之以姜盐焉，遇暑渴之又饮之以荞浆焉"，因而"状甚美，前膘鸡鸣，后瞵犬蹲，膈阔脯厚，腰平背圆。体卑而力劲，质小而德全，登山逾岭，逐电歘云，鄙螳螂而笑蝘蜓也；龙髭凫臆，肉角兰筋，志倜傥而精权奇也。有马如此不可谓非良矣！"[①]即马与人一样，食用彝家精心栽种的燕麦、红稗、荞子一类的粮食，还会佐以姜、盐等调料，冬天天寒地冻，牧民还会为自己饲养的马穿上麻、棕等植物

---

① 王明贵、王继超：《水西简史》，贵州民族出版社2011年版，第88页。

纤维编织而成的草鞋，甚至在初春和深秋霜降时，爱马的彝家牧民还会将自己的披毡让给马。

毕节地区散布着很多高原台地，海拔超过 1800 米，由于气温偏低，霜冻袭击较为频繁，冬季受高压环流影响，日晒充分，紫外线照射强烈，高原牧场主要为疏树草地一类的生态系统。基于此一现状，当地彝家多实行混合放牧，所放畜种中最有特色的为赫章县可乐镇出产的可乐猪，这一猪种体小肉厚，肉质鲜美，一般饲养一年半左右即可出栏，是制作火腿的最佳猪种。乌蒙山区疏树草场生长着各种草本、木本、藤本植物，饲草资源丰富，可乐猪杂食，身形小巧灵活，可以爬上十分陡峭的山地，且擅长拱食茅草的地下根系，茅草长大后草质粗硬，牛、马、羊都不能食用，可乐猪将茅草根系拱食干净，可以使优质牧草茂盛生长。换言之，可乐猪的牧养，参与了整个高原草场的生态环链。当地彝族早在西汉便开始牧养可乐猪这一品种，足见彝家人对乌蒙山区高山草场各物种天性的把控。近年来，由于可乐猪的放养量日渐下降，不少草场出现了退化，有害的杂草（如黄茅草一类），凭借人力难以铲除。此外，乌蒙山草场有强烈的紫外线照射，使得可乐猪背部的猪鬃色泽纯黑，且每根猪鬃的尖端都会自然分叉成两到三股，这样的分叉使得可乐猪鬃成为最理想的制作毛刷的原材料。①

除了利用可乐猪的天性更新草场外，贵州彝家还将绵羊与山羊混养，以达到充分利用草场的目的，因为山羊喜欢食用灌木的嫩枝细叶，而绵羊则多食用低矮的牧草，采食结构上的高低搭配，能够充分利用材料，采食上的互补也使得草场中植物生长相对均衡。

简言之，基于贵州山地特有的高山草场，彝族进入黔地后，逐渐适应黔西北高原的自然生境，逐渐从过去的游牧生计向农耕与垂直方向上的"游牧"转变。当然，由于居住地不同也有一定的差别，大致说来，居住在坝区河谷地带的彝族以农耕为主，半高山聚居的彝族则是农牧各半，极高山地区的彝族以牧为主。农牧交融的生计模式，使得彝族文化由原来的游牧文化与农耕文化相互融合而成。

---

① 杨庭硕、罗康隆等：《美丽生存——贵州》，贵州人民出版社 2012 年版，第 69 页。

第三节 森林与祖先的记忆：竹的儿子

贵州彝族在生存上对森林有着极大的依赖，威宁彝族有"有草即牧场，有树即林区，牧场可种树，林区可放牧"[①] 的谚语。可见贵州彝族自古以来就有林牧一体的经济模式，甚至可以说牧业附生于林业之中。正如彝族俗语所说："彝族房子是木，牲畜圈也是木，漆器用具也是木，喂养牲畜的槽也是木。"换言之，不止牧业，彝族的农业生产其实也是依托于森林开展的，包括刀耕火种、积肥、狩猎、采集、畜牧等，不少饮食也是直接或间接来源于森林。

基于这种生计所需，彝族对整个森林生态联系的认识相当深刻，"若无大森林，就不生老虎，也不生鹿群。若没有大岩，就不生大蜂。若没有水草，就不生野牛。若没有江河，就不生大鱼，也不生水獭。没有密集的森林，就没有长流的江河。"[②] 看似浅显的话语，描述的却是整个森林生态的诸多重要环节。如前所述，在彝族文献中，彝族对于"老虎"一类的猛兽似乎并无畏惧的心理，而是有一种"万物平等"的客观因果的认知——因为有了森林，就会有虎、鹿；因为有了水草，就有了野牛……换言之，在关于森林的认知上，"环境"与"生物"是一种必然的因果存在。

基于这一逻辑和生存的便利，在居住上彝族往往更喜欢选择有森林的地方居住，彝族的传统建筑也是以木材和茅草为主，但进入贵州境内，为适应当地的寒冷，才改用土来筑墙。交通方面，木桥、藤桥、木船也是水上重要的交通工具，而陆地上则主要采用木制的车辆。彝族传统的器具主要是木器，竹木制品在生产工具、生活用具中都占有较大的比重。森林中的树与竹，甚至进入彝家的祖先的记忆中。如竹，彝家号称自己是"竹"的儿子。在贵州西北彝族地区流传着这样一个传说，洪水滔天之后，有一女子抱着一棵竹子，随波逐浪向下漂流。这女子用口弦奏道："我不是天上的神，人间独剩我一人，骑着青牛过海，牵洪怪访天庭。天为父，地为母，竹呀，你若有意救彝族，搭座天桥让我登上岸边去！"女子奏罢，竹子若棒棒蛇，

---

① 威宁彝族回族苗族自治县民族事务委员会编：《威宁彝族回族苗族自治县民族志》，贵州民族出版社 1997 年版，第 26 页。
② 贵州省民族古籍整理办公室编：《估哲数·农事篇》，王继超、普祥整理翻译，第 61 页。

插进两边岩缝，女子上了岸。女子十分高兴，在清明雀、华美鸟、花箐鸡、孔雀的帮助下，她用石头砸开竹子，从竹子里跳出五个儿子。这些儿子……成了彝族眼摩、哪苏、兔苏、纳苏、沟截苏的祖先。他们砍竹子，编家具，搭起权权房，安居乐业，母亲高兴得哈哈大笑，爬上通天母竹子，升天去了。[①] 即使在今天，彝族的祭祀丧葬中也需要用"竹"制作"祖灵牌"，彝族称之为"玛都"，意为"源于竹"，表明人生于竹子，死亦当归于竹。

而树叶还往往被用作标识，标记祖先原有的居住地。贵州彝族大部分人家在建房时都会设神龛，位于堂屋的上方正中，其中要放上代表祖先居住地的树叶（纳木叶，松树叶和豆豉叶），纳木叶代表祖先是上方（水城、赫章）迁来的，松木叶代表从中部（毕节、织金）迁来的；豆豉叶代表从下方（大方）迁来的。

---

① 熊正国：《竹的儿子》，庹修明主编：《贵州少数民族民间文学作品选集》，贵州民族出版社1987年版，第 423 页。

第三章　生态制度
——人与土相处，留余地为好

第一节　习惯法与生态观

据彝文文献记载，彝族古代曾经存在成文法，据说在武落撮时代的《治国安邦经》中即已有"法律"条文的存在，但遗憾的是早已经失传。而流传于贵州的彝文古籍《夜郎史传》则较为完整地记录了《夜郎君法规》。《夜郎史传》以史称古夜郎国国都黔西北地区的"可乐"为活动中心，描述一个彝族地方政权的兴衰变化，其中《夜郎君法规》部分真实地提供了一个贵州古代彝族政权的法典全貌。而今天所指的彝族习惯法大多是指彝族土司时期的治理规范，具体包括家支习惯法、婚姻习惯法、财产继承习惯法、刑事习惯法等。黔西北彝家的习惯法主要有神话和格言、彝文典籍和文献记载以及碑文石刻等三种方式。

以碑文石刻为例，贵州境内有道光三年（1823）所立的"护林碑"[①]（位于普定县布朗乡火田寨村）；咸丰元年（1851）所立的"公议禁止碑"[②]（位于金沙县水淹村），立于清朝康熙四年（1665）的"发摩启封山碑"（位于大方瓢井）。"发摩启封山碑"记载了当地的有关禁忌，发摩启大山经过献祭后为一方大山，山中草木、禽兽不得乱动，否则将得不到神灵的保佑。这一方面反映了彝族群众尊敬鬼神的习惯，另一方面也传承了尊敬自然、尊敬山林的习惯法则。

在20世纪80年代，毕节地区翻译组在威宁县东部收集的《苏巨黎咪》中也包含了较多的彝族习惯法的内容，"苏巨"即"告诫人""教化人"之意，而"黎咪"

[①] 贵州省地方志编纂委员会：《贵州省志·文物志》，贵州人民出版社2003年版，第344页。
[②] 贵州省地方志编纂委员会：《贵州省志·文物志》，第348页。

则意味着"观点""至理名言"等，因此往往也被视为彝族文献中的法律篇。全篇强调世间的秩序，有劝世之意，其中尤其强调"人与土相处，留余地为好，若不留余地，大山悲切切。"[①]

可见，在人与自然的关系上，这种"留余地"即不过分索取的认知，是彝族立身处世的基本原则之一。而"稼穑第一靠天地，靠风调雨顺；第二靠日月，气候要温和；第三靠君长，动员大量耕种，粮食才充足"[②]则体现了彝族世界准则中天地人的三合观念。

贵州彝族习惯法还有较为典型的一点，即依附于家支之上。"家支"是彝族社会的基本组织，滥觞于原始父系氏族，由"家"和"支"组成，"家"意指源，"支"意指流。由于"支"在彝语中含有"树枝"之意，因此"家支"被喻为由树干和树枝组成的大树。因此，在彝族传统社会中，背诵父子连名的家谱是彝族男性必备的技能，同时是行走彝区的"通行证"。只要能背得出家谱，理得清家支，都会得到家支成员或家支亲戚的招待、照顾。家支是维系彝族传统社会的重要构架之一，家支祖坟山的一草一木都归属于该家支，家支的成员都有权利和义务管理祖坟山上的一切，任何人都不能轻易砍伐树木和开垦荒地，直至今天，这一习惯法在退耕还林和保护生态平衡等方面依旧发挥着重要作用。

第二节　节日祭祀中的自然记忆

贵州彝族的节日主要有外来的节日，如春节、元宵节、端午节、中秋节等和彝族传统节日，如火把节、彝族年、赛马节等。当然，各支系又有一定的差别，如大方彝族还有专门的送灶节，六盘水淤泥乡境内的彝族则有专门的祭鱼节（彝语"俄区德"）。尽管有研究者在某种程度上认为彝族已经进入一神论的阶段，但是，彝族民间对于天地、自然、山石、日月星辰、水火等自然物的崇拜也是彝族重要节日

---

① 王继超主编：《苏巨黎咪·法律篇》，贵州民族出版社 1998 年版，第 20 页。
② 王继超主编：《苏巨黎咪·法律篇》，第 20 页。

的来源。

如六盘水盘州市淤泥彝族乡境内的普甘垤等地的祭鱼节，当地的人认为旱灾是因为有生命、有意志的鱼神作祟所致，因此需要举行祭鱼仪式。在举行"俄区德"仪式时，以村为单位，白天上山割来苦蒿捣碎盛入桶内，入夜，全村人举着火把，抬着盛有苦蒿的木桶来到河岸齐声大吼，将桶中蒿汁倒入河中，鱼食苦蒿汁后昏沉漂于水面，岸上人群擂鼓呐喊，仪式完毕。这一仪式意在药鱼求雨，抗旱保收。

而十月初一，则是传统的彝年。在威宁有两种不同的建寅方式：十月建寅和正月建寅。黑石、观风海、牛棚、中水、龙街、大街、小街、小海等地的彝族以十月为岁首，即十月月寅轮转十二属相月；金钟、二塘、龙场、盐仓等地的彝族则以正月为岁首，即正月建寅轮转十二属相。二者都在十月初一这一天过同一个节，但节日的月属相不同，这是乌蒙文化和乌撒文化中的特殊历法现象。[①] 而正月初一，一般会举行一些庆祝活动，如板底乡的"撮泰吉"表演等。

彝族的端阳节与汉族的端午节相似但也有不同，它是彝族依照阴阳关系的升降而确定的节日。在彝家看来，每年有一个阴阳周，自夏至到冬至和冬至到夏至分别为阴和阳。夏至的时候，阴气开始上升而阳气下降，到冬至的时候，属于阴盛之极（端）；冬至的时候，阳气开始上升而阴气下降，夏至属于阳盛之极（端）。端阳时，彝族有在早晨放牧的风俗，认为日之草皆为药，牲口吃后不会发生瘟变，下午则上山游玩。盐仓板底一带的彝家会集中到白草坪赛马，因此端阳节又被称为赛马节。

火把节，是威宁彝族传统的第二大节日，时间为每年的农历六月二十四日。是日，男女老少手持火把，游行在村寨田间。同时，杀猪宰羊祭土神、火神等诸神。传说，在很久以前，有一年庄稼长势十分喜人，丰收在望，突然出现了从未有过的蝗灾，彝族先民无计可施，就燃着火把到田间地头赶烧蝗虫，最后夺得丰收。从此每年六月二十四日，人们就点着火把到田间灭虫，慢慢就演化为欢庆丰收的节日了。

---

① 威宁彝族回族苗族自治县民族事务委员会：《威宁彝族回族苗族自治县民族志》，第168页。

第三节 祖先崇拜底色中的自然崇拜

在贵州彝族的各种信仰中,有一系列关于自然的崇拜和祛除仪式,但正如有研究者所言:"在贵州彝族的信仰文化中,有山神、天神、树、鬼、怪、灵等一系列的观念,有一系列的祛除性仪式来祭拜它们,但这些神、鬼、灵、怪在贵州彝族中都不是主要的信仰对象。贵州彝族主要的信仰对象与其他地方的彝族一样,是他们的祖灵……在彝族的信仰文化中,其他信仰都可能是附加的、可变的,但祖灵则是永远不变的,所以彝族的信仰文化的表现主要就是围绕祖灵来实现的。"[1] 尽管彝家信仰中祖先崇拜是底色,但基于黔地相对恶劣的生存环境,他们的信仰中也有对自然物的崇拜。

如贵州彝家将神树称为"米省",米省一般为肤烟木、五倍子树以及彝家村寨旁的千年古树等。在彝家看来,米省主管村寨的人畜,若要人畜兴旺,则每年都需要用鸡、羊等献祭。同样地,在彝家的观念中,肤烟木、五倍子树以及竹子都是有灵力和法力的植物。如肤烟木,几乎所有彝家的法事都要用到,而且常常用来制作法刀、法杖等,其木屑往往在仪式中代表金银,一般用来做灵房中装"灵桶"的木槽;而五倍子树,彝语称"色卯",祭房的建筑木料一般均用五倍子树,色卯在彝语中有竹类神之意,所以以五倍子树建祭房,同样包含了对祖先的崇拜。竹子在彝家的信仰中就更为重要了,如贵州威宁县的部分彝族因为崇尚竹子的长青而自称"青彝"[2]。毕节一带的彝家则认为人去世后灵魂会归附于竹子上。老人去世后到山里找竹子做竹灵:"拿着鸡、酒上山找,提着盐、米上山找,找到了祖竹,把你挖回来,拜你为祖灵。"[3] 用竹子做竹灵是对祖先的纪念:"那时有竹子,竹子发竹苗。竹子有竹根,取竹做竹灵,竹灵来祭祖。"竹苗犹如子孙后代,而竹根则如祖先。显然,彝家的信仰崇拜中依然在某种程度上有着人与自然之物的同构意识。

正是这种意识的存在,使得彝家对于自然中有着强大生命力的松柏树十分崇拜。

---

① 吴秋林:《众神之域:贵州当代民族民间信仰文化调查与研究》,第 79 页。
② 毕节地区民族事务委员会编:《西南彝志》(第七、八卷),毕节地区彝文翻译组译,第 298 页。
③ 刘荣昆:《林人共生——彝族森林文化及变迁探究》,云南大学博士学位论文 2016 年。

《西南彝志》记载：彝族六祖之一的恒氏"靠松树创天，靠柏树创地"，松柏成了开创天地的神树。在彝族文献中往往将有能力的先祖比喻为"挺拔的老松"，如"阿哲好样的，如苍松成荫"；把家族的繁茂比喻成青松："由于有好根，发展如松茂，鲁歹长兄家，如参天青松，如齐天高山"；把长者看成茂盛的松树，如"属天下长者，出现在人间，如树茂根繁，如人们说的样，在兰处茂如松"；把能干的人比喻成青松及高大的树木，如"青松似的克博，又如高大的树木，如柏开满花，成各村首领"；把贤明君主时的社会景象比作茂密松树，如"贤君兴旺时，处处讲道德，如茂密的松"。青松还被当作长寿的象征，有"青松荫寿域，绿水绕福基"的对联。从彝家常用的比喻可以看出，着眼点在于青松的茂盛、青翠、寿命长等，可见彝族崇拜青松主要基于其强大的生命力。此外，松树还被视为美的标志，被视为山美的重要标准："大山小山上，松树最好看，没有松树在，山就不好看。"此外，彝家还往往将马桑树当作母亲，在彝族英雄史诗《支格阿鲁王》中有己若母化作茂盛的马桑树为己若哺乳的故事，在马桑树的哺育下，己若才得以成人。马桑树还被认为是智慧树，向马桑树询问能人是否活着："先围马桑转一圈，对马桑树说：天下的这地方，听说能人活着吗？"[1]

彝家崇火，还产生了善火神和恶火神的神话传说，如在"黔西北乌蒙山区彝族的信仰和观念中，司火之神有三个，即格白斯，是灶神；苦鲁斯，是火塘神；还有一个是多斯，是凶火神（亦称火鬼）"[2]。灶神和火塘神是善神，专司人间温饱；而凶火神则常常降灾于人类。由此产生了对灶神和火塘神的崇拜。因此，彝族先民生活中有形的火塘、火把、三脚架和锅庄石等都是灶神与火神的外在物化，它们因被彝族先民赋予灵性而受到崇拜。

彝族喜欢在村寨周围、房前屋后种植竹子、果树，村寨、房屋包围在绿色植物中。在彝家看来，大树有灵性，只要虔诚地祭拜，神树就会保佑人类，祛除病灾。

---

[1] 毕节地区彝文翻译组：《西南彝志（第十一、十二卷）》，第304页。
[2] 吕大成、阿耀华主编：《中国各民族原始宗教资料集成·彝族、白族、基诺族》，中国社会科学出版社1996年版，第99页。

《彝族古歌》中这样吟唱："人们传说是，神树这样祭，一年祭三次，三次祭过后，确实大发展，确实大吉利。这种神树呀，在彝族地方，家家房屋后，都要种一棵。神树的地方，周围很安静，无论你是谁，都不敢乱进，不敢动枝丫，不敢动匹叶。谁个违反了，命也保不成。他们的住地，有呀有棵树，三年一开花，五年一结果，这在彝民中，称它为神树。鼎敬了神树，没有病灾苦，一切害人的，从此都没有。"① 织金的彝族也有树神崇拜，村寨旁或是耕地旁的古树，日久年深便成为树神。在官寨彝族的禁忌中，"忌梦到大树倒，认为大树倒就意味着老人去世"。

除了树崇拜外，纳雍彝族由于生活在高寒山区，常常发生冰雹等灾害，所以彝家认为山有山神，人要想五谷丰登，六畜兴旺，人人平安，作物免受冰雹虫灾，就应该去献祭山神，求山神保佑。同时形成了一系列关于是否有山神居住处的判断——山神所在的山，必须气势雄伟，长满灌木和乔木。祭山有家族祭、宗族祭和片区祭，以片区祭为主。如原羊场区黄家屯民族乡阿陇科村，历史上祭祀的大山为当地的黑公山（彝语"不懒补"）、黑母山（彝语"不懒田"）和老青装山（彝语"恶古补"），但新中国成立后老青装山上的树木被砍伐一空，后又被人们开垦成玉米地，所以阿陇科的彝族祭山的时候就只祭黑公山和黑母山，而不再祭老青装山了。②

此外还有图腾信仰。图腾崇拜是一种"近取特物"的自然崇拜，彝族有谚语"生亦如虎生，死亦如虎死"，因此他们崇拜虎，也自称虎族，男子自称"罗罗颇"，女子自称"罗罗摩"。古代彝族既崇拜龙，又崇拜虎，以龙、虎为图腾，自认为是龙虎的传人。按图腾层次分析，由龙原生图腾和虎原生图腾派生的系列图腾，分别构成龙图腾系统和虎图腾系统，而且彝族崇拜的母虎，历法以虎为首，称母虎日历。以雌性为大，是彝族文化的一大特点：在人际礼仪中，以舅家（母方）为大；凡事物，以"莫"（雌性）附尾，即表示最大，如"剥莫"即大山。

尽管上述自然物与彝族先民的生活、庆典、祭祀等息息相关、关系非常密切，

---

① 康健、王冶新、何积全、王子尧整理：《彝族古歌》，王子尧翻译，贵州民族出版社 2008 年版，第 221 页。
② 贵州省民族事务委员会、贵州省民族研究所编：《贵州"六山六水"民族调查资料选编·彝族卷》，第 102 页。

但他们却并未将图腾等纳入其祭祀之中。换言之，尽管祖先崇拜、自然崇拜、图腾崇拜和多种信仰构成了彝家复杂的信仰体系，但最终的一切指向都是祖先。有研究者将之视为游牧文化与农耕文化的强制结合，但在某种程度上毕摩（宗教领袖）的出现以及高于人的神的存在，使得彝族的信仰处于一种过渡状态，即从民间信仰走向宗教及一神教信仰的过渡。也正是由于处于这种过渡阶段，撮泰吉（也称曹滕紧）[①]的存在才成为可能，它不在毕摩信仰之中——与彝族其他信仰不同，整个仪式不由毕摩主持，撮泰吉的主持和演出者都是普通的彝族村民。因此也有研究者认为这是傩戏和傩文化的一种体现——撮泰吉，一般译为"祖魂变人的戏（舞）"，主要呈现的是史前时期彝族生产、生活和宗教祭祀活动的画面。一般在每年农历的正月初三到十五夜间举行，由祭祀、耕作、喜庆、扫寨四个部分组成，其中第四部分要正月十五才举行。

在环境艰苦、社会生产力十分落后的生存环境中，首先摆在彝族原始先民面前的问题是生存与繁衍。因此在祈求各种各样看不见摸不着的神灵保佑的同时，彝族先民似乎也意识到劳动技能、耕种技能、繁衍交媾技能的重要性，这些知识技能的传授在撮泰吉仪式的展演中找到了最佳机会。因此有研究者认为，撮泰吉的作用在于展演教育——展演人们的各种劳作场景，如仪式第二部分耕作就再现了彝族先民农耕生产中买牛、驯牛、犁地、烧草、耙土、撒灰、播种、收割、打场的全部过程，可以说是劳动技能的现场示范，构成了较完整的耕种技能传授展演体系。但在村民的口中，撮泰吉的来源据说是祖先的营救，说古时有一个猪年六月初二下大霜，粮食颗粒无收，人们过着饥寒交迫的苦日子。有一天，在沟凑发这个地方，来了四个"撮泰"[②]老人，他们背着粮袋来解救这里的人。他们的模样不像人，像野兽，猴子脸，鼠牙，他们吃野果，穿树叶，喝露水，走过一些山寨，最后来到裸戛院子落户，开荒种地，繁衍后代，除了带来谷种，年年丰收，还为全村扫除病魔邪恶。这个传说

---

① 其发现地为彝语东部方言黔西北次方言乌撒土语区腹心地带威宁彝族回族苗族自治县板底乡曙光村倮嘎组和板底村二、三组及腊寨乡发乐村大发组等海拔 2300 米以上的彝族聚居区。
② 彝族人相信万物有灵和灵魂不死（彝族人一直都相信人是有灵魂的，即便死后也有三个灵魂——守候在坟墓边的叫"撮卜"，回到祖源的叫"批批"，四处游荡的叫"撮泰"。

就一直传到现在。①

因此，在某种程度上，撮泰吉表演中潜藏着某种彝家潜意识中的焦虑，即关于土地、天灾、人类无法进行耕作的焦虑，于是，通过对一系列驯化，如驯化野牛犁地种荞的行为、栽种开荒技能乃至人的繁衍行为的演示，向后代传递生存知识、同时以此向自然祈愿。换言之，它既有信仰的神圣性，又有知识传递的现实价值，还有傩戏表演的基本形制。因而可以说是贵州彝族传统知识中最独特的存在，其中涉及的焦虑、人与自然的交往，无不包含着人对与自然关系的深层次认识。

---

① 长白雁：《贵州彝族的原始傩戏雏形"撮泰吉"》，《中华艺术论丛》2009 年第 1 期。

第四章 生态精神
——人以天为本，人以地为根

第一节 天地人三合

彝族是我国为数不多的拥有自己文字的民族，其文字在历史上被称为"爨文""韪书""罗文""倮文"等。贵州彝族的重要文献有流传于黔西北和滇东北的关于万物起源的《物始纪略》；流传于威宁、赫章、水城等地的《彝族创世志》；流传于毕节、六盘水地区的《宇宙化生》《爨文丛刻》以及毕节地区彝文翻译组翻译整理的《宇宙人文论》；《彝族源流》（原名《能素恒说》），相传为布摩举奢哲著，是著名布摩王兴友老先生倾注心血、冒着风险保存下来的彝文古籍珍本；此外，还有《西南彝志》，全书共二十六卷，三十余万言，是一部彝文百科全书式的著作，内容涉及彝族历史、哲学、天文、工艺、宗教等诸多方面，是贵州省一部重要的彝文历史文献。

尽管文献众多，但关于世界起源，大致说来都是清浊二气生天地人，如《彝族创世志·艺文志》中记载哎律律、哦罗罗（生命起源之物）创世，即"清浊二气交，高天大地成"；万物的本源为"啥额"，"啥额"生"哎哺"，"哎哺"生万物。《爨文丛刻·宇宙源流》中说"天是清气向空浮，天覆地来张，天国白明净，他造自然造"；地是"浊气下凝结，地寒暑交替，年月轮返，万物春生、夏长、秋实、冬藏"；人同样是"太初勿始世，人气向空吸，人成他来成，他造自然造，身体赋灵魂，血存以气存"[①]。《西南彝志》原作彝语即为"哎哺啥额"，即"影形及清

[①] 贵州省科技教育领导小组办公室、贵州省民族宗教事务委员会编：《贵州世居少数民族文化史》（卷三），贵州民族出版社 2017 年版，第 128 页。

浊二气"之意，后翻译时定名为《西南彝志》。书中卷一、卷二记载了关于清浊二气形成天、地、人的情况。《彝族源流》一书也记载太古之初，杳杳冥冥，后来出现清浊二气，产生变化成为哎哺，哎哺形成天地万物和人类。天地出现后，摇晃不定，产生缺陷，有奇异功能的人们织天补地，安门安锁，使天地固定。《西南彝志·天地进化论》认为天地万物的起源是："天未产生时，地也不曾生，出现了清气，出现了浊气，浊气红殷殷。清气升上去，升去成为天；浊气降下来，降来成为地。"①"先是散与额，这两种气体，两种相互触碰，便分成了呀，蓝色的九层；于是天与地，就这样形成。青幽幽的天，绿茵茵的地，美丽多清朗！"②流传于贵州大方县的《天地生产歌》中吟唱"从根来叙起：清气浮在上，形成了高天，天体白皑皑，它自然生成。浊气沉下来，形成为大地"③。可见天地万物由清浊二气构成，不仅是文献记载，更是深入彝家世界观的重要认知。

除天地人都是清浊二气构成之外，万物也都是阴阳结合产生的。无论是人还是万物都要区分雌雄，甚至还有天和地、日和月、白云和黑云、寒霜和露水一类的"相配"，其他动物虎、狼、野猪、大雁、老鹰、蚂蚁、蚯蚓、蜜蜂等都由人而推及万物，认为都需要雌雄相配才能生存繁衍。甚至彝家的一年分为水、土、木、火、金五个时段，每个时段又各有雌雄，以此一年有十个时段，进而形成一年有10个月的历法。也正是因此，不少研究者甚至认为彝族的世界观体现了朴素的唯物主义色彩。

当然，也有的支系流传着人是由神用"五行"为基本材料制造的传说。《彝族古歌》就这样吟唱："大神米恒哲造出天地日月后，看到宇宙间太清静，太宽敞，缺少生机和活力，需要人类来观礼天地万物""在这大地上，山河造出了，树绿草又青。可是这大地，到处都一样，还是太清静……大地这么宽，应当造出呀，造出一种人，造来管大地，来把河山分。……大神米恒哲，他把金拿来，拿金来做骨；他把土拿来，拿土来做肉；他把水拿来，拿水来做血；他把木拿来，拿木来做眼；

① 贵州省民族研究所：《西南彝志选》，贵州人民出版社1982年版，第11页。
② 王子尧译：《洪水纪》，贵州民族出版社1988年版，第17页。
③ 安文新编：《贵州彝族回族白族歌谣选》，西南交通大学出版社1993年版，第6页。

他把火拿来，拿火来做心。金木水火土，全都用上了。"[1] 对于人和天地万物的关系，彝家认为"黎民百姓，天有多宽，地也有多宽。地为蚂蚁根，人以天为本，人以地为根"[2]。前述正是结合清浊二气生成天地、万物、神造人的叙事。在彝家的世界观中，清浊二气是世界的本源，而对神从何而来却语焉不详，人是仅低于神的存在，是天地间的一部分，但人又高于其他动植物[3]。在这一前提下，彝家对人与自然发生矛盾时的态度就十分有趣了。

彝家强调人对自然的掌控，但同时也强调人应当被限制，即承认人的有限性。在黔西北地区的彝族民间有这样的传说：

> 在遥远的时代，人生而不死，因而造成天下老人众多。因为老人不会死，彼此之间难分老幼，便用"摩素"统称。对于每个人，凡属于父辈以上五代算起的，都被列入"批批"即祖宗。天长日久，护理老人就成了人间最大的难题。天上的仙人们知道了，被地上孝敬老人的孝德感动，也知道了地上人的"老人多"之苦，于是就规定人老就死的原则。此后，人老了就离开人间到阴间度日。但只死老人，不死中年人和幼年人，而且老年人死了必须进行祭祀活动，人间岁岁年年、日日夜夜都忙于祭祀之中，实在无法过问其他事。天上的仙人又知道了，就说以后老人也死、中年也死、幼年也死。从此以后，人不分老幼，皆可死了。

这个传说的内涵指向在于彝家的对生命的看法。人因为不会死，所以护理老人便成了人间最大的难题，而在天神的帮助下，"不分男女老幼皆可死"。"可死"一词也充分说明彝家并非将死亡视为不好的事，而是将之视为一种自然"天道"。这也正是彝族古歌里唱的"假如人不会死亡，大地就无法容纳"。换言之，因为天地的有限，故人的存在需要与天地自然的"容量"相适应。

这样的强调在彝族的灾难叙事中也表现得较为明显。彝家尽管也有射日月以及

① 王子尧：《彝族古歌》，贵州人民出版社 1989 年版，第 18—21 页。
② 贵州省毕节地区民族事务委员会编：《物始纪略》，四川民族出版社 1990 年版，第 124 页。
③ 如《彝族古歌》收录的《制禽伏兽》中就讲述，远古时候，动物鸟雀和人是一样的，能说话、能琢磨事情，箐中的草木和藤萝也像人一样，会唱歌、会跳舞，它们全都靠人来养活。彝家的英雄杜米那确左觉得不公，于是到天神处告状。天神给他三块石子封赠了草木鸟兽，从此以后，草木鸟兽各是各类，再没有智慧，无法口吐人言。（王子尧：《彝族古歌》，第 63 页）

大洪水的灾难叙事，但却更为拟人化。在《物始纪略》中多出来的日月是因为日月结成夫妻后，生下了九十九个太阳，六十六个月亮，"这样一来呀，人间大地上，人们遭难了，万物遭殃了"。多个日月齐出，人间就成了"长昼无黑夜""青山变火山""泥土会喷火，岩石会冒烟，树木化成灰，大河也烤干""草木枯焦了，江河开裂了"，地上仅剩九个人。[①]天神只得将神箭、神弓交给人间幸存的杜米那确左，让他带着两个天女将日月射下来。剩下一个小太阳，一个小月亮，普天之下又变得黑沉沉的。杜米那确左又和他的两个妻子，带上所有的飞禽来到东方。美丽的小鸟，一齐唱出了迷人的歌声，月亮和太阳羞答答地出来，从此后，"白天有太阳，夜里出月亮"[②]。彝家的射日英雄带着两个天女，圆满地完成了天神交代的任务，"走上人生的巅峰"。显然，在彝家的世界观里，人正在走向超越自然但却是低于神的存在。这一意识在彝族的大洪水神话中体现得更为明显。

彝族史诗《洪水纪》中记载，"笃慕三弟兄，主业靠务农，所有可耕地，多已开挖尽；剩些边和角，石堆和岩缝，不比羊皮宽，窄得没法种"。兄弟三人为了生存，继续开荒，挖到了石旮旯，"连箐林也垦完""岩上和岩下，岩头全耕尽""去到黑水边，水下也要耕"，原先居住在石缝的青蛇，住箐林的老妖，住岩上岩下的仙君喜乌吐、神臣丽默纳，住水边的独眼木觉家园被毁，纷纷前往天神策耿苴处告状，直到有一天，三兄弟"牵了大黑牯又带着牛枷，扛着大挖锄，要去把那呀，娄姆密拟地，策耿苴的猎囿，用一天工夫，犁完犁不够"[③]，还盗走了天君的宝马……人类毫无节制地索取，彻底惹怒天君，"气得心要裂，气得肺要炸"[④]。因此策耿苴要给人类以最严厉的惩罚。于是，下令放洪水淹没人间……

而更有趣的是，彝家在追究大洪水的原因时，也很直接地归结为人类疯狂地毁石开荒、毁林开荒，开挖大江，破坏生态环境，"要寻找原因，它怪就怪在，无休

① 贵州省毕节地区民族事务委员会编：《物始纪略》，四川民族出版社1990年版，第5页。
② 贵州省毕节地区民族事务委员会编：《物始纪略》，第5页。
③ 王子尧翻译，康健等整理：《洪水纪》，贵州民族出版社1988年版，第61—70页。
④ 王子尧翻译，康健等整理：《洪水纪》，第89页。

止开荒"①。大洪水之后,人间只剩下了一个人。此处的叙事非常有意思,高于人的天神想到"如果绝灭了人类,祭天和祀地,供品一定很微薄"②,于是又派出神清除了世间的洪水,保留了世间唯一的人类笃米,天君还派出了自己的两个女儿与笃米结婚,人类得以重新延续。

综上,由于贵州彝族较早地进入阶级社会,并建立起自己的政权,有自己的文字和知识文化体系,因此,在看待天地人的关系时,结合知识阶层(毕摩)的记载和民间传说故事来看,其已经建立了相对理性地看待世界的态度及言说方式。只是,其后由于明代军屯、民屯、商屯的推进,驿站,清初的改土归流等的影响,彝家的生存空间逐渐往高处迁移,文化被少数知识分子掌握,因而形成了文献记载上的相对理性与民间传说中的夸大的差别,如彝族的文献中可以看到对天象自然的客观认识,而在民间信仰中能看到彝家对"白雨"(冰雹)的恐惧。

第二节　物候以成历

彝家早期的历法也是较为典型的"物候历",即依照花草树木、鸟叫虫鸣的变化判断时令。以物候历为依据开展农业生产自古有之:"哎君不知年,就看纪年树;哺王不知月,就看纪月石。一切为耕种,是摩史说的。"③

通过观察森林树木的生长情况来确定农时,这是彝族人民的智慧所在,也是大自然给他们的回馈,使他们的森林文化内涵更加丰富。树木的开花结果、荣枯来确定耕牧时间:"耕牧的时间,人们不知道。树木开花时,就叫春三月。树木花谢了,就叫夏三月。树果成熟了,就叫秋三月。树叶枯萎了,就叫冬三月。"④彝族民间文学手抄本《物始纪略》中说,"一年为四季,四季四变化,春天绿油油,夏天热腾腾,秋天风飒飒,冬天雪飘飘,冬去春又来,周而又复始。春天草又生,花卉影婆娑;

---

① 贵州省民族古籍整理办公室编:《估哲数·农事篇》,王继超、普祥整理翻译,第281页。
② 安尚育:《贵州彝族史诗〈洪水泛滥史〉初探》,《贵州民族研究》1982年第4期。
③ 毕节地区民族事务委员会编:《西南彝志》(第三、四卷),毕节地区彝文翻译组译,第16页。
④ 毕节地区民族事务委员会编:《西南彝志》(第三、四卷),毕节地区彝文翻译组译,第14页。

夏天果子熟，果子甜蜜蜜；秋天树叶黄，叶动沙沙响；冬天下大雪，下雪又降霜。一年分四季，三月变一次，春天去之后，冬去雨又来，变化在于日，四季的产生，就是这样的。"[①] 还有用十二棵树纪年："十二棵年树，代表十二年；一棵十二枝，代表十二月；一枝十二朵花，代表十二日；一朵花十二瓣，代表十二时。"[②] 显然，以树木的花开、花谢、结果、叶枯作为春夏秋冬的参照系，观察树木的变化来开展耕牧活动，在农业生产中发挥了作用。同时，树木、动物的习性也是农耕的重要参照依据，如"布谷不到不种荞"[③]。正是因为布谷鸟的叫声是春耕的重要参照信息，因而贵州彝族也有不打布谷鸟的禁忌。与苗族一样，物候的错乱也会为农业生产带来较大的影响，因此彝族文献中有"不到季节，雪雨交加，五谷不成熟"[④] 的说法，即告诉人们不能以季节性不强的动植物为参照物。

物候历的使用还有典型的地域性，在某种程度上来说，更符合贵州山地分割所形成的小气候。因此，威宁彝家在制作药酒时也会根据当地植物的荣枯进行相应的采摘，"每年春三月，百花齐开放，采花正当时。每年夏三月，草木枝叶胚，采叶正当时。每年秋三月，过熟草木黄，采果正当时。每年九月底，酒药全采齐"[⑤]。根据季节采摘相应的酒药材料才会有高质量的酒药。

据彝族文献，彝家的历法是基于对所处生境的观察，且经历了从无到有、用物候到符号（动物）纪年的变化。《举祖暑府推算年月》记载，很古的时候，"那时候，不知道耕牧，耕牧的时间还没有掌握，树木萌芽时，就叫它春月；花朵凋谢时，就叫它夏月；果实成熟时，就叫它秋月。树叶枯萎时，就叫它冬月。那时间的人，因不定年份，不划定月份，懵懵懂懂，昏昏沉沉"[⑥]。天君策举祖，发了一通旨意，要求举祖定年份："用十二棵树纪年；由暑府（主宰大地之神）划月份，用十二块石纪月。十二纪年树，十二纪月石……举祖不知年，就去察年树，暑府不识月，就

---

① 贵州省毕节地区民族事务委员会编：《物始纪略》，第33—35页。
② 毕节地区民族事务委员会编：《西南彝志》（第三、四卷），毕节地区彝文翻译组译，第241—242页。
③ 毕节地区民族事务委员会编：《西南彝志》（第三、四卷），毕节地区彝文翻译组译，第16页。
④ 毕节地区民族事务委员会编：《西南彝志》（第三、四卷），毕节地区彝文翻译组译，第417页。
⑤ 宣威民间文学集成办公室编：《宣威歌谣》，贵州民族出版社1992年版，第34页。
⑥ 贵州省民族古籍整理办公室编：《估哲数·农事篇》，王继超、普祥整理翻译，第5—7页。

去观月石。十二棵年树，代表十二年。一棵年树上，分做十二枝，代表十二月。一枝树上面，开十二朵花，代表十二天。一朵花上面，又分十二瓣，代表十二时。"其后进入生肖纪年，"用十二走兽，做十二属相。野兽表六年，家畜表六年"[①]。四季"由清浊气循环而成"，"苍天的周边，有三百六十度，就因此有了一年的时间，是三百六十天。天轴转一次，天旋转一周，就成为一年。一天十二时，分上下十二属相。一时为八刻，一刻时间为六十五分。天干搭配属相，到六十三年"。

　　贵州彝族文献中同样记载了对于天象的观察和解释。尽管他们将霜、雪、雨、雷、雾霭等的形成都解释为清浊二气，但是主张"从事农活，从事稼穑，要把云研究，察冬天云，判断春天的气候，观春天的云，判断夏天的气候，察夏天的云，判断秋收的气候"[②]。并且对天地间的自然天象如霜、雪、雨、雷、雾和霭的生成及作用都有研究，其不少观点都接近于今天的气象认识，且在表述上十分客观，并不过分夸大也不缩小其作用。如"雪霜是庄稼的福气，雪霜是大地的被褥"，"果木开的花，有五片花瓣，雪花的边角，又分为六角，降这样的雪，世上有丰年，它就是预兆。正月里下三次雪，庄稼就会好，雪给人好处，雪是庄稼的福气，霜是庄稼的希望。""东风管春季，东风吹过后，万物绿油油；南风管夏季，南风吹过后，万物繁茂，炎热降大雨；西风管秋季，西风吹过后，庄稼就成熟，收获的季节，黄金遍布着，万物失生机，热气藏入地下。北风管冬季，北风吹过后，清浊气停歇，水也干涸了，草木枯萎了，寒气逼人，冷气袭人，生物、动物，有气血者，睡眠度日子……在天地之间，万物的生长，都把风以来，都离不开风，庄稼的长势，年景的好坏，都要观风色。"[③]"雨是庄稼的血液，雨是庄稼的粮食……万物的荣枯，都同雨有关。雨的作用大，从事农活，从事稼穑，要把雨研究。"[④]尤其在对雾霭的认识上，"雾和霭，都给人好处，要是没有雾，阵雨难形成，冰雪势不大；雾也有坏处，在

---

① 野兽表六样，即虎、兔、龙、蛇、鼠、猴；家畜表六样，即牛、马、羊、猪、猴、狗。
② 贵州省民族古籍整理办公室编：《估哲数·农事篇》，王继超、普祥整理翻译，第 48 页。
③ 贵州省民族古籍整理办公室编：《估哲数·农事篇》，王继超、普祥整理翻译，第 36 页。
④ 贵州省民族古籍整理办公室编：《估哲数·农事篇》，王继超、普祥整理翻译，第 42 页。

春夏时间，锁住了阳光，让植物受冷，把冰雪庇护，让寒冷滞留，让人们迷途"[1]。甚至对雷电的认知也有其历史的超越性，按彝族文献记载，雷电是"地气往上浮，天气往下沉，在云间相遇，就形成雷电，在春夏季节，清浊气旺盛，多雷鸣闪电，就是这样的啊"[2]。

从彝族关于历法和天象的观察和记载来看，基于生计的需求，他们观察天地自然的现象，并从本民族的世界观出发去解释一切的现象，在某种程度上也遵循这种规律。但这样的界定似乎更侧重于"秩序"的建构，而非知识的普及，如《举祖暑府推算年月》中所言："以君臣纪年，日月运行定月，鹤鹃往返定日，星云出没定时，用畜兽结合，不会出错。"由此也出现知识为少数精英知识分子所掌握，而普通民众掌握的只是与基本生计相关的知识——在民间，彝家笃信山神、火神、树神等，惧怕"白雨"的出现，而祈求神保佑丰收。

---

① 贵州省民族古籍整理办公室编：《估哲数·农事篇》，王继超、普祥整理翻译，第52页。
② 贵州省民族古籍整理办公室编：《估哲数·农事篇》，王继超、普祥整理翻译，第55页。

仡佬族篇

导言

　　地处祖国西南边陲的贵州，山高水远，苗、侗、布依、仡佬等数十个民族在这里世代生存繁衍。是谁最早栖息于此，开发利用了这片美丽的土地？这个问题似乎没有一个官方的统一说法。不过在贵州各地探寻各民族历史渊源时，倒时常能听到"仡佬仡佬，开荒辟草""蛮王仡佬，开荒辟草"之类的说法，意思是说仡佬族是"贵州土地的最早开拓者"。《清史稿》亦有载"西南诸省，水复山重……人生其间……言语饮食，迥殊华风。曰苗曰蛮……"（这里的"苗""蛮"都是对西南地区少数民族的统称①）仡佬族自己的《开天辟地歌》里也自豪地唱道："自古地盘我主开，满山树林我祖栽；大田大坝我祖造，万古千秋我祖财……田坝房屋我祖地……"歌词也处处透露着仡佬族的古老与辉煌。

　　仡佬族是不是贵州"最早的开拓者"很难确证，但仡佬族是一个历史悠久的古老民族却无可置疑。学界早已考证，仡佬族先民自古以来就广泛活动在整个西南地区，很早就定居在今贵州境内及与广西、云南、四川和湖南相毗邻的广大地域。他们在这一带开荒拓土，随后逐步分化、重组，其中一部分逐渐形成了仡佬族这一单一民族。吕思勉《中国民族史》第十章"濮族"记载："自元以来，云贵之地，日益开辟，诸濮族亦皆列为土司。其最有关系者，在黔则播州。……播州，今遵义县地。"也从一个角度说明仡佬族是贵州的土著居民，主要分布在黔北一带。虽然仡佬族在全国的 31 个省、自治区、直辖市中均有分布，但据第五次全国人口普查统计，我国有仡佬族人口 58.9 万人，全国第六次人口普查，仡佬族的人口为 550764 人，主要分布在贵州、云南、四川、广西、湖南、湖北等省（市、自治区）。其中贵州省仡佬族人口最多，占全国仡佬族总人口的 90% 以上。1987 年，经国务院批准，

---

① 孙建芳编著：《高原拓荒者》，贵州民族出版社 2014 年版，第 3 页。

在贵州省北部分别成立了务川、道真两个仡佬族苗族自治县。

从生态人类学的视角来说，文化是人类适应环境的方法或者手段。历史的原因，仡佬族先民选择了自然环境比较恶劣的山区定居。如何在其中求得自己的生存，仡佬族先民把它上升到了哲学的高度，由此形成了"天人和合"——追求人与万物的和谐的哲学思想。这一思想主要体现为三层含义：一是人与自然的和合，神石山川等自然物的力量是强大的，对它们的不敬会招致严重的惩罚，因而仡佬族人内心千百年来保存着对于自然的敬畏；二是人与人之间的和合，由物及人，仡佬族坚持以和为贵，与邻为善；三是追求自己内心的和合，仡佬族的山神祭祀、傩戏还愿等行为便是借助自然的力量为自己求得内心的安宁和谐。[1] 在"天人和合"思想的指引下、在长期适应生态环境的过程中，仡佬族创造了丰富多彩的生态文化，创造了发自民族内部文化基因的敬爱自然、保护自然的生态价值观。这些价值观不但反映了人们对自然的看法、对自己与自然环境的互动的认知，更具有规范人们行为、决定人们生态取向的作用，并产生了与生态保护相关的资源管理制度、乡规民约、生态禁忌等。[2] 在漫长的历史进程中，仡佬族"天人和合"的思想不断地促进着人与自然的和谐，其敬畏自然、保护自然、适应自然的生态价值观对仡佬群众赖以生存的环境、对当地的生态系统起着重要的促进生态平衡的决定性作用。在这些价值观的指引下、在长期的生产和生活实践中，生成了族群内部代代传承保护生态的意识、行为、规范等理性思想的产物，它们不但适用于传统社会，也适用于现代社会。

---

[1] 汝绪华、骆令、田广：《仡佬族传统文化在乡村治理中的当代价值——黔北道真仡佬族聚居区的田野调查与分析》，《云南农业大学学报（社会科学）》2015 年第 1 期。
[2] 崔明昆等编著：《中国西部民族文化通志·生态卷》，云南人民出版社 2017 年版，第 543 页。

第一章　仡佬族的生态适应选择
——因地制宜、就地取材

第一节　族源、族称与分布："贵州土地的最早开拓者"

相关考证显示，仡佬先民卜人（濮人）、僚人是古代人口众多、分布广泛的族群。早在商周时期，濮人的活动便已零星见诸史籍。汉文献资料中最早的有《尚书·牧誓》记载称，在周武王伐纣时，濮人便与庸、蜀、羌等部族在商郊牧野盟誓，参加了讨伐殷纣王的战争，为周朝的建立立下汗马功劳，随后其以当地特产丹砂与周朝结交。

相关研究认为，东周时期，濮人已建立起自己的氏族部落联盟和地方政权——夜郎国。《后汉书·南蛮西南夷列传》称："夜郎者，初，有女子浣于遁水，有三节大竹流于足间，闻其中有号声，剖竹视之，得一男儿，归而养之。乃长，有才武，自立为夜郎侯，以竹为姓。"另据《史记·西南夷列传》记载："西南夷君长以什数，夜郎最大。"所谓"以竹为姓"即是以竹为整个氏族的名称，或者说是以竹为图腾。当时的夜郎民族便是今日仡佬族最直接的祖先，夜郎时期，仡佬族先民一直遵循"和合"古训，以朱砂、水银等与中原王朝紧密联系，并一直延续至进入文化兴盛时期。直至今日，竹仍是仡佬族的图腾。

也正因为仡佬族的先民最早发现了朱砂、水银等并大兴换市，因此被贵州各与之杂居或者相邻的群众视为天之子、人中神，至今在民间被尊称为"古老族""古老户"。

据古文献记载，仡佬族的形成大致经历了濮人、僚人、仡佬族三个历史时期。濮人是我国古代人口众多、支系纷繁、分布辽阔的庞大族群，称"卜"或"百濮"。据史书记载，早在殷商时期，濮人就已活动在西南、中南等广大地域。春秋时期，西南地区的濮人建立了牂牁国，战国时期，牂牁国衰亡，南部为南越国所占，北部被夜郎取代。濮人在西南地区除建立夜郎外，还建有僰、且兰等地方国邑。公元前221年，秦统一全国后，把上述濮人地区纳入象郡、蜀郡、巴郡管辖。西汉时期，武帝大力经营西南地区，先后设置了犍为、越巂、牂牁、益州等郡。但上述邦国不受中央王朝驾驭，直至汉成帝河平二年（前27）夜郎亡，各邦国归附汉廷才结束了割据状态。

东汉史书将濮人称为"濮、僚"，或"濮僚"并称。如晋常璩《华阳国志·南中志》称其为"夷濮"；《后汉书·西南夷传》则记为"夷僚"；《水经注·苦水注》既有"夷濮"又有"夷僚"的记载。魏晋以后，"濮"的称谓渐渐消失，"僚"成为专称。《魏书》载："獠（僚）者，盖南蛮之别种，自汉中达于邛、笮、川洞之间，所在皆有。"北魏郦道元《水经注》载："僚自牂牁北入，所在诸郡，布满山谷。"晋张华《博物志》载："荆州极西南界至蜀诸民曰僚子。"晋郭义恭《广志》载："僚在牂牁、兴古、郁林、交趾、苍梧。"隋唐时期，僚人经过长期的发展，逐渐形成为仡佬族。《新唐书·南蛮传下》明确记载其在唐朝时期刚从"僚"中分化出来，所以名称仍带有"僚"："戎（今四川宜宾）、泸（今四川泸州）间有'葛僚'，居依山谷林菁，逾数百里。""葛僚"即"仡佬"的对音。到了元代，李京《云南志略·诸夷风俗》说："土僚蛮，叙州南乌蒙北皆是……人死则以棺木盛之，置于千仞颠崖之上……山田薄少，刀耕火种，所收稻谷，悬于竹棚之下。"这里所说的"叙州南乌蒙北"之地，即唐代戎州、泸州间的南部山区。可见元代的"土僚蛮"即唐代的"葛僚"，亦即仡佬。①

"仡佬"名称，较早见于隋黄闵《武陵记》，其后在唐李吉甫《元和郡县志》中也有记载。另据北宋陈彭年等修撰的《广韵》解："'僚'作为部落称呼当读作'佬'……"由上可见，僚人是由濮人长期发展而成的，仡佬是从僚人演变而来，分布遍及今四川、贵州、云南、广西、湖南等地。②至宋代，"仡佬"一词大量出

---

① 全国政协文史和学习委员会暨贵州省、云南省、四川省、重庆市、广西壮族自治区政协文史委员会编：《仡佬族百年实录》，中国文史出版社2008年版，第39—40页。
② 陈天俊等：《仡佬族文化研究》，贵州民族出版社1999年版，第3页。

现于史籍，如黄庭坚在《过洞庭青草湖》中提及"蕉林追葛僚"；陆游《老学庵笔记》中称："辰、沅靖州蛮，有仡伶，有仡僚……"其中所谓葛僚、仡伶、仡僚、葛僚等均为仡佬的异写；至明朝时期，田汝成《炎徼纪闻》已明确有"仡佬"的称谓："仡佬……瘗死有棺而不葬，置于岩穴间，高者绝地千尺。"把前后的有关记录加以对照，都足以说明元代叙州南乌蒙北的"土僚蛮"是仡佬族，分布在今川滇黔三省连接地带。

根据各类史料梳理，商周时期仡佬族先民被称为"濮""僚"；秦汉时多称"夷僚"（僚发音为"老"）"夷濮"；魏晋至隋，"僚"成为专称；唐宋时期称"葛僚""仡僚""葛佬""仡佬"等；明清以后除统称为"仡佬"之外，还有"告老""古族""古老户"等称谓；新中国成立后统称为仡佬族。[①]

在漫长的历史发展过程中，仡佬族经过多次的融合与分化，不同地区的人由于所处的自然环境和社会环境等各有不同，在经济文化上既有共同特征，又有一定的差异，因而逐渐形成了仡佬族支系繁多的状况。明清文献中对此有大量记载，且对每一支系冠以其表象特点以示区别。比如：民国时期的《贵州通志·土民志》记载"花布者为花仡佬"，分布在贵州镇远、施秉、石阡、龙泉、平越、黄平等地，又载穿"红布者为红仡佬"，分布在仁怀、黔西、金沙、大方、关岭、晴隆等地，一部分红仡佬在一二百年前从贵州迁入云南，再迁入越南河宣省的同文、黄树、腓县等地；清代《职贡图》画卷和台湾"中央研究院"历史语言研究所影印出版的《苗蛮图册》，都描绘了"男女都在头顶上挽一个发髻，其余的头发披散下来，通常留一寸多长，长则剪之"的"剪发仡佬"，或称"剪毛仡佬"，"剪发仡佬"主要分布在贵定、施秉、黄平、永宁等地；《职贡图》和《苗蛮图册》还记述了擅长捕鱼的水仡佬，其曾分布在余庆、镇远、施秉等地……明清文献中大致出现过二十余种支系名称，如今不少支系已经消失。[②]

近代以来，族外人习惯依仡佬族服饰色彩的不同将其分为红仡佬、青仡佬、花

① 全国政协文史和学习委员会暨贵州省、云南省、四川省、重庆市、广西壮族自治区政协文史委员会编：《仡佬族百年实录》，第2页。
② 周小艺编著：《中国仡佬族》，杨宏峰主编：《中华民族全书》，第10页。

仡佬、白仡佬等；有的以服饰或头饰的不同款式将其区分为锅圈仡佬、披袍仡佬、剪头仡佬等；有的干脆以其职业的不同将其称为打铁仡佬、篾仡佬；有的因与他族发生了血缘和文化的交融分别称为苗仡佬、汉仡佬、彝仡佬等。此外，还有自称为夜郎贵族后裔的雅依仡佬、僚仡佬，还有1988年才认同仡佬族的"蔡家人"等。①

第二节　族称、分布与聚居："以竹为姓"的大杂居、小聚居

一、"氏以竹为姓"

仡佬族的族称，是根据仡佬族用仡佬语自称的汉字记音而来的，族人自称的"glao"的意思是"人"。"仡佬"的另一个意思是"竹"（竹是其氏族图腾）。②2000多年以前，仡佬族先民濮人建立了夜郎国。据《后汉书·南蛮西南夷列传》记载，夜郎王因"有女子浣于遁水，有三节大竹流于足间，闻其中有号声，剖竹视之，得一男儿"，这个男孩长大后"……自立为夜郎侯，以竹为姓"遁水即今北盘江，位于今贵州省西南部。当然，这里所谓的"以竹为姓"在清严如煜撰《苗防备览·风俗》里认为，仡佬语"呼竹曰盖脑"，对照如今黔北、黔东北仡佬族的汉语发音，"仡佬"与"盖脑"在发音的音位和声调方面完全一样，二者只是同一仡佬词语的不同汉字记音。所以，夜郎王"以竹为姓"，并不是现代汉语概念中的"姓"，而是按仡佬语姓"仡佬"，准确地说"竹"在这里是一种氏族"图腾"或者氏族的徽号、名称，也即《华阳国志·南中志》所记"氏以竹为姓"。

不同地区仡佬族的自称也有所不同。今贵州遵义市、仁怀市、关岭布依族苗族自县等地的仡佬族自称"哈仡"，织金县仡佬族自称"埃审"，大方县普底乡、黔西市仡佬族自称"布尔"，大方县青山乡仡佬族自称"濮"，普定县仡佬族自称"布

① 全国政协文史和学习委员会暨贵州省、云南省、四川省、重庆市、广西壮族自治区政协文史委员会编：《仡佬族百年实录》，第2页。
② 全国政协文史和学习委员会暨贵州省、云南省、四川省、重庆市、广西壮族自治区政协文史委员会编：《仡佬族百年实录》，第41页。

告"，安顺西秀区、平坝区的仡佬族自称"褒佬"，六枝仡佬族自称"当佬"，而且仡佬族内各支系间也有不同的称呼。[1]

二、分布："大杂居、小聚居"格局

仡佬族的先民濮人、僚人均是由许多氏族部落组成，居住地域广阔而分散，在漫长历史岁月中与很多民族交错杂居，在各地呈点状分布。濮人曾在云贵高原这片广袤的土地上建立起强大的部落联盟和早期奴隶制国家，大多数考证认为他们是古夜郎国的主体民族，建立了古夜郎国以及周围的一系列小邦国，并在此时达到鼎盛。然而在漫长的历史进程中，历经战乱和动荡，这一强大的族群逐渐支离破碎，散落在今天贵州北部、云南东部和广西西北部地区，形成"大杂居、小聚居"的分布格局。现今，除少部分分布在广西壮族自治区隆林各族自治县的长发、岩茶等地，以及云南文山壮族苗族自治州的麻栗坡、砚山、广南等地外，分布面最广的是贵州省境内。民国《贵州通志·土民志二》引《石阡府志》称："石阡苗民司曰仡佬，其性勇而谲……"清代李宗昉《黔记》说石阡府龙泉县，即今凤冈县有花仡佬，石阡府南的镇远府辖郡内有仡佬，镇远府南部的黎平府辖境内也有仡佬族；道光年间的《黔南识略》卷十五称"镇远府……苗有黑苗、仡兜、水仡佬、侗人四种……"镇远府辖黄平州、清江厅（驻今剑河）、台拱厅（驻今台江）、镇远县、施秉县、天柱县；乾隆《贵州通志》卷七记载，镇远和施秉县都有"水仡佬，亦名扰家"。

1986年，贵州省内分别成立了务川仡佬族苗族自治县和道真仡佬族苗族自治县。在建立两个自治县的同时，结合仡佬族分散杂居分布的特点，陆续建立了仁怀县安良仡佬族乡、遵义县（现遵义播州区）平正仡佬族乡等20多个仡佬族乡。1992年，贵州省"并乡撤区建镇"工作结束，仡佬族乡及仡佬族与其他民族合建的民族乡有所调整。至2006年底，经过民族乡的改组、恢复、重建、新建，贵州全省共建立了20个仡佬族乡，即遵义市3个，即遵义县（现遵义播州区）平正仡佬族乡，正安县谢坝仡佬族苗族乡、市坪苗族仡佬族乡；安顺市2个，即普定县猴场苗族仡佬

---

[1] 周小艺编著：《中国仡佬族》，杨宏峰主编：《中华民族全书》，第3页。

族乡、猫洞苗族仡佬族乡；毕节市 5 个，即黔西（今黔西市）沙井苗族彝族仡佬族乡、大方县响水白族彝族仡佬族乡、安乐彝族仡佬族乡、星宿苗族彝族仡佬族乡、金沙县箐门苗族彝族仡佬族乡；铜仁市 9 个仡佬族乡，均在石阡县，即石阡县青阳苗族仡佬族侗族乡、枫香仡佬族侗族乡、坪地场仡佬族侗族乡、龙井仡佬族侗族乡、石固仡佬族侗族乡、坪山仡佬族侗族乡、甘溪仡佬族侗族乡、聚凤仡佬族侗族乡、大沙坝仡佬族侗族乡；六盘水市六枝特区 1 个仡佬族乡，即箐口彝族仡佬族布依族苗族乡（后于 2015 年撤销）。除了道真和务川两个自治县是仡佬族的重要聚居地区之外，铜仁地区的石阡县是仡佬族散杂居分布的最主要地区。此外，仡佬族人口还广泛分布于贵州省的各县市。

务川仡佬族苗族自治县自古以来是仡佬族人口较多且相对集中的地区。县内洪渡河畔有九块巨石从河谷底部拔地而起，巍然屹立，犹如九个顶天立地的巨人，被称为"大猿山九天母石"。"九天母石"是传说中神仙争夺九重天天主时摔落的巨石，此后九天天主的儿子下到凡间，被封为"淄王"，又称"蛮王"，成为仡佬族的祖先。务川也因此被认为是仡佬文化的发祥地，洪渡河则被称为仡佬族的"母亲河"。

三、聚居：遵循最质朴的生态理念

仡佬族聚居区位于云贵高原东部，绝大多数仡佬族分布在贵州北部和西部地区，地势起伏较大，高低极为悬殊。海拔最高达 1700 ~ 1800 米，最低约 300 米。境内山脉连亘，小块洼地和坝子穿插分布在山峦之间，山间溪流交错，蕴藏着丰富的水利资源。仡佬族聚居的大部分地区属于亚热带季风性湿润气候，具有气候温和湿润、冬无严寒、夏无酷暑、干湿季不明显的特点。由于地形复杂，高山、丘陵、河谷之间的气温差异较大。

地理位置的相对偏远同时也造就了仡佬族聚居地区良好的生态环境和秀丽的自然景观，独特的地质地貌也使得仡佬族拥有了丰富的动植物资源和矿物资源。在其聚居区内，有遵义赤水、习水国家级风景名胜区；有位于道真洛龙镇大沙河的稀有树种银杉自然保护区、位于赤水的桫椤保护区等；有地处省的西北部的大方、黔西两县（市）交界处的百里杜鹃国家级森林公园；在仡佬族聚居的石阡、绥阳、正安、播州、仁怀、黔西等地区，还分布着大大小小的天然温泉，其中以石阡温泉群最为有名。[①]

尽管仡佬族的居住环境偏远，条件恶劣，多是"高山苗，水仲家（布依族旧称），有仡佬住在石（岩）旮旯"，但与其他民族一样，仡佬族人对村寨环境的选择也有着宜居、宜发展的"风水宝地"的美好追求。中国传统村落的选址非常重视与周围环境关系，要求与人们普遍的地理风水观念相契合，与自然环境相协调、相适应。仡佬族人的风水学也极为重视居住空间与自然环境的关系，其理论是负阴抱阳、山环水抱必有气，因而最为理想环境模式是"靠山面水"。对于居住村寨的选址亦富含最质朴生态理念：早期，先民就已有"依山傍水而居"的生态经验，世代延续之下便有了青山绿水间，仡佬族村寨靠山面水、依山而延，建构起的一个个充满生机与活力的特色生存空间，山林、田地、潭水、田埂、道路、村寨组成一个个和谐、完整的生态系统，传统村落与自然环境既相互依存，又互为加持，保持着良好的生态关系。[②] 仡佬族还特别讲究住居周边环境，寨子后面广植树林，其中必有多年的特大"神树"，寨子中间和四周亦生长着茂密树林，民居周围也多分布果树和竹林。除此之外，仡佬族村落的选址还要适应村民的生产、生活习性，因为是主要以耕地为生的山地民族，因而多以高山、山腰、丘陵地带作为寨址，将更多山地平坦处作为梯田，生产居先、生活次之。[③]

仡佬族社会结构的基本形式是村寨，村寨是由血缘关系与地缘关系相结合的人们生产经营和社会生活的共同体。主要有两种类型。一种是以血缘关系联结起来的民族聚居村寨。大多同宗聚族居住，一个宗族的各个家户毗邻建房形成村寨。其中有的是过去的大家庭分衍出来的同家族村寨，还有的是由同姓异宗的各个家庭或两三姓同族人组成的村寨；另一种类型是血缘关系与地缘关系相结合的杂居村寨。这

① 《仡佬族简史》编写组、《仡佬族简史》修订本编写组编：《仡佬族简史》，民族出版社2008年版，第3页。
② 陈路路：《贵州务川县仡佬族传统村落的民俗文化空间研究》，重庆工商大学硕士学位论文2018年。
③ 吴雨浓、张纵：《从聚落地理文化理论视角看山地村寨形态与农田景观——以务川县仡佬族村寨的遗存保护控制性规划研究为例》，《北京林业大学学报（社会科学版）》2015年第1期。

类村寨的形成有多种原因，但多是生产和经济的发展，加速了传统的仡佬族父系大家庭的分衍过程。更多的仡佬族人独立生产，单家经营，常出现为谋生迁移他处的各种人户，使若干仡佬族村寨成为多姓氏村寨。[①] 各种形式的迁入迁出，最终形成了仡佬族村寨的分散性与杂居状况。

第三节　生计与生存："石旮旯"里的生态适应

一、生计：生态适应下的传统农耕

仡佬族聚居区地势起伏较大，海拔高者可达 1800 米，低者仅约 300 米。高低极为悬殊的地势使地域温差显著，气候呈多样性特征，有"一山分四季，十里不同天"之说。立体的地形、立体的气候养育了立体的植被，基于聚居区特有的"立体性"自然和气候条件，仡佬先民在长期的生产和生活实践中形成了独有的农耕文化。地处高原山地，独特的地理环境和生态条件决定了仡佬族以农耕为主的生产生活方式，拥有古老的农耕习俗以及悠久的农业生产经历。历史上很早便有仡佬族稻作农耕传统的记载，如《史记·西南夷列传》称 2000 多年前的夜郎等处"西南夷君长以什数，夜郎最大""西南夷君长以百数，独夜郎、滇受王印"，并言夜郎国的特点是"椎髻、耕田、有邑聚"，指出夜郎的民族是有着较大聚落的农耕的椎髻之民。[②]

（一）源起：水稻栽培

有研究认为，仡佬先民的农耕文化源起于对水稻的栽培。据《西南彝志·武濮所》记载："从东来的濮，从事种谷物，种谷谷成熟，有糯谷黏谷……"此处"东来的濮"就是指的仡佬族先民。《史记·西南夷列传》中的"耕田、有邑聚"等描述也是典型的稻作农业特征。另据《濮祖经》记载，在防风为头人的年代，一名叫武濮所的先民在山顶睡觉，梦见九天天主带来一名叫"稻"的小孩，小孩在九天天

---

① 陈天俊等：《仡佬族文化研究》，第 152 页。
② 全国政协文史和学习委员会暨贵州省、云南省、四川省、重庆市、广西壮族自治区政协文史委员会编：《仡佬族百年实录》，第 7 页。

主手中化为一粒种子，被九天天主抛入浅水中，后来长出一丛乱草并结子。于是"濮所得谷，研习种时，返施十年，得种播时，按时播种，果熟而采。"说的是武濮花了十年的时间在山洞中研究五谷，才发现了谷子播种时间和收获的季节。又载："顶山岩绝……无人能进，采之各种，堆放其间，濮所居中，静思习种思益五谷，耕种时时，参施十年，立分四时，春夏秋冬，以种生习，按时撒种，濮王所种，卜之粮圣，每逢稻熟，卜聚朝奉。"指出武濮所研究种子的地方是一个高大、陡峭的石崖洞穴。他在这里通过研究种子的播种、收割时间，将一年分为春夏秋冬四季。进而人们才得以根据种子生长的特点，按时播种，按时收获，过上了稳定的生活，武濮所因而被称为"种王"。从此族人在稻谷成熟的时候聚在一起朝奉武濮所，感谢他为族人生存作出的重要贡献。[①]

（二）生产方式：因地制宜

1. 耕地获取：刀耕火种

仡佬族传统的生产方式比较简单原始，通常是在距村寨较远的地方实行刀耕火种、在离村寨较近的地方实行田园农耕两种方式，但由于耕作条件的恶劣和生产工具的落后，以刀耕火种居多。

俗话说"高山苗，水仲家，仡佬住在石旮旯"，仡佬族生活的贵州山区，喀斯特地貌特征明显，多奇山怪石，严重缺少耕地，石旮旯中的仡佬先民在石头缝隙里求生活，多以刀耕火种的方式开垦荒山土坡，谋求每一寸能够利用的土地。明代《宣德实录》记载"贵州所辖地方，悉是蛮夷，刀耕火种""刀耕火种，籽粒秕细，鲜有收获"。

明代《黔中杂诗》中叙述了仡佬先民原始又古老的刀耕火种法，称其"耕山到处皆用火"。这种耕作方式也称为"砍火烟"，即在开垦荒山土地时，先砍去原有的植被，并用火烧掉，然后在土地上播撒粮食种子。"砍火烟"也有季节上的讲究。

---

①贵州省科技教育领导小组办公室、贵州省民族宗教事务委员会编：《贵州世居少数民族文化史》（卷三），第 242 页。

不同于多数民族的刀耕火种是在春天进行，即砍即烧即种，仡佬族"砍火烟"的时间根据所处地区不同而有所差别。比如，在仡佬族分布较多的大方、织金一带，清代黄元治所著《平远（织金）风土记》记录"冬则沿山而焚"，春季播下种子；《大定（大方）府志》记的是"十月耕山先布火，三春得雪半生春"，可见当地的仡佬族烧荒是从农历十月开始。也有一些地方仡佬先民把开垦荒山的时间选在农历六月，因为勤劳的仡佬人民在实践中总结经验，发现在初夏季节"砍火烟"气候干燥，草木长势好，易于用火烧，也使土地更加疏松肥沃。而且到六月末七月初就可以种上一季荞子，还可间种萝卜或其他越冬的蔬菜。再有，这个时候正值农闲，不耽误正常的农耕。此时开垦的土地，到第二年春天正好可以种玉米、豆类等农作物，这样，秋季与冬季的农作物收成都很好。① 仡佬族刀耕火种的耕作手段一直沿袭至新中国成立前，小部分地区甚至延续至 20 世纪 50 年代。

2. 耕作时令：二十四节气

二十四节气是我国古代各族劳动人民，根据月初、月中和日月运行位置、天气及植物生长等自然现象之间的关系，把一年平均分为二十四等份，给每等份取了专有名称。仡佬族也有自己的历法，但多为日常生活所用，有关农业耕作的时令还是依照二十四节气有计划地进行。大致可归为：

正月立春、雨水前后：整修农具、砍柴运柴，以备春耕大忙季节翻犁田土之用。

二月惊蛰、春分前后：整土，将充足的肥料运到地里，种早苞谷，修补沟渠。

三月清明至谷雨前后：气候逐渐变暖，这时候要大面积地播种苞谷和各种豆类，育水稻秧和辣椒、土烟苗。

四月立夏、小满前后：农作物进入了旺盛生长的季节，仡佬族地区要收割油菜，同时要割、压秧青在水田里，整理好田坎，管理秧苗，薅苞谷、打干田、做好稻田保水蓄水。

五月芒种夏至：芒种最适合播种有芒的谷类植物，如晚谷、黍等，并且芒种前不能急于栽种而是要"抢水打田"，然后在夏至前把秧插完。

---

① 周小艺编著：《中国仡佬族》，杨宏峰主编：《中华民族全书》，第 32 页。

六月小暑、大暑前后：中耕除草、薅秧，看管田水，薅二道苞谷。

七月立秋、处暑前后：正值盛暑三伏天，要把牛关在圈中以免破坏田里的庄稼，还要割青草垫厩积肥，勒黄豆叶以备冬季猪饲料，为秋耕、秋种做准备。

八月白露、秋分前后：收获玉米、水稻和其他秋季作物。

九月寒露、霜降：收获薯类和其他晚秋作物，并种植小麦、大麦、豌豆、胡豆，翻犁田土，使稻田在第二年更加肥沃并减少病虫害。

十月继续种小季作物：收藏秋季粮食和其他农产品，并翻犁完板田板土。

十一月：气候转冷，要为小季作物中耕追肥，出售农副产品。

十二月：打柴运煤以备来年使用，并添置新农具，播种洋芋。[①]

仡佬族人一年四季辛勤劳作，在田地里倾注了几乎全部的智慧和心血。一些地区的仡佬族人在种地的时候，有在田地边供神、开工前用猪肉刀头烧香蜡纸烛祈求神灵的保佑等习俗；有的地区如果当年庄稼丰收，全村寨的人都要按户数或人数凑钱，大摆酒席庆祝丰收。

3. 耕作技术：因地制宜

因为仡佬族村寨的土地、山坡与河谷，坪子土与岩石峡，房前地与远荒地差异甚大，农户们便发挥自己的智慧，因地制宜地种植作物，除玉米是在各类土里普遍种植外，其他作物如小米、红稗、高粱、荞子、红薯等则分别种在不同的地里。往往秋季在坪子土种油菜和大麦、小麦，坡土种豌豆、胡豆。过去，因为山区人少地多，还要实行轮种，离村寨较远的贫瘠坡土，种了几年苞谷后地力减退，就先丢荒几年，到别处耕种，待这片土地地力恢复后，又来耕种。一些离村寨较远的荒土，不便运肥，就铲、烧当地草木，把草木灰作肥料，及时种植农作物。在较大块的地里，实行间种和套种。在两季作物间接茬种植。空土种早玉米，套种黄豆和少量的南瓜、豇豆、向日葵或套种红薯等。收割之后的油菜地和小麦地可用来种晚苞谷。[②]

---

① 周小艺编著：《中国仡佬族》，杨宏峰主编：《中华民族全书》，第37页。
② 陈天俊等：《仡佬族文化研究》，第36页。

4. 生态肥料：来自田野归于田地

传统农业重视农家肥源，农家肥主要分人厕、猪厩的清粪与牛厦的草肥。仡佬族农户的肥源主要有三种。一是由清粪、厩肥构成的人畜舍肥，其中数量最多的是牛厩肥。每当青草茂盛的盛夏，村寨的男劳动力都要割草喂牛积肥。此外，各季节的各种农作物秸秆，如稻草茎、麦草、豌豆、胡豆秆、苞谷秆叶等都是最好的厩肥原料。二是秧青肥。在春夏之交插秧前，满山的树木绿叶是丰富的秧青肥资源。仡佬族人将青杠叶、马桑叶、各种杂树叶等割来撒在水田里，沤泡几天后待田水变黑，便将这些树叶犁压至泥底，用作插秧的底肥。三是草木灰肥，也就是田边地头、其他非耕地上的杂草灌木，连草根带土铲一层堆烧成草木灰。这三种肥料都来自田野又还归于田地，是典型的生态肥料。

（三）管护理念：大地生万物，均衡为己用

仡佬族将村寨的每一片耕地都充分利用起来，实施高密度、多种品种的混合种植，同一片耕地上可种植或管护数十种农作物和野生植物，耕地的边角地块也长着大茴香、小茴香、薄荷、花椒等食用香料，还有用于析取纤维的各种麻类、做染料用的蓝靛草等。总之，几乎每一个地块都是一个小型天然植物园。人们认为大地生万物，每一样植物都有自己的应用价值，可以予以均衡取用。哪怕是农作物的缝隙中长出的各种杂草，他们也没有"杂"的观念，在中耕作业时也不会对田中的杂草加以铲除，而是将其割来用作牲畜饲料。几乎每一块地中都零星长有高大的漆树，这样的情况在其他地方是很少见的，仡佬族人也同样认为其既然生长在这里，总会有它的用途，因而不会将其砍掉而是任其生长。

（四）特色农耕对地理条件的生态适应

仡佬族的农耕习惯是在同一块土地上多次耕种，多次收获不同物种，故能一面播种一面收获。举例来说，人们早春即选择一些地块种植洋芋，此后的一个多月间，可以不断从这片土中获取野生的家畜青饲料。春末，陆续在已长高的洋芋行间播种玉米、豆类、瓜类、向日葵和其他夏季蔬菜，这类混合播种从开始播种到全部种完，其推进的速度要基本与耕地中青饲料长出的速度相合拍。当最后一块地耕种完毕时，最先种植的洋芋已经可以中耕了，此时剪除的弱苗可供作牲畜的青绿饲料，还未成

熟的洋芋也可以在需要的时候适度供作牲畜饲料。这一种植的过程同时也是收割的过程，相当一部分玉米和洋芋等不到充分成熟就已经开始了收获——生长中的小洋芋、半成熟的鲜玉米是族人的粮食或蔬菜，洋芋、玉米连根刨出的秆蒿、玉米秆正好用作牲畜饲料。

有研究认为，从现代农学的角度看，仡佬族的这番操作是高海拔缺水山区的最佳生态适应方式，其间蕴含着相当丰富的地方性知识。其一，当地早春寒频发，将早玉米种在已经半封郁的洋芋地中，洋芋植株对地表的覆盖作用可避免地表过分降温，保护玉米和其他作物幼苗不被冻坏；其二，同一地块中混合种植的农作物抗低温、抗旱、抗病虫害的能力各不相同，即使一两种作物严重受害，也不至于影响整体产出；其三，即种即收的生产方式，可以有效避开自然灾害，即使遇到严重伏旱，地表植株全部枯萎，也可以收割充作饲料，然后赶种荞子有效地降低损失；其四，在地中混种的各种作物生长季交错，植株高低错落，不仅增加了农田的透光通风能力，还可以节约水肥消耗。[①]

二、生计补充：就地取材的民间工艺

农闲时，仡佬族还善于绩织细布，精于竹、石、造纸工艺，冶炼丹砂（也称朱砂）等，以作为农业经济的补充。其中最具特色、取材天然也最有传承价值的，莫过于纺织染制和竹编工艺了。

（一）纺织：原料取自田野

仡佬族继承了僚人善于绩织细布的传统技术，有着悠久的纺织工艺的历史。据《魏书》卷一百〇一"僚传"载："僚……能为细布，色泽鲜净。"《北史·僚传》《通典·僚典》《通志·僚志》和《文献通考·僚考》等均有类似记载。南宋朱辅所著《溪蛮丛笑》记为"娘子布"，"僚（仡佬族先民）纻，今有绩织细白苎（同'苎'）麻，以旬月而成，名娘子布。""圈布。桑，味苦，叶小。分三又叉，蚕

---

① 杜薇：《留恋远去的大自然——大方县普底乡仡佬族生态适应的曲折与出路》，《吉首大学学报（社会科学版）》2006 年第 6 期。

所不食。仡佬取皮绩布，系之于腰，以代机，红纬回环。通不过丈余，名圈布。"①

仡佬族的纺织材料基本上来源于自家种植的园麻、火麻、棉花，养蚕抽丝，喂养山羊的皮毛、羊毛，野生老虎麻、水麻柳、构树皮等。麻是用得最多而且最早的纺织原料。起初为野麻，后经栽培成为家麻。仡佬族种麻和纺织麻布的历史极为悠久。所居之地常有叫麻王洞、麻王寨、麻王坡的，都是先民种麻织麻的历史遗存。直到近现代，纺织麻布仍然是仡佬族妇女所从事的重要家庭手工业。直至现代，仡佬族地区仍普遍产麻，尤其道真仡佬族苗族自治县的"新民青麻"纤维匀长、耐折耐拉、细支数多、质地优良。人们历来种麻、纺麻线、织麻布满足自家衣着需要，因而每家每户都有麻园，多种植园麻，每年可收二至三季，收割后刮去表皮将里层晾干，将所提取的物质以手工织成麻线；人们也习惯栽种火麻，通常三月撒种，七八月间便可收获，同样是晒干漂白后剥皮成麻、织制麻线；老虎麻、水麻柳、构树皮等多为野生，每年四五月间，人们上山采割，刮皮晒干后搓成麻线；棉花栽种多在三月间，八九月收摘后剥去棉籽，用纺车纺成棉线，再织成布匹。仡佬族妇女以野生植物纤维（构树皮、葛麻等）为原料织成的布史称"僚布"，质量色彩俱佳，非常有名，一些品种曾作为贡品。

明代时仡佬族已开始种植棉花。《思南府志》记载，当时该府"因地产棉花"，不少仡佬族"弃菽粟而艺棉"。棉花大量种植之后，也成为常见的纺织原料之一。随后，一些地区的仡佬族妇女掌握了将丝、麻、棉线按不同的比例配合在一起织布的混纺技术。据《五溪苗族古今生活集》载："五色绸布，今惟所谓仡佬族妇女中，尚有织之为被面者……系用丝、麻、棉三物参织成者。质甚厚，故很耐用，闻每一被面，可用数十百年之久。"②

仡佬族人大概在清初学会养山蚕，缫丝织布，织成的绸布被称为"铁笛布"，清嘉庆年间《续黔书》有记述，赞"永宁（今关岭）、镇宁二州出铁笛布，其纤美似蜀之黄涌，其精致似吴之白越，其柔软似波戈之香荃，其缜密似金齿之漂叠"。

① 陈天俊等：《仡佬族文化研究》，第71页。
② 陈天俊等：《仡佬族文化研究》，第163页。

除"铁笛布"外，仡佬族百姓大多仍以自家种植的原麻为织布材料。原料天然是仡佬族纺织工艺一个典型特征。

自产羊毛，纺织毛布也是仡佬族的传统工艺。乾隆《贵州通志》就有关于仡佬妇女以青羊毛织为桶裙的记载。贵州西部的仡佬族每年将自养的绵羊在春、秋两季剪下羊毛，用水洗净晒干后纺成线，入甑蒸之，使之平直，再将其中的一部分用土法染成各种颜色，成为织布毛线，妇女们再用简单的工具将毛线织成各种平行、斜纹、人字形、方格纹的花毛布。这种花毛布质地优良、经久耐用、保暖性强，不仅在当地仡佬族人当中流行，而且周边民族也十分喜爱。如，毕节大方县普底乡红丰村的仡佬族人常常把自家纺织的羊毛布运到附近的白蜡场去出售，深受人们的喜爱，被称为"白蜡布"，声名远扬。[1]

（二）竹编：人与竹须臾不离

从生态环境的角度来看，云贵高原是竹的起源中心。仡佬族主要居住地的大娄山脉处于中亚热带湿润季风气候带，崇山峻岭，地势起伏，垂直差异大，日照少、湿度大，有100多种竹子遍布于高山深谷，生机勃勃地生长繁衍，特别是在高寒山区阔叶林中，成片的方竹能够很好地保持水土。

竹对于仡佬族人的生产生活有着特殊的作用和意义，几乎所有的仡佬族村寨都有大片的竹林，它与仡佬人民在日常生活中可以说是形影不离：竹笋可食，竹笼可用来编织，竹竿可制作成兵器或修房造屋，捆竹成舟、作筏渡河等十分常见；挑、背运农作物的工具是竹箩筐、竹背篼、竹篓、竹背笈；晾晒粮食必用竹席、竹簸箕，储存粮食有竹围席、竹笼；房屋建筑时联竹成壁，有竹楼、竹楼板；厨房里有竹筷笼、竹碗筷、竹油篓；日常还有竹斗笠、竹麻草鞋、笋壳纳鞋底等，连夜间赶山路时也是用干竹竿或者竹篾条扎成火把照明……[2]

村寨里随处可见青翠欲滴的竹子，不仅使仡佬族村寨环境美丽、空气清新，还

---

[1] 周小艺编著：《中国仡佬族》，杨宏峰主编：《中华民族全书》，第48页。
[2] 贵州省科技教育领导小组办公室、贵州省民族宗教事务委员会编：《贵州世居少数民族文化史》（卷三），第288页。

在很大程度上补贴着群众的生计。仡佬族世代种竹，也世代用竹，漫山遍野、种类繁多的竹既是仡佬族养身活命的"食材"，还是取之不尽、用之不竭的生产原料——身为"竹王"后代，仡佬族男子几乎个个都精于"竹编"——他们把竹子剖为薄片或细丝，编制竹席、竹笠、竹椅、竹凳、竹几、竹箱、竹篮、竹箩、竹筐、竹米仓（俗称"逗箩"）……仡佬族还有一种特殊技术，即将新砍下的尺竹烤热，用牙齿撕下一缕一缕的细竹纤维，称为"竹麻"，将其搓制成竹索，耐水耐磨，常用作犁耕时的牛牵索或引舟渡河的竹索，亦可作为竹索桥的制作材料。

仡佬族竹编多为自用，但在一些地方群众也用竹编工艺来补贴家用。比如，原六枝特区下属的箐口乡居都自然村，是当地民族成分最为纯正的村寨。在居都，民居墙体是用竹做的，生产用具是用竹做的，生活用具也多是竹做的。比如一个背幼儿的背扇，外面是棉麻的织品，中间一般有一个布壳的硬衬，可居都人把竹子做成了这样的硬衬塞了进去……这里从居住到生产，从日用到农用处处都有竹的身影。除了农业生产以外，居都人的大部分经济收入来源于竹子——每逢赶场天，村民就背上各种各样的竹制品到场上，卖掉以后再换回粮食及其他副食品、日用品和生产工具。

与我们常见的商品售卖不同的是，居都人对售卖竹器有一种天然的淡定——虽然居都人几乎人人都会编制竹制品来卖钱，但似乎谁也不指望靠它积累财富——他们像对待一口水井一样对待竹子和手艺，口干的时候喝上几口，解渴了就满足了；天旱时绝不希望它干枯，在下雨时它随势流走了也不可惜。在居都，家家都做篾货自己拿到市场上去出售，好像这村里只有手艺人，却没有商人。即便偶尔有那么一位出现，村里的人还不习惯把东西卖给他，哪怕出高于市场的价也是如此。有学者调研发现，居都村人人做篾活，所用大量的竹子实际上都不是砍自自家的竹林，而是从周围的村寨买来的。因为居都人"舍不得"用自己的竹子，只有在竹子发得太多，需要间伐时或者竹子一时不够用，又来不及去买时，才偶尔砍用自家的竹子。因为在居都人心里，竹和竹工艺，还有一个特殊的意义，即居都人最终的生存依靠。在正常情况下他们绝不会快速地消耗自己的竹林或者把竹子，而是要把竹子留到最困难的时候，比如天灾、人祸等情况下才会启用。这是一种下意识的生存保护反应，也是居都仡佬村民与竹子之间一种天然和谐的关系。这种在外人看来有些不开窍的做法，实则是一种民族文化的充满智慧的存在，一种自我的内在的平衡。[①]

（三）造纸：天然纯手工制作

在务川仡佬族苗族自治县新场村有一个名叫草纸塘的仡佬族小村寨，至今仍然保留着一种古老而独特的造纸工艺，叫作皮纸技艺。这种皮纸技艺共有72道繁杂的工序，每道工序都由人工操作完成，具体技术的把握全凭经验，技艺的传承也基本上为口传心授，一代一代地传下去。

皮纸的原料选用当地的枸树皮。也许是源于对树木的崇敬，当地人将造纸看成一件重要而神圣的事情。他们将造纸作坊里的两根支撑柱称为"将军柱"，在造纸之前，要对柱而拜，祈求平安。

草纸塘皮纸生产技艺被当地人称为"舀纸"，可以说是纯天然纯手工制作的原生态产品。其生产工具有近20种，如竹帘子、纸背、木榨、滤箩、木槽等，完全依靠人力和自然力操作。生产一张皮纸，要经过72道工序，近一个月的生产时间，可见生产工艺之讲究，要求之严格。据了解，一年中以九月、十月所造皮纸为最好，因为这个时候的枸皮养分最充足，柔韧性最好。

草纸塘皮纸作为一种手工民用纸，柔韧性好是最大的特点。除了用于书写外，还是制作灯笼、风筝、斗控、油伞、纸扇、字牌、花灯等的主要原料，不仅在周边地区销量很好，还远销外省市。[②]

---

① 全国政协文史和学习委员会暨贵州省、云南省、四川省、重庆市、广西壮族自治区政协文史委员会编：《仡佬族百年实录》，第208页。
② 周小艺编著：《中国仡佬族》，杨宏峰主编：《中华民族全书》，第124—125页。

第四节　衣食住药与生态习俗：靠山吃山、物尽其用

一、衣：天然原料，生态染制

仡佬族服饰自古以来均为本族妇女手工制作，妇女穿"桶裙"（也称"通裙"）是其最为突出的特点。据《旧唐书·南平僚》记载："妇人横布两幅，穿中而贯其首，名曰'通裙'。"宋代《溪蛮丛笑》记载，仡佬"裙幅两头缝断，自足而入，阑斑厚重，下一段纯以红"，说明仡佬族这种女裙自下而上穿着，颜色极为鲜艳。至明代，《炎檄纪闻》中说："以布一幅横围腰间，旁无襞积，谓之'桶裙'。"而且"极为盛行……男女同制"，说明当时仡佬男子也着"桶裙"了。

（一）原料：自产土布

如前所述，仡佬族的日常服饰多由自产土布制作，原材料多来源于自家麻园、家养绵羊或者野生树皮、棉等。几乎每户都有 0.1 亩至 0.3 亩面积的麻园，一年可采麻 3 次，约 5 公斤至 15 公斤，基本够全家用。如乾隆《贵州通志》所载："……男子多以葛织斜纹为衣……女人以青布束发，或以青羊毛为长桶裙。"仡佬族服饰的制作，从种麻至采麻、洗麻、纺线、织布，均由妇女完成。

旧时代，多数仡佬族人"吃穿靠庄稼，油盐靠手艺"，男耕女织，男人耕地又种棉，女人纺纱又织布，织成的主要是宽约"两卡"（相当于 1 市尺）的窄布。原始的白土布是被褥、床单的常用料。但白布易脏、洗涤费工且色彩相对单调，淳朴聪慧的仡佬人，在生产生活中学会了用各种植物汁液进行染色，得到各种色彩的色布，用来制作服饰，不仅方法简单而且不花钱。这种自染自用、自用自染的方式，在族人中代代相传。

（二）染制：植物染料

心灵手巧的仡佬族妇女很早就掌握了当地所产的众多植物的属性，并对之加以利用。据《安顺府志》记载，"男子衣尚青，服青蓝布，女子……或以羊毛缀线，染红色……或衣尚青……"，由此可以看出当时仡佬族的服饰色彩已较为丰富，有青、红、蓝等或多色交织成花色。光绪年间，正安州染师韩铨顺撰写的《染匠传言

大吉》，对仡佬族民间印染技术进行了较为系统的整理。该书对各色染料、配料的用量及所染的棉、丝、毛等不同质地的数量之间的比例，以及用眼看、鼻闻、口尝等不同方式做检验，并对比例失调后如何补救等过程、方法，进行详细的记述和经验总结，具有很强的科学价值和操作性。[①]

仡佬族纺织品的染色有蓝靛蜡染和野生植物色染两种。

其一，蓝靛蜡染。和贵州许多少数民族一样，仡佬族也有种植蓝靛的习惯，因为蓝靛几乎是家用衣着染色最常用的天然染料。他们在自家房前屋后自种蓝靛，在农历九月将需用的蓝靛留秆15厘米左右连根拔起，捆成小束，放在山泉或溪水边泡着，到第二年农历二月下旬，施放底肥后再分栽在地里。定时薅草、追肥，至夏秋成熟时则摘取叶片拌上白酒制作染料。用蓝靛染料染出的布料通常是靛蓝色，是制作民族服饰用得最多的颜色。贵州西部的一些仡佬族女子擅长蜡染，她们先用蜡刀在白布上绘出美丽的花草图案，将蜡画白布在制作好的蓝靛水里泡染二三日后挂而晾干，再染。如此反复二三次，布料便染色调和、浓而不脱，之后再用高温水煮，使蜡脱落，最后用清水漂洗去渣，便制成图案美观的蜡染布。

其二，野生植物色染。野生植物色染是以各种天然染料染纱、染布、染衣裙，其色染步骤主要有：

第一步，布料的调和。仡佬族染色调和技术是染色技术的基础。调和技术主要应用于未经染色的成品上，特点之一是以米汤为主要原料——米汤要用优质米（油水好）进行熬制，其浓度既不稠也不清（稀），用口含于嘴中，在家中挂晾的布品上进行均匀嘴喷。喷完后将布品折叠整齐，然后用重物压1~2天，再拿到屋外在太阳光下晾晒1~2小时即成。经过这样的处理的布品才根据需求进行染色。[②]

第二步，制作各种染料水。如果需要染出来的布品为蓝而略带紫的颜色，妇女们会先在河边挖一个宽约1米、深约30厘米的坑，四周用石灰糊好使其密不漏水，

① 全国政协文史和学习委员会暨贵州省、云南省、四川省、重庆市、广西壮族自治区政协文史委员会编：《仡佬族百年实录》，第9—10页。
② 全国政协文史和学习委员会暨贵州省、云南省、四川省、重庆市、广西壮族自治区政协文史委员会编：《仡佬族百年实录》，第219页。

然后从山上采来马桑叶放在锅里煮熟，将水倒进坑里盖上，密封十天半月后即成染料。如果想要布品染成是蓝略带黄色，则用 15 公斤生姜在小池子里用水浸泡数日，将水熬开便成所需染料。

需染绿色，则将山上砍来的砦角树枝劈成约 15 厘米至 20 厘米长，放在锅里加水煮 1 小时至 2 小时，滤出渣即成染料水。

染黄色，是将山上的黄杨树（当地又称"三棵针"）根和茎砍成 15 厘米至 20 厘米长，放进锅里熬煮 2 小时至 3 小时，滤出渣即成黄色染水。

如需染红色，则到山上挖小白藤根（当地又称"野鸡头"）和根上茎，用水冲洗后春烂，榨出其汁，即为红色染料。

土红色，是从山上捡来土红染色石春成粉末配上染色药草野雀豆的茎，比例大致是 5 公斤土红配野雀豆 0.5 公斤，用大火在锅里煮一天，即得。

第三步，染制。上述几种颜色的染制，最常用的使用方法是：将染料水煮开，把白布或衣物放进去煮 1 小时至 2 小时（染什么色煮多久全凭制作者的经验），拿出用清水漂洗干净，随后用木榔头在布品上翻转敲打，再入水浸泡，再敲打，再浸泡……直到用手拧干水时手指间不沾色才算完成。

第四步，上光。无论是染什么颜色，在将布染好后，都要用从山上采来的毛焦药为其上光，才算完成全部的步骤。[①] 这样制作的成品色泽厚重且有光泽，经久耐用不易褪色。

（三）印染精品——"紫瑰色"

提到仡佬族的印染，有一个已经失传的工艺不可不提，那就是"紫瑰色"。"紫瑰色"既是色彩也是工艺名称。仡佬族印染的"紫瑰色"，与蜡染、蓝靛染同为染制工艺"姊妹花"，主要流行于贵州省凤冈县一带，是当地仡佬族服饰文化的重要组成部分。"紫瑰色"的制色原料是野生灌木，其在仡佬族居住的地方随处可见。因为染出来的布品色泽像紫红玫瑰那样鲜艳，仡佬族人干脆称呼此植物为"紫瑰色"。需用之时，采集这种植物的全株或者枝叶，趁新鲜砍成小条，用清水煎煮，得紫红

---

① 陈天俊等：《仡佬族文化研究》，第 72 页。

色汁液。染色时，将染料与连同需要染色的白土布，同时放进铁锅，边煮边搅动，煮透后取出拧干在草地上铺平，让太阳曝晒，边晒还可边洒上染料汁液，晒干之后，白布就变成了紫红玫瑰花色布。

"紫瑰色"可以制作很多图案，但必须在染色中同步进行。图案需事先准备，有剪纸、花卉、字画、戏文、飞禽走兽和人物竹柳等，可简可繁、可粗可细。当布品从锅里取出平铺于草坪时，就要立即将设计好的图案平铺在湿布之上，或者直接在湿布上扎结使成"狗牙瓣"，当然也可临时找些喜欢的小枝、小叶、小草、小花等实物放在湿布上，只要遮挡阳光就行。然后进行烈日曝晒，阳光越强烈越好，图案部分需随时喷洒染液，只要水分没有蒸发完就要洒液，反复若干次。这样最终晒干后，凡是没物体遮挡阳光的部分变成紫瑰色，图案遮挡部分几乎还是白布的本色，两者反差强烈，成品十分美观。[①]

对"紫瑰色"的原料的选取，当地仡佬人也很有讲究：生长在向阳山上的，太阳照射时间较长是上品，染成的布品越洗越紫红、越洗越鲜艳；生长在阴山下的，太阳照射时间很短则是下品，染出来的成品色彩就有些灰暗，不够鲜艳。用这种植物所染之色，叫"紫瑰色"，工序名称也叫"紫瑰色"，所染出的土布也叫"紫瑰色"。

紫瑰色印染，集实用性和艺术性为一体，是仡佬先民地方性智慧的典型代表，更是其民族文化在生活中的具体展现。只是随着历史变迁，"紫瑰色"已经自然消亡，几难见到。但幸好，其他几种传统织染依然保留、历久弥新。

二、食与饮：来自田间山野

饮食习俗往往从一个侧面展现了一个民族的精神和文化特征。仡佬族先民在生存实践中积累中广泛吸纳、融合了汉族和其他民族文化的精华，在历史长河中不断演进，形成了自己独特、厚重的饮食文化特征。仡佬族的分布地区大部分属于云贵高原东部，平均海拔在一千米以上。俗话说"靠山吃山"，对于世代生活在崇山峻

---

① 全国政协文史和学习委员会暨贵州省、云南省、四川省、重庆市、广西壮族自治区政协文史委员会编：《仡佬族百年实录》，第221页。

岭、山间的小坝子和大小河流域的仡佬族来说，山林溪流就是他们的家园，一山一水几乎就是他们生活物资的全部来源，而与生存息息相关的饮食文化，也如大山一般粗犷而包容，兼收并蓄而不失个性。

仡佬族饮食习俗的主要特色是靠山吃山，山尽其利，取之于山，食之于山。山中生长的野生植物无一不是仡佬族人饭桌上的佳肴：春天的蕨菜、鲜笋、荠菜；夏天的苦菜、天星菜（野生苋菜）；秋天里各种各样的蘑菇和豆类；冬天的刺菜、折耳根（学名鱼腥草）……一些山中生长的药用植物也是仡佬族人的桌上美食，如桔梗、百合、山药、沙参等。仡佬族人在饮食上讲求简单实际，日常以填饱肚子为主，并不太注重饭食丰盛与否。通常在农忙季节一日三餐，农闲时则一日两餐。但是每逢重要的日子人们一定会花很多的时间和精力准备丰盛的餐食。[①]

（一）食：靠山吃山、天然健康

1. 主食：符合现代饮食理念的"两造饭"

由于居住环境不同，不同地区的仡佬族的饮食结构也有差异。居住在坝子里的多以稻米为主食，而居住高山地区的则以玉米、土豆为主食。贵州的仡佬族绝大多数居住在"石旮旯"，山多田少，水稻产量不高，粮食以玉米、土豆为主，同时习惯以主粮和杂粮搅配而食。他们以玉米面为主，掺入部分大米，加工成"两造饭"。"两造饭"从原料到制作都有一定的要求：在每年的秋收时节，便选择颗粒饱满的玉米和稻谷晒干后储藏，食用时提前将玉米加工成玉米面、稻谷脱壳成大米。做"两造饭"时先将大米煮成半熟，过滤米汤，放在甑子里蒸到一定时候，把混合了适量水搅匀的玉米面放在大米上，再蒸一段时间，用筷子将玉米面和大米搅拌均匀，继续蒸上几分钟，鲜美可口的"两造饭"便制作完成。因原料是金色的玉米和洁白的大米，"两造饭"又被称为"金银饭"。虽然随着社会经济的快速发展，人民生活水平的提高，如今的仡佬族人早已不用再以玉米为主食，但人们仍然常保留了用玉米面掺和大米做饭的习惯。[②]这种粗粮细作、天然营养的"两造饭"作为一种健康

---

① 周小艺编著：《中国仡佬族》，杨宏峰主编：《中华民族全书》，第41页。
② 周小艺编著：《中国仡佬族》，杨宏峰主编：《中华民族全书》，第41页。

美食仍然为现代人所喜爱。

2. 糯食：民间重要待客礼和祭品

和贵州许多民族一样，仡佬族也喜欢吃糯食，但因为糯米产量较低，是比较稀有的物品，所以通常是将其打成糍粑用于待客和祭祀，民间也流传着"端阳打粑送亲家，重阳打粑封龙口，谷熟打粑献新人"的说法。打糍粑，顾名思义是"打"出来的。先将糯米洗净浸泡十余小时，蒸熟以后放入石臼内或者其他容器中，用特制的木棒舂制而成。舂好后，再撒上少量黏米细面，根据需要捏制成大小不等的粑团。糍粑是仡佬族人祭祀祖先的重要祭品，也是在节庆喜日时招待客人的重要食物。每到春节和重阳节，几乎家家户户都要打糍粑，还有"重阳不打粑，婆娘不归家"的俗语。通常祭祀用的糍粑讲究些，要大小齐备。大的直径约两尺，小的直径约两寸。祭祀完以后即可食用。每年过春节时，各家也要专门打一个大糍粑供奉祖先，这种要供奉三天之后才可食用。此外，每逢端阳节、重阳节等节日，仡佬族人都要准备糍粑宴请宾客。可见糍粑在他们生活中的重要性和多功能。

3. 口味："没有辣椒不成餐"

仡佬族居住地处高寒山区，由于气候长年寒凉，人们有"没有辣椒不成餐"的习惯。辣椒是每天不可缺少的佐食品，还吃出了很多花样。每到辣椒的收获季节，各家各户纷纷制作各类辣椒佐食，如：辣椒酱，用新鲜的红辣椒磨成酱后装进坛，加盐封存半个月即可取食；蒜味辣椒，是将鲜椒切碎，拌以生蒜瓣和好酒、食盐入坛腌六七天即可取食；还有被公认为各种辣制品中最好吃的辣椒骨，在冬季杀年猪以后，把猪骨头全副用斧背捣碎，再用碓舂成糊，将辣椒粉与骨头（糊）混合，加入花椒粉、生姜片（半干）和适量的食盐、酒，搅拌均匀后装进缸中密封，半个月后便可取出食用。制作好的辣椒骨色泽鲜艳、气味香浓，与青菜或酸菜一同煮食则油而不腻且能开胃健食，仡佬族人形容为"吃了三碗饭，眼还望锅头"，可见辣椒骨有多受喜爱。所以仡佬村民们几乎家家都要在每年杀猪过春节时制作辣椒骨，少的一缸，多的几缸，一般可食用半年或一年。①

4. 调料：来自山林、田边

仡佬族人在烹饪调料方面也很有特点，山林中不少野生植物是现成的香料，常见的有木姜子、山苍子、山豆根、茴香叶等，田间地头也家家种了各种可以用来调味的植物，并且有一些根本就没有命名，统称"香草"。比如，炖鸡用料和白切鸡的用料，是叶片像韭菜叶的香草；炒猪肉用的香草则长得像芭芒草；炖猪脚的香草有两种，一种形如芭蕉芋，另一种则和黄花菜根模样相同；狗肉和田螺的配料多用薄荷……所有这些烹调制作，都反映出仡佬族人的口味特色。

（二）饮：仡佬人家保健茶、醋、酒

1. 保健饮品麻糖醋

开门七件事，油盐柴米酱醋茶，但仡佬族的醋和平常概念里的醋不太一样，它既是一种调味品，更是日常生活中一种大有讲究的风味饮品，素有"无醋不成味"之说。这种醋是一种麻糖的副产品，称为"麻糖醋"，在务川仡佬族苗族自治县一带尤其受欢迎。

麻糖醋的制作工艺并不复杂：先将玉米磨碎，加入麦芽熬制成麻糖，将其充分发酵后过滤取其汁，加入适当开水稀释后装入瓦缸中密封，在20℃左右温度下存放，通常经过10来天的糖化，便制成了麻糖醋。麻糖醋酸中回甜、清醇绵长，在仡佬族人日常生活中既用作调味，也是清凉解渴、祛湿生津的饮料。

没有人能准确地说出麻糖醋何时成为仡佬族人的必备饮品，但有研究认为，中国人制醋、食醋的习惯本就相当悠久。据《物类原考》记载，醋"一名苦酒，周时称醯，汉时称醋"。醋在先秦时期还是一种珍贵的调味品，汉代以后才普遍用于烹调。仡佬族人"无醋不成味"的饮食风尚应该是沿袭汉代遗风，由先民传承下来并世代风靡——盛夏酷暑，畅饮一大碗麻糖醋，顿时祛渴生津，暑热顿消；许多民族风味小吃也以麻糖醋为辅料；岁末年节，人们吃多了大鱼大肉，一碗麻糖醋下肚便

---

① 全国政协文史和学习委员会暨贵州省、云南省、四川省、重庆市、广西壮族自治区政协文史委员会编：《仡佬族百年实录》，第1170页。

能去油解腻……于是一年四季，仡佬族男女，众口同味，皆将它视为佳酿，有的甚至嗜醋成瘾，一日不可无醋。

据说，麻糖醋还具有不可忽视的药用作用。从现代食品工艺的角度来看，醋的品种因原料不同而有米醋、麦醋、糖醋、果醋等分类。麻糖醋属于糖醋，是仡佬族先民巧妙利用微生物的产品。其中原料麦芽含丰富的淀粉酶，能使淀粉转变而成饴糖，当作为糖化剂的麦芽淀粉酶达到最佳值时，麻糖醋的味道就酸中回甜，同时含有浓厚的蜂蜜味，口感清醇绵长，使人一饮难忘。[①] 古代医典如《黄帝内经》《伤寒杂病论》《本草纲目》等对食醋的药用价值多有记载："醋酸温，开胃养肝，强筋暖骨，醒酒消食，下气辟邪，解鱼蟹鳞介诸毒，陈久而味厚气香者良。"随着医学的发展，近年来，人们又发现食醋对治疗高血压、皮肤病、骨质增生、风湿性腰腿疼以及肝炎、感冒、脱发诸病均有较好的疗效。因此确实可以说麻糖醋是仡佬族人自古传承下来的天然保健饮品。

2. 风格独特的仡佬族茶饮

贵州仡佬族主要聚居的黔北地区气候湿润，多为酸性土壤，适宜茶树的生长。自古以来仡佬族就有栽植茶树、经营茶业的传统，更有识茶、饮茶的习俗。仡佬族人饮茶风气颇盛，仡佬族山乡至今还流传着"宁可无米，不可无茶""一天不吃两碗，走路脚打闪闪"之类的饮茶俗语，可见茶是其一刻也离不开的日常饮料。唐代陆羽撰写的《茶经》中亦有"茶之出黔中，生思州、播州、费州、夷州……往往得之。其味极佳"的记载。宋代诗人黄庭坚谪居彭水期间也曾赋词《阮郎归·茶》，盛赞都濡（今务川一带）茶，并较为详细地记述了从采摘到焙制、包装的全过程："黔中桃李可寻芳，摘茶人自忙，月团犀胯斗圆方，研膏入焙香，青箬裹，绛纱囊，品高闻外江，酒阑传碗舞红裳，都濡春味长。"后来在《煎茶赋》中他又再次称道务川的大树茶："苦口利病，解涤昏……黔阳之都濡高株……"[②]

---

① 全国政协文史和学习委员会暨贵州省、云南省、四川省、重庆市、广西壮族自治区政协文史委员会编：《仡佬族百年实录》，第1178页。
② 全国政协文史和学习委员会暨贵州省、云南省、四川省、重庆市、广西壮族自治区政协文史委员会编：《仡佬族百年实录》，第1116页。

　　仡佬族地区产茶较多，以绿茶为主，除通常采摘培植的家茶外，人们还喜食野生的大树茶（苦丁茶）、藤茶及老鹰茶等，饮茶方法也颇为多样，除了极具民族特色的油茶以外，还有罐罐茶、泡青茶、沙茶、擂茶等民族风格鲜明的茶饮。

　　罐罐茶，是仡佬族独具特色的茶食之一，多用在祭祀等重要场合或者接待重要客人时。其制作方法十分独特：选用夏初采摘的野生老鹰茶叶晒干，用当地特制的土瓷茶罐盛满水在火上烧沸，将茶叶放入再次煮沸5—l0分钟后，把茶罐从火上移走，等到茶叶沉底、茶水变浓方可倒出饮用。用这种方法煮泡的茶，汤色清正。冬可热服回味甘甜，夏可凉饮清凉可口，尤其在夏天辛苦劳作之后饮用，大汗即止、心旷神怡，这种饮法在黔东北的石阡县一带仡佬族人家尤为普遍。每逢年节，当地仡佬族人家供奉祖先和神灵，也以罐罐茶的第一碗作为祭茶，以表敬意。

　　泡青茶是由茶叶采撷揉制而成。饮时，将茶叶放入杯中，先注入1/3的开水，盖好，泡至一分钟后，再盛满开水，吹去表面泡沫即饮。20世纪60年代以前泡青茶所用茶叶多系野生，此种饮法简易能快速解渴，为百姓家庭所常用。

　　沙茶。采集野生老鹰茶叶晒干，存放多年后，自然形成小沙粒状（又称虫茶），饮时用纱布包好开水冲泡。随取随饮，有清凉、顺气作用，特别受仡佬族老年人喜爱。

　　擂茶。将采摘下的茶叶烘干，舂成细粉封存于陶罐，饮时提前将茶粉、糯米粉、熟芝麻、苏麻、黄豆和花椒、姜、葱等一起放在擂钵内，加适量的水，用"擂茶棒"擂成粉状，制成"茶羹"。饮用时视用量加羹、水和盐饮用。这种饮法不普遍，是少数地方的风俗。

　　甜茶。一些仡佬山乡还有饮甜茶的习惯。甜茶为野生植物，茶叶大小及形状与青冈树叶相似，将三四张干茶叶置于茶盅内冲泡开水后，茶水呈深黄色，入口甘甜生津，最能止渴。除长年用作饮料外，还有一种吃法是每逢端午（农历五月初五）和元宵佳节（农历正月十五），将备用的甜茶熬煎成水，用来拌粽子和滚汤圆吃，滋味无穷。据有关资料介绍，植物界有不少含糖的植物，"甜茶"是其中含糖较多的一种，"茶"中甜味就来源于此，其甜味是蔗糖的50~100倍。饮用甜茶比较典型的代表地区是贵州省石阡县地印乡碧星村周家寨，寨子后山上，有约5000株甜茶树。这种"甜茶"树，学名青钱柳，是国家珍贵保护树种。[①]

各类茶饮之中，又以用有机茶叶为主要原料制作的油茶最有民族特点。

仡佬族人酷爱油茶，有"不吃油茶，头晕眼花"的说法。仡佬族聚居的山区普遍盛产茶叶，以绿茶为主，除了培植的家茶外，还有野生的大树茶（苦丁茶）、藤茶和老鹰茶，仡佬族人利用这一天然资源制作出了一种古老而特殊的饮茶——既能开胃又能提神的油茶。据说农人们日常劳作十分辛苦，喝上两碗油茶，便顿时精力充沛、干活有力，因此又将油茶称作"干劲茶"，民间还素有"喝了油茶汤，周身硬邦邦，婆娘喊一声，立马上山冈"的说法。油茶在道真、务川等地最为流行。在道真县一带很早就流传有播州土司军队外出征战，常以油茶充作军粮的说法。20世纪20、30年代，因禁吸鸦片，烟民以熬得浓浓的油茶戒烟，颇为奏效。初为少数富户饮用，继而在民间广为传播。[②]

关于油茶的起源，也是有故事的。相传在很久很久以前，仡佬族先民开辟荒草求生存，辛苦劳作之时常常饥饿难忍。一天，一位仙女路过，指点饥民们采摘山间绿油油的茶叶尖放入口中嚼细咽下，不但能暂时充饥，还有先苦、后甜、再香的奇妙口味。后来仡佬族人逐渐把野生茶变成了家种茶、把生食变成了熟食——把这种茶和其他食物一起烹煮，成为民族特色饮品，不但族人每日不可或缺，而且但凡有人走亲访友来到家里，也一定会端上一碗热腾腾的油茶，故日常素有"人情厚薄何处看，看他多少酽油茶"之说。

相比侗族等民族的油茶制作，仡佬族油茶似乎内容更加丰富、质地也更加浓稠。其他民族的油茶多用"泡"或者"煮"的方式，而仡佬族油茶更多是"熬"成的，其制作过程相对也更加繁复：先将大米、黄豆、花生、芝麻等放到铁锅里炒黄出锅，再放入猪油或菜油、花生油烧沸，将炒好的茶米放入锅内，同时放入适量粗茶叶（小茶树上的老茶叶），稍炒一会儿便加入少量水，焖煮半小时左右，再用特制木瓢熬

---

① 全国政协文史和学习委员会暨贵州省、云南省、四川省、重庆市、广西壮族自治区政协文史委员会编：《仡佬族百年实录》，第1117页。
② 全国政协文史和学习委员会暨贵州省、云南省、四川省、重庆市、广西壮族自治区政协文史委员会编：《仡佬族百年实录》，第1191页。

压，待油茶有一定黏稠度后又加入少量水，继续熬压直至粗茶叶呈蛛网状，继续掺入足够的水，放入食盐、排骨或腊肉骨头、油渣、土豆等，煮开以后即成茶羹。茶羹可以即时食用，但因为制作繁复，许多家庭习惯一次制作较多茶羹，用器皿装好，需要喝时根据人数和需要量的多少，重新放油，将茶羹加入炒热，加入热水煮开放盐，即得一碗香浓油茶。这种方法熬成的油茶，已经完全不是我们平常所说的"喝"的或浓或淡的"茶"了，因为添加了油、盐和坚果甚至肉类、土豆，不但香气扑鼻，味道鲜美，而且内容丰富、饱腹感极强。农户在田间干活回家，有时来不及做饭，就先用开水冲泡一碗油茶喝下，以此垫底，再慢慢做饭菜。日常食用油茶时往往还配上佐餐的"茶食"，如麻饼、酥食、米花、花生、荷包蛋等，[①]这样一碗实在的油茶入肚，确实能起到使人精力充沛、干劲倍增的作用。

对油茶里的茶叶，仡佬族选料也有讲究：必须取清明前后的头道茶，俗称"明前茶"。仡佬族地区的土壤多含锌、硒，富锌、富硒的有机茶芽是首选。有研究证明，油茶里所用绿茶经过高温油煎搓揉、煮沸，能充分分解或化合绿茶和油的成分，使有益健康的维生素得以充分消化利用。喝油茶时，只要适当调配浓度，便能有清心怡神、防便秘、消化不良等功效。

（三）酒：农家作坊杂粮自酿

一般仡佬族家庭都会酿酒。酒的原料多用玉米、稻谷、高粱、麦子，也有芭蕉芋等。男子每天干活回家都习惯喝上一两碗解乏。逢年过节、办婚丧事以及待客也都少不了喝酒。酒的品种较多，宴席待客用烧酒，即白干酒，用玉米或高粱酿造，味道浓烈，俗称"火酒"；逢年节及产妇坐月子则常饮用糯米或玉米、小米酿制成的甜酒。煮糍粑、鸡蛋时加甜酒，或直接用泉水冲饮，既可解渴，又能充饥，小孩、妇女多以甜酒水当日常饮料喝。小孩常喝甜酒身体健康、脸色红润，故仡佬群众家中普遍酿制甜酒。[②]

各种酒品当中，最具民族特色要数咂酒的酿制和饮法。在新中国成立 50 周年

① 周小艺编著：《中国仡佬族》，杨宏峰主编：《中华民族全书》，第 44 页。
② 《仡佬族简史》编写组、《仡佬族简史》修订本编写组编：《仡佬族简史》，第 165 页。

之际，中国邮政发行的 56 个民族邮票中仡佬族这一枚便使用了"咂酒"的图案。

咂酒又称为"钩藤酒""竿儿酒"或"爬坡酒"，以饮用方式独特——饮用者直接抓住竹管吮吸（咂）而得名。清嘉庆十八年（1813）李宗昉在《默记》中云："咂酒，一名重阳酒，以九月贮米于瓮而成，他日味劣，以草塞瓶颈，临饮注水平口。以通节小竹，插草内吸之，视水容若干，征饮量。"乾隆《平远州志》记述织金县一带仡佬族"饮以细竹竿，通去其节，插至坛中吮吸而出，谓之啐马酒"。《黔书》称"席地宴宾客，竿酒传来，亦自觥筹交错"。《遵义府志》中载查慎行咏曰："蜜酒钩藤名，乾糟满瓮城。茅柴输更薄，桐酪较差清。暗露悬壶滴，幽泉借竹行。殊方生计拙，一醉费经营。"还有传说称，当年太平天国翼王石达开在黔西、黔北一带饮用咂酒后，留下了"万颗明珠一瓮收，君王到此亦低头。五岳抱住擎天柱，吸得黄河水倒流"的赞叹，把咂酒的饮用方法描述得相当生动。

咂酒一般是在寿筵、嫁娶、立房、丧葬、迁徙等各类事务聚餐时饮用，饮时按老幼男女依次吸吮，或议事，或叙旧，或祝愿，或话别，酒助情浓，情增酒兴，别具情趣。尤其是哪家有婚嫁喜事，亲友纷纷在自家酿造的咂酒酒坛贴上红条，挑来作为礼物。坛内插长空心棕叶茎一根，其下用短接片撑开，男女宾客就茎吸吮。通常喝第一道要先请老人，再请姑表、母舅等，而后就随便客人喝。

咂酒的酿造制原料和方法其实和其他粮食酒并无太大差异：将糯谷、高粱、玉米、小米或小麦、红稗等掺和，蒸熟，稍冷后拌以酒曲发酵，喷少量水后装缸。其最能体现民族特色的地方，一是酒药，二是制作步骤。咂酒的酒药由丁香、广香、随手香、酒药花、倒勾刺花、土烟谷豆、耗子头等植物组成，混合在一起炕干磨细成粉，捏成药饼，又以娱蚁、八角丁（一种毛虫）泡水晒，用此水拌毛稗面、香麦面，簸于上述酒药饼外表，在筛内用一层层香麦秆垫放酒药饼，再盖以香麦草捂沤一天后在阳光下晒干，方成。酒药与粮食的比例是 40∶1。[①]制作步骤——装缸时需用两小截竹竿，上头留一节子，其余全部打通，插入缸中，密封缸口，封存一月左右即可饮用，封存时间越长，酒味越醇浓。饮用时，将顶端节子打空，一竿进空气，一

---

① 陈天俊等：《仡佬族文化研究》，第 74 页。

竿作饮具，边饮边掺入冷开水或清凉山泉。所谓"咂酒"，正是饮用者直接抓住竹管吮吸（咂）而得名。咂酒液黄泽亮，味甘洌而醇厚，饮之可增进食欲，促进消化，消除疲劳。[①]仡佬族人还有个传统习惯，即如果家中有老人年高，一般都要在家中存放三五缸咂酒，只要老人仍健在，酒就一直存放，以防老人去世时要用咂酒。[②]

（四）源远流长：茅台酒与仡佬族人的渊源

驰名中外的贵州茅台酒据说与仡佬族人渊源颇深，更有人多方考证提出"濮人是酿造茅台酒的先民"一说，认为茅台酒是当地土著经过多年实践，顺应当地自然条件土生土长的产物。从地理和族源的角度看，众所周知，茅台之乡是仁怀，茅台酒一个重要原料是赤水河水。赤水河古称大涉水、安乐水，后称赤虺河，再后称为赤水河。仁怀现在居住的有汉、仡佬、苗、布依、彝族等八个民族，除仡佬族外，其余民族均系外来民族，即使是彝族，也是在秦始皇统一六国后，沿乌蒙山脉往东北先后进入黔西北一带时，与"当地濮人发生密切的关系"，可见濮人才是当地最早的土著民族，历史均有据可考。茅台酒的工艺没有千年以上的历史是达不到如此成熟的，仡佬族是赤水河岸唯一而最古老的民族，酿造茅台酒的先民应该是濮人。[③]

从地名的渊源来看，有两种版本，一个版本是，赤水河之滨的茅台镇是仡佬族人的世居之地，过去叫茅台村。"茅台"一词最初是指茅草丛生的土台，当地仡佬族人常常在此祭祀祖先。如今，仁怀仡佬族居住的茅坝镇、坛厂乡等地仍有茅台的地名。清朝乾隆年间，茅台村成为黔北川盐的转运口岸，人口日渐稠密，清末民初时，茅台成为贵州的重要商业古镇。清代学者郑珍有诗云："蜀盐走贵州，秦商居茅台。"[④]另一个版本是，仡佬族先民有一个重要节日叫哈戎节，据说哈戎节是仡佬族最盛大也是最神圣的祭祀活动，其中一个重要仪式就是杀牛祭祖宗、祭天地。首先要选一头身强力壮的黄牛置于土台上，土台下站满虔诚的男女老少，杀牛的方式独特——只能用刀插入牛的头骨中，血喷洒越高越显示对天地神灵和祖先的真诚和敬意，越

---

① 周小艺编著：《中国仡佬族》，杨宏峰主编：《中华民族全书》，45 页。
② 《仡佬族简史》编写组、《仡佬族简史》修订本编写组编：《仡佬族简史》，第 165 页。
③ 周小艺编著：《中国仡佬族》，杨宏峰主编：《中华民族全书》，第 65 页。
④ 《仡佬族简史》编写组、《仡佬族简史》修订本编写组编：《仡佬族简史》，第 65 页。

能给族人带来好运、好收成。接着人们通宵达旦地吃着牛肉，喝着自产的美酒，载歌载舞。因为这块祭祀的土台长满了茅草，平时都称"茅草台祭祖"，后来才得地名"茅台"。①

从酿酒的历史来看，现存最早的茅台酒古陶酒瓶是乾隆二十年（1755）制品，瓶口小、颈短，以木塞封口，盖以肠衣（或猪膀胱皮），用麻线缠紧。史载世居茅台村的仡佬人喜欢酿酒，据《黔书》载："茅台村隶仁怀县，滨河。土人善酿，名茅台春，极清冽。"《遵义府志》中也生动地描述："仁怀城西茅台村制酒，黔省称第一。其料纯用高粱者上，用杂粮者次。制法，煮料和曲即纳地窖中，弥月出窖烤之。其曲用小麦，谓之曰白水曲。黔又通称大曲酒，一曰茅台烧。仁怀地瘠民贫，茅台烧房不下二十家，所费的粮不下二万石。"

从生产工艺的角度分析，要使含淀粉的原料生成酒，发酵技术是重要的化学过程。茅台村土壤为橘红色，称之为"朱砂土"，利于生香及微生物的繁殖；赤水河系山泉流汇而成，极少杂质。茅台酒精选高粱为糟，在重阳节前投料，用泉水烤蒸八次、下曲八次，生产周期为九个月，在朱砂土砌成的发酵池储存三年后，用数十种单型酒精心勾兑而成；装酒的陶瓶结构疏松，有大量微孔，能透入少许空气并带走酒中的水分，加强酒液的配化作用，使之存贮越久越醇香。②

上述可见，《黔语》一书记载的"寻常沽贯皆烧春也""茅台隶仁怀县、滨河土人善酿，名茅台春，极清冽"等，所指的善酿名酒——茅台烧春的土人正是仡佬族先民。

三、住：山水间寻求和谐生态

民居，是民众日常生活中最典型的文化空间，民众在这个空间范围从事富有生活性质的行为活动以及文化创造活动。民居及其所形成的聚落最能充分地反映当地

---

① 全国政协文史和学习委员会暨贵州省、云南省、四川省、重庆市、广西壮族自治区政协文史委员会编：《仡佬族百年实录》，第185页。
② 《仡佬族简史》编写组、《仡佬族简史》修订本编写组编：《仡佬族简史》，第65页。

仡佬族民众的生活文化、风俗习惯等，其与人文环境、民俗信仰等方面密不可分，是民族文化、民俗文化、地域文化的典型体现。[1]

村寨选址落定之后，仡佬族人的住居则依地形的不同而有所差异。他们非常注重房屋地址的选择，居住在丘陵河谷、平坝地区的仡佬族，多依山傍水建房，房屋一般较高；居住在高山的仡佬族群众则通常选取向阳避风处建造，房屋大多比较低矮。但无论是平坝河谷还是高山地区的仡佬族人，通常都遵循"山管人丁水管财"之说，在选址时尽可能地依照这一原则。至于住房构造形式及建筑材料，则视其所处地理环境、经济条件、人口多少等情况有所不同。

（一）择居：风水先行

在仡佬族的文化里，平安、长寿、人丁兴旺和升官发财等运势都受风水的影响，因而人们不但在村落选址时讲究风水，村寨选址确定后通常会提前规划出风水林的位置，这类风水林以柏木、银杏、枫香树、楠木和杉木为主。人们还会在村寨、房屋、墓地、宗祠和寺庙周围有意培植或保护自然树木来作为风水树，以汇聚和改善风水。风水文化体现了当地人民对美好生活的追求与向往。

民居营建、坟墓修筑、建筑空间布局等等，无一不体现其风水文化。此外，环境、方位和朝向也很重要。每逢村民营建房屋，都要请风水先生或者懂风水的"寨老"，看地势、定朝向、划空间、开财门，以趋吉避凶，确定一个天人合一的地理环境。由于山多田少，坪坝极其珍贵，民居择地，都必须让出坪坝，一般选择在依山傍水或半山腰向阳之处。风水师会根据该户人家的生辰八字，以尽量避免破坏自然生态环境为指导思想，结合山形地势"来龙去脉"、水流缓急回旋，权衡利弊，确定合适的地势和朝向。仡佬族民居一般选在山势平缓的半山腰，凡植被繁茂，傍依泉水小溪，前有小坝缓坡，左右翠绿环抱，后倚"龙脉"的地方就被认为适于居住。宅居种树以柏木、银杏、木樨、红豆杉和楠木为主。这样的风水文化和观念，不但满足了民众内心精神追求，符合趋吉避凶的民俗，也适应了自然生态。[2]

---

① 肖冠兰：《黔北民居研究》，重庆大学硕士学位论文 2007 年。
② 朱江：《王家大院垂带石艺术特征》，《艺海》2012 年第 12 期。

（二）干栏式建筑：省地又防涝

由于居住之处山高洞多，仡佬族先民多过着穴居生活，随着生产力水平发展和建筑水平的提高，依树、依山而建的干栏式房屋逐渐成为民居的主要建筑风格。据《魏书》记载，仡佬先民僚人"依树积木，以居其上，名曰'干栏'，干栏大小，随其家口之数"。"依树积木"，即直接在相邻的大树间捆置木排，人住在天然树木和木排之间，相当简陋。唐代杜佑在《通典》中记载，僚人所居住的地方多山，有毒草、蚊虫和蝮蛇等危害人类，所以"人并楼居，登梯而上，号为'干栏'"。可见，这一时期的"干栏"建筑已由依树积木的简易建筑发展成为能够防潮防虫的楼房。南宋《溪蛮丛笑》记载："仡佬以鬼禁，所居不着地，虽酋长之富，屋宇之多，亦皆去地数尺，以巨木排比，如省民羊栅，杉叶覆屋，名'羊楼'。"此时，人们已将干栏从树上移至平地，在地面上打木桩，桩上再用巨木铺排，房顶为人字形支架结构，用茅草或树皮盖顶。有了更加舒适耐用的"羊楼"，原先依树积木的干栏棚便普遍作为人们看守庄稼时的临时居所。简陋的"羊楼"在近现代仍部分存在。

云贵高原是典型的喀斯特地貌，山高坡陡而平地多在低洼之处，仡佬族的干栏式建筑形制是依据其聚居地的气候、地理条件发展而来，依树而建或者依山而建的干栏式房屋有着既节约土地又免受洪涝之灾的双重功效，还有着防潮、防毒虫，保障采光充足和通风良好的作用。至今，仡佬族地区的干栏仍保留了"依山而建、楼上住人、楼下养畜"的特点（当地群众也称为"吊脚楼"），楼居的方式和特点在原有基础上也不断改进，在道真、务川仡佬族苗族自治县的仡佬族多数已将"干栏"式建筑演进为"房内楼居"，即人居房屋要高出其他房间 80 厘米左右，既干净卫生，又不会染上风湿等疾病。[1] 可见仡佬族先民很早便有了古老而原始的生态智慧。

（三）住居特色：天、地、人浑然一体

房屋地势经风水先生选好后，还要再由其看房屋朝向，要点香化纸、祭请太岁确定正房中心、大门中线走向、开间和进深等，甚至连猪牛羊圈的方位、石围墙的

---

[1] 全国政协文史和学习委员会暨贵州省、云南省、四川省、重庆市、广西壮族自治区政协文史委员会编：《仡佬族百年实录》，第 14 页。

界线和栽种风水树的位置都要——看好，据说这些都与这家人的生息密切相关。此外，每户人家房前都会留下一块大小、高度不一的空地，平时可以放养家禽，还可以用于晾晒衣物、粮食等。多数人家会在自家院子篱笆的里里外外种上各种树木，如核桃树、李树、梨树、漆树等，既满足日常生活所需，又可以增加一些卖漆收入，还是一道天然的绿化带，与村寨里大大小小的风水林、护寨树等，共同构成了自然和谐的居住环境。从现实意义上来说，风水先生对民居的规划，实际就是在设计一个合理的既考虑到自然环境的实际，又符合民族信仰、生活习惯和心理思维定式的生活环境，尽可能地达到天、地、人和谐统一的基本要求。①

（四）支系分散：民居各具特色

明清以来，仡佬族居住的房屋制式有了较大变化。贫困之家"掘地为炉，厝火环卧"②，富厚之家"用瓦砖封砌"③，此外，因为仡佬族支系很多，住地极其分散，受地理环境和其他民族的影响，各地民居差异很大。根据分布地区不同，建筑形式也多种多样，盛产木材的地区房屋通常保留了全木质构造，依树、依山、依地而建等特点，保证防虫防潮、采光充足、通风良好。

居住在平坝、安顺、普定、六枝等黔中一带的仡佬族村民，受附近的布依族和"屯堡人"影响很大，建筑风格逐渐接近"屯堡人"喜欢的石碉楼。他们就地取材，不论平房和楼房，多用石块砌成，屋顶盖以石板；镇宁一带仡佬族的住房多属草房泥墙，有的也用石块砌墙、石板封顶；居住在黔西北的黔西、大方、毕节、织金等地的仡佬族，房屋虽为木结构，但多以茅草盖顶，沙土夯墙，并且茅草房屋顶盖得特别厚实，这与当地木材较少的具体情况和高寒山区为求保暖、防雹的特殊需要有关；居住在黔东北石阡、思南、岑巩、施秉一带的仡佬族，则偏爱修建很有特点的干栏式"翘角楼"。这种民居的体量不大，多为吊脚楼，但出檐很远。通常底层关牲口、堆柴草、放农具，楼上环以"直棂栏杆"在檐下晾晒衣物，檐下空间则成为

---

① 贵州省科技教育领导小组办公室、贵州省民族宗教事务委员会编：《贵州世居少数民族文化史》（卷三），第258页。
② 田汝成：《炎徼纪闻》，商务印书馆1936年版。
③ 董鸿勋，编修：《古丈坪厅志》（卷十），1907年铅印本，第15页。

开放式仓库。秋收时节，家家户户檐下挂满金灿灿的苞谷、红艳艳的辣椒，一派丰收景象。飞檐翘角式民居不仅造型美观，还能增加室内采光和室外使用空间。居住在黔北遵义、仁怀、道真、务川一带的仡佬族，自然条件较好，房前屋后竹木葱茏，屋顶覆盖小青瓦，四壁安装木板壁。若是土坯墙、夯土墙或者篾条墙、篱笆墙则粉刷白灰，清爽明快。这类民居的典型代表是务川县龙潭村仡佬族古建筑群。[①]

传统民居是民众日常活动时间最长的空间，包含着多重社会与文化功能，不仅满足人们的生存与情感需求，还在同一个文化系统中形成群体的认同感。民居的改进是仡佬先民在长期的生活实践中，摸索自然规律，顺应自然发展，充分发挥聪明才智，创造的适应环境所需的建筑，其充分考虑到地理环境和地形特征，以干栏之高低来适应地形的变化，既不破坏整体自然环境和山体植被，又可最大限度地减少土方开掘，还保障了人们的生产生活需求，是一种适应性极强的建筑形式。同时它将山水的限制变成山水间的享受，依山而建临水而筑，[②]独特的干栏景观体现了仡佬族的"和合"精神以及人与自然和谐共处的生态观。仡佬族人对民居形态的设计和空间布局的安排，不仅是对基本生活的合理设置，也体现其为适应环境不断发展的创造精神和聪慧才智。与此同时，其传统建筑基本是就地取材，直接取用当地的木料、石头和茅草等作为主要原料，不但节省大量劳力，而且天然材料在很大程度上满足了人们回归自然、与大自然融合的心理诉求。

四、药：百草皆药、亦农亦医

民间医药是一个博大深厚的领域，有着十分悠久的历史和丰富的内容，其包括民间的医药技术、方法和药物等。仡佬族历史悠久，其先民早在秦汉时期就已经以自己的辛勤劳动开发着西南地区，他们不但很早就掌握了农耕技术，而且在木石雕刻、房屋建筑、朱砂开采等方面也都有着较为成熟的技术。此外，仡佬族先民久居山峻林荫、峭壁峥嵘、陡涧深谷、人稀道狭的西南山区，在古代被称为蛮荒之地，

---

① 《仡佬族简史》编写组、《仡佬族简史》修订本编写组编：《仡佬族简史》，第167—169页。
② 罗进：《论务川仡佬族民居文化内涵》，《原生态民族文化学刊》2014年第2期。

野兽横行、蚊叮虫咬、疟疾盛行，生存环境十分恶劣，医疗条件和设备更不必说。人们长期与毒蛇猛兽、瘴气疾病抗争，充分利用有限的条件和资源应对各种伤痛、疾病。凭借着数代人勇于探索的精神和集体的智慧，仡佬族人积累了丰富的医药知识和实践经验，总结出许多经济实用的医疗技术，创造了不少防病治病的良方妙计，许多民间医药知识和经验如今仍然作为现代医学的补充，继续发挥着重要的作用。

（一）动植物药材资源丰富

仡佬族人生活地区虽然地理环境恶劣，但气候良好、雨量充沛、土质肥沃、森林广阔，为植物提供多种不同的生活条件，因此生物资源十分丰富，不仅有各式各样珍稀的动植物，还生长着许多名贵的中草药材，是我国四大产药区之一。因此仡佬族传统药材的来源广泛，其中以植物药居多，兼有品种丰富的动物药、矿物药。相关调查资料表明，仡佬族药用品种已达1000种，常用药有200余种，可谓"百草皆药"。其中道真县更号称"黔北药库"——道真县卫生局组织的全县民族医药中草药资源普查显示，共采集药物标本154科330属，各类药材计1000多种，总蕴藏量（大宗常用药品）约115万公斤，可见"黔北药库"名不虚传。[①] 相关调查显示，仡佬族常用的中草药有529个品种，隶属154料，其中低等植物藻类4科4种，苔藓类1科1种，裸子植物5科7种，单子叶植物16科47属95种，双子叶植物105科278属407种。

（二）"靠山吃山，物尽其用"

仡佬族群众通常都能够运用其中几种常见的植物药的简单的治疗法，应对日常生活中出现的疾病。比如，用大蒜治疗小儿定时发烧、用刺梨根治上吐下泻、蛇倒退用于皮肤溃烂、用花椒缓解牙痛、五匹风用于狂犬咬伤、鱼鳅串可治疗小儿消化不良、三颗针用来治疗乙肝、桐子树治腹胀、百合能治干烧病、紫苏用于热感冒、鸡藤对接骨有奇效、钩藤能治喘惊、百部用于治疗哮喘、枇杷叶子治疗风寒感冒咳嗽、麦冬能够通乳、紫茉莉治疗妇女带下、鬼针草和石榴皮能够治疗腹泻等等。黔

---

① 全国政协文史和学习委员会暨贵州省、云南省、四川省、重庆市、广西壮族自治区政协文史委员会编：《仡佬族百年实录》，第177页。

东北一带的仡佬族人还知道白萝卜具有止血、止痒、止泻和治疗咳嗽气喘的功效；玉米须具有消肿、止痛、排毒的功效，还能治疗崩漏、小便不利等常见病症，因而普通民众也常用白萝卜、玉米须等植物做药治病疗伤，既经济又实用。

在动物做药方面，常用的动物药材有：螃蟹用于治龋齿、跌打损伤；癞蛤蟆用于治疗支气管炎导致的咳嗽；鸽子屎可以治牛皮癣；田螺治疗脐凸、撮口风；蜈蚣用来治疗牛皮癣及无名肿毒；蜂蜜能够治疗痔疮和小儿胆道蛔虫；仔鸡治疗肾虚；土鳖虫治疗腰痛；地牯牛能够治疗产后胞衣不下；蝉蜕可治疗小儿腹泻；牛胆汁用于治疗外伤导致的大小便不通；水牛角治疗血淋；猪腰子治肾炎；乌梢蛇可治疗手脚颤抖；啄木鸟舌头用来治疗小儿抽筋；四脚蛇可以治疗蜈蚣咬伤；幼鼠可治疗烧烫伤；地虱子可治疗白内障；麻雀治疗老年百日咳；黄鳝可治疗口眼歪斜；团鱼能够治子宫脱落；刺猬可以治白带异常；等等。[①]

（三）特色医药：矿物治病

矿物入药是仡佬族医药的一大特色。仡佬族开采朱砂、提炼水银的历史悠久，黔北的务川更被称作"丹砂古县"。当地的医师很早就发现朱砂有镇惊安神的药用价值，于是制成粉剂，用以疗疾。另外，硫黄、雄黄、铜等矿物也常被当作药品用于治疗皮肤病等。比如将硫黄碾成粉末，调乌柏涂敷能够治疥疮，硫黄化水冲洗还可以治疗全身瘙痒；雄黄化水涂抹可以治蚊虫叮咬；铜或者铜币抹上醋或者酸汤，涂抹身体可以治疗体癣；炼汞留下的灰末也可以治疗脚癣；等等。就连日常生火做饭生成的油烟，现代医学认为其对环境和人体健康有较大危害，但黔北民间仡佬族却视其为一种宝贵药品，常用来治疗烫伤、牙痛、腮腺炎、痛经、中耳炎、打摆子（疟疾）、急性胃肠炎等病症，还可以预防蚂蟥叮咬、治疗毒蛇咬伤……[②]

这些生于田野、随处可得的纯天然动植物、矿物药材对常年在山野劳作的仡佬人来说的确简单、实用，不但突显"山地民族"的特点，更充分体现出其"靠山吃山，物尽其用"的质朴本色。

---

① 周小艺编著：《中国仡佬族》，杨宏峰主编：《中华民族全书》，第 88 页。
② 杨立勇等：《仡佬族常用的动物药》，《中国民族民间医药杂志》2002 年第 2 期。

（四）传统医技：就地取材

丰富的生物资源促进了仡佬族积累丰富的医药经验。仡佬族医药属于经验医学范畴，有一批具有一定医技的民间医生，这些民间医生过去主要是家传和师承，通过"口传心授""脚踏手指""方药对换"等方式沿袭医技，所以懂医又懂药。医者以亦农亦医的居多，少有以行医为主业的。他们一般农忙季节做农活，农闲或赶集时也采集药到市场上摆摊，也有的开店按方卖药，还有一些人开方不设店，而是背着自采自种的中草药，走村串寨治病疗伤。他们用药多为鲜药，药的剂量看病人的年龄、体质、男女而有所区别，多采用一把、一握、几棵等，凭经验用药，哪怕同一种药不同医师的用量也各不相同。对于药性主要区分有毒无毒，同时也很讲究寒、热、甘、苦、补、泻、活血、去风等。一些常见病的治疗甚至已经形成了群众熟知的口诀普遍流传，比如"小儿急惊不自然，朱砂南星各二钱，灯芯姜汤来服下，药到病除得周全""干疮原来皮火旺，吴芋花椒加硫黄，研末香油搽上好，药到病除此方良"等，皆是民间智慧的结晶。

仡佬族医师在劳动中就地取材、因病施治。如创伤出血，石工，就将劳动场地的细石粉渗入伤口，立刻止血止痛；木工，就用墨斗中的墨衣包扎伤口，立刻止血止痛；在房屋里受伤，则以壁钱包扎伤口；在山上劳作受伤，以苦蒿、生地龙、地柏枝等中草药急治，等等。另外还有诸如吐血，服童便和发灰水、棕炭水；食积，用鱼鳅串捣淘米水服用；腹泻，用野棉花鲜叶三五片吸水送服，等等。[①]

清朝同治十年（1871），今道真县人郑体仁将一生实践经验所得的中药方收集整理汇编成《新刊诸症妙方》一书，并刻印千余册，赠送同僚。他在自序中说："从来积钱莫若行善，施药不如传方，方虽多而从简，屡试则效。药亦浅而辩易，无有不灵，书载190方，凡内科、外科、妇科、儿科等皆有之。"[②]

[①] 全国政协文史和学习委员会暨贵州省、云南省、四川省、重庆市、广西壮族自治区政协文史委员会编：《仡佬族百年实录》，第178页。
[②] 韦波等：《贵州仡佬族医药概况》，《中国民族民间医药杂志》2002年第5期。

（五）仡佬族人生活中的"护持"生态观

仡佬族人在漫长的生产实践中秉承"大地生万物，护持为我用"的管护理念——希望自己的农田像大自然一样，各种作物均衡生长，然后予以均衡利用。所谓"护持"，其含义十分复杂。简单来说，就是对天然长出的、不是人为种植的物质不加清除，而是"护"住——再让它生长一段时间，达到可利用时加以收获。"护"的办法也有多种，可以是就地护持，也可以是从荒野中将天然长出的苗木移植到合适地点再加以维护。其"护持"的范围还兼及森林、牧场和其他民族观念中的荒野、日常生活的方方面面。

对于有着刀耕火种传统的仡佬族而言，没有严格意义上的"荒野"存在，他们观念中的荒野，相当于休耕地、待耕地或者神灵的栖息地。族人生栖活动范围所及的各种植被都被赋予了等次不一的利用价值而加以不同的护持。比如，对村寨周围山林的护持。山林是仡佬族人重要的生活资料来源地，日常所需的建材、蔬菜、药材、饲料等都要从中获得，因而各村寨都执行着不成文的规定，如：各家在采集蘑菇、竹笋、野果等物品时要分头进行，走不同的路线以防范山林中某一区域被过度采摘；传统修建房屋所需木材的采伐也需要得到村社的许可，并且是村社中很多户用换工的方式联合进行，他们对砍伐乔木留下的树根也会精心护持，以保证这些树根来年能萌发出新芽；零星牧场也有它的护持规范，那些零星的牧场由于范围过于狭窄，仅能满足夏季遛放牛马之用，各家户在牧场上遛放牛马有着严格的时间限制，而且在使用时间上主动相互交错。一旦秋收后农田开放，这些零星牧场就全面停止使用，待其自然休养恢复。又如，周边地区的汉族农民通常把坡地上长出的茅草视为废物而清除，但仡佬族人会在护持三五年后，割下来作为盖房顶的建材。茅草收割后，是继续护茅草还是垦作农田或者用作牧场，这要视盖房顶建材的需要程度而定。再如，仡佬族人不使用灭鼠药，而是家家养猫，以控制老鼠的数量，等等。[①]

从草地、牧场到森林、动植物资源，仡佬族人生活处处蕴涵着、传承着"护持"的生态观。在这一理念的引导下，他们让一切天然的、自由生长的动植物尽可能地保

---

① 周小艺编著：《中国仡佬族》，杨宏峰主编：《中华民族全书》，第247页。

持天然的生长状况，人类根据利用的目的不同对其加以内容有别的管护，他们对自然万物的崇拜和保护蕴涵了族人淳朴自然的生态理念，渗透进仡佬族人生活的方方面面。

五、生产生活中的生态习俗

（一）节庆习俗中富含生态元素

仡佬族属于农耕民族，日常生产生活中的传统习俗带有浓厚的农耕文化色彩，且其传统节日也多与农耕密切相关，只是由于仡佬族居住分散，各地过节时间上不尽相同，节日名称、内容、仪式也不太一样，但各地节日中的习俗都有两个共同点，即民族特征鲜明、生态元素丰富。

过小年。即腊月三十的除夕，仡佬语称"打哲司"。各家备好酒肉，先以丰盛餐食敬祖。敬祖主食一定不能用黏米饭，只能用糯米饭和糯米粑，因为祖先最初只种糯米。糯米粑的摆设亦很有讲究——据说摆放糯米粑的个数，是依据远古祖先死后弟兄分家时所得的财物数目不同而不同，有的人家10个有的人家13个，不等。敬祖时糯米粑需叠放成宝塔形。因为传说清王朝派兵镇压仡佬族人时，人们往西逃到南盘江的八达河，得到祖宗保佑，江水断流，帮助人们逃过河，摆脱追兵。于是，每逢过小年要用叠成宝塔形（象征桥墩）的糯米粑来纪念祖宗。黔西一带的仡佬族还要在糯米粑上插豆叶以纪念其先民开荒辟地插草为标。所有这些仪式，一是向祖宗表示感谢和思念，二是希望祖宗享受用之后能够"保佑全家安康、吉祥如意、粮食满仓、人畜兴旺"。过小年的另一个重要活动是进行"竹卜"。仡佬族认为继祖宗之德，卜卦最灵。除夕之夜全家欢聚之后，家长用一根龙猫竹，每一个竹节破开一个小口并放进一粒粮食种子，灌水封存。过十五天（即正月十五日）削竹观察，被泡胀的种子预示此作物当年将会丰收，不胀的作物则当年收成不佳。"竹卜"体现着农耕民族对丰收的向往和对自然灾害的惧怕。

春节。仡佬族的春节是正月初一，各家在节前就已准备好可供数日的食物，初二祭祖之后便尽情吃喝玩乐，直到正月十四过大年（称"哲魁"），也有的村寨是腊月三十过大年，正月十四过小年。正月十四这一天白天用酒肉敬祖和摆家宴，晚上进行"追赶野兽"——由身穿棕衣的男女各2人，手拿木根和簸箕，边敲边跑，高声喊叫"追野猪",象征着新的一年将野猪包括其他伤害人畜与禾苗的野兽都赶走了,新的一年就能如人们所希望的那样,寨子安宁、作物得保、丰收富裕。

春龙节。每年农历二月初二,各家女主人会一大早就起来炒豆子,边炒还要边唱着"二月二,龙抬头,大仓满,小仓流"的祝祷辞,其余的家人也跟着念。而后把炒熟的豆子分发给每个人,吃时需细嚼慢咽,叫吃"春香豆",取一年四季清香平安之意。之后一家人回到屋里围坐在火坑边吃早饭,即用大米、饭豆、绿豆、玉米及其他杂粮混合煮成吃起来香甜可口的"春龙饭"。有些地方要在院子里用灶灰撒成一个大圆圈,将五谷杂粮放在中间,称为"打囤"或"填仓"。这个节日里,大家还会将所有的食品都冠以"龙"的称谓,比如,吃春饼叫"吃龙鳞"、吃面条叫"吃龙须"、吃米饭叫"吃龙子"、吃青菜叫"吃龙衣"、吃鸡蛋叫"吃龙蛋"。因为龙自古以来被许多民族视为主管雨水之物,这样的节俗实际上有着祈求农业丰收,五谷丰登、仓囤盈满的含义。[①]

三月三。由于地域不同,称呼不一,"三月三"在有些仡佬族地区又称为"祭山节""祭树节""年节",其实都指的是同一个节日。仡佬语称之为"刀大",在家默念祖先恩德并用酒肉供奉祖先的同时,还举行集体性的祭献供祖活动。贵州省普定县白岩、猫洞乡一带、镇宁县比贡村、安顺西秀区等地的仡佬族,将这一天称为"祭山节",集体祭祀活动是上山去祭山神,并且这一天不能上山砍柴割草,否则是对山神不敬。因为他们的先民认为怪山巨石是鬼怪神灵的化身,能赐福或降祸于人,所以要祈求神山保佑;居住在黔北一带的仡佬族,由于地处高寒,农历三月三前后草木才开始萌芽,人们即将投入紧张的春耕生产,因此将这一天定作"年节"。这一天人们要面对山林跪拜,敬奉山神和秧苗土地,祈求保佑族人四季平安、六畜兴旺;黔中和黔北一带的一些仡佬族则将这一天称为"祭树节",要进行伏地叩拜、焚香烧纸、酒菜供奉等一系列"祭树"活动。传说是因为祖先经受了大自然的种种考验而生存下来,并逐渐从洞穴走到树上,再从树上走到地面,每一个关键时刻都是树木为人们提供了庇佑,树木因此成为神圣的标志。可见不管是祭山还是

---

① 陈天俊等:《仡佬族文化研究》,第114—115页。

祭树，"三月三"其实都是表达生于斯长于斯的仡佬族人对山、对森林的敬重，也是对先民给子孙后代提供了安居之地表达的感恩。

开秧门。每年农历四月栽秧之际，家家户户都会以换工的方式请几个人来帮忙插秧。主人家必以糯米汤粑作早餐加以款待。早餐后，主人备好三炷香、三铢长钱，打好三个茅草标来到自家秧田"开秧门"祭祀秧神。主人一边唱念"秧神秧神 / 显显神灵 / 佑我栽秧 / 福我栽秧 / 来年续祀 / 为你修行 / 纸钱你用 / 丰收满囤……"，一边行祭，祭祀完毕，主人先下秧田扯下一株秧苗，然后大家才一起下田插秧。此为"开秧门"。当天的午饭和晚饭都较为丰盛，称为"吃栽秧酒"——农耕民族把秧苗视作一年的希望，插秧的日子便如过节一般充满希望。

六月六。每年六月初六是祭"秧苗土地"、祭"谷神"的日子。当天，各家当家人要带着三炷香、三铢长钱、三杯白酒、三个茅草标和一块刀头肉，来到田边的土地庙祭祀土地神，祈求保佑地里的秧苗不受虫害，当年稻谷丰收。[1] 也有的地方在六月六祭"谷神"，全寨每户人带着一只公鸡、十个粽子到自家的田地里去祭"谷神"，祭时念唱"苞谷大，谷子熟，蚂蚁出"等祈求丰收的词语，最后念"苞谷像牛角，谷子像牛索、棉花鸡蛋大、黄豆像荫豆角。秧苗土地，把虫虫佬佬赶出去"。祭毕，将鸡带回，在家祭祖。[2]

吃新节。黔北一带仡佬族也称之为"献新节"或"尝新"。和许多农耕民族一样，"吃新节"是仡佬族人民最重要的节日之一。每逢农历七八月，新谷成熟即将收割之际，各地仡佬族都有择日摘取谷穗祭祀吃新的习俗。传说仡佬族开荒辟草、挖田种粮是盘古王教会的，吃新也就是谷子成熟的第一年，为了庆祝丰收而兴起的。此后，当人们看见一年一度成熟的谷子，想起将要进口的新米饭就想到了盘古王的恩情，想到开荒辟草的祖先，所以要过吃新节，把它们摆在前头敬献以表示报答。[3]"吃

① 贵州省科技教育领导小组办公室、贵州省民族宗教事务委员会编：《贵州世居少数民族文化史》（卷三），第 296 页。
② 陈天俊等：《仡佬族文化研究》，第 115 页。
③ 全国政协文史和学习委员会暨贵州省、云南省、四川省、重庆市、广西壮族自治区政协文史委员会编：《仡佬族百年实录》，第 882 页。

新"的时间总体上根据"七月吃'龙'、八月吃'蛇'"（每年古历的七月内只要是甲子"龙"日或者八月内的甲子"蛇"日都是吃新的吉期）的原则来安排。比如，安顺一带的仡佬族村寨在农历七月第一个辰（龙）日或者戌（狗）日吃新；关岭、六盘水等地区仡佬族选在农历七月第一个辰（龙）日和八月巳（蛇）日举行吃新仪式。各地吃新仪式也不完全一样，但主要内容都是采新、献新、祭祖、尝新等。所谓采新，是指采摘新熟的粮食作物，谷穗要选粒饱穗长的，瓜豆要摘长得最好的。不管远近、何族何姓、哪户人家的田地里都可以随意采摘，被摘者还会认为这是一件吉利并引以为豪的事情，说明自家种的作物长势好，并且田主们深信，被摘过谷的田地，来年定会获得丰收。采新也是仡佬族"吃新节"不同于其他民族之处，缘由是仡佬族是贵州省境内公认的"开荒辟草"的拓荒者，因而独享"吃新权"。一些地方的吃新节祭祀活动中，祭师会把祖先开辟疆土的传说、种植五谷的技术再次重复，意在教给后辈，以便子孙掌握生产生活的技巧。一些地方的吃新节还包含检查处理乡规民约执行情况的内容，在这一天要对破坏寨子安宁、伤砍别家树木以及其他违反了乡规民约的人和事进行批评教育及至罚款处理，并重申或修改乡规民约的内容等。

煮酒节。仡佬族人善酿酒且能酿出好酒。每年农历九月初九除了是重阳节外，也是传统的"煮酒节"，《遵义府志》有关于煮重阳酒的记载。临节前各家人都要将新粮扬干净、准备柴火和酿酒工具。九月初九当天各村各寨、家家户户都忙着拣米、洗米做酒过节，要在鸡叫头遍起来到井边打水泡米，因为这时的水最清洁，做出的酒也最清香。要杀公鸡备上香案，香案上还必须放上茅草。祭祀酒神后点火开灶、下粮煮酒、烤酒。出酒后还要祭祀。这时如果有外人来到家里，酒则随便喝，晚上人们还要彻夜欢庆品尝自家的好酒。①

牛王节，也有称作"敬牛节""祭牛节""牛节"的。通常这个节日定在农历十月初一。仡佬族是典型的农耕民族，生产生活中耕牛必不可少，尤其高原山区，牛不仅用于耕地，还用于运输、推磨等，因而民间流传着"仡佬一头牛，吃穿在里

---

① 贵州省科技教育领导小组办公室、贵州省民族宗教事务委员会编：《贵州世居少数民族文化史》（卷三），第 298 页。

头""千把锄头万把锹，不抵母牛伸懒腰"之类的谚语，可见族人对牛的重要性的认识。在宋代《溪蛮丛笑》里也早有仡佬族人把牛当"神"祭祀的记载，亦可见其对牛的敬重。为了感谢耕牛的辛苦劳动，先民便把每年收获之后的农历十月初一定为"牛王菩萨"的祭祀日，后来逐渐演变了牛的生日，称为"牛王节"。过节这天，仡佬族各家都要杀鸡、备酒、打糍粑，把牛圈打扫得干干净净，并在牛圈门前点起香烛，祈求牛王菩萨保佑耕牛身强力壮、无病无灾。这一天也不会让牛下地劳作，而是让它在家休息并喂给最好的饲料，有的地方还要把糯米粑给牛挂在角上，再把它牵到水井或者池塘、水田边，或者哪怕是打盆清水端在它面前，也要让它照见自己的影子，然后取下糍粑让它吃掉。没有牛的人家也要备上酒菜到自家田埂边祭祀牛王菩萨以求保佑自己早得耕牛。有的地方还要给牛披红挂彩，答谢它一年来的辛勤劳作。

仡佬族的节庆活动多与农业的关系密切，有浓厚的山地农业民族色彩，其节庆习俗中丰富的民族文化内涵反映了这一古老民族悠久的历史和自然崇拜情怀，节日传说、进行方式都具有其自身的特点。

（二）生育习俗中的生态文化事象

仡佬族散居各地，生育习俗也各不相同。

送子之俗。贵州省石阡县的仡佬族地区自古以来便流行送子之俗，农历八月瓜熟的季节，便开始偷瓜送子，称为"送瓜瓜"。年轻的夫妻婚后想求子，便通过左邻右舍和亲朋好友"送瓜瓜"。中秋之夜，人们先看无论本村还是外村，谁家地里长有成熟的长条形南瓜（俗称"水桶瓜"），便去摘来一个，有的故意将瓜蒂取开，向瓜内灌水，然后用一截玉米核盖紧，表示要送个男孩，外面用红布缠绕，让一个五六岁的小男孩背上送入年轻夫妇家中。有人将瓜取下，直接送到卧室的床铺上，用被子盖住。第二天主人家便将南瓜煮来连皮带瓤吃下去，期待着能生下男孩。第二年，如果这对夫妻真的生下一个男孩，丈夫向大家报喜时首先会报知送瓜的承头人家，然后再向自家的长辈报喜。在办满月酒时，承头人家会送来"祝米"——小孩子的衣帽、裙子、背围等物，并给孩子起乳名，此后这两家的关系便如亲戚一般。这个习俗中的南瓜应该是取农耕文化中"瓜熟蒂落"之意。

竹林埋胎盘之俗。仡佬族以竹为图腾加以崇拜。在道真仡佬族苗族自治县旧城镇（即古真州城），妇女生下小孩后，她的丈夫或者姐妹要在夜深人静之时，将胎盘（俗称"衣胞"）装在竹笼里埋在竹林之中，再焚香三炷，烧长钱一占，寓意孩子在"竹神"的护佑下，命根牢固，像嫩竹一样挺拔，超过老竹，一代胜过一代。同时，产妇在坐月子期间吃的鸡蛋的蛋壳也要用洁净的箩筐装好，待孩子满月以后，由父亲或者母亲将蛋壳埋入竹林，寓意孩子在"竹神"的护佑下，不会受日晒雨淋之苦。埋藏在竹林同时也意味着孩子将像竹子一样不易生病，取竹长命百岁之意。

清水洗蛋壳之俗。在遵义播州区平正乡一带，仡佬族妇女坐月子期间，会吃鸡蛋来滋补身体，而剩下的蛋壳，要全部倒在干净的河沟里，让清凉的水把蛋壳冲洗干净，取意孩子成长得健康又白皙可爱。

做阁。为了保佑孩子能够退避凶兆、无病无灾地健康成长，孩子年满周岁时，家中还要请人为他（她）"做阁"，仡佬语称为"倒高"。"阁"是一种吉祥的象征物，由7根竹丝做成"门"形，分别由7根纸束缠住，做阁时会请巫师来祈祷念唱。据说这样的"阁"能起到避邪的作用，尤其能保护孩子在夏天不会落水、冬天不会掉入火塘，走路能顺利过桥，等等。

拜"树干爹"。贵州省正安县谢坝仡佬族苗族乡的马兰村有一株枝繁叶茂的古树名为九股树，传说它能治好小孩的爱哭病。一些常哭或夜晚爱哭的小孩，只要父母公婆许下愿："乖儿（孙）不哭，我们把你抱给九股树老爷"，小孩一会儿就不哭了。第二天，家人就备上祭品，刀头肉、香、纸、烛之类，到树前祭拜，就算给孩子认了树做"干爹"，小孩从此不爱哭了。有的人家因小孩孤单，怕成长不易，也让小孩拜九股树做"树干爹"，意思是以后像九股树一样繁茂成长。据说九股树的干儿、干女成百上千，每年正月间，烧香祭拜的人络绎不绝。这一习俗应该源起于仡佬族人相信树为神灵、能荫蔽后代。

（三）其他生活中的生态习俗

"抢春水""接银水"。和西部许多少数民族一样，基于农耕民族对水的信仰、崇拜和对水的重要性的认识，仡佬族在人生的重要关头，或者与农业生产相关的重要环节，都有一系列的礼仪或者习俗。比如，每年农历立春的前一天"抢春水"的习俗，盛行于遵义、务川、道真等县（自治县）的仡佬族中。立春头一天各家各户必须把房屋打扫干净、把水挑足，并准备好鞭炮。"抢春水"的人必须是家中未婚男子或女子，如果家中有几个未婚男子或女子，就由家长指派其中既诚实能干、又机智勇敢的人担任；如果家中没有未婚男女，就要向亲戚或邻居借一个，在头一天晚上就请到家中居住。在立春的这天早上鸡叫第一次时，"抢春水"的人就要悄悄起床，提上装水的工具摸黑走到水边，此时不能出声，也不能响动，以免惊动了"春水"。"抢春水"的人要在水井里舀十二碗水，如果是闰月的话舀十三碗，舀到春水以后就大声喊"抢春水了！"接着燃放头一天准备好的鞭炮，震得全寨子噼噼啪啪作响，谁家的鞭炮先响，就说明谁家抢着"头水"，谁家的娃娃勤快。随后人们纷纷到水井或泉水边提水，在回家的路上还要高喊"春水到我家，到我家……"回到家立即把"春水"烧开，然后烧一罐茶，待全家起床后，每人喝一盅"春水"香茶，再喝一盅蜂蜜米花茶，吃元宵。抢到"春水"象征着一年内全家人都会平平安安。这一天是禁止挑水、禁止洗衣服的，因为他们认为这样会把"春水"弄脏。①

清镇市仡佬族也有"接银水"的习俗，只不过他们此后还有"买牲口"一项，如卫城镇迎燕村、银桥村一带的仡佬族，每年正月初一早上，通常在天亮之前，一家之主就会用三炷香、三张纸钱去"接银水"（新鲜干净的井水），然后挑回来倒在缸内，意味着新的一年财运亨通，挣钱如舀水一般容易。之后仍然拿着三炷香、三张纸钱到野外去拾一些拳头大小的石头，用绳子捆着带回来放进自家牲圈中，一边放一边还要大声说："买大猪回来了，买大牛回来了"，以此预祝六畜兴旺，家业发达。②

"抢春水""接银水"的习俗可以说呈现了仡佬族人最朴素的关于水资源的传统生态价值观。这种对水的敬畏使人们在日常生活中节约水资源的意识非常深厚，也促使他们去保护觉得至为神圣的水资源。

"开山伐木"。在民居营建时，仡佬族人有一个重要的"开山伐木"的仪式——动工之前在树前进行祭拜，主人摆设香案，奉上香烛纸钱、刀头酒礼、粑粑豆腐等

①周婉莹：《生态价值观视域下仡佬族传统习俗对环境保护的积极意义》，《青年与社会》2019年第11期。
②孙建芳编著：《高原拓荒者》，贵州民族出版社2014年版，第54页。

祭品。掌墨师傅点烛焚香烧纸钱，祭拜山神树神，以求山神树神保佑伐木的顺利和修造的平安[①]，之后才能动手砍伐建造房屋所需木材。仡佬族人世居山林，与群山丛林关系最为密切，他们对自然抱有崇拜之情，深切地明白只有对山林满怀敬畏之情，不要随意破坏周边生态环境，才能获得安稳生产生活，保得家宅平安。

"打湿亲"。仡佬族婚典上还有"打湿亲"的泼水仪式。娶亲之日，男方要在大门口一边放一个盛清水的器具（"窝锣"），由年轻的妇女守候。新娘跨进大门时妇女们便向她浇水祝福。此时的"水"富含吉祥、生殖之意。

"喝救苦水"。在仡佬族人人生的最后一程的丧葬礼仪中，水由于与生命相关，同样被赋予了特殊的意义。仡佬族人死后必须沐浴更衣才能入殓埋葬。族人烧热洗浴用水之后，只用其中一部分浴尸，另一部分要由死者的后人每人喝一口，称作"喝救苦水"。据说孝子们喝了这个水，可以减轻死者在阴间所受的痛苦，同时可以祈求祖宗保佑家族兴旺。[②]

"敬鸟（雀）节"。和很多民族对图腾文化的信仰一样，仡佬族人认为雀鸟是勇敢无畏的动物，它可以鹏程万里并给人们带来好运，因而将雀鸟视为"雀神"。随着粮食种植的普及，高原上的人们开始过上了定居生活，逐渐由河谷向山区移居，这时鸟与人类的矛盾逐渐凸显——鸟类为了生存会来采食人类种植的粮食，鸟在人们心中的神圣性与破坏性使人们对鸟既恨又怕，从而逐渐形成了对鸟的禁忌和敬鸟的习俗。仡佬族人聚居地区，每年的农历二月初一会举办隆重的"敬雀节"仪式，组织丰富多彩的活动以表示对雀鸟的尊敬，并祈求来年好运。在石阡地区，"敬雀节"是仡佬族的一个重大节日。当地还流传着一个传说，很久很久以前，地球上曾发生过一次特大洪水灾害，陆地上万物均被淹没，有一对夫妇在洪水来临之际将一对双胞胎兄妹放进一个大葫芦里随水漂流，一只神鹰将葫芦救起，最后飞到贵州高原的一座高山上。后来，这对幸存的双胞胎延续了人类，就是仡佬族的祖先。因此神鹰被视为救世主受到族人的敬仰，并将每年农历二月初一定为"敬雀节"。这一天，

---

① 陈果：《黔北仡佬族民居研究》，重庆大学硕士学位论文 2016 年。
② 向柏松：《中国水崇拜》，上海三联书店 1999 年版，第 43 页。

人们因怕惊扰了鸟类，不再上山下地做农活，而是待在家中准备丰盛的菜肴，并将糍粑及各种食物摆在屋前的院坝上，点三炷香，对天地作三个揖，再对周围祭祀天、地和鸟，祈求鸟神保佑地里的粮食丰收，不来糟蹋地里的庄稼。祈祷完后，将糍粑掰成小颗粒，放在房前屋后的树上，请鸟来食。

“敬雀节”体现出仡佬族人的鸟类图腾崇拜。受这样的图腾信仰的指引，仡佬族人不但禁止在非狩猎期内捕杀雀鸟，而且对于各种鸟类都倍加爱护。家家农户的大门前屋檐下，多设置有两三个五寸见方的方形蔑网篼，目的是诱导家燕来筑巢。大人从小教导孩子要把家燕视为家庭成员一样爱护，不能伤害。此外，各村各寨还有一些不成文的民俗，比如立春这一天，是雀鸟生蛋的日子，人们不得进入树林，以防惊扰母鸟、伤害生灵，等等。

这些禁忌和信仰暗含着山地农耕文化的信息因子，通过民俗延续这种传统教育方式规范人们的行为，力求达到人与自然的和谐。由于仡佬族人长期对聚居区域内的雀鸟精心保护，使得这一生态系统内的循环得以平衡，这也是其与自然界和谐相处的一个重要成果，对人类如何与自然界中其他动物保持生态平衡有重要的借鉴意义。

第二章　深植于民族精神中的生态意识
——对生命的敬畏

人是自然的产物，人类的生存和活动离不开自然。人类从自然界中取得赖以生存的物质资料的过程，也是人类认识、开发和利用自然的过程。与其他民族一样，仡佬族人也经历了这一过程，并很早就开始对自然进行探索。他们对天地起源、万物起源和人类起源等一系列根本性的问题进行了思考与阐述，逐渐形成了本民族独有的、用以解释自然的基本看法和观点。

第一节　信仰与图腾：寄望于超自然的力量

和许多农耕民族一样，仡佬族最古老的信仰是对神灵、祖先或者某些自然物的崇拜。

在原始社会时期，人类生产力极为低下，对自然的认知匮乏，也无力抵御自然灾害，经常处于饥饿、疾病和野兽的威胁之下。他们于是寄望于某些超自然的力量，相信万物有灵，天地山川、风云雷雨、日月星辰、金石草木皆有神，祭之可得福。久而久之，一些对本民族先民有过帮助或者启示的动植物及自然现象就被视为神的力量，并把这些动植物和自然现象当作崇拜的对象。他们还认为某些动植物与氏族有着特殊的关系，于是此物也成为氏族的图腾。

一、图腾崇拜

（一）竹图腾

仡依族人以竹为图腾加以崇拜，从族称上就可以看出。如前所述，仡佬族从濮人发展而来，后来曾建立了夜郎国，《后汉书·南蛮西南夷列传》称"夜郎者，初，有女子浣于遁水，有三节大竹流于足间，闻其中有号声，剖竹视之，得一男儿，归而养之。乃长，有才武，自立为夜郎侯，以竹为姓。"遁水即今北盘江，位于今贵州省西南部。依清严如煜撰《苗防备览·风俗》记，仡佬语"呼竹曰盖脑"。查今日黔北、黔东北仡佬族的汉语发音，"仡佬"与"盖脑"在发音的音位和声调方面完全一样。所以夜郎王"以竹为姓"，并非按汉语姓"竹"，而是按仡佬语姓"仡佬"。所谓"以竹为姓"即是以竹为整个氏族的名称，或者说是图腾——按汉语姓"竹"，按仡佬语姓"仡佬"，可见此处"竹"是一种氏族的"图腾"。《华阳国志》和《后汉书》里在引述"竹王"的故事时，也都记述了竹王所统领的部众"以竹为姓"，显然是指整个民族的名称和徽号。仡佬人至今有将竹筒置于神龛上供奉的习俗，更有许多关于竹的灵性的故事和传说长期在民间流传，这些均可作为竹是其早期崇拜的佐证。还有在每年除夕进行"竹卜"的习俗，他们将收成的希望寄托在竹筒的预卜上，也足见其对竹的崇敬。

有研究认为，仡佬族先民濮人历经艰辛，从湖南、四川等地由水路进入今贵州一带，在当时的条件下，竹筏应该就是他们的主要交通工具。关于竹王的传说各地各有不同，但也都离不开其顺水漂流而来之说，这大概就是先民濮人迁徙方式的投射。

另据《黔游记》《御览》《寰宇记》《蜀中名胜记》等书记载，在川、黔、桂、云、鄂等省境内，凡历史上有僚人活动过的地区，多曾立有竹王祠（庙），可见竹王在仡佬族人心目中的神圣地位。

仡佬族聚居地区民间多有"敬竹王"的传统，时间、方式各不相同：家族祠堂及墓碑上要刻上"拜竹图"；有的地区把农历的正月初四作为"竹王"诞辰日，各家各户要制备糍粑、豆腐、刀头酒醴、香烛、纸钱，到竹林里去敬供"竹王"，专称之为"上竹王钱"，祈求"竹王"保佑合家"春季清洁，夏季平安，秋无三灾，冬无八难，四季无风瘟之灾，二十四节常有泰，一年四季方方有种，处处有收……"[①]；有的地方是春节家家户户要到竹林烧供纸钱，还要请巫师在竹林中唱念、祭奠。

[①] 全国政协文史和学习委员会暨贵州省、云南省、四川省、重庆市、广西壮族自治区政协文史委员会编：《仡佬族百年实录》，第549页。

　　贵州黔西一带的仡佬族每年初春要举行骑马射箭的"赛竹三郎"活动。清代《黔西州志·艺文志》记载："几重岭树夹蛮庄，妇女逢春不肯藏；闻到村前花鼓闹，背儿看赛竹三郎。"诗后注有"竹三郎，即竹王所生三子，死配食其父，蛮人祀之多"。可见这一活动在民间重大且普及性强，场面相当热闹。贞丰县皎贯村的仡佬族人家在祭祖时，必于神龛上放一只竹筒代表祖宗灵位。

　　在仡佬族的一些支系的习俗中，若成人去世，要立即砍一根一丈二尺长的竹子（也有少数是砍泡木棍），竹梢留少许枝叶，再按死者阳寿计数，用白线搓成一丈二尺长的索子系到竹梢，称为"寿带"（仡佬语为"必果列"），按男左女右立靠于堂屋神龛旁，每日早、午、晚分别给亡人供一次饭，每次在"必果列"上打一个结。葬后也是天天如此，直至满月供罢晚饭，将竹竿从根部锯下九节，每节一破为四，每片两端削出卡口，每四片扣合成一个"井"字方框，将其叠成方形小圈放进竹筛，捉一个鸡崽或放一个鸡蛋在中间，次日凌晨祭供后将"必果列"盘绕圈外，撮谷壳把小鸡"密"上，夹火炭将其点燃。趁屋外无人，将竹筛连同剩下的竹竿、竹枝一起送到村外人迹罕至的干净处，这才算完成整个丧葬仪式的最后程序。仡佬族对竹的崇拜和敬意由此可见一斑。

　　黔北仡佬族竹图腾崇拜的原始遗迹更是随处可见：他们喜于房前屋后植竹，有"屋旁栽竹不栽柳"的不成文规矩；一些地方认为竹筒是一种"圣物"，讲究将整饰后的竹筒供放在神龛上，据信这种供奉过的人说，将竹筒装水给病人喝，病能好得快；修房造屋时，在吉日前必须由"红墨师"（石匠掌墨师）到竹林里砍竹划篾条，扭成一根长五六丈长的"大缆"，在立房子时作拉绳用。扭"大缆"的程序相当讲究：第一步是砍竹。主家要备三块小豆腐、三个小糍粑、三个茶杯、四个酒杯、一块四方肉、一块豆腐、一壶酒、一瓶茶、香三炷、长钱、散钱各一占，共置于茶盆内，端去竹林中祭祀"竹神"。祭祀时，"红墨师"念道："竹南君，竹南君，不提竹子由自可，提起竹子有根生……"念完符事，烧化钱纸毕，才能动手砍竹。第二步是划篾条。"红墨师"砍完竹子，抬到一间洁净的堂屋里，竹头放在香火（家龛）前的一条高板凳上，竹梢一头搁在大门槛上，悬空不着地，并警示人畜、鸡牲鹅鸭不能跨越竹子，尤其是孕妇和月经来潮的妇女更不能触摸或跨越，否则会对主家不利。划好的篾条，也要高悬在他物之上，不能着地受污染。第三步才是放大缆。用篾条和稻草扭成单绳后，三股单绳合成一股五六丈长的大绳——大缆，然后圈成大圈，悬于家龛一侧。待到立房吉日之时，由"红墨师"们抬到新立木架右边的排列中柱上放好，供糍粑、豆腐、酒，大缆上放长钱、散钱各一占，并秉烛焚香祭大缆，之后才由"黑墨师"（木匠掌墨师）提着大缆头，踏上中柱，步至中柱巅，把大缆头挂在中柱巅靠顶处。这一习俗延续至今。[①]

种种民俗事象充分说明，对"竹""竹神""竹王"的崇拜，广泛存在于各地仡佬族社会，体现在群众生活的方方面面，其情之切，其意之虔，深刻显示出"竹""竹神""竹王"在他们心目中享有极为重要的地位。同时，竹与仡佬人的生活有着不解之缘，就连民间体育活动"打篾鸡蛋"都离不开竹，熬苦竹水亦是一味治病良药……一方水土养一方人，竹是和仡佬族生命相连的植物，对竹的虔诚崇拜，成为仡佬民族一种共同的文化心理。

（二）特殊的雌狐崇拜

在竹之外，有一些地区的仡佬族还有其独有的图腾崇拜。比如正安县石井一带冯氏家庭，便有每到过年到山上的哑巴洞口祭祀雌狐的传统。这一特殊的习俗起源于一个传说：冯氏先祖初来此地时，这里是一片长满水竹林的沼泽地。先祖在此垦荒种地，建造屋舍，定居下来。一只雌狐常变为人形来帮先祖做饭，日久生情后与先祖成亲生子，繁衍后人。一日，夫妻二人发生口角，先祖气急之下骂妻子为"毛狗精"（狐狸的俗称），妻子跑到哑巴洞口，投洞而亡。先祖悔恨不已，便在洞口立"仙氏祖婆碑"为志。此后，年年岁岁冯氏子孙都要来此祭祀祖婆——雌狐。这便是仡佬族祖先崇拜中一种特殊的图腾崇拜。[②]

[①] 全国政协文史和学习委员会暨贵州省、云南省、四川省、重庆市、广西壮族自治区政协文史委员会编：《仡佬族百年实录》，第549—551页。
[②] 周小艺编著：《中国仡佬族》，杨宏峰主编：《中华民族全书》，第224页。

二、祖先崇拜

仡佬族社会相信人"在生是人，死后是神"。其社会基本组织形式是由血缘血亲建立起来的氏族或家族。一个家族内的族长或家长往往享有极大的权威，在其死后也逐渐被神化，进而形成了祖先崇拜。人们认为是祖先不辞辛劳开荒辟草，才有了整个民族的生存与繁衍，必将祖先的功德铭记于心。同时，他们认为祖先死亡的只是躯体，其灵魂是永远存在的，祖先的灵魂有比生前更大的能力庇佑子孙。因此，祖先崇拜是仡佬族心灵世界中最重要的一部分。

仡佬族崇拜祖先，其敬供办法和仪式在各地有所不同。多数地区对祖先要进行日常的供奉：有的是在家里堂屋内设神龛；有的是在当家人的卧室门头或者大门门头上用特制的竹架或者竹簌设祭；有的是在灶房内放一块木板或在堂屋贴上"古老先人，地盘业祖"的字幅，表示祖先的位置；也有的以村寨附近的小山作为祭祖先的地方，或在灶前默念祖先的名字，进行日常供奉祭祀……明清以来受到汉族文化的影响，有的仡佬族在堂屋里供奉"天地君亲师"牌位，两旁另将儒、佛以及各自敬奉的神灵和祖先昭穆之神名详细列出。所谓昭穆就是以别父子、远近、长幼、亲疏之序，泛指宗族的辈分。这些都是对祖先崇敬的表现。[1] 还有的地区则是专门兴建宗祠用作宗族祭祀。

仡佬族人十分重视祭祖活动，虽然祭祖时间各地并不统一，但场面往往都很隆重，且各种祭祀活动中，以祭祖为最多——年节，要打糍粑祭祖；拜树节，拜神树也祭祖；吃新节，摘新祭祖，祈福禳灾。

贵州的仡佬族祭祖活动呈现出明显的地域性特征。如岑巩一带的仡佬族人在逢年过节、红白喜事、生孩满月、立柱建房时都要备办酒肉，在火塘边烧香化纸、敬祭祖先；毕节地区的仡佬族人家通常在每年农历正月初一、三月初三、七月初七、十月初一等重大日子，沿用代代相传的礼仪祭祖；仁怀县茅坝镇仡佬族是腊月

---

[1] 贵州省科技教育领导小组办公室、贵州省民族宗教事务委员会编：《贵州世居少数民族文化史》（卷三），第 287 页。

二十九或三十日，用一个大糍粑、8个小糍粑连同酒肉一起放在堂屋案桌上，每日早晚烧香供奉祖先。正月初三或初五半夜鸡叫后，家长将全家喊醒再次用供物献祖；黔西市一带的仡佬族，腊月三十"打哲司"（"过小年"）时要打糍粑祭祖，要用豆豉叶（即扁竹叶）插在糍粑上面，表示纪念祖先当年开荒辟草，插草为标。祭祖时，主持人用仡佬语唱道"列咖拉菜展"，意即"吉祥如意，人寿年丰，万事顺遂"。在初一至初三供奉祖先期间，男的不能在家做活，女的不能动针线，要到附近的山坡上去玩耍，到天黑时才尽兴而归；普定县窝子（今属白岩区）新寨仡佬族农历三月初三"祭树"，也是祭祀祖先的节日。一般在半个月前，全寨就选出六户主持人，筹办这一重大祭祀事务。从农历二月底起，在每晚午夜前，领头人就点着灯，于寨前的路口，用仡佬话喊叫："老祖公，三月三快到了，快回来吧……"。三月三这天，全寨女性不准出门，成年男子都要到山上神树下祭祀，祭品有猪一头、鸡两只。祭毕大家就地而食，仪式十分隆重。[①]平坝一带的仡佬族吃新祭祖时，还要念祭诵词："米天公，米天婆，你（们）为后人造新米，米秆活像石菖蒲，米颗活像斗和升……"水城猴场的仡佬族是用竹筒装米或插上茅草祭祖；遵义县一带的仡佬族，祖辈相传，盛行一种叫杀"老人猪"的祭祖仪式，凡遇疑惑，心境不宁，要杀"老人猪"，一年中全寨可轮到两三家。杀"老人猪"时必须在天黑以后，不能让旁人看见，猪毛连同用反手搓成的一根套猪的绳索（又叫"阴绳"）一并烧掉，其意是交给祖先。然后，将肉分成猪肝、肚、舌、蹄、心等数类，盛在大盘内祭祖。全家吃猪肉时，不准说话。三天之内，不准陌生人进屋。可见其对祖先的崇拜虔诚之至。

此外，仡佬族人素有开采丹砂（又名朱砂、辰砂，学名硫化汞，加热后可分解出水银）的传统。相传在商周时，其祖先将所产的丹砂贡献给武王，被封为"宝王"。宝王死后，族人为了纪念他，建起了宝王庙，供奉他的木雕像。现务川的三坑、官坝等地，仍有宝王庙遗址，至今仍香火不断。在很多仡佬族聚居区，宝王作为仡佬人的家神得以供奉，领受着族人的祭献，其智慧、勤劳是仡佬精神的象征。[②]

---

① 《仡佬族简史》编写组：《仡佬族简史》，贵州民族出版社，1989年版，第179—180页。
② 《仡佬族简史》编写组、《仡佬族简史》修订本编写组编：《仡佬族简史》，第182—183页。

三、自然崇拜

自然崇拜是人类最原始的宗教形式，不同地区的人们崇拜的对象各有侧重，具有近山者拜山、靠水者敬水等地域及气候特色。远古时代仡佬先民生产力水平低下，认知能力尚不发达，为了求得风调雨顺，拥有更好的收成和更稳定富足的生活，他们几乎崇拜所有自然物体，仡佬俗语称"吃哪山水，变哪山鬼，以祭山为大"，山、水、火、雷等自然万物都是其崇拜的对象，是他们对包括天、地、山、水、树、桥、洞、牛、鸟等在内的自然物的人格化或神圣化。他们聚居在山地密林，山多地少，知道天气的好坏直接影响到收获的成果，土地是万物繁衍的基础，与自己的生存紧密相关，认为"天""地"有着掌控万物的神奇力量，因而他们祈求"雷神"保佑风调雨顺，对"地"进行祈求，希望其能生长出更多的粮食，进而将土地神化，逐渐演化成崇拜。仡佬族人自然崇拜的最终目的就是满足人类最基本的生存需求——庄稼的丰收。同时，贵州仡佬族人长期生活在山区，与山为伴崇尚万物有灵，其朝山、祭洞、拜树较为普遍，是一种敬畏自然的质朴观念。

（一）土地神

土地对人类，尤其是农耕民族具有不可替代的重要意义，是人们赖以生存、生产、生活以及万物生长的依托。仡佬族人也认为地有地神，一方面，要祭祀土地神，万物才得以滋长，土地才有五谷的生长，才能给族人提供生存必需的生活资料，要求风调雨顺、粮食丰收必须祭祀土地神；另一方面，土地神还有护佑平安的作用，土地菩萨不开口，任何鬼怪不敢进到寨子里。因而逢年过节要用美酒佳肴献祭，以求土地神保佑全村办事顺利、人畜平安。基本上每个仡佬族村寨都有土地庙，高约一米，宽约两市尺，用石板砌成，土地菩萨约高五六寸，人们在拱门处烧纸祭拜[1]。有的土地庙还附有楹联，其内容多为祈福、劝耕、惜地等，如"土有神灵司大化，地无私惠载群生""受一方香火，保四季平安""土能吐万物、地可降千祥""公公十分公道、婆婆一片婆心""烧酒土酒都不论，公鸡母鸡只要肥"等，可见土地

---

[1] 袁礼辉：《远山信仰的魔力：仡佬族崇拜与祭祀》，民族出版社 2012 年版，第 70 页。

神千百年来在精神层面护佑仡佬族人生产生活的方方面面。[①]

贵州不同地区的仡佬族人敬神仪式各有讲究。如黔北一带人们通常会在每年农历六月初六这天，带上吊钱、白酒、茅草标、刀头肉、豆腐等祭品来到秧田附近的土地庙前祭祀："土地神，土地神 / 保佑我家秧苗长得绿茵茵 / 土地神，土地神 / 保佑我家今年好收成"；在岑巩一带，土地神按所处方位又分为山神土地、坳神土地、屋上土地和当方土地几种，代表着不同的内容，需要依照不同的功能分别敬奉。通常每个仡佬族自然村寨前，立有一座约三尺高的土地宫，供全体族人供奉；或是山上或正坳处供奉有土地神，出门做工的匠人或上山打猎的猎人路过都会拜一拜；有时家中遇见病患或者不顺之事，族人也会到山神土地或坝坳神土地处敬奉神灵，以求消除灾厄。大多数仡佬族家庭在大门前立有当方土地，逢年过节、红白喜事时备酒肉香纸敬奉，祈祷平安福寿；石阡一带的仡佬族一年之中有春（立春后的第五个戌日）、秋（立秋后的第五个戌日）两个社日，两次祭祀土地神。各家要办社饭敬奉土地公婆，春社祈求一年庄稼丰收，俗称"过社"，秋社是农民报谢秋收。此外还有专门的"谢土"仪式。

过去，贵州城乡随处可见小小的土地庙或土地神龛，可见对土地神的重视。如今，祭祀土地神活动不再限于农业生产，而是成为一种含义广泛的宗教祭祀仪式，在仡佬族的许多重要活动之中都会举行。并且许多仡佬族人家的堂屋神龛下端仍然保留了"镇宅土地神位"，并贴有"土能生万物，地里出黄金"等对联。

（二）水神

水乃生命之源泉，万物生长都离不开水。仡佬族居住地区有极为丰富的水资源，山泉密布，河流纵横，作为农耕民族他们对于水非常敬重，敬水为神。为了求得山泉涌泄，细水长流，能够灌溉庄稼，使农田丰茂，每年岁首，人们要时常到水井边烧香化纸祭拜水神。每逢大年初一寅时，仡佬族各家各户的男人都要到井里挑水，名曰"取银水"，寓意把金银财宝挑进屋，一年四季盈利丰收。[②]

---

① 任正霞：《仡佬族傩戏土地崇拜研究》，《兰州教育学院学报》2017年第9期。
② 周小艺编著：《中国仡佬族》，杨宏峰主编：《中华民族全书》，第227页。

（三）雷神

自然现象在远古人类的心目中是神圣莫测的，雷神在仡佬族人们心目中的形象是长翅膀、大鼓眼，手拿斧头，神情威严，专管打雷施雨。但凡遇旱便向雷神求雨，一些村寨甚至专门设有雷王庙，一些地区则认为农历五月初五是雷神的诞辰日，村民要插上五色纸旗并杀牛祭祀。[①]在岑巩一带，农历正月十二被认为是雷神的生日，人们要打糍粑祭祀雷神，以驱除妖魔、求雨、预测吉凶祸福。相应地，他们还有许多关于雷神的生产生活禁忌，比如，逢"牛日"或"马日"，忌插秧、动斧；凡听见第一声春雷响，如在白天要转身，在夜晚要翻身，表达对雷神的回应，意思是告诉雷神，我们知道雷神来了。如果听见雷声不动，称为雷打不动，则是不吉利的象征。有的地方在丧葬仪式中也会请雷神，取驱魔求平安之意。[②]

（四）山神

在原始社会，山是人类生活的主要场所，山中有人类生活需要的动植物，山石可以制成各种工具和武器，大山直接联系和制约着人类的生产和生活。仡佬族人世世代代与山为伴，山是人们生活的场所也是他们生活的来源所在，其重要意义不言而喻。人们幻想有山神管理山中的动植物和宝藏，怪山巨石是鬼怪神灵的化身，能赐福或降祸于人。传说中，仡佬族的老祖公与老祖奶在贵州的土地上开荒辟岭，辛勤劳动，一年种出的庄稼遭受山鼠、雀鸟抢食，养的猪鸡鸭遭豺狼虎豹拖走，苦不堪言。后来老祖公得到天神的托梦启示，在三月第一个寅日带领大家祭祀了山神，此后所有豺狼虎豹、山鼠野猫都销声匿迹，族人才得以丰衣足食。从此民间流传着"吃哪山的水，变哪山的鬼，以祭山为大"的说法，祭祀山神的活动也流传至今。

许多地区的仡佬族每年都会举行大型的祭山神活动，时间多在农历三月初三。祭山多以村寨为单位，参祭者为全村男子，祭祀处是村寨附近山林中的一株古树，祭祀对象是数量不等的周边群山，祭祀目的在于祈求山神护佑五谷丰登、人畜平安。神树所在山林，严禁砍伐。有的甚至连枯枝落叶也不许拾取，故该山坡无不林木繁茂，

---

① 周小艺编著：《中国仡佬族》，杨宏峰主编：《中华民族全书》，第227页。
② 周小艺编著：《中国仡佬族》，杨宏峰主编：《中华民族全书》，第228页。

郁郁葱葱。各地祭山神习俗不尽相同，如居都的仡佬族有在三月三用牲畜祭山祭树的习俗，同时还要祭祖，表达人们对山神的敬仰和缅怀祖先的心情，同时祈祷当年能获得好收成；清镇仡佬族则在离村寨较远的山上建造山神庙，定期前往拜祭山神，祈求山神镇压山中的野兽猛禽、保护家园的安全；石阡县的仡佬族农历三月三祭山神，是先在家里祭献祖先然后集体在山上去祭山神；安顺弯子寨的仡佬族三月三全寨男子要汇集在弯子寨前的小山坡脚祭山王菩萨，请山王菩萨保佑全寨人畜平安、五谷丰登；普定县的仡佬族每年由 6 户人家轮值主祭，负责挨家收钱和购备祭物，三月初三集中祭祀；镇宁布依族苗族自治县仡佬族三月三祭山神又祭神树，神树是寨里子一棵两抱粗的老枫香树。祭祀要由鬼师手持黄牛角杯装的酒，念请方圆十里内各山来享用祭品，并祈祷各山神保佑全寨男女老少清吉平安，牛马免遭瘟疫；六枝特区的仡佬族祭山神是在三月的寅日，参加祭山神的均系男子，一户一人。

（五）古树崇拜

仡佬族先祖们相信生长旺盛且长寿的大树是神灵的化身，能消灾除难并保佑子孙后代人丁兴旺、健康长寿，其民族精神逐渐形成敬畏和崇拜大树的内涵。有调查显示，仡佬族聚居区的古树资源主要分布在村落、宅基地旁和墓地旁等几类与人之活动联系密切的用地类型中，这表明古树的分布区域与人类活动频繁的场所高度重叠。除了残存的自然古树的生境与人类村寨分布地重合外，这几类生境也是人工种植风水林的主要场所。[①] 此外，各类林中都含有大量该地区自然植被的本底，在区域生物多样性保护中具有重要意义。

仡佬族人会在其居住的村寨或前或后选择一片葱绿茂密的山林为护寨林，又称"风水林"。其中一棵最粗、最高、最茂盛的苍天古树往往成为村寨中的神树。护寨林不仅是仡佬族人的公祭场所，也是娱乐活动场所。神树及护寨林被族人赋予了诸如惩恶扬善、消灾祈福、治病救人、家族人丁兴旺、家庭和睦、孩子喜好读书等

---

① 田丽娟：《西南地区少数民族聚居地古树资源特征及成因》，重庆大学硕士学位论文 2018 年。

社会功能，而被加以崇拜。[①] 通常寺庙风水树以柏木为主；宗祠风水树以柏木和银杏为主；村落风水树以柏木、银杏、枫香树、楠木和杉树为主；宅基风水树以柏木、银杏、木榉、红豆杉和楠木为主；墓地风水树以柏木、木榉和杉木为主，银杏极少被选作墓地风水树。

仡佬人的古树崇拜主要有"寄拜"和"祭拜"两种体现形式。所谓"寄拜"，是指将子女过继给某株古老且生长旺盛的大树，希望大树保佑孩子平安健康，俗称"抱子树"或"保爷树"；"祭拜"则是指将古树当作神仙和菩萨来朝拜和祭祀，或者依傍古树修建土地庙和求子庙（神龛），或在小庙旁栽种柏木以求展现"树神"的庄严肃穆。柏木、银杏和杉树是仡佬族祭拜的主要树种，被祭拜的古树会受到严格的保护。许多地方迄今仍有在三月三、八月十五举办"祭树"典礼的传统。道真、务川一带仡佬族还有"喂树"习俗——道真一带一般是正月十四或正月十五过大年时，务川一带通常选在正月初一和十五过小年和大年时——将果树皮用刀砍些口子，把好饭好菜填入口子并边喂边念："喂你饭，结串串；喂你肉，结坨坨……"，以求来年多结果实。贵阳清镇一带则是在每年腊月三十晚吃完晚饭后给树喂饭。喂果树实为给树放水，以免来年因树干蓄水过多，影响果实未成熟前掉落。[②]

和我国西南山区的许多少数民族如苗族、彝族、侗族和哈尼族等一样，古树崇拜促生了世世代代群众自发的古树保护行为，是仡佬族人民与自然和谐相处的具体表现，其文化内涵在于对自然的敬畏，人们认为自然万物都具有灵性且万物平等而应当被尊重，体现了人与自然和谐相处的朴素生态学思想。[③]

除上述土地、山水神、雷神、古树等外，仡佬族还对其他如风、月亮、桥、洞、牛、鸟、谷物、葫芦等几乎所有自己赖以生存的天象、自然物加以崇拜，也对农作物如大米加以敬拜，比如黔北一些地区的仡佬族人将大米奉为神灵，称为"米神"，

---

① 翁泽红：《传统文化视域下乌江流域仡佬族自然生态观及其现代价值》，《贵阳市委学校学报》，2018 年第 2 期。
② 苟朗忠、张德枢、吴道兴、主编：《清镇仡佬族》，贵州民族出版社 2004 年版，第 137 页。
③ 田丽娟：《西南地区少数民族聚居地古树资源特征及成因——以贵州省务川仡佬族苗族自治县为例》，重庆大学硕士学位论文 2018 年。

并有一套完整的祭祀程序；凤冈县绥阳镇流传着关于米神的神像和传说，并且有专门的米神祭祀活动；岑巩县凯本镇的仡佬群众每年农历腊月十二要吃斋，并以青菜叶、豆腐、清茶等作为祭品，敬祭"米神婆婆"。祭祀时在桌下摆米，焚香烧纸，并念咒语感谢"米神婆婆"恩赐当年五谷丰登，也祈祷来年收成更好。

四、动（植）物崇拜

在漫长的历史进程和长期的生产生活实践中，仡佬族人与周边的万事万物都产生了相当紧密的联系。除了土地、山、水神等自然物外，人们与自然界中的各种动（植）物也频繁互动，形成各种关系进而产生崇拜。有的是因为动（植）物对族人的救命之恩，有的是相信某种动物与自己有某种神秘的关系如血缘，被视为氏族的象征，等等，这些动（植）物发展成了图腾，被后人加以崇拜，相应地也不断推进着人类与自然和谐相处的进程。动物图腾常因各民族支系的不同而有所不同。

竹子是西南地区丰富的自然物，其特点是具有蓬勃旺盛的生命力，人类由此赋予竹丰富的象征内涵，并在西南各族群先民中形成浓郁的竹崇拜意识。历史上西南地区多有名为"竹王祠""竹王三郎祠"的民间寺庙，竹王、竹王三郎作为异常灵性的神灵，受到西南的仡佬、布依、彝、苗、土家等先民的崇拜。如前文提到的，仡佬族从濮人发展而来，曾建立西南古夜郎国，东晋常璩《华阳国志》卷四《南中志》说："竹王者，兴于遁水。有一女子浣于水滨，有三节大竹流入女子足间，推之不肯去，闻有儿声，取持归，破之，得一男儿，长养有才武，遂雄夷狄，氏以竹为姓，捐所破竹于野，成竹林，今竹王祠竹林是也。"[1]朴实生动的竹王神话的建构，最终将族群的起源与竹图腾崇拜完美结合。历史上古夜郎国先民为怀念竹王，在各地相继建立起竹王庙，每年都要祭祀图腾祖先竹王。[2]传说中竹生人的人类起源神话，更反映出先民相信人类由竹出生，死后将要回归竹的原始思维。[3]

---

① 任乃强校注：《华阳国志校补图注》，上海古籍出版社 1987 年版，第 247 页。
② 张泽洪：《中国西南少数民族的竹王神话与竹崇拜》，《世界宗教研究》2012 年第 3 期。
③ 张泽洪：《中国西南少数民族的竹王神话与竹崇拜》，《世界宗教研究》2012 年第 3 期。

在每一个分散在黔滇桂偏僻山区的仡佬村寨，几乎都能看到几百年甚至上千年的古树，其中以银杏树为最多，这些古树被视为能赐福降灾的神灵而受到顶礼膜拜，比如前文所述的古树崇拜，还有一些地区拜"树干爹"等行为。人们对古树的感恩，不仅是因为它在人类从洞穴走向地面的时候就给先民提供栖息之所，给他们以庇护和温暖，而且因其在日常生产生活中不断提供着衣食的补充，因而树木在他们的心目中，不但是庄严的图腾，也是其衣食之源、恩情所在，更是仡佬族先民对自然之道探索的结晶，体现的是对大自然、对生命的敬重。

有的地方甚至还敬拜辣椒。如在平正仡佬族乡，传说其先民中的寨老正月初一吃了过多的甜食后，叫人煮了一碗红红的辣椒面吃下去方才心满意足地躺下睡觉。第二天早晨起床后，寨老发现寨子中所有的人都眼睛通红。他急忙赶到观音庙前请教观音菩萨，观音菩萨告诉他，正月初一是辣椒娘娘的生日，玉皇大帝都要率领众神敬拜，你们不但不拜，还吃辣椒。寨老听后，立即回寨组织大家隆重敬拜辣椒娘娘。敬拜仪式结束后，全寨人的眼睛又恢复了正常，并且愈加明亮了。于是，寨老宣布从今往后，正月初一不但不准吃辣椒，并且家家都要敬拜辣椒娘娘。[1]

如前所述，仡佬族人将雀鸟视为"雀神"，专门设置了"敬雀节"。石阡县坪山乡包溪、尧上一带仡佬族人，因为传说先祖（一对双胞胎兄妹）在一次特大洪水灾害中躲进一个大葫芦里随水漂流，一只神鹰将葫芦救起，后人才得以繁衍，因而他们将神鹰和葫芦视为神物。在"敬雀节"这天，人们要穿上民族盛装，插上彩旗，在村外的晒谷场上，架起高耸的葫芦神鹰架，摆上糍粑、酒等祭品祭祀神鹰。当然在祭祀的过程中是不能放鞭炮的，以免惊了鸟类。

居住在遵义凤冈县杨家寨的杨姓仡佬族，每到除夕夜祭祀祖先之前，要先敬"蜘蛛神"，其缘由是先民受官府追杀，一路追到大都坝的杨家寨，躲避在山洞里，是蜘蛛及时结网予以遮挡，帮助他们避开官兵追杀而得以生存下来。[2]祭祀"蜘蛛神"

---

① 周小艺编著：《中国仡佬族》，杨宏峰主编：《中华民族全书》，第99页。
② 贵州省科技教育领导小组办公室、贵州省民族宗教事务委员会编：《贵州世居少数民族文化史》（卷三），第289页。

时咏唱的祭词便讲述了这个古老的传说："蜘蛛神、蜘蛛神，牵丝撒网封洞门。这回蜘蛛保护我，追苗赶汉没杀成。杀猪宰羊来祭你，先祭蜘蛛后祭祖人……"。由于祭祀山洞离村寨较远不方便，于是当地各家各户在建房时都会在自家房屋后的水沟壁上挖一个石洞，用以模拟山洞方便祭祀"蜘蛛神"，祭祀的供物和程序不变。并且在腊月二十四各家"打扬尘"（打扫卫生）时也绝对不动蜘蛛，让它在原处生存。

仡佬族民间歌舞"牛角舞"也来源于一个古老的传说。相传远古时候，祖先为躲避官军的围追逃到河边却无法渡河，危急关头，一头老水牛狂奔而来把他们背过波涛滚滚的河流。为了报答牛的救命之恩，仡佬先民编成了"牛角舞"，时时怀念、常常感恩，从此，"牛角舞"成为仡佬族的传统民间活动。

第二节 生态价值观：伦理道德法则融于人与自然关系之中

无论是仡佬族普遍自称的竹图腾崇拜，还是冯氏一支独特的雌狐崇拜，抑或他们对土地、山水神、雷神，和对其他诸如风、月亮、树、桥、洞、牛、鸟、谷物、竹子、辣椒、葫芦等天象、自然物、动植物的崇拜，其实都是仡佬族的祖先对其赖以生存的自然环境进行着不断地思考和探索，进而形成的对于自然环境的朴素见解，是他们运用象征的方式来表达族群心理的或社会的需要，具有十分朴实和务实的特点。这些综合自然崇拜、图腾崇拜、祖先崇拜内容的神话和仪式，承载着族人对祖先创世的历史记忆，折射出人与大自然和谐共生的关系。他们对天地万物，对动植物的崇拜，以及各种禁忌和祭祀活动，都是其先民在生产生活中逐渐形成、"制定"的保护自然资源的生态民俗和维护村寨族群秩序稳定的规约，虽不自觉，但却是有效地约束了人们的不良行为，并且逐渐形成该民族世代传承的生态伦理法则，也折射出了其间的生态智慧——人、天地山水、动植物是一个相互依存的生命整体。这种认知实为对生命的敬畏，同时也将伦理道德法则延伸到人与自然的关系之中，实质上起到了维护生态平衡、保护自然环境的作用。

虽然仡佬族的图腾崇拜、祖先崇拜与自然崇拜等都带有一定的迷信色彩，但却是囿于生产力水平和其认知水平的低下，是人们对大自然无知进而惧怕的表现。仡佬人在漫长的发展过程中深刻地认识到自然对于人类生存和发展的决定性作用，从而对自然之道不断探索。他们以人为尺度去观察和衡量自然，将自然人格化、拟人化，这也是早期人类认识自然的一个普遍现象。在他们的眼中，大自然中的万事万物也是和人一样的有机物，也是有血有肉、有五脏有四肢。比如在仡佬族神话《布什格制天、布什密制地》中就称："布什密制的地样样都有，肉也有，就是那遍坡遍地的泥巴；脑壳也有，就是那些高高低低的坡头；头发汗毛也有，就是那些漫山遍野的树木和草；眼睛也有，就是那些大大小小的消水坑；嘴也有，就是那些大大小小的山洞；手和脚也有，就是那些分枝发岔的山坡；肚皮也有，就是那些龙潭；肠子也有，就是那些弯弯曲曲的江河；骨头也有，就是那些又重又硬的石头；肋巴骨也有，就是那些又高又大的大岩……"。与人们生活密切相关的种种自然物象成为神话表现的表层内容，反映了原始人民的原始思维，带有农耕文化的明显印记。通过这些朴素的想法可以看出仡佬族人民的潜意识里面并没有把天地万物看成不可捉摸的东西，他们以最朴实的想法和类比去理解和认识自然环境里的事物。在他们的意识中，自然物与人之间并没有严格的界限，人与自然是融为一体的。从这个角度去观察自然，便有了"天制窄了，我扯宽点就是"这样的说法，有了"天扯宽后，还是包不住地……才把地抱起来估倒箍，一箍就箍出一些皱皱包包来"这样的说法。[①]

他们崇尚万物有灵，实质上是对与生产、生活息息相关的土地、山、水、自然天象等的人格化或神圣化，体现了仡佬族群众由自然环境和社会环境相互影响而形成的世界观。有学者认为，仡佬族人在其发展的过程中保留了"自然中心主义价值观"的诸多因素，仡佬族对于自然生态的态度，实质上是将人视为自然界的一分子——万物有灵，大自然赐予我们生活的全部，因而我们世代对大自然保持敬畏之情，在取得生存物资的同时对自然环境加以爱护——存在决定意识，环境决定观念，仡佬族的生存环境决定其生态价值观。仡佬族人祭山拜水，敬物爱物，并将这种生态价值观念以传统习俗的方式流传下来，致力于追求人与自然的和谐共生。虽然在今天

---

① 陈天俊、赵崇南、龙平久：《仡佬族文化研究》，第 177 页。

看来，仡佬族传统生态价值观是过去生产力落后和对大自然缺乏认识的体现，但不可否认的是，这种生态价值观有力地保护了仡佬族人世代所居的生活环境，即使在工业生产飞速发展的今天，对环境的破坏也有所抵御，尤其是在倡导"人本主义生态价值观"的当下更具有实际意义。①

从现代的角度来看，这种以人本主义为中心去理解万事万物的思想，有利于帮助仡佬先民通过祈祷神灵的保佑的方式寻求到心理慰藉，进而产生更加强烈的生存欲望，促使其渡过难关——在他们看来，敬重祖宗，是因为祖宗生前开荒辟草，创造了物质财富，养育了后代，今后还会关照他的亲人。而大自然给了人们丰富的资源，其自身也有灵魂，因此也要敬重它；自然界中无论动物还是植物都像人一样有意志、有情感，蕴藏着丰富的神灵之性，人们从广袤的大自然中不断索取各种资源，如果在适宜的时候不给予恰当的回报以示感恩，它们就会以程度不同的灾害——大到洪涝干旱、小到四季不顺，作为对人类不敬的惩罚。在每年适宜的时候给予其丰厚的祭拜，就能求获得他们的护佑。

仡佬族对山神、土地神的祭祀，对竹、牛、树等自然实体的多神崇拜，反映了他们对自然生物的崇敬，对个体生命的珍视，对生命延续的渴望。②这种祖先崇拜、自然崇拜无论从现象上还是从本质上看都是人与自然的协作关系升华为民族的内在精神，并通过一系列的节日祭拜活动达到人神共娱，亦即人与自然和谐一致的境界。这种精神的追求主要取决于该民族对人与自然关系的理解，③以此为基点进一步衍生出仡佬族蕴涵敬畏之心的生态伦理观，进而达致其与大自然和谐共生、相依为命的美好结局。这就是仡佬族要把祖先崇拜、多神崇拜和自然崇拜重合在一起，既要祭拜祖先又要祭天地的原因。④并且这样的心理认知一旦形成并不断发展，便逐渐形成一种具有稳定性特征的精神文化，以朴实又丰富的信息因子印证着本民族独有的生态文化现象。

① 周婉莹：《生态价值观视域下仡佬族传统习俗对环境保护的积极意义》，《青年与社会》2010年11期。
② 任正霞：《仡佬族神话传说生态伦理思想研究》，《遵义师范学院学报》2010年第1期。
③ 陈天俊、赵崇南、龙平久：《仡佬族文化研究》，第192页。
④ 周小艺编著：《中国仡佬族》，杨宏峰主编：《中华民族全书》，第245页。

　　仡佬族生态价值观是对其生存智慧考量的结果，不仅反映了整个民族对其生存环境的主观能动的适应，更是其生存智慧的集中表现。仡佬族生态价值观有着人类敬畏自然、尊重生命、与自然和谐相处、向自然适度索取等十分丰富的内涵。[①]

第三节　民间生态文化意象：人与万物的和谐与互助

　　仡佬族生态价值观具有直观、朴素和经验性等特点，主要是通过民间信仰、习俗禁忌、生态习惯法以及民间口传文学等形式表现出来。

　　作为最早居住并开发云贵高原的古老民族，仡佬族人在漫长的社会生活中对自己赖以生存的大自然——天地、星辰、日月、山川、鸟兽、草木，以及人类的起源与生存问题，不断地进行着思考和探索，并形成了优美的想象、朴素的观点和独特的解释。先民们关于自然的丰富的看法、观点在民间文艺尤其是各种神话故事、民间传说、寓言和谚语和民间歌舞中得以充分地体现，并多以口头形式世代传承下来。

一、探索天地万物与人类起源

　　仡佬族先民用各种古歌、神话和民间传说表达了对天地万物、人类起源与生存的探索与思考。其古歌《叙根由》涉及古代神话、先民创业、民族民俗习惯的形成等一系列内容，被视为仡佬族的史诗，也是目前为止发现的规模最大、篇幅最长、最完整和最珍贵的一部仡佬族古歌。古歌中人们唱道："当抱原来无人烟，开荒辟草是仡佬。""大田大地我们的，大山大岭我们的，东南西北我们的，大场大坝随便走，大冲大坳随便行，天宽地宽由你走，四面八方任你行。"他们对开辟了这片土地的"敖伟天神，列位祖先，地盘业主"发自内心地赞叹："现在我们地方好，全靠你们的业绩。坡是你们赶来的，山是你们留下的。你们开辟的地盘，宽广抵天边。我们享你们开的田地，享你们开的大河，享你们砌的城墙，享你们建的仓房，享你们修的瓦房，子孙后代用不完，千秋万代不用买……"也表达了作为最早居住

---

① 袁礼辉：《论仡佬族生态价值观及其现实意义》，《遵义师范学院学报》2020 年第 1 期。

在云贵高原、开发这片土地的仡佬族人无比的自豪和对脚下土地的热爱。

更多内容广泛的神话和传说从内容上可以大致划分为讲开天辟地的、讲世间万物生成的和讲人类起源的三大类。

以天地日月生成为内容的神话主要有《天与地》《布什格制天、布什密制地》《开天辟地》《制日月》《天地、日月和气候》《公鸡叫太阳》《太阳和月亮》等，这些神话不断向后人传播：天和地不是从来就有的，而是后来在某个时候被一些力大无比的神仙创造出来的，开创天地的是布什格、布什密、张龙王、李龙王、祝融等神仙，比如，神话《布什格制天、布什格制地》中说，"天，是布什格制的……地，是布什密制的……"《天与地》中说："张龙王制天，李龙王制地。"《开天辟地》中"……祝融公公就拿头去撞天，一下子撞破了西天；祝融的妹妹才炼石来补天；红君来补地，类君来安天……"这种最原始的"神创论"，反映出对自然界的山川河流在认识上拟人化和人格化的特点——在他们眼里，地上的山川河流、石头草木等都对应人体的各个部分——"布什密制的地样样都有，肉也有，就是那遍坡遍地的泥巴；脑壳也有，就是那些高高低低的坡头；头发汗毛也有，就是那些漫山遍野的树木和草；眼睛也有，就是那些大大小小的消水坑；嘴也有，就是那些大大小小的山洞；手和脚也有，就是那些分枝发岔的山坡；肚皮也有，就是那些龙潭；肠子也有，就是那些弯弯曲曲的江河；骨头也有，就是那些又重又硬的石头；肋巴骨也有，就是那些又高又大的大岩……"可以理解，原始时代生产力水平极为低下，仡佬族先民虽然受到自然的启示，看到天和地与其他自然现象，但他们尚未把握事物发展的内在规律，则只能将之归结为幻想中的神秘力量——神。

民间传说《公鸡叫太阳》中说，很早很早以前，天上有七个太阳、七个月亮，它们一起出来照着人间，晒得天下成了灾。聪明能干的阿膺，找了一根很长很长的通天竹，爬上一座很高很高的大山，又爬到一棵很高很高的树上，把六个太阳、六个月亮打落到大海里。剩下的一个太阳、一个月亮也不敢出来了。人们的生产生活都受到了很大影响。阿膺和大家带了大红公鸡去请，公鸡一叫，遍山回响，太阳和月亮躲不住了，只好出来，人间才重见了光明。这个传说生动地阐述了人和自然界的密切关系。①

天地是神造的，万物又是怎么来的呢？先民们展开了丰富的联想——神话《巨人由禄》中说："由禄的个子，高大无比。他死之后，圆圆的脑壳，变成了城头；立立的头发，变成了大茅草；干干的耳朵，变成了树木；明亮的眼睛，变成了海水；空空的鼻子，变成了消水坑，龇咧着的牙巴，变成了岩洞；尖尖的牙齿，变成了刺蓬；长长的舌头，变成了丝茅草；细细的脖颈，变成了山垭口；软和的手杆，变成了起伏的小坡；稀稀的肋巴骨，变成了石岩；又肥又厚的皮，变成了泥巴……变成了篙枝；长长的腰杆，变成了大路……"可见虽然他们对自然的认识仅仅停留在感性的、直观的阶段，还未上升到理性认识的阶段，因而只能站在自然之中认识自然，但其先民已经能通过对自然界的观察，直观地猜测到了自然界的一切事物都是物质的，并且可以相互转化。从当代辩证的方法来看，这种从物质到物质的看法具有朴素唯物论的特点。这种特征在神话《布什格制天，布什密制地》中也体现得非常明显，在其他一些故事和传说中也反映了这样的认知。如《唢呐、笛子的来历》，讲这两种乐器最早是年轻人扯树叶、草壳、树皮、竹筒放在嘴里吹，后经过不断改进才造出来的；《仡佬族唢呐谱的来历》中说，一百多种不同曲调的唢呐谱中，有一种叫阴谱的，就是人们在山洞口模仿阴河里的流水声创作出来的。②

在创世传说中，人们将自己的始祖与自然界的山川河流、大海平原相对应，除了在一定程度上反映始祖的伟大力量外，还较多地体现了其民族传统的"天人一统"的思想。在他们的生活中，随时以"天意"支撑着自己的意志——遇到顺心的事，是上天赐予的；遇有不顺心，则是"上天对自己的处罚"；最大的苦难莫过于"天要塌下来了"。③

关于人类的起源，仡佬族先民也是很早就开始探索，民间流传较广的相关神话，主要有《阿仰兄妹制人烟》《四曹人》《人皇制人》《土土和张大姐制人烟》等。

---

① 陈天俊等：《仡佬族文化研究》，第25页。
② 陈天俊等：《仡佬族文化研究》，第175页。
③ 贵州省科技教育领导小组办公室、贵州省民族宗教事务委员会编：《贵州世居少数民族文化史》（卷三），第284页。

其中比较有代表性的是《阿仰兄妹制人烟》。这一则神话叙述了人类的来历：远古的时候，有一家三兄弟和一个妹妹。有一天，他们在山坡上劳动的时候，天神彻格下凡来告诉他们，很快要发大洪水了，还给他们出主意设法躲避。因为老大、老二出言不逊得罪了天神，结果死于洪水之中。只有老三阿仰和妹妹坐在杉木做成的木葫芦里得救了。但世上的人都被洪水淹死了，阿仰和妹妹在天神的指示下结为夫妻，生了九个儿子，从此地上就有了人烟。[①]内容与之相近的还有《伏羲兄妹制人烟》《洪水朝天》《仙葫芦》等，虽然情节各异，但主题基本是相同的，这类神话曲折地反映了仡佬族源于自然的人类起源观。民间传说《四曹人》（也有说《四朝人》）讲述：很久很久以前，世间上本来没有人烟，后来有了人类，并且经过几度兴衰，才发展成今天这个模样。原来，第一曹是天神（九天主）用泥巴捏的，遇到刮大风被吹化了；第二曹是天神用草扎的，被天火烧光了；第三曹是天上星宿下凡来投生的，遇着洪水滔天淹死了除了阿仰兄妹以外的所有人，洪水之后兄妹二人经天神指点成了婚才传下现在的第四曹人，所以"风吹一曹，火烧二曹，水淹三曹，到现在，已经是第四曹了（'曹'，意为历史阶段）……"这一传说反映了仡佬族人民对人类进化过程朦胧的认识。而风吹、水淹、大火等情节，是先民对自然的观察与思考，是对远古人类逐步认识自然、适应自然，推动社会发展进行的生动写照。有观点认为，仡佬族关于人类起源的看法是从自己民族的生活实际出发，有更多的合理想象，是更符合历史的真实和自然法则的。

二、讲述人与自然的关系

（一）竹、竹王的传说

仡佬族以竹为图腾，民间更有许多关于竹王的传说版本。

比如，有一个传说讲的是竹王的来历和打虎为母报仇的故事，其中还有关于仡佬族先民悬棺葬习俗的由来。很久以前有一位姑娘名唤倡乳，自幼失去了亲人，独自一人住在山中的岩洞里，靠垦荒织布艰难度日。一天，倡乳在河边洗衣服，突然

① 陈天俊等：《仡佬族文化研究》，第178页。

顺水漂来一节竹筒，里面传出婴儿的哭叫声，她捞起竹筒用洗衣棒把竹筒敲破，只见一个男婴躺在其中。倡乳将婴儿将带回洞中抚养，取名"笃筒"。笃筒渐渐长大，每日上山捕兽，下河捉鱼，与倡乳相依为命。但有一天笃筒外出打猎，倡乳被老虎吃掉了。笃筒悲痛欲绝，找到老虎并将其打死，为母亲报了仇。为了让母亲的灵魂能够得到安宁，他将母亲的尸骨放入棺材并挂于悬崖峭壁之上。笃筒打虎为母报仇的事迹逐渐在各村寨中传开，人们十分敬佩他的勇敢和力量，推举他为王。因其生自竹筒，人们便称他为"竹王"。

后来，在当年倡乳扔弃破竹筒的地方，长出了大片浓密茂盛的竹林。祥瑞之象令仡佬族先民匍匐叩拜，他们便在这里破土奠基，砌墙架梁，修建了气派庄严的"竹王祠"，以供奉祭奠这个传说中的伟大祖先，祈求他的护佑和赐福。直到今天，仡佬族仍把农历的正月初四作为竹王的"生日"，每到这天，家家户户都要打糍粑、磨豆腐、备刀头（猪肉）、献酒饭、焚香烛、烧纸钱，在竹林里选择一处清幽洁净之地"上竹王钱"，同时祝祷全家"春季清吉，夏季平安，秋无三灾，冬无八难，四季无风瘟之灾，二十四节常有泰，一年四季方方有种，处处有收……"[1]

又比如，道真一带的"竹王传说"中讲到，古时候人们不愿在高山上居住，都挤在平地上，所以平地上人丁兴旺、高山上树林成荫。但是很多年以后，平地上的人太多了粮食不够吃了，就出现了互相争夺土地的情况。夜郎对这种现象非常不满，就带着家人和族众离开平地，落业深山，再建家园。夜郎不但在山上开荒种地，还在深山里精心种植了很多竹子，把竹子都培养成性直心空、四季常绿。人们为了感谢夜郎的苦心照料，便尊称他为"竹王"。又过了很多年，高山上五谷丰登、六畜兴旺了又引起了平地人的注意，就动了心意去抢夺高山人的劳动成果，结果遭到高山人的英勇反击。很多次抢夺失败以后平地人服气了，他们知道高山人个个能征善战，简直人人都是夜郎，于是就把高山人称为"夜郎"，从此不再侵扰。

史书中对"竹王"建夜郎国也有相关记载，虽然与传说略有不同，但内容差异不大。据文献记载，竹王生于李姓人家，其名源于其母洗衣时将其生于竹筏之上，

---

[1] 孙建芳编著：《高原拓荒者》，第11页。

故名李竹。李竹长大后，吼声如雷、力大无比。后建夜郎国，称"竹王"。

仡佬族人对竹王的崇敬在其古歌《祭祖》中表现得淋漓尽致："……高竹会走路，大竹会说话……他指你们把路过，站在路后看你行……竹子扁担轻轻放，竹子拐杖好好存，它是告佬的竹王，它是我们的先人。出门做事它会讲，出门做事它会说。会讲会说是竹王，我们世代敬供它。竹王万世保佑我们，告佬家家享太平。"①

仡佬族聚居地区的许多建筑如祠堂、墓葬也会有关于竹子的刻画。黔北仡佬族聚居区比较典型。比如，隆兴镇永红村陈氏祠堂在大门框上方正中嵌一块青石板，镌刻一幅《拜竹图》，右框边三棵竹子，竹巅朝内倾，竹笼里有三棵刚出土的竹笋，前跪一人，躬身作揖姿势。该图左上方，有一衣着长袍大袖仙人（传说为太白金星），站在云端，手握拂尘，指示凡民拜竹；还有大碰镇邓氏祠堂（建于1835）、旧城镇熊氏祠堂（建于1855）、三桥镇雷氏祠堂（建于1871）、玉溪镇程氏祠堂（建于1872），《拜竹图》不是刻在祠堂大门上方，而是浮雕在正厅的天楼檐上，镂雕成灵牌，按排行供在祠堂上，每年春秋两季全族敬拜；又如，玉溪镇东郊村王永簏骆氏墓，墓室上的大石横梁上，深浮雕四幅图案，其中一幅是《拜竹图》；玉溪镇王溢川夫妇的合葬墓，建于1938年，该墓室吞口沿正中竖一根高132厘米，宽厚34厘米的四方石柱支撑大梁。石柱顶部的浮雕上三根老竹枝叶茂盛。老竹左边长出两根嫩笋，右边生出一根嫩笋。又有一位青年头戴帽，身着长衣，腰束带，面朝西，向竹笼双膝跪地，伸直右手握着一根老竹茎，左手曲于胸前握住胸前刚出土的笋尖。构图新颖，别具一格。②

由此可见黔北仡佬族的原始自然物崇拜遗迹。对竹和竹王的虔诚崇拜，是仡佬族一种共同的文化心理，从生态环境来解释，竹是云贵山间常见的极易生长的植物，共有100多种竹类在此生长繁衍。漫山遍野、种类繁多、易生易长的竹不仅是仡佬族养身活命的食材，还是取之不尽、用之不竭的生产原料。自然与人类在互动与交

① 宋健编：《高原拓荒者》，第9页。
② 全国政协文史和学习委员会暨贵州省、云南省、四川省、重庆市、广西壮族自治区政协文史委员会编：《仡佬族百年实录》，第551—553页。

流中和谐相处，民间传说、碑刻演绎了自然与人类之间结下的深厚情谊。

（二）人与万物的和谐与互助

许多神话传说借助其教化功能传递着生态保护观念：

《谷种的来历》中讲述：在古代仡佬族没有稻谷。有一天，一只神狗跑到月亮上去，因路途遥远就躺在谷堆里睡觉，滚了一身稻谷。返回途中过大河时，尾巴上几粒稻谷未被冲走，后来到家抖落在主人家地里长成了谷子，但主人不敢吃。第二年长得更多，还是不敢吃。第三年，主人拿谷子尝，觉得好吃，煮来吃，更香……从此开辟了仡佬族种稻的历史。后来狗在后世民间传说中演变成了仡佬人的保护神和"救命神"，为表感恩，就有了"扎艾狗"的祭拜习俗。每年农历五月初五端午节这天，遵义、仁怀等地的仡佬族，都要去山坡上割来新鲜蕲艾，扎成狗的形象，烧香燃烛、献酒祭饭后，将其挂在大门的横枋或"燕子梁"上，以保全家人畜平安、百毒不侵。

这类民间传说往往还产生了种种禁忌习俗。比如《谷种的来历》讲述了狗为仡佬先民带来谷种之后，头领带领族人开垦种植，农业逐渐繁盛起来。但是一场连续两年的灾荒不期而至，庄稼没有收成，人们只得靠挖野菜艰难度日。头领带领族人四处祷告，受一个白眉老人指点："田地也是你们的母亲！哪有儿子不照顾自己母亲的？"先民们顿悟，为田地举行了隆重的祭祀仪式，第二年便有了好收成。从此仡佬人奉田土如老母，每年播种季节，用糕点撒田里，烧香点烛磕头拜祭，这就是仡佬族的"祭田母"。

"仡家一条牛，性命在里头"。仁怀县哑塘等地的仡佬族人从不杀牛，吃牛肉，视牛为救命恩人，一些地区至今还流传"仡家一条牛，性命在里头"的谚语。这也是因为一个传说。相传很久以前，有一个仡佬人居住的山寨被汉族统治者带来的兵马围困了七天七夜，眼看就要寨破人亡了，这时，仡佬族首领家喂的一头老牛衔住他的衣裳，把他引进一个不为人知的山洞，从这里可以通往山后，于是，首领带着全寨的人从山洞里逃出，安然脱险。从此，这一带的仡佬族把牛当作神加以祭拜。[1]

奇特的"吃虫节"。每年的农历六月初二，生活在云贵高原之上的不少仡佬族

---

① 郑健勇：《贵州 2008—2010 年中国仡佬族》，遵义市文联（内部资料）2008 年版，第 212 页。

同胞都会过一种奇特的节日——"吃虫节"。节日这天，男女老少走向田间，"剿匪"一样捉拿蝗虫，欢声笑语漾满村寨。仡佬族过"吃虫节"也是有原因的：古时候，仡佬族人居住的地方经常发生蝗灾，家家田里颗粒无收，人民苦不堪言。话说这一年六月初二，寨子里又闹起了蝗虫，寨民田娘家的庄稼让蝗虫啃得所剩无几，她只好去娘家求救。可是，去娘家带什么礼物呢？她见儿子从地里捉回一包蝗虫喂鸡吃，心想鸡能吃蝗虫，人就能吃。于是她试着炒了一盘蝗虫，结果发现味道非常鲜美，就和孩子到田里捉了好多蝗虫，作为礼物带到娘家。此事传开后，村寨里家家逮蝗虫，家家吃蝗虫，蝗虫少了，庄稼得救了，收成也就有了，寨民们高兴之余，便将六月初二这天定为"吃虫节"。同时，人们为了感谢和纪念田娘灭蝗保粮之举，还专门在寨中建了一座"吃虫庙"。"吃虫节"及祭庙的习俗便从此流传下来。[1]

岩鹰救命。大方县普底乡一带仡佬族民间流传一则岩鹰救命的神话，说是洪水滔天时有兄妹二人受仙人指引分别钻进空梧桐和葫芦，每人腋下夹一枚鸡蛋，等鸡蛋孵出后就可走出梧桐、葫芦观望。洪水汹涌而来时，兄妹俩钻进空梧桐和葫芦随水漂浮。蛋孵出鸡后，兄妹各自钻出来时，哥哥落在平地上，妹妹落在悬岩上。妹妹请求在空中飞旋的岩鹰背她下去，许以鸡崽相酬。岩鹰把妹妹背到平地，为感谢岩鹰，妹妹特将腋肘、腿弯等处的肉割一点给鹰吃，许诺以后每窝鸡崽都拿一只小鸡给岩鹰。所以后来人的手脚才弯曲灵活，并且鸡会怕鹰。[2]

《围腰坟》的故事。讲述一对青年恋人杏子、岩旺为了抵制寨主迫害而逃婚，他们的遗腹子担任州官后去寻父亲被害死的崖洞，发现洞里的蚂蚁被杏子的泪水感动，衔黄泥为岩旺垒起来一座大坟。于是州官发布告示：严禁伤害野生动物，大搞封山育林。

关于人与动植物和谐相处的传说还有很多，比如仡佬族能听懂麻雀、鹅、鸭说话，一日仡佬族人到一布依人家做客，主人拟杀鹅款待。夜深人静时，客人被鹅的

---

① 钱国宏：《仡佬族的"吃虫节"》，《乡镇论坛》2015 年第 9 期。
② 贵州省民族事务委员会、贵州省民族研究所编：《贵州"六山六水"民族调查资料选编·仡佬族、屯堡人卷》，贵州民族出版社 2008 年版，第 8 页。

说话声吵醒，公鹅对小鹅说，主人明天要杀我招待客人，以后我不能料理你们了，你们今后跟妈妈出走时，不要走长满活麻（一种带刺的植物）的路，那些地方有危险，要走路中间才安全。客人听后很难过，一夜都睡不着。第二天清晨起来后，就执意向主人说，随便弄点吃的就行了，不用杀鹅。主人见客人坚持不让杀鹅，也就作罢。[①]又如，一个关于鞋子的传说：始祖先民居住在山林里，被一群猛虎追赶逃到了高山上，爬上了最高的树，但虎群围着大树三天三夜。幸好东海的金角老龙王将东海之水倾泻而下，淹没了虎群。仡佬人为感谢龙王的救命之恩，把他们穿着的八块兽皮缝制成的鞋叫作"八块金龙"。同时为了感谢救他们的大树，每年都要祭树。[②]仡佬族还对葫芦非常敬重，各种版本的神话里都有先民钻进葫芦里才得以逃过滔天洪水的记载。从前文所述的偷瓜送子的习俗中也都可以看出人们对南瓜的喜爱，因为其意味着种子，意味着传宗接代……这些传说在讲述仡佬族一些生活习俗的起源和来历的同时，也反映出仡佬先民与自然物的亲密关系，体现出他们师法自然、向自然学习的精神。

三、历法与农谚中的农耕智慧

（一）传统年历指导民族节庆

仡佬族有自己的年历。以"十月为岁首"，即每年由十个月组成，月份分大小，单数为大月双数为小月，大月 37 天，小月 36 天，一年共 365 天。年历的计算方式为十天干加十二地支排三轮为一个月，正月的第一天为甲子日，第四轮即二月的第一天为乙巳日，以下八个月以此类推。[③]这一传统的年历至今仍然在仡佬族的日常生活中使用，但并不用于农耕，而是多用于传统的民族节日活动中，比如多数地区仡佬族的吃新节讲究"七龙八蛇"，也就是说要在农历七月的第一个"龙（辰）日"

---

① 贵州省民族事务委员会、贵州省民族研究所编，《贵州"六山六水"民族调查资料选编·仡佬族、屯堡人卷》，第 98 页。
② 《仡佬族简史》编写组、《仡佬族简史》修订本编写组编：《仡佬族简史》，第 150 页。
③ 贵州省科技教育领导小组办公室、贵州省民族宗教事务委员会编：《贵州世居少数民族文化史》（卷三），第 246 页。

或者八月的第一个"蛇日"举行，六枝仡佬族则一般把吃新的日子定在虎、兔、龙日等。

（二）农业耕作遵循自然规律

仡佬族自古尚农耕，千百年来他们通过对农业耕作和对自然现象的观察，积累了丰富的天文知识和农业生产经验，熟练地掌握时令季节，并形成了相当多的有关农业时令的谚语，这些谚语至今仍然在民间广泛流传、指导农耕生产，较为典型地反映人与自然关系、人类回应自然规律的民族智慧。

仡佬族的农业生产季节性规律相当强，具体安排体现在农谚上一般是："正月办土忙，二月下种忙，三月清明撒秧忙，四月麦穗黄。五月栽秧忙，六月豆叶黄，七月收割忙，八月挑谷忙，九月菊花黄，十月种麦忙。冬月翻土忙，腊月办米忙，一年都在忙，粮食堆满仓。"相当详细地总结了传统的农耕文化的特质。

具体到各个时令的操作，还有各种农谚：

正月："春打五九头，十圈老牛九圈愁；春打五九中，十圈老牛九圈空。"意思是说，立春之后万物复苏；雨水则指春风遍吹，雨水增多，空气湿润。如果来年收成时有阴雨连绵的气候出现，则稻草、玉米杆就不能晒干很好地保存，会导致第二年过冬时牛没有充足的草料而瘦弱死亡。

二月："正月二月不挑粪，三四月间拄拐棍。"意思是正月、二月如果不把肥料运到地里，到三月、四月农忙就会被动而耽误农时。人们认为惊蛰这一天要冷才好，如果天气暖和，则会有"倒春寒"出现。"二月初二晴，山中树木换几层"也是对倒春寒的预测。

三月：清明至谷雨前后，气候逐渐变暖，是春耕繁忙的季节。有农谚称"叮叮咚咚，谷雨下种"，提醒农人开始大面积播种苞谷和各种豆类，育水稻秧和辣椒、土烟。仡佬人有"清明要晴，谷雨要淋"的说法，认为"清明不明烂早种"，即清明这一天不出太阳，则预示着有倒春寒天气出现。此时正值种子的发芽期，气温骤降会导致嫩芽坏死。而"谷雨不淋烂早秧"，说的是"雨生百谷"，谷雨这一天如果天晴则早已生长起来的秧苗就会因高温天气而死掉。

四月：立夏小满前后，"立夏不下，犁耙高挂；小满不满，干断田坎"，仡佬族人认为这两个节气都要下雨才好，如果天晴，则预示着有春旱出现。

五月："芒种忙忙栽，夏至谷怀胎。"意即芒种最适合播种有芒的谷类植物，如晚谷、黍等，到夏至就能生长到灌浆了。"芒种不种，宁吃谷种"，则是说播种季节将过，但仍可栽种，但栽种的办法不同，要"芒种正（直）种，夏至正（直）栽"。农谚又称："芒种打田不坐水，夏至栽秧少一腿。"这里"坐水"是"保水"的意思，而所说的"腿"是指秧苗的分蘖数。也就是指导农人，在夏至过后栽下的秧子，由于在秧田中停留时间过长、密度大，错过了分蘖期，移栽到大田后会因生长期不足而无法在秋天结子，造成减产。所以农人们要在芒种前把稻田犁耙完毕，在夏至前把秧播完。

六月："六月三场雨，瘦土出黄金。"小暑大暑前后，是庄稼苗壮成长的重要时节，农人们要清除杂草、薅秧，看管水田、薅二道苞谷，合适的降雨量是农人们日夜企盼的。

七月：他们认为立秋在七月最好，有"七月秋好丰收，八月秋般般忧"之说。立秋后，庄稼黄得快，八月如系晴天，气温也高，有"八月干死老青杠"之说，因此有"秋前十天无饭吃，秋后十天满田黄"和"立秋暑满山黄"之语。

八月："八月冷，九月温，十月还有小阳春""白露天气晴，谷米如白云"。

九月："九月犁田一碗油，十月犁田半碗油。"说明九月要及时翻犁稻田，这样能减少病虫害，并且稻田在第二年会更加肥沃。"重阳不打伞，胡豆光秆秆"则是说九九重阳节如果有雨，则有利于豆类的生长。"七月葱、八月蒜，九月栽来独一瓣"则提示了人们该何时种下何物；另有"'白露'就望是双期；白露单，草把不干，白露逢双，白露不收头，割来喂老牛"之说。

十月：有"寒露霜降，油菜麦子种在坡上""寒露油菜霜降麦"和"寒露霜降，胡麦豌豆在书上"之说。

十一月："不怕重阳十三雨，就怕立冬一日晴""小雪雪满天，来年必丰年"。

十二月："冬管五、腊管六，正月管齐谷子熟"指冬或者腊月如果有雪，则来年五、六月就有雨。

除了掌握季节变化的规律，天气的转变对农业生产也产生重大影响，仡佬族人总结出了许多判断天气变化的办法，如"雷打清明前，高山水满田；雷打清明后，平地种成豆；雷打惊蛰前，十天雨绵绵；惊蛰闻雷声，四季雨调均。""雷打立秋，干断河沟""青蛙满田吼，不久风雨聚"和"夏至下雨十八河"，等等，即夏至这天如果下雨就预示着夏至过后的降雨量比较大且集中，都包含着预测天气变化的内容。

人们还善于利用云的走向来判断天气，农谚说："云走东，雨落空；云走南，云成团（大雨）；云走西，披蓑衣（中小雨）；云走北，雨没得。有雨天边亮，无雨顶上光（无云）""云朝北，雨无得；云朝西，背蓑衣；云朝南，雨成团；云朝东，一天有雨落三通"，"夏天米汤云，必有偏东雨""月亮打伞，干断田坎""天上鱼鳞斑，晒谷不用翻""立春晴，雨水匀""月下初四五，后园无干土"等；看天象如"有雨四角亮，无雨（天）顶上光""月亮戴起乌纱帽，大雨不久要淋头""太阳支长脚（下山时），有雨就要落"，还有"春冷晴，冬冷雨""秋夜黑麻麻，明日有雨下"。仡佬族人还利用日期预测天气。农历每个月的初一至初四，人们说："不怕初一初二雨，就怕初三初四晴不起。"意思是说初一初二下雨不会影响当月的气候，但如果初三初四都下雨，那么这一个月就是雨多晴少了，而如果初三初四由雨转晴，那么这一个月就会是晴多雨少的天气。[1]还有，"初一下雨满天红"，即每月的第一天下雨，则预示着这一个月的气候将以晴天为主；"雨洒二十五，后院无干土"，意思是上一个月的二十五日这一天如果下雨，则预示着下一个月是以阴天为主；"四六不开天"（意为初四、初六天晴是晴不长的）；"惊蛰不到先动鼓，悠悠哉哉过十五"则是指如在"惊蛰"前打雷，可断定春季为低温多雨天气……

还有一些气象谚语，如"人黄有病，天黄有雨。天边天色黄，天河潮有冰雹""惊蛰来得热，烤火过六月""阳雀（布谷）叫在清明前，高山顶上打烂田。阳雀叫在清明后，平原大坝好种豆""六月秋，光溜溜。七月秋，满坝收""月亮带晕长江水，太阳带晕草皮黄。进檐有雨出檐晴，进檐无雨一冬淋""干冬烂正月"……

还有进行农业技术指导的，如："种子不好，产量定少""麦种温水泡，不长

① 周小艺编著：《中国仡佬族》，杨宏峰主编：《中华民族全书》，第38—39页。

黑烟苞；秧苗薅得嫩，犹如追道粪""要种四季豆，莫在清明后""五月栽苕重一斤，三月栽苕光根根""收割不过秋，过秋九不收""三耕六耙九锄田，一年收成胜一年"……

这些说法和做法虽然没有严谨的科学依据，主要是人们生产、生活经验的积累，但却是仡佬族人顺应自然规律、努力认识和适应自然、不断探索不断总结的智力成果。

四、其他民间文艺中蕴含的生态文化因子

（一）傩戏

傩戏是在傩祭仪式活动中相伴而生的一种特殊戏剧形式，它以驱鬼逐役、祈福纳吉、圆满人愿为主要目的。仡佬族傩戏是中国傩戏的重要组成部分，至今基本每一个仡佬村寨都还有傩坛班在岁末之际演出。[①]

仡佬族有土地崇拜，在村寨建"土地神（土地公公）庙"塑像敬奉，表达对土地神为人们带来粮食的敬仰与感恩。其土地神祭祀分为两个层面，一是如前文所述的以春耕秋报节气等活动为载体的祭拜，一是以傩戏展演为载体的祭祀。"土地神"（土地公公）是仡佬族傩戏祭祀活动中重要的神祇，保佑着仡佬族子子孙孙。仡佬人在傩戏戏文中世代歌颂土地神对仡佬族人无时无处不在的护佑。安顺普定县的仡佬人傩祭认为土地神有八兄弟，其诵词唱道："大哥坐在天门内／叫他天官土地神／二哥坐在天门口／叫他天门土地神／三哥坐在山关口／叫他山关土地神／四哥坐在桥头上／叫他桥梁土地神／五哥坐在龙头上／叫他龙王土地神／六哥坐在田坝山／叫他秧苗土地神／七哥坐在寨门口／叫他寨门土地神／只有八哥年纪小／叫他家中土地神／八个兄弟受封赐／镇守四处仡佬地／仡佬辈辈敬你们／保佑年年有收成／四盘八碗年年敬／保佑仡佬得安定。"[②]在德江傩堂戏中，土地的司职情况直接由土地爷自己吟唱出来："生意之人奉承我／我保他一本万利／庄稼之人来奉承我／我保他一季庄稼当两季／读书之人来奉承我／我保他读书之人有官做／望牛娃儿来奉承我／

---

① 庹修明：《巫傩文化与仪式戏剧研究：中国傩戏傩文化》，贵州民族出版社 2009 年版，第 8 页。
② 任正霞：《仡佬族傩戏土地崇拜研究》，《兰州教育学院学报》2017 年第 9 期。

我保他上山得猛子（野生水果）吃。"①

此外，仡佬族民间口传文学中随处可见对自然的感恩、对美好生活的追求，甚至以自然物比喻人类的感情的各种形态。

（二）民歌

仡佬族人民千百年来还通过民歌来传递先民们在长期的生活实践中，对农事生产实际经验的总结，向后人传授基本的生存技艺。如黔西北、黔中一带传唱的《十二月生产歌》："正月里来要打田，二月里来放水泡，三月里来要撒秧，四月里来要栽完，五月六月长成林，七月里来家中坐，八月里来要割完，九月里来粮进仓，十月里来要栽麦，冬月里来活做完，腊月过后风春风。"从"正月打田、泡水、撒秧，栽种，长成林，收割，粮进仓"，再到"十月里来要栽麦，冬月里来活做完，腊月过后风春风"，一年的生产活动中每一个时段人们该干什么农事都在民歌中表达得清清楚楚。这些歌谣体现出植根于仡佬族的农耕文化及生活智慧。②他们在各种歌谣里唱道："田土本是祖先开，收新祭祖本应该；田边地角都收到，男男女女一齐来；吃新祭祖要扫寨，扫除瘟疫和虫灾；五谷丰登六畜旺，清吉平安到村来。"感恩给予他们生命的祖先和滋养他们成长的自然万物；"盘古老王分天地，九天天主制人烟。五濮始祖种五谷，恕和先贤制衣襟。"表述了民族服饰的古老来源；仡佬族人人会唱的《敬茶歌》中，"茶鲜鲜，茶鲜鲜，仡佬油茶几百年。男人喝了更强壮，女人喝了更漂亮"，展现了本民族丰富多彩的茶文化；（女唱）"马桑树儿发青苔，郎来给妹收低歹。妹藏绣楼纳鞋底，收完低歹送郎鞋。"（男唱）"马桑树儿发青苔，低歹黄了收进来。收完低歹穿鞋去，秋来给妹种低歹。"这里面的马桑树儿成了表达爱情的意象；如仡佬族女儿出嫁时"哭嫁"开口必唱竹："阳雀飞过苦竹林，命定女儿来开声。庚书开走年期到，女儿越想越伤心。""苦竹"是仡佬族地区最常见的品种，水边坡头、房前屋后随处可见，因其笋鲜嫩可食，但入口微苦，成为仡

---

① 高伦：《贵州傩戏》，贵州人民出版社 1987 年版，第 62 页。
② 杨梅：《仡佬族民歌中蕴含的教育智慧》，《贵州民族研究》2013 年第 2 期。

家人诉说苦情、教育子女的开口话题。^①另外，聚居地区特殊的气候条件，使得辣椒成了阴冷潮湿的高原气候祛湿驱寒的实际需求，于是乐观的仡佬民众把它也唱进了歌里："白米饭来红辣椒，金碗盛来银筷挑。龙肉下饭吃不饱，海椒下饭乐淘淘"，又将其"演化"成了青年男女谈情说爱、传情达意的桥梁和媒介："仡乡辣椒满山坡，辣椒林里妹想哥。山歌唱了万十首，情哥在妹心窝窝"；古诗"地满云连树，山空洞出砂。春枝飞越鸟，落日煮僧茶"，更是生动地描写了仡佬族地区百姓的诗意生活。这些口传文学不但是仡佬儿女对美好田园牧歌生活的真情追求，其中也不难看出孕育着人与自然紧密相连、感恩大自然的馈赠、与大自然和睦相处的生态价值观。^②

木石雕刻。黔北仡佬族的墓文化是民族文化中重要的历史资料宝库。如玉溪镇东郊村王永簏骆氏墓，建于清同治十二年（1873）。该墓为父、母、子三人合葬墓，一式三函。墓室上的大石横梁上，深浮雕四幅图案，其中一幅是《拜竹图》，长55厘米，高30厘米，横式条幅画面：左下边是两墩巨石错角并列。第一破大石后面，一位头戴圆帽的青年，穿着花边袖口长衣，侧面朝东跪在地上，右手曲肘于胸前，握着未脱笋壳的嫩竹笋。第二磁石后生长五根老竹，两根向西倾斜，两根向东倾斜，一根朝北，五根亮节老竹，枝叶繁茂，错落有序，稀密有度。竹笼右站着一壮年男子，侧面朝右，头戴圆帽，身着镶边袖口长衣。右后站一妇女，锥髻于顶，身着花边袖口衣服，腰拴长裙，背着披袍，欲将孩子递给男子给竹王跪拜。黔北仡佬族，把孩子从小抱给竹子，古树、大石，至今还有此俗。骆氏为元明时真州的（现旧城镇所在地）土司副官，是明万历二十八年（1600）"改土归流"时最后一任土目副官骆麟后裔。其祠堂后80米远的竹林边，有所明堂生基（三层建筑式的有吞口的墓）。为夫妇合葬墓，建于同治十三年（1874）三月八日。墓室前左右两边深浮雕以竹子为造型，从三磁石缝中长出的竹子，茎粗节亮，枝叶茂盛，一派生机。并完全按照民俗构画，把竹节数定位在官位、客位吉数上。又如，旧时不管是哪一行师傅，百年归天（去世），徒弟们都给师傅"开天门"，然后才安葬。"开天门"

---

① 郑健勇：《贵州2008—2010年中国仡佬族》，第14页。
② 袁礼辉：《论仡佬族生态价值观及其现实意义》，《遵义师范学院学报》2020年第1期。

时要到竹林里选择两根高度相等具有 36 节（官级）的竹子，砍来制作成"天梯"。请师傅阴魂由堂屋登天梯至屋顶升天。象征后嗣子孙徒弟们官运、财运亨通，世代繁荣昌盛。玉溪镇玛瑙村程思应父子婆媳合葬墓、洛龙镇刘云山夫妻合葬墓均属清末墓葬，能工巧匠把《拜竹图》浮雕在墓门花窗上。[①]

再如，因为"两兄妹因躲在葫芦中得以逃生，后来繁衍了人类"的传说，葫芦成了仡佬族先民的救星，在各个时期的木雕、石雕图案中，发现了许多各种各样的葫芦、竹子图案形状，不断印证和传递着仡佬族人对葫芦、竹子等图腾物的崇拜，反映了他们朴素的价值观念和感恩自然的心态。

体育竞技。流行于仡佬族民间的一种名为"赛竹三郎"的体育竞技活动，也由其竹文化发展而来，承载着鲜活的民族记忆。相传，"竹三郎"是夜郎国国王笃筒的第七子，在赛马和比箭两项比赛中都赢了六位哥哥，于是继承王位当了国王。他雄才大略，尽心于文治武功，夜郎国日益强大。但云南黑彝部落大头人沙惹，既嫉妒竹三郎的赫赫威名，也觊觎夜郎国的金银财宝，就举兵入侵。竹三郎亲自带兵应战，不幸英勇牺牲。三郎死后，仡佬人为纪念他，每年立春那天，村村寨寨都要赛马比箭，选出优胜者参加部落赛，胜出者再参加全族赛，冠军就叫"竹三郎"。次年再赛，赢者为新的"竹三郎"。三连冠者可在十里八乡任选所骑之马，谁家的马被选中谁家就欢天喜地地请"慧眼识珠"的三郎喝酒吃肉，并且挂红戴花，游街庆祝。自此，"赛竹三郎"成为仡佬族初春时节的一种全民游戏世代相传。[②]

娱乐游戏。仡佬族传统游戏"打篾鸡蛋"，据传是为了纪念祖先从河里漂着的竹竿裂开得来，后世人将竹子编织成球的形状，在每年的三月初三由寨老将篾鸡蛋抛向空中，让族人在空中来回抛接，避免"篾鸡蛋"落地。活动象征着安定、财富与吉祥，也表达了仡佬族人对夜郎侯的尊敬。"打篾鸡蛋"还有另外一个传说版本是，在古夜郎国时期，仡佬先民就将"打篾鸡蛋"作为练兵的项目之一，防御外敌入侵。

---

① 全国政协文史和学习委员会暨贵州省、云南省、四川省、重庆市、广西壮族自治区政协文史委员会编：《仡佬族百年实录》，第 553—554 页。
② 郑健勇：《贵州 2008—2010 年中国仡佬族》，遵义市文联，第 15 页。

可见"打篾鸡蛋"也是演变而来的仡佬族"竹图腾"文化。

此外,仡佬族还有一项非常具有民族特色的非物质文化遗产艺术——"大贰"(一种民间纸牌娱乐游戏),其中,天牌象征着宇宙,代表着阳。其书写符号也是大开大合,开门见天,有顺应天理,遵循自然之意;地牌象征着自然与环境,其书写符号是门罗,代表着阴,如果适应不了环境,破坏自然生态,则只能沦落到地狱阴间,遭受十八层地狱的惩戒;人牌:仡佬族大贰里面的人牌是大写的柒。天、地分别代表着阴阳,而主宰着阴阳的乃是人类自身或阴阳孕物,人是自然界的有机载体。其书写符号是盛装的巫师形象又极似一只大蜘蛛;和牌是仡佬族大贰里面的代表机制,一副牌在手的最终目标就是将它打"和"(音"活"),核心纸牌即为"天地人和",其他的纸牌的排列组合都将围绕这一核心展开。有研究者认为,仡佬族"大贰"里包含了自然界的方方面面,族人在历史的分离与融合的过程中,是以一种怎样的包容精神才能将这自然的方方面面完美融合?这也和仡佬族人提倡的思想"天地合一"相吻合——他们在牌的世界里遵循天地法则,在人的世界里追求和谐统一。因而"大贰"是将仡佬族人在千百年间的融合与变更中逐渐领悟到的"天地合一"的思想内涵继承得最好的文化艺术体现,仡佬人将它作为民族之赖以生存之本,推崇、流传下来,并且将它融入了现实生活的方方面面,"以其独特的造型和牌理著称,在'大贰'的牌理世界里面,包含着人与自然、人与世界、人和人之间的关系的处理方式,体现了完整,真实的人与自然的关系"[1]。

---

① 田济东:《论"大贰"仡佬族中的"天人合一"思想》,《艺术品鉴》2019年第9期。

第三章　习惯法加持地方生态保护
——源自生态观的世代传承

仡佬族人朴素而宝贵的传统生态价值观深深根植于人们的心中，在利用自然资源的同时，他们更清楚地知道大自然是民族与个体赖以生存的环境和资源，并深刻认识到保护和合理利用它们的重要意义，生态习惯法规范应运而生。也正因为传统生态价值观的世代传承，族人内心都对环境保护有很明确的认知，生态习惯法规范能得到普遍性的遵守，进而加持其对聚居区域生态环境的保护。

同西南地区的许多少数民族都会通过族群组织的活动形式，对其依赖生存的天、地自然环境进行保护一样，仡佬族通过祭祀等活动来强化民族对自然的崇拜意识，增强民族内部对"天地恩赐"的认同感，成为整个民族约定俗成的规约，同时也成为整个族群应普遍遵守的行为规范，从而达到维护自然生产秩序的目的。[1] 他们的环保意识在本族中通过文化意识和行为规则贯穿于整个生产生活中，族群组织采用禁止性规则和惩罚规则进行权威规范，形成一套有效的族群控制运作机制。而这一族群组织对自然环境的保护控制机制正是来自族民们千百年演进的"仁者以天地万物为一体"的习惯法则。

和其他民族习惯法一样，仡佬族环境习惯法是在民族文化丰厚土壤中产生的，因而深深地打上了民族的烙印。祭祀行为之外，其主要载体同样也以碑文、口诵、民间禁忌、家训族规等为主。

碑文。竖碑勒石是我国许多少数民族习惯法的一种较为普遍载体形式，因为石碑质地坚固、抗风蚀力强，不易腐蚀损坏，西南地区的苗、侗、水、仡佬等族多有

---

① 柴荣怡、罗一航：《西南少数民族自然崇拜折射出的环保习惯法则》，《贵州民族研究》2014年第11期。

将习惯法都刻载于石碑的传统。此类石碑一般竖立在行人过往的地方，易于被人发现、阅读并了解。仡佬族生态习惯法在石碑上也多有刻载。比如，遵义市务川仡佬族苗族自治县黄都镇大竹村小学旁有一块高130厘米、厚12厘米、宽80厘米的"同化参育"青石碑，立于清宣统二年（1910）碑文共13行295字，从碑身斑驳的字迹中仍依稀可辨别出"放火烧山罚钱十二千文；寡树皮罚钱二千文；砍荒山'火种'，所砍荒山则'充公'，归村里所有"等字样，可见其主要是保护林木及违反公议将受到什么处罚的条款。

还有正安仡佬族的三角塘禁渔碑。光绪二十六年（1900）立于芙蓉江中上游流度镇三角塘北岸的三角塘禁渔碑。碑刻正面记载三角塘历代以来由当地百姓祖辈定为放生之塘，并镌碑以垂久远，后因上游渔民趁年久碑坏，纠集多船来塘恶意取鱼千百斤之多，当地百姓与之理论，不从反逞凶，双方发生械斗，经州主得以平息，知州郎承谟勒碑晓谕，规定："永不准于三角塘内结绳网罟，希图渔利，以干天和，倘不遵许，生民等扭禀来以凭证明，从严惩办，决不姑宽。"

另有中观音禁渔碑。1932年由时任县长黄示应中观音百姓请求而在正安与务川两县交界处的中观音河段勒立的中观音禁渔碑。碑文规定："自中观音鱼至孔一带江河，其间之有渊者即作放生之区。俟后如有毒网等情，则法令不容也。"

还有反映仡佬族爱水、护水的环境习惯法碑刻，如正安县清泉井碑。该碑于清宣统元年（1909）在安场镇下烟房清泉井旁勒立。碑文规定："公议上下水井不许浆洗衣物、小菜等，倘若违者罚钱一千文。"头道箍井碑在安场镇石井坝的山间盆地上，有三口箍井供农用和人畜用水。这三口井中最有名的是第一道箍井。该井在构筑上很有特色，不仅有井专供挑水饮用，而且另有多池分别用于蔬菜、衣物等的濯洗。为了维护该井的清洁和防止各池混用，当地民众于1947年在井旁勒立一护井碑规定："（井）分为三池，第一池汲饮，第二池洗菜，第三池浣衣，各有规定，不得紊乱。"①

碑刻式生态习惯法是贵州仡佬族传统生态习惯法中最正规的一种，也最具约

---

① 刘雁翎：《正安仡佬族环境习惯法的调查》，《贵州民族学院学报（哲学社会科学版）》2012年第4期。

束力，同时竖碑勒石的立约手段又使传统生态习惯法的内容具有稳定性且可长久保存。①

口诵。仡佬族是最早生活在云贵高原，并创造了辉煌远古文明的原生世居民族。仡佬族研究学者一般认为仡佬族最重要的文化交流和传播途径是口诵式的，也即是通过口头形式约定和传播，这种以民间传说、民间故事、山歌、民谣等口诵形式存在、表现出来的习惯法规则，口耳相传、经久成俗，在特定的族群环境里已是妇孺皆知，其传播比碑刻规约更为普遍。这类仡佬族生态习惯法历史悠久、内容丰富、数量最多、涉及的范围也最广，如《竹王的传说》《娃娃鱼传说》《仡佬族古歌·送祖》等等，主要内容都是强调封山育林、严禁伤害野生动物。

《娃娃鱼传说》讲述，很久以前，观音菩萨降临人间体察民情，遇到也在人间游玩的二郎神，观音菩萨隐去真身变成一个漂亮村姑。二郎神有心调戏，最终因观音菩萨不想显露真身，让二郎神如愿。此后，观音菩萨生下一个婴儿，因顾忌天庭戒律便四处寻找地方藏匿。当她来到谢坝，发现民风淳朴，山清水秀，特别是暗河发达，泉眼众多，充满灵气，冬暖夏凉，于是将婴儿藏于暗河。日久天长，婴儿孤独发出"婴儿啼叫声"寻找妈妈，于是人们给它取名"娃娃鱼"。谢坝仡佬百姓知其是仙种，决意保护，修建了许多庙宇，以镇妖魔，不让其捕食娃娃鱼。娃娃鱼在谢坝仡佬族的爱心呵护下繁衍生存至今。仡佬傩戏戏文中也有强调："禁止杀食野生动物，否则就是犯罪，有毒杀鱼虾之罪……杀食牛犬之罪……杀害生灵之罪。"

不管是谢坝乡缘起于古老传说而对娃娃鱼的特别保护，还是戏文中强调的"禁止杀食野生动物……杀害生灵之罪"，或者因《竹王的传说》而来的对竹子的崇拜与爱护，实质上都是仡佬族对地缘性动植物的自发保护，从一个角度上体现了仡佬族环境习惯法的特色。

民间禁忌。民间禁忌是一个民族在不同的自然环境和社会发展中，自发形成的一种复杂的社会文化现象。民间禁忌的作用主要表现在通过对人们的行为加以某种限制而得到清吉平安。禁忌文化在对当地环境和生物多样性保护起到十分重要的作

---

① 张新、李晓蓉：《贵州仡佬族生态习惯法的存在形式和基本内容》，《遵义师范学院学报》2016年第2期。

用，甚至达到法律法规所不能及的积极作用。仡佬族日常生活中的禁忌很多，其中不少是反映人与自然的关系的：

仡佬族人认古树或者奇石为亲，把古树和奇石都看成仡佬族人保身护体的神灵，严禁砍伐和破坏古树自古以来是仡佬族的传统禁忌。仡佬族人民认为，破坏古树将受到神灵惩罚，会遭到报应，因而在精神上对破坏古树的行为起到极大的约束作用。在民众心中，早已形成了树木有灵的观念，坚信"树神"能够保佑他们风调雨顺、人畜兴旺、庄稼丰收、出入平安，是他们心中神圣的图腾。比如，贵州务川县九天母石，仡佬族人将其视为崇拜对象，对奇石的敬畏使得生活在周围的人们都积极在九天母石周围种树且决不滥砍滥伐，因而这里树木林立、河水清澈、空气优良，仡佬族人以禁忌所表现出来的质朴的传统生态价值观，对他们聚居区域内的水资源、森林资源的保护意义重大。

又如，每一村寨都有一片"风水林"和"神树"，逢年过节或有灾痛，便来叩拜。村寨的"风水林""神树"确定后，即便家中已经无米下锅也不能砍伐和损坏"风水林"和"神树"及其周围的树木。倘有砍伐者将受到宰杀鸡、羊、猪三牲，作"道场"以告慰神灵等处罚；仡佬族人所祭拜的神树所在的整个山区都被奉为神圣之地，明确禁止放牛马羊去践踏这座山、不得砍伐山上的树木、不得随意进山砍柴割草。这类分布在村落周围、与人类活动紧密联系生境中的古树正是因其"神树"和"风水林"等身份，得到严格保护生存至今。

再如，位于务川县泥高乡三田村的古银杏枝叶繁茂，胸径227厘米，树高21米，冠径10米，是当地远近闻名的神树。树身下方立有一块石碑，由于年代久远，石碑的大部分已嵌入树身，只能看见局部内容，大致如下："村民洪氏私自砍取银杏枝丫，而后其三个孩子皆遇不测，遂立此碑，以敬神灵，警示后人。"[①] 务川县黄都镇万云村一株古柏生长在村落附近的路边，长势良好，苍劲古雅，因当地的生育文化而被人们称为"抱子树""神树"，逢年节必祭拜。

---

① 田丽娟：《西南地区少数民族聚居地古树资源特征及成因——以贵州省务川仡佬族苗族自治县为例》，重庆大学硕士学位论文2018年。

古树之外，对于竹，仡佬族人也是发自内心的喜爱与保护。竹是仡佬族的图腾，他们相信自己生命出于竹、生活中侍奉竹神，并认为死后也将归于竹，于是敬竹、爱竹成为仡佬族人的共同信仰追求，家家户户栽种竹子并加以妥善保护，进而促成了仡佬村寨随处可见大片竹林的美丽生态。

还有爱护生灵。仡佬族民间多禁止在村寨周围的树林、竹林中捕鸟、打鸟，禁止在溪水、河水中毒杀鱼虾等，违者将受到严惩；有的地方的仡佬族人，甚至不吃牛肉，让牛劳动时不加鞭打，只在嘴上吆喝。务川镇南镇的桃符村，至今留存着一块清朝时候的"禁止杀牛碑"。

家训族规、村规民约。随着社会的进步、文化的发展，静态的碑刻式民约以及不成文的口诵式习惯法已不能完全满足仡佬族社会变迁的需要，文书式习惯法随之出现，主要有家族规训、乡规民约等形式。仡佬族的乡规民约历史悠久，早在一千多年前，《旧唐书·东谢蛮传》就记载了仡佬族先民僚人在唐代的规约："有犯罪者，小事杖罚之，大事杀之，盗物倍还其赃。"直至近百年前，各地仡佬族仍沿袭其传统的习惯法，只是内容有所增加。有的将规约刻在仡佬族某姓宗祠的石碑上，作为他们共同的规范和戒律。如道真仡佬族苗族自治县湘江韩氏宗祠里就立有家族规约石碑。

仡佬族大家族通常非常注意家族的风水，多在宅基、宗祠和墓地等地培育风水树，并立家规予以严格保护。比如，务川县大坪镇申氏家族有一块为保护宅基风水林而立的石碑，立于光绪十一年（1885），位于一排16株手植古柏的前方。其中一段碑文的大意为："在村口植下的这一排柏木，是为了培育阳宅风水，绝不允许私自砍伐，否则会遭至上天报应。"（"长坳柏树植自泮，翁为培阳宅，不兴人自恃强削伐，天理难容"）据申氏后代介绍，申氏族人的祖辈在栽下此排风水树时立下此碑文，严格遵从祖上训诫的人都平安发达、儿孙满堂，而当时有一个前辈因无视规矩私自砍掉一株柏木用来修建房屋，导致家族逐渐落魄。[①]

道光至光绪年间，遵义市道真县《盛氏家乘》《韩氏家谱》《雷氏谱谍》等，

---

① 田丽娟：《西南地区少数民族聚居地古树资源特征及成因》，重庆大学硕士学位论文2018年。

也都有关于对树木不可乱砍滥伐、不许放牛马践踏的记载，还规定了"倘有不体祖德，罚钱伍仟文"的处罚。因此，仡佬族遵循祖宗规范成文的《家训》，在房前屋后、祖茔四周植树造林、种花种草，到处呈现出古树参天、鸟语花香的景象。[①]

乡（村）规民约一般为村里有名望的长者组织村民共同制定，以具体条文来约束破坏公有财产的行为。遵义市务川仡佬族苗族自治县黄都镇大竹村小学旁"同化参育"青石碑，则是碑刻版乡规民约的代表。

可以这么说，仡佬族的自然崇拜以及他们所立下的规约以及禁忌对整个区域内森林覆盖率的增长和保持起着不可替代的作用。民间禁忌虽然看不见摸不着，但其规范作用有时远远超越了一些"规则"的管辖范围和力度，往往是民间无形的法律。或者换个说法，以传统文化为基础，神话故事、民间传说、风俗习惯、禁忌、傩戏戏文中所载存的规范，构成了仡佬族环境习惯法。"习惯法作为一种自发的族群内部的生态规范和生态秩序调适器，它具有贴近普通民众生活的优势，在本民族中的影响更大更深，对该地区的生态保护的规范更直接更有效。从法的实践性而言，环境习惯法通过仡佬人一代又一代的内化、传承，其神话、谚语、禁忌等互相勾连形成了一个族群内部特有的生态保护体系，并被模化为一种带有遗传性的特质，在长期、反复地适用后，逐渐被仡佬群所选择、认同和接纳，因此，它有着巨大的群体认同性和权威性，事实上已经成为仡佬族地区更为常用、更为容易接受的法律形式。由此，他们不仅不敢破坏森林、水源、动物等生态资源，反而主动呵护他们赖以生存的自然环境。"[②]

这种传统文化与自然环境相互作用、和谐发展的乡土保护或传统保护体系已经存在了几百年甚至数千年，持续影响仡佬族日常生产和生活，迄今仍然发挥着重要作用。这些传统生态维护规则直到今天，对于现代的自然生态保护和生态文明的建设仍有着非常现实的意义。

---

① 张新、李晓蓉：《贵州仡佬族生态习惯法的存在形式和基本内容》，《遵义师范学院学报》2016年第2期。
② 刘雁翎：《正安仡佬族环境习惯法的调查》，《贵州民族学院学报（哲学社会科学版）》2012年第4期。

导言

　　水族是贵州世居少数民族中不可不提的一个——毕竟，位于贵州省黔南州东南部的三都水族自治县是全国唯一的水族自治县，总人口40万人，水族人口占总人口的67%。全国63%以上的水族人口聚居三都，是水族群众的大本营、聚集区和经济社会文化中心。[①]水族既有自己的民族语言"水语"，又有独特的历法"水历"，尤其特殊的是他们有自己的民族文字"水书"——据史料认定，水书为古代易学类秘籍，专用于卜算国运盛衰和天下大事，在古代只允许帝王及宫廷文官们运用，民间是不能随便使用的。有专家据此推断水族先祖应来自古代宫中的天文官或其他要职，是典型的"从远古走来的贵族"。这虽然是一种猜测，但至少说明水族文化有上千年厚重的历史沉淀。

　　千百年来，水族群众与周边的汉、苗、布依、侗、瑶、壮等民族友好相处，共建家园。和中国南方众多的少数民族一样，水族人从生产的耕作、房屋的建构，到自然崇拜、历法形成、宗教信仰等都与自然生态环境有着密切的联系。在水族人民的世界里，生活的环境是不可马虎的，有山有水，才是"王道"。所以在水书里面记载着关于"环境"的写法。水书是众多神祇的载体，是水族祖先认识自然、解释自然、改造自然的珍贵记录。如"木"字，水书写法里有"树木"或五行中的"木"的意思，在习俗中也表示"财运"等；水书词语"森林"意指"生活环境"和大自然的表现[②]；水族沿袭着远古先民那种人是自然之子的观念，认为人和自然是一个不可分割的整体，人类并非天生主宰自然而只是自然共同体中的一员，人与自然不仅是资源关系，更是根源关系；他们把自己视为与自然同根同源、相依相生，逐渐

---

① 见黔南州人民政府门户网站·三都水族自治县·2023年三都简介（www.sandu.gov.cn）。
② 陆常谦：《水族文化中的生态环境保护元素》，《东方文化杂志》2017年第1期。

在人与动植物、人与大自然间建构起一种与人和人之间类似的伦理关系，进而形成"天人合一"的哲学观与生态伦理观；水族人与自然亲和、视自然为亲人和伙伴，认为自己享用了自然资源，所以感恩自然、节制贪欲，并以相应的制度文化保障人类履行维持自然生态持续和健康发展的义务；水族有着特有的依据地理环境、气候条件，专为水族群众的生产生活、原始宗教等重要活动创设的"水历"，是彰显远古农耕文明个性的古老文化；水族九阡酒酿造工艺体系既是水族人民长期生产实践中总结而得的本土生态知识与智慧，又是一种与生态环境、社会组织相互促成的合作体系，其间贯穿着水族先民关于自然、关于人类发展的朴素的哲学思想，体现出他们以此为纽带促进社会整合的生存策略。

有学者认为，水族传统生态法治理念的基础和核心体现的是以生态为本位的生态伦理观，其核心价值理念内核是"尊重自然、敬畏自然、保护自然"，这一核心价值理念内涵进一步表现为：万物同源的生态生成理念、万物有灵的生态存在理念、物无贵贱的生态平等理念、万物相依的生态秩序理念、天人合一的生态整体理念、寡欲节用的生态平衡理念、万物不伤的生态伦理理念、万物共生的生态和谐理念。[①]而这些，都和当今世界许多学者所倡导的生态伦理观、生态文明观相吻合。正如法国哲学家施韦兹所言，"善是保存和促进生命，恶是阻碍和毁灭生命"，水族人民似将这一善恶之念推及人类与自然、民族文化与生态环境之间，形成并促进了水族独有的、源远流长的生态文化。

---

① 李猛：《贵州少数民族文学精神生态与生态精神探析》，《贵州社会科学》2013 年第 3 期。

第一章　水族人的生存文化
——遵循平衡与循环的生态理念

第一节　族源、迁徙与定居：人与自然的对立统一

一、族源——"远古走来的贵族"

近年来，学者从历史发展的某些迹象和语言及文化生活特点等方面考察，认为水族也是由南方古代百越民族"骆越"一支发展而成的单一民族，因此和同属"骆越"族系后裔的侗族、壮族、布依族等在语言、文化等方面都表现出许多同源性和相似性。

根据水族民间歌谣的叙述，他们的祖先原来居住在今南宁邕江流域一带的"邕虽山"，后来由于战争的影响，水族先民离开邕江流域，经今河池、南丹一带沿龙江溯流而上，往今黔、桂边境迁移，并逐渐向单一民族发展。其宗教活动和生活习俗也反映了这种迹象。如水族鬼师在"祭谷魂"的咒语中，提到祖公随河上来时，从海边带来了谷种。按水族习俗，在老人死后未埋葬前，丧家及亲属都忌荤吃素，但不忌鱼虾水产，并以鱼作为必需的祭品；在盛大的节日庆典、祭祀和宴席上，鱼也是必不可少的，这可能是古代水族先民在海滨和河边地带生活的一种遗俗；古代越人"巢居"干栏，如今的水族住房也多为干栏式建筑；在丧葬方面，水族传统盛行干栏式石板墓，这是越人建筑特征的反映；南方百越民族是铜鼓文化的创造者，水族十分崇尚铜鼓，在节庆和丧葬活动中皆广泛使用，并把它作为祖传珍宝世代相传。[1]

---

[1]《水族简史》编写组、《水族简史》修订本编写组编：《水族简史》，民族出版社 2008 年版，第6—7 页。

受中国古代社会往往以"人"（氏族或者部落）命"水"，或以"水"称"人"这一普遍文化现象的影响，水族先民在发展壮大，获得一定的活动空间，成为一个氏族或者部落的时候，便依此惯例，将自己的活动空间命名为"睢河"或者"睢水"，也正因如此，水族自古以来便自称"睢""任睢"，汉语的意思就是"睢族"或者"睢人"。水家民间古语有称"吃水睢，成人睢，饮睢水，成睢人。吃水河睢，成人睢，饮睢河水，成睢人"，十分明确地指出，"睢水""睢河"或"睢溪"养育了水家先民共同体"睢""人睢"。"睢""人睢"就是当今的水族。[①]现在水族巫师在立"牙巫神位"或者祭祀寨神、桥神等祭祀活动中但凡涉及"祖先"的来源，也必会唱念"饮睢水，成睢人。饮睢河水，成睢人……"的唱辞。在水族独有的文字——水书[②]里面，"睢"写作"濉"，水语"濉"也读作"睢"。据学者们对相关史料的分析，中国以睢、濉命名的三条河道中，古水道"睢水"与巫辞中的"睢河""睢水"关联度最大。而这一古"睢水"如今已名存实亡，故道在今河南省开封，向东流经杞县、睢县等后转入安徽省濉溪县、宿县、灵璧，然后穿入江苏省睢宁县，经宿迁注入泗水。据考察，古睢水流域是商的发祥地且一直处于商代文化核心区，因而今天水族文化内核仍有诸多体现了中原殷商文化的遗留的文化现象。[③]

水族民间歌谣也较为清晰地说明了水族先民从睢水流域一路向南的路线，如传说其祖先是在广东、广西生活着的歌谣，用水语唱的译意是："广东找食，广西找钱"，这两句话是非常普遍的。还有潘姓民间歌谣，说他们的祖先原住在广东、广西，兄弟三人因避难逃到红水江边。兄逆红水而上，弟顺清水而下，潘姓来到荔波的始祖行二，名叫"必旺"，渡红水江，经南丹到荔波之巴容（现佳荣乡）。其后人分住三洞、九阡等地。歌的音意是："哥跟红水上去，弟跟清水下去，中间的公

① 潘朝霖、韦宗林主编：《中国水族文化研究》，贵州人民出版社2004年版，第11页。
② 水书（"渿睢"，水语的读音为lesui）是一种类似甲骨文和金文的古老文字符号，主要由水书师来写作，被誉为象形文字的"活化石"。水书记载了水族古代天文、地理、宗教、民俗、伦理、哲学、美学、法学等文化信息，可以说是水族的"百科全书"。水族人民丧葬、祭祀、婚嫁、营建、出行、占卜、生产，均由水书先生从水书中查找出依据，然后严格按照其制约行事，并由此形成水书习俗。
③ 贵州省科技教育领导小组办公室、贵州省民族宗教事务委员会编：《贵州世居少数民族文化史》（卷四），贵州民族出版社2017年版，第49页。

渡过彼岸，过红水到丹州地。"① 也就是说，水族先民先是住在睢雅，然后到了广东，再从广东到了广西的"岜虽山"，由"岜虽山"北上渡过红水河，最后在黔桂边境的"丹州"（现广西南丹）定居，随后逐渐向如今的贵州省荔波、三都等地迁移扩展。在迁移到龙江、都柳江上游的黔桂交界地之后，终于有了相对稳定的休养生息环境，逐渐发展成为单一的民族。

唐朝建立以后，于百年之间在水族的生息之地，推行开明兼容的民族政策，如在现在的三都地区设置都尚县、恒丰地区设置了婆览县等，水族作为单一民族在政治上得到了承认。至此，大部分水族人民在这里定居下来开始农耕生活。②《唐书·南蛮传》载："东谢蛮，其地在黔州之西数百里……土宜五谷，不以牛耕，但为畲田……盗物倍还其赃。婚姻之礼，以牛酒为聘……谶聚则击铜鼓，吹大角，歌舞为乐。……贞观三年，元深入朝……以其地为应州……"这算是汉文史籍中首次出现有关水族社会的记载。此处"应州"包括今贵州独山东南部、三都及丹寨、雷山、台江、剑河、榕江等地，应州治下之婆览县是今天三都的恒丰、廷牌、合江一带，其时已是水族人口分布的一个区域。"盗物倍还其赃"等至今仍然是水族民间习惯法的重点，"婚姻之礼，以牛酒为聘……谶聚则击铜鼓，吹大角……"等风俗在近现代水族社会中仍然多见。③

据《旧唐书·地理志》《旧唐书·南蛮传》载："贞观三年，（东谢蛮首领谢）元深入朝……以其地为应州，拜元深为刺史，隶黔州都督府。""贞观三年，以东谢首领谢元深地置县五：都尚、婆览、应江、陀隆、罗恭。""开元中，置莪、劳、抚水等羁縻州。"④ 此处"莪、劳、抚水"是水族音译的羁縻州名。"莪州"在今荔波县玉屏镇莪浦境，"莪浦"在水语里是"五位父亲""五个兄弟"的意思，用作地名也指"五位父亲、五个兄弟居住的地方"。自唐以来莪浦就是水族居住地；

① 贵州民族学院、贵州水书文化研究院编：《水族学者潘一志文集》，巴蜀书社 2009 年版，第 13—14 页。
② 韦学纯编著：《中国水族》，杨宏峰主编：《中华民族全书》，第 9 页。
③ 贵州省科技教育领导小组办公室、贵州省民族宗教事务委员会编：《贵州世居少数民族文化史》（卷四），第 60 页。
④ 中华人民共和国国家民族事务委员会网站·中华各民族·水族·概况（www.neac.gov.cn）。

"劳州"地处龙江上游中段，在今天的荔波县捞村乡境内，唐宋时期是水族人口分布的中心区域；"抚水州"地跨今黔桂两省（区），大部分属于今天的广西河池地区，现贵州境内的荔波东部部分、三都部分地区也是当时的抚州管辖地域，是水族先民连片居住之区域。抚水州的建立是唐朝为安抚以水家为主体对象的行政建制，这标志唐王朝中央集权政府正式承认自称为"睢""人睢"的民族为单一民族，汉译为"水"，是他称的音译。

到宋代，水族已是黔中重要民族之一，其势力在唐代的基础上继续发展。据郑珍《荔波县志稿》记载："宋开宝三年（970），置荔波州，隶庆远府，属岭南西路。"说明宋代在唐代的基础上增设了荔波州管辖水族地区。

历史上，水族曾被统称为"百越""僚""苗""蛮"等，到唐朝，抚水州建立前后，史籍相继以"水、水家、水苗、水仲家、水家苗、水族"等名称指代自称"睢""人睢"的水族。清代中叶之后固定称其为"水家苗""水家"。新中国成立后，国务院经过征求有关水族人士的意见，于1956年确定族称为"水族"。随着党的民族政策的贯彻落实，"水族"这一族称有时也显现出一定的局限性，比如一些不了解民族情况的人会将之与海洋生物统称的"水族"混淆，为避免这一情况，现代一些从事水族文化研究的学者亦用"水家"这一称谓指代水族族称。本文行文中对此方法亦有借用。

由于水族有着数千年厚重的历史沉淀，既有自己的民族语（水语），又有自己的民族文字（水书）和历法（水历），尤其是对水书，有易学专家认定，水书为古代易学类秘籍，此类秘学在古代只允许帝王及宫廷文官们运用，专用于卜算国运盛衰和天下大事，而民间则禁用，水族独传此学，其先祖极有可能来自古代宫中的天文官或其他要职，是典型的古代贵族。这虽然是一种猜测，但也不无道理，水族也因而被后世誉为"从远古走来的贵族"。

二、聚居——在"像凤凰羽毛一样美丽的地方"

据考证，大致在公元前2世纪秦灭六国统一中原发兵征伐岭南时，受战乱影响，水族先民开始离开"邕虽山"一带向黔桂边境转移，也正是在这一时期，水族从骆越母体中脱离出来，向单一民族发展并逐渐成形。

中国水族的分布，北起贵州省的毕节市和六盘水市，南至广西壮族自治区的宜山、都安、南丹，东抵贵州省的黎平县，西达云南省的富源县，地跨黔、桂、滇三省（区）。但全国90%以上的水族人口主要聚居在贵州南部以三都水族自治县为中心以及与三都毗邻的都匀、丹寨、雷山、榕江、从江、荔波、独山等县市的相连地区。具体到贵州水族聚居区，则西从三都水族自治县的翁台起、东至榕江县的高兴村等处止，南从荔波县的永康起、北至都匀的基场止，三都、荔波等地海拔在500米~1000米，沿河一带则海拔在500米以下，地区位置近亚热带，兼有高地、洼地、山地、平坝等多种地理形态。水族居住的中心地区——苗岭山脉以南的都柳江沿岸和龙江上游，群山连绵起伏，溪流交错纵横，其间夹着若干富饶的丘陵和平坝。云雾山脉经都匀、独山折入三都、丹寨两县交界处，经榕江、黎平等县出湘桂边区。水道主要属都柳江和龙江分支。水族在民歌里把自己的家乡形容为"像凤凰羽毛一样美丽"的地方，繁衍生息在这幅山水画里的水族人民，世代梳理着美丽的"凤凰羽毛"，创造了多姿多彩的民族文化。

这一区域资源丰富，土地肥沃，气候温和，雨量充沛，特别适宜农业和林业的发展。作为核心聚居区的三都水族自治县，地处云贵高原东南端的破碎地段，全境地势呈西北高、东南低，自北向南海拔逐次降低在1000米~500米，表现为典型的山地类型，有着丰富的森林资源，生态环境优美——2006年相关数据显示，全县林地总面积215万亩，木材蓄积量726万立方米，森林覆盖率达55%，堪称"凤凰羽毛"最精华的部分。

在这里最终形成了水族世居人口连成片的地区，其聚居村落分布呈现出三种态势：第一，坝区多环山聚结村落，田园居中；第二，丘陵和坝区连接处"串珠"状的聚居村落分布较为明显；第三，山区聚居村落分布上呈现水湾筑寨或背山占崖或雄踞山巅的村落状态。在坝区和丘陵地带的聚居村落较为密集，并有不少坝区发展成为具有一定规模的集镇。[①]

---

① 潘朝霖、韦宗林主编：《中国水族文化研究》，第96页。

水族村寨的选址规划和营建，深受水书阴阳生态哲学的影响，强调人与自然的对立统一，遵循生生不息的建设居住理念以及平衡与循环的生态理念，注重合理利用和分配土地。[①] 其选址基本原则，第一，自然环境要好，就是说要土地肥沃，依山傍水，便于农田开垦和生活。这也是贵州许多以稻作为主业的民族村寨布局所考虑的首要因素。第二，要占据所谓的"龙脉"。村寨选址离不开山、水、田、林这四个要素，其中山、水是较核心的两个因素，也是稻作农耕文化类型的民族群体在开发利用自然环境上的最优选择。一方面，水族村寨民居多建在两山结合部的山脚略偏上处，整座村寨背山面田，以两山结合部为地理中心，两山相交凹且四周有山林环绕，可以较好地隐藏并保护村落。这种选择某种程度上反映了水族人民求安稳的心理。另一方面，最具开发价值的土地都优先开发成了良田，人们居住的选择肯定退而求其次安排在山麓地带。从生存角度来看，这种村寨布局让田地提供最大限度的食物来源，背山面田既能借助山麓的自然高度防止水患，又便于取用生活所需柴草，还能最大限度地节省平地资源。并且，水是农耕不可或缺的资源，水资源的分布在很大程度上影响着聚落的分布，人们在营建自己的居住环境时，首先就要考虑并勘察水源。水族村寨建在山麓地带接近森林涵养的水源，利用山势高于平地的自然条件，可以保证村寨的人畜饮水得到最大便利。这一村寨布局既近水利又避水害，最大限度地保证劳作范围的最小半径，以减轻不必要的劳动强度，这充分体现其作为稻作农耕民族开发与利用自然的原则。

水族在进行村寨选址时非常相信"龙脉"，他们认为家族的发展、子孙的繁衍、家境的好坏都跟"龙脉"有关。很多水族村寨建在半山腰上就是因为地处"龙脉"所致。凡是人们认为是村寨"龙脉"的地方，是绝对不允许开荒动土的，也不允许砍伐树木，若不遵守会被视为与全村为敌，遭到全村人的反对，要他对村寨所发生的灾难负责。

所谓"龙脉"其实来源于民族特有的"风水观"——水族先民在史前就"缘水而居"，聚落也相对集中地分布在各大河流域及其支流的台地上，而依山傍水、背

风向阳地是人们最为理想的居住场所。我国古代基于农业经济发展起来的风水观念，直接影响到水族先民在聚落和住宅建筑选址中强调的"风水"。按照风水说的观点，林木是风水的重要组成部分，林木不仅可以培育、改变风水，甚至可以弥补一些缺陷，风水林是具有神性的圣地。水族通常会选择在茂密的森林旁边兴建屋舍，让风水林成为后方的绿色屏障。并且，每一个水族村寨的寨口或者寨角，几乎都有一片高大丰茂的树木或者竹林。村民们也都视风水林为庇佑村寨的神秘力量，坚信其能给寨子带来好运，所以他们自觉地保护风水林，禁止任何人砍伐其中的树木。

水族多聚族而居，同血缘村寨毗连，自然村寨有几户到几十户，多则上百户。村寨的营建活动都是自发性的，没有指导性的规划可参照。村寨结构也比较自由，主要取决于地势环境。通常情况下在平地建寨以横向并联为主，在斜坡上建寨则以纵向阶梯式为主。兴建村寨时，水族先民尤为重视人居与自然融合。村寨多依山傍水，四周修竹古木，村口多有柏树或枫树等被人们视为全寨安居乐业、人丁兴旺的保护神的护寨大树。寨中设坝场，方言称"晒坝"，多呈方形或圆形平面，是村寨最重要的公共空间，具有集会议事、文化娱乐、宗教祭祀等多元化功能。村寨中道路以晒坝场为中心辐射布置，或沿村内主干道扩散开来，依山势纵向蜿蜒排列，同时在等高线方向有支干道相连，再经便道至每户村民家。道路依势曲折多变，顺而不穿，通而不畅，房屋无规则，依村道两侧簇拥，随机而自然。绝大多数民居随机地沿村道两侧呈带状延伸布置，形成抱团而居的自然态势。在村寨内还有散布各处的水塘，水塘的数量、大小因村寨规模、水源情况而各异。水塘具有多重功能，一是保证人、畜日常生活用水所需；二是防火用水；三是养鱼供村民需要时使用、食用。水族先民在村寨的空间划分上，利用岩、坡、坎、沟和草木丛等自然界面，与民居的墙面和屋檐之间的围合来限定空间，营造融合于大自然的有机村寨空间模式。[①]

可见，水族传统村落是水族传统生态价值观的重要物质载体，蕴含着朴素的生态伦理观念，千百年来，水族人民就是在这样的自然环境中，从事着孕育于百越母

---

① 韦程剑：《贵州三都水族干栏式民居及其建筑文化的思考》，《贵州民族学院学报（哲学社会科学版）》2009 年第 4 期。

体中、保存于万里迁徙之中、在崇山峻岭的自然环境下延续并发展的农耕生计，形成了今天水族独具特色的传统农耕文化。

第二节　生计、生活与礼俗：彰显生态农耕个性

一、生计：农耕为主兼重林业开发

（一）农耕

1. 水历：水族农耕文明的个性

历史学家认为，拥有文字是一个民族文明的象征。水族几千年前就有以自己语言认读的古文字。水族古文字主要用于书写水书。[①] 水族的典籍水书中的《星宿本》记载了该民族一种古老的历法——水历。水历是水族民间传统的用以纪年、纪月、纪日的历法。严格说来，现在所说的水历是"新水历"，因为现在说的水历是经历了一个漫长的发展过程才形成的水族的历法。

相关研究显示，作为骆越后裔的水族，其先民在很早的时候就过着农耕生活，很长一段时间里都使用一年分两季的"自然历"：一是"盛"，相当于今天仲春—季春—夏季—孟秋；一是"娜"，相当于今天仲秋—季秋—冬季—孟春。秦汉魏晋南北朝隋唐五代十国各个历史时期，水族内部的不同部落群体曾分别吸收使用汉族历法的"建亥历""建未历""建丑历"和"建寅历"。至宋朝时期，水族不同部落群体的全体群众在语言、地域、经济、生活、文化等方面基本统一，在此基础上迫切要求文化的统一，因而催生了在族群内通用的"无闰水历"。"无闰水历"在宋元时期的水族地区盛行，可以算作是统一的水历的雏形。根据王连和先生调查研究，"无闰水历"把一年分为十二个月，每月30天一年共360天，从纪年到纪月、纪日、纪时都用十二地支，没有闰年、闰月、闰日之制。[②] 至明朝时期，一种适应水族生活的自然地理环境、气候条件和农业生产等各项重要活动要求的历法产生

---

① 潘朝霖、韦宗林主编：《中国水族文化研究》，第255页。
② 王连和：《水族之天气历法——西南地区少数民族考察之二》，河北地理研究所油印。

了——"新"的水历，它广泛吸收了汉、壮等民族历法的长处，是一种以农历九月为岁首，全年分十二个月，每月二十九日（小建）或者三十日（大建）的综合历法。[①]"新水历"也就是现在通常所说的水历，直到今天水族还在使用。在水书中各卷本也都有记载，并有专门的历书，如《时象本》《丧葬历书》等。

现在水族地区通用的水历是有闰月的水历，这种水历散见于古老的水书各卷本如上文所说的《星宿本》中。现行水历为阴阳合历，其编制与农历并无二致，同样是一年分四季，一季分三月，十二个月为一年，依然保留着浓郁的农耕文明的特色，但它并不以农历正月为岁首，而是以水稻收割季节即阴历八月为年终，以适种四季作物之阴历九月为新年的正月。水历的岁首（农历的九月）称"戌月""端月"，水族认为，"戌月"乃是金谷归仓、农活稍闲的季节，一年到头辛苦劳作，到这时算是告了一个段落，该享受一下劳动果实，同时养精蓄锐，准备新的生产活动。此时，万物已过了旺盛的生长期，逐渐进入休闲阶段，土地也该休息休息，恢复它消耗的养分，准备来年孕育新的生命。也就是说，"戌月"是一个送旧迎新、新老交替的季节。水族把它作为新旧岁月的分界，把"戌月"作为岁首，也称为"端月"，含有新一年的开端起始的意思。水历"戌月"之后，则十二个月按此秩序排列：亥月对应农历十月，三月对应农历冬月……水历的季节划分依然按农历的概念，只不过四季所对应的月份不同而已。如春季，水语叫"胜"，农历为正月至三月，水历则为五月至七月；夏季，水语叫"权"，农历为四月至六月，水历则为八月至十月；秋季，水语叫"旭"，农历为七月至九月，水历则为十一月至端月；冬季，水语叫"冻"，农历为十月至十二月，水历则为二月至四月。

现行水历出现的具体的原因和时间已不可考。有相关研究认为，水历以农历九月作为一年之首，和古秦历很相似。也有学者认为，水语"胜权旭冻"很明显是汉语"春夏秋冬"的音转，可见水历的四季实际上是受到汉文化的影响，是对农历的移植。根据王品魁先生《水族画像石墓和水文字石墓》一文中对三都县水东的查村水文字石墓的考察结论，可知"新"水历在明代中叶时已在水族地区盛行，即用于

---

① 王连和、刘宝耐：《水族的天象历法》，《河北省科学院学报》1990 年第 1 期。

墓碑纪年。既然如此，可推断"新"水历的产生必然在明代中叶以前的明初。[1]

综上可见，水历的存在与发展是以水族所生息的地理环境、气候条件为依据，特别考虑到水族的生产生活习俗，并能适应水族地区原始宗教等重要活动需要的一种较为完备、科学的历法，可以说，水历从古老文化的角度彰显着水族农耕文明的个性。

2. 水历与农事

水族聚居地区地处亚热带，雨量充沛，气候温湿适中，适宜种植各类作物。水族以种植水稻为主，通常一年一季水稻，另外一季则种植小麦、大麦或者蔬菜。旱地种早稻、玉米、小米、麦类、高粱、棉花、麻、烟叶、花生，还有豆类、薯类、芝麻等，寨角村边、房前屋后常种瓜果、蔬菜。

水族农民历来重视按季节撒种、插秧、薅秧，注重田间管理、精耕细作、不违农时。水历在水族农业生产活动中至今有着不可替代的地位。例如农事安排，虽然依据农历"春种秋收"的规律，但记月记日还是按水历的编排。什么时候过年，什么时候过节，什么时候祭拜先人，大多还是依水历而定，尤其是年节庆典以及祭祖活动（多半与农业生产有关）等也都以水历为依据，保持着自己独特的年节体系和文化氛围。

水历不仅仅是接受了农历划分四季的概念，而且在作为农事活动安排的依据时，也是按照农历"春种秋收"的规律。也就是说，除了对应的月份不同外，在农业生产中使用的，其实就是农历的二十四节气。在水族民间流传的不少农事谚语，也都是围绕农历二十四节气来指导生产的。例如：

立春：但得立春晴一日，农夫不用犁耕田；

惊蛰、春分：惊蛰闻雷米似泥（大丰收），春分有雨病人稀；

清明、谷雨：清明若明大丰收，谷雨不雨万家愁；

立夏：立夏不下，犁耙高挂（没有收成）；

小满、芒种：小满秧长满，芒种快栽插；

小暑、大暑：三伏之中龙晒骨，晒不足干一百六（干旱160天）；

---

[1] 韦仕忠：《古今水族历法考略》，《贵州文史丛刊》1993年第3期。

立秋、处暑：立秋无雨甚堪忧，万物只有一半收；处暑若逢天下雨，纵然结实也难留；

秋分：秋分天气白云多，到处欢歌好稻禾，最怕此时雷电闪，冬来无米呼奈何；

立冬：立冬之日怕逢壬，来岁高田枉费心，此时若逢壬子日，灾难连连损平民；

冬至：冬至天晴无雨色，来年栽秧田开裂；

大寒：大寒倘有大雪来，明年定是大旱灾。若然此日天晴好，下岁农夫大发财。[①]

水族的农作物栽种季节及一年的农事活动大致安排如下：一月（水历五月）、二月翻犁田土，割草皮积肥；三月播种玉米，育秧苗，辣椒育苗，种花生、地瓜，土烟育苗；四月插秧，薅玉米，种黄豆、红薯，移植辣椒、土烟，种棉花，收油菜、小麦；五月插秧，薅秧，薅二道玉米，栽红薯，薅棉花；六月薅二道秧，收玉米、薅棉花；七月收玉米、辣椒；八月收谷子、黄豆、花生、土烟、棉花；九月收糯谷，犁田土，收地瓜；十月犁田过冬，种大麦、小麦、油菜；十一月、十二月犁田，扛柴草。[②]

水历对当地农业操作有一些指导性的功能：比如，从端月算起的第一个亥日（对应农历的春季）如果下雨则不愁撒秧水，第二个亥日（农历夏季）有雨则预兆不缺秧水，第三个亥日有雨标志着来年雨量充沛，第四个亥日有雨则来年必然虫害频繁，第七个亥日有雨则预示秋冬阴雨连绵，将发生烂根冬的现象。

3. 原始稻作中的农业智慧

相关研究已基本认同秦汉以前水族先民生活在岭南一带，即南岭山脉以南地区，也就是如今的广东、广西一带，这里的气候、水源及土壤为水稻种植提供了有利条件，很早就开始了水稻生产。一些考古发掘和文献资料表明，水稻一直是这一地区主要的粮食作物。水族先民向黔桂边境迁徙之前生活的邕江流域的"岜虽山"也是产生水族原始稻作农业的地方。

秦汉时期，为躲避战乱，水族先民离开了原居住的邕江流域，一路寻找水草肥

---

① 何积全：《水族民俗探幽》，四川民族出版社 1992 年版，第 28 页。
② 韦学纯编著：《中国水族》，杨宏峰主编：《中华民族全书》，第 41 页。

沃、清幽僻静的地方，终于在今黔桂边境的都柳江、龙江上游定居下来。这里山川秀丽、景色宜人，都柳江、龙江等河流贯穿整个地区，支流干渠织成密如蛛网的灌溉系统，为农业生产提供了丰富的水源。这里气候温和，雨量充沛，日照时间较长，对农作物的生长特别适宜，水稻在这里可一年两熟，还可种一季小季作物。水族先民迁徙中不忘带上的谷种和水稻种植技术在这里找到了沃土、扎下深根，以水稻种植为中心的稻作文化和农业经济在这里迅速发展起来。直至今日，水族在举行传统"祭谷魂"仪式时，鬼师的咒词中还提到"祖公随河上来时，从海边带来了谷种……"这种历史的追忆在水族群众的口中与心中世世代代相传。在水族语言中，对河边洼地或沼泽之地仍称之为"骆"或"略"，意即水源和腐殖质均丰富的潮湿淤泥之地。而一些分布于坝区或河谷地带近水而居的水族村寨则被称为"田骆寨"或"田骆村"，这些称谓除了有近水而居的含义之外，也因其土地肥沃利于稻作生产而得名。[①]这些都表明了水族自古以来以稻作为主，农耕文化源远流长。

（1）垦食骆田——孕育早期"稻田养鱼"文化

水族农业生产经历了一个漫长的发展过程。据《史记·货殖列传》记载，"楚越之地，地广人稀，饭稻羹鱼或火耕水耨"，说明秦汉以前的岭南百越地区以稻作农业为主兼营渔猎业。"饭稻羹鱼"是当时人们普遍的生活方式。"火耕水耨"是当时稻作农业的主要生产方式。如前所述，水族是百越族群之骆越后裔，骆越是我国栽培水稻最早的部族之一。北魏郦道元《水经注》卷三十七引《交州外域记》载："交趾昔未有郡县之时，土地有雒田，其田从潮水上下、民垦食其田，因名为骆民。"有学者考证"雒"通"骆"，"其田从潮水上下"是因为"骆田"多居沿海滩头台地，或者沿海内陆低洼地带，又或者是靠海的沼泽淤地，都是由潮水的涨缩影响形成的，这也证明了骆越水稻文化已有悠久的历史。"骆田"的种植技术要领在于只需按季节春时播种，靠潮水的自然涨缩给骆田中的水稻提供养分、水源，相比火耕水耨的方式而言更加原始粗放，也更加节约人力。"骆田"农业在当时也是一种较为常见的生产方式。在"骆田"农业时期，水族社会孕育了后世的"稻田养鱼"文化的

---

① 韩荣培、文传浩：《水族的传统农耕文化》，《古今农业》2006年第1期。

雏形,这一点在水族古歌《开天地造人烟》里得到印证:"……古恩公,开辟天下……山坡少,田地无边,四周开成田,中间让水淌。多条江,流到这里,平地边,就是海洋……"从这个过程来看,其所描述的正是骆田农业的生产格局。根据史籍的记载可知"骆田"的特点是"仰潮水上下"或"从潮水上下",而无论是"仰"或"从"潮水,实际上都是一个道理,即这些"骆田"既近水利又避水害。古歌所唱的"四周开成田,中间让水淌"正是对水族先民在这一时期的社会生产生活中"垦食骆田"的具体场景的形象描述,这同时也是水族农田水利的雏形——为了农作物生长的需要调节"骆田"水位的重要手段——开出沟渠"中间让水淌":干时,引入附近山泉灌溉田地,暴雨泛滥时又可利用中间的沟渠将多余水分排入江河。这种"中间让水淌"的开发格局保证了当时农业生产的灌溉需要。

位于江河两岸的"骆田"同时也是水族原始农业文明中"稻鱼共生"的前提条件。学者们进一步分析认为,骆田农业的农田得益于江河冲刷下的淤泥,其富含有机养分,人们在淤泥中开出沟渠,涨潮时养分随潮注入农田,成为水稻必需的肥料。并且这样的"骆田"中富含和附生多种鱼类生长必需的微生物和水草等,鱼类产卵繁衍的季节也正处于秧苗返青的时节,其时,这些"骆田"正是鱼类产卵和繁衍的理想场所。而"中间让水淌"的开发格局,又为鱼类溯流而上顺利进入这些"骆田"提供了便利的条件。水族先民借助秦汉以前便积累下来的渔猎采集经验和认知,进一步发展了水族社会早期的"稻田养鱼"文化。

(2)梯田开垦——"畲田"生产的技术改进

据史料记载,魏晋南北朝时期,农业已成为水族地区主要经济形式。《华阳国志·南中志》载,当时包括水族聚居区在内的牂牁郡主要采用"畲田"(烧山为田)的耕作方式,这也是一种原始刀耕火种的生产技术。

秦汉之际,水族先民由邕江流域进入黔桂边境之后,秉承邕江流域近千年的稻作农业经历和稻作农业生产的技术、经验,结合新的生态条件,开始开疆辟土,创造了水族特有的山区梯田稻作农业文明。[1]

---

[1] 韩荣培、文传浩:《水族的传统农耕文化》,《古今农业》2006年第1期。

在水族民间的神话传说《箭道变河床》中，水族先民迁到月亮山地区之后，为获得生存的权利，"仙王"头戴铜斗笠，上天求取神箭到人间降伏妖魔，从而保全了水族的生存与繁衍；《卯节的来历》则叙述了水族先祖"拱恒公"率领水族人初迁九阡地区之时，利用铜制武器——铜斧战胜尖头王、赶走野兽，开辟荒山垦殖田园。这些神话故事都反映了水族先民到三都、荔波等地区后的创业历程。前文所述《旧唐书·南蛮传》所载的水族先民"畲山为田"指的就是这一时期，大约从汉代开始，直到唐宋之际。

水族史诗《种五谷歌》生动地记载了这种生产方式："咱远祖，烧荒开坡，从那时，才种粮食。冬腊月，天干少雨，撒心米，正该准备。咱远祖，磨快柴刀，个挨个，走进山里，护松杉，只砍杂木，留果树，除去荆棘。大棵树，抬回家用；小根木，留在地里；春三月，枝叶干透，放把火，烧成肥泥。""畲田"既成，主要是种小米等干旱作物，其技术如歌里所唱，极为简单，即在秋冬季节砍掉坡上灌木杂树，待其干枯后放火焚烧，草木灰尘铺于坡上便成了肥料，随即播撒种子，任其自然生长，待秋熟时收割即可。这种方法至今在一些水族村寨仍然可见，主要用于种植小米。[①]

对生态环境的文化适应是农业民族生产技术改进和发展的重要推动力量。黔桂边境地理环境山多平坝少，水族先民的"畲山为田"技术很快有了新的发展——沿着山麓的丰水地带，开垦出层层梯田——烧畲之后的土地，第一年不用翻耕，直接在这些火烧地上种植小米、苞谷等旱地作物。第二年再翻耕，但仍以种植旱地作物为主。经过几年耕种之后，人们会根据耕地周围的环境所提供的水源大小来决定是否将烧畲地开辟为水田。如果水源位置远远高于梯田，那么梯田上方仍然会进行新的一轮烧畲，开发成梯田；如果梯田的位置已经接近水源的位置，人们就会停止烧畲并对梯田上方区域的生态植被加以保护，以便生态植被所涵养的水源能够保证对下方梯田的灌溉。今天水族地区发达的梯田稻作农业，显然是水族先民不断烧畲开

---

① 刘之侠、石国义：《水族文化研究》，第4页。

发的结果。① 相比起传统意义上的"刀耕火种"，水族梯田的"烧畲"更多地体现为人们开垦荒地以及耕地面积因烧畲的不断重复进行而逐渐扩展的过程，其在耕地扩张的同时，蕴含着因地制宜开发、加强植被保护、注重水源涵养等生态智慧。有西方学者将梯田农业称为"修理自然"的农业，然而对于水族地区来讲，其梯田的开发以及妙用自然的智慧，比起单纯的"修理自然"无疑具有更高的生态境界。②

（3）稻田养鱼——渐成整套农业生技

隋唐以后，水族地区农业生产技术进一步改进，以专门平整、年年耕种、熟土熟田的生产方式取代了烧一坡种一坡、种一坡丢一坡，年年开荒年年丢的"畲田"的简单的生产方式。据《唐书·南蛮传》记载，隋唐以后水族聚居区的东谢地区已是"土熟多霖雨，稻粟再熟"，这很清楚地说明水族等民族不但已经较为熟练地掌握了水稻种植技术，而且懂得如何充分利用自然条件，准确把握农时，争取更多收获。

对此，宋代史籍记录更加详细。《宋史·南蛮传》载："抚水州在宜州南……民则有区、廖、潘、吴四姓。亦种水田，采鱼。其保聚山险者，虽有畲田，收谷粟甚少。但以药箭射生，取鸟兽尽，即徙他处……五十里至前村，川原稍平……夹龙江居，种稻似湖湘……"记录了当时水族先民根据地理条件采取的不同的生产方式。抚水州是当时宜州治下的羁縻州，大致地域是今广西的环江县，当时水族已是抚水州的主体居民。文中可见，当时水族民众以"种水田""采鱼"为生，并且根据地理条件的不同，如身居大山深处的"保聚山险者"因为"畲田，收谷粟甚少"，所以耕作之外还要以狩猎为补充；身居"川原稍平"之地的"夹龙江居"者，则有条件"种稻似湖湘"。此时在水族人的生计方式中，除了水稻种植外，养鱼已渐渐成为一种重要的辅助性生产方式。水族人居住的地方水资源比较丰富，在田间往往连接着大大小小的河沟，为鱼的生长提供了条件，人们可以通过稻田养鱼、池塘养鱼、河里网鱼、沟里抓鱼、钓鱼等方式获得鱼类。水族地区的都柳江两岸居民更是"自

---

① 韩荣培、文传浩：《水族的传统农耕文化》，《古今农业》2006年第1期。
② 韩荣培、文传浩：《水族的传统农耕文化》，《古今农业》2006年第1期。

结罟网，或养鸬鹚（俗名水老鸦）、獭猫等，于秋冬农隙时，乘渔艇三五成群，巡行江面，渔以作副业，其中也有少数作专业的"。[1]有人类学者结合近代水族社会相关资料分析认为，上文所说人们除种稻之外还"采鱼"，应该不单指自然的渔捞业，而是还包括了"稻田养鱼"的方式。

水族先民定居黔桂边境之后，在"垦食骆田"时代所形成的"对低洼平旷地带高度估价与重视开发利用"的农耕思想指导下，顺利开发了梯田稻作农耕。这一阶段，虽然远离了大江大河，渔猎习惯已然改变，但"垦食骆田"时代所形成的"鱼稻共生"的文化传统，在梯田农业出现之后，催生了真正意义上的水族"稻田养鱼"文化。

在技术操作层面，水族的"稻田养鱼"包含两个层面：一是稻田放养，二是池塘屯养。稻田放养是在栽秧之后将鱼苗放入稻田之中，鱼类伴随着水稻的生长周期生长，到了稻谷收获季节也正是鱼肥之时。人们准备秋收之际先要开沟放水收获鱼类。"稻田养鱼"充分体现了水族先民千百年来积累的农业智慧，第一，在鱼类生长过程中不需要专门投放鱼食，鱼儿主要以稻田中生长的水草、微生物以及水稻生长过程中附生的细稻、蚊虫和一些夏季生长的幼虫为食。同时，因为水族梯田较多，山上众多腐朽的植物会随着夏季山洪冲刷而下进入稻田，成为鱼类的重要食源。第二，这种"稻鱼共生"的生产过程对管理水资源的能力有相当高的要求，既要满足水稻生产的需要，又要保证鱼类生长环境的形成。具体而言，稻田养鱼要求稻田的屯水量是一个逐渐升高的过程：栽秧之后维持较低水位以保持较高的泥土温度方利于秧苗返青、发蔸和生长。其时鱼苗也完全适应这种水位；随着秧苗发蔸满田开始抽穗，此时放养数月的鱼苗已逐渐长大，必须逐次加高水位以保证其在稻田中觅食的活动空间。逐次加高的标准是根据鱼儿生长的周期判定个体大小，确保水能淹没鱼背。第三，水族的"稻田养鱼"以鲤鱼、草鱼和鲫鱼为主，需根据每块水田的具体情况投放鱼种。比如水草较多的多放养草鱼，仲春之际将大量谷草抛入鱼塘，使鱼塘中的草鱼附着于上产卵，待栽秧之后便将这些依附有鱼卵的谷草移入稻田；鲤鱼则主要放养在那些微生物丰富、极易成虫的稻田之中。因为鲤鱼以微生物和幼虫

---

[1] 潘一志：《水族社会历史资料稿》，三都县民族文史研究组 1981 年版。

为主食，在水稻生长的季节，幼小的蝗虫和水稻根部的细稻蚊足以满足鲤鱼生长需要，同时还能最大限度地达到去除稻田虫害的目的。鲫鱼一般是选择放养在偏离水源的保水田中，在放养草鱼或鲤鱼时附带放养。因为鲫鱼习性喜随流水游走，如果在靠近水源的水田放养，收获的可能性极小。

池塘屯养是另一种鱼类的获得方式。水族村寨里几乎所有人家都有一至数个大小不等的鱼塘，极少数没有专门鱼塘的人家也会选择水资源丰富、靠近村庄利于管理的水田，在稻田开沟放水之后加高田埂、增高水位充作自家临时鱼塘。稻田开沟放水起获的鱼儿无论大小均屯养于村寨池塘之中，大鱼随时可以捕捉食用，鱼苗越冬之后便是第二年的再生产资料，因而池塘屯养必须投放一定量的鱼食。一些以喂养草鱼为主的鱼塘还要定期投放青草料。此外，还要在鱼塘之中栽种荷花、莲藕、浮萍等对鱼类加以保护。以水田充作临时鱼塘者越冬时还要在田中以木头搭建简单的窝棚（架），以避免鱼群遭受鸟兽的攻击。[①]

池（鱼）塘屯养的方式是水族上古渔猎经济生活方式的延续，还是农业文明产生之后"稻田养鱼"文化的产物，抑或二者兼而有之？现在已无从考证，但其养殖的过程本身就是增值的过程，只要稍加管理就可使小鱼变大鱼，大鱼再繁衍，生生不绝，使水族的"稻田养鱼"传统得以世代传承。在"稻田养鱼"生产模式中，鱼类生产繁衍过程与稻田农业生产过程巧妙嫁接，收获之时，鱼归鱼塘，稻归粮仓，更有一些水族群众直接将粮仓建于鱼塘之上，形成鱼粮共存的储放格局。

"鱼稻共生"堪称生态农业模式，一方面保证了鱼的来源，避免人们因生活需要在河里过度捕鱼减少鱼种及数量，另一方面避免了人类为捕鱼采取的各种方法造成对河流的污染。该模式给鱼类生存繁衍提供了更大空间，从生态环境的保护角度上来说较为有效地维持了当地生物的多样性，对维护生态平衡起到积极作用。

至明代，水族地区更有完善的灌溉沟渠、塘堰等水利设施出现，农耕经济已较发达。伴随着农耕经济的逐渐发展，水族农业最终形成了一整套以水稻种植为核心的生产技术——水稻与渔业生产同时进行的生态农业生产方式，相应的生产习俗以

---

① 韩荣培：《"饭稻羹鱼"——水族传统农耕文化的主题》，《贵州民族研究》2004 年第 2 期。

及与之相应的生活习俗和民族心态也逐渐显露并随之完善。

（4）水资源涵养与利用

水与人类生存密切相关，是稻作农耕生产不可或缺的重要生产资源。水族社会因不断发展完善的"稻田养鱼"和梯田农作的农业生产方式，水资源管理方式也逐渐完善，形成了一套完整的操作系统。

分水口管理方式提示节制用水。水族在传统农耕时代便形成了最基本的分水口管理制度，对水源进行较为合理的分配，尽可能地使有限的水资源满足村民生产用水的需求。水族的传统文化和社会组织在管理水资源方面发挥着重要作用。因为梯田是自上而下的自流灌溉，水族一般主要对山区梯田采用刻度分水的方法来控制和统一分配水资源，基本原则是就近利用、共同维护。具体操作方法是：先在分水口处预埋好耐浸泡、耐腐蚀的木枋，将共享该处水源的梯田单位在木枋上进行刻度等分，每刻度获得一个水源分配权。分水口管理也是梯田稻作民族在水资源分配方面一项极其重要的制度文化，它可以保证每处水源下的所有农田在公平的原则下得到水源供应。因为分水口的刻度一旦确定就不再更改，哪怕新增加的耕地也不能再从这个分水口处获得新的水源分配，只能在自己已有的水源份额中进行调配或者另寻新的水源，而寻找新水源是不现实的。所以人们都清楚，在缺乏水源保证的地方，并不适宜开垦新的梯田，维护必要的生态水源涵养林，对于满足人们生产生活的基本需要更为重要。在某种意义上来说，分水口是梯田稻作在水源紧缺时的应对，也是向族人昭示生态保护的重要性，并提醒人们在开发土地时要有所节制。①

同时，水族社会对生产生活用水一般采用"就近"原则进行管理。山泉和水井无论发源于何处，附近的人们、牲畜和土地里的庄稼均有权利平均分享，尤其在干旱季节，这些地下水会被平均分配到泉水周围的各个地块里，有时采取轮流分水灌溉的方式加以解决。地下泉水出水口的土地主人，在使用水资源时，有优先权但没有特权，田主也不得随意改变水源的流向。在都匀套头地区，对靠近水源的农田出

① 贵州省科技教育领导小组办公室、贵州省民族宗教事务委员会编：《贵州世居少数民族文化史》（卷四），第100页。

水口甚至有严格的规定：一般要求田主在固定排水口时，必须低于田埂三指（食指、中指、无名指三指并拢的宽度），以保证远离水源的农田也能得到自上而下的灌溉。当然如果不是在抢水季节，而上一块田又刚施过肥，田主有权加高出水口一段时间保留土地的肥料。

但在河谷坝区，靠沟渠引流灌溉的农田，其对水源分配的原则是沟渠远端的农田享有对水源的优先使用权，分配原则是择远及近，其理由是沟渠近端的农田靠沟渠的自然渗透就可以达到养田的目的，而远端就没有这样的便利。

公共稻田调节生态小系统。在传统的水族村寨，一般会留出一些稻田作为公共资源。这些稻田往往位于村寨的上方、森林的下方，即所谓"坡下种田，坡上蓄木"。从某种程度上讲，森林—公共稻田—自然村寨构成了三位一体的生态小系统。首先，村寨周围的森林作为水源林、风水林、村寨林等，任何人不得砍伐，这些原始林区为下方稻田灌溉提供了稳定的水源。公共稻田一年四季都储存有水，其位置又处于村寨的上方，即使进入枯水季节，这些稻田也能为整个村寨提供水资源保障。如遇突发干旱，公共稻田还能够为其下方的稻田提供缓解水源。公共稻田成为村寨饮用水和农田灌溉的"储水库"。其次，公共稻田选择在森林下方也是非常讲究的。在夏季，这些稻田因为储存了足够的水量而为森林提供了大量的水蒸气。稻田里的水蒸气散发到森林里后，产生大量的露水，这些露水为森林提供了足够的水分，促进树木成长。同时露水渗透到地表后又为其下方的稻田提供了水分和养分。[1] 水族人民注重水源涵养的传统留存至今。

水族特色的生态系统存在与其生活与环境密切相关。千百年间，人们早已形成了自身就是当地生态系统的一部分的生态意识，认识到管理资源、利用和维持生态平衡的重要性，并形成了对资源可持续地进行管理、利用的策略。

4. 水族农耕技术的生态内涵

（1）"烧畬"：最原始的生态农业

我们知道，稻作民族的农业生产发展水平是和其使用的生产工具以及耕作模式

---

① 韩荣培：《古代水族社会基层组织和土地、山林的管理方式》，《贵州民族研究》1999 年第 4 期。

相适应的。如前文所述，"火耕水耨"是百越民族水稻耕作过程中一种极为重要的、较普遍的耕作模式。水族从骆越母体中分离出来之后，仍然在相当长的历史时期里保持了这种农业生产方式，后世较为成熟的生产模式也是从其发展而来。

事实上，我国南方许多稻作民族传统的农业耕作都采用的是"火耕水耨"的方法。关于"火耕水耨"，裴骃《史记集解》引应劭语曰："烧草，下水种稻，草与稻并生，高七八寸，因悉芟去，复下水灌之，草死，独稻长，所谓火耕水耨也。"这就是"火耕水耨"的原生形态。"火耕"，是在下种前的备耕阶段，先把田间的杂草连同稻田中的其他杂物一起烧掉。"水耨"则是秧苗长到一定程度之后，以水淹死杂草的一种中耕除草方法。水族先民在延续了这一传统技术的同时对其进行了改进和调整，以使其更加适应自身居地地理、气候条件。比如，水族先民的"畲山为田"实际上是对"火耕水耨"进行了适应性改良。水族群众在定居于月亮山地区之后，根据其高山或半高山地带植被密度大、水热条件较差的特点，将"烧草"技术发展为：秋收时仅用摘刀将禾糯（水族喜种、食糯米，传统种植以糯稻为主，这一习惯一直延续到 20 世纪六七十年代）稻穗摘去而将稻秆留在稻田中与杂草同生共长。次年备耕时，先放火将田中的稻秆与杂草烧尽，或者用锄头将田间杂草和稻根挖出，集中成堆，其上覆以土点火阴燃，使火烧尽，将灰土分撒于田间，之后或犁耕或锄翻，将火烧土翻入田底，注水浸泡，然后开始进入正式的春耕程序。这就是水族的"烧畲"，又称为"火烧田"。不要小看水族民众对看似简单的"烧草"工艺的改进，其间多有技术含量——热量条件较差的高海拔地区的水稻田土经火烧过后温度升高，更加适宜水稻的生长，其时土质也会发生变化，对种子的正常发芽和发育都特别有好处。大火也把附生于田间的草籽、虫卵、幼虫一并烧尽，进一步避免了水稻生长阶段杂草与之争肥，同时又极为有效地防治了病虫害。至于"水耨"，则是在经过水族人民技术改进之后，发展至今仍然是水族稻作农业生产极为重要的除草手段。如今的"水耨"操作技术重点在于根据秧苗生长情况适时调整水量：刚栽秧之时田中只能注入少量的水，目的在于增加土地的温度，有助秧苗返青、发蔸；秧苗快速生长的同时也会催发杂草的生长，所以待秧苗长到一定程度之后需注入更多的水，水量务求漫过杂草使之淹死，淹死的杂草在稻田中腐烂转而成为稻禾生长所需的有机肥料。剩下的少部分杂草再通过中耕（俗称薅秧）除去。

水族先民结合山区自然形态采用"烧畲""水耨"进行的梯田稻作生产，巧妙地把火与水这两种取之不竭的自然资源，运用到农业生产过程中的施肥、中耕除草和防治病虫害等环节中。就今天的生态理念而言，也不失为一种生物的、科学的中耕与施肥相结合的生态农业方法。[①]

（2）土地利用：秉承适度开发理念

水族先民对土地的开发秉承着适度开发的理念。在其聚居区典型的"八山一水一分田"的山地环境之下，水族群众对土地的开发非常谨慎。比如在开垦梯田时，是否对某些地块进行"烧畲"、"烧畲"之后是否进一步开发为梯田、开发梯田之后如何进行植被的涵养等都会认真考虑，实际操作中通常他们只在山坡最高出水位置的海拔线下开发梯田，而梯田之上的天然植被则被有意识地严加保护。事实上，作为其开发山梯田的经验总结，水族只开发了土地总面积10%或者5%作为农业生产用地，其余土地作为生态水源的涵养地或者林业生产用地，以确保梯田稻作农业生产对水资源的需求。曾有国际人类学家感叹，月亮山及都柳江流域地区的侗、水等民族的梯田开垦行为是"一种具有典范性的尊重自然并修理地球的农业，其土地适度开发的生态文化智慧，令许多荒漠沙地的人们汗颜"[②]。这种山区梯田稻作农业的开发经营是以水源丰沛作为先决条件的，从一开始，就为水族的梯田稻作文化注入了保护水源的现代生态理念。只有充分合理地利用自然所提供的水资源才能使梯田稻作农耕成为可能。开发出足够多的梯田之后，更要有足够多的水源保证这些梯田的灌溉。随着人口的发展，水族地区的梯田继续向山区高海拔地带发展，这一过程中，水族先民普遍遵循着一个基本原则，那就是梯田开发的最高海拔位置，一般限制在山坡泉出水位置稍低的高度，以保证山泉自上而下实现对梯田的自流灌溉。梯田之上的自然生态则更是严加保护，以涵养足够多的水源。今天水族地区良

---

① 韩荣培、文传浩：《水族的传统农耕文化》，《古今农业》2006年第1期。
② 贵州省科技教育领导小组办公室、贵州省民族宗教事务委员会编：《贵州世居少数民族文化史》（卷四），第94页。

好的自然生态显然是这种自律的农业开发模式带来的直接的生态效果。^①

对于重要生产资源的水土，水族的许多村寨也自觉实行生态维护为主、耕地适度开发为辅的原则。比如榕江县三江乡故农村，具体到某块水田或者旱地，主要采取留蓄耕地周边的生态林木植被和草根为主。留蓄的原则是，以林木植被不遮挡耕地光线为基准，草根无论在旱地还是水田，周边都得到严密的保护，为使草根根系更加密集，人们还会采取在春夏草木生长茂盛之时，以镰刀采割的手段，来促进草根根系的发达。采割耕地周边的青草，一是清理耕地周边环境，更易于农作物管理；二是出于积蓄农家肥的需要；三是促进草根根系的发达，而草根根系的发达对于固化耕地的作用极为明显，这样维护过的耕地一般不会轻易变形或者垮塌，从而达到水土保持的目的。^②

（3）传统糯稻的生态适应

水族自古喜食糯食，清中叶以前都还是以糯米为主食。在很长的历史时期内，水族的主要种植物是糯稻，少量种植的黏稻多是为了饲养家禽。经过千百年的进化与积累，水族如今保有数十个特色鲜明的传统糯稻品种。这些品种最鲜明的特点：一是耐阴、耐寒；二是秆高、芒长；三是各种品种的生长期差异明显。这些特点具有极强的生态适应特征。一是，水族主要聚居的珠江上游，地理地貌多为峰丛洼地，这就决定了大多农田掩映在丛林之中，并受到山岭阻隔，因此多数农田每天受阳光直射的时间较短，加之农田的灌溉直接来自森林里的地下水，使得农田水温较低。经过水族群众长期驯化，一些糯稻田品种具有很强的耐阴、耐寒能力，特别适于低温的稻田。二是，水族传统糯稻品种都有芒长、秆高的特点，芒长能有效地达到抵御鸟类取食其稻穗的目的，秆高则非常能适应稻田在不同生长阶段的水位高低。三是传统糯稻田品种特别耐水淹，可在一年四季不断水的稻田里正常生长，而且这些品种多有较强的保水和蓄水能力，因其秆高往往稻田水浸泡部分在 55 厘米以上，

---

① 潘朝霖、韦宗林：《中国水族文化研究》，第 205 页。
② 贵州省民族事务委员会、贵州省民族研究所编：《贵州"六山六水"贵州民族调查资料选编·水族卷》，贵州民族出版社 2008 年版，第 332 页。

截流了较多的水资源。传统糯稻品种生长期差异明显，虽然插秧时间基本集中在农历三至四月，但成熟期各有不同，从农历七月到八月都有不同的品种进入成熟期。有的品种从插秧到成熟期间均不需排放稻田里的水，收割稻谷后，直接可往田里放养鱼苗。这样算起来有的稻田一年至少有 8 个月的时间存储有大量的田水。这些水源在枯水季节可为稻田下方的河流进行补给，起到缓解枯水季节水源短缺的作用。[①]

在杂交水稻普及的今天，水族地区还能够传承这么多的传统糯稻品种，是其留存及其传统栽培种植技术高度适应当地气候条件、土壤条件的结果，也说明水族地方的糯稻品种具有高度的生物适应性与文化适应能力。它们不仅体现和维护了当地生物多样性，而且作为一种重要的农业遗产资源，对维护当地的生态环境有着不可忽视的作用。

并且，当地村民并非每年都要种植所有的糯稻品种，而是根据当年的气候来选种种植，若当年风调雨顺，就选择种植生长期较短的品种；若遇上干旱年，则选择种植生长期较长的品种。这种调整种植品种的行为目的是要确保大量的稻田在不同的季节里截留大量的水。那么如何判断当年的气候呢？"听雷"是他们从老祖宗传下来的一项技能——每年立春后，第一次打雷的雷声如果来自东方，那么这一年定是风调雨顺；如雷声来自西方或其他方向，则预示着会是一个干旱年。水族群众在判断每年的气候情况的基础上，根据糯稻品种成熟时间的差异性，进行人为选种，交错消解不同气候条件可能带来的风险，以最大限度地降低自然灾害。

（4）生物肥料与病虫害生物防治

传统农耕时代，水族地区普遍种植糯稻，只需要少量除草并施用农家肥即可保证成长，同时还可以收获较多的稻田鱼、田螺等可供人类食用的生物。

水族传统肥料主要是秧青肥和农家肥。秧青是春天山上草木的青枝嫩叶，将之割下撒入水田中浸泡后翻犁入泥底，即成肥料。秧青肥除肥田外，还有增加土壤有机质养分的作用。农家肥主要是牲畜圈肥（牲畜吃剩下的草料混合秸秆、牲畜粪便，

---

①蒙祥忠：《饮食里的象征、社会与生态——对贵州水族九阡酒的人类学考察》，《西南民族大学学报（人文社会科学版）》2018 年第 3 期。

再经牲畜踩踏胺化而成）、草木灰肥（主要是日常生火做饭燃烧柴薪所产生的草木灰，堆积之后混合人畜粪便，经不断翻倒胺化而成），主要用于旱地作物的施肥。这些生物肥料长久以来有效地稳定了水族聚居区的生态系统。

糯稻之外的其他农田水稻（杂交稻）的虫害主要有稻纵卷叶螟、稻飞虱、黑尾叶蝉、蝗虫等，对虫害的防治，水族先民有很多生物防治技术。

第一，他们会在无病虫害的"脊地"上进行选种，这一重要的技术经验是确保有效预防水稻病虫害的关键一环。

第二，土壤改良杀虫。长期以"泡冬"（稻田过冬不放干水）保养的水稻田，若发生虫害则实施"炕冬"（收割后放干田水时土壤湿度较大，土壤仍在可塑性范围内，及时耕翻）管理，秋收后深翻田土，将稻根翻出地面晒干焚烧以杀死越冬害虫，或者靠冬季低温杀灭害虫。反之，长期"炕冬"的稻田如发生虫害则通过"泡冬"保养实施虫害治理。

第三，在春耕制秧时就以草木灰水或者熟石灰先行处理，再以温水浸泡种子，达到预防真菌性或者细菌性病虫害的目的。

第四，在病虫害发生的幼虫期，将事先收集的苦楝子、铜钱菜、烟叶秆、苦竹根等捣碎滤渣取汁，然后加上硫黄烛、草木灰、熟石灰等，以土法制成"杀虫剂"，在晴天的中午喷洒于田间，随着太阳的照晒水田慢慢升温，药性随之逐渐挥发，药雾弥漫至整个稻田，最终达到杀灭虫害的目的。

第五，结合稻田养鱼和鸭，对病虫害进行生物防治。稻田养鱼本就是水族地区普遍的农业生产方式，鱼儿以稻田中的微生物、杂草等为食，不用专门投放饲料。多数人家在栽秧之后会在田中饲养一群水鸭，将鸭群赶入水田时，放鸭人用竹竿将田坎上的杂草打入水田，附着其上的蝗虫和其他幼虫一并打入水中成为鸭群、鱼群的食物。

此外，水族地区多处于深山区，由于生态良好多发蝗虫。人们长期采用以竹篾编成的虫篓捕捉蝗虫的方式对其进行处理，捕到的蝗虫不但是鸡、鸭等家禽的绝好饲料，也是可供水族群众享用的高蛋白美食。

（二）林业

在水族的农村经济中，既包括了无法替代的农业经济，又包括了林业、渔业等。水族群众重视以水稻栽培为主的农业，也重视林业的开发。森林与水族人民生活有着密不可分的联系。郁郁的森林为人们的生产、生活提供了丰富的资源，也促进了人类社会的进步和发展。

与世界各族人民一样，水族先民在依赖自然、认识自然与改造自然的过程中，逐步意识到森林赐予了人类生活的丰富资料，为人类的生存与发展提供了必不可少的条件。最初，人们依附森林，过着简单的采集生活，从森林中摄取食物。之后，人们进一步认识到森林对于生活的意义，从而更广泛地利用森林资源。例如，人们的居住由原始的穴居野外逐步过渡到伐木取材修房造屋。在水族口头文学中就有大量的古歌及神话传说，展现先民们伐木造屋的生活情景，充分体现了水族先民长期生活实践形成的心理积淀，显示了水族先民的生活基础。

水族聚居于龙江和都柳江上游，位于云贵高原向广西丘陵地过渡的斜坡地带，在地质构造上处于"江南古陆"与"黔南凹陷"之间，其气候属中亚热带型，夏长冬短。境内西北部的丙王山、更顶山（三都县的大河地区），东北部雷公山脉的铜马山、小脑坡山区（雷山县南部及三都县的都江地区），中部的瑶人山区（三都县境中部），东部的月亮山区（榕江、从江、荔波、三都四县边界交汇处），山峦起伏，沟壑纵横，气候温和，雨量充沛，自然条件最适宜于林木生长。整个水族地区境内，比较著名的山体有更顶山、老王山、铜马山、瑶人山和月亮山5座。五座山均林深树密，生物资源丰富，尤其是位于三都水族自治县东部的瑶人山，森林覆盖率达90%，大片原始森林里树种繁多，木本植物达432种，有多种如福建柏、南方红豆杉、紫樟等国家一二类保护树种，还有木莲、马尾树、石笋树、南方檀、油杉、黄棉木等珍贵树种，药用植物、野生动物种类也很丰富。位于榕江、从江、荔波、三都四县边界交汇处的月亮山自然保护区及周边地区至今还保留着大面积的原始常绿落叶混交林。林内浓荫蔽日、古木参天，河流、林泉小溪纵横交错、分布密集，给生长于其中的众多植物和动物提供了生息、繁殖场所，是天然的生物资源"基因库"。月亮山区也是都柳江、漳江的重要发源地，是从江县、榕江县、三都县、荔波县水资源的主要供给地，是珠江流域坚实的生态屏障。其森林生态系统所发挥的保持水土和涵养水源功能，对保护下游地区人民正常的生产生活起着极为重要的作用。

水族聚居区自古以来都为茂密的森林所覆盖，明代《贵州图经新志》记载："丙王山……山高数百丈，林木幽深"。水族人民的杉木用材很早就已输往中原地带。据明史记载：正德（1506—1521）年间，明王朝就派侍郎刘丙到湖广、四川、贵州采购木料；嘉靖、万历年间，又屡次派员到上述地区大量采伐楠木和杉木用于扩建宫殿。一些木材商人也到今天水族聚居地都柳江地区收购杉木、松木等。木材进入市场交易导致了森林类型的人为变更。根据商品交易的需要，杉木林和马尾松林大量被培育。人们学会了选留抚育和精心栽种林木，林地面积逐年扩大。清朝初叶，水族地区的都柳江和龙江两岸出现杉木林遮天蔽日、绵延数百里的宏伟景象。[1]清代史学家魏源在《西南夷改土归流记》中记述这一带大森林的范围、地貌和林相为："盘亘数百里，北丹江，南古州，西都匀，八寨，东清江，台拱，危岩切云，老越蔽天。"水族学者潘一志的《水族社会历史资料稿》称："都柳江两岸，广袤数百里的杉木，在很早以前，就从都柳江运到柳州、梧州和广州等地供应。"可见水族地区森林极为丰富，并以盛产杉木著名。

在实施人工营林之前，水族多数地区是天然生长林，混合各种林木资源，其中以杉、松等最为丰富，尤其杉木是水族地区森林资源中最占优势的品种之一。至今，一些水族村寨还能看到少数被作为"风水树"保留下来的"千年古杉"，树龄常常在二三百年以上。都柳江两岸是生长杉树的最好地区，这里的杉木不仅生长快，而且树干笔直，上部和下部的粗细差距小，木质坚韧细致，是制作房屋和家具的好材料。水族人在砍伐柴薪时，通常都自觉不去砍伐松、杉等用材林，并对其加以修枝等必要的管护。对于主要用作烧柴的青冈等杂木树种，以及容易长出高大树干的枫香等树种，在砍伐时会遵循"砍大留小"的原则加以维护，对于珍贵树种则不会轻易砍伐。这种对薪柴林不断砍伐，对其他树种则针对性管护的传统方法，使得水族地区的林木资源得到有效保护，形成富有特色的生态植被。

---

[1] 潘朝霖、韦宗林主编：《中国水族文化研究》，第20页。

　　油桐和油茶也是水族地区传统经济林的主要品种。油桐是经过长期人工栽培的树种，产区主要分布在都柳江上游海拔 400 米的低山缓坡地带。三都水族自治县的烂土、巴佑、大河等乡镇是桐油集产之地，当地群众素有"家有千株桐，子孙不受穷"之说。有的姑娘挑选夫家时也要考察对方家庭是否栽种有油桐树。水族习惯在田边地角及荒坡上种植油茶、漆树、樟木等树木，获得一些辅助性的经济收入，尤其油茶是水族地区特产，它除做食用油外，还可作工业用油以及医药、化妆品原料。[①]水族称茶油为洁油、素油，是其主要食用油之一。按水族习俗，当老人去世未下葬时，族人均忌荤吃素，煎炸食品便主要用茶油。因此，水族对油茶种植管理十分重视。

二、习俗中的生态文化

（一）动植物与人群的相互依存

1."鱼稻共存"的生态意象

　　在水族人民的生活中，鱼可能是最重要的生态文化"代表"——作为农耕文明的伴生物，它既是水族农耕文化的直接体现，又是水族人精神上的图腾；既是水族美食中必不可缺之内容，更是水族先民社会生活的重要介质。

　　上古时期，水族先民从长期的渔猎与采集经济生活方式中获得了丰富的知识，在"垦食骆田"的时代，实现了"鱼稻共生"的生产方法；在定居山区以梯田稻作为生之后，又在对民族历史美好追忆的基础上形成了"稻田养鱼"传统；建立在"稻田养鱼"文化基础之上的池塘屯养，则充分地保证了"鱼稻共生"文化的延续。水族先民巧妙地将鱼类生长繁衍过程嫁接到农业生产过程之中，形成了特有的生态农业生产方式，收获之时，鱼归鱼塘，稻归粮仓，更将粮仓建于鱼塘之上，形成"鱼粮共存"的储放格局。这种"鱼稻共生""鱼粮共存"的文化，使"饭稻羹鱼"的出现，成了"水到渠成"的文化必然。考察水族社会不难发现，千百年间"鱼稻共生"的文化传统，促成了独特的"饭稻羹鱼"的农业文明，"鱼稻共存"、有稻（禾穗）必有鱼的文化特点无处不在。

---

① 何积全主编：《水族民俗探幽》，第 57 页。

　　水族人民庆贺丰收的节日——"端节"，也是水族新年。祭席上，由当年新米煮成的糯米饭和当年收获的肥鱼制作的"鱼包韭菜"是必需的主祭品，整个节日期间，糯米饭和鱼也是待客的重要佳肴；每个水族家庭在每年秋收米粮归仓之后，均要举行"祭谷魂"的仪式，主祭品也离不了糯米饭和酸汤煮鲤鱼。

　　北部套头地区的水族，有"尝新节"的习俗。"尝新"不但标志着庄稼即将成熟，同时是人们对即将来临的收获的一种前期预测，庄稼颗粒的饱满程度、鱼尾大小是人们关注的内容。在"尝新节"的祭仪和群众当天的饮食中，新谷、鲜鱼都是当仁不让的主角，预判当年丰收与否，稻谷和肥鱼二者不可缺一。

　　在造屋等大型活动动土之时，人们必先要祭土（或祭祀土地神），糯米饭和酸汤素煮鲤鱼也是主祭品；较大型的丧葬活动中要宰杀牛马等大牲畜进行祭祖（"砍利"）活动，彼时，拴牛的主祭桩桩头要悬挂一条鲜活肥美的雌鲤鱼，桩脚旁边则一定要摆上一碗糯米饭。"砍利"之后，主祭桩要用来打造瓢子，"饭稻羹鱼"的寓意再明显不过。

　　婚礼中，新娘要"进亲踏屋"，由新郎家庭中的一位老妇左手牵着新娘，右手提着土罐，由大门踏入新郎家，土罐中游动着两条、四条或六条小鱼，而新娘的左手则手握一把糯穗，不但取意吉祥，子孙发达，亦有希冀日后家道殷实、饭稻羹鱼之意。

　　各家招待贵宾之时，一般以宰杀乳猪为上佳，但每至酒意正酣之时，主人必从房前屋后的鱼塘捉来鲜活的鲤鱼，加入火锅中，以助酒兴。酒席上的人们则往往根据上桌的鱼尾部的大小来判断主人家是否殷实。鱼大者意味着生活宽裕，主人在持家、理财方面的才能不一般。

　　在三都县三洞乡的板南村一带，老人过世时，出嫁的姑娘、女婿一定要送来一篮糯米饭和一条3—5斤重的鲤鱼或草鱼作为祭祀的主祭品。

　　在一些水族村寨，若有小孩厌食、体弱多病者，便有"吃姑妈饭"的办法——姑妈煮好一团糯米饭和几尾鱼，用芭蕉叶包好，于吉日的清晨或傍晚时分，送到村寨附近的水井旁，小孩的母亲或奶奶带着小孩前去取食。这种习俗本身就体现了"饭稻羹鱼"的文化内涵。[1]

2. 旱鸭子保家护寨

水族聚居区山高林密、气候多湿热，各种毒蛇、毒虫很多，尤其毒蛇活动隐蔽，难以防范，因而干栏式木构建筑一般一层用于放置农具和饲养牲畜，二、三层才用于住人，毒蛇也很难沿着房柱爬上去，基本能保证人类在室内活动的安全。但生产作业或者晚上走村串寨总得在室外，并且水族村寨大多依山而建，位于坡面森林向坝子底部的过渡带，每到夜晚，山上的毒蛇会到河边饮水，这些时候乡民遭受毒蛇攻击的可能性比较大。

聪明的乡民找到了最简单有效的办法——让鸭子或鹅为村民护寨。比如三都县的水东村毒蛇虽然很多，但是乡民被毒蛇咬伤的事例却极为罕见。这是因为当地水族群众习惯饲养两种鸭子，一种是放养在稻田或天然水域中的水鸭子，也就是常见的"稻鱼鸭共生"模式中的鸭；另一种则是旱鸭，这种鸭子叫声大且沙哑，体型较大，可以长到 10 斤左右。旱鸭不习水性，却喜欢在村寨附近散步、觅食，其夜视能力也很好。旱鸭有一个最大的爱好就是攻击蛇类，一般小蛇很容易就被它们捕捉吞食，就连大蛇听到它们沙哑的叫声，往往也会远远地躲开。水族乡民最看重这一点，因此稍加驯养旱鸭便可替人们驱赶毒蛇，保家护寨。

旱鸭有如此功劳，当地乡民们对它们也相当爱惜，每天给它们准备丰盛的食物，并且从不宰杀旱鸭，待遇堪比家庭的一员。旱鸭死后乡民还将其郑重安葬，以此表达感激之情。当然，乡民不需要大规模饲养旱鸭子，通常根据村寨的需要，喂养足够确保村寨的安全的旱鸭子即可。乡民通常也不会出售旱鸭。旱鸭数量过多时，无偿地赠送给其他的村寨；而数量不足时，则可以在别的村寨借来喂养。人与旱鸭结成了共生伙伴，相互依赖、相互支持，维护着水族村寨与山林、人与环境的和谐共存。

3. 爱牛敬牛、以牛祭祖

水族地区荒坡很多，气候温和湿润，适宜牧草生长，也适宜牲畜繁殖。据史料记载，很早以前，水族居住地区牛马等畜牧业发展就有相当高的水平。《新唐书·南

---

[1] 潘朝霖、韦宗林主编：《中国水族文化研究》，第 239 页。

蛮传》载，牂牁一带有"盗者倍三而偿，杀人者出牛马三十"之乡规民约。水族地区以水稻为主产，乡民因水牛力大喜水，在田中拉犁拉耙，比黄牛更加有用而多爱饲养水牛。

因为耕牛是传统农耕必不可少的役力，所以民众对水牛十分爱护，甚至对牛产生崇拜之情，这在《石牛》《小白牛》等民间故事中有所体现。《石牛》中，神奇的石牛吃了善良的弟弟辛苦一年才种出的一株小米，吐出白花花的银子，帮助弟弟过上了富裕的日子。贪心的哥哥则被石牛咬住手，直到黑心占来的家产败光才得解脱。在《小白牛》中，小白牛是龙宫里的神牛，帮助勤劳善良的放牛娃和老祖母再也不愁吃穿……民间故事的丰富想象，反映出牛在水族先民心中神圣的地位，更不难看出水族先民对牛的依赖之情。

但是，水族先民在崇敬耕牛爱护耕牛的同时，又总要在重要节日及婚丧嫁娶、起房造屋等重大活动需祭祀祖先、请神送鬼时宰牛作牺牲。这两种行为看似矛盾，在表象背后实则有着十分厚重的文化内涵——因为水族非常崇拜祖先，相信灵魂永存，认为人之死是到另一个世界去生活，但在另一个世界里他们同样要生产、要农耕。于是，后人宰杀耕牛祭祖、吊丧，意在给亡灵送去耕牛以继续耕田。杀牛祭祖实际上是水族灵魂崇拜的表现。

4. 人树缘分相伴一生

水族人常年生活在山高林茂的地区，对森林、树木有着不可分割的依存情感，对树木至为深厚的感情从喜爱、保护到逐渐产生崇拜之情并世代传承。水族村寨的河畔、井边、路旁及村寨门口多有高大挺拔、粗壮雄伟的古树，被村民敬若神明，不许随意触动、毁损，还常常烧香敬供，人与树木的缘分相伴一生。

草木认亲保平安。在很多水族地区，家中生了男孩，其父就要为初生婴儿种一棵树，树若生长旺盛，就意味着孩子健康平安，若遭到损伤或夭折，则是不祥之兆。这棵树其实就是孩子命运的象征，因此总是受到很好的照料。有些命中"五行缺木"的孩子，父母要将孩子拜寄给一棵古树，称其为孩子的"保爷"（即让孩子认古树作义父），并给孩子更名"木生""树生"之类，是为"补命"。认了"保爷"之后，要经常供以香火，祈求树神护佑孩子平安成长。有的群众采取修桥补路的方法为孩子"补命",同样也要在河溪两岸、桥头多种柏树、榕树、樟树等。不管哪种方式的"补命",种下的树都会得到村民的精心养护。树木长大后,乡民还会在树下安置石凳,供人休息乘凉。这是一种借积"阴功"以补偿"命中缺木"的习俗。虽看似荒诞,但这些树木经几代人抚育之后,就成为庇佑一家人或一族人的神灵,从而更受尊崇和保护。

坟山种树庇子孙。水族人有在坟山墓地多种植枫树的习惯,老人过世下葬时要种树,清明扫墓时也习惯种上一些树,表达对先人的思念之情。他们认为,坟山即是先人的"阴宅",坟山上树木葱茏可以使风水更好,让先人过得舒适,进而庇佑后人。在人们的传统意识中,这些坟地上的古枫依附着逝去祖先的亡灵,是庇佑后人的力量,因此,任何人不得砍伐、损伤坟山树木。他们还认为,坟山上的古枫皆有神灵(水语称之为"枚忙",即神树之意),如对神树有破坏折损,就会遭到报应。因此,水族村寨附近的每一片坟山都簇拥着棵棵参天古枫,这些"枚忙"都长得枝繁叶茂,哪怕是掉落的枯枝落叶,人们也不会去捡拾,即使是年代太久或自然原因枯死甚至倒掉,也不会有人捡拾作为木料使用。[①]

人树相依度灾难。水族非常爱护和崇拜坟山树和风水树。村前寨后生长的高大挺拔、枝叶繁茂的古树均被视为寨子的"风水树",它们不但为行路之人提供休憩纳凉的处所,更被视为本村本寨"龙脉"的保护物,受到全村寨人的爱护。比如水庆村"风水树"中有一公一母两棵神灵古树,可以说是村民的精神寄托,在旧社会人们骑马经过时必须下马,孕妇路过也必须绕道而行,否则就是对古树不敬,会给家庭带来灾难。每逢节日,村寨都要集资购买牛、猪等拿到树下祭祀,以求其保佑村寨六畜兴旺、风调雨顺、家庭和顺。如果村民患了疾病,也会带上祭品到树下供奉以求快快康复。直到现在,村中凡有孩子升学、入职、参军,走之前都要在树下烧香化纸,祈求保佑。据说在 20 世纪 60 年代的大饥荒中,水庆村的很多人因饥饿死亡,寨子里的一棵古树也出现枯死的征兆,村民们赶紧对它进行祭拜。神奇的是,当村民度过饥荒之后,这棵濒死的老树也重新长出了新叶,至今仍然枝叶繁茂。村

---

① 潘朝霖、韦宗林主编:《中国水族文化研究》,第 251—252 页。

民都说这是因为人与树生命相伴，相互支撑才渡过了难关。

草标草卜驱邪恶。一棵普普通通的茅草在水族人民的生活生产中也可以有着驱邪、警示等特别的意义。比如在采集九阡酒制曲所需植物时，带队出发的老妇人要在走出村寨不远处割下一株茅草打结放在路中间，打结的一端朝向西方，同时念咒"不要跟踪我们，你过来我们就杀死你"，这是提示恶鬼不要跟随采集队伍；酒曲开始煎制时，也要先插一把茅草和一把菜刀在门头上，以示挡住不明身份的鬼进入；水族妇女生孩子满月后，第一次背孩子回娘家时，要避开水书上的凶煞之日，并在孩子背带上插上草标以驱除尾随而来的邪鬼；村民在种田时候，每种完一丘田，要用巴茅草打成一个草标插在田地里，预示秧苗长得好，获得丰收，同时也提示别人，这块田地里我已种了庄稼，不要放牛进去乱踩；大片的田则要在田中间插一根竹竿，竹竿顶端捆一把白刺，以此表示封住别人的嘴，不让别人讨论这块田种得好坏。据说谁要是乱议论别人种田种得好不好嘴巴就要被刺锥。

水族卜师还用稻草占卜。取 7—9 根稻草，一边念念有词一边抓草打结，念到一个鬼便抓两根草在两端各打一个结，然后拉开，按草结的朝向判断吉凶，或判定是何鬼犯事，然后依水书送鬼解脱。[①]

（二）农事节日中的生态民俗

在漫长的水稻种植历史中，水族人还逐渐形成了一些与稻作农事有关的生态习俗。如他们崇拜谷神，开秧门时，要设席供祭，妇女们要着银饰、对襟银扣衣、石榴裙才能下田，以表示对稻神的尊重；在插完秧苗后，要在田边敬谷神，祭品是一团糯米饭和由一根小树枝串上的红辣椒，认为这样秧苗能得到谷神庇佑，也不会受虫咬；开镰收割时如果某块田有成串的奇异的蜘蛛类卵巢，人们会认为是谷魂显形，马上虔诚地将其连根拔起带回家来挂在禾仓里，祈望谷魂不走、稻谷满仓。水族日常还忌讳把掉落的米饭放在火里烧，认为这样田里的稻秧会变黄；忌插秧阶段将糯米饭放在火苗上烧，认为会使秧苗发黄；稻谷出穗时，忌烧竹子，因为烧竹子发出爆响稻谷也会爆秆倒伏……这些生产习俗，寄托着水族人希望躲避灾害、祈望丰收

---

① 韦学纯编著：《中国水族》，杨宏峰主编：《中华民族全书》，第 161 页。

的美好愿望，明显地表现出农耕文化的特征。

水族还有相当多的和农事有关的节日。比如在栽秧节中要举行"引谷魂下田"的祭祀仪式，在"吃（尝）新节"时则要举行仪式引"谷魂"回家，一个"下田"一个"回家"充分表现了水族人对谷神的崇拜。

大部分水族地区会以村寨为单位过"吃新节"。稻谷成熟期至，由水书先生选一个吉日进行。节日当天清晨，各家主妇便到稻田里采来少许新谷，在铁锅里炒去水分后脱壳，部分煮成新米稀饭，部分与陈米混合上甑蒸熟。家中的男人则从稻田里捉来田鱼用酸汤煮好，与新谷制作的饭食一起放在灶台上，先恭请祖先享用新谷肥鱼，并祈祷家中"烟火两旺不断炊"，之后撤下供席放到火塘边一家人围坐在一起享用饭食，尝新便告结束。"吃新节"后，稻田便可陆续开镰收割了。鱼和稻田是水族传统稻作生产主角，尝新仪式无疑是典型的稻作文化的产物。很有意思的是，因为各村寨地理气候条件不相同，稻谷的成熟期也有先有后，多数过"吃新节"的地区，通常水族群众会在种植黏稻的稻田里沿田埂一线栽种一两行品名为"早四香"的摘糯稻。因为"早四香"糯稻味美而且香气浓郁，其成熟期比同期栽种的黏谷提前5—7天，一旦"早四香"成熟的气息飘散开来，村民们便知道该过"吃新节"了。

又如，水族传说中有一位农业生产的保护神"陆铎公"，同时也是创造和传播水族文化的祖先。因此，每到春耕到来之际，人们都要祭拜"陆铎公"，祈求庇佑，企盼丰收，这一仪式多以家庭为单位进行，至今在很多水族地区还十分盛行。当春雷轰隆后的第二个月初，要进行一次祭祀仪式。祭祀分三次进行：第一次最隆重，用黄母鸡、猪肉及糯米饭覆盖簸箕等，鬼师念咒曰："……你们要保护庄稼，让根根吃土吃泥，尖尖成穗成果……"；第二次祭祀，是择吉日于半夜时分，在牛圈边祭土地菩萨；第三次为祭田。祭祀之后，"陆铎公"就会保佑五谷丰登、六畜兴旺。三都县的九阡、三洞地区及荔波县部分地区对"陆铎公"的祭祀略有不同。于开春之际依水书择一吉日，请鬼师在堂屋内设祭席，摆上六套食具供以糯米酒、糯米饭、干鱼和熟肉等祭品。鬼师口念咒语，请得"陆铎公"前来后，再杀一头小猪，以猪肉煮稀饭，然后将小猪及粥献上祭奠，恭请"陆铎公"享用。祭毕，邀请寨中老者一起聚餐欢宴。最后，主人将几粒谷种撒入稻田，以预祝播种顺利。

再如，"敬霞节"是水族敬奉雨水神"霞神"，祈求风调雨顺、年成丰收的传统节日，因为水对于水稻耕种、作物生长、人畜生存都具有重要意义，所以是稻作民族普遍的信仰。水族端节、敬霞、栽秧节等节庆都具有稻作农耕文化的特质，有着祈求农业生产风调雨顺、稻谷丰收的共同主题。

水族还有一些独有的传统节日或者带有节日性质的祭日，都与其农耕文化性质相关。比如四月八。农历四月八，各家各户用糯米浸泡枫树叶蒸煮成黑糯饭，先在火塘边敬祖先诸神，请他们一起进餐。因为牛在一年的劳动中十分辛苦，人们在享用黑糯米饭的同时，也会给牛吃几团以示犒劳。又如二月社。农历二月社日，家家户户上山采回黄花草，用其汁水把糯米饭染成黄色。条件好的人家还要买肉或杀鸡宰鸭，与黄糯米饭一道供在火塘边敬神，祈求诸神保佑风调雨顺、五谷丰登、人畜兴旺。

作为传统农耕民族，农业生产的好坏、收成的丰歉，关系着生计大事，因而水族的生产生活中的很多习俗都与稻谷、鱼类有关，内容也多是围绕农业丰收、人畜兴旺，这些生态文化的主题从其民族相互的生存哲理生发而来，又以民间风俗等形式世代延续，进而根植于水族人民的内心。

（三）水稻在水族人生中的特殊意义

水稻（糯稻）参与了水族群众从生到死的人生历程。

首先是婴儿的诞辰礼。新生儿满三天时，家人要办"三朝酒"，外婆要约族内一些女性携带糯米、鸡、鸡蛋、背带、小衣服等前来祝贺。在一些地区，如三都九阡及荔波等地，婴儿诞生时父母会酿造一坛糯米酒窖藏起来，到婴儿长大成人婚嫁时才开封待客。

其次，糯米在水族的婚俗礼仪中全程贯穿。男方请媒人去提亲时，媒人要带去两三斤红糖和三斤米酒。若女方家允亲，男方即约请近亲四五人，带着糯米粑粑、红糖、猪肉等礼品到女方家"认亲"。到下一阶段，男方再备礼品、礼金去女家"订亲"，礼品中必须有糯米粑粑。迎亲时，糯米饭和米酒亦是必备。到了男方家，有老妇人手提鱼罐牵着新娘的右手跨入夫家之门，新娘的左手需拿着一把糯穗……显然，这样的仪式中传递着水家人祖先"饭稻羹鱼"的传统文化，并寄托了人们期望后代昌盛发达、禳灾祈福的心愿。

再次，水稻（糯稻）在丧礼上充当人与神沟通的媒介。当水族老人快断气时，其子女要将他（她）扶坐在铜鼓或米箩上；出殡时，孝子要披麻戴孝端着插灵牌的一升米走在前头；选好墓地挖墓穴前，必先请水书先生祭土，主祭品是两大盆（钵）糯米饭和酸汤素煮鲤鱼；挖好墓地后有的还要撒朱砂驱邪，并以大米画上八卦或写上"富贵双全"等字样。

由上可见，水稻因其孕育生命、繁衍后代的特性被赋予了神性，伴随着水族人走过出生、婚嫁、死亡的各个阶段，在其人生全程中发挥着特殊的功能，表现了稻作文化的明显特征。

第三节　回归自然的衣食住药：环保理念贯穿全程

一、水家衣：制染全程暗合"绿色环保"理念

和发源于百越民族的其他少数民族一样，水族生活习性也带了许多百越民族的特征，比如饮食上的"饭稻羹鱼"，服饰中的靛染、刺绣工艺，"干栏式"民居建筑的居住习惯……但是因为各自身处不同的地理环境、经历了各异的社会发展过程，各民族又有着不同的民族特性。水族人也有着有别于其他民族的、富含民族个性的生态习性和特征。

（一）家织土布：自种自纺

水族种棉的历史十分古老。为御寒，先民们早就掌握了种棉花的技术。据史料载，远在唐代，今水族聚居的东谢地区的居民就已经以布为衣，水族民间已经有《棉花和谷种的来历》等传说。明朝时期黔南的都匀府也有种棉的记载。清朝时期特别是乾隆七年（1742）清政府"立法劝民纺织"和川湘滇桂邻省棉花与植棉技术传来以后，当时黔南的都匀、独山、定番（今惠水）等县各族农民都植棉不断。直到民国，黔南的罗甸、荔波、三合（今三都），都是产棉量较多的县[1]，水族民

---

① 谭放炽：《略谈贵州民族地区棉纺织业的发展》，《贵州民族研究》1989 年第 3 期。

间也一直有如"春节前后白笋死叶叶，来年棉花黄豆特别好"这样的民间气象谚语，以及"种棉花和小米时，忌谈关于棉花和小米的话，如果谈到它们，将会生长不好"这类生产习俗与禁忌。① 宋元时期，水族地区就已有纳布的税赋，到了清代，结纱织布更已成为水族妇女必不可少的手工技能。清嘉庆《百苗图》"水家苗"条称："男子喜渔猎，妇人善纺织，故有水家布之名。"清朝乾隆时期的《独山州志》中也有记载称："水家苗，衣尚黑、长过膝。妇女勤纺织。"清朝时，水族妇女的棉纺织工艺已闻名于黔桂边境地区，她们自纺、自织、自染的"水家布"成为社会物质财富之一，尤其是其黑白两色的"顺水斑"土花布更以其柔软、吸汗、保暖和耐用著称，亦是当地官府必备的馈赠礼品。水族人民自古以来就自种棉花、自纺、自织、自染、自裁、自缝衣服，全家穿衣从挖地种棉直到用手工缝制成服装全由妇女承担，而今，水族地区仍然是家家都有竹木结构的手摇纺车、铁木结构的压花座机和木质结构的织布座机，这些传统的手工纺织工具，结构简单，操作方便，全由水族工匠自行制作。

水族服饰质料主要是家织土布。土布制作一般是先用弹好的棉花纺成线，再把线挽成卷，用白芍浆加线果，把线果放到布线器上，布线、定格好后放到织布机上织。织出的土布有白土布、青兰土布、大小花格土布等。家织布质地优良，纱质纤细、经洗耐穿，质地既柔软又牢固。冬天穿着暖和，夏天穿了吸汗。水族妇女可以把布织成多种纹路，如花椒纹、斜纹、回纹、笆折纹、鱼骨纹等，美观耐看。特别是三都、荔波接壤一带的水族妇女染织的"顺水斑"，用特种的长纤维棉花织成，图案绰约工整，质地精细柔韧，色泽深沉，质地耐酸、耐碱、耐洗、耐晒，在"洋布"未输入水族地区之前是该地区市场上公认的高档布料。

（二）水族印染：天然工艺

在家织布优良质地的基础上，水族妇女发展了特有的印染工艺。过去盛行的青布、蓝布，都是水族妇女以自制的靛青浸染自织的各种布料而成。印染是水族棉纺织工艺的重要组成部分。水族服饰尚青，以黑为美，所以水族印染以黑色为主色调，次之为藏青色、浅青色、青蓝色。水族印染有三种主要工艺，即靛蓝染、豆浆染和

---

① 何积全主编：《水族民俗探幽》，第46页。

扎线染。蓝靛染是豆浆染和扎线染的基础，白色的布匹一般都要用蓝靛才能染上各种花纹和各种颜色。

与中国西南少数民族地区很多民族一样，靛蓝染主要原料是蓼蓝，蓼蓝一般在地里种植，也可在深山里直接采到。将其收割后加以浸泡分解出蓝色素，加入石灰水调制成蓝靛染料。到了秋天，妇女们上山把干枯的蕨叶割回来烧成灰，用温水过滤得出含有碱性的木灰水，把它倒进染缸中与蓝靛混合，再加入适量的烧酒，用木棒搅拌调匀，就成了蓝色的染料水。虽然水族人民未曾从理论上认识碱与酒精、蓝靛之间的化学关系，但他们却在生产实践中掌握了染料水制作过程中各种原料成分的比例关系，精准地掌握了制作染料染水的知识和方法。豆浆染是水族群众在靛蓝染基础上为了追求色彩的多样化而发明的。扎线染即是将白布密密匝匝地缝制或捆扎成各式花纹，然后置于靛缸中浸染，洗净晾干之后拆开线头就显出白花图案。最有水族特色染色工艺的莫过于下面两种：

1. "九阡青布"：关键原料木叶和稻田泥浆

在水族丰富的印染品中，"九阡青布"算是其中一绝，早在百年前就闻名远近，因为"九阡青布"纱质匀细，染工深透，经洗耐穿，所以旧时当地士绅常常争相购买去作礼品。[①] "九阡青布"产于三都县南部九阡镇与荔波北部水族聚居区，也是以蓝靛来染色布料，但其有着特殊的染制材料与工艺，解决了一般蓝靛染的土布质地粗硬、色彩浅淡，或者质地粗硬、遇汗褪色等问题，并呈现出其他水族地区的土布及周围其他民族的土布完全不同的柔软质感。"九阡青布"不仅特色显著，而且在当下民族手工艺普遍面临失传的情况下，却依然广泛存在于三都县的南部与荔波县的北部水族聚居区。除了用于制作民族服饰外，婚丧嫁娶中也沿袭传统以送此布为礼。

从工艺上说，"九阡青布"独特的色彩来自于独特的染料——所用染料的原料中除了一般蓝靛染布所用的兰草、石灰、碱面、米酒、牛皮以外，其制作工艺中还添加了独有的以木叶加稻田泥组合的工艺，从而其色泽黑亮自然。其次，独特的质

---

① 杨庭硕、潘盛之编著：《百苗图抄本汇编》，贵州人民出版社2004年版，第341页。

感来源于繁复的染制流程——"九阡青布"要经过三年无数次的染色、清洗、捶打、反复地浸染使色彩深深融入面料纤维，因此相对于其他蓝靛染的土布更不易褪色；反复地捶打使土布面料更具质感，质地柔软又固色耐洗，色彩、色牢度及面料的舒适性远胜于一般蓝靛染制面料。"九阡青布"的生产工艺全程以本地所产物品为原料，传递着古老而质朴的生态信息——牛皮，主要用于煮化后稀释成汤，浇在布上起到上浆的作用，使面料硬挺结实，颜色也更加稳定；"木叶"，学名为"化香树"，其果序及树皮富含单宁，是染制黑色的天然染料。化香树在水族地区极为常见，通常水族妇女会在化香树成熟的季节，多采摘一些，晒干后储藏起来备用；石灰、碱面和米酒通常用来调制蓝靛染液；马蓝、菘蓝、木蓝等多种植物均是制作蓝靛染料的原材料，在黔南地区普遍种植；稻田泥则不用多说，甚至不需取出来使用，而是直接在收割完稻谷的田里挖一个坑，加水将里面的泥土稀释成泥汤，清理稻草残渣之后把用木叶汁煮过的单层布压进泥浆中……稻田泥洗布是"九阡青布"制作过程中最具特色的工艺流程。虽然水族妇女并不清楚用木叶汁煮布、用泥浆洗布的原理，但知道千百年来老辈就教她们这样做，知道稻田泥不能单独作为染布的材料，必须与木叶一同使用，还知道这样处理可以让布更红更亮。实际上，从科学的角度来分析，我们便可了解其中原理：稻田里面的淤泥富含铁酸，与木叶中的单宁发生化学反应可以产生单宁酸铁，进而形成黑色素沉淀附着于织物之上。正如杜燕孙先生在《国产植物染料染色法》中所说："单宁与铁化合，成为单宁酸铁而生灰色及黑色之沉淀，固着于纤维之上，我国古时染黑，胥唯此物是赖。……靛蓝等打底者，可得优美而坚牢之黑色。"[①]

　　"九阡青布"以含单宁的植物与淤泥一同染色的工艺与我国广东特产的香云纱、凉山彝族毛毡染色，还有日本鹿儿岛的"泥染"都有相似之处，但区别在于"九阡青布"深厚的黑色是与其他蓝靛染叠加一起形成的，因而更加层次丰富、色彩经久不褪。

　　长期以来"九阡青布"以其制作工艺繁复、历时较长更显珍贵，因此极少用于制作日常服饰，而只用于制作如民族盛装、儿女嫁娶的礼物和老人丧葬的陪葬用品

① 杜燕孙：《国产植物染料染色法》，商务印书馆 1939 年版，第 203—206 页。

等。以"九阡青布"制作的水族服装与其他地区的水族服装不同，其他地区的水族服饰以华丽的刺绣装饰为美，而以"九阡青布"制作服饰时不需加入任何色彩与装饰，而是重点突出其色泽的华美之感。因为带有仪式感和浓厚的家庭情感，妇女们在制作时尽其所能地将工艺做到最好，将染制时间做得长久，以向穿戴或赠予亲人时表达满满的祝福。①

2. 豆浆印染技术：独创生态工艺

豆浆染是水族人民在长期的生产和生活实践中逐步形成的一种独创的手工印染技艺。水族虽然有文字却无相关记载，各种手工技艺全靠手口相传。据说豆浆染技艺传承已有 700 多年的历史，有相关考证认为其自水族先祖从北方滩水流域南迁到都柳江上游两岸定居以来便世代传承。起始年代现已无从考证，但其曾是水族家庭不可或缺的生活技艺，广泛应用于床上用品及服饰、背包等，直到 20 世纪中后期，豆浆染在水族地区仍然十分兴盛。当时的水族农村，无论谁家娶亲嫁女，都要以豆浆染的制品作为陪嫁的嫁妆。

豆浆印染，顾名思义，是利用豆浆作为防染剂，在布料上印染出各种生动形象的图案。源起于水族先民善于观察，充分利用身边资源，发现豆浆干透后有隔绝颜料的特点，于是巧妙利用豆浆作为防染剂制作出美丽的图案。豆浆染的技法特点及效果类似于蜡染，都是借助于某种黏合剂的成膜原理，将不溶生物染料牢固地黏附在织物上，从而达到着色的目的。

水族人把自己对自然界的朴素印象具象化为各种花鸟及几何图案，而后画在用牛胶刷过的纸板上，有的还涂上桐油胶以防水耐用，制成豆浆染的模板。在做豆浆染时，先筛选上好的黄豆，用碓将其弄碎，筛出细细的豆粉。取适量生石灰，兑上温水澄清注入豆粉中并搅拌使之成为糊状。把上好的土布平铺在石案或木案上，放上刻着花样的模板，将调好的豆浆糊均匀地抹在模板上刮平，待豆浆干爽后揭起模板，将印上图纹的布匹放入染缸浸染，最后洗净、晒干、刮去豆浆，即现出蓝底或

青底白花的图案，一幅带有凹凸有致的精美图案的豆浆染工艺品就出来了。[①]

水族豆浆染具有印染成本低、工效快、可批量生产等显著特点。做豆浆染时往往是一个寨子的妇女们各自带上家织白布，邀约着来到小河边，大家各有分工：有的专门调豆粉做豆浆，有的负责铺上各自需要的模板，有人负责刷豆浆……大家相互合作，印制的过程很快，就像生产流水线一样，几分钟就印好一匹。印好后，妇女们将印上豆浆的布匹就地晾干，然后拿到蓝靛缸里充分染色，再在附近的小河里用竹片将布上的豆浆刮掉并清洗，原先附着豆浆的地方因没染上蓝靛而呈现白色，这样，一幅花样古拙的豆浆染制品就做好了。豆浆染和蜡染的成品都是蓝白或黑白相间，在外观上很相似，但是，蜡染因刮上蜡的布匹放进染缸浸染时，有些"蜡封"因折叠而损裂，于是产生天然的裂纹，一般称为"冰纹"。而豆浆染因为有专门的模板，只要豆浆糊调制得好、刮得平整，则成品花纹规整、统一，这是两者最明显的区别。

水族豆浆印染装饰纹样大部分是由上一辈人以口传身授的方式流传下来，图案造型上都具有一定的程序化特征，在构图上讲究工整、对称、平衡，多以二方连续和四方连续纹样展现。最常见的有自然纹样和几何形纹样两大类。自然纹样中多为动物纹，如鸟纹（多为水族神话传说中类似于汉族传说中的凤凰一样的神鸟，水语称"尼诺棉"，水族人相信它会给人们带来平安、吉祥）、蝴蝶蝙蝠纹（蝴蝶、蝙蝠都是水族神话中的吉祥物）、鱼纹（鱼在水族人民的生活中有着特殊的意义，是水族的图腾之一），花草植物纹（多是山野间常见的花草植物，每一种图案都有一定的含义）；几何形纹样多为自然物的抽象化，如铜鼓纹（水族人对铜鼓的尊重意味着对祖先的缅怀和崇拜）、云纹螺蛳纹（云纹取其自然美之意，螺蛳纹主要是因在水族人看来有很强的生殖能力，寓意多子多福）。[②]

（三）从原料到工艺：真正意义上的回归自然

质朴而丰富的服饰文化是水族社会文明的标志，其产生、变化和发展都与其生

---

① 潘瑶：《水族豆浆染的文化价值及传承现状浅议》，《黔南民族师范学院学报》2013年第3期。
② 杨校育：《生态批评视域下的贵州水族民间文学研究》，贵州师范大学硕士学位论文2014年。

态环境息息相关。分析环境对其服饰文化的影响，可以看出水族先民对其外部环境的生态适应。

水族聚居区内多群山，多溪流，丘陵和平坝交错。水族人干栏式房屋依山而建，人们在这种纯天然的环境中生活，与道家思想中"道法自然"的融于自然、与自然共生的哲学理念相吻合。在服饰的颜色方面，水族崇尚青蓝色，原因在于：第一，蓝色是水族人民染布史上最早掌握和运用的色彩。除了白色是棉布的本色外，蓝色是有色布的最原始颜色，也是受自然所赠予的最初色；第二，随着实践经验的增多，水族人民能用蓝靛染出多种颜色层次的布来，染布的颜色越深，就意味着付出的劳动代价越大，蕴含的智慧就越多，因此，青色又成为水族人民最喜爱的颜色；第三，水族生活在大自然的怀抱里，山是青的、水是绿的、稻禾也是青绿的，故而对他们来说青绿色象征着生活的希望和旺盛的生命力，所以他们喜爱青绿色。对青色和绿色的喜爱，与水族的潜意识中的环保因素密切关联，表现出水族人民希望自己和大自然紧密黏合的意愿，其中更隐含着人是自然界中的一员、理应保护生存的自然环境、保护青山绿水的淳朴意识。因此从古至今水族服饰颜色多喜以蓝、青、绿、黑等素色为主，其呈现出的朴素、大方的特点，也与水族人含蓄、淳朴的性情相映衬。

水族先民对原生材料的运用暗合了现代生态文明社会建设的"绿色"理念——蓝靛是自然生长的植物，其取材于自然的生产模式千百年来未对自然造成任何危害，并且有研究表明染制服饰的蓝靛染液有消炎杀菌的功效，在如今国家明确指出"节约优先、保护优先、自然恢复"的发展方针，将大自然中的原生材料运用到产品设计中已经成为一种趋势的背景之下，蓝靛、木叶、草木灰、黄豆等的使用才是真正意义上的回归自然、绿色环保、返璞归真。

水族豆浆染的传统图案如上文所述，多为鸟纹、蝴蝶蝙蝠纹、鱼纹、花草植物纹、铜鼓纹、云纹螺蛳纹等，主要来源于水族的神话故事和自然界的种种事物，与水族人的生活朝夕相伴，是水族人民运用自己的智慧，将自然生物在布料上进行的艺术再现和升华，也表达着他们对宁静和谐生活的美好向往。

水族的许多民间故事讲述了水家人在种植了棉花、制作出衣物之后，对于服饰美的进一步的需求。比如在《蓝靛的来历》中讲到，两个放牛的小孩子在草丛中打滚玩闹，结果衣服沾上了蓝色，他们便把这种柴草（水语"泥哄"和"泥共并"）带回家给家里人看，家里人试着把草放在水里，从而制成了"登"这种染料（即染布的蓝靛），从此水族人民的衣服不再只是单调的白色，有了较为艳丽的色彩。[①]《手镯的来历》《耳环的来历》也说手镯是从竹筒演变而来，耳环则是源于一种水语叫"补龙"的灌木。[②] 水族制作服装的工具压花机、纺织机等全部都是用自然植物如木材、竹子等加工而成，是生活环境中的造物。很多装饰的由来和形成也和自然有着千丝万缕的联系。比如水族妇女衣服和裤子上绣着红红绿绿的花边的由来，在民间故事《花边》里有着美丽的传说，很早以前，水族人居住的地方山高林密、杂草丛生，蟒蛇时常出没伤害人畜。有一天，一个叫秀的聪明的女孩儿上山去割草，看见一只锦鸡在啄毒蛇，于是她心里有了主意，回到家取出绣花针和红红绿绿的丝线，在衣服的领子上、扣子旁、袖口上、裤脚上都照着锦鸡彩羽的样子绣出了一条条的花边，看起来就像是锦鸡飞到了人身上一样。秀姑娘穿着这样的带花边的衣服再到深山密林里去，当她碰到毒蛇时，毒蛇以为是锦鸡飞来了，便畏惧地偷偷溜走了。从此以后，水族的姑娘们都在自己的衣服上绣上了花边，就再也不受蟒蛇毒虫的袭扰了，这种服饰的风格也就被保留了下来。[③]

综上可见，水族服饰中大量元素来源于自然，是自然给予人们的智慧启示：织物与服饰的色彩来自大自然，是融于自然、与自然共生原始心态的体现；对原生材料的运用包含了现代"绿色环保"的理念；传统豆浆印染的图案寄托了人们对宁静和谐生活的向往；先民从锦鸡啄毒蛇这一自然现象中获得了服饰变革的启发……先民对自然动植物的取用、对事物的模仿既维护了水族人民的生存，又满足了自身的审美需求。水族服饰的功能性、精神性很好地服务于生活。同时，这种文化功利性促使水族人的生活与水族服饰形成了良好的生态关系，人们通过服饰中的纹样进行

[①] 岑年、世杰主编：《水族民间故事》，贵州人民出版社1984年版，第101—102页。
[②] 王克松：《水族服饰文化与生态环境初论》，贵州省水家学会水家学研究（四）论文集，2004年版，第163页。
[③] 岑年、世杰主编：《水族民间故事》，第103—104页。

祈福、保佑、除魔等。"满足自身需求"祈求生存发展的关系是一种与自然相互依存、相互依赖的关系。[①]

二、水家食：原生食材自产自制

（一）饮食偏好酸、辣、糯

水族和其他各民族一样，有自己最突出的饮食喜好。主要包括：

第一，喜吃大米，尤好食糯。水族是我国南方以稻作为主的农耕民族，饮食以大米为主，清中叶以前以糯米为主食。水族从"百越"体系脱胎而来，古越人生活在长江中下游土壤肥沃、水分充足的"鱼米之乡"，优越的地理位置提供了种稻的条件，并因糯稻在水稻的各类品种中黏性最强、营养丰富、甘甜可口，为古代人特别喜爱。水族地区种植糯谷历史悠久，据《古州厅志》载"水族地区'食糯谷，舂甚白'"，说明其喜食糯谷且已掌握了一定的生产技术，培育出良好的品种。水族食用糯米饭历史十分悠久，史诗和神话传说中有不少关于糯米饭的话题：史诗《造粮造棉》中有"糯米种，栽深水田"的诗句；神话故事《九仙与九阡》中也提到"古隆"和"付哈"在九位神仙的指引下，把糯米饭和米酒作为礼物送给主宰祸福的神。据史籍记载，水族栽培糯稻的历史可以追溯到唐宋以前。清乾隆《独山州志》亦就有"食惟糯米，不尽用匙箸，半以手捏团食之"的记载。

另外，从地理环境看，水族居住的山区，有不少高坡冷水田可以种糯谷却不适宜种黏稻；从饮食传统看，水族很敬重祖先，而祖先又是以糯米饭为主食，他们自然很看重祖宗传承下来的糯谷；从食用价值看，糯米饭既营养丰富、甘甜可口，便于加工成各种糕点如扁米、米花、米糕糖、米泡糖等，适用范围大，也便于携带和食用，尤其适合下地干活时充饥。

因为糯稻产量较低，随着社会的发展、人口增多，以糯米为主食逐渐供不应求，明清以后，黏稻种植逐步推广，黏米逐渐替代糯稻成为主食，苞谷、大麦、小麦、

---

① 唐媛媛：《生态美学视域下少数民族服饰审美及应用——以水族服饰为例》，《设计》2020年第1期。

红稗、荞子、饭豆、红薯等杂粮成为辅助食物。

吃黏米是条件使然，糯米却依然在水族的饮食中居于不可缺少的重要位置。很多重要场合如逢年过节、祭拜庆祝、迎宾接客、婚丧嫁娶、起房造屋等，必定要煮糯米饭，以示隆重。在节日祭祖、请神送鬼时也都离不开糯米制作的供品。人们认为，以先人喜食的糯米供祭能够取悦祖先，得到庇佑。水族有一道特色美食便是用植物染料将糯米饭染成红、黄、黑色掺杂的花米饭，其色彩鲜艳、味道鲜香，多用于待客或者喜庆场合。

糯米还是酿酒的主要原料，每逢节日，水族家家都酿糯米酒，著名的九阡酒就是用糯米酿造的。

第二，喜好鱼虾，特别是鱼。水族的鱼文化与糯米文化有着密切的关系。水族从古至今一直以水稻种植为主业，且稻田养鱼的模式也延续千年，所谓"饭稻羹鱼"的习俗也延续至今，鱼很早就成为民族主要菜肴之一。水族群众在日常生活、待人接客、节日喜庆时都喜爱吃鱼虾。就像食用糯米一样，水族喜吃鱼虾是一种历史传统。到高坡上去种收折糯时（糯稻中有一种黏性最强、品质最纯的叫折糯，收割时很是辛苦，要用专门的摘刀一穗一穗地折下来）带上糯米饭团，再从田里捉上几条鱼用火烧熟，烧鱼配糯米饭就是既方便又高级的午餐。劳动之余或节日期间，到自家的稻田或池塘里捉回几条鱼，捞一些虾、螺蛳等，用酸汤煮熟，或是在火锅中放进一两条鱼，就成了一道上等菜肴，自己食用或招待客人都是一种享受。

水族最为特殊的饮食惯制要算食鱼——在节庆中如"端节""卯节"祭祖和为死者送葬奠亡灵时都要忌荤，但唯独不忌鱼，而且还要按照"鱼包韭菜"的方法烹饪；结婚时新娘进夫家，要由一个人把装有鱼虾的鱼罐提到新房里；人死了以后，未落土前也要用鱼把死人的灵魂送走；每年秋收，米粮归仓之后，每个家庭均要举行祭谷魂仪式，其主祭品也是糯米饭和酸汤煮鲤鱼；在丧葬仪式开始或造屋等大型活动动土之前，必先请水书先生举行必要的祭土（或招土地神）仪式，两大盆（钵）糯米饭和酸汤素煮鲤鱼是必不可少的主祭品；"鱼包韭菜"既是水族敬奉祖先的最好供品，也是水族日常待客的美味菜肴……水族的一切节日和礼节都离不开鱼。用它来祭祖和招待客人，既表达对祖先的悼念，也表达对客人身体安康的祝福。

所谓"鱼包韭菜"就是把鲜鲤鱼或草鱼剖肚去内脏，把韭菜填进腹中，用稻草捆好，蒸熟或清炖。这种方法做出来的鱼鲜美可口，是水族饮食中的经典菜式。关于"鱼包韭菜"的由来有着动人的传说。相传在古时候，水族地区遭受特大洪水的侵袭，贫困、疾病、饥饿笼罩着大地。水族人民采集九种菜和鱼虾合制成一种良药，治好了许多族人。但随着岁月的流逝，药方失传了。为了表达对先辈的敬仰和怀念，水族人民便用韭菜来代替失传了的九种菜名，沿袭千年之后便成了今天的"鱼包韭菜"，用这道菜招待客人，表示祝愿大家身体康健。"鱼包韭菜"体现了水族人民在美食上的智慧与独创精神。

第三，喜食酸。水族人民生活比较清苦，除了节日喜庆与敬祭鬼神祖宗的日子可以想办法弄些肉吃以外，绝大部分时间生活都很简单，大多是用酸汤煮蔬菜，蔬菜是地里长什么吃什么，以青菜、韭菜、广菜、萝卜、南瓜及豆类最为普遍，山上野菜如蕨菜、椿芽、竹笋也为人们所常食。

水族俗话说，"三天不吃酸，走路打捞串""无菜不酸，吃饭必辣"，前一句意思是不吃酸走路都走不稳，后一句则点明他们日常喜爱吃酸煮菜的饮食特点。

水族酸汤极有特色，有毛辣酸、辣糟酸、鱼酸（鱼虾制成）等多种。毛辣酸、辣糟酸最为常见。毛辣酸即是将番茄捣烂放入坛内，加上酒、醋或米汤，待酸后取来煮菜吃；辣糟酸主要用新鲜红辣椒作原料，掺水磨碎后用糯米饭或碎米稀饭拌和入坛腌制，亦称净酸；鱼酸则是酸类制品中的高档品，通常以小鱼小虾发酵制成，有独特的鲜美滋味。各类酸均可用于日常煮酸汤菜、吃火锅之用。水族日常还制作酸菜、酸肉。酸菜又叫腌菜，多以青菜、嫩竹笋等作原料，加糯米饭或小米饭及适量米酒拌和装入坛内，密闭半月左右即可取食，鲜酸可口；酸肉，又叫腌肉，宰猪、杀牛后将猪头、猪脚、牛筋等放进酸坛，注入酸水加盖密闭储藏，随时取食。另外，还有一种腌生牛肉，是将生牛肉切成薄片，拌上烧酒和炒焦的糯米面，放入坛中加盖密闭，数旬后即可取食。腌肉一般比较珍贵，往往要在"端节"和"卯节"或至亲好友来访才舍得端上桌。

有学者考证分析认为，水族喜好吃酸是因其特有的地域文化所需，第一为了清热祛暑，第二是为了调味。从地理、气候条件上看，水族主要聚居地夏季天气候炎热，在炎热的天气中劳作之后，周身燥热，疲乏不堪，而酸食具有消热解暑的作用。此外，酸食能生津、开胃、润肠，酸、辣口味可以增加食欲。第三，水族日常生活清苦，只有在节日喜庆、敬鬼敬神等活动中才可以吃上酒肉，极易造成消化问题，此时吃酸可解除油腻帮助消化。正因为酸的用处较多，加上酸制作容易、适于长期保存，食用又极为方便，因此，水族人民养成了酷爱吃酸的传统，水族家家备有酸坛，几乎顿顿离不开酸。可见，由经济、文化及自然环境影响产生并形成了水族嗜酸的饮食文化。第四，喜饮酒。酒在水族文化中有着重要作用。他们以酒自娱、以酒待客、以酒飨神，不但善饮更擅酿酒。一方面是因为水族地区盛产糯稻，而糯米是酿酒的最好原料，另一方面是其自古以来无论是日常生活、接客待人、节日喜庆抑或祭祀祖先鬼神都要用酒来表达热情与真诚，表达对神灵的虔诚与敬畏。

水族人家多在婴儿出生后三天开始酿造糯米酒，俗称"三朝酒"，传统习俗是"三朝酒"要窖藏十多二十年，到孩子婚嫁时用以待客。如今一些家庭也会在儿女考上大学或者参军或者参加工作时就提前打开饮用，不一定要等到儿女结婚时。多数家庭还会在老人43岁时专门酿造糯米酒，窖藏至老人过世时取出开封，用来招待参加葬礼的亲友。老人在世的时间越长，则酒窖藏的时间就越长，品质就越好，有的酒因为长时间窖藏，酒质如黏稠的蜂蜜，须以冷开水稀释后方可饮用。酒味甘醇，回味无穷。[1]

此外，因为气候条件湿热，水族先民需要以酒"避瘴"。据《古州杂记》记载，包括水族居住的一些地区"'瘴气'四时皆有，八九月尤盛，中瘴毒辄病，太阳痛，发热不止，眩晕呕吐，误服发散凉剂多致不起，惟饮酒微醺取汗即愈。早晚酌饮醇酒数杯用以辟瘴气"。此外，从事农业生产，早出晚归，耗费体力，饮酒能舒筋活血，解除疲惫。于是，水族先民在长期的生产生活中练就了高超的酿酒技术。族人平常喝的酒多系自己酿造。从制作酒药到蒸米、拌药、发酵、烤酒，全部按传统土法配制。这种米酒度数不高，酒性不烈，滋味醇香，特别受水族群众喜爱。凡逢婚

---

[1] 贵州省科技教育领导小组办公室、贵州省民族宗教事务委员会编：《贵州世居少数民族文化史》（卷四），第119页。

丧大事、喜庆节日、亲朋来往、上山下田、打井盖房都要开怀畅饮。所谓"无酒不成敬意"，以至于有"酒重于肉，烟重于茶"之俗。

（二）九阡酒：民族文化之生态"非遗"

在贵州，提到少数民族的米酒酿造就不能不提水族的糯米酒，因为其称得上是贵州民族酒类中的精品；提到水族米酒就不能不提到九阡酒，因为水族糯米酒中又以"九阡酒"为顶级，其酒色棕黄、晶莹透亮、清甜爽口，适量饮用有助兴提神、舒筋活血的功效。水族民间传说中将其称为"九仙酒"，普遍流行于三都水族自治县的九阡、周覃、三洞、恒丰、廷牌，荔波的茂兰、永康、瑶鹿、水庆、水尧、佳荣，榕江县的新华、水尾，都匀市的归兰乡等水族地区。由于主产地是荔波、三都毗连的九阡地区，现在民间多称为"九阡酒"。[①]"九阡酒"于2009年被评为贵州省非物质文化遗产。九阡酒的酿造工艺极其复杂，且整个工艺几乎全部由妇女完成。但这并不是它最吸引人的地方，九阡酒最神秘之处在于其千百年来延续的核心技术——酒曲制作工艺的全套人格化操作，并将其植入了水族人的信仰体系之中。

1.120种植物原料

"九阡酒"酿造工艺的核心技术在于它的酒曲制作——辅料要用到120种植物，基料则使用到40多种糯稻品种。目前，水族地区很多村寨已很难集齐120种植物，"九阡酒"的主产区——九阡镇及其附近三洞乡一带也最多能采集到60—70种，都匀市归兰水族地区可采集约50种，只有极少数地方如荔波县茂兰镇水庆村及附近某些村寨还能够采足120种植物，制作最完整意义上的九阡酒。

对于水族群众来说，这120种植物已不是单纯的植物，而是具有生命力的"圣物"，它们有各自的性别，还可以进行"婚嫁""交配"进而诞生新的生命。在整个酿造流程中，人们根据植物的特性、功效、性别等进行了水族特有的命名与分类，根据本民族的文化机制制定了相应的采集、利用规则并沿用至今。

这120种植物有着不同的功效，哪怕同一株植物，其根、叶、茎、果、皮也都有着各自的效用。水族妇女在千百年的实践和口耳相传中早已有了丰富的经验，掌

---

① 蒙祥忠：《月亮山上的水家寨子——水庆》，贵州人民出版社2019年版，第99页。

握了植物的药性和用量：哪些是在酒曲中发挥药用的，哪些是其中可以起保健作用的，哪些可帮助产妇分娩，等等。并且根据植物的不同功效，利用方法也不一样，对同一株植物不同部位的利用方法也有不同。有些植物茎叶都用于熬汤；有些植物的茎根熬汁，叶子要晒干；有的植物整株制成粉末……每一种植物的选用都是祖祖辈辈经验积累的成果，很多植物其实就是野生中药，因而用 120 种植物酿造出来的酒，一定意义上相当于药酒，难怪自古九阡酒就有助兴提神、舒筋活血等功效，并为水族群众所特别喜爱。据说当地妇女分娩后饮用此酒能很快恢复体力。

2. 酒曲中的民族记忆与象征意义

有研究显示，事实上，这 120 种植物中，只有大部分具有药用价值，制作酒曲过程也并非所有的植物都发挥了作用。但是未发挥作用的植物仍会被采集使用，则更多是因为其文化象征意义——"12" 是水族生命观里的一个关键符号，源于水族理解生命起源的创世神话《牙娲造人》。故事描述了天神"牙娲"生下 12 个仙蛋，分别孵化出了人、雷、龙、牛、马、虎、蛇、熊、猴、猪、狗和凤凰 12 种生物。"12"及其倍数的数字也从此成为水族民族记忆中的一个重要符号。制作酒曲之所以要求集齐 120 种植物，也正是源于 12 这一数字的特殊意义。许多专事制作酒曲的水族妇女干脆直接以"（为什么一定要凑足 120 种植物？因为）老人一直都是采集它们的，没有什么用也要采，反正要配齐 120 种"作为在她们看来已经很充分的解释。

事实上，水族先民对这些植物的理解，已超出了实用意义而更在于其中的想象和精神力量。比如 120 种植物中，有一种植物水语称为"百亿杭马"（音），即是我们通常所说的"石斛"，水语"百亿杭马"直译就是"具有 120 根根须的植物"。该植物的根须确实较多，但并非就精准到 120 根。这一命名同样是取"120"这一特殊符号的意蕴。

人们所采集的每一类植物、每一味药都有着不同的象征意义——有的是坚硬的木质，象征着生命力的坚强与旺盛；有的植物含有白色的汁液，象征着精子和卵子的颜色；有的植物会开花结果，则象征了新生命的繁衍……可见，水族对用作酒曲植物的态度，实际上表达了对生命起源的崇拜。他们从大自然中获取植物作为制作酒曲的原料，而酒曲是酿酒最重要的元素；120 种植物对水族人民而言就象征着来源于大自然的生命的种子；妇女是生命的缔造者，酒是新的生命。酒曲中包含了丰富的民族记忆，并有着深刻的象征意义，这些都已深植在其民族的信仰体系之中。

3. 植物人格化：命名与"雌雄结合"

这 120 种植物在水族先民的文化观念中是神圣物，他们将其作了人格化的命名与分类。首先，将这些植物进行排列组合，根据其叶形、色彩、产地、大小、生长习性、植物寄主、生长期、气味等进行分类。其中的一部分划分为一对雄、雌性植物，并用水语进行命名和性别标注。

其次，根据功效、形状、气味等将其划分为药引、酸类、甜类、苦类和辣类，不同种类的植物在酒曲制作过程中会进行不同的组合，相互作用或互为制约或彼此调和。比如，"百亿杭马"是所有植物中的"药引"，其他药物都是在它的控制下发生作用；比如甜类植物可促进酒曲产生甜味，但苦类植物可以增加酒曲苦味进而调和甜味；有的植物可以促使酒曲在发酵过程中产生热量，但必会有其他一些植物在其中起到降温作用以免酒曲过热……这在外人看来复杂得近乎玄妙，放在现代可能得由分子水平、蛋白质组学和基因组学等来加以解释，但在水族人看来这些就是祖辈代代传下来的东西，已根于民族的知识体系，水族妇女对这些植物了如指掌，通常借助五根手指便可帮助记忆。比如，她们以拇指代表药引类、食指代表酸类、中指代表甜类、无名指代表苦类、小指代表辣类，[①] 如是，水族特有的植物认知模式便在水族人的手中、心中建立并代代延续下来。

最后，采集植物回家后，首先要对其分类整理。除部分植物使用全株外，多数植物只取用一个或多个部位。一些植物的不同部位或被熬制成汤汁，或搓成粉状，或直接作为制曲粗坯原料。酒曲开始制作时，先是将那些用于熬制汤汁的根、茎或整株的植物放进一口大锅里，加水熬煮几个小时。然后使用舂等工具将那些需捣成粉状的叶、花捣碎，把制曲基料糯谷、小米、燕麦等粉碎成细粉，将两者搅和后，一并倒进簸箕里。汤汁熬制好后，便将簸箕所装的混合物倒入其中，搅拌和匀继续熬制最后将这些混合物捏成坨，当地人称之为"曲坨"。"曲坨"的形状分为两种，

---

① 蒙祥忠：《月亮山上的水家寨子——水庆》，第 102 页。

一种小而稍扁，代表雄性；一种大且稍圆中间有凹陷，代表雌性。酿造工艺进行到烤酒的程序时，加入的曲坨必须有雌雄两性，因为水族视酿酒的过程如雄性、雌性通过"交配"而诞生新生命的过程——只有"公和母的酒曲在一起，发生交配，这样才能生出酒来"，这一过程反映出水族先民对生命的朴素认知。

4. 采集行动：严格禁忌与适度原则

制作原料的采集一般由一位德高望重，且识别植物最为全面的老年妇女统领一群妇女集体进行，同时伴有各种严格的要求和规则，比如参加采集的妇女们要在老妇的带领下结队面朝太阳升起的地方出发；走出村寨不久后，老妇会割下一把茅草，念着不许恶鬼跟踪采集队伍之类的咒语放在道路中央；所有的采集工作都必须在老妇先采下第一株植物之后，其他人才分散到各处开始采集；越是采摘难度大的植物其药性也越大并且越重要，因此不管再难也要尽力采摘；所有的植物都必须是由人亲自采摘，如果是移栽至村落周边的则不但没有功效还会给移植的人家带来灾难。

采集行动一般不许孕妇、经期妇女和男人参加，尤其要尽可能地避免男人触碰这些植物，因为根据祖先传下来的经验，如果不遵守这些禁忌，酒曲植物就可能降低甚至失去功效。

酒曲制作工艺还对采集植物的时间有着严格的要求，因为他们认为在特定时间里采摘相应的植物，才能获得该植物所能给身体带来的最大能量，或最大限度地满足其文化上的需要。反之如不择日采集，不但将导致制曲失败甚至还会给整个村落带来灾难。因此，采集植物须择日进行。水族认为虎日可避凶，虎日之"虎"具有勇猛形象，它可驱赶缠绕在这些植物身上的不明鬼神，保证植物在酒曲制作中发挥功效，所以通常妇女们于每年农历六月的第一个"虎日"开始上山采集，直到收齐120种植物，期间不能中止，所花时间一般是6—8天。

采集植物须遵循适度原则。酒曲植物既神圣又稀少，因此自古传下来的规矩就是不允许进行大面积采摘，必须按照"适度"原则进行。一是单株生长的草本植物，每片小山坡只采3至5株；二是丛生的藤蔓植物和木本植物，只采其中的几株，若3至5株生长在一起的，只采其中的1到2株；三是生长在一起的一对雌、雄植物，则只采其中的1株，不能全部采取以免导致灭绝。若谁违反这些规则，那么其家将断子绝孙。[①]

适度采摘的原则体现了水族人对物质需求的节制。放在其民族自有的文化认知体系中，表明先民们早已认识到同一种植物因处于不同的时空里而可能具有洁净与危险的二元结构，人们若要逃离危险，便要遵循自身文化体系来对物的性质加以识别和规避。对照当代生态文明建设理念，则可知水族先民早就清楚地认识到人与自然和谐共生的重要性，如果对某个地方的植物进行超量采集将可能造成这个地方的植物绝种，因此早就定下了适度采摘的原则，以保护自己子孙的生存环境。

相关研究认为，九阡酒酿造工艺的整个体系，贯穿着水族传统思维方式，既是一种对物质生存的选择体系，也是一种特殊的认知体系和文化象征体系，不但富含水族先民关于自然、关于人类发展的朴素的哲学思想，更是一种与生态环境、社会组织相互促成的合作体系，蕴含着水族人民长期生产实践中总结的"适度"的本土生态知识与智慧，同时体现他们以此为纽带促进社会整合的生存策略。因而，九阡酒具有代表水族文化传统的深层意蕴，是象征水族的特殊文化符号，也是水族对自身文化认同的重要标志。

5. 特殊功效：保护喀斯特地貌生态

有学者专门对 120 种酒曲植物的种类进行了植物学意义上的划分，认为其主要是藤蔓植物和草本植物。水族的聚居地大都处在喀斯特地区，这种地貌有两方面特点：一是地表石多土少且严重缺水，作物很难生长；二是雨季来临时如果地表没有一定的植被，很容易发生泥石流。这种地形地貌十分不利于各种作物生长，而藤蔓植物对维护喀斯特溶蚀地貌的生态安全具有独特的功能。藤蔓植物可以覆盖石山坡面，对地表形成一定的庇护能力，其发达的根须扎入岩缝间吸收地下水，又有一定的水源储养能力。水族人民在长期的生产生活实践中总结了丰富的经验智慧，因而十分爱护藤蔓植物，进而衍生出酒曲原料采集过程中的各种严格禁忌，从最终结果上达到了适度采摘、节制利用的目的。从某种角度来说则是当地水族群众在熟

---

① 蒙祥忠：《论水族对生命现象的理解与表达——以水族从酒曲植物的认知到酿酒工艺为例》，贵州大学硕士学位论文 2009 年。

谙藤蔓植物生物属性的基础上，针对喀斯特地区特点而总结出的地方性生态保护经验①，对当地生态环境和自然资源的合理利用起到实质性保护作用。

（三）水家药：取自天然动植物、矿物质资源

水族聚居地区地形复杂，气候多样，雨量充沛，同时境内森林茂密，都柳江沿岸有"百里林海"之称，在特定的地理物种环境中，野生植物药材资源极为丰富。仅水族聚居地的三都，就有药用草本三百多属、上千余种，其中不乏天麻、灵芝、一支箭、杜仲、银杏等名贵药材，更有丰富的何首乌、五倍子、草乌、续断、七叶一枝花、沙参、桔梗、麦冬、夜交藤、墨旱莲、三尖杉、松茯苓、益母草等中药材资源。丰富的植物资源也孕育了丰富的动物和矿物质资源，在给水族人民的生活提供方便的同时，也为他们的卫生保健储备了充足的药材。水族先民在采集和渔猎时代就掌握了许多动植物知识，从而辨识哪些可以食用、哪些有剧毒、哪些可药用。

在此基础上，水族先民创造了具有鲜明的民族性和地方性的水族传统医药，并通过口传身授、师带徒、家传或家族相传等方式传承至今。②水族民间医药常用药物100余种，多为鲜用、生用，或根或茎或叶或全株，除有毒药物之外，很少加工，常直接采用入药，且用药范围广泛，除植物药、动物药、矿物药外，其他如生活中常食用的韭菜、蟹、鱼、蛋、小鸡仔也常入药。另外蚂蚁窝、熊子窝等也是治疗一些疾病的良药。③

1. 水家医理："天地感应"

在长期的生产生活中，水族先民积累了丰富的医药知识，受《水书》和《易经》"天人合一""天地感应""天示人以行事"及"五行生克""阴阳互补"的文化因素影响，形成了传统水家医药的特征和富有民族特点的医理。水族医师将人的身体比作是小杉树，小杉树在成长的过程中，如果不进行外部的合理保护，容易出现不同程度的损伤。轻的情况出现破皮，严重的情况则可能折断。人自身是吃五谷杂

---

① 尤小菊：《水族传统生态知识的多样化表达及现代价值》，《广西民族大学学报（哲学社会科学版）》2015年第1期。
② 韦宗元：《水族医药的挖掘整理和开发利用》，《贵阳文史》2010年（增刊）。
③ 韦学纯编著：《中国水族》，杨宏峰主编：《中华民族全书》，第78页。

粮，容易生病，此外受到外部环境因素和自身因素的影响，对人体健康构成威胁，需要合理进行作息的调理，确保规律生活。

水族医理认为，人之所以会发病，除了风、气、虫、毒、饮食和外伤，还与人体的五脏六腑、气血有着密切的联系。由于水族先民长期居住在深山老林、山高坡陡、气候寒冷潮湿，风湿痹痛、瘴、蛊、毒等是多发病、常见病，水族医药总结出了一套治疗方法，充分利用随手可得的天然药材，进行内服、外洗、药浴、外敷、艾灸等治疗，取得了很好的疗效。

水族民间使用草药一般原则是：夏天少用发汗药，冬天少用苦寒药；毒性药物进行加工，一般不内服；煨水内服型多用于治疗感冒、咳嗽、吐血等病症；泡酒内服型多用于跌打损伤、风湿、治疗虫蛇咬伤、骨折、刀伤、疮病等；鲜药与蛋或米等同煮，用于治疗虫积或补虚弱等病症。

2. 朴素的"药食同源"观

水族饮食文化中同时蕴含着"药食同源"的智慧。花椒、姜蒜、黑白木耳等早就被水族人民用作食疗；何首乌、杜仲、桔梗、大血藤等亦早已入药。水族喜食酸，是由于在炎热的天气里，劳动易使人疲劳燥热，而吃酸汤菜则会使人全身轻松，水族人民认为酸有消热去暑的作用。人吃得过饱，或吃了过多的肉食则易引起疾病，而酸食既增进食欲，又让人生津、开胃、润肠，起到解除油腻和帮助消化之功效。又如，水族人对辣椒情有独钟也合此理。辣椒本就具有一定的药用价值。《食物本草》（明代，公元 1550 年左右）记载辣椒具有"消宿食，解结气，开胃门，辟邪恶，杀腥气诸毒"等功效。人遇寒而出现腹寒、呕吐、腹泻时可以适当吃些辣椒。辣椒还有促进血液循环功效，如《药性考》（清朝龙柏撰于乾隆六十年）中说辣椒具有"温中散寒，除风发汗，去冷癖，行痰，祛湿"等功效。时至今日水族人仍有喜食酸辣的习惯，如水族菜则有酸汤、辣酸（辣椒制成）、毛辣酸（西红柿制成）、鱼酸（鱼虾制成）等，均以酸、辣为主味。

水族喜食用野生蔬菜也蕴含着中医的"药食同源"思想。水族民间流行有"药补不如食补"之说。比如折耳根（又称鱼腥草）是水族极为常见的一道家常菜。折耳根具有清热解毒、利尿消肿、镇痛止血、润肺止咳等功效，水族也很早就有"折耳根6—8克，配大青叶、虎杖、金银花煎水服，治肺炎"的用药经验方。另外荠菜（又名鸡脚菜）具有利尿、止血、清热、明目、消积等功效，山蒜（又称野葱）有发汗、散寒、消肿、健胃、治伤风感冒和消化不良等功效。

此外，水族还食用多种野生植物如各种野生食用菌、竹笋、野山药、马齿苋、椿芽（俗称香椿）、枸杞叶、灰灰菜等，这些野生菜既可以作为食物，又有预防疾病和食疗保健的作用。这些饮食习惯也反映出水族医药的民间智慧。

3. 酿酒原料的药用价值

水族主要聚居地处于亚热带地区，气候潮湿炎热，多高山丘陵，树木茂密，易发生瘴疟瘟疫。清朝嘉庆年间《古州杂记》文献中有记载："水族居住的一些地区瘴气四时皆有，八九月尤甚，中瘴气辄病，太阳（穴）痛，发热不止，眩晕呕吐，误服发散凉剂多致不起，惟饮酒微醇取汗即愈，早晚酌饮醇酒数杯，可以辟瘴。"文献中明确记载"饮酒"可"辟瘴"。事实上，自古以来酒便是水族强身健体与祛除疾病的重要之物。

从某种意义上说，水族糯米酒中的精品"九阡酒"，也是水族特色医药的代表——其制作酒曲的120种植物中绝大多数都有药用功效，比如，其中的肉桂，其叶、茎部分有滋阴壮阳功效；山蒟的叶、茎、根可以用于治胃病、咳嗽；烟草叶可用于治疗风湿性关节炎；野生天麻是治疗高血压的良药；大血藤的叶茎可治妇女月经不调；杨梅树皮对腹泻有很好的疗效；栀子树的叶、花、果有止血功效；桔梗叶、茎、花用于治疗咳嗽；楝树全株可用于助产、止痛；白背叶的根、叶可治妊娠水肿；倒生根常用于风湿痹痛的治疗；葛根用其根专治脾虚泄泻；山姜根、茎均可用于风湿性关节炎；辛夷叶、花可降血压；山漆树的根、皮是消肿止痛的良药；石斛通常用于养阴清热利尿……以这些中草药为核心原料制成的九阡酒有着重要的保健功能。[①]

水族先民深知其中奥妙，因而在制作酒曲时的第一道工序——将采集到的植物用来熬水，熬到汤汁散发出药味时，将玉米和红辣椒放进去同煮，玉米煮熟后分发

---

① 蒙祥忠：《饮食里的象征、社会与生态——对贵州水族九阡酒的人类学考察》，《西南民族大学学报（人文社会科学版）》2018年第3期。

给村寨里的小孩吃，因为玉米吸收了植物的药用成分，小孩子吃后不易生病。同时，药汤煮了五个小时左右，算是头道工序完成，这时锅里的汁水呈棕黑色，寨子里的男女老少都会来争喝药汤，因为这药汤可以增加抵抗力，有着滋阴壮阳、强身健体的功效；制作完成的酒曲外敷可以止血，内服可以治疗五痨七伤；最终酿成的"九阡酒"不但味香馥郁、清甜可口，适当饮用还能提神助兴、舒筋活血，更有消肿止痛、活血化瘀、祛风通络、美容润肤、延年乌发等功效。

4. "百草皆药"和"衣疗"

水族人民由于居住边远，长期缺医少药，能识药用药是他们生存的必备条件。因此，水族的成年男女几乎人人都能识药用药，即采即用身边常见的生药或鲜药，进行一些简单的疾病处理。日常生活中各家各户还会根据各种植物药和矿物药的特性，在不同的季节进行适量采集。

水族自古以来就有端午时节"百草皆药"的说法，端午节更有摆"药市"的习俗——每到端午节，从清晨起三都县城的大街两旁就摆满了成挑、成担、成堆、成筐的各种新鲜的草药。比较多的有玉竹、川牛膝、徐长卿、鸭儿芹、桔梗、灵芝、细辛、锦鸡儿、追风伞、夜寒苏、仙鹤草、花脸荞、地苦胆、山醉酱草、草乌、天门冬、麦冬等，也有较为珍贵的天麻、八角莲、七叶一枝花、杜仲等，人们纷纷选购各自需要的草药，形成了一年一度十分繁盛的药市。据粗略统计，端午前后水族地区产出的中草药有 200 余种。水族人习惯买艾草等草药烧汤洗澡，用于预防皮肤病，夏天不生疖子；将艾草、菖蒲挂在大门、窗户两边可以杀菌防病；用雄黄泡制雄黄酒，用来洒在房边屋角以杀灭病虫，或涂在小孩的脸上、耳后以防止疾病；日常将草药扎成药把挂于门旁或置放房中，可以辟秽驱邪；在瘴病流行季节，村寨无论男女老幼均佩戴用草药填充制成的药囊，以避邪防瘴；制作食用"草灰粽"（一种用糯米稻草烧成灰拌在糯米中包成的食品），糯米稻草灰和碱一样有利消化而且可以补充人体需要的钙、钾等等。

在三都九阡、水龙一带，水族群众常用韭菜配上其他药物治疗骨科、外伤出血、跌打损伤等。比如用细叶韭菜和螃蟹一起捣烂取汁外涂，用来治疗生漆过敏；用野生韭菜切碎蒸鸡吃可以驱除蛔虫。《本草纲目》记载："韭，生则辛而散血。"可见水族人民用韭菜治疗外伤诸症是有一定道理的。

水族人日常还饮用一种苦丁茶，有清热解毒、平肝降压功效，对降压降脂有一定作用。此外，还饮用桑寄生茶（能补肝肾、强筋骨、除风湿、通经络）、野菊花（能降压、抗病毒、抗细菌）、金银花（清热解毒、抗菌消炎）、山楂叶（健胃消积、收敛止血）、甜茶（又叫端午茶、午时茶、五月茶，用悬钩子俗称"黄刺莓""栽秧泡"叶制成，有止咳、清热、润肺、祛痰、止泻作用）等进行日常保健。

此外，和其他许多民族一样，人们都是最先"绩木皮，染以草实，好五色衣服"。然后在长期的实践中认识到木皮、草实等草本和矿物质的药用功效，尝试将之"食"、拿来"敷"、用来"洗""擦"，开始了最早用药的初步研究。比如，水族的先民很早就发现，在田间、树林劳作之时手脚被划破或被虫咬等情况时有发生，但若穿着蓝靛染色的服饰，皮肤就不容易感染化脓，皮肤瘙痒就会减轻。有学者就水族的蓝靛染服饰的"衣疗"作用专门进行了考证①。水族的服饰多用自己纺织的土布经蓝靛染色制成，贵州湿润的气候条件适宜各种蓝草的生长。目前，贵州用来制靛的蓝草有蓼蓝、木蓝、马蓝与菘蓝四种，其中蓼蓝、木蓝、马蓝居多，而菘蓝较少。在小农经济时代，蓝靛是日常生活必不可少的作物，至今贵州许多少数民族地区仍保持着种蓝的习俗，有些地区有专业制蓝靛的靛农。蓝靛具有清热解毒、祛瘀止血功效。《神农本草经》记载蓝靛有"解诸毒、杀虫蛷、久服头不白、轻身"等功效；《本草纲目》记载蓝靛有"止血，杀虫，治噎膈"等功效；《本草正义》也记载"蓝淀，苦寒之性，解毒清热亦同蓝草，但加之石灰，则止血消肿杀虫之力尤胜"。在水族民间，人们常用蓝靛涂在小孩耳根处治疗小儿腮腺炎。百姓日常喜欢穿蓝靛染色的服饰。这些都是水族百姓将蓝靛的"卫生保健"药用价值渗入到人们生活中的一个侧面。②

水族人民在不断开发生产和生活资源的同时创造了带有浓郁特色的水族医药文

---

① 刘世彬：《水族的习俗及其医药》，《黔南民族医专学报》2003 年第 1 期。
② 朱国祥：《贵州世居少数民族水族医药文化"源流"考辨》，《贵州民族大学学报（哲学社会科学版）》2015 年第 3 期。

化，水家药是水族先民对所处自然环境的认知和领悟，也是民族文化对自然生态的生发与表达。

（四）水家居：生态智慧对自然的模塑

1. 择居——山环水抱，依山面田

考证水族先民多次迁徙择居的线路和偏好可以看出，水族人民喜爱在山环水抱、前方开阔的所谓占"龙脉"的地方建村造寨。之后人们就在祖先选定的吉地之上世代聚居，守望相助。事实也的确如此。至今水族村寨往往人同姓、谱同宗、血同缘，同宗族聚居一村，少则十几户多则上百户，异姓杂居或单村独户的较少。水族是农耕民族，村寨大小要根据耕地面积而定，耕地集中面积大则村寨规模大，反之则小，且老寨大新寨小。

水族村寨以自然村为单位，由民居、道路等组成，四周多古树翠竹，寨内遍布鱼塘，房前屋后常栽果木。水族村寨没有严格的规划，村寨结构一般依地势而定，但不论是哪种类型的村寨，基本要具备四个有利条件才可盖屋建寨：一是离水源较近；二是有建筑房屋所需的竹、木等材料；三是靠近耕地；四是野兽较少出没。[1]

水族一般只在山坡的缓坡面开发梯田、旱地，而山坡陡峭之面则尽可能地保留天然植被，其梯田稻作农业呈现出天然的农业生产粮地和林地之间条块分明的布局。对照现代农业的一些标准，有学者认为这正是受适度开发原则和霜降线原则的双重影响，水族聚居的高海拔地区不同山体的水源涵养林与梯田农业带之间形成了一条明显的生态分界线：线之上为水源涵养林且绝对没有耕地，之下则是连片的梯田，夹杂少量旱地，大量水族村寨就分布在这条生态分界线上，普遍呈依山面田的居住格局。这种带状明显、条块分明的生态田园布局是传统文化适应自然的结果，也是文化调适之后，水族农业生态文化智慧对自然模塑的结果。[2]

---

① 韦学纯编著：《中国水族》，杨宏峰主编：《中华民族全书》，第 50 页。
② 贵州省科技教育领导小组办公室、贵州省民族宗教事务委员会编：《贵州世居少数民族文化史》（卷四），第 94 页。

2. 人居——绿树环村，世代培护

水族人喜爱树木，因而村寨、民居四周都种植有高大秀美的树木与竹林。一个个水族村寨就像一个个绿色的城堡。寨前村后的古树被人们视为"风水树"，因其附着有神灵而不准砍伐。对于生长在河畔、井边、路旁和村寨门口的古树，如银杏、古梧、古杉、古松等，人们历来都崇敬如神。它们不仅为行路之人提供休憩纳凉的处所，更被视为本村本寨"龙脉"的保护物，受到全村人的爱护，不准任何人破坏。如果有人不顾传统的宗法，硬要砍伐，则轻者要遭到舆论的谴责，重者将会受到宗法的惩治。

在很多水族地区，家中生了男孩，其父就要为初生婴儿种一棵树，并精心照料，树生长顺利，生命旺盛，就意味着孩子健康平安。这株树其实就是孩子命运的象征。树木若遭到损伤或夭折则是不祥之兆。因此，这棵树总会受到很好的照料。有些被巫师认为是命中五行缺木的孩子，还要"拜寄"给某一棵古树，认树作"保爷"，并虔诚地举行"拜寄"仪式，还要给孩子取名为"木生""树生"之类，之后逢年过节家长要向"保爷"供以香火。也有的群众以修桥补路之类积善之举来祈求孩子平安。修桥补路也必须在桥两头或路边种植景观秀美的柏枝、椿树或橡树等，并精心保护，待这些树木长大后，还要在树下安砌石凳，供人乘凉歇息，以此"积德"补偿命中缺"木"之不足。这些树林经几代人的培护管理，就成为庇佑一家人或一族人的魂灵，世代受人们的尊崇与保护。[①]

水族群众还有在坟山墓地种植枫树的习惯。他们认为，坟山即是先人的"阴宅"，坟山上树木葱茏可以使风水更好，让先人过得舒适，从而庇佑后人。因此，每一片坟山都簇拥着棵棵参天古枫。同时，他们又认为，坟山上的古枫皆有神灵，水语称之为"枚忙"，即神树之意，如对这些神树有破坏折损，就会遭到报应。因此，这些"枚忙"在村民的呵护之下都长得枝繁叶茂，即使是年代太久或自然原因枯死甚至倒掉，也不会有人砍伐作为木料使用。此外水族人家清明扫墓时，也会习惯地种

---

① 刘之侠、石国义：《水族文化研究》，第19页。

上一棵树，以示对先人的纪念。[①]这些传统民俗中爱树、敬树的内容，尽管从其文化内涵看带有比较浓重的封建迷信色彩，然而在客观上却起着保护森林资源、保护生态环境的作用。

3. 建居——就地取材，因地就势

水稻种植与干栏式建筑的结合是骆越后裔诸民族特有的住居文化的基本表征，水族的建筑也是丰富的、多形制的干栏式建筑。

水族的居住文化经历了人类从天然洞穴居到巢居的文化变迁。以水族古歌为证——《开天辟地造人烟》中唱道："初造人，天下荒凉，没树木，山坡秃光……古父老……住岩洞，度日藏身，钻泥穴，当作住房。"[②]表明先民在洪荒时期的居住和活动中心都是洞穴。大致在定居黔桂边境之后，水族先民脱离骆越母体向单一民族发展，居住形式也由穴居向巢居转化。

粮仓。水族地区气候较为温暖湿润，因而粮食储藏保管十分重要。人们在长期生产实践中摸索出一些储存粮食的好办法。早期为实行人粮分离以达到最大限度地防止火灾造成粮食损毁，粮仓多建在村寨边上且有较大水源的地方。明末清初开始多数地方将粮仓建在了住房楼上。水族居所多为三层干栏式建筑，一些人家将顶层作为粮仓，既利于保管又通风防潮；还有一些人家把粮仓建在屋外，这种粮仓以立在石鼓上的柱脚为支撑起"空中楼阁"，下面半截完全是空的，便于防潮和通风。柱脚立在石鼓上，既防潮防腐，又有防止鼠爬的作用。在都柳江中下游和月亮山地区，人们至今还保留着在村寨边水沟或者溪流边修建粮仓的习惯。

禾晾。水族禾晾一般选在住宅附近单独兴建，也有的集中建于村边空地上。其实就是全木搭建的简易木架，上面覆盖杉树皮，通风干爽即可，用以悬挂晾晒连穗收割的摘禾、小米，连秆收割的豆类等。在以糯稻为主要农作物的时代，禾晾是家庭必需的附属建筑，随着种植糯稻的减少，特别是其如今也不再是生产必备品，禾晾就只多见于都柳江中下游及月亮山地区。

---

① 何积全主编：《水族民俗探幽》，第58页。
② 中央民族学院少数民族古籍整理办公室编：《中国少数民族神话汇编》，内刊本。

民居。干栏式建筑是百越民族普遍的住居文化的表征。据考证，这一建筑形制早在 7000 年前就在古越族地区出现，并影响到以后整个百越族群众多民族的居住形式和结构。《魏书·蛮僚传》最早记载了干栏式建筑为"依树积木，以居其上，名曰干栏。干栏大小，随其家口之数"。之后的汉文献中或称"干栏"、或称"麻栏"，多有记述。如《新唐书·南平僚传》："……山有毒草……人并楼居，登梯而上，名曰干栏。"《宋史·南蛮传》中提到当时水族民众住宅的方式，其中首领居所是"楼屋战棚"。"楼屋战棚"是干栏式建筑的一种形制，这种建筑对建房木料的要求非常高，如今在月亮山腹地一些村寨还偶尔可以见到。[①] 宋《岭外代答》卷十《蛮俗》称："民编竹苫茅以两重，上以自处，下居鸡豚，谓之麻栏。"

水族语言中的"干栏"的"干"就是楼的意思，"栏"则是房或者家的意思，合起来就是水语中的"楼房"。而所谓"麻栏"中的"麻"，水语里面是木材、木头的意思，"麻栏"也就是"有楼层的木房子"。

《太平寰宇记·岭南道贺州风俗》说："俗多构木为巢，以避瘴气。"《桂海虞衡志》记载："民居苫茅为两重栅，谓之'麻栏'。上以自处，下畜牛豕、栅上编竹为线……亦以其地多虎狼，不尔，则人畜俱不安。"

水族古歌《造屋歌》中这样唱道："远祖人，洞内居住""暴雨袭，全身淋湿，野兽猛，为害人畜……远祖母，时刻染病，远祖父，忧虑满腹"，于是后来他们"盖草房，湿凉适度……防野兽，还可蓄粮……"其实就说明了水族住"干栏"式建筑的原因——与地理环境和气候有关。据考察，水族地区主要聚居地云贵高原苗岭山脉以南的都柳江、龙江上游一带，位于副亚热带范围内，易受从南方海洋来的暖湿气流的影响，年平均温度为 17.73 度，年雨量 1300 毫米 ~1400 毫米，而且多集中在夏秋两季。温湿多雨地区地面常年潮湿，干栏式房屋比较干燥通风，可以"避瘴气"，也有利于防止山洪冲刷。同时由于温湿多雨的副热带地区动物资源比较丰富，也多有可能危害人类安全的虫蛇野兽，如狼、豹、野猪等，居住干栏式房屋可以防止

[①] 贵州省科技教育领导小组办公室、贵州省民族宗教事务委员会编：《贵州世居少数民族文化史》（卷四），第 62 页。

毒虫野兽的侵害。因而干栏式建筑可以说是水族先民和古代南方民族智慧的结晶。

民居结构与用材。干栏式建筑一般分上下两个部分，上层是住居，下层主要是上层建筑的承重部分。在建造下层部分时通常不需要开挖、填土和平整地基，而是根据地面平整程度以及建筑水平面的高低不一，直接在地面上栽下若干粗柱竖桩，竖桩有长有短，柱脚以块石抵稳，柱身榫眼，用穿枋纵横连结，使每根竖桩互为作用力并稳固整体。每排竖桩的切柱上端扣架一根粗大的原木作为横梁，梁与梁之间平行铺设垫木"楼枕"，枕上铺以宽大的厚木板，形成平整的基础建筑平面。整个建筑为穿斗式结构。建筑完成后屋顶用瓦片或杉木皮覆盖。为适应地势，扩大居住面积，在地势斜度大或一侧临水、沟的地方，往往把房舍的一侧临空扩展，让其吊在主体建筑之后或一侧，并在其下安装一根粗大的支柱，形成吊脚楼。水族干栏式建筑因其风格独特、美观牢固、居住方便，构成了别具一格的居住习俗并形成了特有的干栏文化。

如前文所述，水族先民在选择建寨地址时的四个基本要求中，有一项便是有建筑房屋所需的竹、木等材料。水族聚居地历来森林茂密，种类繁多，丰富的森林为水族干栏文化的存在和发展提供了雄厚的物质基础。其民居为全木结构，多用松木、杉木建造。整座房子都使用杉木为最好，但是杉木相对松木昂贵，一些民居只是以杉木充当柱子，楼板和屏风等使用质量略次而相对便宜的松木。修建一座传统的干栏式房子需要耗费相当多的木材，人们必须提前入山采伐储备足够的用料。水族群众入山采伐普遍讲究时间季节，一些村寨还要择吉日才进山。如贵州省独山县双星村，直到新中国成立初期，在入山采伐时双星水族人还都要择日，并举行祭拜仪式。在水族人看来，夏末至秋初是采伐木材的最好季节，因为开春至盛夏时雨水充沛、树木含水量大，而且又值昆虫繁衍旺季，木材质量不能保证；冬季气温低、蒸发量低则树内残存的水分含量较高，而且昆虫在树洞内休眠，木材质量也不好。只有在夏末至秋初这段时间，降水少而树木的蒸发量较大，树木的含水量少，此时采伐的木材不仅较为干燥，而且不会出现虫洞、虫蛀。[1]

---

① 代世萤、张振江：《双星水族的建房习俗初探》，《民俗研究》2012 年第 1 期。

民居"风水观"——"天人合一"。水族有自己的建筑文化并在民居的营建过程和空间使用等方面都体现了出来。就"相地"而言，一块好地要求高低起伏，靠山面水，视野开阔，环境优美，以适合一种"风水吉形"。因此，必须在选址时先请"地理"先生相地，判定拟建宅地为何"地鬼"形象，诸如虎、鱼、鸡、龙的头身尾等，再根据地形的"气"象、方位生克，判断子孙后代将会有什么人丁迹象，接下来才选定吉日动工。民居建造主要有三种仪式：动土仪式、上梁仪式和乔迁仪式。凡是修建房屋都十分讲究选择吉日和房屋朝向。动土前，要请鬼师看好风水、选择吉日，竭力避开水书上的凶灾祸煞，择吉时行事，把地基平整好。大梁为一栋房屋的镇宅之物，因此，其安装非常讲究，梁一般为杉木，未上梁前不能有人畜踩踏跨越。上梁时要先选好吉日，并举行一定的仪式祈吉避凶。乔迁之时要先由水书先生选择吉日，主人家再请木匠师傅来装房子的楼板和墙壁等，中间的楼板一定要正对着上面的大梁，寓意主人家得到镇宅之物的保佑。墙壁板一般为横装，最上面的一块镶嵌在柱子里的深度要比下面的浅，两边多出的空隙部分用木楔打紧防盗，之后，才由亲戚朋友抬酒送米一起庆贺。

此外，水族民居屋脊两边有往上卷曲的翘角，中间用瓦片正反面砌成"鱼尾"或"龙角抓"或"双龙抢宝"等独特的装饰物，有学者考察认为，这是水族居所与生命繁衍之间联系的一种符号。鱼为水族图腾，亦有繁衍生息后代之意，这些民居上的建筑装饰符号实际上是水族人民追求生命繁衍的表达。[1]有学者认为，水族人在居住选址、修建房屋过程中的"风水观"，不能简单与迷信混为一谈，因为他们在汉文化"五行学说"的基础上，结合长期在大山深处与猛兽相伴求生中不断观察并发现动物生存环境与生命生息繁衍的一般规律，和对一些具有神奇生命力的动物的崇拜，希望宅地得到它们的庇护和帮助，得到它们赋予非凡的生命"异力"[2]。其风水理论认为，天地人相感应，"天地合气、万物自生"，故建房时应选择较好

① 潘朝霖：《水族鱼图腾析》，《广西民族研究》2001年第3期。
② 韦程剑：《贵州三都水族干栏式民居及其建筑文化的思考》，《贵州民族学院学报（哲学社会科学版）》2009年第4期。

地形和方位，做到人与自然和谐统一，以达到"天人合一"的境界。从某种意义上讲，风水就是人们追求美好生活的生理和心理需求。水族人民在起造民居时同样也有这样的愿望和需求，[①] 其选址的风水理念不同程度地反映了水族民间对人与自然关系相协调的心理要求：渴望顺应自然，以求平安、吉祥。

民居修建中的"地方性知识"。水族人修建房屋从选择树木、动手砍伐、运输、加工到上梁的全过程都有相当多的禁忌，比如，主梁必用杉木，所选的这棵杉树必须是"独苗长大"，即树根不能长有小苗，除了足够高、粗外，还要枝叶茂盛、长得笔直，树梢要尖而不断；又如，砍伐用作大梁的树的人必须是父母双全、已经生育了较多儿子的男性；动手砍伐前所有参与的人必须齐集在这棵树下举行肃穆的仪式祭拜，供完后众人必须把供品全部吃掉之后才能够开始砍伐；再者，这棵树砍倒后人们绝对不能够从其上方跨过，且必须当场进行简单的粗加工，把枝叶削掉、树皮扒掉；这棵树上被削掉的树枝、树叶和扒掉的树皮等主人家不能自用，只能够放在原处让别人拿去或者任其自然腐烂；等等。究其实质，这些都和大树所蕴含的生命、健康、长久等寓意有关，水族工匠在实践中营造的种种禁忌，带有深厚的迷信色彩，但同时也体现了人们祈福攘灾的心理追求。

另外，水族群众对于房屋大门开于何处、向何方向开设也颇为讲究——事先要由水书先生以水书为依据，根据八卦把房屋的不同方位与不同的卦位对应起来，然后根据不同卦位的吉凶决定具体住家的大门如何开设。这种做法看似迷信，但有学者认为，这种禁忌相当程度上符合现代环境科学——因为水族地区气候湿润而又多山、多树，被当地人统称为"瘴气"的有害、有毒气体多见而且容易积聚，因此大门的方位和朝向选择很有讲究，如果选择不当，就可能会导致民居内的人长期呼吸"瘴气"而影响健康。因此，请水书先生预先测定好大门的方位与具体的朝向可能是一种披了"信仰"外衣的地方性知识，有其值得深究以继续发挥作用的一面。

---

① 陈继奇、陈蛟：《水族传统建筑文化探究》，《建材与装饰》2018 年第 47 期。

第二章 人与自然关系的生态意识模塑
——自然崇拜、尊重万物

第一节 民间信仰：以生态和谐诠释信仰文化

民族文化的建构总是习惯披上一层宗教信仰的外衣，使个人对自然充满敬畏，从而让个人的求生行为受到潜在的控制，尽可能缩小人类社会与所处生态系统的偏离，调和人与自然之间的关系。

水族的宗教信仰几乎贯穿水族人民日常生活的各个方面，水书被视为天地相通、人神对话的神秘信息符号，而水书先生被视为水书知识的传承者、代表者，一代一代诠释着水族的信仰文化，沟通着水族的祖先与今人、神秘的自然界与人类，沟通着未知和已知。因而水族才会有纷繁复杂的各类禳解消灾祈福仪式，且至今在民间仍然大有市场。

与人类先民普遍的信仰意识相契合，水族原始宗教崇拜思想的基础在于：先民们从当时自身浅陋的实践经验出发，认定"万物有灵"，相信人的灵魂不死，并具有超人的力量，相信与自己的生存有着密切联系甚至有决定性影响的动物或植物和自己的氏族有特殊的联系。于是在此基础上产生了水族社会最原始的自然崇拜、祖先崇拜与图腾崇拜。

一、自然崇拜：朴素信仰、尊重万物

自然崇拜是指将自然现象、自然物和自然力当成某种神秘力量或神秘事物，对之进行宗教性的祭拜活动。[①] 在水族的原始宗教信仰中，万物有灵的自然崇拜占有

---

① 玉时阶等：《现代化进程中的岭南水族：广西南丹县六寨龙马水族调查研究》，民族出版社 2008 年版，第 224 页。

举足轻重的地位。自然是宗教最初的、原始的对象。在水族先民的社会生活中，人们更多接触的是大自然，如天地山川、巨石古树等，受认识能力的局限，人们对自然现象充满了困惑：为什么日月有起有落，为什么干旱和洪水会带来灾难，为什么草木有荣有枯……渐渐地，他们找到了"答案"：自然物与人一样，是有生命、有知觉、有意识的实体，或者说，自然物的运动变化，是因为在它们的"身体"内附着"灵魂"。又由于大自然比之于人类，有着无限的伟力，灵魂具有十分强大的力量，于是人类对其"灵魂"生出敬畏与崇拜之情。由于自然物的实体是与人的生存联系最密切的，自然崇拜乃人类（包括今天的水族）先民最早产生的宗教意识。[①]因而大自然中几乎所有和生产生活联系密切的自然物，比如树木、石头、水流、山洞、日月星辰等，都成为水族先民崇拜的对象，其中最为典型的是古树崇拜、石岩崇拜、古井崇拜等。

古树崇拜和石岩崇拜是水族最显著的自然崇拜遗存。

古树崇拜。在水族的传统文化认知中，植物与人一样是有生命的。如果有人不尊重对方的生命，就会受到族人的伦理道德上的谴责，严重的还要受到惩罚。从前文可知，水族人自古喜爱树木，从风水林到坟山树，再到护寨林，几乎每一个水族村寨的寨口寨脚，都挺立着高大繁茂的树木，很多树木都有着上百年的历史。这些树木是村寨兴旺发达的象征，是先人的遗泽，尊敬古树也是对先人的怀念与感恩。同样的，在这些树木里寄托着祖先的灵魂，时刻庇佑着村寨的人畜安康。因此，但凡坟山、墓地、龙脉、风水林等地的草木都是神圣不可侵犯的，严禁砍伐、采集，更不允许在里面大小便，违者将受到全族的处罚。在这样的思维认知中，自然无人会去触碰伦理道德底线。

前文提到的草木认亲，即给生病或者身体不太好的孩子认树作"保爷"的习俗，也是一种古树崇拜的形式，也称"拜树"，其实质就是祈求附在古树上的神灵保佑孩子健康成长。

古树崇拜的另一大实例是一些水族地区至今还保留得较完整、较隆重的古树崇

---

① 刘之侠、石国义：《水族文化研究》，第 160 页。

拜仪式——水语叫"韵娘"的活动。这是一种祭拜古树、祈求风调雨顺、农业丰收的原始宗教仪式。"韵娘"是以村寨为单位进行的，每隔一年在水历十月（农历六月）择吉日举行。届时，每户出一人参加，由水书先生带领参祭者抬着一头猪以及酒、糯米饭、香蜡纸烛等，来到传统祭祀的古枫树下，当场杀猪，用部分猪肉煮成肉稀饭，捞出其余煮熟的肉放在簸箕内，猪头置于其上，酒、稀饭置于旁，然后烧纸焚香，水书先生念经咒祈祷。祭祀前，村寨四周路口插上草标以示封寨，严禁外人入村。祭毕，将猪下颌骨挂于大枫树上，众人分食供品，猪肉按参加户数平均分配带回家。旧时，一些村寨还专门划出一块"韵娘田"，指定专人耕种，耕"韵娘田"可不交租，所产专供祭祀之需。[1]

石岩崇拜。石岩崇拜是自然崇拜的一种表现形式，即对石头产生的一种敬畏与崇拜之情，对其进行宗教性的祭祀活动。石岩崇拜与古树崇拜一样，有着深远的文化渊源。在原始社会，人类祖先巢居穴处，以大树岩洞栖身避寒，逃避猛兽的袭扰，同时以树上的果实为维持生命的食粮，而石头又可作为猎取小动物、击退猛兽的武器。应该说，最原始的时代，大树与石头是人们赖以生存的重要物质，因此原始先民对大树与石头充满依恋与感激之情。在"万物有灵"观念的指引下，他们很自然地将强有力的灵魂附着在石岩、大树上，认为石头就是神，不容侵犯，将凡是赋予神性的石头称为"石菩萨"。每当遇到困难时，他们就会去祭拜"石菩萨"，求庇佑。当愿望实现后，他们又会举行隆重的祭拜仪式，以表达对"石菩萨"的感谢与尊重。此外，水族聚居的黔桂边境地区是典型的喀斯特地貌，井泉和溪流从石头缝或者溶洞中流出，当地人认为石头是水的灵性之寄托，认为具有人体形态的石头能通情感、显灵性。久而久之，在水族人民心中便形成了一种拜石信仰。于是水族村寨多以坐相的人形石头为供奉的寨神，并把石头称为"哥散""尼缪"或者"石菩萨"，向其祈求子嗣、钱财，祈求消解灾害。

"拜霞"（"敬霞"）可以说是水族石岩崇拜的代表性活动。"拜霞"（"敬霞"）主要流行于三都、荔波的水族地区，是一种有组织的祈求风调雨顺、年岁丰

---

① 刘之侠、石国义：《水族文化研究》，第 162 页。

稔的群体性祭祀活动。"霞"或者"尼霞"是水语对具有水之灵性的人形石头的称呼，"尼"为母性，"霞"即石神。人们相信供奉霞神能够给村寨带来吉祥，保佑五谷丰登、人丁兴旺。"霞"也是举行这一活动的村社组织的名称——既有单一村寨同一父系血缘的"霞"，也有十数个村寨不同血缘共同组织起来的"霞"。"敬霞"通常于每年插秧结束后的水历九、十月（农历五、六月）间择日举行。因地域及氏族的差异，有的两年一祭，有的六年一祭，甚至有十二年一祭的。参加祭祀的各寨均有明确分工，分头准备所需物品。"敬霞"实际上就是供奉一块外形与人体形态相似的石头，这块石头又被称为"霞石"或"霞神"。敬霞节中的敬霞（石）活动有敬真霞和敬假霞之分。敬真霞（石）要秘密进行，因为人们笃信，哪个地方得到霞石就会得到霞神的保佑。相反，失掉霞石，今后就会多灾多难，农业生产就不会有好收成。所以平常霞石都被埋藏在地下，不让其他人知道，以防止被盗。敬真霞的时间大多在敬霞活动的前一天深夜，参加人员只有少数寨老和水书先生。他们悄悄将真霞石挖出，在它的前面摆上酒、肉、豆腐等供品，由水书先生念上咒语祭祀一番，最后用几斤酒淋到霞石上，再将霞石重新埋入地下，如果觉得原来埋藏霞石的地方不安全，还要另选地方埋藏，敬真霞的仪式到此才结束。

　　敬假霞的全部仪式都是公开的，场面热闹，规模庞大。多选择在水井（霞井）边和稻田边（霞田）进行。霞田是提前选中的，旁边建有一个高约二尺的"人"形的"石菩萨"，祭祀时水书先生致咒语，咒语念毕举起酒杯把酒泼在地上，有后生将母猪放入霞田里，众人下田捉猪，谁捉住猪，大家则为他敬酒以示嘉奖。这样一来，田里的秧苗全被踩烂，主人家不仅不索赔，就是颗粒不收也高兴。拜霞后若第二年庄稼收成仍不好，还须继续用肉酒供祭。

　　除了"霞"是水族村寨公共敬奉的石菩萨外，大多数家庭还有自家的石菩萨，多立于各家房前屋后某一隐秘角落，甚至在黑乎乎的山洞里，每逢初一或十五，各家都会带上供品前去祭拜。此外，在遇到一些不如意的事或需作重大决定时，也会前去祭拜，希望得到石菩萨的保佑。

　　又如，各村寨都有"最令"，据称一是可以保障村民少生病，二是可以挡住白虎。其实"最令"就是从山上找来的椭圆形、一头带嘴的人形石头，多数地方要求一大两小，安置在村寨大门旁边，并为其用石头修建一座小屋，大的石块在中间，小石块分立其左右为其"护卫"。寨上每年用酒肉敬一次；"改善"，通常指三岔路口带嘴的人形石头，如果家中的小孩体弱多病，父母就要备上酒、肉、香、纸钱等前去供奉，"改善"就会保佑小孩健康成长；"拜石"，即小孩出生后若卜算命中缺金，则拿饭菜、香、纸钱找一块石头磕头并大喊三声爸爸，求其保佑小孩健康，然后给小孩改为带"金""石"的名字，或者直接改叫"金某""石某"，等等。

在水族人看来，石菩萨无所不能。正是由于对石头的这种依赖和敬奉，水族人民爱护石岩，从不随意开山炸石，客观上为很多植被提供了生存的环境，进而起到了保护自然、有效维护生态平衡的作用。

除了树木和石头外，水族社会比较重要的自然崇拜还有雷崇拜。应该说它是比对具体事物（古树、石岩等）崇拜更深层次的崇拜。因为古树、岩石崇拜是原始人类囿于认识水平，首先引起兴趣并进而产生崇拜情绪的、与人类生产生活紧密相关的具体事物。但随着思维能力的提高，人们逐渐产生了由具体到抽象的思考。雷是一种经常发生的自然现象，它带来雨水，给万物以勃勃生机，因而与人类生存有着密切关系，但是，雷只是一种声响，伴随它的闪电更是稍纵即逝，不可追索，这就难免让人类感到神秘，无法捉摸、无法认识，加之雷霆震撼人心，雷电常常击毙人畜、斩断巨树、引起森林大火等，先民对于雷的力量无法解释，更由困惑、恐惧发展成崇拜之情。水族称雷为"母头雷"，意即"雷婆"，并称"雷婆"是母系氏族社会的意识遗迹。在水族先民的心理意识中，女性是至高无上的，这在水族远古神话史诗中有充分的反映。例如，牙花散、才花离、牙花恋、牙花术等仙婆创造了天地万物；又如，水族崇拜几乎所有与其生活密切相关的动植物，因而在水语中冠以"尼"（水语里"母亲"的意思）以示尊敬——树木称"尼枚"、杨梅树称"尼枚海"、竹子称"尼泛"、虫称"尼内"、黄牛称"尼博"等，雷的水语名称"尼扛娜"，也含有至高无上的头领之意，足以看出水族对雷之崇敬。

每当春雷萌动，给人们带来雨水、带来丰收的希望，人们便以各种方式表示内心喜悦，并取悦于雷的神灵。直到今天，水族尚有"迎雷"——表示对雷和雨水的迎合的习俗，即在第一声春雷之时，大家便放鞭炮，鸣鸟铳，敲打谷仓、谷桶、簸箕……造成一种热闹、喜庆之声，以示庆贺。水族歌谣中这样唱道："没有鼓敲，也要乒乓拍簸箕庆贺。"

值得注意的是，水族先民对春雷、春雨由衷地企盼，也对雷带来的淫雨洪涝及可怕的雷电灾害等倍感惊恐、畏惧，并由此而形成了"忌雷"的习俗：立春后第一声春雷响动，七天内不得动土；第二次打雷忌五天；第三次忌三天；第四次忌一天。也有的地方"忌雷"是第一声春雷响后，九天内忌做田里活路，第二次打雷忌七天，以后依次递减两天（可做其他活路但不能犁田挖土）。据说，如果犯忌，则雷神怪罪，会雨水不调、水稻出"白线"。此外，起房造屋（破土及立梁时）、出殡安葬、出门远行及婚嫁迎娶之日，都须忌雷。"忌雷"的含义，乃是不能得罪雷神，要取媚于雷神而求得风调雨顺。这很显然是农耕文化的反映。

可见，无论是拜石信仰，还是古树崇拜，或者雷神崇拜，皆渗透着水族人民强烈的生态意识。不论他们出于怎样的目的，对石头的崇拜，对树木的爱护，都体现出水族人民对大自然的热爱，都起到了保护大自然的作用。他们在长期的实践中懂得了人类要活得好，就必须对自然与生态系统充满敬畏的道理，于是给自然及其生物"打造"了一件信仰的外衣，它表达的是对自然神灵赋予他们生存条件的感激之情。这层信仰的外衣，其实就是民族文化的一种有意识设置，引导人们从敬畏自然走向爱护自然，使得人与自然的偏离回归于有节制的和谐之中，进而达到人与万物和谐共生的美妙境界。

二、祖先崇拜：万物有灵观念的深化

鬼魂崇拜是水族原始宗教信仰的核心。"水家的鬼多"，这是兄弟民族对水族原始宗教信仰特点的概括。"足不足，三百六"，水族自己这样概算所信仰的鬼魂。

鬼魂崇拜是万物有灵观念的深化。"原始人由观察生物的两种现象，而构成了一种与身体不同的东西的观念，就是灵魂的观念。这两种现象是：（1）睡眠、出生、疾病及死亡的现象。（2）做梦与幻想的现象。""这样推想出来的灵魂的概念，最初仅仅应用到人的灵魂上。嗣后就发生了人死后灵魂会继续存在及转世托生的信仰。"① 由上述两种现象得出"灵魂"的概念，并由人有灵魂而推及万物之所以变化、运动、生长、枯荣，皆因有灵魂使然。水族传统观念里有如此众多的鬼魂，掌握着人的吉凶祸福，不能不使人感到畏惧，转而变成了崇拜。

水族把鬼灵区分为"善鬼"与"恶鬼"（凶鬼），其善鬼类似于神——具有庇佑人的力量。但"善鬼"与神又不尽相同，它并非德高望重者羽化而成，而主要是开天辟地、创世纪的英雄，如开辟天下、造天地日月的牙巫、造人的牙线及造山川平坝的拱恩等；给人间造福的鬼灵，如给人间送子、掌管小孩生死病痛的"尼杭"；掌管农事、带来民族文明的"陆铎公"以及家庭中故去的先人等。

水族的鬼魂崇拜与祖先崇拜是完全融混在一起的观念，并且没有十分明显的界限。水族的"善鬼"主要是指家中的亡灵，其中以父亲亡灵为最受崇敬的"正神"，水语称"公忙干"，会保佑家庭，具有最强的力量，受到最虔诚的供奉。凡有"公忙干"的家庭都要定期在中堂设席祭祀。祖父以上亡灵总称"公干神"，是保佑家庭钱财的善鬼，也须定期供奉以祈求保佑。但是水族之"善鬼"并非永远是一种赐福被灾的庇护力量，一旦供奉不周，香火不济，"善鬼"就可能发怒，作祟害人，变成了"恶鬼"。水族的祖先崇拜意识与鬼神崇拜交叉重叠在一起，共同构成了水族神秘莫测、扑朔迷离的灵魂崇拜世界。

水族的祖先崇拜最突出的表现是祭祖活动十分频繁。逢年过节要祭祖，婚嫁造房要祭祖，甚至遇上不吉利的事情也要祭祖，其目的是通过祭拜祖先，求得祖先的保佑，愿祖先赐福消灾，确保在世的人事事顺心，子孙平安。人们相信只要经常祭祀祖灵，祖先一定会保佑全家平平安安，诸事顺利。祭祀祖先的活动，在水族过节、丧葬和婚嫁中都有体现。如清明节，人们会带上公鸡、糯米饭、酒、肉、纸钱、香烛等去坟山祭祖扫墓，祈求吉祥，人畜兴旺；过卯节时，家家户户都要清扫屋子，备办节日所需的物品，并祭祖树。卯节祭祀祖树一般以家族或一个村寨为单位集体祭祀，目的主要是祈求树神保佑全家族或全村寨农业生产风调雨顺、五谷丰登；过端节时，"吃素"祭祖。从戌日的晚饭开始到次日晚饭前止一段时间内，全家一般

① 施密特：《原始宗教与神话》，萧师毅、陈祥春译，上海文艺出版社1987年版，第98页。

都要忌荤食素，以表示对祖先的尊敬。祭祖讲究用素食作供品，其中以南瓜、茄子、豆腐、花生等最常用，忌用动物的肉作供品，也忌动物的油脂混入供品中。[①]

有学者认为，虽然有着浓重的迷信色彩，但水族的种种祭祖行为，无论是在清明节去坟山种树祭拜，还是在过卯节时祭拜祖树，祈求风调雨顺、五谷丰登，在客观上都起到了促使人类更加注意对环境的呵护，进而生发其爱护自然、保护生态环境，与自然和谐相处的生态意识。

三、图腾崇拜：自然崇拜的升级版

在人类社会早期，人的认识能力低下，他们从自然中获取动物或植物作为食品，以维系生命，因而认为是动物或植物给了自己生存的机会，进而相信自己与某些动物或者植物具有神秘的血缘关系，并把这些动植物看作自己的祖先或者氏族的象征加以崇拜，认为它不仅可以给自己氏族生存的条件，还可为氏族消灾除祸、保障子孙繁衍，这就产生了图腾崇拜。"图腾崇拜的主要特征是相信本氏族与某种动植物之间有超自然的关系，这种动植物就被视为图腾。"或者说，"氏族中的人相信自己同本氏族的图腾有血统关系。"[②]图腾作为一种标志，最普遍的是动物图腾和植物图腾。

从某种意义上说，图腾崇拜也是一种祖先崇拜，是自然崇拜的升华。只是这里的祖先——图腾物，乃是整个氏族、部落的祖先，而非单个家庭的祖先。水族的自然崇拜表现为对大树、岩石、水井、雷电等自然物的敬爱和祭拜，他们认为这些自然物跟人一样有感觉，具有某种无形的力量，能给人以祸福，向它们行祭，就是为了求得这些神灵的庇护。

作为一个历史相当久远的民族，水族在其早期肯定也经历过图腾崇拜的阶段。随着社会与文化的发展，当初对于图腾物的崇拜礼仪已经难以探寻，但从现存的生活习俗中仍然可以很容易地窥见一些最原始的图腾崇拜的意识。有学者考察认为，

---

① 王卫红：《论水族的生态意识观——以贵州荔波县水利村为例》，《绿色科技》2014 年第 12 期。
② 鲍特文尼克等：《神话辞典》，黄鸿森、温乃铮译，商务印书馆 1985 年版，第 301 页。

水族族群诞育在滨海之地，在之后的漫长迁徙生涯中也大多傍水而居，且现在的水族聚居地也主要在龙江和都柳江流域。这种与水同生共在的紧密关联使水家人对于同样与水有着密切联系的自然生物产生了某种天然的亲近感，作为与水有着不可分割的密切关系的自然物——鱼和龙，或许也因此成为水族最重要的两种图腾崇拜物。

（一）鱼图腾

学界普遍认为水族以鱼作为图腾，原因有三：一是鱼为先祖的救命者；二是鱼有旺盛的繁殖能力和机灵的特性，人们希望自己的子孙能像鱼一样生生不绝；三是远祖生存的环境使族群对鱼类等水产有天然的依赖。

水族对鱼有着特殊的感情。如前文所述，水族先民从大海之滨一路迁徙直到在黔桂边境定居下来，虽然说了落脚的地方，可是总怀念老家，想念过去天天吃鱼虾的日子。其族群轮流"过端"的独特习俗，就与鱼有密切关系——古歌《端节的由来》中表述说，先民们辗转迁徙到现今定居地，因为人口发展散居四方。分手时，大家商量轮流过节，如何确定过节顺序呢？老祖公拱登想出办法，让各支系派一个人去抓鱼，按鱼的重量轮流过节。这种以鱼为卜的做法，实际上表明了鱼在水族先民心中的神圣的地位。或者说，这里的鱼正是祖先的象征。鱼的大小重量，也就是支系力量的强弱、势力大小的象征。也可以说，这里的鱼事实上已经被视为祖灵的化身，具有图腾的意义。[1]

古歌《鲤鱼歌》则直接表达了水族以鱼为民族祖先的意识："咱鲤鱼，本住长江，地面广，四处游逛。水府打仗，两条龙，你争我抢……一家人，逃往四方……到乌江，更遇豪强……只剩下，鱼爹鱼娘……夫妻俩，抹干眼泪，都柳江，安下家乡……春产仔，生儿育女……咱鲤鱼，才又兴旺。"这首歌不但诉说了水族迁徙发展的历史，更表明了鱼是水族祖先的象征意义，也是其图腾意识的反映。

民间故事《百褶裙哪里去了》则很清楚地展现了鱼为水族先民供给食物，并为他们驱除灾祸的观念："阿秀姑娘随大家迁徙时，为找水源迷了路，被饿狼困住，又被大江挡住去路。万分危急之时，一条大鱼游来，驮着阿秀渡过大江，脱离了狼口。"

---

[1] 刘之侠、石国义：《水族文化研究》，第199页。

　　鱼作为图腾物在水族生活中有极重要的地位和作用。基于先民"饭稻羹鱼"的传统，水族有家庭养鱼的习惯，不仅利用水田养鱼，很多家庭还挖有小鱼塘，蓄水养鱼随吃随捉；有的养有专为老人百年后办丧事用的"养老鱼"，这种鱼往往养上几十年伴随老人大半生。过端节时家家祭祖，鱼和糯米饭是主祭品："仙造端，送虽（"虽"或"睢"是水语族名自称）来过，煮鱼虾，祭奠远祖。扫庭院，撩洗碗筷，吃素菜，古老规矩……"从这一忌荤而不忌鱼虾的奇特习俗中，足见水族对鱼的特殊感情实则来自其图腾感情的遗留。

　　也有人质疑，鱼如果是水族先民的图腾物，或者是民族的祖先或与本民族有血缘关系，那么水族又喜爱吃鱼，是不是有些矛盾？有研究认为，这正是水族的一种特殊心态，因为他们认为祖先来自"天天吃鱼虾"的地方，鱼虾是祖先最日常又最喜爱的食物。在祭祀时供以鱼虾，祖先们会很高兴。同时，以鱼为祭祖的最珍贵供物又包含一种道歉和赎罪心态。其他一些民族也有类似的行为，比如侗族的"开棕门"（首次剥棕片），要双膝跪地，口中念念有词："我开棕门，得罪树神，不敢贪心，只取三层。"他们通过这样的宗教仪式，表达自己对自然的敬畏和为了生存不得已取用自然生物的自责。水族以鱼为祭的行为也包含了敬畏自然、力求和谐的生态意识。有了这个仪式便为吃鱼扫除了心理障碍。久而久之，这种仪式的心理因素逐渐被遗忘，吃鱼便成了纯粹的享用，只是由于对祖先的崇敬与怀念，才延续着以鱼为主祭品的习俗。[①]

　　鱼在许多传统礼仪活动中也有特别重要的意义。如荔波、九阡等地提亲，往往要用竹篮盛礼品带去女方家，男方母亲通常会悄悄把包好的几条小干鱼塞在篮子底部。女方母亲接到礼品之后首先要摸一摸是否有小干鱼，若应允婚事就收下礼品及干鱼。在三都、荔波地区部分水族的迎亲礼仪中，婚礼前一天前往新娘家接亲的礼物，除糯米饭、米酒及猪肉等必备物品外，还要特意送去专门给女家供奉祖先的竹编罩鱼笼和一串用竹篾串起的金刚藤叶。女方家要看到这些东西才会发亲。这是因为鱼笼代表怀念祖先的渔业生涯，而金刚藤叶则象征鱼，串在一起的金刚藤叶预示

①　韦学纯编著：《中国水族》，杨宏峰主编：《中华民族全书》，第155页。

着渔业丰收。"渔业经济是水族先民的重要经济，而鱼又是生育的象征，开亲双方都期望生儿育女，传宗接代。为此借此信物，把接到一个能继承祖宗烟火的好媳妇的内涵曲折地表现出来。"①总体含义是娶妻不忘古，子孙才发达。在都匀王司地区，新娘进家时，新房中要提前摆一坛内装两条鲜活鲤鱼的清水，意为鱼水合欢，祈望早生贵子。水族在日常生活中探问婴儿性别时，通常也以鱼娃或虾娃来指代。有些地区新屋落成时，要一个父母健在、子女齐全的"全福人"提一只装有两条活鱼的罐子进屋内，这里鱼是祖先的象征，意为请祖先到新居来，保佑家庭平安。此外，水族民居屋梁正中通常会绘上圆形的黑白色水族鱼神图案，不但管理白天黑夜，更保佑家道昌盛、子孙发达。在丧葬事务中，选择基地及开挖墓穴时都要以鱼祭祀；送丧时，执火把前导者的提篮中必须有鱼；安埋之后，要将鱼卵撒在新坟封土之上。因为鱼具有特殊的宗教意义，所以在吊丧活动中备受推崇：设有六条鱼为主祭品的"六夺公"（"陆铎公"）专席；祈求这位水书创始人、全民族保护神保佑丧事办得顺利；吊丧者以敬奉大的活鲤鱼、草鱼为荣；吊丧的纸扎品以水产动物造型及舞龙为荣耀。"由此看出，水家的祖灵和水产鱼类构成不可分割的统一体，鱼便成了水族祖灵异化的圣物，水家离开了祭祖圣物，也就失去了祖灵的呵护。"②

在为先民提供食物、保护之外，鱼作为水族的图腾崇拜还有着另外一个角度的意义。鱼类因为产子量极大，自古以来都被当作匹配、生殖的隐语。借以鱼图腾祈求人口的繁衍如同鱼产子那样众多，进而壮大族群，这对于迁徙之后逐渐形成单一民族的水族来说无疑也是最大的愿望，因而在其聚居地区随处可见鱼的图案和形象。在水族古代石墓的碑盖上，有双鱼托葫芦的石雕，反映了祈求子孙繁衍的心愿；在妇女的服饰——围腰、银饰、背带中，鱼是最常见的图案；在房屋的屋脊、中梁等处，水族人也喜欢绘制鱼形图案……凡此种种，都表现了水族对鱼的深爱而至崇拜的感情，突显了鱼在水族人生活中的重要地位。③

---

① 潘朝霖：《水族鱼图腾探源》，贵州民族学院历史系编：《贵州民族论丛》，贵州民族出版社2002年版，第223页。
② 潘朝霖：《水族鱼图腾析》，《广西民族研究》2001年第3期。
③ 刘之侠、石国义：《水族文化研究》，第204页。

水族礼俗中对鱼崇拜的遗迹处处显示出对鱼的崇拜和纪念。可见在水族历史上，鱼是不曾缺席的图腾、是祖先的化身，更是民族团结和睦及子孙兴旺的象征。

（二）龙图腾

相关研究表明，水族的发展历史上可能还存在过龙图腾，且这一图腾源自其母体民族。据史料记载，作为水族母体的古越人生活在海滨，对生活在海中的神物——龙具有强烈的崇敬与畏惧之情。《说苑·奉使篇》称："诸发曰：彼越……处海垂之际，屏外藩以为居，而蛟龙又与我争焉，是以剪发文身，烂然成章，以像龙子者，将避水神也。"意思是说古越人文身剪发以避水中恶龙危害。《汉书·地理志》应劭《注》更清楚地解读为："（越人）常在水中，故断其发，文其身，以象龙子。故不见伤害也。"闻一多先生则认为文身以避害之说是"因为龙是他们的图腾。换言之，因为相信自己为'龙种'，赋有'龙性'，他们才断发文身以像'龙形'，以便取悦'祖先'，得到庇护"。高诱注《淮南子·泰族训》记载"越人以箴刺皮为龙文，所以为尊荣之也"，认为这一行为不仅有取悦龙而避害之意，更有以为尊贵荣耀之感。这自然也是借助龙的威武神力。

水族先民对龙充满崇敬与畏惧之情。在他们的龙崇拜意识中，表现出祈求龙的庇护同时避免龙的伤害的复杂感情，于是有了善龙与恶龙的概念，在民间传说和故事中，常常有这样的内容。例如，在民间故事《潘羡的奇遇》中，龙王与后生潘羡结为莫逆之交，并惩治了可恶的皇帝；在《红泥鳅》中，龙女帮助好心的后生小孥制裁了恶毒的后母，并与他结为美满夫妻；而在《铜鼓的传说》中，有恶龙兴风作浪、祸害人民的内容，以致"人们恨不得一刀把孽龙劈成几段"。这些都透露出了水族人民龙图腾崇拜中的原始感情。

时至今日，水族生活中还留存有许多龙崇拜的习俗。例如，丧葬仪式中祈祝亡人的民间歌谣唱道："到龙官去做龙王，到天上去做神仙……"在出殡安葬时，鬼师也要念请 12 条龙（代表祖先的灵魂）来庇佑的咒词。[①] 水族的工艺美术也常以龙为吉祥物，墓雕中龙更是被视为呵护子孙的神物。水族古墓多为石墓，"有的有三

---

① 刘之侠、石国义：《水族文化研究》，第 205 页。

套碑面石柱，柱上刻双龙抱柱。"[①]"一般有刻一龙或二龙戏珠等形象""这类墓顶上也有三角叉，其上刻双鱼形，两侧为二龙戏珠。""墓上有的刻有碑文，如'水绕山环钟甲第，龙盘虎踞起人文''千里乘龙钟吉穴，一湾曲水映万塘'等"。[②]把龙视为最神秘的神灵，所以在墓楣上多刻龙的形象。水族还有"见龙死，见官穷"等说法，可见龙在水族群众心目中有着十分重要的地位。

有学者认为，鱼是真实的动物，龙是群众的想象，水族鱼图腾与龙图腾的崇拜意识相互关联，彼此照应，反映了人类思维发展和文化交流的规律，它们不仅在称呼上混为一谈，而且在形象上也颇为接近，乃至出现了"鱼龙混杂"的融合状态。[③]实际上，鱼与龙在水族人心目中一直混为一谈，这种含混的表现在民间传说故事中尤其突出。例如，《水族为什么住木楼》中，龙女时而变成红蛇（民间习惯称蛇为"小龙"），时而又变成大金鱼。为了纪念龙女的恩情，乡亲们修了一座巨大的石鱼像，而这鱼在老百姓的嘴里常常被说成"就是龙女的塑像哩"。鱼与龙在这里几乎是直接等同了。在《鱼姑娘》的故事中，鱼姑娘也被称为鱼龙姑娘。

综上，水族先民认为鱼类和人类之间存在着某种神秘的血缘关系，并通过最庄重的祭祖、最神圣的信仰、最关切的生育、最直接的生活生产等方面，用多种形式本能地、自觉地表现出来。[④]因此，水族鱼图腾崇拜，是自然崇拜与祖先崇拜结合在一起的一种信仰观念。同时从水族"鱼龙混杂"的观念中我们可以看出，鱼、龙图腾崇拜乃是水族最早的主体的图腾信仰。[⑤]从科学的观点来看，它们或许或多或少带有某种迷信色彩，但真切地反映了水族人民认知自然、适应社会和改造世界的方式和方法。

[①] 潘一志：《水族社会历史资料稿》。
[②] 宋兆麟、严汝娴：《三都县荣耀村水族画像石墓》，《贵州民族研究》1983 年第 1 期。
[③] 《水族简史》编写组、《水族简史》修订本编写组编：《水族简史》，第 166 页。
[④] 潘朝霖、韦宗林主编：《中国水族文化研究》，第 11 页。
[⑤] 刘之侠、石国义：《水族文化研究》，第 206 页。

第二节 民间文艺：以歌舞民谚传达对自然的感恩

恩格斯曾精辟论述"一切宗教都不过是支配人们日常生活的外部力量在人们的头脑中的幻想的反映"[①]。其实这话用来说明人类最初的宗教信仰的产生也非常合适。同样，这话也可以用来说明许多民族民间神话形象在人们头脑中产生的影响及意义。水族先民把自然界存在的各种在他们看来神秘的、超自然的现象，用神话、传说甚至歌舞等民间文艺的方式加以表现，用以认识和解释人与自然的互动。生态环境是不同类型文化背后的重要因素，民族特有的生态意识同样也有着其特有的知识背景，细品之下，亦在其民间文艺中传递出来。

水族虽然有文字水书，但并未成为人们日常生活的交流工具，而多为民间择日和宗教活动中使用。水族民间文艺更多通过口头文学反映水族社会生活、思想情感和性格特征。水族民间文艺大体可以分为三类：一类是散文形式的神话、传说、故事、寓言等；二是韵文形式的民间歌谣，包括古歌、民间叙事歌、生活歌谣等；三是句型整齐并且押韵的格言、成语和民谚等。

一、创世神话和古歌

水族先民对世界和人类起源的观点主要反映在创世神话和古歌中，大多围绕天地山川、日月星辰的形成，人类及动植物的起源等主题展开，主要是对人类、民族的来源和对自然现象的解释，或对自然力的神化。由于远古时期生产力极端低下，人们对自然界错综复杂的现象与变化难以解释，于是进一步产生了"万物有灵"的观念，塑造了鬼神形象，来表达自己认识自然和改造自然的意志与愿望。水族的创世神话和古歌主要有《开天地造人烟》《开天辟地》《拱恩点恒》（"点"意为开拓，"恒"意指凡间）等。流传于三都、荔波、独山、榕江、雷山一带的造天造地造人歌"旭早"，几乎都用这样的句子开端：

[①] 中共中央马克思恩格斯列宁斯大林著作编译局编译：《马克思恩格斯选集》（第三卷），人民出版社 2012 年版，第 703 页。

"初造人，上下黑糊；初造人，盖上连上；初造人，黑咕隆咚；天连地，不分昼夜；地靠天，连成一片……"反映出先民朦胧地猜测到了在天地万物形成之前是一片混沌的状态，然后古歌《开天立地》想象了混沌状态是怎样改变的，天地是如何形成的："初开天，混混沌沌；牙娲婆，真有本领。混沌气，她放风吹；风一吹，分开清浊。那浊气，下沉变土，那清气，上浮巴天。整个天，成为蓝色，青幽幽，一池蓝靛。"天地开辟出来了，但大地一片荒凉，于是拱恩出场："拱恩公，开辟天下；不用锄，只用脚掌，头一脚，踩得很猛；脚力重，地面下降。山坡少，平地无边，四周开，成田中间让水淌……"神话《拱恩点恒》叙述拱恩用脚掌踩出海洋、山峰、平坝，用拐杖画出了条条河流。被埋在地下的地龙不服气，翻身拱背，山坡崩塌。拱恩用拐杖狠狠地在地龙身上戳了许多洞眼，从此人间就有了汩汩流淌的清泉。这个神话描述了水族农耕文化的雏形，反映了水族先民对山川、田地等自然环境的崇拜和感激。

古歌《造人》表达了人类由一神（牙蜗）创造的思想："初造人，有个牙娲，牙娲造，四个哥弟。头一个，是母头雷；二一个，就是蛟龙；三一个，才是老虎，小满崽（最小的孩子），是我们人。"在水族的生命意识中，母头雷（雷神）、蛟龙、老虎和人类都是牙娲所造，某种意义上人与雷（代表自然现象）、龙（代表强大的神物）、老虎（代表自然界的动物）都是起源于牙娲，从天、地、人的起源到不同物种的起源，都与大自然息息相关。这与古歌《开天地造人烟》中提到的"初造人，成四兄弟，共一父，面目不同"一样，都明确地表达了水族先民对于生物平等的朴素认识。《开天地造人烟》还描述了自然物所给予人类的恩惠："初造人，天下荒凉"……"岩洞""泥穴"给人类以居所，"兽皮""木叶"给人类以衣裳，"野果""冷水""五谷"给人类以食粮等等，无不呈现出先民对生态平衡和生物和谐关系的追求，传达着浓厚而原始的生态意识。

水族神话传说中也表达了对人兽同源共生的认知。比如，《人虎龙之争》中称，很早以前月亮山里，住着人、虎和龙，他们是关系蛮好的邻居；《谁的气力大》故事的开头是："很古的时候，人和老虎经常结伴到山里捕猎……"《老虎为啥咬人》里，老虎救出了一个上山割牛草的叫阿丢的人，阿丢便把自己的女儿嫁给了老虎。

《人虎龙之争》中人类更是鲜明地亮出了自己同万物和谐共处的立场："从古到今，我们世世代代都在这里生活，谁想独占是不行的"，强调了所有自然存在物与人类的共存共处。这些故事很清楚地反映出水族先民的自然整体观念——人类与其他自然物都是自然中平等的一分子，且相互之间有着深厚的渊源。在这个阶段，他们并没有把自己视作大自然的主人，反而认为是动物或植物给了自己生存的机会，进而对这些动物或植物产生了感激与崇拜之情，[①] 因而自觉地对自然所给予的丰厚馈赠进行了满怀感恩之情的传颂。

此外，《端节的由来》与水族以稻作文化为基础制定的水历紧密相连。它讲述了水家各头领约定各地分批过节，由各地头人伸手进鱼篓里抓鱼，按量依次排列的故事；《九仙和九阡》则讲述了先民古隆和扎哈在九位仙人的指引下，用糯米粑和米酒献给主宰祸福的神牙花离、牙花散，用诚意和决心感动了他们，在他们的帮助下使九阡变成了千百亩肥沃的锦绣田畴，展现了水族先民"畬山为田"，付出心血开发山区梯田的艰辛历程。这类传说、故事生动地反映了水家稻作文化悠久的历史。

二、民间传说与歌谣

民间传说和民俗故事主要反映水族的迁徙、血统氏族的发展变化和生活习俗的由来，是其生活经验的总结和生存境象的映射，反映着其远古先民解释自然、认识自然的愿望。如，传说《人类起源》道出了自然对人类诞育的重要贡献：当洪水滔天，人类面临灭绝之时，一对兄妹靠躲在葫芦瓜中得以逃生，靠瓜子维持生命。水老鼠钻到水底去挖了消水洞才使得洪水退去，大地恢复原样。当仙人劝兄妹成婚并繁衍后代时，两人不肯，是天底下的草木、动物来帮助他们进行决断。兄妹结婚后，生下来一坨肉疙瘩，他们气得用刀把肉疙瘩剁烂倒在山谷中，是乌鸦来把剁碎的肉渣遍撒山野，化作满山的人，才使人类得以兴旺地繁衍下去。故事中在兄妹二人之外满满都是动物和植物（葫芦瓜、水老鼠、草木、乌鸦）对人类的帮助，鲜明地表现出自然万物在人类的生存繁衍过程中所发挥的重要作用。

---

① 刘之侠、石国义：《水族文化研究》，1999 年。

随后，民间故事继续记叙大自然对人类的馈赠与帮助：《鸡和稻谷》说的是人类靠自然提供的粮食作物得以存活；《乌金的由来》里，自然为人类提供了煤炭资源，人类才得以取暖和煮食；《蓝靛的来历》，讲的是自然为人类的衣服提供了染料；《九仙李》中自然给人类提供美味果蔬；等等。总之，自然给予人类的不仅仅是生命的保存和繁衍，更为人类的永续生存提供了几乎涵盖了衣、食、住、行所有方面的必需之物，持续丰富和美化着人类的生命存在。人类之生存须臾离不开自然。[①]

自然与人类在互动与交流中和谐相处，民间传说于是演绎了自然与人类之间结下的深厚情谊。有的是人拯救了动物，动物前来报恩，展现了人与自然之间的真情。比如故事《山羊姑娘》中，一个水家后生上山砍柴时救下了一只被财主猎捕的山羊，山羊变成了一个美丽而朴实的姑娘嫁给他，以报救命之恩；故事《彩帕》说的是水族青年韦秀在攀山打猎时救下一只锦鸡，锦鸡为报恩情给他留下了一块有神力的彩帕，不仅治好了他母亲的眼疾，还使韦秀一家人过上了幸福生活。有的是讲自然界的生物对人类的关怀的。比如，《鱼姑娘》里的鱼姑娘具有超凡神力，轻而易举地解答了豹狼一样凶狠的县官出的难题——鱼姑娘对织物刺绣的金鸡轻轻一吹，这些金鸡就变活了。她挥舞着灵巧的双手挽雨作纱、经纬交织，不一会儿一百匹溜光水滑的绸缎就织成了。最后，她呼风唤雨，引来滔天洪水淹死了县官和他的爪牙。故事里，充满了对鱼的喜爱与崇拜之情。[②]《蜘蛛网蚊子》里，蜘蛛、蜻蜓、蚊子本是一家，但蚊子伤害了人类，于是蜘蛛和蜻蜓决定为人们做点好事把蚊子消灭掉。从此蜘蛛和蜻蜓成了蚊子的天敌。《螳螂为什么咬蚂蚱》说的是螳螂懂得人类耕种的辛苦所以不吃稻米，只吃对稻米生长损害不大的叶子，并且还劝说吃稻米的蚂蚱也同他一起吃叶子。还有的是人类进一步与自然融合化一的感情流露。比如《红果与白刺》讲一对水族兄弟，一个叫红果一个叫白刺，他们为人类扫除虎患，死后被安埋在草坡上，坟头长出了结着白色、红色果实的植物，并且两蓬刺越长越宽、越长越密，最后紧紧靠拢在一起把虎路阻隔住了，再不能危害人类。两兄弟生前除虎

---

① 杨校育：《水族民间故事中的生态意识》，《剑南文学（经典教苑）》2013年第4期。
② 韦学纯编著：《中国水族》，杨宏峰主编：《中华民族全书》，第155页。

安民，死后化作植物也依然保护着人类。从故事中我们可以看出水族人民对于自然物与人类情感的美好想象，他们感激、保护着自然，也同样持有一种自然愿意主动与人交好的信念。更有的故事反映出人类对生态平衡的自觉认识和维护。比如《都柳江的传说箭道变河床》中，天上有太阳晒得草木枯焦，动物睁不开眼，人们被烤得焦头烂额，水族人民于是祈求地仙旺解救他们。旺于是就冒了酷热飞上天找到仙王旺羡，带回十二支巨大的神箭，将太阳射落了十一个。故事特别提到，旺在水族人民的请求下留下一个太阳给人间照亮指路，这便是水族先民生态意识的原初形态；《岩鹰下蛋》则讲述了两条恶龙交替破坏水水族地区的自然生态，害得水家人辛苦一年到头却没有收成，好心的地仙拱羡殷派出自己打猎时用的大岩鹰去制服了恶龙，恢复了水族地区的自然生态，人民的生产生活才得以正常进行。这种靠神力来应对自然灾害的想象，其实就是水族人民对建设生态平衡、美好家园渴望的明证，也表明了水族人民对生态系统和谐、稳定的美好愿望。

歌谣《鲤鱼歌》反映了其族群迁居的历史，所描述的鲤鱼避难、历尽艰辛直至迁徙定居的内容，实质是在述说水族艰辛的迁徙过程。联系《迁徙歌》中水族"古父老"最终做出了"到贵州，养育后代"的选择，可以清晰地看出水族先民已经认识到了不同地域的自然条件的差异及其对于人类生存繁衍的重大影响，很早就产生了保护居住环境的自觉，具备了为自己寻找自然生态良好的地方作为家园的生态意识。正如曾繁仁先生所说的："家园意识不仅包含着人与自然生态的关系，而且蕴含着更为深刻的、本真的人之诗意的栖居的存在真意。"[①]直到如今，水族酒歌中还在吟唱："这地方好田好塘，篱拦獭草鱼在水中央，没少啥鲤鱼草鱼满塘""我来到神龙宫殿，现咱来鲤鱼草鱼地方"，仍然赞美着鱼米之乡、人杰地灵、人丁兴旺的生态和谐的美好家园。

民间歌谣里还有很多关于人与自然物的关系描写。《榕树歌》中把树比作爱护孩子的父母："榕树母，生性慈祥，爱细娃，好比爹娘。"而且榕树还有一种庇护、保佑的神力："有时候，细娃粗心，掉下树，从不伤亡。"这种描述使得树的形象

---

① 曾繁仁：《生态美学导论》，商务印书馆 2010 年版，第 325 页。

在水族人民的心目中被加以神化和亲近化，也更加受到人类的崇敬。《油杉和紫檀》直白地描述了树对人类的功用："太阳天，做挡荫棚，下雨天，当遮雨房"；《造屋歌》中说到树木被用于建造房屋后使人类得以躲避恶劣的天气和凶猛的野兽的侵袭，人们"个个夸奖"。水族先民对于鱼、树等自然物的崇拜心理以及所饱含的感激之情，体现出了他们思想中的生态观念，不但没有认为自己就是大自然的主宰，而是认为，恰恰是因为有了对于自然万物的依赖与求取，人类才有了自身的生存与繁衍。①

水族社会还有很多反映农业生产生活的歌谣，《造五谷歌》《造棉歌》《造屋歌》《种树歌》《造酒歌》等就是这方面的代表作。作为农耕民族的他们，借着这类歌谣传承农业生产技术，比如水族种树不仅历史久远，而且重视种树的规划和技巧，讲究因地制宜："栽桃树，根要深紧。栽李树，根要紧深。样样都栽，梨树嫁接。青梨树，种在寨边，黄梨树，栽在村边，人人吃梨。栽树子，发枝油绿，栽枫树，叶子茂密，仙人教，栽花椒树，还栽木姜……"②从这首双歌里可以看到，水族人已注意根据树木习性的不同而采用不同的种植方法，根据用途的差异栽种在不同的地方：李树、梨树栽种时讲究"根要深紧"，椿树"栽在塘边"，黑杉要"栽在肥坡"柳树要"栽在河边"。

《造五谷》中的"春三月，枝叶干透，放把火，烧成肥泥"的刀耕火种的方法，在水族居住的一些地方至今还在沿用。歌谣同时也传递着水族人民世代维护自然生态平衡的自觉意识。如"护松杉，只砍杂木，留果树，除去荆棘。大棵树，抬回家用，小根木，留在地里"，其间包含的维护林业的生态知识是，对于松杉、果树等已经成材的树木可以砍伐下来供人们使用，但对幼苗要加以保护，同时清除那些杂木、荆棘，以使这些树木幼苗更好地生长。这样的技术操作、这种"砍大护小"的生态理念，潜移默化中起到了维护生态平衡的作用，避免了竭泽而渔。《端节歌》（一）中"跑马天，晴雨变化，断来年，忧患吉祥"的说法，则是水族人民对于自然规律

---

① 杨校育：《论水族歌谣中的生态意识》，《剑南文学（经典教苑）》2013 年第 4 期。
② 刘之侠、潘朝霖编：《水族双歌》，贵州人民出版社 1997 年版，第 296 页。

的总结与呈示。水族人民通过对于端节期间天气变化的规律性把握去预测接下来的气象情况，从而对未来农耕收获的丰歉作出判断，体现了他们对于自然现象的密切关注以及对于自然规律的把握和遵从。

《造五谷》歌还有十分细致全面的农事记述，是水族农业生产技术的总结和智慧的结晶。诗歌详细、准确地说明了小米、苞谷、黄豆、水稻、小麦五种主要农作物的耕种、生长和收获的时间，并十分注意对于农时的把握，体现出水族先民对自然规律的认识和遵从。如，歌中对小米、苞谷的种植过程和技术要领的叙述：

> 冬腊月，天干少雨，
>
> 撒小米，正该准备。
>
> ……
>
> 夏季里，雨水调匀，
>
> 米发芽，叶子青绿。
>
> 八九月，小米发黄，
>
> ……
>
> 二月间，天气温暖，
>
> 种苞谷，正合时机。
>
> ……
>
> 三月间，远祖点豆。
>
> ……
>
> 咱远祖，高坡选地，
>
> 牛圈肥，担到地里。
>
> 用镰刀，割去茅草，
>
> 用翻锹，深翻土地。
>
> 打好窝，放足肥料，
>
> 点下种，盖层薄泥。
>
> 六七天，种子发芽，
>
> 一筅筅，很有生气。

薅头道，匀苗除草，

薅二道，粪水浇淋。

薅三道，培土壅根，

须须红，灌浆壮粒。

……

秋收后，又种麦子，

……

《造棉歌》叙述了水族先民种植棉花的耕作要求，同样表达了对于自然规律的遵从：

金鸡啼，男女早起，

踩晨雾，同到地里。

挥镰刀，割掉茅草，

举柴刀，砍倒荆棘。

陡坡土，用铁锹翻，

低平地，牵牛来犁．

银锄扬，土块拍细，

厢厢地，整整齐齐。

……

打窝哟，要行对行，

象大雁，飞得整齐，

选种哟，要选精的，

象过端，最爱吃鱼。

春雨洒，棉苗膏膏，

……

粪水淋，枝粗叶嫩，

拔野草，花蕾结匀，

秋天到，棉桃开花，

一朵朵，恰似繁星。[1]

水家人不仅在农耕生产活动中追求与自然的协调统一，在日常性的栽种树木等生产活动中也处处体现着对于生态法则的准确认识和严格遵守。从歌谣《栽树》中可以明显地看出人们对于自然规律的掌握：

初造人，大家栽树，

仙人教，人人种竹，

竹和树，长大繁茂，

山野郁郁，

栽桃树，根要深紧，

栽李树，根要紧深，

样样都栽，梨树嫁接，

青梨树，种在寨边，

黄梨树，栽在村边

……

初造人，种竹栽蒿，

仙人教，会种竹篙，

竹成林，竹笋旺盛，

栽椿树，栽在塘边，

栽香椿，在菜园边，

黑杉树，栽在肥坡，

……

梨树枫树，

栽在山坡，

雨水不冲，

通天下都晓得的道理啊

---

[1] 何积全主编：《水族民俗探幽》，第312—313页。

栽椿树，在深山窝，

栽尼红，在肥泥处，

漆柳树，栽在岩朗，

根下海，树尖冲天，

……

栽梨树，家里富贵，

栽柿树，田坝自来，

栽桃树，就会发财，

嫁接梨，栽在门楼，

长齐王城，高过山坡，

树上结果，

结果子，人人欢心，

……①

歌谣既有水族种树久远历史的叙述——"初造人"之时，就有"仙人"教大家"栽树""种竹"，又记述了丰富多样的树的种类——桃树、李树、枫树、花椒树、木姜、竹篙、椿树、杉树、柏树、杨柳树等等，还有水家人丰富的种树地理条件的选择技巧——注意根据树木习性采用不同的种植方法、根据用途的差异选择栽种在不同的地方，"……梨树枫树，栽在山坡，栽椿树，在深山窝，栽尼红，在肥泥处，漆柳树，栽在岩朗……"教导人们在种植过程中依据自然规律行事——"梨树枫树，栽在山坡，雨水不冲，通天下都晓得的道理啊"表明水家人已经认识到了根须多的梨树和枫树能够涵养水源，这样大量而多样地栽种树木，最终使得水族地区山野郁郁。

这些歌谣在表现水族人民生产智慧的同时，表现了他们对于自然的用心观察和对于自然规律的自觉认知、利用与恪守，也表达了人类也只能是在充分尊重了自然界的客观规律才能够得以顺利从事耕作、种植等生产活动的深切认知。正是因为他

---

① 刘之侠、潘朝霖编：《水族双歌》，第296—299页。

们使自己的生活同自然的运行法则相适应，才在最后得到了美好生活，如歌中所唱的"家里福贵""田坝自来""人人欢心"。

此外，囿于对自然和生物的认识，水族《造屋歌》《造棉花》《造五谷》等歌谣中最终将自然物质的获取理解为是"天仙"们的帮助，但它们终究实实在在地改善了人们的生活状况。我们其实可以将这里的"天仙"解释为水族先民们对于自然的一种神秘化了的象征，那么，就是源于自然的自然万物维持了作为自然一分子的人类的存活，并使人们的生活得到了更好的保障。

对于自然界里的动物，水族人民也有着赞美和爱护的传统。在水族民间故事《百褶裙哪里去了》中，阿秀姑娘躲避狼群追赶之时，一条鱼帮助她过江脱离狼口，阿秀脱下百褶裙说："鱼呀鱼，千言万语表达不了我的心意，请收下我千针万绣成的百褶裙，这是我们水族人最珍贵的礼品。"从此，水族姑娘再也没有百褶裙而鱼有了鳍和尾。[1]《黑木耳》讲述了水族地区特产猫耳菌的来历：一只大黑猫在生前尽心陪伴和保护着水家姑娘细妹，死后化作猫耳菌仍旧给予着她以帮助。[2] 从鱼主动救人、猫咪给人以帮助等情节中，不难寻找到水族人民意识中人与动物间的特殊情感。

水族先民还借《田鱼与河鱼》（之一）中的田鱼唱出"鱼刺棚，把我关住"，"细鱼崽，用网兜捞。虽气死，也不敢说。在网里，心惊肉跳"；在《山羊、雁鹅和家羊》中又替家羊喊出了"早放晚关"的对于不得自由的抱怨和"就怕挨杀"的命不由己的感叹；在《猴子和山羊》中替动物表达了被人类驱使役用的无奈。这些感同身受的表达充分说明了水族人民具备的对于自然生物的关怀，他们为弱势物种代言，对人类野蛮行径的控诉，表明了水族人民深刻而又真诚的生态意识，体现其对于万物平等的追求。

---

[1] 韦学纯编著：《中国水族》，杨宏峰主编：《中华民族全书》，第 155 页。
[2] 祖岱年、世杰主编：《水族民间故事》，第 371—374 页。

三、水族民谚、格言

水族民间谚语、格言是人们在长期的生产生活中经验与智慧的结晶，尤其是一些农谚，有着指导农业生产的功能，既是先民对自然的总结，更是其顺应自然、掌握规律所得到的回馈。有关气象变化与农业生产关系的谚语，是其认识自然和利用自然方面智慧的凝聚，如"立夏不下，犁耙高挂""谷雨不雨，求不得米""夏至日无光，五谷难满仓""清明要明，谷雨要淋""青菜吃不了，来年雨水好""早虹晴，晚虹雨""虫蟮出来滚干灰，酷热干旱不减威""初一初二雨淋淋，一月没得几天晴""九月（水历九月）有雷鸣，庄稼好收成"等；有指点人们要适应季节的变化进行农活安排的谚语，如"清明撒秧，重阳打米"，是说"清明"的气候适宜水稻的生长、"重阳"的气候适宜水稻的收割，如果在这两个季节中不失时机地安排好农活，就有利于农业生产，就会获得农业丰收。"下种太早秧烂头，栽秧太早穗头秃"则指导人们育秧要掌握的农时。也有反映生产实践的农谚，如"稻谷要好，水肥要饱"，意思是说想要使水稻获得丰收，就一定要有充足的水和肥；"果树向阳栽，田缺朝低开"是对向阳果树所结果实色佳味美和稻田排水口开在最低处从而利于排水的科学认识；"只犁不细耙，枉自干一夏"则是说做农活一定要细致，否则到最后只是白干活没有收成。[①] 还有反映耕作与农时之间密切关系，告诫人们不违农时，保证丰产的谚语，如"六月六甩秧上坎"即是说过了农历六月六再去栽秧就已经为时晚矣，还不如将秧苗都扔掉；"只愁秧拔节，不愁田老化"是说一旦错过了水稻的栽插时节将会出现"秧老田不老"的悲惨结局。

这些谚语背后隐含着的是水族先民对自然规律的认识，时刻提醒着农人关于时令的规律和信息，水家人也正是在这些内蕴着生态规律的谚语指导下世代进行着农业耕种。

众多民间文学的表述都反映出了水家人的现实生活同自然的深层融合，从中我们似可得出这样的判断：水家人生活的方方面面都离不开自然的馈赠和帮助，正因

[①] 潘朝霖、韦宗林：《中国水族文化研究》，第 487—488 页。

如此，他们清楚认识并严格遵循自然规律，使其自身生活得以稳固、持续地发展，同时对于整个生态系统也起到重要的保护作用，也正是在此基础上，水族地区的生态环境才得以呈现出一派"完整、和谐、稳定、平衡和持续存在"的面貌。

事实上，人类的生存和发展本就是建立在对自然的求取基础之上的认识，这一认识可以说深植于水族人的内心。现代社会中大多数人视自然的供给为天经地义、理所应当的错误观念，和水家人在其民间文学中所表现出来的铭记与感恩形成了鲜明的对比。水族民间文学对自然的恩赐做着如此丰富、详尽而又不厌其烦的述说，这本身就已经说明了水族人民对于自然重要性的自觉认识，这铭记不忘的背后所隐含的就是满怀的感恩之情。[①]

第三节　生态伦理：传统文化调适下的平衡与循环

前述可见，生活在贵州南部都柳江和龙江上游的水族主要依附当地丰富的生物资源和自然地理条件，从事梯田稻作农耕。他们与自然的关系非常密切且和谐共存，不论是农耕生计中的生态智慧，还是民居修建中的"地方性知识"；也无论日常生活中"绿色"、原生的衣、食、住，还是包含生命隐喻的制酒工艺，无不处处体现出水族传统文化对自然的适应。他们强调人与自然的对立统一，遵循生生不息的、平衡与循环的生态理念，在长期的生产劳动中，逐渐形成了维持本民族生态平衡的伦理思想和伦理规则。

一是生计方式中的生态伦理。在与大自然的长期相处中、在上千年的生存实践中，人们深刻地认识到自己身处生态链的重要性：森林涵养水源，水源灌溉稻田，稻田维持人类生存，因此十分重视森林和水源的保护和利用，努力培育和维护以水稻田为中心的生态系统，构建出"坡下种田，坡上蓄木"的农业生产格局，摸索出"森林—公共稻田—自然村寨"三位一体的生态模式。村寨外围的森林是水源林，主要为下方稻田的灌溉提供稳定水源，村寨上方是常年蓄水的公共稻田，既可以缓解村

---

① 杨校育：《生态批评视域下的贵州水族民间文学研究》，贵州师范大学硕士学位论文2014年。

寨水资源枯竭问题，也可以在旱季为其下方的稻田提供水源，同时，水面散发出的水蒸气弥漫到森林中，还能够产生露水滋养森林。①特有的"鱼稻共生"生态农业模式，既保证了食用鱼类的供应，避免因生活需要在河里过度捕捞导致减少鱼种及数量，又最大限度地减少了人类为捕鱼采取的各种方法造成对河流的污染，较为有效地维持了当地生物的多样性，对维持生态平衡起到积极的作用。

从生态学观点看，人类群体所处的自然生态环境决定着他们生活行为的选择。水族村寨的选址规划和设计，从村落布局到家宅选址、方位朝向、建筑体系、室内布置均体现民间风水观念，按照"天人合一"的理念建造。同时水族地区盛产木材，这给住宅的建造提供了优质、健康的建筑材料。住宅是家庭生活的基础，它的产生和发展，是民俗传统意识的转化，水家人把自己的理想追求包括生态意识体现在了族群聚居地和家宅营造之中。

水族社会对自然植物的利用和保护，也富含浓厚的生态伦理思想。人们在衣、食、药等方面对原生材料的运用暗合了当代生态文明社会建设的"绿色"理念——制衣用的蓝靛、木叶、草木灰、黄豆等是自然生长植物；食用的糯稻、鱼虾、蔬菜及豆类取自自家菜地，野菜来自山野。制酸用的原料也是自种自采，其取材于自然的生产模式是真正意义上的回归自然、绿色环保；九阡酒的制曲全程遵循适度采摘原则，整个酿造工艺富含人们在长期生产实践中总结的本土生态知识与智慧，同时也体现出他们以此为纽带促进社会整合的生存策略。120种酒曲原料大多是藤蔓植物和草本植物，有着发达的根须，既能涵养水源，又能庇护地表，减少泥石流等自然灾害的发生。其中所蕴含的生态伦理思想，已经凝练成水族的生计方式，注入本民族的文化基因之中，持续为水族生态环境保护和自然资源合理利用发挥作用。②

二是生产生活习俗中的生态伦理。比如，鱼作为农耕文明的伴生物，既是水族农耕文化的直接体现，又是水族人精神上的图腾；既是美食中必不可缺少之内容，

①尤小菊：《水族传统生态知识的多样化表达及现代价值》，《广西民族大学学报（哲学社会科学版）》2015年第1期。
②缪成长：《水族伦理思想综述》，《黔南民族师范学院学报》2020年第1期。

更是先民社会生活的重要介质；鸭子护寨则体现了人与动物结成了共生伙伴，相互依赖、相互支持，维护着水族村寨与山林、人与环境的和谐共存；水族爱牛敬牛，牛在水族先民心中有极为神圣的地位。但同时他们以牛祭祖，意在给亡灵送去耕牛以继续耕田，实际上是水族灵魂崇拜的表现；斗牛活动在水族部分地区很受喜爱，常在端节等重大节日期间举行。实际上可以看作是饲养耕牛技术的竞赛。因此，其文化内涵乃是农耕民族对耕牛的崇拜。此外，还有各种农事节日中的生态民俗，都体现着水族人民关于人与人、人与祖先、人与神灵（自然）和谐而频繁的关系往来，体现了水族朴素而深刻的感恩思想，包含了人与自然和谐共存的朴素生态理念。

三是民间信仰中的生态伦理。水族民间崇拜动植物、崇拜自然、爱护森林等传统生态理念，千百年来起到了约束人们的行为和保护森林的作用，使得水族地区森林植被保存完好，森林生态系统稳定，为野生动植物的繁衍生息提供了良好的环境。水族地区敬山神、树神，狩猎时注重对幼小动植物的保护，这种保护自然、关爱动物的传统生态价值观形式独特、内容丰富，蕴含丰富的生态伦理，至今仍有借鉴意义。[1]

从前文可见，水族先民将对一木一石的信仰和敬畏扩大到对整个自然环境的敬重和爱护。水族人民意识到植物及自然环境与其生命、生产生活有密切关联，信仰文化中蕴含着朴素的生态意识。不可否认，神山圣林的存在可以调节局域气候、涵养水源、保持水土，成为多种动植物的栖息地与避难所，客观上达到保护生物多样性的效果。"虽然乡土知识在生态保护上不是全能的，但它可以弥补在生态环境保护过程中现代技术、法律、经济或行政等手段的不足。"[2] 正是在这个意义上，水族宗教习俗与神山、神树、风水林等带有宗教色彩的环境保护意识，民间规约中有关的生物资源保护与利用，以及以保护自然为目的的水族传统信仰与实践，都应当受到尊重。

---

[1] 尤小菊：《水族传统生态价值观的多样化表达及其当代价值》，《广西民族大学学报（哲学社会科学版）》2015年第1期。
[2] 柏贵喜：《乡土知识及其利用与保护》，《中南民族大学学报（人文社会科学版）》2006年第1期。

　　四是民间文艺中的生态伦理。水族人民创作、传承的歌舞，形式独特，内容丰富，其中以双歌为最。水族双歌大多内容质朴浅显，深刻反映了水族人民与自然以及社会和谐相处的道德情感，具有强烈的伦理意蕴。如《雷神和菩萨》通过对雷神的赞美，表达人民对自然的敬畏之心："打雷闪电，到处见亮／好威风，响在高空／我在家，卧床细听／心欢喜，嘴不会说／六冬寒冷，没火烤，冰冷如石／没衣被，盼望春天／春日暖，全靠雷公／普天下，闪电亮堂。"《田鱼与河鱼》则通过把鱼拟人化为讲感情、重义气的人，来表现水族人民对动物的喜爱："（河鱼）：春水涨，你我相逢／涨春水，你我相遇／我两个，河中交友。要不夸，可惜你美／要不夸，辜负你好／我的田鱼友啊！（田鱼）：涨春水，你我相得／春水涨，你我相会／反复想，我才赞你／赞不对，你别生气。我的河鱼友啊！"[①]歌中蕴含的生态伦理观念至今仍值得借鉴。

　　另外，在《迁徙歌》中，水族"古父老"因为原先的居住地不适宜生存，最终做出了"到贵州，养育后代"的选择，从中我们可以看出水族先民已经认识到不同地域自然条件的差异及其对人类生存繁衍的重要影响，从而进行了对于生存环境的自觉选择。可见他们已经具备了"为自己寻找家园，且家园必须是自然生态很好的地方"的意识，只有在这里人们才能够获得一种安全感和满足感。这就正如曾繁仁先生所说，"家园意识不仅包含着人与自然生态的关系，而且蕴含着更为深刻的、本真的人之诗意的栖居的存在真意"[②]。

---

① 刘之侠、潘朝霖编：《水族双歌》，第 51、257 页。
② 曾繁仁：《生态美学导论》，第 315 页。

第三章　制度文化规范下的生态保障
——水族习惯法体系

　　水族地区素以"山美、水美"著称，其中三都水族自治县的森林覆盖率达67.8%，不仅生物多样性十分丰富，而且是动植物天然的基因保存库，因而被誉为"像凤凰羽毛一样美丽的地方"。这一带之所以长期保存着较好的原始生态系统，一个重要原因在于人们在漫长的生活、生产的社会实践中与生态环境相互作用，不断探索自然、认识自然，充分意识到保护生态环境的重要性，并逐渐形成一套优秀的传统生态法治理念，形成了自己独具特色的民族习惯法体系，其丰富的习惯法资源，从多个方面规范了人们的生态保护行为。

第一节　"十六水"：水族先民远古社会组织

　　历史上，除中央王朝推行的郡县制、羁縻制和土司制度以外，水族传统社会内部自然形成的"洞"组织是其最基本的组织形式。据《黎平府志》载，今黔桂毗邻地区的少数民族，"自唐以来内附，分析其种落，大者为州，小者为县，又小者为洞"；宋代，今水族聚居的黔南地区，是为"九溪十八洞"地；元代讨平"九溪十八洞"后，方"大处设州，小处为县"。各类史料显示，自隋唐五代至明代，包括水族在内的现黔南地区均属于"百粤溪洞之民"。"洞"最早是由单一氏族形成的自然村落，随着社会的发展，这些村落发展成包括若干个氏族宗支的亲族联合体，并以父系血缘为纽带居住于一定的区域。人们利用血缘关系的调节，对内保证群体成员共同生产生活，维系村社生存繁衍，对外以"洞"的形式参与地方性社会活动。

　　"洞"之外，水族社会还有"水"组织。水为"睢"音译，是水族社会氏族部落组织形式。一个"水"组织可以包括多个"洞"，这种"水"组织最初有十六个，后来成为水族的十六个主体支系。如今的"十六水"在不同的地区指代不同的意义。如在三都、荔波一带，"十六水"意指"我们水族"或者"我们水族居住的地方"；都匀套头及独山翁台一带，说"十六水"时会加上"下方"二字，指的是"我们下方的水族"或者"我们下方的水族居住的地方"；而榕江一带的水族说起"十六水"要加上"那面""那边"，指的是"三都、荔波那边的水族"。虽然表述、意义有一定的差异，但"'十六水'无论是指氏族或者支系都是水族先民远古的一种社会组织"①基本上是业内的共同认识。

水族父系氏族社会最大的特点是，以父系血缘关系为纽带，结成同宗同源的血缘家族。在共同的父系祖先的血缘关系的维系之下，家族利益是至高无上的。在这种观念的影响下，一方面为培养或加强每一个家族成员的家族观念或每一个宗族成员的宗族观念，水族社会尊祖之风得到大力提倡和宣扬；另一方面各种习惯法应运而生，成为规范和制约每一个家族成员或宗族成员的行为准则和调适宗族集团之间关系的重要手段。②

第二节　习惯法：全体宗族成员共同遵守的行为准则

在成文法出现之前，习惯法作为一种法律规范是维系一个民族社会稳定向前发展和增强民族凝聚力所必需的手段。作为维护水族血缘家族或宗族利益的水族习惯法源远流长，俗称"议榔"。"议榔"一般以联盟的形式出现，一村或者数村组成一个小榔，若干小榔组成一个大榔，共同制定"榔规"维护整个榔的内部生产生活秩序、共同防御外部侵犯。如有违反将受到罚银、送官及至驱逐出村的处罚。

水族习惯法大约产生于氏族部落时期。最早见于史籍的水族习惯法应是《旧唐书·南蛮西南蛮传》里有关于唐代在今水族居住的东谢蛮地区"有犯罪者，小事杖罚之，大事杀之，盗物倍还其赃"等记载，可以看出，当时已经有了较为完整的习

---

① 贵州省科技教育领导小组办公室、贵州省民族宗教事务委员会编：《贵州世居少数民族文化史》（卷四），第138页。
② 潘朝霖、韦宗林主编：《中国水族文化研究》，第37—38页。

惯法的存在。早期的水族习惯法多表现为宗族习惯法,由氏族内部的家族规约对成员进行评判和处罚。大约明代中叶之后,许多宗族将氏族习惯法写入家谱、宗谱,形成传统水族社会的家法、家风制度。因而水族宗族习惯法有时亦称家法或者家规,总体上仍是宗族整体形象的意志反映,是全体宗族成员共同遵守的行为准则。许多生态、环保意识便体现在族规、家规的条款里面。比如,水族社会对于破坏水源和山林管理的行为,有一系列严格的制度规约。如不得任意砍伐山林,对违反者施以"三倍还赃"的处罚原则。根据这一原则,如果有违规砍伐山林,人赃俱获的,则必须按照山林价值的三倍赔偿。"三倍还赃"原则创始于唐朝,一开始仅仅适用于处罚偷盗行为,后来延伸到对山林和土地的管理上。又如,对生产灌溉中违反水源管理的行为处罚更加严格。违反者除需恢复原状、向族人赔礼道歉之外,还要罚酒、肉、米各 100 斤,供族人食用。对于村寨集体所有的林木,按习惯法不准砍伐。有些村寨设有护林人管理林木,若本村人砍伐,必须得到护林人或头人的允许。一些地区还有一些约定俗成的不成文规定,如违犯春雷或者用火烧他人山林,罚猪一头及酒水、米饭供全寨人饱餐一顿;在河段、鱼塘用药毒鱼者,按上一年鱼的收获量赔偿;等等。

不同宗族的习惯法具体条款上当然不尽相同,但保护山林、不得乱砍滥伐等规定几乎在所有族规中都存在。如,三都县塘州乡一带的"王氏宗戒二十条"有专门规定:"祖坟后山,不许开垦修造,锄坏山脉,或稍损塌,族正即请堪舆查看。大利年月,随时修补,毋稍缓。族众尤不得多生梗议。违者,以不孝议罚。"

明清之后,汉文化传入,习惯法以村规民约的形式大量涌现,形成较为完整的体系。到清朝时期,部分地区的水族村寨如榕江的高兴、都匀基场等地出现了以习惯法为立法基础的成文法律条文。这些法律条文都因刻写在石碑上而得以流传至今。如,据清嘉庆十八年(1813)正月立的"烂土司信照条约碑"上记载,在境内水族聚居的地方,有"十六水"的社会组织。由一至数个有血缘关系的同姓宗族村寨自然形成。每个"水"的"寨头"都是本氏族中德高望重、办事公正、能讲会道、熟悉水族习惯和人情世故的老人,深受本氏族群众的拥戴。村寨中遇有纠纷、争议时,即请其排难解纷、调解矛盾、评定曲直,不须诉诸官府。氏族遇有大事,仍需由全体氏族人员集体讨论，实行"议榔"制。对官差应酬和纳粮均由寨头出面应付。如三洞乡的板龙、板干、岜毫、板方、板合等6个村寨，曾在信袭大坝共同议定"榔约"。由各村寨的自然领袖"寨老"主持召开大会，杀猪摆酒席，费用由与会者平摊。开席前议决"榔约"，其内容有：偷禾谷、蔬菜、鱼等的处罚；偷牛盗马的处罚；砍伐竹、木林的处罚；内勾外引盗窃者的处罚；强奸妇女、拐带女人的处罚；共同对付外敌的措施；等等。①

水族习惯法内容丰富，条款具体，便于操作，而且奖罚分明，其中不乏保护生态环境的相关内容且处罚相当严厉。如道光二十五年（1845）都匀内外套地区的"水族乡禁碑"中云："……一议我等地方不准毁田伐地，如有敷重、伤者，传齐人众相帮，出钱上致，无许私致和实磕之人，如私和者罚银二两四钱八分入公。"该碑由两套地方（现都匀市归兰水族乡）近百个村寨共同订立，适用整个套头地区的水族、苗族、布依族等。

同一时期，榕江高兴水族地区有一个只有4个村寨的小榔组织所定的乡规"流芳百世碑"，里面也有保护山林、土地的规定："……一议不许偷砍柴山，放火烧山，如有不遵，罚钱一千二百文；乱割叶子，罚钱六百文；……众山（村寨或家族共有的山岭）不许新来人乱挖新土，凡有悍挖，不拘茶子、树木、杂粮平分，不遵革除。"

光绪二年（1876），三都板告地区的"椿例碑"，对偷盗也分二类处理。一类是对偷牛马、盗家的直接送官，另一类则是"……偷田禾、谷草并杂料……棉花……私开田、伐竹头，所有捉拿，罚银六两、猪十二斤、米二斗、酒六十斤"。可见，对于私开田、伐竹头这类破坏土地、山林资源的，将予罚银、罚肉、罚米、罚酒等处罚，这些对于生活贫苦的水族群众来说已经是很重的处罚了，很少有人会去尝试触犯。

水族信仰"龙脉"，因为"龙脉"的好坏关系家族的发展、子孙的繁衍，不但选择村落地址、修建家宅和家族墓地时要对照水书选取"龙脉"所在，日常也非常看重对"龙脉"的保护，但凡破坏"龙脉"者，一定会受到族规的严厉处罚。比如，

---

① 三都水族自治县史志编纂委员会编：《三都水族自治县志》，方志出版社2016年版，第156页。

榕江高兴水族地区有两块乡规碑文，立于道光十九年（1839）九月二十三日，是专门规定保护"龙脉"的，其"百世流云碑"上有一条："……册坡各管各业，还有挖山种土该问主人，挖者栽树林与山主，倘有忘（妄）挖，众等革除境外。"

新中国成立后，实行民族区域自治政策，各民族平等团结，各级政府都有水族代表参政议政，真正当家做了主人，在处理本民族内部事务时也用乡规民约取代了"议榔"制。

第三节　核心理念：物无贵贱、万物同源

万物同源的生态生成理念。如前所述，水族创世神话和古歌中有大量反映水族先民对世界和人类起源的观点，如，古歌《造人》表达了人类由神（牙蜗）创造的思想；《人虎龙之争》《谁的气力大》《老虎为啥咬人》等神话故事表达了对人兽同源共生的认知；水书中认为宇宙万物对立统一，蕴含了朴素辩证的生态世界观，印证了水族万物同源的生态生成理念。

万物有灵的生态存在理念。水族自古崇拜自然，信奉万物有灵的生态存在理念，从石头、古树、鱼图腾、龙图腾，到祭雷神、敬霞、陆铎公，再到传统马尾绣中随处可见的花、鸟、鱼、虫形象，无不寄托了水族人民对自然的原始崇拜和对万物有灵、和谐共生的憧憬。

物无贵贱的生态平等理念。水族民间故事中蕴含着浓郁的生态平等理念，在《人虎龙之争》里人、虎和龙是关系蛮好的邻居；《老虎为啥咬人》里，人类可以把女儿嫁给老虎；《谁的气力大》里人和老虎经常结伴到山里捕猎……这些人与动物和睦相处的故事，透露出一种对于物无贵贱的生态平等的美好愿望。

万物相依的生态秩序理念。世间万事万物，皆相依相待而存在。水书中论述了事物之间相互依存、相互联系的朴素哲学辩证法，认为人类生存须臾离不开自然。民间故事《鸡和稻谷》《老虎与人》等都阐释了自然是人类生存之源，万物要相互依存、相互帮助的道理。

天人合一的生态整体理念。在水族的传统生态法治理念中，人和自然不仅是资

源关系，更是根源关系。比如水族服饰多以青色和绿色为主、马尾绣工艺以花鸟鱼虫和自然万物为原型，都彰显了水族人民人与自然合而为一的生态整体意识；水族村寨多按龙脉选址、依风水布局，与将山、水、林、泉、田有机地结合起来，优美人居环境亦源于"天人合一"的生态指导理念。

寡欲节用的生态平衡理念。水族传统文化中蕴含着极为丰富的珍惜自然资源的传统美德。比如传统石棺墓葬习俗有效地保护了当地的森林生态系统；传统全木结构民居建筑和生态梯田，奉行的原则是就地取材和地尽其利；九阡酒的制曲过程中对植物的取用也遵循"适度"的原则，所谓"见三采一""见五采二""雌雄不同取"等，这些习俗和生活方式虽然有着迷信的背景，但不可否认其对当地生物的多样性和生态平衡作出的不可磨灭的贡献。

万物不伤的生态伦理理念。民间故事《瓮沽下与瓮沽裸》讲述天下 120 种动物不准彼此相互伤害；受"万物有灵"的观念支配，水族认为图腾物是自己的祖先、亲属、神灵，由此日常禁忌猎杀对人类有益的鸟兽及动物。凡此种种都体现了万物不伤的朴素生态保护意识和生态伦理观。[1]

万物共生的生态和谐理念。水族古歌很多都流露出对于万物共生共荣的向往和追求，如《迁徙歌》《开天地造人烟》《盼星月降临人间》《石榴歌》等，以艺术的形式表达了万物共生的生态和谐理念。[2]人与自然和谐共处的生态理念，天地感应、阴阳合一、顺应自然、安身立命不仅是水族先民的人生态度和思维模式，更是水族民众朴素的生态伦理观和生态意识的重要体现。[3]

---

[1] 余贵忠：《返本开新：水族传统生态法治理念的现代化》，《贵州社会科学》2018 年第 2 期。
[2] 潘朝霖：《中国水族文化研究》，第 560 - 590 页。
[3] 石国义：《水族传统文化心理思辨》，《贵州民族研究》1998 年第 1 期。

瑶族篇

导言

在贵州，按 2020 年第七次人口普查数据调查，瑶族约有 4.67 万余人，在整个分布上呈现出三个不同于其他贵州世居少数民族的特点。

其一，点状分布。即较为典型的小聚居、大杂居，其聚居以支系为大的"方面"，以家族为小单位散布于贵州省的黔南、黔东南以及黔西南地区。具体来说，主要有聚居于黔南荔波地区的白裤瑶、青瑶、长衫瑶；聚居于黔东南榕江、从江、雷山、剑河和丹寨，黔南三都、罗甸、安顺紫云、镇宁以及平永、三江、平江、平阳等地的盘瑶（过山瑶）；主要聚居于黎平、从江的红瑶支系；主要聚居于望谟的油迈瑶；以及其后被识别为瑶族的都匀、麻江绕家人。大致分布如下 [①]：

支系名	自称	他称	分布地区
红瑶	巴哼	侗族—噶优 苗族—大达优	黎平的顺化瑶族乡和雷洞瑶族水族乡；从江翠里瑶族壮族乡的高忙、新寨、舒家湾、乌菜、架格、绕家等瑶寨和川榜乡达州村
盘瑶	荣棉	过山瑶	榕江塔石乡、雷山、丹寨、从江西山镇、三都巫不、从江翠里及罗甸县罗妥乡安抗村
白裤瑶	董蒙	布依族—尤 汉族—白裤瑶	荔波县与广西南丹毗连地区，少部分居住于荔波瑶山瑶族乡，捞村乡洞烘、拉用等村
青瑶	东蒙	水族—谬六	荔波瑶麓

[①] 对瑶族的自称各书记载不一，主要原因在于瑶族有自称和他称，以及在与其他民族对话时的称谓，译者若以音译，选择角度不同，所载自称不同。如柏果成的《贵州瑶族》就标记发音为 doŋ mo，庄重场合为 do lou 白裤瑶文中的翻译用的应是其与苗族对话时的自称为"努格劳"（nou tsɑu），青裤瑶自称"努茂"，长衫瑶自称"杯冬诺"，望谟油迈瑶自称"蒙"，黎平、从江红瑶自称"巴哼"，三都、从江西山、榕江塔石盘瑶自称"优勉"。

支系名	自称	他称	分布地区
长衫瑶	努侯	布依族—尤	荔波茂兰乡、洞塘乡和翁昂乡的瑶埃、瑶寨、洞阶、洞尝等
油迈瑶	满	俗称"油迈瑶"	望谟县油迈瑶族乡内，上油迈、下油迈、新寨、加现等村。
绕家	育①	苗族—嘎育	都匀内绕河村、麻江河坝村

其二，贵州瑶族传统文化的涵化较为明显。瑶族迁入黔地后在与周边共同居住的其他民族的交往中，吸纳了其他民族的文化形式。具体来说，瑶族各支系中仅青瑶支系和长衫瑶支系族人口全部居于黔地，其他支系大多为支系的小部分分支迁徙入境。荔波瑶山乡的白裤瑶支系，其族群主体在广西南丹县的里湖；而盘瑶支系的族群主体在广西来宾金秀瑶族自治县；红瑶支系的大本营则位于广西龙胜和三江等地。再加上瑶家迁徙进入黔地后，多与其他少数民族毗邻，如白裤瑶与布依族、苗族、汉族为邻；青瑶与水族、布依族为邻；油迈瑶与布依族、苗族、汉族为邻，红瑶与侗族、苗族、汉族相邻；盘瑶的情况更为复杂，由于村寨分散，各村落相邻的民族皆不大相同，如在三都县的盘瑶多与水族为邻，罗甸县的盘瑶则多与布依族为邻；从江县的盘瑶多与苗族为邻，榕江的盘瑶多与水族和侗族为邻等。换言之，瑶族各支系在贵州人数较少、呈零散分布，既是其支系的"边缘"性存在，同时又是其他少数民族中的"少数群体"。因此，贵州瑶族各支系在文化上更多地呈现出多民族杂居交往中的相互借鉴和吸纳。

研究贵州瑶族的传统文化情况，可以明显地看出本民族文化内核在传承和迁徙

---

① 育支系没有瑶族其他支系共有的"盘王"信仰，在新中国成立后开展的大规模民族识别过程中，绕家曾被认定为彝族，但当地人认为自己与彝族不同。1992年，河坝地区绕家认定为瑶族，都匀绕河地区绕家也不认可自己瑶族族称。后于2007年4月，贵州省委同意都匀市民宗委关于认定为都匀绕家为瑶族的建议，对于暂不同意认定为瑶族的，可以维持原来的称谓。而育支系（绕家）的情况则更为特别，有自己的语言，自称为"育"，古籍中有"夭家""绕家""夭苗""夭人""扰人"等称呼，但该族知识分子于民国前后，提出"夭""扰"等字具有贬义，便将他称的"绕家""绕家人"作为自己族群的称呼。

后的生境及社会环境适应中的变迁，足见自然环境和社会环境对居住地人群的文化影响和塑造。以语言为例，瑶族各支系的语言有较大差异，大致分为操勉语（瑶语支）的盘瑶，操布努语（苗语支）[①]的白裤瑶、青瑶、长衫瑶以及红瑶支系。后三者因主要聚居于荔波县境内，又往往简称为"荔波三瑶"，三个支系所操分别为"瑶山土语""茂兰土话""瑶麓土语"，三个支系之间无法用本民族语言交流，但对周边少数民族的语言却相对熟悉，有的甚至掌握了邻近民族的语言，可以相互交流；而在榕江县的塔石乡、三都县、雷山县等地的盘瑶由于与居住地周边民族长期交往，其原先的民族语言基本消失。这一点，在服饰上也较为典型，如榕江县塔石乡的盘瑶基本已改穿当地汉族服饰（当然，这些年当地重新发掘民族文化又出现一种简版的民族服饰），而罗甸县安抗村的盘瑶和望谟县的油迈瑶则由于与当地布依族的长期共同生活，在服饰上也已改穿布依族服饰。

其三，自然生境对其生计方式和社会形态有着决定性的影响。贵州瑶族各支系的差异较大，不仅体现在语言服饰等外在的文化形态上，更由于其进入黔地后所处的地理环境的不同，而形成完全不同的社会结构。在进入新中国时，白裤瑶尚处于原始社会，而青瑶和长衫瑶由于居于茂兰坝区，基本进入定居佃耕的地主经济；盘瑶的情况则更为典型，定居于塔石乡的盘瑶由于地处交通要道，且与其他民族通婚，在适宜的地理环境下迅速定居、并进入地主经济，而从江西山镇的盘瑶则保持着"赶山"的生活方式，进入已有其他民族生活的山地，靠租种山林和荒地而处于"种树还山"的经济形态之中；红瑶支系中居于黎平滚董乡的红瑶则进入了"地主经济"。各支系差异如此之大，足见自然生态环境对居于其间的人的影响之深广。

基于此，瑶族各支系基于自身生境与居住地周边的各民族一起，共同应对相同的"小"气候、地理和物产，形成了独具特色的贵州瑶族传统生态知识。就如"神人"在贵州的山水之中撒下一把"豆子"，它们散落在不同的地理自然环境之中，落地生根发芽生长出各种各样的"果实"。由于各支系相对分散，单支族群的力量

[①] 如布努语下分两种方言，分别是自称"斗睦方言"的"荔波方言"和自称"巴哼方言"的"黎平方言"。前者又分三种土语，即"瑶山土语""茂兰土话""瑶麓土语"。

也更为弱小。在适应自然的时候，更像是一种被动的适应——在自然环境条件较好的地方，生产力的提高较为迅速；在自然环境相对恶劣的地方，生产力被束缚、社会时间也变得更为缓慢。具体而言：首先，如白裤瑶支系，在新中国成立前与自然的相处以被动适应为主，其中也有对周边生境出产物种的认知及物性的把控，但显然处于摸索和探索阶段；其次，其他如青瑶（主要是生存环境相对较好）、长衫瑶、油迈瑶、绕家等由于各支系族群人数有限，在分散定居和周边少数民族的交往过程中学习并掌握"邻居"民族的生存技能，他们所掌握的生态知识是相互学习、民族交往的结果；最后，在生态环境较好的从江都柳江流域的盘瑶、红瑶支系，他们基于自己所处的生境和民族间的交往，发展出独具特色的生计方式，充分体现出高超的生态智慧。

从贵州瑶族的传统生态知识来看，相对破碎的山地生境所形成的封闭和较为独立的小气候，对居于其间的人的文化形塑极为明显，在传统生态知识上，更多的是基于对生境周边物性的认知和把握，形成索取与回馈的相对平衡。

第一章 传统生存智慧的物质形态
——管山耕山、取用"有限"

　　瑶族进入贵州始于何年，史无明载。乾隆年间的《贵州通志》中有记载："瑶人，黔省原无，有自雍正二年自粤西迁至贵定之平伐，居无常处，必择溪边近水者，以大树皮接续渡水全家，不用桶瓮出汲。"①其中"瑶人，黔省原无"一语说明贵州原本并无瑶族，现在贵州境内居住的瑶族是由原先居住在湖南、广西的瑶族辗转迁入的；而荔波地区的白裤瑶也并非贵州本土民族，荔波地区原属广西，在清代"拔粤归黔"时才划入贵州辖区。《明史·广西土司传》亦有相关记载："永乐二年……荔波县民覃真保上言：县自洪武至今，人民安业，惟八十二洞瑶民，未隶编籍。今闻朝廷加恩抚绥，咸愿为民，无由自达，迄遣使招抚。"②从中可知明代初年，荔波各地已有瑶族生活的痕迹。由此推知，瑶族进入贵州时间必在明代以前，只是各支系瑶族进入贵州的时间有早有晚。

　　尽管瑶族各支系进入贵州的路线、时间不尽相同，但在原因上却大体一致：这是传统瑶家的生计方式所决定的。瑶族自古以耕山为业，有研究者提出瑶族远古时被称"摇民"，是帝舜的一支。《山海经》说："帝舜生戏，戏生摇民。"据说楚平王（一说周平王）就赐予瑶族子孙管山耕山之权，因而瑶族先民在历史上可随时择山迁徙，不受阻碍，耕种无阻，徭役免征，不被征税，千年不变。"赶山吃饭""食尽一山，则移一山"的游耕生活方式使得瑶族迁徙频繁。

---

① 鄂尔泰、张广泗：（乾隆）《贵州通志》，清乾隆六年刻本。
② 张廷玉等：《广西土司》，《明史》卷三百十七，清乾隆武英殿刊本。

第一节　居：不善平地、唯利高山

　　尽管瑶族处于不断的迁徙之中，但是其村寨的选址也并不随意。文献中所言"居室不善平地，惟利高山"①，或者"入林惟（唯）恐不密，入山惟（唯）恐不深""居无定所，必择溪边近水者"等描述，都只是述及其居住和分布的形式。如果说早期的游耕决定了瑶族"随山散处""食尽一山，则移一山"择溪边近水处建房的居住方式，那么进入定耕以后的瑶族村寨在居住和选址上，风水的考量和村落的安全防卫需求也逐渐成为瑶族建村立寨的重要因素。因此，瑶族的村寨大都选址在半山腰或稍近山脚的地方，多在向阳的坡上，坡脚有平土，村后有大山，在寨头瞭望便能够清楚地看到周围的情况。

　　从风水来说，有研究者认为"瑶人把对现实生境的不满足感，寄托在精神世界的舒适感上"②。因此，盘瑶无论在阳宅还是阴宅的选择上都十分认真严格，讲究"青龙白虎""三元甲子"。在瑶家人看来，适宜人居住的吉地，需要有主山为依托，两侧呈合抱状，合抱处有平整开旷的地坪，地坪前要有流水，更远处须有山做屏障。如黔南布依族苗族自治州荔波县板寨村就背靠龙脉，村前较远处又有山脉为屏障，西出拉叭、东至板寨，再向南，径流注入广西境内三岔河下游的板寨地下河水系，在洞翁至板寨的径流过程中，形成约7公里长的明流段。

　　此外，出于实际防卫需求，由于瑶族生存环境艰难，故村寨的防卫需求也是瑶家立寨必须考量的因素。如离板寨仅1公里的洞塘乡板寨村瑶寨组，其村寨坐落在山坳丫口处，四周群山环抱，当地人把这五座山头戏称为"五指山"。寨前古木参天，寨内吊脚楼林立，井然有序，建在一片平坦的岩石之上，又称"石头上的瑶寨"。外敌进犯寨子时，只在丫口处有一条进寨的路，在此处居高临下，有着"一夫当关，万夫莫开"的气势。

---

① 玉时阶：《白裤瑶社会》，广西师范大学出版社1989年版，第72页。
② 黄海：《斗里乡瑶族宗教文化调查》，贵州省民族事务委员会、贵州民族研究所编：《贵州"六山六水"贵州民族调查资料选编·回族、白族、瑶族、壮族、畲族、毛南族、仫佬族、满族、羌族卷》，贵州民族出版社2008年版，第247页。

仅就村落的选址而言，较早进入榕江县塔石乡的盘瑶由于当地生态较好、土地气候适宜农业，故较早地进入地主经济，而同样的盘瑶支系从江西山镇的盘瑶却只能"种树还山"进行佃耕的林业生产。

贵州崇山峻岭的阻隔和各种地形地貌的割裂使得同一个民族的不同支系在进入贵州后，获得了完全不同的发展，甚至在新中国成立前长期保持处于不同的社会发展阶段之中。可见生态环境对人的文化发展的决定性作用，而各种阻隔和割裂也使得相互之间的交往几乎被限定在居住地周边，故而呈现出居住地选择对族群社会发展的深刻影响。

横向地看，无论贵州瑶家哪个支系在民居建筑上，都采取了与贵州山地气候相适应的建筑样式——干栏式建筑。即便最早的叉叉房形制，人的实际居住面也与地面保持了一定的距离，以此隔绝贵州山地的潮湿，所用建筑材料也大多取材于当地，以树木搭建主要框架，木板或竹席作为隔断，形成"人住楼上，畜关楼下"的传统格局。纵向地看，瑶族从游耕到定耕，其民居样式经历了从易于搭建拆卸的叉叉房到相对讲究建筑工艺的干栏式建筑的过渡，各支系又因学习借鉴的邻近民族不同，在干栏式建筑的具体样式上各有特色。

白裤瑶支系，早期的游耕生活决定他们的民居样式以简单易搭建的叉叉房为主。叉叉房大多为面积狭窄的通间，火塘设置在房屋中央，其建筑几乎不需要工艺，一般用一把柴刀或一把镰刀，将山上的树木砍倒运回，再把地面略为平整，埋木为柱，以树为梁，破竹箩绑扎，构成屋架，整个建筑物既不打眼，也不制榫，用芭芒杆捆在树干上或破竹编篱，围住四周，割回茅草盖顶。竹篱的孔隙很大，通风透光，夏夜月光射孔而入，冬日寒风穿隙而过。屋顶形如"A"字，两面坡度较大，屋檐低矮，四壁无窗。不但建筑容易，且弃之也不觉可惜，是适应于刀耕火种、迁徙无常的生活的居住方式。其后随着定居以及经济收入的改善，发展出仿照布依族邻居搭建的半干栏式草顶房，再后来随着汉族制瓦工艺的传入，变为半干栏式瓦房。其房屋与地形相适应，前半部以木柱支撑，脱离地面，后半部建筑在地面上，倚借地势分为上下两层。楼上住人、楼下喂养牲畜，但不同于布依族邻居的民居之处在于门前会建一个晒楼（台），房屋的后半部仍然建筑在地面上，火塘安置在后半部分的中央，

是人们饮食起居的处所，具有"叉叉房"的特点。在建筑工艺上，也开始采用穿榫结构。改革开放后，随着生产力的发展，白裤瑶聚居的拉片村又出现了一种完全建筑于平地之上的俗称"五间三厦"的瓦房。不但四周装有板壁和门窗，厕所和厨房也开始成为房屋的标配，在房屋的布局上也改为楼下厨房，楼上住人，屋顶以瓦覆盖。形式上与附近的布依族人家没有区别，以往单独修筑的禾仓也移入室内。尽管房屋的结构和外观还是干栏式建筑，但建筑材料则变更为石头，石墙使得瑶族民居的防火、防寒能力大大提高，独立的房屋开始毗连起来，村寨布局也更为紧凑，占地面积缩小，非常适合当地情况。

青瑶支系的民居建筑则介于水族的干栏建筑和苗族的吊脚楼之间。基本形制为"三间两厦"，一楼一底的木结构双斜面顶的瓦房或草房，楼下为厩，饲养牛、猪，有的人家把楼底隔开，一边作厨房、一边为畜厩；楼上住人，用木板或竹席隔成单间，楼板朝向阳方向延伸出去，搭成晒台，晾衣服或晒谷物。但与水族邻居不同的是，青瑶支系的民居以黄土夯筑屋基，且仅夯造屋基的三分之一至二分之一；与苗族邻居[1]不同的是，瑶族在平地上人为制造台地，以便修建干栏式吊脚楼。青瑶民居住房的附近各家均会开辟一块面积不大的菜圃，这一细节也可以看出定居和游耕生活方式对民居布局的影响，因为在过去白裤瑶村寨并不会专门开辟菜圃和畜圈。

长衫瑶的民居建筑样式也受到当地布依族影响。其民居建筑样式是一种典型的半干栏式建筑，房屋多建于向阳的平地，只有少数建于山坡的斜面，形成类似吊脚楼样式的建筑，整体建筑工艺水平较高，且房间宽大，分上下两层，楼上住人，楼下则饲养牲畜。如前所述，长衫瑶聚居的洞塘乡板寨村瑶寨组整个村落就位于山坳口的巨大青石上。政府易地扶贫搬迁后，旧寨多已废弃，新寨为整齐的水泥砖瓦建筑，其样式与木制干栏式建筑相似，只是建筑材料发生变化，人也居于二楼，楼下不再蓄养牲畜，主要设置为停车场、厨房等。

---

[1] 荔波苗族的民居与黔东南民居也不大一致，取消了延伸向下的屋檐，而增设了屋檐下的挡板，以阻隔雨水。主要由于当地木材不像黔东南地区一样丰富，故在房屋建筑的形制上也作了一定的调整。

红瑶支系，聚居在黎平县顺化瑶族乡、雷洞瑶族水族乡以及九朝乡、永从乡和从江县翠里瑶族壮族乡高忙村等，其民居建筑则与周围居住的侗家接近。平茶红瑶，其房屋大都依山而建，但不同于荔波"三瑶"，红瑶的房屋多分为三层，楼底是喂养牲畜的地方，二楼为全家饮食起居的场所，分隔成若干间，家庭主妇居住在火塘边，便于保留火种和为全家人煮食，三楼是招待宾客的房间。

盘瑶支系的民居建筑情况较为复杂，如居住在从江高华的盘瑶支系的房屋建筑样式就与黎平顺化瑶族乡的建筑样式相近。而从江高华瑶寨的盘瑶支系的建筑样式受侗族邻居影响，但不同于侗家民居的上大下小结构，而呈现出较为独特的形制，底层略小，二层挑出 60 厘米左右，但三层有的缩小、有的继续挑出，屋顶有两层，大多在二层挑出覆盖一圈瓦顶，在第三层覆盖歇山式瓦顶[1]。如从江高华瑶寨与黎平县顺化瑶族乡民居在双重屋顶的形制上就十分接近。

聚居于榕江县塔石乡怎东村的盘瑶支系，其民居建筑吸收了周边水族民居建筑的特点，民居建有楼梯、围绕二楼房屋的回廊，从而又形成了与同为盘瑶支系的从江高华瑶家完全不同的建筑样式。

20 世纪 80 年代确认其民族成分的油迈瑶，多居住在较为陡峭的山脊或山腰，又被称为"山脊上的瑶族"。过去的住房和家庭用具都极为简陋，房屋多建于山坡斜面上，为后半部建于坡地整平后的地面，前半部以木柱支撑的"吊脚楼"样式，与周边布依族的"干栏式"建筑有共同之处，屋前有晒台是人们晾晒粮食和晚间纳凉的地方。家庭用具也多取材于自然。进入新时代以后，油迈人的生活得到了极大的改善，尽管依旧居住在山脊之上，民居建筑所用的基本材料也发生了根本的变化，但是基本的建筑样式和要素依然得到了保留，如家家户户均为三层楼，二楼保留了晒台。

此外，荔波瑶山白裤瑶支系，还有一种较有特色的建筑——禾仓。由于过去火塘在室内，为保护粮食安全，故禾仓与住房分离。白裤瑶禾仓的建筑多用松木和杉木建造，为四柱支撑的圆形尖顶禾仓，上覆茅草。但不同于苗族用石板来隔绝虫

---

[1] 远观类似于重檐顶，但其为三楼独立屋顶，故不应算作重檐。

鼠，白裤瑶的禾仓在底部四根柱子的连接处使用了当地生产的一种土陶瓷罐来加以分隔，同时也有借鉴布依族营造方式修建的方形瓦顶禾仓，但连接处依旧使用瓦罐。

禾仓建筑营造一般就地取材、因材施用。修筑禾仓的材料配备极为简单：松木、杉木、茅草、白竹、陶罐。尽管选材简便，但对木材材质却十分讲究，首先是硬木，易变形的木材不宜用作承重的构件，而多用作饰面材料；较软的木材变形较小、强度大，一般用作承重构件。此外，在修筑时也十分讲究根据构件的使用位置以及受力情况来确定选用木料的边材还是芯材。一般来说，芯材的密度较大，材质偏硬，耐腐蚀度更高。由此也可看出瑶家对木材的了解。禾仓不用锁，只用一根横木拴住，必须用重物锤击木梢，仓门方能打开。故瑶家有一个不成文的规定，晚上不能开仓取粮，否则会被视为盗匪。

同在茂兰的青瑶所处瑶麓田多水少，所以多种植水稻，民居建筑中设有晒台的同时还会另建禾架，多立于宅旁，以粗木竖起，高四五米，离地面约一米起，每隔五十厘米左右用木棍穿榫，将绑扎成小捆的禾谷挂在上面，也被称为"禾榔"。

在贵州各瑶族支系的民居建筑中，有一些与其他民族的共通形式要件，如禾仓、晒台等基于生活习惯的核心要素，但又在长期的共同生活和对当地生境的适应过程中进行了基于本民族生存特点的调适，如瑶族村寨就并不修建侗家的鼓楼、风雨桥、苗家的美人靠等。而更多的只是吸收其"邻居"民族建筑中的非公共的部分，比如瓦顶、榫卯结构、五架三间的格局等等，同时增设了本民族生产生活中更为重要的要件如晒台一类，且从油迈瑶支系开始，即便已改为钢筋水泥建筑房屋，却依然保留了晒台，如拉片村白裤瑶新式民居屋顶开三处窗口，使阳光可以直射阳台上（或者说晒台的另一种形式的保留）。由此也可以看出，某些民族文化中较为顽强的部分，既是生活方式的体现，也是自然生境对人的生活方式的塑造。

第二节　主食结构与生境密切相关

正如杨庭硕在《释"沤榔"——对古苗瑶民族生态智慧的再认识》一文中所提出的："任何一种民族文化都需要确保能长期作稳态延续，只不过确保的方式各不相同罢了。一般而言农耕文化是靠粮食的储备去实现，而刀耕火种文化则是靠广泛取食于多种家种和野生食物去达成。于是农耕文化的生态智慧主要体现为农田的固定、单位面积产量的提高，以及粮食贮存规模的扩大和贮存效益的提高。而刀耕火种文化则体现为尽可能多地种植不同植物，饲养多种动物，同时广泛采猎野生动植物，依靠物种的多样性去以丰补歉，确保食物供给的稳定。"[①] 因此，在苗瑶等刀耕火种生存方式较为典型的支系中，对食物的加工手段可能在外界看来就显得相对粗糙，但实则往往是多种手段的结合。

贵州瑶族由于居住和分布的具体情况，饮食上也因生存的自然环境不同，而与支系周边居住的其他民族的饮食接近，与居于不同地方的支系之间的差异较大。

饮食的结构和种类最根本的因素在于当地的物产。如居住在瑶山的白裤瑶支系，在主食上呈现出"品种杂、粗粮多"的特点，当地瑶家长期以杂粮为主食，在玉米传入前，当地主要出产小米和荞子，玉米传入后迅速成为当地人的主食，辅以小米、荞子、红稗、南瓜、野菜和蕨根。蔬菜上，品种也极少，只有南瓜、青菜、白菜和辣椒等；在副食品上，白裤瑶支系在旧社会以游耕为主时，油类肉类较少，蔬菜也较为缺乏。当地又不出产植物油类作物，尽管也饲养家禽，但多用于换盐，甚至杀猪也只吃内脏而将油肉出售换取其他生活必需品。因此多以狩猎为获取肉食的补充手段。直至新中国成立后，分得田地和山林，白裤瑶支系才进入定耕状态，开始种植水稻等农作物，饮食结构方才发生较大的改变，在饮食结构上以玉米、杂粮为主食，大米、糯米为辅食。

有研究者将白裤瑶语言中的食物命名进行研究发现，"在白裤瑶语言中至今没有芹菜、芥菜、茎蓝、菠菜等十几种蔬菜的名称，而用汉名称之，相反对可食的鸟类却区分得极其细微精当。汉语的'土画眉'，在瑶语中包括了两种鸟，对它们的风味、捉法皆能言之凿凿；汉语中的'鹌鹑'一词，在瑶语中包括三种鸟，对他们的区别、习性、风制干鸟法也能介绍得具体生动。一些昆虫以其味道来取名，如螳

---

① 杨庭硕：《释"沤梛"——对古苗瑶民族生态智慧的再认识》，《吉首大学学报（社会科学版）》2003 年第 1 期。

螂叫'酸婆虫'，据说其内脏有强烈的酸味；又如马蜂有两种完全不同的瑶语名字，一种住在岩洞，其蛹可以吃；一种吊在树上作巢，其蛹很好吃。"①

居于瑶麓的青瑶虽然以稻米为主食，但兼以玉米、糯米、红薯等杂粮，一般会先将玉米碾碎下锅煮开，再加入籼米或糯米，然后再加各种杂粮以此煮成一锅（推测也与白裤瑶的干稀饭差不多，只是加了稻米），蔬菜和油腥较少。一般在每年的农历七月十五这日，村中妇幼都会下塘捕鱼捕虾，故水产也是青瑶补充的食物种类之一。

盘瑶在饮食结构上与当地汉族邻居差别不大，只是食品种类略少。在烹调上也没有很高的技术，以水煮为主。

油迈瑶居住于崇山峻岭之中，耕地多集中在山坡背斜面，耕作十分不便，许多土地由于坡度太大无法牛耕，粮食作物以旱谷和玉米为主，其次是水稻、小米和黄豆等，住房周围也会开辟小块菜地以补充家庭对蔬菜的需求，但在新中国成立前还需兼以采集野菜佐食。

而居住在黎平的顺化、雷洞、从江翠里等地的巴亨红瑶支系，由于所处生境较好，物产相对丰富，多以米饭或玉米为主食，有些村寨的红瑶与当地的邻居侗族一样完全以糯米饭为主食，在副食上相对其他瑶族支系也更为丰富，蔬菜、野菜和肉类种类更多一些。盘瓠信仰的存在使得瑶家多个支系忌食狗肉。红瑶的饮食习惯中更为典型的是与周边侗家、壮家一样喜食油茶②，如居住在从江翠里高芒的红瑶（巴亨），可以说是吃油茶上瘾，一日三餐都离不开油茶，当地甚至有"一天不喝茶，身子要发痧""一天不喝茶，不会把田耙"的谚语。家家户户都有制作油茶必备的花生、黄豆、阴米（糯米饭晒干制成）、茶叶等。从油茶的食用来看，一方面取决

---

① 姜永兴、杨庭硕：《白裤瑶丧礼中反映出的原始遗风调查》，贵州省民族事务委员会、贵州民族研究所编：《贵州"六山六水"民族调查资料选编》，第161页。
② 茶油倒进锅中，等锅里的茶油翻滚时，将晒干的阴米放入锅内，制成米花，米花炸好又炸黄豆或花生。然后在锅内炒制茶叶，闻到香味后立即冲入冷水煮沸，再用漏勺过滤，味浓的油茶水即成。一切准备就绪后每个碗里放入一勺油炸米和一撮黄豆或花生，冲半碗油茶水，放入食盐和葱花就可以食用了。

于当地出产的山茶科山茶属植物油茶[①]、花生、黄豆等富含油脂的植物；另一方面更是由于当地山高林密，居民上山劳作，极易腹饥口渴，油茶不仅能饱腹且可生津解渴。而且，在瑶家看来，油茶还可治疗轻微的感冒、腹泻等疾病，起到提神醒脑、解酒、消除疲劳的作用。除油茶外，红瑶支系也喜食酸和糯米饭。这种在饮食上的趋近情况，对于居住在榕江县塔石乡怎东村的荣棉支系盘瑶而言也存在，只是他们的饮食偏好是与其侗族邻居相似的羊（牛）瘪。

在味道上，白裤瑶（在旧社会）调味品仅有盐、酸和辣椒三样，故仅有咸、酸、辣三味，在制作上也没有太多的工艺，多用水煮，甚至由于过去主食多为杂粮且相互掺杂，因此在煮时时间不易控制，往往煮成半干稀的大头稀饭。再加上当地气候炎热潮湿，做的饭也容易变馊，因此也养成了吃多少、煮多少，不吃隔夜食的习惯。[②]而与苗、侗邻居交往密切的红瑶、盘瑶，在味道上也善于制酸，红瑶制作的有泡辣椒、酸笋、酸豇豆、水盐菜、腌鸭、腌鱼、虾酱、蟹酱等，为红瑶支系的瑶民日常饮食带来了更多的味觉体验。当然，也有相对固守本民族原先传统的，如望谟县上下油迈村的油迈瑶，整个饮食都较为清淡，更多地保持着与广西油迈瑶支系相似的口味追求。在烹饪上，饭菜煮熟即食，调料仅有食盐、野葱、野薄荷等，且大部分人不喜欢吃辣椒（与居住地附近的布依族、汉族有所不同）。在节日饮食上，他们受到当地布依族邻居的影响，会酿造酒水、喜吃狗肉。

在食物的保存上，大多采用腌制的办法。对猎物，白裤瑶支系多采用烘干的办法保存，烘田鼠在当地也曾是一道款待贵宾的好菜。具体做法是将田鼠的毛烧去，置于火塘上烘烤，烘干后挂在房屋通风处，取食时稍煮，切成小块儿，佐以辣椒炒食。此外，醡肉也是保存肉类的一种方法，将肉切成大片，再拌入小米饭，置于陶罐之中，密封数日即可取食，其味微酸醇香。对于植物类蔬菜会用腌制的方法加工，

[①] 茶油，是从山茶科山茶属植物的普通油茶成熟种子中提取的纯天然高级食用植物油，色泽金黄或浅黄，品质纯净，澄清透明，气味清香，味道纯正。油茶俗称山茶、野茶、白花茶，是中国特有的一种优质食用油料植物。油茶与茶叶为同属不同种，它们所结的种子榨出的植物油是完全不同的，前者称为油茶籽油，后者称为茶叶籽油。

[②] 玉时阶：《白裤瑶社会》，第110—112页。

主要是泡成酸菜。①

在节日性饮食上，贵州瑶族各支系中最具典型性的当属育支系的绕家。在育支系独一无二的冬节，甜酒、粑粑（糍粑）、豆腐和鱼是必备的节日性食物。育支系的粑粑②，会绘上用植物染料绘制的色彩鲜艳的图案，但这种粑粑仅在庆祝节日或喜事时使用，而祭祖的粑粑不允许有任何的颜色和装饰。

鱼和豆腐。瑶族育支系"念冬"时，鱼是不可或缺的食物，据说是因为先祖遭遇老虎袭击身亡，时值寒冷冬月，当时生存条件的恶劣、生活条件艰苦，除捉到小鱼外没有其他肉品可供治丧待客，因此以鱼为祭的祭祀传统代代相传至今，无论生活水平如何改善提高都不改变，以此记住先祖们艰苦的生活，警示后人要艰苦奋斗，不能好逸恶劳。鱼的大小不论，但通常都是用小鱼，约两指见宽一寸见长即可，但必须是有鳞鱼类如白漂鱼、鲤鱼等。据老人们说这类有鳞的鱼可以看作"龙鱼"——龙身上有鳞，把有鱼鳞的鱼当作龙的化身。因此也有瑶族"育"支系信仰"龙"的说法。鱼最好是现捉的，要准备 12 条③，不能破肚清除内脏，要整条放入当地人喜食的红酸汤（与贵州南部居住的苗、水、侗、布依族等类似）中煮熟，但忌放猪油、避免其沾荤。豆腐不是必需品，据说以前有先祖过冬节时因为条件艰苦连鱼都没有了，最后找来豆腐替代，从此人们便在过节时也备上豆腐用于祭祀，豆腐切小块与鱼一起煮。

在贵州几乎所有的少数民族都喜欢饮酒，只是基于当地的出产和本民族所掌握传承的酿造技艺而有所不同，瑶族也是一样。如白裤瑶支系的酒多用玉米酿制，酿酒的药曲多为自己上山采摘的草药混合发酵制成，因此玉米酒的度数不高，但酒味醇香。而红瑶支系酿造的酒则有两种：泡酒和烧酒。在酿制方法上，泡酒是以大米

---

① 柏果成、史继忠、石海波：《贵州瑶族》，贵州民族出版社 1990 年版，第 62—64 页。
② 值得注意的是，一年当中，瑶族"育"支系只在清明节和冬节才能打粑粑。如若平时想吃可以不必拘泥于家族宗法。但在粑粑揉团时，需揉三块桃状糍粑放在二楼堂屋神龛前的八仙桌上，以示让祖宗们先行享用。
③ 祭祖时所需物品的数量，菜叶 12 张、鱼 12 条、碗筷 12 副，因为过冬节时也是给新近三年内去世的人进行"隔冬"的日子，需要请保卦公和寨老们共 12 人为逝者进行"隔冬"，其间保卦公"念冬"喊道逝者"慢慢吃慢慢喝"时，每个寨老都要用筷子蘸酒撒在地上三次以示逝者得以享用，12 副碗筷就是对应的寨老人数，菜叶、鱼等的数量都与碗筷数量一一对应。

为原料，加上酒曲发酵后，用泉水浸泡后直接饮用；烧酒则多用大米、高粱、玉米、红薯等粮食为原料发酵，先用泉水浸泡，经过一段时间发酵生成的物质逐渐溶解于水中，经烧烤后再饮用的酒称为烧酒。与白裤瑶支系不同，红瑶支系的酒曲都是用米糠培育而成。育支系的绕家人，还会精心准备一种用于祭祀的"甜酒"，有的人家甚至在重阳节（瑶族"育"支系不过重阳节，一般是根据邻寨布依族过节时便可知时间）后便开始酿制甜酒。酿制甜酒，通常用的都是当年的新米，以此在节日祭祖时祖先可以品尝到新米的味道。水族、侗族用于日常自饮待客的自家酿制的低度米酒也称甜酒，更多的是称米酒或甜米酒，而过冬节所酿用于祭祀的"甜酒"并非日常饮用的"米酒"。甜酒酿制多是女性负责。糯米淘洗之后要用水浸泡一夜，次日将糯米蒸熟，摊放于簸箕中，让其自然冷却，适当洒水加速冷却至手能接触的适宜温度即可，随即将市场购买的现成粉末状酒曲或早前从山上采集草药自制而成的团状酒曲捣碎成粉末撒入并搅拌均匀，随后用盆或桶等容器盛放，通常会在中央处戳一个洞加速酒曲发酵，密封数日有酒味时，甜酒便酿成了。此时就要用坛子将甜酒封装，直至冬节祭祖仪式才能开封，期间如果甜酒继续发酵溢出要舀一些出来，还需要对祖宗们祷告："祖宗们，甜酒满出（坛子）来了，我揭开盖子舀点出来，你们莫要怪罪。"[1]

　　综上，贵州瑶家在主食结构上与其所居住的环境密切相关，较早进入定耕农业、拥有水田栽种糯稻和水稻的红瑶和青瑶支系往往以大米（糯米）和玉米等为主食，兼以杂粮；在副食上，有水产业的青瑶支系、油迈瑶支系以及红瑶、盘瑶支系通过渔业水产补充肉食的不足，而白裤瑶、长衫瑶、油迈瑶等在新中国成立前也通过狩猎等手段补充肉食；在味道上，除油迈瑶不喜辣味的饮食习惯外，其他瑶族支系大都喜酸好辣、嗜酒，可见饮食习惯的养成虽然主要取决于当地自然生境中的物产，但同时也是长期潜移默化的结果。人们对生境的适应也并非一蹴而就，而是结合当地物产和味觉记忆，如红瑶支系对油茶的偏好，由此可见生计方式对人的饮食结构的影响。

---

[1] 龙军军：《贵州瑶族"育"支系冬节文化研究》，贵州民族大学硕士学位论文 2019 年。

第三节　医药："善识草药"

包汝楫的《南中纪闻》中有载，瑶人"善识草药，取以疗人疾，辄效"。瑶族作为典型的"山民"，赶山为生，对大自然中的各种动植物的物性都有着较为深入的了解，因此瑶人大多识得草药，知道一些治病的方法，区别只是个人认识草药的多少和医治技术的高低。瑶家识药的谚语颇多，如"草木中空善治风""汁液有刺皆消肿""叶茂有毛能止血""叶里藏浆拔毒功""根黄清热退黄用""热药梗方叶亦红""圆梗白花寒性药"等等①。

贵州民间瑶医最擅长跌打损伤、骨折一类疾病的医治。如用草药仙人搭桥接筋；用黑骨木、接骨木、小鸡仔治疗骨折，如药谚有云"全身打成伤，要吃毛青岗"②。由于与周边邻近民族有交往，瑶族不但在生产生活上向周边民族取长补短，而且在医理医治上也善于向其他民族学习，如瑶山名医梁某师就曾拜水族医师为师，学习水族民间医药。多民族杂居中，苗族民间医药对瑶族的医药也有一定的影响，如瑶医望诊就与苗医的望诊相似，瑶医认为凡病见有"弱"（即体质虚弱之意）者，几难医治。

瑶医在医治中，一般治病用药都以生药、鲜药为主，且就地取药、随采随用，还不能用水洗。因为在他们看来"诸药治病，全靠地气"③，用水洗药有损药物的"地气"。比如在医治骨折患者时，会就地采摘鲜药，捣烂外敷于患处，即可见效；对于一些季节性的草药，虽然可以晒干备用，但绝不能水洗，损伤地气便会影响疗效。这种随采随用的用药方法也与瑶家定居深山密林有关，植被的茂密和植物种类的丰富，使瑶寨周围长满各种草药，因此，草药的取用十分方便。

瑶医在诊病上，也有自己的一套理论和判断原则——四诊。望诊，认为"天黄必有雨，人黄必有病"；有"弱"表现的病重，无"弱"的病轻；问诊，认为新得的、得病时间短的病好治，得病时间长的难治。瑶医特别重视问诊以此掌握病人的具体

---

① 阿土：《瑶族传统医药知识》，《贵州民族研究》2009 年第 6 期。
② 毛青岗，草药名又名小紫地金牛，是专治各种跌打损伤、扭伤、挫伤、风湿性疾病的常用药。
③ 张朝卿等：《贵州瑶族医药论要》，《中国民族民间医药杂志》2001 年第 5 期。

情况，不但要了解疾病初发时间，也要了解病人当下的症状，什么部位不舒服，什么部位最痛，再根据具体情况，配以草药；摸诊，对于骨折病人，瑶医会用手——触摸患处，摸清骨折的部位、轻重、有无碎骨等，会用摸的方式复位后才敷药包扎固定，直至痊愈。

在医治方法上，一是内服。内服药多用于治疗内科疾病，也用于治疗外科疾病。内服药分水煎服和泡酒服两种。一般风湿性疾病、跌打损伤一类采用泡酒服用之法。二是外用。具体又分敷、包、洗三种。敷即将药物捣烂后敷于患处，多治疗外科疾病，如毒蛇咬伤、无名肿毒、疖、疔一类，一般不包扎。包，即是将捣碎的药物敷于患处后，再用杉树皮或金刚藤（近年也有用绷带）包扎固定，多用于骨折、风湿疼痛一类的疾病；洗，则是药物煎水后熏洗患处，多用于治疗风湿骨病、目不能视物一类的疾病。药浴也是洗的一种，但药浴的作用在于治疗和预防兼行。主张"以黄治黄，以白治白，以红治红""以风治风，以块治块，以节治节，以寒治热，以热治寒，以香治痛，以毒攻毒"等等。

瑶医用药除了有"鲜药现采"的特色外，还有就是"用药求简"，能用单味中草药治疗的疾病，一般不用多味（即复方）。在采药的时候在不同的季节采用不同的部位，采药草时一般不会取全草而注意留其部分，或留根让草药可以继续生长。

以从江翠里高华村的瑶浴为例，高华瑶浴是"依时而动、有具体的时间规定"[①]。具体来说，每个月最多只能药浴 6 次，每月农历的初一、初六、十一、十六、二十一、二十六是"消灾"日，在消灾日全家老少都要"药浴"以求"消灾"[②]。药浴需采摘消耗一定的中草药资源，如追风藤、半边枫、九龙盘、血藤、狗舌藤、

---

① 索晓霞、蒋萌、黄勇：《贵州世居少数民族的生态观》，《贵州民族研究》2023 年第 4 期。
② 除了时间规定外，药浴在浸泡顺序上也有讲究，有客人时，客先主后；无客时，先男后女、先老后幼。药浴方法是：浴者赤身入桶，在保持适宜温度的药液中浸泡 20—30 分钟，如药水温度过低，再将锅中煮好的备用药水掺入。使每位药浴者浴时的温度相同。在药浴中，通过浸泡，让药汁慢慢地渗入人体的毛细血管、遍及全身，达到以浴治病、防病的目的。

鸭儿芹、节节草、枫树寄生、党参和何首乌等①。消灾日采摘这些药物时，必须由家中最年长的男性上山采集，药材采来后切碎放入大锅中熬煮，待熬出药汁后，捞走药渣，方才将药水倒入大木桶中，进行药浴。时间的规定性使得药浴的进行也有一定的节奏，这也为山中药草的恢复和再生提供了一定的时间。今天随着瑶浴项目的开发，对药浴的时间限制已经日渐取消。之所以要家中最年长的老者前去采药，不过是用习俗的形式确定了对草药的准确辨识，由此确保药浴的疗效。

高华药浴所用药物往往因地制宜、就地取材，且根据不同的对象、不同的季节，不同的疾病也会选择不同的药草熬制不同的药水。高华药浴的产生，有其独特的生态决定性。瑶族大多居于黔桂、黔湘边境的崇山峻岭之中，山高坡陡又气候寒冷，山峰林立且沟壑纵横，山中湿气寒气较重，加上毒蛇毒虫侵袭，为抵御风寒、祛除湿气、消除疲劳、防病治病，瑶家先祖"发明"了药浴之法、就地取材，以瑶家掌握的草药知识，应对黔地多变的气候。

据高华瑶族老人讲述：其祖先由南海漂洋过海，三天三夜才到达广东"留山留岭"居住，三年后，为当地官府不容，驱赶至"浔安路尾"（地名），五年后又迁至"洛昌浦"（地名）"朝平县""八排县"等地，又住了三年，族中长者认为这样的迁徙难以谋生，于是分为两个支系，将盘王像、过山榜及山大王石分给大家，告诉后代不管流落何地，先祭祖、祭山大王石再开山种植，从此盘瑶分成两个支系，一支上湖南，一支沿广西十万大山北上，进入桂北和贵州境内。进入贵州后，因长途跋涉，不少人病倒，族老兄弟二人赵进瑞、赵进隆，本为瑶医，用药医治族人却

---

① 药浴针对不同的疾病、不同的季节、不同的对象会选择不同的药物。通常新生儿及产后妇女多选用温补和消炎的药物，比如大血藤、五指毛桃、九节风、鸭仔风、穿破石、杜仲藤等，这样可预防产妇及新生儿的各种感染，滋补气血，促进产妇子宫复旧。产后药浴，人们称之为"月里药浴"，许多瑶族妇女，产后经过药浴等调养保健，产后十天左右就能上山参加体力劳动；同时新生儿往往有随母药浴的习惯；劳动后受寒，则选择老姜、米酒、大发散、小发散、桃树叶、青蒿等药物；针对老人，一般多用活血温补之药，如大钻、小钻、大血藤、扶芳藤、青春藤等。对患有风湿骨痛或外伤后遗症者，则多选用祛风散寒、活血化瘀、强筋健骨之药，如山苍子、满天星、九节风、大驳骨、小驳骨、松筋藤、毛杜仲等，这些药物可起到舒筋活络、恢复肢体功能等作用。若患有鹤膝风、肩周炎、坐骨神经痛及骨质增生等风湿痹痛，常选用祛风散寒、除湿、活血镇痛之品，如大钻、小钻、十八症、四方藤、两面针及各种有刺的木本及藤本植物。

不见好转，于是用多味药物煮水为病人洗浴，一夜之间，所有洗过药浴的病患全部康复，由此盘瑶这一支学会了药浴。尽管在黔地游耕，居无定所，寒气、瘴气侵袭，瑶民体质却格外健康，于是，瑶族药浴成为瑶民生活中不可缺少的生活内容，一代代口传心授延续流传至今。[①]

口传故事尽管有夸张之处，但其中提及瑶族药浴十分重要的两点：药浴为有瑶医知识的族长"发明"；药浴对瑶族游耕黔地，所遭遇的自然环境（寒气、瘴气）所导致的疾病，十分有效。

第四节　服：衣其本然

一、服饰形制上的生态适应性

贵州瑶族在服饰上各有不同，色彩各异、形制也不尽相同、头饰上也各有偏好。但也有一些属于瑶族文化内核的痕迹，在各支系服饰中隐约闪现，如荔波"三瑶"中瑶王印图案纹样的使用；多层叠穿的裤装和裙装，从江盘瑶的服饰形制受当地苗、侗族服饰影响，但女（盛）装时头上夸张的头饰却继承自瑶家先祖。具体说来：

居于瑶山的白裤瑶支系服饰，该支系得名于男装的白色大裤裆小裤脚形制。白裤瑶男装上装为黑色，下装为白色，且裤脚侧边会绣上五条纵向的纹饰作为装饰（一说虎爪纹、一说血爪[②]），上衣胸前有的会绣上矩形的白花，或由鸟类形象组合成的图案。无论从装饰还是形制，白裤瑶的男装都十分适合于高山深谷中大跨度的奔跑跳跃，因此说其是猎装也并不为过。男装由上衣、外裤、腰带、绑腿四大件构成。全身既无纽扣也无系带，只以腰带约束，在丛林中腿部会缠上绑腿。冬装和夏装区别不大，不过多加几件（这一点与苗族服饰无明显的季节性相似）。

白裤瑶女装下身为百褶裙，女装上衣绣白花，女装有背牌男装没有，女夏装上

---

① 贵州省民族宗教事务委员会、贵州省科技教育领导小组办公室编：《贵州世居少数民族文化史》（卷四），第 229 页。
② 白裤瑶女装褂衣上的"方印"，男装灯笼裤上的五条红色花纹"血手印"，据说这两个图案是瑶族人为了铭记祖先所受到的屈辱，而将图案印在服饰上。

衣为无袖背牌，贯首衣、腋下不加缝合也不系带，任由其打开，冬装为有袖上衣。便装的背牌多用两块方形轻纱布制作，而盛装的背牌则需经蜡染、绣花等工艺制作。在白裤瑶支系，背牌是十分神圣的存在，在装殓亡者时，不分男女都要用背牌殉葬，在白裤瑶看来，只有以背牌作为信物，才能回到祖先居住的地方，否则就会成为孤魂野鬼。

瑶麓的青瑶支系服装以青色为主，男子留长发，以绣花布带包头，插羽毛装饰，下着齐膝短裤和脚笼，脚笼带的两端用红线和六谷米制成彩色绣球①；女装头上挽髻插有三根银制或牛骨制的薄簪，喜戴各种银器，青瑶男女上装大致相仿。女装下身为青色长裙，但前后多刺绣，装饰繁复。盛装时头上发簪会增加至五根，颈项上会佩戴五至七条银项圈。背牌前后均绣满各种图案和花纹腰系裙四条及花腰带，围腰系带结于身后，背牌背腋下垂挂六至十二条彩带，脚穿绣球式脚笼。

荔波"三瑶"均得名于其服饰形制。长衫瑶不论男女皆着青色长衫，故得名长衫瑶。包青色头帕，头帕的两端和中间各绣一方形回字纹印章模样的图案（瑶王印图案的缩小版），包头时两个方形图印一个在额前，一个在额后。长衫瑶的男装简单与苗家相似，为右衽长袍；女装则内穿右衽无扣短衣，外加贯首背牌式外衣。有的人会在胸前绣出方形的图案。女子喜欢银饰，佩戴项圈，腰间则系有用彩珠、钱币、铜丝装饰的腰带。

总体来说，荔波"三瑶"的服饰上都有"瑶王印"的图案，以此作为装饰和族群的识别标志。据说瑶王战败，逃跑时不得不扔掉很多东西，巨大的王印也无法带走，聪明的瑶家妇女提出将瑶王印在背上，因此，背牌上的瑶王印章图案成为瑶家的重要标志之一。如果说瑶王印是荔波"三瑶"的重要标志的话，那么拥有夸张头饰的从江翠里盘瑶支系、从江高华盘瑶支系等则以头饰为族群符号，从而延续盘王支系的形象。盘瑶以其头饰又被称为"板瑶"，内部有木架支撑，外覆盖黑布，再配上各种各样的装饰。

---

① 一说青瑶男子下装为黑色及膝短裤，以黑布罩护小腿，故也有宽裆青裤之说。但该支系不接受黑瑶的称呼，对青瑶称谓尚能接受。

从江盘瑶的服饰上男女皆以对襟上衣为基本形制，男子下穿长裤，女子叠穿及膝短裤及绣花护腿，短裙外系饰彩色条纹装饰的围腰。便装以布带缠绕包裹头部，盛装时会佩戴有木板支撑的宽大头饰，故又被人们称为"板瑶"。盘瑶支系服饰所用的布料与当地苗侗邻居制作加工的亮布相似，布匹经过捶打漂洗呈现出光亮的深紫色①。

定居于黎平的红瑶支系，在服饰上也为对襟衣，外罩交叠褙衣，男子下身着长裤，且与清末汉族男子服饰相近，只在头部有所差别，包头额前点缀银饰、各插2—3根银制羽毛样装饰。女子服饰颜色十分鲜艳，佩戴鲜艳亮丽的粉色（红色系，也有玫红色的）丝线制作的耳坠，颈项上装饰多个银项圈，左右手臂处有长方形刺绣图案装饰。胸前有一较长的胸围，用各色丝带系穿挂于脖颈上，下端呈三角形，上端遮住胸部，下端遮至腹下，多为黑色面料，下端均匀折叠压缝包边。红瑶服饰色泽鲜艳，女子依不同年龄梳挽成不同的发髻。贵州红瑶因居住地不同，在基本服饰形制大致相同的情况下，在服装颜色的使用上略有不同。如黎平顺化红瑶服饰中女装装饰颜色偏紫，但也有玫红色和其他颜色。值得注意的是红瑶女子的盛装对她们有特殊的意义，除婚嫁、喜庆节日穿着外，死后也会随她们陪葬入殓。

被识别为瑶族的绕家"育支系"服饰，也体现了某些服饰上可以称之为文化内核的要素。绕家女装形制上有类似彝族服饰的头帕②，上身为右衽青色上衣，下装叠穿及膝短裙、镶花边围腰，下着腿围。其下装的形制穿法与荔波瑶簏青瑶类似。而绕家少女戴空顶小帽，插银簪的发饰形制，也与青瑶女子头饰相似。

可见，瑶族各支系在服饰上也与苗族服饰相似，服装为各个部件的组合，体现出典型的生态适应性。服饰形制完全契合当地的气候条件，在闷热的茂兰瑶山地区，夏装便是前后不加缝合的两片。有研究者认为这样的服饰形制体现了母性的崇拜，个人以为这样的阐释略有些牵强，因为从白裤瑶男子上装为无扣无系带的敞开式设

---

① 传统手工亮布为深紫色，现代用化学制剂喷色的亮布多为泛亮光的铁锈红色。
② 绕家崇虎，且有类似彝族的头帕，没有其他支系瑶族都过的盘王节，冬节为其祖先崇拜，可能这也是绕家最初被识别为彝族的几个原因之一，但绕家人自己并不认同彝族的族别。

计可以看出，这样的服饰主要是为了适应当地炎热的气候，男子下装便于行动更有着生计的适应性。而从江、黎平等地的瑶家也制作、穿着当地苗侗服装采用的亮布，显然可见布料的制作工艺与周围自然社会环境的相互生成关系。

但与苗族、侗族服饰的相对"固定"不同，瑶族各支系在服饰上体现出充分的社会适应性和文化适应性。在长期的杂居生活中，各支系都向周边的邻居少数民族学习，吸取其优秀的服饰制作技艺。有的是借鉴学习其中的工艺，如黎平、从江盘瑶红瑶支系对苗侗人家亮布制作的学习借鉴；有的则是从布匹的制作工艺到服饰的形制逐渐向邻居靠拢，如望谟的油迈瑶支系，刚迁入黔地时，不会织布，服饰用布是用自己栽种的棉花与周边的布依族同胞交换，而随着通婚等交往的加深，望谟县的油迈瑶和罗甸县的安抗村的盘瑶，服饰上已逐渐改穿布依族服饰。

榕江塔石乡盘瑶由于地处交通要道，与周围少数民族的联系较为频繁，早已改穿当地的汉族服饰，近些年重新发掘传统民族文化，又"出现"了一种"全新的"民族服饰样式。

塔石盘瑶今天的下装多为西式长裤（或牛仔裤），内穿的也是与外界相同的当代服装，但外罩一件类似水族的对襟、镶花边短上衣。女子顶头帕，男子包头帕。塔石瑶族的服装体现了瑶族各支系人民在当代的服饰穿着的改变方式："变内不变外，变下不变上。"在某种程度上也是一种服饰的社会适应。

二、服饰制作更贴近材料本然

瑶族大多数支系的服饰制作，在过去都以自给自足为主，从棉花的栽种、纺纱、织布、染色、缝制、装饰等形成了各自的特色和工艺水准。这些技能简单而又直接地体现在瑶族的服饰制作之中，如荔波"三瑶"在过去养蚕，却不会缫丝，因此会让蚕直接吐丝成板，用于制作女装裙边的装饰。

在基础染色上，蓝染这一植物染的技能，较为广泛地存在于贵州少数民族如苗族、布依族、瑶族以及部分侗族支系之中，只是基于各地自然环境的差别而出产的蓝染植物有别。蓝靛类植物有菘蓝、马蓝、蓼蓝等诸多品种，由于马蓝的叶片宽厚、色素浓、产靛高，故贵州少数民族多种植马蓝，由于种植地的小气候、土质差异以及栽种方式的不同，因而即便是同样的马蓝所制的蓝靛也各有不同，染织的成品也会略有差异。有研究者专门调查了贵州蓝靛的种植情况，发现贵州境内属于长江水系的地区①，靛蓝种植由于平均海拔较高、年均气温略低、降雨量有限，故一般一年只能收一季的蓝靛；而属于珠江水系的地区，由于海拔相对较低、年均气温略高于贵州长江水系山区，降雨量相对充足，气候温暖湿润，冬无寒霜，故一般一年可收两季蓝靛，且产靛量高于长江水系山区生长的蓝靛。②因此，与苗族不同，瑶族同胞很早就将马蓝作为经济作物进行栽种，有的甚至用水田栽种蓝靛草，并出现了专门的制靛人家。

瑶家有两种充分利用当地物产的染制工艺：一是白裤瑶支系的树脂染，一是绕家的枫脂染。

树脂染与蜡染相比是一种更为古老的工艺，据说最早可追溯至宋代。粘膏染的原料取自一种名为粘膏树分泌的树脂。据当地白裤瑶传说，粘膏树只生长在白裤瑶人居住的地方，不是白裤瑶人居住的地方，它不会成活，因此也被白裤瑶人视为母亲树。粘膏树需每年不断地砍凿才会长大，且生长期越长的粘膏树分泌的黏液越多。

每到农闲时节或春节前后，白裤瑶的女子就会在粘膏树上开洞，提取粘膏树分泌的树脂，提取出的树脂与牛油混合熬制成粘膏，即防染剂。防染剂制作完成后，用木棍、钢片（现代）制作成绘制图文的"蜡"刀，进行图案的绘制。白裤瑶的图案多为工整对称、构图简单的几何纹样和植物纹饰。其后放入用蓝靛和白酒调配好染料的染缸之中，天冷的时候会用生石灰围在染缸中使其维持一定的温度。待布料完全浸透染料后，置于阳光下暴晒，靠阳光和空气使蓝靛氧化为不溶性物质依附于织物之上，如需要加深颜色，则反复浸染和暴晒。然后再用沸水脱膏、再洗净、晾晒，便染制完成。由于粘膏染所用原料为树脂，树脂与牛油的结合，使得其能够渗透布

---

① 从贵州东南部沿雷山县方祥乡的雷公山（海拔2178.8m）→丹寨县排调镇的牛角山（海拔1701m）→黔南独山县翁台水族乡的大坪坡（海拔1557m）→惠水县大塘镇的艮上坡（海拔1487.7m）→织金县实兴乡的陡棚山（海拔1848.2m）→纳雍县水东乡的牛项坡（海拔2320m）→赫章县珠市乡的小韭菜坪（海拔2900.6m）画条线，偏北属于长江水系，偏南属于珠江水系。
② 淳于步、李玲：《贵州少数民族植物染色主染源的生长环境调查》，《凯里学院学报》2014年第6期。

料形成一层颜料无法穿透的防染剂，粘膏树制作的"蜡"有很好的韧性、黏附能力和流动性，但绘于白布上时又不易扩散。其不足之处在于成花后的冰裂纹样较差。

在某种程度上，麻江河坝绕家人掌握的枫脂染可以视为白裤瑶树脂染的"技术升级"。按白裤瑶支系的传说，粘膏树只生长在白裤瑶人居住的地方，姑且不论这样的结论是否颠倒了因果顺序，但至少说明一点，即粘膏树的分布相对有限，而对树脂染的关键防染剂的制作而言，只要有类似功效的树脂应该都是可以作为防染剂的制作原料。准确地说，以枫脂为基础原料进行树脂染的这一技术，广泛地流传于麻江县及黔南州的惠水县、长顺县、平塘县、贵定县和龙里县等地，为杂居于该地的苗族、布依族以及瑶族共同掌握，只是苗族称之为"枫香染"，而绕家育支系瑶族则称为"枫脂染"，在具体的防染剂制作细节上也有一定的差别而已。

绕家育支系制作枫脂染的防染剂时，一般会取枫树枝干划破后流出的枫树油、混合牛油、松树油混合搅拌制作；而苗族的枫香染则不添加松树油。在绘制图案的过程中，绕家育支系瑶族会将其放在土碗中置于盆装的草木灰中保持恒温，然后用竹或木制的"蜡刀"在土布上绘制图案，育支系的枫香染一般会在土布上打底稿，然后再逐渐绘制。由于枫脂干得快，因此对涂绘者的蘸取油脂的多少，下笔的轻重，线条的流畅程度都有较高的要求。在染料的制作上，育支系的制作方法也不同于苗族枫香染，苗家枫香染一般用靛蓝制作染料，而育支系的染料则用四五种药材的根部浸泡而成，在取用药材植物的根系时还要讲究季节，大多在春天采挖，待到7—8月份染布时，再将采挖好的根系浸泡，显出靛蓝色以后，将染料烧至一定的温度，并大致保持在70~80℃的温度时，方才浸入绘制好的土布，这一点也与苗家枫香染用靛蓝制作染料且大多冷染不同。育支系用高温的染料在染布的同时，会使枫油制作的防染剂自然融化于染料中，故染出的布一开始是看不出花色的。整体呈黑色，待漂洗干净后才会变成蓝色、并呈现出花纹。育支系的枫脂染需不断重复阴干、浸染、漂洗、阴干的流程，一般重复4—5次，染出的布就不易褪色，若需要颜色更深的布，则在染制时加染一定的次数。①

---

① 王蕊、侯小庆：《黔东南河坝瑶族枫脂染工艺调查和传承研究》，《大舞台》2015 年第 8 期。

可见，育支系的枫脂染与苗族的枫香染以及白裤瑶的树脂染都有不同的工艺技巧。苗族枫香染的防染剂制作中不加入松脂，且染料为蓝靛冷染，最后脱膏时是用草木灰（今天多用洗衣粉）；白裤瑶的粘膏染，虽然是蓝靛冷染，但却是在染色完成后再用沸水脱膏；育支系的枫脂染，染料用药材的根系所制，其中尤以枫树根为主，其染制和脱膏的过程几乎同步，却能够保持染制完成的布匹花纹清晰，足见其对物性的了解和把握。在枫脂染的图案上，育支系将图案分为绕家花和客家花，绕家花取材于鱼鳅菜、车前草和黄鹤菜等植物，用以纪念祖先，因为这些植物的草根曾是绕家人历史迁徙中的充饥食物之一；客家花是后来才出现的，图案纹样以花、草、鸟、鱼、虫等为主，间以几何纹、云纹、雷纹、锯齿纹等，可见，在绕家的图案纹样中也颇有记录历史的价值意义。

在刺绣的工艺上，瑶族多用挑花。其基本手法是在布料上数纱下针，按布纹分线，构成规整的几何图案。传统瑶族的刺绣图案主要有交戟形、米字形、雷纹形、鸡形、斜菱形。刺绣多用各色丝线，色彩鲜艳却和谐统一，在其民族服饰或青或白的底色中显得十分和谐统一。

第五节　传统技艺在山地各自开花

瑶族男子善狩猎、善编织，如白裤瑶支系的男子最喜欢用当地出产的楠竹编制一种饭笭，十分精致小巧。瑶族竹编有一个较为典型的特点，即制作生产工具和生活用品，如米笭、谷笭、背篓、粪筐、鸡鸭笼一类，且根据用途在工艺上进行区分，一般来说米笭、谷笭一类工艺较细，鸡鸭笼、粪筐一类则工艺较为粗糙。瑶族男子也喜欢雕刻，如白裤瑶、红瑶男子常常用牛角一类雕刻狩猎时用的火药壶。

在对自然的取用上，盘瑶支系还掌握一种独具特色的造纸工艺。但榕江塔石盘瑶与从江西山镇盘瑶以及从江斗里两良的盘瑶在具体的造纸工艺上也有一定的不同。塔石乡盘瑶，以构皮树和嫩竹为原料制作构皮纸和竹纸。两者的区别在于，前者一般于农历三四月从山上采来构树皮，将其表皮清理干净晾晒，用碱水煮烂后捞出，在石板上或石碓中舂成纸浆，置于盆内加入清水，将纸浆浓度调至一定稀稠后舀起，倒入事先用一平米左右的土白布或纱布制成的纱框中，摊匀暴晒即可；而竹纸则需要更多的工具，如纸槽、纸榨、纸塘、纸帘等。同时，其制作步骤也更为复杂。一般在楠竹笋长成嫩竹开始分1—3个杈时，砍下截为两三尺长的短节，再破成1寸宽窄的小块，堆于纸塘中，每铺一层竹片，就撒一层石灰，再铺一层竹子，堆满纸塘后加入清水浸泡1个月左右，方才将水放干，取出竹片，冲干净石灰渣和各种污垢，再置于纸塘内、上覆稻草，使其避光发酵，待纸塘内竹料发酵腐烂呈金黄色后，再取出竹料，剔去其硬皮，碓舂成浆，将槽里的纸浆筛上纸帘、摊匀后从纸帘架上取下帘心覆盖于纸榨的木板上，轻拍帘背待纸脱离帘心，重复这一动作直至纸张堆高至一尺左右，上压厚木板，装上榨杆和滚筒，榨干水分后，将纸取下，一张张撕开，每五张一叠置于通风处晾干即可。

相较于塔石盘瑶的造纸技术，从江西山镇的盘瑶则工艺更为简单、方便。他们将当地生长的杂竹、构皮、稻草等原料拌上草木灰，在锅中煮熟，在水田中浸泡发酵后捣烂。再加上当地一种名为"卜菜花"的植物中所熬制提炼出的胶汁，混合后将汁液浇在白布上晒干即成。当地称这种纸为草纸，过去深受周边布依族、苗族、侗族同胞的欢迎。

而从江斗里乡潘里村两良瑶寨的造纸工艺则更为独特。当地造的纸主要用于宗教活动，即制作冥钱、扎纸马一类。由于其用途不同，故在工艺和原料上也各有讲究。制作冥钱的草纸，一般用糯米草秆，剪去梢丫，只留粗秆，放入大锅中大火烧水煮沸后，再转文火慢熬一日，加入生石灰（或草木灰）等，使草秆容易软化，第二日滤去上层清水，将渣捞出，将米草纤维用竹箩放到小溪中淘洗，洗掉黑水污垢，再将洗净的米草纤维放入石碓中舂碓成团；粘合剂的制作一般有两种制作方式，一种是用当地"催见"树（瑶语）的树叶，鲜叶舂烂化成浆水作为粘合剂；一种是用"美"藤（瑶语），刮去老皮，用水浸泡出黏液，作为粘合剂。将成团的米草纤维泡在粘合剂中，化出纸浆，舂入布板，晾晒阴干，取下后裁成相应大小的纸片，在上边打上外圆内方的古铜钱印模，即得到冥钱。当地还有一种构皮纸，主要用于抄写家先单、宗教古本，制作方法与草纸大同小异，但原料采用构树皮，在制作工艺的要求上更高。

　　同一个支系在造纸上的工艺为何会产生较大的差异？与盘瑶的两个支系迁徙进入的具体地理空间不同有关。榕江塔石的盘瑶进入时当地并无其他少数民族，故开荒栽种后，当地土地肥沃、物产丰富，完全可以承载该支系瑶人的生存，故这一支较早地进入了定耕，其社会的物质财富得到了一定的积累。因此在生存以外的工艺技能上也在与周边民族的交往和学习中得到提升，并逐步地精细起来。而西山的盘瑶，进入从江西山时，当地已经有较多的侗族苗族定居，故在生计上只能依靠"种树还山"的租佃方式，其社会物质财富的积累有限，因此，也并没有太多的时间去提升工艺的精致度，而是将工艺改进的关键放到了对当地生境中"可用之物"的发现和发掘上。

　　这个问题的回答有助于我们提出一种猜测：瑶族文化内核的一些记忆、工艺在不同的支系的掌握情况是不同的，即某一个支系所掌握的传统文化记忆并非该民族传统文化的全部，而带着不完全"传统知识"的瑶族支系进入黔境中，散落于不同的、具体的、小的生态环境中。同时，贵州山地的割裂和落差又加剧了这种空间上的割裂，即各种各样的小的生境，有时候即便相近的地理位置也有着不同的气候特征，更不用说由于迁徙路线不同而进入的相隔较远的具体地理空间的差异。在不同的生境中，倚借着当地出产，延续着各自支系的生存，而传统的本民族文化知识，有的与当地的物产结合，有的在多民族的交往中发生变化，被聪明的瑶族人改进得更加适应当地。而这在瑶家各支系的生计行为中体现得更为典型。

第二章　生态行为
——从"食尽则他徙"到"种树还山"

　　瑶族以赶山为业，是一种典型的山地游耕经济形态、与苗族的山地定耕经济有一定的区别。苗族从其民间传说故事来看，在进入黔地之初也经历了一段狩猎加农耕的日子，但只是过渡，苗家总是很快地在定居地开垦出田土来，形成新的农耕定居生计。而瑶族则几乎一直处于不停地迁徙游耕之中，而这种"采食猎毛，食尽则他徙"的生活方式，使得瑶族在处理本民族与自然之间的关系时，往往是在一定时间内的尽量索取，其"尽"也并非彻底毁绝自己居住过的空间的生态，而是有限参与、获取后的离开。这种人为的主动离开，实际上给予了曾经居住过的生境一个自我修复的时间。换言之，若古籍中所载楚平王（或曰周平王）赐瑶民管山、耕山之权为历史事实，在某种程度上似乎可以将瑶家视为最早的"山林管理员"。

　　因此，这种"赶山吃饭"在某种程度上是通过人的有限索取[①]，即人参与到深山密林的生态链中，使其生物链闭合，从而实现了森林的更新，促进了生态的再生。

第一节　差异化的农耕生计

　　对瑶族耕山过程中的农耕生计，大多归结为原始的刀耕火种。但这样的归结略有些以偏概全，忽略了瑶族进入贵州后因所处生境不同而形成的农耕生计上的差异。具体说来，白裤瑶以"刀耕火种"游耕农业为主，盘瑶则是"种山还林"游耕种树，这样的生活方式派生出崇尚狩猎、居无定所的生存习惯。

---

① 当然这种有限索取是基于瑶族的生产力限制，还是具有主观能动性的主动的有限索取尚需要更多的田野资料才能够判断。

山地经济对瑶族的影响是方方面面的。典型的自然经济，结构单一，社会分工不明显，农业、手工业甚至畜牧业都紧密地结合在家庭之中，人们的主要精力集中在粮食生产之上，且各支系发展也不一致，白裤瑶在新中国成立初期尚处于刀耕火种阶段，狩猎在其生计中的地位十分重要；从江西山盘瑶则已经进入"种树还山"的游动经营林业和种植业；黎平、平茶的红瑶则还在"讨山种地"，有的只是象征性地向邻近的本支系同胞交纳一定的"地租"，开垦梯田、栽种农作物；望谟县的油迈瑶，多为佣耕，为当地布依族地主种地，兼有渔猎经济的特点；荔波青瑶尽管久居坝区，但他们的水田耕作较为粗放；榕江塔石的盘瑶，其农业生产水平则处于较高的状态，某些方面甚至超过当地的其他民族。[①]

白裤瑶的刀耕火种，相较于紫云苗家的"烧畬"、彝族烧荞子时采用的刀耕火种，又有一定的区别，甚至可以说更为粗犷。其所种之地被称为"火捞地"，当冬春之际，各家便上山寻一片荒地，将荒地上的树木砍倒，待其自然晒干后，点火焚烧。等春雨落下浇透泥土，便将农作物的种子撒播其中，除两次草后、便不再管它，既不追肥也不引水灌溉，一切在天，待秋天后便来收获。[②]土地的肥力主要靠烧荒所得的草木灰，因此栽种一两年以后，土地的肥力下降，收成自然越来越差，便将这块地抛荒不再栽种农作物，另择荒地，重复上述的步骤流程。

白裤瑶所居属于贵州的两山（大石山和麻山）地区之一，山多土少，当地有"就九山一土"之说，白裤瑶过去多散布于海拔较高（700~1200米）的高寒山区之中，四周峰峦起伏，属于发育特殊的喀斯特地貌，峰丛漏斗的高差为180~300米，岩石多为石灰岩即白云岩的碳酸盐类岩组成，故其上发育出的土壤为初始期的棕黑色石灰土，表层为弱碱性（pH7.1~7.4），中下层为碱性（pH7.5~8.1）。因此，当地的植物多为嗜钙生植物，如石山木莲、狭叶含笑、石山桂、石山楠、黔苣苔、黄枝油杉等。这是植物对石灰土环境的长期适应和选择的结果。石灰土的土壤略带碱性，而白裤瑶刀耕火种的生计方式对土壤并未加以改进，草木灰继续增加了土壤的碱性，

再加上当地几乎不用牛耕、不追肥的粗放经营，使得出产有限，只能播种一些相对耐碱、耐瘠薄的作物，如荞子一类。白裤瑶在过去更多地栽种小米、荞子、玉米一类作物。但小米 ① 其实喜欢偏酸性或中性的土壤，因此，在瑶山地区的产量并不高，在过去亩产几十斤或几百斤是相当普遍的事。故有当地也有"春种一大片，秋收才一箩"的说法。因此白裤瑶在新中国成立前，生计相当艰难。1953 年以后，荔波县实行了土地改革，建立了姑类民族乡。在土改中，人民政府为了解决白裤瑶没有土地的问题，将翁昂、捞村、王蒙等地的部分水田和熟地分给白裤瑶，这才结束了白裤瑶没有固定耕地的历史，从游耕转向定耕。

白裤瑶获得土地，从深山中搬迁至自然环境条件相对较好的地区后，开始向周边的布依族、汉族同胞学习农业生产技能，掌握了水田的耕作技术，开始使用牛耕，在耕作生产上与周边的民族已无太大的差别。生产方式的改变，使得当地粮食种植的种类逐渐丰富起来，除水稻以外，玉米、小麦、油菜、红薯、马铃薯等也得到了广泛的种植。蔬菜的产量和种类方面都有了很大的提高，白菜、青菜、萝卜、辣椒、大豆、四季豆、南瓜、莴笋等也开始在白裤瑶聚居的村寨中出现。在土地的使用上采取了更为现代的方式，对于村寨周边的宜林地，人们开始栽种马尾松、杉树、泡桐等用材林和油桐、李子、板栗、柑橘等经济林和果木林。

如果说白裤瑶支系对瑶山当地土壤和生态环境的不理解使得其游耕十分艰难的话，那么居住于瑶麓的青瑶则因其聚居的小环境为山间盆地，周围有山有水，地势相对平坦，田多土少，而且气候温和、雨量充沛，十分适宜发展农业。青瑶过去主要种植糯米、籼米、红稗、玉米，此外还栽种花生、棉花、辣椒、烟叶、黄豆等经济作物，但在新中国成立前"因季节掌握不好，产量一直很低。蔬菜栽种较少"②。在耕作技能上，一般不用牛耕而采用人力翻田，他们认为"翻土比犁土深，庄稼也苗壮，雨天用木耙耙田。田间管理也极简单，插秧后薅两三道（糯米薅四道）然后

---

① 小米适宜在微酸和中性土壤生长，喜干燥、怕涝，尤其在生育后期，土壤水分过多易发生烂根。因此，宜选择地势较高、排水方便、土层深厚、质地松软的肥沃壤土或砂壤土。
② 贵州省民族事务委员会、贵州民族研究所编：《荔波县瑶麓公社调查报告》，《贵州"六山六水"贵州民族调查资料选编·回族、白族、瑶族、壮族、畲族、毛南族、仫佬族、满族、羌族卷》，第 89 页。

就听之任之"。虽然有桔槔作为灌溉的工具，但是缺水依然是瑶麓人面对的最大的问题。因此，尽管是水田农业，但水源限制了青瑶农业耕作的发展，当地同白裤瑶一样，也有雷的禁忌，被总结为"耕田种地靠翻撬，木耙磨田用人拉；农历六月秧不下，迷信祭雷误庄稼"。在周围布依族和水族的影响下，青瑶的农耕技术有了较大的提升，并大量地开垦水田，种植水稻、玉米、油菜籽、棉花、大豆和花生，并且在水塘中养鱼。

荔波三瑶中的长衫瑶是最早居住在茂兰坝子的人，随着汉族和布依族的陆续迁入，小部分长衫瑶继续留居，大部分长衫瑶迁至今天聚居的茂兰乡、洞塘乡和翁昂乡的瑶埃、瑶寨、洞阶和洞尝等自然村寨。但在新中国成立以前，茂兰坝子居住的其他少数民族都尊崇长衫瑶"开秧门"的习俗，每年春耕由长衫瑶率先耕种，其他民族才会接着开始耕种。在某种程度上，这样的行为选择也符合一定的科学依据，即长衫瑶在茂兰坝子居住的时间最长，最了解当地的气候和时节，因此农业生产的节奏更适宜当地。长衫瑶在生计形态上以水田农业为主，土少田多，当地主要种植水稻，但也有玉米、油茶、红薯等农作物。

居住在清水江都柳江流域的红瑶支系，由于当地森林茂密，水寒阴冷，适宜糯稻种植，瑶族的糯稻品种与当地的生态环境相适应，民国时期刘介著《苗荒小纪》载，都柳江下游瑶族"地水寒，惟宜糯稻，所食亦多稻米，粳米多难生，成亦黏质极薄，炊而食之，如嚼木糠然"①。红瑶支系栽种的糯稻多为高秆稻，高秆稻对田水的深度有较高的要求，故而当地瑶族也以植树为农田保水的根本。农耕生计对人的行为提出要求和限制，在某种程度也促进了当地水土的涵养，进而对长江、珠江下游水资源的稳定发挥了生态屏障的作用。

当然，基于黔地的大气候和相对破碎的小气候，即便居于同一县域的瑶族支系的农耕生计具体也存在一些差别，如从江高忙乡属于高寒山区，谷雨后才进入短暂的无霜期，所以当地常常刚刚收完籼谷，一场凝冻就会使得糯谷的谷穗被冻坏，因此当地的农作物生长较慢，成熟较晚。而从江高华瑶寨盘瑶进入翠里乡东南方的驻

---

① 王圣强：《贵州瑶山禾仓的古文化因素》，《贵州民族研究》1991 年第 4 期。

地后，历两百余年的发展，从最初的刀耕火种，到清乾隆年间拥有一定的山林田地，在生产生计上逐渐发生了变革。不但在山坡划定种植区域，学会了剖竹凿槽引水，竹筧和木槽引水灌溉稻田，而且在农作物的选种育种上也形成了一整套行之有效的鉴别、保存方法。一般会在秋收时，有意识地选择颗粒饱满、长势良好的株穗作为预备种子，并事先打上草标，单独收割、晾晒、收储。由于精心的选种，当地瑶家也十分注意发现并培育新的稻种。当地糯稻的种类就有旱糯、红广糯、白广糯、黑点糯、冷水糯等数个品种，还有如"黑禾"一类极为珍贵的糯禾品种。籼米和粳米上，也分六月谷、七月谷、八月谷、九月谷、十月谷等，且米皮白中泛绿或者泛红，在毗邻的村寨也有种植。此外还有一种瑶家独有的籼稻品种——"老山禾"。据说，该稻种是清代中期，高华瑶家先辈在"乌俄"①深山中狩猎，偶然在溪谷附近发现一蔸野禾，见其生长繁茂，且近成熟，于是特意留意这一蔸野禾，待其完全成熟后采摘回家，脱粒、晒干、储存，留作种子，次年培育为秧苗，并逐年收储培育。经数年，该稻种不但在全寨栽种，还流传到周边几个寨子，被称为"瑶人谷"。这种稻米米质白色，亩产超过 350 斤，尤其适宜高海拔温良气候的生长，产量也较为稳定。可见，高华瑶家在农耕上不断适应当地生态环境，并从野生稻禾中逐渐"驯化"获得新的良种。这一过程充分体现了人与自然的相互适应。

而盘瑶支系由于迁入地的生境差异，形成了两种不同的生计类型。其中一种是以塔石盘瑶为代表的农耕经济，另一种为西山镇盘瑶代表的"种树还山"的林业经济模式（下文详述）。塔石乡地貌多样，但气候温和、雨量充足，境内土壤大多为涓云母板岩风化层积土壤，酸碱适度，年平均气温在 18℃，无霜期长达 270~310 天，年平均降雨量 1211 毫米，集中在春秋雨季，气候四季分明。塔石盘瑶开荒定居较早，因此其农耕技术有较大的发展，首先体现在牛耕和门类齐全的铁制农具的使用上，他们不但熟悉当地的农时，且田土也精耕细作，水稻亩产较高，甚至还掌握了粮食的复种和套种技术。在熟知物性的基础上，采取玉米、红薯与豆类套种；水稻与土

---

① 乌俄为苗语，即有水井的地方。或可推之高华原先的地方有苗族居住过，因而，当地的山林权属关系应该较为复杂。

豆复种，提高了土地的利用率。其农耕技术甚至超越了同时期邻近居住的汉民。但当地田多土少，人均耕地较少，劳动力丰富，故塔石的盘瑶在解放前以种植水稻为主，杂粮有玉米、小米、红薯、土豆、黄豆、饭豆等，很少种植大麦和小麦。

与苗族侗族相似，瑶族也利用稻田养鱼。如从江滚董瑶寨，当地瑶家一般在每年开春后，会在稻田中央挖坑，上面搭一个小棚，用于鱼儿交配产仔，待栽秧后再将鱼苗引入田中，一般一亩放数百尾鱼苗，待庄稼收获后再放干田水进行捕捉。

可见，贵州瑶族各支系在农耕生计上的发展差距极大，这种巨大的差异与该支系定居的生境，以及进入该地的时间点以及其后与周边民族的交往有关。正是黔地这种拥有巨大地理落差和各种小环境以及相对封闭、交通不便所导致的。由此也可见，人在自然面前的渺小，自然生境是人存在和发展的基础及平台。

第二节　牲畜蓄养及狩猎

从传统耕山的生计方式衍生出狩猎的生存需求，而后从狩猎技能中又逐渐发展出牲畜禽类的蓄养以及进入新中国以后的现代养殖业。在家畜蓄养上瑶族各支系之间的差别更为明显。

对于居住在瑶山的白裤瑶而言，狩猎是其获取动物性肉食的重要途径，也没有特定的时间上的规定性，同时也是他们自卫防身的必然手段，由此养成了白裤瑶男子对鸟类的热爱，不但饲养鸟类还能驯化鸟类充当囮子，用以诱捕更多的鸟类。"狩猎是其养殖业的前身和前提基础。"[1] 新中国成立开始定耕后，瑶山的养殖业在20世纪80年代前后开始发展，而在新中国成立前白裤瑶饲养的家禽种类较少，一般是鸡、鸭、猪、山羊，多为野牧。由此也培育出了独有的禽畜类品种，如瑶山猪为黑皮地方性猪种，瑶山猪耐粗饲且存活率高，肉脂兼用。由于其不与其他猪种交配，因此种性纯洁，遗传性也相对稳定。2005年瑶山开始村庄旅游开发后，开始大量养殖瑶山鸡。瑶山鸡是荔波县的地方良种，肉用型，生长快、个头大，成年公鸡可

---

[1] 玉时阶：《白裤瑶社会》，第26—27页。

达 3.5 千克，成年母鸡可达 2.5 千克。其他副业尚有养蜂、养蚕等。白裤瑶多饲养野蜂，以木桶作蜂桶。

塔石乡的盘瑶支系，较早进入定耕，也较早地在家中养牛用于耕地。当地有较为宽广的草场，饲料充足，为养殖业的发展提供了基本的生境前提。20 世纪 80 年代以后，当地的家畜养殖业得到较大的发展，牛、猪以及羊的养殖成为当地盘瑶支系的重要生计来源。

青瑶早期也和白裤瑶一样，以农耕兼狩猎为生，尽管较早地进入农耕，但狩猎的遗风犹存，且在狩猎上有特定的时间规定性和仪式禁忌。一般在秋收后，全寨男子才会一齐出动上山狩猎，由此也可看出农耕生计对人的行为在时间上的规约。青瑶在狩猎前还会举行与苗族类似的"安坛"仪式，一般在出猎当天，由猎首从一只特别的竹笼上跨过，讲究动作的流畅干脆，需一跃进屋，再将一斤白酒分作五碗，放在屋内东南角的小桌上，口中念念有词，然后请巫师喝下第一碗，其余四碗由参加狩猎的人传饮喝尽，空碗放回原处，在参与狩猎的人回来前任何人都不得挪动，否则狩猎者将得不到神的保佑，不祥将会降临。在猎物的分配上，一般下颚属于最先命中猎物的人，较大型的猎物的一条腿给巫师，一条腿分给猎犬，剩下的兽肉由参加狩猎的人平分，而内脏则煮成一锅粥全寨分享，以图吉利。此外，"过一坡要敬一坡"，逢山过坡都要供奉山神。

与青瑶相似，红瑶支系也有赶山打猎的习惯，但与青瑶在农闲时节打猎不同，红瑶支系的男子在节庆休息都会相邀赶山打猎。有时是事先发现某处有危及生命的野猪一类较大的猎物追踪而去，或是集中后搜索森林、用人和猎狗一起驱赶的办法使猎物逃窜出来再加以捕获。捕获猎物后，回到寨边会鸣枪通告寨中人，村寨中人会出来观看并祝贺。与青瑶"安坛"不同，红瑶的猎物会先敬奉寨神后再平均分配，这种分配不分是否参加赶山，即便是路上碰见的也算，可以说是见者有份，但是却分男女，在红瑶看来赶山狩猎是男人的事与女人无关，因此不但赶山狩猎不让女人参加，在猎物的分配上也不考虑女性。

从狩猎在各个瑶族支系的不同，可以看出各支系的生存方式在黔地不同自然环境中的演变。居于瑶山的白裤瑶由于所居生境中岩多土少，传统的农耕生计对当地生态环境的破坏较少，但收获也相对有限，因此狩猎就成为每个家庭补充食物来源的重要手段，因此在狩猎上更注重狩猎的技能技巧，而自然条件较好、农耕生计能相对满足生存需求的青瑶、红瑶则逐渐衍生出狩猎的规定（时间上的、禁忌上的）和精神上的信仰。

但从总体来说，瑶族过去在牲畜的蓄养上，不管是猪还是鸡、鸭都以野放为主，即不主动为其投食，而是放养于沟边、小溪、田间，待到秋收的时节，各家各户再用笼子或竹篱围上。即便如此，瑶家在牲畜疫病的防疫上也有自己的一套"土"办法。如从江西山镇的摆翁瑶寨，其周边邻近的村寨都发生过鸡瘟，而该寨中的牲畜却从未发生过此类疫情，这主要得益于当地瑶家的买卖规矩：首先，凡是带到寨外准备卖掉的家禽即便卖不掉也不准带回寨中，需放在寨外等待下一次赶集，或者就地杀来吃掉；其次，外边新买的猪仔一类牲畜，在带回村寨的路上必须寻到一种树叶，用来熏牲畜，树叶有消毒和防疫的功效，换言之，只有经历了消毒程序的牲畜才能进入寨中；最后是高度重视瘟疫的消息，如果听说有猪瘟或鸡瘟流行，便会停止一切牲畜和肉类的买卖，在外边买的猪肉或鸡鸭也要在寨外吃完洗干净手才能回家。这一系列措施，常常使村民能够通过牲畜的蓄养获得一定的收益，尤其在周边其他少数民族村寨遭遇牲畜的瘟疫时。

概言之，相较于彝族作为支柱性产业的畜牧业，瑶族的牲畜蓄养则更多地围绕农耕生计以及一般性的家畜。由此也可以体现农耕文明与游牧文明底色上的差异。

第三节　基于森林生态的区域林业

《从江县志》载："从江瑶族育杉树苗始于康熙年间。"清末民初时，大塘山中已经有几千亩成片的熟林，即是当时的翠岚地主请瑶族杉农栽种的。从江高华瑶家藏的《乾隆五十七年韦老求、韦老六等卖山场、荒坡竹石字》载：从江高华瑶族自雍正年间从广西融水洞头乡迁入该地后，于乾隆末年向宰跨壮族购买了乌俄（即今高华）的"山岭坳地"开始栽种杉树。可见，在过去进入从江地区的瑶族无论是红瑶还是盘瑶，都有租佃荒山"种树还山"的生计模式。贵州瑶族长期生活在密林山地之中，对山地林业的生态链的认识和把握都极为深刻，对森林的依赖，使他们关注并掌握了森林的生态系统发展规律，形成了一整套关于林木栽种、管护的本土知识。

都柳江流域的瑶族在林木栽种和管护上有具体的智慧。在选种上，源于老年成树的果球，不拾取树上掉落的种子，而是将采摘后的果球通过阳光暴晒使之脱落。不图省事省力拾取树上掉落的种子，是为了保证树种的健康；育种一般会在每年的正月，选一处土壤肥沃且较为阴蔽的地方作为苗圃，因为在都柳江瑶家看来，苗木像小孩一样，需要照顾、遮阴；育苗前会用火反复焚烧苗床，使土地烧透，杀灭土中潜藏的虫卵，烧透后、再将土地平整、细细敲碎，每隔1寸（约3.3厘米）左右均匀地撒上树种，其上覆盖杉树枝，再淋浇牲畜排泄物兑成的肥水；待开春苗木长高至10厘米左右时，另行移栽，栽种间距保持在1尺（约33.33厘米）左右。对苗木不同时期的生长需求把控可谓精准，既不浪费有限的土地资源，又给苗木提供了足够的生长空间。还有一种育苗法是高华瑶家所用，以杉树皮垫底，上用细土拌肥料，再撒种，待幼苗生根后用牲畜的尿液浇淋，这样育苗费工较多，但起苗时不伤主根，且苗木主根短、侧根多，林木长势较好且移栽时更容易成活。

第二年正月开始逐渐正式移植到成林中，瑶族林农在移栽时会依据山势，陡峭处需沿山势顺栽，而不直栽。这样做，主要由于都柳江流域山地坡度较大，如果定植树苗时不沿山势顺栽，树苗就生长不好，由于雨水多，所以在移栽时会将树苗的侧根铺平铺直、完全舒展开使其根系能更好地深入泥土，避免被雨水冲走。在林地周围筑土墙、挖围沟、围木栏等手段之外，也会给幼苗浇淋牛粪兑的粪水，以此避免幼苗遭到牲畜的啃食。

除了育苗定植，他们还会用扦插法使之尽快生根。具体做法是，在砍伐后的树蔸上，截下新苗进行扦插，或者是将砍下的杉枝直接插到熟地上，有的是在每年12月砍取1.5—2尺长的杉枝，窖在溪边树木荫郁泥土潮湿的地方。二三月，杉枝就会长出细枝，然后移苗栽种。这一类幼苗多植于已垦殖的熟地上，以提升其存活率。还有一种是对采伐后的杉树墩通过人为的管护，使之快速成材，被称为"发蔸苗"。发莞苗有具体的时间要求，多在秋末杉树开始休眠时，砍伐后的树墩出地不得低于 40 厘米。在砍伐时对砍伐的方式也有要求，即必须用斧子砍，而不能用锯子锯，因为锯子锯树时会使树皮表面形成撕裂，导致树墩再生能力下降，而斧头砍时还会将树墩端头砍成圆锥状，避免树墩的砍口积水。砍伐后，用米浆浇湿整个树墩，尤其是砍过的地方，需用米浆浇湿浇透。待第二年，砍口处就会生发出一圈幼芽，选择其中长得较好的一两支留下，掰掉其他幼芽，留下的幼芽会继续生发，长成大树，这一过程可以循环数次。以发莞苗这样的方式实施林地更新，不但省工省事，而且不会中断原有植被根系，能够防止因砍伐而导致的水土流失。再生长出的树苗借助原有完备的根系，也比选种育种出的杉树苗生长得更快，只是头几年的木材质地较为疏松，但待树枝长大后，其根系完全更新，使得原先疏松的树心材质变得坚实，因而产出的原木材质也是有保障的，是一种快速生林的方法。[①]

由于林木生长需要约十年才能进入轮伐和间伐阶段，故而在整个较长的生产周期中，瑶族也发明了林粮间作的耕作方式，即在树木间套种杂粮，以维持成林前的基本生计。和苗家的林粮间作一样，他们在杉苗间套种麦子、玉米、旱禾、药材等，从而提高了林地的使用率。都柳江土壤本就黏性较重，加之常年多雨，土壤透水、透气性能较差，套种其他作物可以提高土壤的透气性，利于林木的生长。

农耕和林业在瑶族各支系生计中所占比例不同。从江翠里摆翁村的盘瑶只是将种地作为辅助的谋生手段，主要精力用于开荒种树，除了杉树，还会栽种油桐、油茶一类经济林，林间套种杂粮，如小米、玉米一类作物，不但补充林木成熟前的生计，还能为林木疏松土地。针对山高坡大、田土较少（人均耕地 0.46 亩）、海拔高（1200~1500 米）、气温低（年平均气温 10.5~11℃）的特点，将不宜种植粮食的荒坡退耕还林，将土层较厚、坡度不大的旱地改造为熟土，以此形成"林—水—田"的生态循环，不但房前屋后栽种各种果树，还会在湿润的山沟中栽种楠竹，向阳处栽种油桐。

但是油迈瑶所在的望谟县，地处贵州高原向广西丘陵过渡的斜坡地带，县境内

---

① 李红香：《论贵州瑶族林木种植管护的本土知识与环境维护》，《文山学院学报》2017 年第 5 期。

地势北高南低，山高坡陡、沟谷纵横、山脉绵延起伏，地貌多样，以侵蚀及溶蚀地貌为主。油迈瑶采用"食生苗法"，利用喂养的猪啃食构树的复果，由于构树种子表面有一层较厚的果肉，在经过猪的食用消化后，种子又随着猪的粪便一同被排到地面，大雨过后再辅以适宜的温度，地面就会长出一丛一丛的构树苗来，油迈瑶会将这些构树苗连同猪粪移栽到有泥土的岩缝中，不去管它，几年后便会生长成林。

　　显然，生活在都柳江流域的瑶族不管盘瑶还是红瑶，与同样生活在该地的苗族、侗族，在林业生产的方式方法上都有一定的相似之处，一样地选种育林、林粮间作、轮伐间伐。而生活在北盘江流域的望谟瑶家和紫云的苗族在植树造林上也采取了相似的手段——利用动物的消化道破坏构树种子表层的果肉的方法得到果实（种子）；这样既满足了野牧的牲畜的觅食需要，又轻松地获得了构树的实种及肥料，在少量翻动地表土层的前提下，培育树林。这样的方式既适应当地溶蚀地貌，又较好地保护了当地的生态，是应对石漠化生态灾变的重要生存智慧。同时也可以看出，这些基于生计而发展出的生态智慧，是基于地域而非民族的存在。换言之，正是相同的生境塑造了拥有不同民族文化的人们，在具体的生境中生发出相似的处理人与自然关系的知识并形成传统加以延续。

第三章 生态制度
——普天之下，不忌山坡

第一节 "过山引文"和"石碑律"

由于各支系发展的情况不同，瑶族各个支系的习惯法不但在内容上不同，而且形式上也有差异，如白裤瑶的习惯法是不成文法，而盘瑶的习惯法则是载之于纸"过山引文"，青瑶的则是刻在石碑上的"石碑律"。

对于盘瑶支系而言，在其支系中长期流传一种名为"过山榜"[①]的汉文文献，"过山榜"的文字长短不一，最长的一万三千多字，最短的五百余字，形式多样，内容不尽相同。在内容上，主要是叙述人类起源的神话以及瑶族迁徙的传说，其中涉及瑶族伦理道德及与外族交往的种种规定，故而在某种程度上也被研究者视为瑶族习惯法之一。如20世纪80年代贵州民族学院（现贵州民族大学）民族研究所在从江西山镇发现的一件"过山引文"，就用汉字楷书竖写而成，其中记载："准普天之下，不忌山坡，隔田覆水不到处，永远准许瑶族人民耕管，乞食营生活命。"这段文字内容阐明瑶民"赶山吃饭"的合法性。而其中关于"不许做大匪，不许做大贼，不许横行压迫，不许男女奸情，不许谋夺强奸，不许男女行歌坐月"等内容则是维系盘瑶社会秩序的基本"法规"。

---

① 也有"过山贴""过山引文""评皇券牒""盘古皇榜文"等称谓。中华人民共和国成立以前，各家秘藏不肯示人；中华人民共和国成立以后征集了80余件，大部分藏于中央民族学院（现中国民族大学）。在徐仁瑶、胡起望的《瑶族"过山榜"析》中将"过山榜"分为三种类型：甲型，通称为"评皇券牒"，数量最多，其内容是关于龙犬盘瓠的起源，盘瑶十二姓漂洋过海的传说，瑶人耕地不纳租，见官不下跪，可以自由买卖，严禁瑶汉通婚等规定，并绘有图案花边和彩色神像，似为"过山榜"的正宗；乙型大都叫"过山榜""过山版""过山帖"或"过山经"，内容简略，叙述盘皇子孙被发往深山，无皇税官差，迁徙各地时州、府等官一律放行等，属于比较原始的一类；丙型是"评皇券牒"的发展型，除甲型所载内容以外，还加上迁徙路线的记载等，推测属于晚期的文献。

青瑶的石碑制度。"石碑"又称"石排",包括石碑组织和石碑律两个方面的内容。"石碑"既是一种社会组织,是地域性的军事、行政联合体,也作为社会约束,具有"法"和 "约"的意义。以村寨（瑶族称"排"）为基础的联合体订立的各种盟约和法规刻在石碑上,即"石碑律"。据说历史上曾立过6块石碑,且均立于"议事坪",有两块已遭破坏,现仅存三块藏于荔波县文化馆,目前尚有一块立于坪上,但字迹已模糊不清。1943年岑家梧先生至瑶麓调研时,将所见的碑文抄录于《瑶麓社会》一书。其中涉及农田森林的有:

> 立款单人韦,为祖上遗留田业、山场、土地,连年以来,近有不法之徒,进山伐木,败坏偷盗,田山禾谷地内粮食、棉花各物等次,屡遭偷害。众等约齐谪议各款勒刻,若挚获贼盗,不拘轻重,鸣知还款,照例重罚,不许私合私放,如有钱卖十六元整。今恐不凭,立此款单为照。凭地方乡老、头人。

从这块石碑碑文可以发现,对财产私有权利的尊重开始进入青瑶社会。进入现代社会后,瑶麓乡管理委员会制定并出台了《乡规民约》凡一十四条,三十余款,主要内容有九个方面。

一、田土划分后,不得侵占,更不得占用公地修屋;二、林业"三定"后,他人不得砍伐,更不准毁林开荒;三、不得偷钓集体池塘的鱼;四、不得破坏瑶麓公众的水利设施;五、不得盗窃别人的耕牛;六、不得毁坏别人的庄稼;七、不准偷盗别人的玉米、鸡、鸭、蛋、蔬菜、红苕、水果、花生、棉花、竹笋、稻草;八、禁止殴斗、赌博;九、不准破坏他人的婚姻和家庭。违者罚款、罚谷、法办。[①]

可见,大部分瑶族地区的习惯法（包括今天的乡规民约）大多是对私人财产的尊重,对婚姻伦理的保护,而对禁止毁林开荒一类的具有生态保护作用的约定只是其民族习惯法的一个部分。但是在林业较为发达的黎平、从江等地,其习惯法中涉及林业保护的内容则更加明确。如黎平县平茶瑶族1982年公布的乡规民约就规定。

（1）不经批准,乱砍滥伐一棵杉树,不管大小,罚款30元。

---

① 柏果成、史继忠、石海波:《贵州瑶族》,第3页。

（2）不经批准，乱砍滥伐一棵松树，罚款 20 元。

（3）乱砍滥伐山林一根，罚款 20 元。

（4）偷盗木材者，发现一起罚款 40 元。

（5）放火烧山一起，10 亩以下者，罚款 20 元；10 亩至 50 亩者，罚款 50 元；50 亩至 100 亩者，罚款 100 元，100 亩以上者罚款 200 元。

（6）侵占他队山地、山林、木材者，发现一起，罚款 20 元。

……

（15）偷砍楠竹和竹笋的，每根罚款 10 元。

此外，还有一些如薪柴砍伐时间需在春初秋末，以利树木更新，风水树不得轻易损伤毁坏，对野杨梅树留母伐公，对古树、高大乔木予以保留等类似的村规民约较为广泛地存在于瑶族村寨中，而这样一些习惯法在制度上有效地保护了当地的生态环境。

第二节　节日中的多民族交往

瑶族节日，受周边民族影响较大，因而各支系呈现较为复杂的状况。有的和汉族一样过春节、清明节、端午节，如茂兰瑶族和巫不瑶族在清明节上坟，端午节包"瑶人粽"、挂菖蒲，礼俗跟当地汉族一样。有的则过邻居民族的节日，如瑶麓青瑶与水族一起过卯节，罗甸和望谟的瑶族与布依族一起过"三月三""六月六"，还有和苗族侗族相似的吃新节。当然也有一些支系独有的节日，如盘王节、冬节、稀饭节、平安节、请客节等。

瑶麓青瑶只过三个节日：大年、过卯、吃新。大年与汉族的春节相同，只是除夕夜家家户户要用香插遍屋角、门边、厕旁、田坎、土地庙，家里也点三炷香、摆三双筷子、三杯新酒，饭菜供奉祖先、神祇、招待亲戚；卯节是受水族影响产生的节日，一般在农历六月过，但增加了本民族的文化色彩。青瑶认为，寅和卯是一对男女农神，为了祈福消灾保佑庄稼丰产，卯日这一天要端饭菜和酒到田边、棉田供奉，还要邀亲友在田边聚餐。吃新节，青瑶称之为"新姑娘到家了"，一般收糯米时吃一次，收新米时吃一次。吃新节的时间一般是一个寨子在同一天晚上，不同寨子时间不同，且需要精确计算，从栽秧之日起推算，不能寅吃卯粮，若推算错误会影响收成。

白裤瑶则主要过大年和七月半两个节日，白裤瑶的大年即汉族的春节，但他们一般只在三十晚、初一、初二过节，初三至十五为走亲访友或者到外寨游玩的时间。七月半是除了大年以外的第二个主要节日，一般过两天。七月十三日，各家自备些猪肉、牛肉、鸡肉改善生活，十四日晚，亲友互相走访、聊天，议秋收。

长衫瑶也过年，但在除夕夜要敬祖先、敬灶神，点通天灯，深夜放鞭炮，鸣火药枪。正月初一至十五，在神龛、灶旁、房门侧、牛厩旁，早晚都须插香、烧纸、祈祷，神龛上供三碗饭、三碗肉、三盅酒，摆三双筷子、一撮红糖、一块白布、一挂糯谷穗、一个鸡蛋。前四样供品初五以前须每天更新，初六以后不再换。长衫瑶的吃新节较为独特，一般会盛三碗米饭，摆于屋角敬耗子。长衫瑶相传稻种是耗子从天上偷下来放在洞里，被人发现后，人间才有稻谷，敬耗子是犒赏它传播谷种的功德。

盘瑶的节日主要有春节、元宵节、春社、清明、四月八、五月五、六月六、七月十四、八月十五、九月九、九月二十七、盘王节等大小十多个节日，其中春节、盘王节是大节，其余算小节。同为盘瑶支系的各村寨也有差异，如一部分村寨将"七月十四"视为大节。一般来说，过大节要杀猪宰牛，过小节要杀鸡鸭。

红瑶的节日有稀饭节、清明节、吃新节、平安节和春节等。其中稀饭节较为独特，一般在正月初一过。据说很久以前他们的祖先遭土匪抢劫，只有留在碓窝中的几碗米未被抢走，大家只好煮稀饭吃，为示纪念，每年这一天拂晓便在家中煮稀饭，去石碓处祭祀，然后全家聚餐。清明节，与汉族相似，祭祀扫墓、缅怀先祖，一般以家族为单位去扫墓，但其同时还是一个青年男女交往认识的社交节日，一般会邀请有婚姻关系的村寨中的姑娘们一同前往，在山坡上杀猪聚餐、祭祀先祖，开饭时青年男女围坐一圈，不与老人们一同用餐，辰日后的数日内，各寨青年相互邀请。红瑶的吃新节也与周边的苗族、侗族不大相同，尽管都是庆祝庄稼即将收获的节日，但红瑶一般会在农历六月的第一个卯日过这个节日，在田里采几穗新谷，作为一年收成的象征，回家后杀鸡捉鱼，饭煮好后放入新谷，先敬祖先，再由老人食用，其后才是大家分食。换言之，红瑶支系的吃新节，还有崇祖敬老的节日内容在其中。红瑶的平安节，是秋收庆祝丰收的节日，一般在每年的阴历九月二十七日过[①]，届时会杀鸡宰鸭，放田水捉鱼，舂米打粑，热情地款待各方亲友。春节是红瑶支系最隆重的节日，他们在大年三十的晚上不是按家庭为单位聚餐，如顺化乡己贡、高孖等村就是以村寨为单位，按年龄、性别聚会，一般来说老年男人为一组、青年男子为一组、女人和小孩为一组，各自从家中带来食物，一起食用，谈天说地一起送年。此外他们在正月十四日过小年的习俗也与汉族不同。

油迈瑶在节日上与当地的布依族、汉族基本相似，主要过春节、三月三、清明、端午、七月半、重阳节等，该支系独有的节日是每年农历七月三十日的"丰收节"。

此外还有绕家育支系独过的"冬节"，前文涉及节日性食品时已有阐述此不再赘述。

黎平县雷洞乡瑶族主要聚居在金城和戏劳两个村寨，是自称"巴亨"的红瑶支系，当地主要过的节日有春节、元宵节、春社（二月十九日）、吃新节、请客节。其中请客节充分地体现了生境对节日的促成和规定。在雷洞，请客节是当地红瑶的最大节日，一般会在农历九月二十七日举行。据说当地侗族在农历的六月初六过大节，因为侗族居住的地势好，各种作物成熟早，所以在这一天请客。而瑶族居住在高山，气候寒冷，各种作物成熟较晚，因此在农历九月二十七日作物成熟了，才能过大节。这一天青年男女皆着盛装、小孩穿新衣服，杀鸡、杀鸭、杀猪、捉田鱼，请来亲友以及侗族邻居大吃大喝欢庆两天，亲友离开时，主人家还会以家庭为单位赠送一包糯米饭（2斤左右）和一两斤肉。[②]

综上，瑶族各支系的节日十分复杂，甚至同一支系的不同姓氏（家族）也有自

---

① 平安节在红瑶各支系有一定的不同，在九潮乡大榕村新寨的凤姓和卜姓则分别在二十七、二十八日两天来过，同时兼带青年男女的交友活动。

② 李珏伟：《黎平县雷洞乡瑶族习俗调查》，贵州省民族事务委员会、贵州省民族研究所编：《贵州"六山六水"民族调查资料选编·回族、白族、瑶族、壮族、畲族、毛南族、仫佬族、满族、羌族卷》，第225页。

己独特的节日。如高忙乡的红瑶就过春节、正月节、老鼠节、春社、清明节、端午节、吃新节、破肚节、九月九节、九月二十七节等。其中春节、清明节、吃新节与过该节的其他民族相似，但在高忙的正月节（正月十五）却是当地的"鬼节"。这一天需要将春节所贴的对联和劳动工具上的神纸全部撕掉，同时将春节留下的猪肝、猪肠等吃完，吃不完的要全部倒掉。以此将家中的鬼赶到坡上去守田边地脚，否则家中人和鬼都会懒得出门做活儿。老鼠节，则在农历的二月初一，目的在于忌鼠，这一天不去田里干活、食用色黑如鼠的糁子粑粑，以此祈愿没有鼠灾、粮食丰收。春社，是该支系的青年节，在立春后的第五个戌日。这一天老人休息，青年男女邀请外寨青年男女上坡游玩，带上笋子、蔬菜、大米、猪油等食材到山上煮稀饭共同野餐，是青年男女认识交往的节日。该支系的端午节，日期不定，以插秧结束为准，大多在五月上旬，家家户户杀鸡杀鸭庆祝春耕结束，青年人穿上新衣汇聚在一起打秋千。破肚节，是该支系邓氏家族的节日，一般在农历八月的第一个申日，据说是邓家有六口，皆靠其父亲养活，有一年全家吃"扁米"①，子女都感到父亲的操劳无以为报，都将自己的一份让给父亲吃，结果父亲因为食之过量、腹胀而亡，为纪念父亲，邓氏将这一天定为破肚节，备酒设宴，招待来宾。九月九节，是当地陈姓家族的节日，这一天陈家会煮好重阳酒，做糯米饭，杀鸡鸭宴请全寨。九月二十七是高忙乡凤家独有的节日，是与正月十五相对应的鬼节，正月十五是将家中的鬼赶到田间地头；而九月二十七是秋收结束、谷物进仓，该请鬼回家过年。

显然，从贵州瑶族各支系所过的节日可以看出这样两个明显的特点：首先是各支系的传统节日与该支系的经济发展有关，经济发展较好的盘瑶、红瑶等支系的节日相较于经济较为落后的白裤瑶支系明显要丰富得多；其次是即便名称相同的节日，具体的时间和过法也有较大的差异。如吃新节，长衫瑶要盛三碗米饭在屋脚感恩耗子带来的谷种；青瑶的吃新节则包含着不能"寅吃卯粮"的禁忌；红瑶的吃新节中新谷只是象征，而非真正的食用，节日仪式中包含了更多的关于祖先和敬老的内容。

---

① 将新米炒熟后舂成扁平状，故称之为扁米。

由此可以看出，节日作为人类精神文化的重要结晶在不同的聚居环境中开出完全不同的"花朵"，人们赋予的意义和内涵也各有差别。尤其是"九月二十七"这个节日，可以明显地看到生境对相同支系（文化背景）的不同影响。雷洞被称为"请客节"的"九月二十七"本是与当地居于低海拔地区侗族的六月六的同样性质的庆祝丰收的节日，只是因地处高寒地带作物成熟较晚，故而在农历九月二十七日举行，而高忙乡凤家的九月二十七被赋予与当地正月十五相对应的"鬼节"的含义，但在本质上也是丰收后的庆祝。

第四章　生态精神
——自然对人的形塑

第一节　族源故事中的动物：犬为父、母

一、对动物的感恩之情

关于瑶家和犬的故事，在不同的村寨都有具体的传说故事，这些故事的因由、要素并不相同，有的差别还很大，但最终的指向都是人对犬的感恩。盘瑶支系笃信的盘瑶渡海得犬营救，故瑶家世代感念犬恩，更有广为人知的是盘瓠信仰中对犬父的具体描写，此处不再赘述。

在贵州红瑶支系的传说中，犬父母叙事主要有两个作用，一是说明为何巴亨瑶族不吃狗肉。如雷洞红瑶，解释自己为何不吃狗肉说，很久以前有两姐妹，母亲死后，妹妹无人喂奶，狗以奶喂大，因而狗成了这两姐妹的救命恩人。还有的村寨流传的说法是，巴亨支系（红瑶）从广东迁来时，因渡河落水被狗所救，因此不吃狗肉以感谢狗的恩情。二是说明巴亨瑶人服饰形制的由来。据雷洞红瑶说，开天辟地时，有夫妻二人无田无土无房栖身，带了一条狗四处游耕。有一天，妇人回到家发现自家搭的窝棚垮了，狗被压死。妇人可怜狗，将狗背起，狗血染花了妇人身穿的白衣。两只前爪的血印，印在了妇人的胸前，后背也被两只血爪印上。妇人将衣服洗干净以后，血迹洗不掉留在衣服上，其他人看见了都认为很美，于是用红线仿照绣出花纹，即便今天，当地妇女的上衣也会在前胸和后背处各补一方红布，用一块一尺左右的方布，两端缝带，捆在后腰，垂至臀部，表示狗尾，以示对狗的敬重。

与雷洞红瑶相似，从江高忙乡红瑶也有类似的解释，不过将感恩和服饰形制的来源合在一起成为同一个故事：

（高忙红瑶）先民从海南岛逃出时曾有一家带有一条狗，沿途开荒种地，刀耕火种，两三年又得搬迁别地，可谓过一山吃一山，生活非常艰苦。在翻山越岭中，这家的母亲去世，留下小女儿无奶喂养，只好以狗奶养大。有一次三天不见狗回家，到处寻找，发现狗被一棵断倒的大树压死。父亲对其女说，你是这条狗的奶所养大，它是你的恩人。姑娘听到之后，便把这条腐烂的狗背回家，狗血淋在姑娘的白色衣服上，当姑娘将衣服洗净晾干，斑斑血迹无法洗净，却被看到的人认为十分美观，于是用色线绣成花纹。

而同在黎平县平茶的瑶家（红瑶），则流传这样的关于狗的故事：说远古的时候瑶家一户人家没有父亲，只有母亲、孩子和狗，孩子长大后，母亲让孩子带着狗去砍柴，孩子不小心砍倒树，压死了狗，母亲得知狗被压死十分悲痛，孩子不解，母亲方才告知狗是孩子的父亲。此后，瑶家就忌食狗肉了。

在榕江塔石板瑶（盘瑶）对狗也有一种敬畏之情，在宰勇寨流传着这样的故事：说在远古的时候瑶族没有父亲，家里只有母亲和狗，母亲生下孩子后便死去了，当时狗也正在楼下生崽，听到孩子的哭声后便将孩子叼去与自己的狗崽一起喂养。孩子长大后，才发现抚养自己长大的是狗。由于狗对瑶族[1]有抚育之恩，也就不能吃狗肉了。

这样关于动物如父如母的故事，代表着人对有助于自己生存的动物的感恩之情，包括长衫瑶吃新节时感谢耗子带来谷种也是同样的思维逻辑下的产物。而这正是瑶家生态观的体现，在这样一种以犬为父为母的世界观的认知下，形成不食用其肉，并以之（留下的血迹）为美的追求。

二、灾难叙事

在灾难叙事中，瑶族各支系的传说故事也各有不同，如在白裤瑶支系中流传的《瑶王沟洼射日月》故事：古老的时候，天上有九个太阳和九个月亮，"土地烤得

---

[1] 但总体来说，狗与瑶家的故事主要流传在自称荣棉和巴亨的支系中，在荔波三瑶以及油迈瑶、绕家育支系的传说故事中截至目前却尚未发现类似的传说故事。

像着了火似的，青草烤焦了，大树枯死了，河水干了，庄稼不能生长。……人们整寨整寨地死去"。瑶王沟洼十分着急，梦见一位白胡子老爷爷告诉他，大地西边的边界上"帮威努埃"（瑶语"射日山"之意）离天只有三十丈，可以射落太阳和月亮，沟洼辞别了怀孕的妻子出发射日，射落了八个太阳，要射第九个时，太阳落了山；晚上月亮出来，沟洼射掉了七个月亮，在射第八个时画眉鸟叼走了箭，沟洼只得捡了石头去砸月亮，打碎了第八个月亮变成了星星，第九个月亮被吓白了脸躲了起来，射日的英雄回到家乡。在这里瑶族的射日故事与苗族射日故事有了相同的结局，等待他的并不是百姓的拥戴，而是出于对自己的儿子的射箭技能的嫉妒，杀掉了自己的儿子。①

《洪水泛滥成兄妹》的故事和情节与苗族相似，只是苗族的神话传说中有明确的捆绑捉拿雷公的人——姜央，而瑶族的传说中则是兄妹种田过活时，看见禾仓上捆着一个人，两兄妹怜悯他，将雷公放了。雷公为报复地上的人类，感恩两兄妹，便告诉二人种一个大葫芦。听见打雷下雨就钻进葫芦中。不久葫芦长大，两兄妹按照雷公的吩咐躲了进去，等到风平浪静再出来时，发现二人成了地上唯一的人类。哥哥与妹妹为了延续人类，二人做了夫妻，生了一个没有手和脚的肉团"莫石山"，两人十分厌恶莫石山，将它扔在路上，野兽将肉团踏死，老鸦飞来有的吃肉、有的吃肠，兄妹俩捡了骨头，去问皇帝，皇帝回答："骨头是汉族，肠子是瑶族，其他夷族就用肉做。"②

白裤瑶的两个关于灾难的传说故事，与苗族的传说故事大致相似，但也有极有趣的细节的调整。首先他们强调的都不是英雄而是灾难之后人类所面临人伦的危机，或者如沟洼一般因为嫉妒而杀子，或是因为天下人类死绝而面临兄妹开婚的道德窘

---

① 贵州省民族事务委员会、贵州省民族研究所编：《荔波县瑶山公社调查报告》，《贵州"六山六水"州民族调查资料选编·回族、白族、瑶族、壮族、畲族、毛南族、仫佬族、满族、羌族卷》，第77—78页。苗族和瑶族的射日神话中也有一些具体的区别，苗族《亚鲁王》中射日的赛扬是担心孩子抢走自己的功劳；而白裤瑶的传说中则完全是因为比赛射箭，失败而产生的恼羞成怒。同时增加了询问野鸡、老虎、野猪孩子该不该杀的细节，为其后瑶家人的狩猎活动做出了解释。
② 贵州省民族事务委员会、贵州省民族研究所编：《荔波县瑶山公社调查报告》，《贵州"六山六水"州民族调查资料选编·回族、白族、瑶族、壮族、畲族、毛南族、仫佬族、满族、羌族卷》，第80页。

境。尽管灾难过后，人类得到了延续，但其中总面临一种秩序的重建，或者呈现一种类似因果循环的解释，如沟洼杀子前因问过野鸡、老虎、山猪的话，而痛恨这些动物天天上山打猎，以此为自己的杀戮寻求某种合理性；或者一种关于世界秩序的解释。

荔波白裤瑶的传说故事中有《创天地》的故事，说大力士发枚把天地撑开后，因为天盖不住地，便用竹绳箍地，起了皱褶，形成山脉。这样的想象充满了浪漫的色彩，在某种程度上体现了白裤瑶精神世界中的天地山川的形成。

在贵州的盘瑶支系流传着的"过山榜"中，涉及了人类的起源神话和瑶族迁徙的记载。具体来说，在盘瑶看来，"瑶族是瓜肉"生成的，死去无生，而其他族是瓜子变成的，故每一百人死去就会有一人重返活过来，而这些由死返生的人，会变成无名的野兽伤人，因此，在南海岸山场的瑶民深感居住不安，决定移居他乡。

从这样一些传说故事可以看出，瑶族人的精神世界与自然万物的联系可以说相当紧密。

第二节　信仰与禁忌

一、信仰的种类和形式

如果说基于生计的劳作与休息在某种程度上也形成了人与自然之间的相互作用的休与继。在某种程度上，瑶族的禁忌充分地体现了瑶家在人与自然的关系上的具体看法。具体来说，各支系的差异较为明显。

居于瑶山和瑶麓的白裤瑶和青瑶人，信奉雷神，故形成了关于雷的禁忌。在旧时代瑶山的白裤瑶当听到第一声春雷以后，7 天不出工，第二次减为 5 日，第三次减为 3 日，谓之"忌雷"。瑶麓瑶族对雷响忌讳也颇重，要放枪鸣炮，并停工 1 天。但在过去这样的禁忌信仰往往使他们错过农时，进而影响其农耕生计的收益。

不但如此，瑶族的树崇拜也与苗家的人树共生不同，如白裤瑶支系中在《射树神》^①故事中有充分的体现。《射树神》的民间传说,说的是白裤瑶的祖先住在樟江河畔的富饶坝子上,荔波有个叫依雍的大财主,勾结官府,想要霸占瑶家的坝子。为此依雍设了一计,利用当地瑶民相信树神的特点,找来瑶寨的头人交涉,说树神说这坝子本是依雍家的土地,现在需要归还。瑶家头人不服,提出这是祖先双手开出的地方。于是约定去射树神,向树神问话。依雍当天便派人去瑶家认定的神树(大枫树)下挖了一个恰好能容纳一人的洞,派一名手下藏在树洞中,教他如何言语。第二天,瑶家头人向神树连射三箭,然后发问。事先藏在树洞中的依雍手下说:"这里虽然是你们祖先开出的田地,但不是你们的地方,你们应该搬到大山中去住。"这些瑶民失掉了土地,家园被依雍带来的官兵毁掉,被撵入深山野谷之中。只得在荒山、岩缝中一点点开出一小块的土地,重新建立自己的家园,并将之取名为"瑶山"。

在苗族的观念中,人、树的地位是平等的,因而其间有着千丝万缕的联系人们尊重这种联系带来的暗示;而白裤瑶的忌雷,以及树神信仰,在根本上都将自然物(雷、枫树)视为高于人的存在^②,因此人会因"忌雷"而错过农时,甚至听"树神"的只言片语便将家园也让出。当然,人树共生的情况在瑶族村寨也有存在,有研究者在调查茂兰自然保护区的发展时收集到:

> 板寨村村委主任姚元珠说:"红七军一、二纵队会师旧址旁的这棵古树是我们的保寨树。(二十世纪)八十年代的时候,一场大风刮断了一个大的树枝,(我们)寨子里死的人比较多,也发生了很多的偷盗事件。后来,村寨做出决定,禁止用锄背和棍棒敲打神树;在神树下不准议论神树,更不准说对神树不敬的话。"据89岁的韦寿富老人讲,他们对这样的树敬若神灵,从不轻易触摸,更不敢砍伐伤害。^③

换言之,虽然确有因虔诚而导致的"迂腐",但也不能完全忽略禁忌对自然生态的保护作用。如"荔波瑶族对于古树、巨树、风景树、形状奇特的奇树、雷火劈过的怪树都敬若神灵,从不轻易触摸,更不敢砍伐伤害。凡小孩体弱多病者,夜间

---

① 贵州省民族事务委员会、贵州省民族研究所编:《荔波县瑶山公社调查报告》,《贵州"六山六水"州民族调查资料选编·回族、白族、瑶族、壮族、畲族、毛南族、仫佬族、满族、羌族卷》,第80页。
② 如忌山崩岩垮、忌虎咬、蛇伤等更是由于人自身力量的弱小,因而对自然灾难表现出恐惧和害怕。
③ 蔡泽东:《茂兰自然保护区的保护与当地社区和谐发展研究》,贵州师范大学硕士学位论文2007年。

啼哭不安者,就在老人的牵携背抱下,到大树跟前跪拜,然后更名为'木生'、'木保'、'木养'、'木高''吉名'。"[①]再如斗里盘瑶关于"斧头煞"的禁忌,当地人认为入山砍柴需遵守"斧头煞"的禁忌,即忌正月、二月、三月的"辰日",四月、五月、六月的"未日",七月、八月、九月的"酉日",十月、十一月、十二月的"子日",认为"凡此忌日,不可入山砍柴,免遭刀斧伤害",按照这样,每个月都有不能入山砍柴的日子,在某种程度上,也以禁忌的形式实现了对周边森林资源的保护。甚至在新中国成立前,青瑶支系的瑶家也明确规定各姓有各姓之山头,故不准乱砍滥伐,薪柴只有到十几里外的山坡去找。

寨神信仰,白裤瑶和青瑶都有寨神信仰。白裤瑶的寨神有正副之分,职责是阻挡恶鬼进寨,正神是一对夫妻,据白裤瑶传说因妻子不会生育,故又另娶了一位妻子,夫妻三人生下三个孩子,全家六口住在村边的枫香树林中,树上挂有木刀五把,木斧头一柄,是他们与恶鬼作战的武器;副神有三位,是住在寨边的弯石下的三块怪石头,其将五把大木刀、两把木斧和三根竹链条作为武器,主要也是应付进寨的恶鬼[②]。青瑶也有类似的寨神,一般是村寨中一些奇形怪状的石头作为其化身,全寨的人都拜祭它。每逢春节,家家出资供奉,祈求新的一年风调雨顺、人丁繁茂、六畜兴旺。除此以外,白裤瑶也信奉生育之神,一旦夫妇的生育不能如愿,便会举行"搭桥仪式",在象征人间与生育神之间架起一座桥梁。此外,也要由该家舅父出面,在岔路口或家门口搭设一座"桥",一片竹条,将两端插入地下,做成一道

---

① 吴秋林:《众神之域:贵州当代民族民间信仰文化调查与研究》,第 185 页。
② 一般在正月祭祀,祭正寨神与祭副寨神各不相同,相比之下要麻烦许多。祭正寨神时,必须分别供奉,先要以一只公鸡专供正寨神,一大块猪肉供奉他的次妻,三小块猪肉供奉他们的三个儿子,一个仔鸡供奉不会生育的长妻,使他们全家都各有所得,不会因供品不均争吵而推罪于人。祭副寨神比较简单,一只公鸡"三小块猪肉和三团米饭",祭祀寨神所需物品由全寨分担,祭毕,祭品由参加祭祀的人们分食。倘若寨中出现了不祥之灾,说明供奉寨神不恭,还必须特别祭祀一次,届时全寨男人全部出动,女人则必须待在家中不得外出。

形式上的桥梁。这一点与苗家架桥求子十分相似。白裤瑶也信奉门神①。

青瑶也信奉万物有灵，鬼师能数出一两百个鬼神，世上万事万物都由鬼神掌握。除了天上的雷神、地下的山神还有专管谷种的"绒庸谷瓦"神等。此外，一旦寨子中有重大的事情如瘟疫一类，需要祭祀寨神同时举行扫寨仪式。瑶族的扫寨仪式与苗族有一定的区别，如朗德上寨的扫寨更多的是一种禳除仪式，是对"火鬼"的祛除和村民防火意识的加强，而在瑶家则更多地是对正在发生的灾难的祈祷。青瑶的"扫寨"只限男性老人参加，村寨集资买公鸡公鸭各一只，肉五斤，酒饭根据人数估量，在土地庙面前祈祷供奉，供奉完毕参加者将供品吃完，把碗筷洗净带回家，然后正式封寨，寨门有专人把守，用芭茅草哈气打结作为标志，封寨的三日中生人不得闯入，整个活动中妇女不得参加。此外，青瑶还有占卜②等手段预测、禳除灾难。

在盘瑶支系中，其信仰是自然崇拜和祖先崇拜的结合。一方面，他们敬重一切自然现象，建房动土前要祭奠土地神，开山狩猎要敬山神，买来牲口要敬圈神，小孩体弱多病要拜古树、巨石或水井为保爷。但同时他们又有着非常笃厚的祖先崇拜，每家每户的神龛上都供奉了盘王的始祖及其列祖列宗的牌位。盘瓠崇拜，最早见于东汉人应劭所著的《风俗通义》，书早已失传，但其文保存在范晔《后汉书·南蛮传》中，其后干宝的《搜神记》和《晋书》中也有类似的记载。今天在贵州的盘瑶

---

① 它是家庭的保护神，其职责是保佑一家老小平安、家庭生活富裕、五谷丰登、六畜兴旺、儿女婚事等万事如意。门神也有家室，一夫一妻膝下三子。门神和儿子都住在家中，其妻子自宿于野外。门神的妻子也是婚姻之神，负责为家中未婚男子介绍女人为妻，或为家中姑娘介绍丈夫。门神和他的三个儿子都是非常出色的猎手，留着长长的胡须，惯用两把大砍刀，还养着一只猎犬，很喜欢吃鸡，所以每家门上常悬挂着他们的兵器，计有两把大木刀，三把小木刀，一只狗爪，一撮鸡毛。祭祀门神没有特定的时间，只要有条件随时都可以祭祀。但祭时要杀一只公鸡、一条狗，祭毕将鸡毛及狗爪悬挂在门上，肉则由全家享用。丰收之年必须祭祀门神。

② 占卜的方式有多种，分为草卜、蛋卜和骨尺卜等。草卜是用七根蔓草来占卜，一面口念咒语一面用手将草打节，然后拉伸，从草节的形状来判断凶言。若为三角形，则判为犯赤口，需用三牲祭祀，若为菱形，则判为犯水神，需用鸭祭祀。蛋卜是用蛋烧熟后来判断，若蛋内空心，则判断为心痛；蛋黄向左为左眼患病；蛋黄向右则右眼患病。骨尺卜大多用来卜算未来，骨尺边上有锯齿三十格，表面有花纹若干条，卜问时先问占卜者的年岁，然后口念咒语，以手指随意按某一锯齿，数所剩齿数与看表花纹形状判定凶祸。男性十五齿为凶，十六齿为吉，余下类推。女性则十六齿为凶，十七齿为吉，余下类推。

也流传着大体相同的民间故事，但加入了盘瓠被封为"平王"和保护他们"漂洋过海"的情节。现实生活中，盘瑶也特别重视犬，所获的猎物必须分给犬一份，严格禁止杀狗并不允许吃狗肉。

伴随着盘瓠信仰的宗教活动有"交愿"和"还愿"两种法事。"交愿"，每三年举行一次，时间一天一夜；另一种称为"还愿"，每五年举行一次，时间三天三夜。不过，有时也有变道，倘若经济力量不足，可以暂缓举行，但必须请道师用两头小猪权且祭祀，日后再补；倘若遇到凶年或瘟疫流行，在三年之内也可再举行一次"交愿"，但一个人的一生中最多只能有两次。"还愿法事"是盘瑶最为隆重的宗教活动，每个成年男子一生中必须完成一次。盘瑶认为，一个男子如果不"还愿"，就是对盘王和自己的祖宗食言，就要祸及自身及家庭。"还愿"针对"盘王"而言，称为"还盘王愿"[①]；针对祖宗而言，称为"还祖宗愿"；针对自己而言，称为"还子孙愿"。多在农闲时的冬季举行，一般选择"未"日（羊日）和"卯"日（兔日）。

对于红瑶而言，其信仰相对复杂，众多的鬼神都主宰着红瑶的精神世界，他们崇拜祖先、迷信龙脉，有病痛多视为鬼怪作祟。如有久婚不孕者，必须先向祖宗求子，要用一只鸡、一条鱼、一个糯米饭团来祭祀祖宗。寨中也有怪石竖立，但被认为是村寨龙头所在，附近山坡为村寨龙脉，可以保全寨风水。若寨内多人同时发病，或牲畜出现瘟疫，就认为是惊动了龙神，要每家出半斤大米去龙头祭祀，祈求龙神的宽恕。红瑶所崇拜的鬼神无严格区别，神即是鬼，鬼也就是神。鬼神都是人死后的灵魂转化的，除暴死鬼祸害人外，其他的鬼神既可以造福也可以危害生灵。

---

① "还愿"之家用菜叶包一撮食盐，送至道师家的神龛上，延请道师前来主持法事，称为"送盐信"。做一次"还愿法事"，需用两头大猪作牺牲，过去是用野猪，现在普遍改用家养的猪。并要通知亲戚参加，还得另外为他们准备酒、肉等食品。在举行"还愿法事"期间，也还举行"度戒"仪式。"度戒"是瑶族青年男子的"成丁礼"，一般在十五岁至三十岁之间，可一人参加，也可多人同时参加。"度戒"前一个月，便开始禁欲，每餐吃素，每日洗澡净身，不与妻子同房。"度戒"时，要道师念《师歌书》《挂灯书》等经典，还要接受"睡阴床"等考验，最后才进行"挂灯"，在三角形的竹架上点燃七盏油灯。度戒过的男子，被社会承认自己可以当家作主，不再受父母监护，并且还可以向道师学习经典和法术。

二、祭祀中的动植物取用

瑶家各支系情况复杂，总体来说，荔波三瑶的信仰停留在相对"原始"的阶段，而红瑶和盘瑶支系的信仰则已经逐渐演化出具体的信仰对象，如盘瓠信仰。在瑶族的信仰仪式中一直存在着动植物取用的需要。生活在从江都里乡潘立村的两良瑶寨的瑶家，是自称"荣棉"的盘瑶支系。当地人的信仰十分虔诚，且家家户户都制作檀香、冥纸、扎纸马等基于信仰的宗教用品，还在房前屋后栽种檀香木、翁太花、粽粑竹、芭蕉树等信仰仪式必备之物。

两良盘瑶每天都要烧香敬奉祖先天地，逢初一、十五和过年过节家庭或村寨的重大事件都要焚香化纸。这些香和纸都自己制作。不但制作讲究且禁忌颇多，甚至香烛所用的竹签都忌"倒行"[①]，需按照竹子的自然生长状态。制香所用的香粉源自当地的高大乔木树的皮（瑶语名为"羊鼓"树），制作时将剥下的皮阴干，用石碓舂成粉末，用细箩筛过，粉末越细越好。还有一种香粉是用檀香木锯成木面再舂成粉制成。竹签香粉制作完成后，烧一锅沸水，将香粉倒入水中，粉末漂浮于水面上，将竹签尾端伸入均匀地蘸上香粉，蘸好后取出烘干。也有不用竹签的"瑶人香"，一般是将檀香木阴干后削成薄片，置于神龛的香炉或瓦片上，置火炭于其下，檀香木缓缓燃烧，释放香味。

此外，在其贺年贺岁、还愿超度、送亡、度戒等仪式中必须用到当地在生长的一种"花"，瑶语名为"翁太花"，是一种俗名"千年矮"的灌木枝条，翁太花是祖先花的意思。据说瑶家的先祖喜欢这花，当地还有"人爱风流鬼爱花"的谚语。在仪式中，将翁太花的枝条摘下，插到糯米粑、萝卜或者芭蕉桩上。也正是因此，两良盘瑶的房前屋后栽种的都是翁太花。

---

① 即竹签需顺着竹子生长的方向，根部朝下、巅部朝上。若方向反了即为倒行。

第三节　"娱"与育

贵州瑶族各支系都有自己的舞蹈，如白裤瑶传统的"猴鼓舞""长鼓舞"、青瑶的打猎舞[①]、红瑶的"芦笙舞"、盘瑶的"度戒舞"[②]。但对于贵州瑶族而言，其舞蹈有三个极为典型的特点：首先是明显的仿生性；其次是对生存技能、狩猎知识的传递；最后是舞蹈的场景，除节日外更多的是在葬礼仪式上加以呈现，即舞蹈展演的神圣场景与其他民族歌舞娱神有一定的差异。

舞蹈都有明显的仿生性，如白裤瑶支系的猴鼓舞，在跳舞时，众人围成一个大圈，皮鼓立于中央，铜鼓置于圈外悬挂，敲皮鼓者，边敲边跳，围在四周的人也随着皮鼓和铜鼓的节奏，模仿猴子的各种姿态和动作——攀、爬、跳、跌。白裤瑶支系的长鼓舞，间歇模仿鸡食米、猴子跳跃和摘取瓜果等动作。

其舞蹈动作大都源于生活，狩猎通过舞蹈传递生存技能和狩猎知识。如青瑶支系的诱虎舞，跳舞的人模拟狩猎的场景，人们手拉手围成圆圈（即猪笼），圈内蹲一人（小猪），圈外一人（老虎），圆圈转动，圈外人往内冲击跳跃，圈内的人要往外跃出。围成圈的人将跳入者捉住，即完成以猪诱虎的围猎。而挡虎舞与之相似，只是参加者分成前后两排，前排的人张开双手，后排的双手搭在前排肩上，前排之外站立一人（虎），相距两尺，"虎"做出不断冲击跳跃的姿势，前排的人张开双手跳跃阻挡，后排的人随前排动作而动，此即模仿防御猛虎的相关动作。瑶麓地区流传的打猎舞，也源于古时候野兽来糟蹋庄稼时，人们手拿五六尺长的木棒相互敲打、发出响声将野兽吓跑的生存技能。白裤瑶的长鼓舞，舞蹈者一人用彩带将木鼓系于腰间，以手掌和竹片不停敲打，发出有节奏的声音，其余三人或二人成对，或四人成对，或集体成圈进行表演。舞蹈主要反映劳动时的欢乐情景，其动作有伐木、锯木、平地基、立柱、盖房顶等动作。

白裤瑶为取悦死者即祖宗灵魂，在葬礼上要打铜鼓、击祖鼓。祖鼓的打法比较

[①] 打山羊舞、打猴舞、打野猪舞等的总称，主要展现狩猎的场景。
[②] 是一个比较复杂的宗教祭祀活动，而仪式活动的主持者——道公和师公，就是舞蹈的表演者。

复杂，鼓师一边打鼓一边模拟猴子在地上行走、树上翻腾、以爪挠头等等，鼓点节奏与动作相互配合，以此祭奠祖先感恩迁徙中所得到的猴子的帮助。从江盘瑶的"长鼓舞"① 也有其独特的祭祀作用。

由此可见，瑶族各支系在本支系的重大节日的歌舞娱乐在本质上都有着娱乐和教育的重大作用，并非单纯的歌舞娱乐。其中对生存技能的展演对亡者灵魂的取悦，显示出舞蹈在传统知识传承中的重要体现，在某种程度上也可视为瑶族各支系生态知识的传承形式的一种。

① 长鼓按其形状分为大鼓和小鼓两种，小鼓亦称为短鼓或长腰鼓，长 80～100 厘米，鼓腰直径为 4～6 厘米，两端鼓面直径为 8～12 厘米；大鼓亦称为盘王鼓或母鼓，长 400～500 厘米，鼓腰直径 50～60 厘米，两端鼓面直径约 100 厘米。目前，从江县的瑶族村寨只有翠里乡的高华村保存有大鼓，鼓长 500 厘米，两端鼓面直径 100 厘米，鼓腰直径 50 厘米。长腰鼓主要用空心树作材料，以牛皮、羊皮或青蛙皮蒙鼓面。

参考文献：

一、史志类

[1] 周作楫.贵阳府志（咸丰）[M].咸丰二年刻本，1852.

[2] 俞渭修.黎平府志（光绪）[M].清光绪八年黎平府志局刻本，1882.

[3] 董鸿勋，编修.古丈坪厅志：卷一〇（光绪）[M].清光绪三十三年铅印本.

[4] 鄂尔泰，张广泗.贵州通志（乾隆）[M].清乾隆六年刻本，1741.

[5] 田汝成.炎徼纪闻[M].上海：商务印书馆，1936.

[6] 田雯.黔书（丛书集成）[M].上海：商务印书馆，1936.

[7] 李宗昉.黔记[M].上海：商务印书馆，1936.

[8] 赵显国.黔西县志[M].民国十五年石印本，1926.

[9] 贵州大方县编纂委员会.大定县志[M].贵州省大方县编纂委员会印制，1985.

[10] 龚传绅，编纂.镇远府志[M].贵州省图书馆油印本，1965.

[11] 张廷玉，等.明史[M].北京：中华书局，1974.

[12] 潘一志.水族社会历史资料稿[M].三都：三都水族自治县民族文史研究组编印，1981.

[13]《布依族简史》编写组.布依族简史[M].贵阳：贵州人民出版社，1984.

[14] 常璩.华阳国志校补图注[M].任乃强，校注.上海：上海古籍出版社，1987.

[15]《仡佬族简史》编写组.仡佬族简史[M].贵阳：贵州民族出版社，1989.

[16] 贵州省从江县志编纂委员会.从江县志[M].贵阳：贵州人民出版社，1999.

[17] 贵州省地方志编纂委员会.贵州省志·民族志[M].贵阳：贵州民族出版社，2001.

[18] 贵州省地方志编纂委员会.贵州省志·文物志[M].贵阳：贵州人民出版社，2003.

[19] 司马迁.史记·西南夷列传[M].韩兆琦，译注.北京：中华书局，2007.

[20] 贵州省民族事务委员会，贵州省民族研究所.贵州"六山六水"民族调查资料选编（全十册）[M].贵阳：贵州民族出版社，2008.

[21]《水族简史》编写组，《水族简史》修订本编写组.水族简史[M].北京：民族出版社，2008.

[22]《仡佬族简史》编写组，《仡佬族简史》修订本编写组.仡佬族简史[M].北京：民族出版社，2008.

[23] 贵州省科技教育领导小组办公室，贵州省民族宗教事务委员会，编.贵州世居少数民族文化史（全四卷）[M].贵阳：贵州民族出版社，2017.

[24] 王继超，瞿瑟，编.西南彝志（全七辑）[M].贵阳：贵州民族出版社，2019.

[25] 爱必达.黔南识略[M].贵阳：贵州人民出版社，2021.

二、专著类

[1] 贵州省民族事务委员会，黔南布依族苗族自治州文艺研究室，中国民间文艺研究会贵州分会，编.民间文学资料（第44集）[M].贵阳：中国民间《文艺研究》会贵州分会翻印，1985.

[2] 贵州省社会科学院文学研究所、黔南布依族苗族自治州文艺研究室，编.布依族古歌叙事歌选[M].贵阳：贵州人民出版社，1982.

[3] 贵州省民族研究，贵州省民族研究学会，编.贵州民族调查（之六）[M].贵阳：贵州省民族研究所编印，1989.

[4] 贵州土家族研究会，编.土家族研究[M].成都：四川民族出版社，1993.

[5] 邓敏文，吴浩.没有国王的王国——侗款研究[M].北京：中国社会科学出版社，1995.

[6] 杨鹍国.苗族服饰：符号与象征[M].贵阳：贵州人民出版社，1997.

[7] 韦兴儒，周国茂，伍文义，编.布依族摩经文学[M].贵阳：贵州人民出版社，1997.

[8] 胡炳章.土家族文化精神[M].北京：民族出版社，1999.

[9] 冯祖贻，朱俊明，等.侗族文化研究 [M].贵阳：贵州人民出版社，1999.

[10] 宋仕平.土家族传统制度与文化研究 [M].北京：民族出版社，2005.

[11] 周国茂.一种特殊的文化典籍：布依族摩经研究 [M].贵阳：贵州人民出版社，2004.

[12] 胡筝.生态文化：生态实践与生态理性交汇处的文化批判 [M].北京：中国社会科学出版社，2006.

[13] 杨筑慧.侗族风俗志 [M].北京：中央民族大学出版社，2006.

[14] 杨庭硕，等.生态人类学导论 [M].北京：民族出版社，2007.

[15] 杨从明.苗族生态文化 [M].贵阳：贵州人民出版社，2009.

[16] 中国民间文学集成全国编辑委员会，中国歌谣集成贵州卷编辑委员会，编.中国歌谣集成：贵州卷 [M].北京：中国 ISBN 中心，2009.

[17] 罗康智，罗康隆.传统文化中的生计策略：以侗族为例案 [M].北京：民族出版社，2009.

[18] 尹绍亭.云南山地民族文化生态的变迁 [M].昆明：云南教育出版社，2008.

[19] 杨庭硕，田红.本土生态知识引论 [M].北京：民族出版社，2010.

[20] 贵州省民族事务委员会，编.布依族文化大观 [M].贵阳：贵州民族出版社，2012.

[21] 杨庭硕，罗康隆，等.美丽生存——贵州 [M].贵阳：贵州人民出版社，2012.

[22] 周国炎.中国布依族 [M].银川：宁夏人民出版社，2011.

[23] 王利华.人竹共生的环境与文明 [M].北京：生活·读书·新知三联书店，2013.

[24] 陈幸良，邓敏文.中国侗族生态文化研究 [M].北京：中国林业出版社，2014.

[25] 吴嵘.贵州侗族民间信仰调查研究 [M].北京：人民出版社，2014.

[26] 徐晓光.清水江流域传统林业规则的生态人类学解读 [M].北京：知识产权出版社，2014.

[27] 郇庆治，李宏伟，林震 . 生态文明建设十讲 [M]. 北京：商务印书馆，2014.

[28] 曹端波，曾雪飞 . 苗族古歌演唱传统 [M]. 贵阳：贵州大学出版社，2017.

[29] 崔明昆，赵文娟，韩汉白，杨索，编著 . 中国西部少数民族文化通志·生态卷 [M]. 昆明：云南人民出版社，2017.

[30] 罗康隆，吴合显 . 草原游牧的生态文化研究 [M]. 北京：中国社会科学出版社，2017.

[31] 贵州省土家学研究会，编 . 贵州土家族百科全书 [M]. 贵阳：贵州民族出版社，2018.

[32] 伍文义，等 . 中国民族文化大观·布依族篇 [M]. 广州：暨南大学出版社，2018.

[33] 朱国豪，杜江，张景梅，等主编 . 土家族医药 [M]. 北京：中医古籍出版社，2018.

[34] 梅军，包龙源 . 共生理论视角下苗族传统生态消费文化研究 [M]. 北京：社会科学文献出版社，2019.

[35] 杨权，郑国乔，整理 . 译注侗族史诗——起源之歌（全 4 卷）[M]. 辽宁人民出版社，1988.

[36] 曾繁仁 . 生态美学导论 [M]. 北京：商务印书馆，2010.

三、期刊论文类

[1] 洪黎民 . 共生概念发展的历史、现状及展望 [J]. 中国微生态学杂志，1996（4）.

[2] 喻见 . 贵州少数民族地区生态文化与生态问题论析 [J]. 贵州社会科学，2005（3）.

[3] 张慧平，马超德，郑小贤 . 浅谈少数民族生态文化与森林资源管理 [J]. 北京林业大学学报（社会科学版），2006（1）.

[4] 崔海洋 . 试论侗族传统文化对森林生态的维护作用：以贵州黎平县黄岗村个案为例 [J]. 西北民族大学学报（哲学社会科学版），2009（2）.

[5] 纳日碧力戈 . 边疆无界：万象共生的人类观 [J]. 中南民族大学学报（人文社

会科学版），2011（1）.

[6] 罗康智.侗族传统文化蕴含的生态智慧 [J].西南民族大学学报（人文社会科学版），2012（1）.

[7] 蒙祥忠.饮食里的象征、社会与生态——对贵州水族九阡酒的人类学考察 [J].西南民族大学学报（人文社会科学版），2018（3）.

[8] 索晓霞,蒋萌,黄勇.贵州世居少数民族的生态观 [J].贵州民族研究,2023（4）.

四、西方文献

[1] Paul W.Taylor，"The Ethics of Respect for Nature，" *Environment Ethics*，no.3（1981）：197–218.

[2] SILVERTOWN J.W. 植物种群生态学导论 [M].祝宁，王义弘，陈文斌，译.哈尔滨：东北林业大学出版社，1987.

[3][美] 张冈.中国历史上生态环境之变迁 [M].北京：中国环境科学出版社，1996.

[4][美] 弗·卡普拉,查·斯普雷纳克.绿色的政治：全球的希望 [M].石音,译.上海：东方出版社,1988.

[5] 林恩·马古利斯.生物共生的行星——进化的新景观 [M].易凡,译.上海：上海科学技术出版社,1999.

[6][美] 奥康纳.自然的理由：生态学马克思主义研究 [M].唐正东,臧佩洪,译.南京：南京大学出版社,2003.

[7][美] 罗德里克·弗雷泽·纳什.大自然的权利：环境伦理学史 [M].杨通进,译.青岛：青岛出版社,2005.

[8][美] 约翰·塔巴克.煤炭和石油——廉价能源与环境的博弈 [M].张军,等.译.北京：商务印书馆,2011.

[9] COMMONSI, M., STAGL, S.生态经济学引论 [M].金志农,余发新,吴伟萍,等,译.北京：高等教育出版社,2012.

[10][美]J.R. 麦克尼尔 . 阳光下的新事物: 20 世纪世界环境史 [M]. 韩莉, 韩晓雯, 译 . 北京商务印书馆, 2012.

[11][美] 杰森·摩尔 . 地球的转型: 在现代世界形成和解体中自然的作用 [M]. 赵秀荣, 译 . 北京: 商务印书馆, 2015.

[12][美] 马立博 . 中国环境史: 从史前到现代 [M]. 关永强, 高丽洁, 译 . 北京: 中国人民大学出版社, 2015.

[13][英] 詹姆斯·拉伍洛克(James Lovelock). 盖娅时代: 地球传记 [M]. 肖显静, 范祥东, 译 . 北京: 商务印书馆, 2017.

[14][英] 杰拉尔德·G. 马尔腾 . 人类生态学: 可持续发展的基本概念 [M]. 顾朝林, 等译 . 北京: 商务印书馆, 2012.

[15][美] 孟一衡 . 杉木与帝国: 早期近代中国的森林革命[M]. 张连伟, 李莉, 李飞, 等译 . 上海: 上海光启书局有限公司, 2022.

[16][美] 奥德姆, [美] 巴雷特 . 生态学基础(第五版)[M]. 陆健健, 王伟, 王天慧, 等, 译 . 北京: 高等教育出版社, 2009.

[17][法] 埃德加·莫兰 . 迷失的范式: 人性研究 [M]. 陈一壮, 译 . 北京: 北京大学出版社, 1999.

后记

本书是在孔学堂委托课题"贵州少数民族生态文化研究"的成果基础上拓展而成，也是贵州省社会科学院重点培育学科"文化遗产学"［ZDPYXK202302］的阶段性成果。在贵州省孔学堂发展基金、民族文字出版专项资金资助支持下，得以成书。

本书是集体智慧的结晶。贵州省社会科学院索晓霞研究员负责项目的统筹、写作大纲的确定、书稿的终审、绪论的执笔，各章节具体分工如下：苗族篇、彝族篇、瑶族篇由贵州省社会科学院郑迦文编审执笔；侗族篇、水族篇、仡佬族篇由贵州省社会科学院李桃编审执笔；布依族和土家族篇由南开大学在读博士蒋萌执笔。

在对相关资料进行研判后我们发现，贵州有17个世居少数民族，尽管因为历史和文化的不同、生产生活的地理环境各异，不同民族的生态文化有一定的差异性，但或许是传统社会中多数都以农耕为主要的生产方式，大抵都处于贵州高原的山地环境，他们的生态文化中除了差异性，还有许多共同性，再加上本项目有时间和经费的限制，因此，本研究主要集中于苗族、布依族、侗族、土家族、水族、仡佬族、彝族等有代表性的民族，特此说明。

本书的作者，都是长期关注贵州少数民族文化的研究者，他们大量的田野工作，为本书的完成提供了坚实的基础，在这里，要特别感谢在田野调查中给予我们大力支持和帮助的当地干部群众，没有他们，我们无法完成研究工作。写作过程中，我们参考了学者们的相关研究成果，在这里，也向他们表示感谢。一本书的完成，除了研究团队的共同努力外，还要有多方的支持与帮助，因此，在本书出版之际，我们还要特别感谢中国社会科学院学部委员潘家华先生，感谢他在百忙之中为本书作序，感谢贵州省社会科学院党委书记吴大华研究员，贵州大学的陶渝苏教授、孔学堂书局的苏桦总编、张发贤副总编和责任编辑张基强、陈倩为本书倾注的心血，感谢其他为本书出版给予支持和帮助的领导、专家和朋友。

本书编写组

2023 年 8 月 16 日